Matthias Stier

Der Einfluss des EuGH auf die ökonomische Effizienz der ertragsteuerlichen Behandlung grenzüberschreitender Investitionen

Studien zu Rechnungslegung, Steuerlehre und Controlling
Studies in financial, managerial and tax accounting

Herausgeber
Michael Ebert, Dirk Kiesewetter, Urska Kosi, Hansrudi Lenz,
Caren Sureth-Sloane und Andrea Szczesny

Band 2

Die Schriftenreihe Studien zu Rechnungslegung, Steuerlehre und Controlling bietet eine
Plattform für herausragende Arbeiten aus diesen Themengebieten. Sie wird von den
Professorinnen und Professoren der Lehrstühle für Rechnungslegung, Steuerlehre und
Controlling der Julius-Maximilians-Universität Würzburg und der Universität Paderborn
herausgegeben.

Matthias Stier

Der Einfluss des EuGH auf die ökonomische Effizienz der ertragsteuerlichen Behandlung grenzüberschreitender Investitionen

Würzburg University Press

Dissertation, Julius-Maximilians-Universität Würzburg
Graduate School of Law, Economics, and Society, 2018
Gutachter: Prof. Dr. Dirk Kiesewetter, Prof. Dr. Ralf Schenke

Eingereicht unter dem Titel: Der Einfluss des Europäischen Gerichtshofs auf die ökonomische Effizienz der ertragsteuerlichen Behandlung grenzüberschreitender Investitionen

Impressum

Julius-Maximilians-Universität Würzburg
Würzburg University Press
Universitätsbibliothek Würzburg
Am Hubland
D-97074 Würzburg
www.wup.uni-wuerzburg.de

© 2020 Würzburg University Press
Print on Demand

ISSN 2627-1281 (print)
ISSN 2627-129X (online)
ISBN: 978-3-95826-132-7 (print)
ISBN: 978-3-95826-133-4 (online)
DOI: 10.25972/WUP-978-3-95826-133-4
URN: urn:nbn:de:bvb:20-opus-192515

Vorwort

Der europäische Gerichtshof (EuGH) hat über drei Jahrzehnte hinweg in zahlreichen Entscheidungen Einzelnormen direkter Besteuerung von Mitgliedsstaaten der Europäischen Union auf ihre Vereinbarkeit mit den Grundverkehrsfreiheiten hin untersucht. Wo Verletzungen der Grundverkehrsfreiheiten erkannt wurden, hatte dies zum Teil empfindliche Folgen für die Steuerrechtsordnungen der betroffenen Mitgliedsstaaten, aus deren Sicht es zunehmend schwieriger wird, ihr internationales Steuerrecht, aber auch die eigene Steuerrechtsordnung autonom zu gestalten.

Matthias Stier untersucht in der vorliegenden Arbeit die ökonomische Effizienz der EuGH-Urteile bzw. ihrer Konsequenzen. Als Beurteilungskriterien verwendet er die Konzepte der Kapitalexport- und Kapitalimportneutralität. Zur Klärung dieser übergeordneten Frage untersucht der Verfasser sämtliche Urteile und Beschlüsse des EuGH zu direkten Steuern bis zum Stichtag 31.12.2016 auf ihre betriebswirtschaftlichen Wirkungen hin, um von diesen wiederum auf gesamtwirtschaftliche Auswirkungen zu schließen.

Stiers Analysen zeigen, dass in vielen Einzelfällen eine Effizienzsteigerung zumindest möglich erscheint, dass aber auch zahlreiche Urteile ökonomisch problematische Wirkungen entfalten und die Möglichkeiten der Staaten, kohärente nationale Steuersysteme zu schaffen, in der Tat behindern. Daher regt er eine Ergänzung des Prüfschemas des EuGH zur Berücksichtigung der Interessen der Steuerstaaten neben den bislang geprüften Rechtfertigungsgründen an.

Die behandelte Fragestellung ist von beträchtlicher Bedeutung. Da die Grundfreiheiten auch den Unionsgesetzgeber selbst binden, könnten etwaige Ineffizienzen weder durch eine Harmonisierung des Unternehmensteuerrechts auf Unionsebene noch durch die nationalen Gesetzgeber selbst beseitigt werden. Die Bearbeitung des Themas hat von Herrn Stier nicht nur den Mut zum interdisziplinären Brückenschlag und eine große analytische Schärfe, sondern auch einen bewundernswerten Fleiß bei der aufwändigen Auswertung der mittlerweile sehr umfangreichen Rechtsprechung erfordert.

Wir wünschen der vorliegenden Arbeit daher, dass sie das ihr gebührende Interesse bei Lesern aus allen drei Steuerwissenschaften erlangt.

Würzburg, im Januar 2020
Dirk Kiesewetter

Ralf P. Schenke

Inhaltsverzeichnis

Abbildungs- und Tabellenverzeichnis

Abkürzungsverzeichnis

Abb.	Abbildung
ABl.	Amtsblatt
ACT	Advanced corporation tax
AEUV	Vertrag über die Arbeitsweise der Europäischen Union
a.F.	alte Fassung
AHB	Anrechnungshöchstbetrag
ANF	Arbeitnehmerfreizügigkeit
Anm.	Anmerkung
Art.	Artikel
Bd.	Band
BFH	Bundesfinanzhof
bspw.	beispielsweise
BStBl.	Bundesteuerblatt
ca.	circa
dAO	deutsche Abgabenordnung
DBA	Abkommen zur Vermeidung der Doppelbesteuerung
dEStG	deutsches Einkommensteuergesetz
dInvStG	deutsches Investmentsteuergesetz
dKStG	deutsches Körperschaftsteuergesetz
DLF	Dienstleistungsfreiheit
Ebd.	Ebenda
et al.	et alii
etc.	et cetera
ETR	Effective Tax Rate
EuGH	Europäischer Gerichtshof
EUV	Vertrag über die Europäische Union
EWR	Europäischer Wirtschaftsraum
f.	folgende
ff.	fortfolgende
FRL	Fusionsrichtlinie
ggf.	gegebenenfalls
GRCh	Charta der Grundrechte der Europäischen Union
GVF	Grundverkehrsfreiheit(en)
h.M.	herrschende Meinung
i.d.F.	in der Fassung
i.d.R.	in der Regel
IFRS	International Financial Reporting Standards
insb.	insbesondere
i.R.e.	im Rahmen einer / eines

i.S.d.	im Sinne des / der
i.V.m.	in Verbindung mit
i.W.	im Wesentlichen
i.w.S.	im weiteren Sinne
Jg.	Jahrgang
KEN	Kapitaleignerneutralität
KEX	Kapitalexportneutralität
KIM	Kapitalimportneutralität
KSt	Körperschaftsteuer
KW	Kapitalwert
lit.	littera
MTR	Mutter-Tochter-Richtlinie
MU	Mutterunternehmen
m.w.N.	mit weiteren Nachweisen
n.h.M.	nach herrschender Meinung
n.n.v.	noch nicht veröffentlicht
Nr.	Nummer
OECD	Organization for Economic Development
OECD-MA	Musterabkommen der OECD
OGAW	Organismus für gemeinsame Anlage in Wertpapieren
Rn.	Randnummer
Rs.	Rechtsache
Rspr.	Rechtsprechung
S.	Seite
SICAV	société d'investissement à capital variable
Slg.	Sammlung
s.u.	siehe unten
u.a.	und andere
u.U.	unter Umständen
TU	Tochterunternehmen
v.a.	vor allem
Vgl.	Vergleiche
vs.	versus
QuSt	Quellensteuer
z.B.	zum Beispiel

1 Einleitung

1.1 Motivation und Ziel

Die Motivation der Europäischen Verträge ist neben freiheitsrechtlichen Aspekten vor allem ökonomischer Natur.[1] So verpflichten sich die Mitgliedstaaten, „im Einklang mit dem Grundsatz einer offenen Marktwirtschaft mit freiem Wettbewerb [zu handeln], wodurch ein effizienter Einsatz der Ressourcen gefördert wird"[2]. Die europäische Integration umfasst die Errichtung eines gemeinsamen Marktes, der nach innen durch einen gemeinsamen „Binnenmarkt" und nach außen hin durch eine gemeinsame Handelspolitik gekennzeichnet ist.[3] Der Binnenmarkt ist „Raum ohne Binnengrenzen, in dem der freie Verkehr von Waren, Personen, Dienstleistungen und Kapital gemäß den Bestimmungen dieses Vertrags gewährleistet ist."[4] In seiner Definition werden ökonomische Ordnungsprinzipien und Effizienzkriterien durch die Grundverkehrsfreiheiten als Rechtsinstitute kodifiziert.[5]

So enthält die Gemeinsame Europäische Akte durch die Neufassung des Art. 99 EWGV einen Harmonisierungsauftrag für „Umsatzsteuern, die Verbrauchsabgaben und sonstige indirekte Steuern". Ertragsteuern wurden durch die Vertragspartner hingegen weiterhin ausgeblendet[6], obwohl die „Hemmnisse für die Verwirklichung des Binnenmarkts auf diesem Gebiet [...] aber als mindestens gleich groß, wenn nicht sogar als gravierender als die verbliebenen Probleme der indirekten Steuern angesehen [werden]."[7] Dass die direkte Besteuerung Beschränkungen der Grundverkehrsfreiheiten induzieren können, wurde vom Europäischen Gerichtshof (EuGH) bereits über ein Jahr vor dem Inkrafttreten der Gemeinsamen Europäischen Akte durch sein wegweisendes Urteil in der Rs. Avoir Fiscal[8] anerkannt.

In Abwesenheit einer Harmonisierungslösung für die direkten Steuern spielte der EuGH seitdem eine maßgebliche Rolle bei der Gestaltung der europäischen Systeme des direkten Steuerrechts. Bei der notwendigen Objektivierung der oben benannten ökonomischen Ziele der Verträge kommt ihm daher eine maßgebliche Bedeutung zu. Seine Urteile führten jedoch auch zu solch schwerwiegenden Konsequenzen für die nationalen Steuerrechtsordnungen, dass es ausreichender Kritik hieran nicht ermangelte. Der Rechtsprechung kann aufgrund der ihr zugrundeliegenden, prohibitiv formulierten,

---

[1]   Vgl. Jacobs (2011), S. 95 ff.; Strassburger (2012), S. 9; Schaumburg in: Schaumburg/Englisch (2015), Rn. 2.1.

[2]   Art. 120 AEUV.

[3]   Vgl. Schön (2000a), S. 193.

[4]   Art. 8 a Gemeinsame Europäische Akte; heute findet sich die Vorschrift in nahezu gleichgebliebener Formulierung in Art. 26 Abs. 2 AUEV.

[5]   Vgl. Dautzenberg (1997), S. 52 f.; Kofler (2006), S. 108.

[6]   Einmal abgesehen von der allgemeinen Rechtsangleichungsvorschrift des Art. 115 AEUV.

[7]   Dautzenberg (1997), S.11.

[8]   EuGH-Urteil vom 28.01.1986 zur Rs. 270/83 (Kommission/Frankreich (Avoir Fiscal)), Slg. 1986 273, ECLI: EU:C:1986:37.

Grundverkehrsfreiheiten ein normzerstörender und somit „strukturell destruktiver"[9] Charakter nicht in Abrede gestellt werden. Dies ist jedoch gerade eine Zwangsläufigkeit und kann daher kaum als Kritik am Gerichtshof gelten gelassen werden. Die kritische Auseinandersetzung geht jedoch weit über ein solches Verständnis hinaus. So finden sich die Meinungen zwischen zwei Polen, von denen der EuGH auf der einen Seite zum Motor der (Markt-)Integration erhoben[10] oder diametral als Auslöser eines steuersystematischen „race to the bottom"[11] der nationalen Steuerrechtsordnung gesehen wird. Manche Stimmen gehen noch einen Schritt weiter und schlagen vor, den EuGH qua Vertragsänderung von einer „Legislatur" im Bereich der direkten Steuern auszuschließen.[12]

Ursächlich für diese gegensätzlichen Meinungen ist zum einen ein grundlegender kompetenzrechtlicher Konflikt. So ist der Gerichtshof zwar zuständig für die Auslegung des Unionsrechts, muss aber gleichzeitig auch gewisse Grenzen beachten, die in der Souveränität der Mitgliedstaaten bei der Ausgestaltung ihres Steuerrechtes begründet liegen. Zum anderen ist der Konflikt aber auch eine Frage der Fähigkeit zur Schaffung konsistenter Steuersysteme. Denn anders als der Gerichtshof, dem lediglich das sekundäre Unionsrecht und die prohibitiv formulierten Grundverkehrsfreiheiten als Instrumentarium zur Verfügung stehen, folgen nationale und internationale Steuersysteme konstruktiven Prinzipien. So gab bereits Höreth die Gefahr eines „drohenden Akzeptanzverlust" des EuGH in den Mitgliedstaaten und deren nationalen Gerichten zu bedenken, wenn keine stärkere Berücksichtigung derer Interessen erfolgen sollte.[13] Deutlich machte dies auch die britische Regierung, die als zweite der zwölf von ihr angestrebten Ziele bei den Verhandlungen zum Austritt aus der Europäischen Union ausgab, „die Zuständigkeit des Europäischen Gerichtshofs für Großbritannien [zu] beenden."[14]

Die zentrale Fragestellung vorliegender Abhandlung besteht nun darin, aufzuzeigen, inwiefern es dem Gerichtshof gelingt, die auf den Grenzübertritt ausgerichteten Grundverkehrsfreiheiten einer Auslegung zuzuführen, die zwar Änderungen der nationalen Rechtsordnung erfordert, jedoch nicht deren zugrundeliegenden Prinzipien infrage stellt oder deren faktische Umsetzbarkeit unmöglich macht. Hierfür wird sie sich ökonomischer Methodik bedienen, die eine Betrachtung der Wirkung der Grundfreiheiten auf diese Prinzipien ermöglicht und so zu einer systematisch-konsequenten Auflösung des Spannungsverhältnisses beitragen kann. Die Abhandlung besitzt damit zum einen Relevanz für das geneigte rechtswissenschaftliche Publikum.

---

[9]   Vgl. Drüen/Kahler (2005), S. 183.

[10]   So Schön (1996), S. 200. Vgl. auch Nettesheim in: Oppermann et al. (2016), § 5 Rn. 152 ff. Für den durch die Rechtsprechung hervorgerufenen Konflikt machen Malherbe et al. (2011), Rn. 232 ff. primär die Mitgliedstaaten verantwortlich.

[11]   Hey (2004), S. 197. Siehe weiterhin: Neill (1995); Lang (1997), S. 884; Vermeend (1996), S. 54 („bull in the china shop"); Wathelet (2004), S. 2; Ahmann (2005), S. 78 („Zerschlagung nationaler Besteuerungssysteme"); Hey (2005), S. 321 („Systemzerstörung"), wobei sie nicht allein die Rspr. sondern gleichermaßen die Reaktionen der nationalen Gesetzgeber verantwortlich macht.

[12]   Bspw. Lyons (2005), S. 449 und Elwes (2013), S. 26.

[13]   Vgl. Höreth (2008), siehe insb. S. 371.

[14]   May (2017).

Zum anderen folgt die vorliegende Abhandlung auch einer ökonomischen Zielsetzung. Denn Effizienz ist nicht nur wünschenswerte Eigenschaft der nationalen Steuerrechtsordnung, sondern auch notwendige Eigenschaft der Besteuerungssysteme am Binnenmarkt zur Erreichung des durch die Vertragsparteien angestrebten effizienten Einsatzes von Ressourcen. Wie wichtig eine ökonomisch sinnige Objektivierung insbesondere im Bereich der Besteuerung ist, bringt Wagner zum Ausdruck: „Steuersysteme beruhen weltweit nicht auf juristischen Prinzipien, sondern auf ökonomischen Zwängen, die sich aus der Neigung zur Steuervermeidung ergeben."[15] So stellt auch Kluge zur gemeinschaftsrechtlichen Relevanz steuerlicher Fragestellungen fest: „da mit den [europa-]rechtlichen Vorgaben wirtschaftliche Ziele angestrebt werden, müssen diese Ziele mit den dafür vorhandenen Methoden der Betriebswirtschaftlichen Steuerlehre gelöst werden. Denn: Binnenmarktbehinderungen als Folge geltenden Rechts auszumachen, ist eine Frage der Steuerwirkung"[16]. Somit ist die zweite Fragestellung, inwiefern der EuGH als Institution der Rechtsprechung mittels Objektivierung der ökonomischen Zwänge und Prinzipien einen Beitrag zur Schaffung der durch die Vertragspartner in Art. 120 AEUV beschworenen offenen und effizienten europäischen Marktwirtschaft leisten kann.

1.2 Vorgehen

Neben rechtswissenschaftlichen hat es insbesondere drei ökonomisch geprägte Ansätze zur Beantwortung der ersten Fragestellung gegeben. Führich[17] bedient sich in einem zur vorliegenden Betrachtung ähnlichem Ansatz der Kriterien der Kapitalimport- und Kapitalexportneutralität, beschränkt seine Analyse im Kern allerdings auf steuerplanerische Verlagerungsaktivitäten sowie die zu deren Begrenzung errichteten Systeme. Dabei richtet er sich vorwiegend an den Gesetzgeber, um diesem eine unionsrechtskonforme Möglichkeit umfassender Wohnsitzbesteuerung darzulegen. Graetz und Warren[18] verstehen das Prüfungsschema des EuGH selbst als Versuch simultaner Herstellung von Kapitalimport- und Kapitalexportneutralität und zeigen die logische Unmöglichkeit einer solchen Forderung. Als Lösungsvorschlag unterbreiten sie eine Begrenzung der Prüfung einer Ungleichbehandlung auf reine Nichtdiskriminierung. Eine ähnliche Schlussfolgerung zieht auch Schön[19], der versucht, den dargestellten Grundkonflikt mittels der Kriterien von Neutralität und Territorialität deduktiv aufzuzeigen.

Die nachfolgenden Ausführungen folgen Schöns Forderung eines deduktiven Ansatzes. Ein solcher, so führt er aus, „würde bei denjenigen Prinzipien, die dem Binnenmarkt und dem Verhältnis zwischen Unionsrecht und nationalem Recht zugrunde liegen, beginnen und diese Prinzipien als Maßstab für die Bewertung der einzelnen Entscheidungen des Gerichtshofs in Luxemburg heranziehen."[20] Entsprechend beginnt auch diese Abhandlung mit

---

[15] Wagner (2014), S. 1133. Grundlegend Wagner (1992), S. 2 ff.
[16] Kluge (2000), Rn. J 11.
[17] Führich (2009).
[18] Graetz/Warren (2006).
[19] Schön (2015).
[20] Ebd., S. 110 f.

der Suche nach geeigneten Prinzipien, die Aussagekraft auf die Wirkungsweise der Rechtsprechung auf das direkte Steuerrecht aufweisen können. Es soll hierbei verdeutlicht werden, wie die auch von Graetz/Warren und Führich ins Feld geführte Kriterien der Kapi-
talimport- und Kapitalexportneutralität als ökonomische Objektivierung einer vollständigen Besteuerung nach dem Welteinkommens- oder dem Territorialitätsprinzip geeignete
Kriterien für die Beurteilung der Fragestellung sein können.[21] Im dritten Abschnitt wird
daher zunächst knapp erörtert, inwiefern diese Prinzipien derzeit am Binnenmarkt anzutreffen sind und eine Übersicht über die Grundverkehrsfreiheiten und der fundamentalen
Funktions- und Wirkungsweise des EuGH gegeben.

Auf dieser Grundlage soll im vierten Abschnitt in umfassender Weise dargestellt werden, welche Wirkungen die Entscheidungen und Dogmatik des Gerichtshofs auf das System
der direkten Besteuerung von Investitionen am Binnenmarkt entfaltet hat. Hierzu werden
die Urteile entsprechend ihres Zusammenhangs in verschiedene Bereiche rubriziert und
analysiert. In jeweils knapper Zusammenfassung dieser Bereiche wird die zweite Frage nach
den ökonomischen Wirkungen der Rechtsprechung und ihren Einfluss auf die nationalen
Steuerrechtsordnungen beantwortet. Aufbauend darauf werden im fünften Abschnitt Anforderungen an ein Prüfungsschema aufgezeigt, welches die identifizierten Konflikte zwischen primärem Unionsrecht und nationalen Besteuerungssystemen auflösen könnte.

---

[21]   So auch Ruf (2008), S. 62 f.

2 Kriterien einer ökonomischen Beurteilung grenzüberschreitender Besteuerungssysteme

2.1 Effizienz und Entscheidungsneutralität

Zur ökonomischen Beurteilung der Auswirkungen von Entscheidungen des EuGH bedarf es zunächst eines Maßstabs. Zur Beschreibung der ökonomischen Zielsetzung des Binnenmarkts wird hierbei insbesondere in der rechtswissenschaftlichen Literatur zumeist der Begriff der „Wettbewerbsneutralität" genannt.[22] Da nach verbreiteter Auffassung der Binnenmarkt die Schaffung eines Systems „unverfälschten Wettbewerbs" bedeute,[23] bestehe das binnenmarktbezogene Ziel von EUV und AEUV in der Herbeiführung des Zustands von Wettbewerbsneutralität.[24] Es läge somit nahe, dieses Kriterium auch in vorliegender Betrachtung als Zielmaßstab zu verwenden.

Unglücklicherweise herrscht indes über Inhalt und Reichweite dieses Begriffs aus ökonomischer Betrachtungsweise weitgehende Uneinigkeit.[25] Eine brauchbare Definition liefert Maiterth, der Wettbewerbsneutralität auf Unternehmen bezieht, „zwischen denen unmittelbare Wettbewerbsbeziehungen bestehen. Dies ist dann der Fall, wenn die Unternehmen auf demselben Markt [Anm.: hier branchenbezogen] aktiv sind. Sie produzieren also gleichartige Güter oder Dienstleistungen, die von den Nachfragern als Substitute angesehen werden."[26] Neutralität bezieht sich sodann auf die relative steuerliche Behandlung dieser bereits existierenden und konkurrierenden Marktakteure.[27] Bei weiter reichenden Definitionen wird der Wettbewerbsneutralität auch intersektorale Neutralität zugerechnet.[28]

Obgleich der Begriff bei der Besteuerung von Waren (Zielmarktneutralität) am Binnenmarkt zweckdienlich sein mag, eignet er sich für das direkte Steuerrecht nicht in vergleichbarer Weise. Wettbewerbsneutralität könnte auch hier im nationalen Kontext durchaus aussagekräftig sein, für die Anforderungen an einen gemeinsamen Binnenmarkt ist der Begriff jedoch nicht sachdienlich. Zum einen umfasst der Binnenmarkt auch die Freiheit eines unbeschränkten (grenzüberschreitenden) Marktzugangs, was eine Beschränkung auf

---

[22] Vgl. bspw. Mick (1995), S. 46; Dautzenberg (1997), S. 17 f.; Ohlendorf (2015), S. 6 sowie Richtlinie 2009/133/EG des Rates vom 19. Oktober 2009 (Fusionsrichtlinie), 2. Erwägungsgrund.

[23] Vgl. Kluge (2000), Rn. B 16. Siehe auch Ruding et al. (1992), S. 12.

[24] Vgl. Schaumburg in Schaumburg/Englisch (2015), Rn. 1.4. Hierfür spricht auch die Verwendung des Begriffs der „Wettbewerbsverzerrungen" in Art. 116 und 117 AEUV. Das Argument, „Wettbewerbsneutralität" könne nicht als eine Forderung an die direkte Besteuerung erhoben werden, kann nach Ansicht von Maiterth (2001), S. 73-75 spätestens seit Einführung der Währungsunion nicht mehr gelten.

[25] Vgl. Maiterth (2001), S. 77 ff.

[26] Ebd., S. 98.

[27] Vgl. ebd., S. 101 mit Verweis auf Findeisen (1923), S. 169.

[28] So bspw. Neumark (1970), S. 264 f.

bereits konkurrierende Unternehmen ausschließt. Entscheidender noch ist die Zielsetzung des Binnenmarkts, die deutlich enger gefasst ist, als dass Wettbewerbsneutralität als Anforderung an das direkte Steuerrecht hieraus abgeleitet werden könnte.[29] Für den in der vorliegenden Arbeit zu untersuchenden Teilbereich der Investitionsentscheidungen erscheint es sinnvoller, an andere Kriterien anzuknüpfen.[30] Hierfür soll zunächst definiert werden, wann ein Besteuerungssystem insgesamt als „effizient" anzusehen ist.

Dabei ist es hilfreich, die Steuerbefolgungskosten des Steuersubjekts in drei Komponenten zu unterteilen. Zunächst existiert eine Steuerlast, welche über die Aufteilung der volkswirtschaftlichen Ressourcen zwischen Staat und Individuen entscheidet. Sie hat keinen unmittelbaren Einfluss auf die gesamtwirtschaftliche Wohlfahrt, da dem Vermögensabfluss des Zensiten ein fiskalischer Vermögenszufluss gegenübersteht (Einkommenseffekt).[31] Weiterhin existieren Transaktionskosten der Besteuerung (Steuererhebungskosten), welche in Informationsasymmetrien zwischen Staat und Zensit begründet liegen, deren Beseitigungskosten daher tatsächliche Wohlfahrtseinbußen darstellen. Die dritte Komponente, auch „deadweight loss" oder „excess burden"[32] genannt, beschreibt die Wohlfahrtseinbuße, den die Volkswirtschaft durch eine steuerlich induzierte Abweichung von der (vor Steuern optimalen) Ressourcenallokation sowie der gesamtwirtschaftlichen Konsum-Spar-Entscheidung erleidet und der keine anderweitigen Wohlfahrtszuwächse gegenüberstehen (Substitutionseffekt). Der Effekt resultiert aus der Verzerrung der Entscheidung über Investition / Nicht-Investition und die Reihenfolge der vor Steuern optimalen Investitionsobjekte durch ein Besteuerungssystem. Ökonomische Effizienz beschreibt im Bereich des Steuerrechts die Minimierung von Transaktionskosten und der excess burden. Während die (aufgrund bestehender Informationsasymmetrien zum Großteil exogen vorgegebenen) Transaktionskosten durch die Rechtsprechung des EuGH wenig beeinflussbar sind[33], können dessen Entscheidungen Wirkungen auf die excess-burden aufweisen. Darauf soll daher der Fokus der nachfolgenden Betrachtung liegen.

Zur Untersuchung von Effizienz als optimale Ressourcenallokation an Märkten bieten sich grundsätzlich zwei Herangehensweisen an: In den Finanzwissenschaften wird auf Grundlage gesamtwirtschaftlicher Optimalsteuertheorie, unter den Annahmen vollständiger Konkurrenz und rationalem Handeln der Marktakteure, eine solche Effizienz im Pareto-Optimum gesehen, in welchem eine Veränderung der Ressourcenverteilung keine weiteren Wohlfahrtssteigerungen zulässt (Produktionseffizienz) und die für Individuen op-

---

[29] Wettbewerbsneutralität bedeutet die Unverzerrtheit der unternehmerischen Entscheidungen sämtlicher Konkurrenten (zumindest) derselben Branche. Die Grundverkehrsfreiheiten hingegen sollen lediglich die Permeabilität für die Akteure der Teilmärkte erhöhten. Sie knüpfen entsprechend immer an einen Grenzübertritt an. Neutralität innerhalb der (damals) existierenden Teilmärkte war hingegen nie Zielsetzung des Binnenmarkts. So auch Dautzenberg (1997), S. 17 ff.

[30] Ebenso Maiterth (2001), S. 76.

[31] Auswirkungen auf die Wohlfahrt kann erst die Mittelverwendung dieser Steuerlast haben. Mögliche Wohlfahrtseinbußen durch staatliche Ineffizienz sollen hier nicht erörtert werden.

[32] Hierzu: Wellisch (2000), S. 23 ff.; Homburg (2007a), S. 141 ff.

[33] Einflussmöglichkeiten auf Transaktionskosten bestehen ggf. bei der Auslegung bestimmter Richtlinien über Informationsaustausch und Anforderungen an die Mitwirkungspflichten von Steuerpflichtigen (bspw. Buchführungspflicht). Weiterhin ist zu bedenken, dass die in Luxemburg generierten Gerichtskosten selbst als systemimmanente Transaktionskosten anzusehen sind.

timale intertemporale Konsumentscheidung getroffen wird (Konsumeffizienz und intertemporale Effizienz).[34] Hierfür wird u. a. regelmäßig ein vor Steuern effizienter Markt unterstellt, so dass ein Besteuerungssystem dann effizient ist, wenn es sämtliche Entscheidungen von Individuen über Konsum, Investitionen und Finanzierungswege an diesem Markt durch die Besteuerung unverändert lässt. Wie jedoch hinreichend bewiesen wurde, kann eine solche Erstbest-Besteuerung nicht existieren. Diese erfordere eine Besteuerung des individuellen Nutzens[35], zu dem ebenso die Präferenz der sachlichen Konsumnachfrage wie auch jene der Konsum-Freizeitentscheidung zählt und der daher faktisch nicht beobachtbar oder messbar ist. Er eignet sich daher nicht als rechtlich verwertbare Zielgröße eines Besteuerungssystems. Neben Größen wie Anzahl oder Menge ist eine Besteuerung daher zumeist zur Anbindung an monetäre Größen gebunden.

Die Steuerwirkungslehre hingegen versucht, Effizienz aus Sicht des nutzenmaximierenden Individuums abzuleiten. Auch hier wird von einem vor Steuern effizienten Markt ausgegangen. Solange ein Besteuerungssystem die Entscheidung der Marktakteure über die Verteilung und Verwendung ihrer Mittel nicht beeinflusst (dieses Ziel benennt die Steuerwirkungslehre „Entscheidungsneutralität"[36]), beschreiben beide Disziplinen denselben Zustand.[37] Wird keine Entscheidung eines Individuums durch die Besteuerung verändert, so stellen sich auch gesamtwirtschaftlich Produktions- und intertemporale Konsumeffizienz ein. Dieser Zustand lässt sich, wie bereits die Erkenntnisse der Optimalsteuertheorie[38] nahelegen, nicht verwirklichen, da die relativen Markpreise bereits durch eine erstbeste Besteuerung beeinflusst werden[39] und eine hierfür notwendige Besteuerung des Nutzenfaktors Freizeit[40] kaum möglich erscheint. Demnach wird gegenüber den Vertretern einer so verstandenen Entscheidungsneutralität der Vorwurf erhoben, im Schutze ihres Elfenbeinturms den Erkenntnissen der Finanzwissenschaften unreflektiert zu widerstehen.[41] Fest steht jedoch auch, dass eine begrenzte Forderung nach Entscheidungsneutralität im unternehmerischen Wertschöpfungsbereich (Investitions- und Finanzierungsneutralität) weitgehend deckungsgleich mit der finanzwissenschaftlichen Forderung nach Produktionseffizienz ist.[42] Da diese Selbstbeschränkung für die hier angestellten Überlegungen ausreichend und zweckdienlich erscheint, kann eine weitere Auseinandersetzung mit diesen Argumenten an dieser Stelle unterbleiben.[43]

---

[34] Zu diesen finanzwissenschaftlichen Forderungen siehe Homburg (2000), S. 4-12; Homburg (2007a), S. 149-166 und 303 ff.

[35] Vgl. Homburg (2007a), S. 164.

[36] Eine Literaturübersicht liefern Hundsdoerfer et al. (2008), S.68 ff. Zur Idee der Entscheidungsneutralität als „Weiterentwicklung" des Gedankens einer Gleichmäßigkeit der Besteuerung (horizontale Steuergerechtigkeit als wertneutraler Teilaspekt des Leistungsfähigkeitsprinzips) siehe u.a. Wenger (1983), S. 217; Kiesewetter (1999), S. 21 ff. Bei der Verwendung des Begriffs ist zu beachten, dass er in der Finanzwissenschaft ebenfalls, jedoch nicht immer gleichbedeutend verwendet wird.

[37] Wenngleich der Begriff auch, wie es Elschen/Hüchtebrock (1983), die sich an einer Abgrenzung versuchen, auf S. 253 ausdrücken, „wie eine Amöbe [...] von Text zu Text seine Gestalt [ändert]".

[38] Grundlage hierfür bildet das Produktionseffizienztheorem nach Diamond/Mirrlees (1971).

[39] Vgl. Elschen (1991), S. 109.

[40] Vgl. Homburg (2007a), S. 152 ff.

[41] Etwas drastischer formuliert es Elschen (1991), S. 99.

[42] Vgl. Homburg (2007a), S. 240.

[43] Zur Konsumneutralität sei auf Abschnitt 2.2.3 verwiesen.

Da sich die Zustände von Produktionseffizienz sowie Investitions- und Finanzierungs-neutralität entsprechen, soll hier die für eine Rechtsprechungsanalyse zweckdienlichere Methode der Steuerwirkungslehre gewählt werden. Sie geht von einem bestehenden Besteu-erungssystem aus und kann Auswirkungen einer Änderung einzelner Rechtsnormen (oder deren Anwendung) auf das Investitionsverhalten aufzeigen. Der Aggregationsgrad ist hier-bei frei wählbar. Die finanzwissenschaftliche Herangehensweise ist hingegen beschränkt durch ihren hohen Aggregationsgrad, der insbesondere im vielschichtigen internationalen Steuerrecht die Aussagekräftigkeit einschränkt.[44] Eine isolierte Betrachtung von Verände-rungen innerhalb des Systems ist daher kaum möglich. Im Folgenden sollen daher jene Fak-toren der Entscheidungsneutralität der Besteuerung identifiziert werden, auf welche die Rechtsprechung des EuGH Einflussmöglichkeiten zulässt. Dies bedeutet jedoch nicht, dass ein Zugriff auf Instrumente und Erkenntnisse der Finanzwissenschaften unterbleiben wird.

Innerhalb des europäischen Binnenmarkts können Entscheidungen auf vielfache Weise beeinflusst sein. Nur ein Teil der hierdurch hervorgerufenen Zusatzlast der Besteuerung unterliegt jedoch einem Einfluss durch den EuGH. Um solche zu identifizieren, ist zunächst eine Unterteilung der hier betrachteten Entscheidungsverzerrungen in verschiedene Ebe-nen hilfreich. Es werden dabei nur solche Ebenen betrachtet, die sich auf die hier betrach-teten Investitionsentscheidungen auswirken. Im Folgenden soll unterschieden werden hin-sichtlich der Neutralitätsaspekte:

- bei Finanzierungs- und Investitionsentscheidungen auf nationaler Ebene
- bei der internationalen Standortentscheidung
- in Abhängigkeit der Ansässigkeit der Eigner
- bei Möglichkeit buchhalterischer Gewinnverlagerungen
- bei Mehr- oder Minderbesteuerung grenzüberschreitender Investitionen[45]

Nur wenn auf allen Ebenen unternehmerische Entscheidungen unverzerrt bleiben, kann von Neutralität der internationalen Finanzierungs- und Investitionsentscheidung ge-sprochen werden. Die gesamte Zusatzlast ergibt sich hierbei aus den Kosten der Verzerrun-gen auf den einzelnen Ebenen in Abhängigkeit von deren Interdependenz. Bezogen auf Fi-nanzierungs- und Investitionsneutralität ist diese Interdependenz als eher gering einzu-schätzen, da sich (zumindest gedanklich) die Kapitalallokation innerhalb des Staates von der Kapitalallokation zwischen den Staaten ebenso trennen lässt wie realwirtschaftliche von buchhalterischen Verlagerungen.

---

[44]   Vgl. Kiesewetter (1999), S. 6.
[45]   Diese Ebene ist zwar Teil der Verzerrung internationaler Standortentscheidungen, soll aber aus Anschaulich-keitsgründen (s.u.) separat betrachtet werden.

2.2 Nationale Entscheidungsneutralität

2.2.1 Investitions- und Finanzierungsneutralität

Entscheidungsneutralität basiert auf der Annahme, dass alle Individuen nach Maximierung ihres Konsumnutzens streben.[46] Investitionen stellen hierbei eine Möglichkeit zur Schaffung von Konsumpotential dar. Zur Maximierung dieses Konsumpotentials werden von den verfügbaren Investitionsobjekten diejenigen mit dem größten Kapitalwert durchgeführt. Hierdurch wird bereits deutlich, dass als Entscheider (Investoren) in diesem Sinne lediglich natürliche Personen infrage kommen, da nur sie Träger der wirtschaftlichen Steuerlast[47] sein können, die als „Verlust an privater Konsumtion in Erscheinung [tritt]."[48] Entsprechend können Kapital- oder Personengesellschaften in ihren unterschiedlichen Ausprägungen nie als Investor gelten.[49] Dieser ist stets die Person oder der Personenkreis, der außerhalb eines Unternehmens oder Unternehmensverbunds die Mittel für Investitionen bereitstellt und Rückflüsse aus Investitionen zu seinen persönlichen Konsumzwecken einsetzen kann. Investitionen einer Gesellschaft in eine neue Gesellschaft oder Betriebsstätte, ein Produkt, etc. sind lediglich „Unterinvestitionen" des Investors.

Investitionsneutralität beschreibt nun einen Zustand, in welchem Rangfolge und Ausmaß der in einer Welt ohne Steuern durchgeführten Investitionen durch die Besteuerung unverändert bleiben und hierdurch das größtmögliche Konsumpotential erreicht werden kann.[50] Anders als realwirtschaftliche Bestandteile des Optimierungskalküls wie Kapital-, Lohn- oder Materialkosten, leisten Steuerzahlungen keinen Beitrag zur volkswirtschaftlich bestmöglichen Mittelverteilung.[51] Eine ineffiziente Verteilung entsteht dann durch die Besteuerung, wenn sie die absolute oder relative Vorteilhaftigkeit von Investitionen verändert.[52] Die sich hieraus ergebenden Anforderungen an ein investitionsneutrales Besteuerungssystem werden entsprechend als Niveauinvarianz und Rangfolgeinvarianz bezeichnet.[53] Beide Anforderungen werden gewahrt, wenn die Besteuerung den Kapitalwert proportional verändert.[54]

---

[46]   Vgl. Wenger (1983), S. 212.

[47]   Zu diesem Ergebnis gelangt auch Auerbach (2006), S. 33 nach Durchsicht diverser alternativer Erklärungsansätze: „Our journey [...] through the more recent literature takes us both forward and backward: forward in considering issues not previously studied, but backward in reestablishing the relevance of the shareholder incidence approach."

[48]   Rose (1991), S. 21; siehe weiter McNulty (1989), S. 131.

[49]   Als Ausnahmen werden große Publikumsgesellschaften ohne Mehrheitseigner diskutiert, bei welchen aufgrund diversifizierter Eignerstruktur die Auswirkungen unternehmerischer Entscheidungen auf den hieraus resultierenden Kapitalwert der Eigner nach Steuern nicht abgeschätzt werden können. Zum Einfluss einer Trennung von Eigentum und Unternehmensleitung siehe bspw. Crocker/Slemrod (2005) m.w.N. Auch hier bleibt jedoch zu beachten, dass „es durch Einschaltung juristischer Personen in den Wirtschaftsprozess nicht zu einer Vervielfältigung steuerlicher Leistungsfähigkeit [kommt]" (Hey in Tipke/Lang (2015), § 3, Rn 51).

[50]   Vgl. Bareis (1996), S. 34.

[51]   Ausnahme hierfür ist die bewusste Steuergestaltung des Staates zur Wahrnehmung seiner Lenkungsfunktion.

[52]   Vgl. Harberger (1966) unter Beachtung von Shoven (1976) und Harberger/Bruce (1976).

[53]   Siehe hierzu König (1997), S. 45.

[54]   Vgl. Hackmann (1989), S. 55.

Steuersätze können jedoch nur dann proportional auf den Kapitalwert wirken, wenn sie auch auf diesen angewandt werden, ihre Bemessungsgrundlage also der Zahlungsstrom oder ein Barwertäquivalent ist. Dies bedeutet, dass der Steuersatz an objektivierbaren und verwirklichten realwirtschaftlichen Größen (economic objective values) anknüpfen muss, die als Grundlage realwirtschaftlicher Investitionsentscheidungen dienen.[55] Rational handelnde Individuen legen ihren Investitionsentscheidungen lediglich Zahlungsströme zugrunde, also Investitionsauszahlungen und daraus resultierende (um die Steuerlast verringerte) Einzahlungen, welche sie zu Konsumzwecken verwenden können. Die einfachste Form einer investitionsneutralen Besteuerung ist eine entsprechend ausgestaltete Konsumsteuer.[56] Investitionsentscheidungen können durch eine solche nicht beeinflusst werden, da diese nicht an die Herkunft der verfügbaren Mittel anknüpft (Einkünfte / Gewinne), sondern an die Verwendung der Mittel beim Endverbraucher. Wiederanlagen, die keinen Konsum für den Investor ermöglichen, bleiben so bei der Besteuerung unberücksichtigt. Jedoch kann auch durch andere Möglichkeiten eine Wirkungsgleichheit der Besteuerung zu einer Konsumsteuer hergestellt werden (sogenannte konsumorientierte Besteuerung). Dies geschieht, indem entweder der Geldzufluss, verringert um den Geldabfluss zwecks Reinvestitionen, also der zu Konsumzwecken verfügbare Zahlungsüberschuss als Steuerbemessungsgrundlage dient (Cash-Flow-Steuer)[57], eine Besteuerung des ökonomischen Gewinns durch Korrektur der Bemessungsgrundlage um Ertragswertabschreibungen vorgenommen wird (Johansson-Samuelson-Steuer)[58] oder durch Abzugsfähigkeit eines bestimmten Zinssatzes auf das Eigenkapital die Bemessungsgrundlage korrigiert wird (zinsbereinigte / sparbereinigte Einkommensteuer).[59]

Grundlage der Rangfolgeneutralität ist die gleichmäßige Besteuerung aller Investitionsalternativen. Wird ein einheitlicher Steuersatz herangezogen, dem sämtliche Einkünfte aus Investitionen unterliegen, ist diese erfüllt. Sind die bisher formulierten Voraussetzungen an die Steuerbemessungsgrundlage erfüllt, wirkt ein linearer Tarif investitionsneutral. Dies gilt bei der zins- und sparbereinigten Einkommensteuer sowie der Besteuerung des ökonomischen Gewinns unabhängig vom Vorliegen sicherer oder unsicherer Erwartungen der Investoren über die erzielbaren Zahlungsüberschüsse der zur Auswahl stehenden Investitionsobjekte, insofern der Investor risikoneutral ist oder ein vollständiger Markt für beliebige zustandsabhängige Zahlungsansprüche besteht.[60] Ist der Steuertarif dagegen aufgrund von Freibeträgen oder progressiven Steuertarifen nicht-linear definiert oder ändert sich der Steuersatz durch Steuersatzerhöhungen oder -senkungen im Zeitablauf, so können sich auf unterschiedlich hohe Bemessungsgrundlagen verschiedene Steuerwirkungen ergeben.[61]

Eine Cash-Flow-Steuer verletzt in diesem Fall die Neutralitätsbedingungen. Da die Anschaffungszahlung zu sofortigem Aufwand führt, ist die temporale Gleichmäßigkeit des

---

[55] Vgl. Schreiber (2012), S. 603.

[56] Ebenso neutral wirkt eine Kopfsteuer, die vollständig unabhängig von den Investitionsobjekten ist und daher auch investitionsneutral wirkt, wenngleich sie mit dem Leistungsfähigkeitsprinzip kaum zu vereinbaren ist. Einen Überblick zur ökonomischen Diskussion über die „richtige" Bemessungsgrundlage liefert Siegel (2000).

[57] Siehe Brown (1948).

[58] Siehe Samuelson (1964) und Johansson (1969).

[59] Siehe Wenger (1983) und Wenger (1999) sowie Boadway/Bruce (1984).

[60] Vgl. Schwinger (1992), S. 52 ff.; Thalmeier (2002), S. 35 ff.

[61] Zu Regel und Ausnahmen siehe Schneider (1980).

Steuersatzes immanente Bedingung für Investitionsneutralität, da Anschaffungsauszahlung und spätere Rückflüsse ansonsten eine unterschiedliche steuerliche Gewichtung erfahren.[62] Wird der ökonomische Gewinn, das spar- oder zinsbereinigte Einkommen als Bemessungsgrundlage herangezogen, so können bei diesen Systemen bei Sicherheit über die zu erwartenden Zahlungsüberschüsse der Investitionsalternativen progressive Tarife Investitionsneutralität auch nur dann gewährleisten, wenn der angestrebte Konsumstrom des Investors ex ante gegeben ist.[63] Besteht zudem Unsicherheit (wie in der Realität angenommen werden kann), so können nicht-konstante Tarife keine Investitionsneutralität mehr gewährleisten, da hierfür nun eine Lineartransformation des Kapitalwerts vor Steuern erforderlich wäre.[64]

Verletzt wird Investitionsneutralität weiterhin dann, wenn unterschiedliche Tarife auf verschiedenartige Rückflüsse angewandt werden.[65] Hierdurch können Anreize entstehen, Zahlungsüberschüsse der jeweils günstigeren Einkunfts- oder Gewinnart zuzuordnen oder Investitionen durch günstiger besteuerte Alternative zu substituieren.[66] Die Entscheidungsneutralität wird verletzt.

Da auch Finanzierungsentscheidungen als Zahlungsströme und somit als Kapitalwerte dargestellt werden können, gelten für die Finanzierungsneutralität grundsätzlich die gleichen Voraussetzungen wie für Investitionsneutralität (der Kapitalwert einer Mittelüberlassung stellt für den Kapitalnehmer lediglich den negativen aber der absoluten Höhe nach gleichen Kapitalwert vor Steuern des Kapitalgebers dar).[67] Finanzierungsneutralität liegt vor, wenn zum einen Selbst-, Beteiligungs- und Fremdfinanzierung steuerlich gleich erfasst werden (Kapitalkostenneutralität) und die Rangfolge zwischen oder innerhalb dieser Finanzierungswege unverändert bleibt (Finanzierungsvertrags-Neutralität).[68]

2.2.2 Rechtsformneutralität

Rechtsformneutralität beschreibt einen Zustand, in dem ein Besteuerungssystem bei der Besteuerung von Personen- und Kapitalgesellschaften sowie Hybridformen zum gleichen Ergebnis gelangt.[69] Da nicht-natürliche Personen, wie oben aufgeführt, nie als Investoren gelten können, kann Rechtsformneutralität ökonomisch nie die Forderung nach der

---

[62] Bei Vorliegen unsicherer Erwartungen führt eine Cash-Flow-Steuer zudem zu einer steuerlichen Subvention von Verlustgeschäften, da zwar der sofortige Verlustabzug möglich ist, im Verlustfall jedoch keine weitere Besteuerung gewährleistet werden kann (vgl. König (1997), S. 50).

[63] Siehe Schwinger (1992), S. 248 ff mit Darstellung der Möglichkeit eines Ausgleichsverfahrens zur Begrenzung dieser Effekte.

[64] Einen Überblick in einem recht einfachen Modell geben Neus/von Hinten (1992). Siehe weiterhin Schwinger (1992), S. 57; Bond/Devereux (1995), S. 67 ff. Zu Auswirkungen auf die Bereitschaft zur Risikoübernahme bei risikoneutralen und -aversen Investoren siehe Bamberg (1984).

[65] Eine Unterscheidung der Steuertarife bei Arbeits- und Kapitaleinkommen (bei der dualen Einkommensbesteuerung ebenso wie bei der in Deutschland praktizierten Aufteilung in Einkünfte aus nichtselbständiger Tätigkeit und Einkünfte aus Kapitalvermögen) ist demgegenüber unproblematisch, da hierdurch zumeist keine Auswirkungen auf Investitions- und Finanzierungsentscheidungen zu erwarten sind (vgl. Jacobs (1999), S. 108).

[66] Vgl. Kiesewetter (1999), S. 78 f.

[67] Vgl. Schreiber (2012), S. 618 f.

[68] Vgl. Kiesewetter (1999), S. 19.

[69] Siehe hierzu Schreiber (2012), S. 323 ff.

Gleichbehandlung der Rechtsform eines Investors sondern immer nur die Forderung nach einer Gleichbehandlung der Besteuerung der Investition oder Finanzierung unabhängig von deren gesellschaftsrechtlichen Eigenschaften sein.[70] Sie lässt sich daher auch als Teilaspekt einer Investitions- und vor allem der Finanzierungsneutralität interpretieren.[71]

Während Investitions- und Finanzierungsneutralität in der betriebswirtschaftlichen Steuerlehre weithin als wünschenswerte Eigenschaften eines Steuersystems akzeptiert sind, ist die Forderung nach Rechtsformneutralität nicht unumstritten.[72] Sie scheitert bei transparenten Besteuerungssystemen bereits an progressiv ausgestalteten Einkommensteuertarifen, welche die persönliche Situation des Eigners, nicht jedoch dessen Wettbewerbsfähigkeit berücksichtigen.[73] Entspräche man der Forderung der Rechtsformneutralität, so wären Investitionen und Finanzierungen mittels Kapitalgesellschaften, Personengesellschaften sowie dazwischen liegenden Hybriden steuerlich gleich zu behandeln.[74] Ob dies dem Ideal einer Gleichmäßigkeit der Besteuerung entspricht, hängt davon ab, ob sich die gleich zu behandelnden Investoren in vergleichbaren Situationen befinden. Ob die Forderung hingegen zu Entscheidungsneutralität führt, hängt indes davon ab, ob durch verschiedene gesellschaftsrechtliche Gebilde einer Investitions- und Finanzierungsalternative ein identisches Konsumpotential (der gleiche Kapitalwert) erreicht werden kann. Im Falle divergierender rechtsformspezifischer Gewinnausschüttungsbeschränkungen[75] und Haftungsumfang[76] wird jedoch deutlich, dass sich der erzielbare Kapitalwert bereits vor Steuern unterscheiden kann. Rechtsformneutralität, verstanden als gleichmäßige steuerliche Belastung der dem Unternehmen zu- oder abfließenden Zahlungsströme (oder deren Surrogatmaß), ist in diesem Falle unvereinbar mit einer Gleichmäßigkeit[77] sowie einer Investitionsneutralität der Besteuerung.[78] Bezogen auf die Finanzierungsneutralität könnte ein nationales Steuersystem unter der Annahme von Unsicherheit über die zukünftig erzielbaren Zahlungsüberschüsse Neutralität nur in Kenntnis der individuellen Nutzenfunktionen unter Berücksichtigung von bestehenden Risikoaversionen der Investoren gewährleisten.

Fraglich erscheint aufgrund der freien Rechtsformwahl somit vielmehr das Ausmaß der bestehenden Verzerrung. Steht es dem Investor frei, eine Investition in der für ihn günstigsten Rechtsform durchzuführen[79], so beschränkt sich die excess-burden auf die Transaktionskosten eines gegebenenfalls notwendigen Rechtsformwechsels (oder aus der Differenz

---

[70]   Vgl. Wagner (1981).

[71]   Vgl. bspw. Schwinger (1992), S. 11; Kiesewetter (1999), S. 19.

[72]   Vgl. bspw. Schmiel (2006).

[73]   Vgl. Maiterth (2001), S. 78 f.

[74]   Näherungsweise wäre dies bspw. mittels einer Teilhabersteuer möglich.

[75]   Vgl. Jachmann (2000), S. 36.

[76]   In einer Welt mit Unsicherheit kann eine in den Kapitalwert einer Investition eingehende mögliche „Schadenssumme" in einem ungünstigen Umweltzustand bei Kapitalgesellschaften geringer ausfallen. Vgl. auch Schmiel (2006).

[77]   So auch Schreiber (2012), S. 324.

[78]   Eine solche Investitionsneutralität erforderte eine unterschiedliche Besteuerung von Investitionsobjekten verschiedener Rechtsformen je nach deren gesellschaftlichen Ausprägungen, den möglichen Zahlungsströmen und dem daraus resultierenden Nutzen für den Eigner (z.B. Risikoeinstellung).

[79]   Rechtsformwechsel sind im deutschen Steuerrecht bei reinen Inlandssachverhalten i.d.R. steuerneutral möglich, vgl. Hundsdoerfer et al. (2008), S. 90.

der Errichtungskosten der steuerlich ungleich behandelten Gesellschaftstypen). Es wäre daher sinnig, die Transaktionskosten möglichst gering zu halten[80] und speziell Umwandlungen keiner zusätzlichen aperiodischen Besteuerung zu unterwerfen (bspw. durch weite Möglichkeiten einer Buchwertfortführung).[81]

Dieser Grundsatz kann hierbei durchaus so weit verallgemeinert werden, dass er nicht nur die Rechtsform einer einzelnen Gesellschaft, sondern auch die gesellschaftsrechtliche Struktur eines größeren Investitionsvorhabens einbezieht. So muss ein weiter gefasster Begriff rechtsformneutraler Besteuerung auch die freie Wahl des Investors zur Schaffung und Terminierung der für ihn optimalen Struktur aus Untergesellschaften, Holdinggesellschaften, etc. einbeziehen.[82] Eine Anpassungen dieser Strukturen durch Restrukturierungen (z.B. Fusionen, Einbringungen, Spaltungen, Tausch von Anteilen) darf analog zu Umwandlungen einzelner Gesellschaften dann zu keinen aperiodischen Steuerbelastungen führen, wenn sich hierdurch keine Veränderungen in der quotalen (auch mittelbaren) Eigentümerstruktur des Investitionsobjekts ergeben.[83]

Während diese Auswirkungen bestehender Ungleichbehandlungen zwischen Rechtsformen auf nationaler Ebene[84] aufgrund weitreichender steuerneutraler Umwandlungsmöglichkeiten als gering anzusehen sind, erscheinen sie in einer Welt mit einer Vielzahl von (der Höhe nach) ungleich besteuernder Staaten erheblich verstärkt.[85] Unterschiede in der Besteuerung von Rechtsformen ergeben sich hierbei vor allem durch die Abschirmwirkung der Kapitalgesellschaft auf die Sphäre des Investors (Standort- und Verlagerungsneutralität), durch die unterschiedliche Berücksichtigung von Eigen- und Fremdkapital (mit starken Auswirkungen vor allem Verlagerungsneutralität) sowie durch divergierende steuerliche Definition der Rechtsform (Mehr- / Minderbesteuerung).[86]

Sämtliche dieser Probleme lassen sich auf die fehlende Subjektidentität (von Zensit und Destinar) zurückführen. Sie lassen sich nur lösen, wenn im Falle einer Anrechnungsmethode die Körperschaftsteuer keine abschließende Besteuerung darstellt (indirekte Anrechnung) und auch hier der Steuersatz des Investors maßgeblich bleibt.[87] Bei einer Freistellungsmethode hingegen wäre die Erhebung der Körperschaftsteuer unabhängig von der Investorenebene zur Durchsetzung einer kapitalimportneutralen Besteuerung problemlos möglich. Hierbei auftretende Verzerrungen des Investorenverhaltens durch nationale Tarifprogressionen sind Verletzungen der nationalen Investitionsneutralität geschuldet (vgl. Abschnitte 2.3.2 und 2.3.3).

---

[80] Vgl. Herzig (1988), S. 342.

[81] Dem kann nicht entgegengehalten werden, dass eine Aufdeckung von stillen Reserven lediglich eine „Richtigstellung" bislang bestehender Verzerrungen durch Bewertungsdifferenzen darstellt. Denn die einseitige Aufdeckung dieser stillen Reserven, ausschließlich aufgrund einer Umwandlung, bewirkt eine einseitige steuerliche Mehrbelastung des Vorgangs im Vergleich zur Unterlassungsalternative. Umwandlungen sind daher kein geeigneter Tatbestand zur Korrektur verzerrend wirkender Bewertungsdifferenzen.

[82] Eine Erläuterung möglicher Restrukturierungsfälle liefern Herzig/Förster (1998), S. 99 ff.

[83] Ergeben sich solche Änderungen, wäre der Vorgang zumindest teilweise als Veräußerung zu betrachten.

[84] Siehe zu allgemeinen Belastungsunterschieden von Personen- und Kapitalgesellschaften bspw. Förster (2001), S. 1234 ff.

[85] Vgl. Herzig/Förster (1998), S. 105 ff.; Maiterth/Sureth (2006), S. 18.

[86] Siehe im Einzelnen Esser (2004), S. 68 ff.

[87] Vgl. Fuest/Huber (2000), S. 515 f.

2.2.3 Konsumneutralität

Während die anderen hier behandelten Neutralitätsbedingungen der Sphäre der Erzielung konsumptionsfähigen „Einkommens" zuzurechnen ist (Unternehmensplan), entscheidet die Konsumneutralität über dessen Verwendung (Haushaltsplan).[88] Die Konsumentscheidung setzt sich zusammen aus dem Zeitpunkt und der Art des Konsums und ist daher abhängig von persönlichen Konsumpräferenzen (sachliche Grenzrate der Konsumtransformation) und der persönlichen marginalen Zeitpräferenzrate (Konsum-Spar-Entscheidung).[89] Während die direkte Besteuerung keine Auswirkungen auf die Auswahl der Konsumgüter hat, beeinflusst diese jedoch die Nettozinsen im Marktgleichgewicht und somit die Konsum-Spar-Entscheidung.[90] Dies geschieht folgendermaßen: Im gesellschaftlichen Optimum werden alle Investitionsobjekte realisiert, deren Rendite die Erwartungen zumindest eines Anlegers erfüllt. Wird diese Grenzinvestition nun bei gleichbleibenden Zeitpräferenzraten der Besteuerung unterworfen, so erzielt sie nun eine Nachsteuerrendite, die unterhalb dieser Zeitpräferenzrate liegt. Das Investitionsobjekt wird dann nicht durchgeführt und das insgesamt investierte Kapital fällt unterhalb des gesellschaftlichen Optimums. Statt einer Investition wird das zur Verfügung stehende Kapital zu Konsumzwecken eingesetzt. Eine neutrale Wirkung auf diese Anlageentscheidungen ist auf nationaler Ebene daher nur unter der Anforderung zu erreichen, dass Kapitaleinkommen bis zur Höhe der Rendite dieser Grenzinvestition (des Kapitalmarktzinses) unversteuert bleibt.[91]

2.3 Internationale Neutralitätskriterien

Handel bedeutet die Verbreiterung des Spektrums der Investitionsalternativen über Staatsgrenzen hinaus und ermöglicht durch eine weitere Diversifizierung der erzielbaren Zahlungsströme die Ausnutzung komparativer Kostenvorteile (Skalenerträge)[92], wodurch die Wohlfahrt des Wirtschaftsraums steigt. Gegenüber den bisher betrachteten geschlossenen Volkswirtschaften ergeben sich durch Handel nun neue Möglichkeiten von Entscheidungsverzerrungen. Mit anderen Worten können Investitions- und Finanzierungsneutralität bei Handel verletzt sein, selbst wenn dieser zwischen für sich genommen investitions- und finanzierungsneutral besteuernden Staaten erfolgt.[93] Verzerrend kann sich die Besteuerung im betrachtenden Kontext unternehmerischer Investitionsentscheidungen nun zum einen auf die Wahl des Investitionsstandorts auswirken. Es sei als korrespondierendes Neutralitätskriterium daher von Standortneutralität gesprochen. Die Standortentscheidung erfolgt hierbei annahmegemäß ex-post zur getroffenen Entscheidung über Höhe und temporaler

---

[88]   Die Entscheidungen über den Unternehmensplan und den Haushaltsplan werden hierbei unabhängig voneinander getroffen (vgl. Fisher (1930), S. 263 ff.; Hirshleifer (1970), S. 13 f.).

[89]   Siehe Kiesewetter (1999), S. 7.

[90]   Vgl. Sinn (1985), S. 199 ff.

[91]   Ein solches System wird bspw. erreicht durch Cash-Flow-Steuern oder Zinsbereinigung der Einkommensteuern. Vgl. Kiesewetter (1999), S. 11. Zur Diskussion der Modellannahmen siehe Titgemeyer (2009), S. 301-304 m.w.N.

[92]   Siehe Maneschi (1998).

[93]   Vgl. Ruf (2004), S. 997 ff; Ruf (2007), S. 39 f.

Verteilung der Investitionsauszahlungen. Standortneutralität ist erreicht, wenn die Besteuerung nicht die Rangfolge der Investitionsobjekte vor Steuern ändert. Zum anderen können sich nun Möglichkeiten buchhalterischer Gewinnverlagerungen zwischen unterschiedlichen Steuerregimen ergeben. Schafft ein Besteuerungssystem keine Anreize oder Möglichkeiten zur Verschiebung von Besteuerungsgrundlagen in andere Steuerregime, so sei dies Verlagerungsneutralität genannt. Standort- und Verlagerungsneutralität können als internationale Ausprägungen von Investitions- und Finanzierungsneutralität betrachtet werden. Sie können jedoch nicht so verstanden werden, dass sie gemeinsam eine internationale Investitions- und Finanzierungsneutralität gewährleisten könnten. Hierfür erforderlich wäre ein vollständig harmonisiertes Steuersystem, in welchem die nationalen Voraussetzungen für Investitions- und Finanzierungsneutralität umgesetzt sind.

Im Folgenden sollen diese unterschiedlichen Ebenen steuerlicher Zusatzlasten internationaler Sachverhalte dargestellt und die Bedingungen erläutert werden, unter denen Neutralität der Besteuerung gewährleistet ist. Zur Abgrenzung von internationalen zu nationalen Neutralitätsverletzungen bietet sich dabei die Betrachtung von Effektivsteuersätzen (englisch: „effective tax rates", ETR) an.[94] Solche werden in der Literatur zwar unterschiedlich definiert[95], lassen sich aber vereinfachend als Quotient aus Barwert der Steuerzahlungen (effektive Steuerbelastung)[96] und dem Kapitalwert der Investitionszahlungen (economic objective value) beschreiben. Der Effektivsteuersatz entspricht somit dem Anteil des Kapitalwerts, der dem Investor durch die Besteuerung „verloren geht". Unter den obigen Bedingungen war Investitions- und Finanzierungsneutralität gewahrt, insofern ein proportionaler Nominalsteuersatz auf den economic objective value einer Investition angewandt wird. Im Ergebnis stimmen nun Nominalsteuersatz und Effektivsteuersatz überein. Dies ändert sich jedoch, sobald die Steuerbemessungsgrundlage nicht dem economic objective value entspricht. Divergenz von Nominal- und Effektivsteuersatz indiziert somit eine nationale Neutralitätsverletzung. Entscheidend für die folgenden Abschnitte ist daher die Anwendung oder Veränderung dieser Inlands-ETRs durch die Internationalisierung des Sachverhalts.

Tätigt ein Investor mit Sitz in einem höher besteuernden Wohnsitzstaat W eine Investition in einem niedriger besteuernden Quellenstaat Q, so stellt sich die Frage, welche effektive Steuerbelastung der Investition internationale Entscheidungsneutralität gewährleisten kann (Abb. 2). Natürlich ist es hierbei ebenso möglich, dass der Quellenstaat einen höheren Effektivsteuersatz aufweist als der Wohnsitzstaat. Die Erkenntnisse des Anschauungsbeispiels behalten jedoch auch in diesem Fall ihre Gültigkeit.

---

[94]   Grundlegend siehe King/Fullerton (1984). Es sei beachtet, dass diesem Modell im Gegensatz zum betriebswirtschaftlichen System entscheidungsneutraler Besteuerung die Annahme eines vollkommenen Arbitrage-Gleichgewichts zugrunde liegt. Da nationale Effektivsteuersätze hier exogen vorgegeben sind, führt diese Annahme zu keinen Einschränkungen.

[95]   Siehe Ruf (2011).

[96]   Diese wird in der Regel ausgedrückt durch den Kapitalwert der Investition vor Steuern abzüglich des Kapitalwerts der Investition nach Steuern.

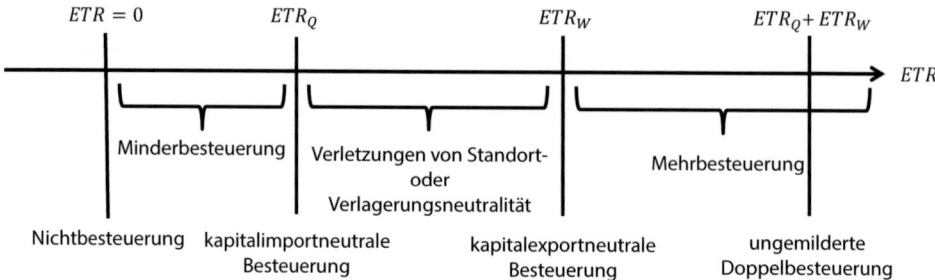

Abb. 1: Internationale Entscheidungsneutralität in Abhängigkeit des ETR

Während nun die nationale Ebene der Investitions- und Finanzierungsneutralität im Wesentlichen das Verhältnis zwischen nationalem Effektiv- und Nominalsteuersatz beschreibt, beziehen sich die Standort- und Verlagerungsneutralität auf die Ausprägung des Effektivsteuersatzes des Investors auf der x-Achse. Entspricht der ETR des Investitionsobjekts dem ETR des Quellenlands, so wird dieser Zustand als Kapitalimportneutralität bezeichnet. Entsprechen sich hingegen ETR der Investition und ETR des Wohnsitzstaates, nennt man diesen Zustand Kapitalexportneutralität. Diese werden in den folgenden Abschnitten beschrieben. Die beiden idealisierten Zustände teilen die x-Achse in drei Bereiche. Die äußeren Bereiche betreffen die Mehr- oder Minderbesteuerung, welche in Abschnitt 2.3.3.3 dargestellt werden.

Der mittlere Bereich hingegen resultiert aus Verletzungen der Standortneutralität im engeren Sinne (d.h. aus einer unsystematischen Anwendung der Methoden zur Vermeidung der Doppelbesteuerung) oder aus Verletzungen der Verlagerungsneutralität.[97] Sind nun Investitionsstandort und Investitionsbesteuerung nicht trennbar, das heißt, dass keine Allokation buchhalterischer Besteuerungsgrundlagen ohne realwirtschaftliche Standortverlagerung möglich ist, so ist die Wahl des Investitionsstandorts die einzig steuerlich relevante Entscheidung. Eine solche Trennbarkeit wäre hingegen gegeben, wenn beispielsweise aufgrund unvollständiger Information über die grenzüberschreitenden Sachverhalte eine vollständige und realwirtschaftlich zutreffende Zuordnung der Besteuerungsgrundlagen (zum Beispiel über unsachgemäße Verrechnungspreise, Zinsen und Lizenzgebühren) nicht möglich ist oder Verluste auf andere Investitionsobjekte verlagert werden können. In der zunächst betrachteten Standortneutralität als Bedingung der zweiten Ebene der Entscheidungsneutralität bleiben derartige Möglichkeiten zunächst ausgeblendet.

2.3.1 Standortneutralität

Entscheidend für die Voraussetzungen der Standortneutralität ist die Frage, wie sich der Kapitalwert nach Steuern zusammensetzt. Dieser lässt sich gedanklich in drei Komponenten aufteilen:

---

[97] Eine andere Auffassung vertreten bspw. Breithecker/Klapdor (2016), S. 51, die in Ermangelung einer eindeutigen Definition wirtschaftlicher Neutralität auch einen Zustand zwischen Kapitalexport- und Kapitalimportneutralität als effizient betrachten.

(1) Der Kapitalwert vor Steuern, welcher sich aus den diskontierten Mittelzu- und -abflüssen unter Ausblendung staatlicher Aktivität zusammensetzt. Er wird ausschließlich durch die Standortfaktoren (bspw. Lohnniveau, Bodenschätze, Größe des Absatzmarkts) bestimmt.

(2) Erhöhungen des Kapitalwerts vor Steuern durch staatlich bereitgestellte Standortfaktoren (Investitionsbegünstigungen), wie z.B. Transportwesen, Bildung und Währung.[98]

(3) Der Mittelabfluss durch die Besteuerung, durch welche sowohl investitionsrelevante staatliche Standortfaktoren als auch andere, für die Investition unerhebliche, Staatsausgaben finanziert werden.

Ertragsteuerliche Standortneutralität ist nun gewährleistet, wenn a) keine staatliche Aktivität erfolgt, b) sich die Wirkungen der Komponenten (2) und (3) auf den Kapitalwert nivellieren, c) deren Nettowirkung auf den Kapitalwert international einheitlich ist oder d) sich die staatlich bereitgestellten Standortfaktoren international nicht unterscheiden und die Besteuerung am Investitionsstandort für die Standortentscheidung unerheblich ist. Es ist naheliegend, dass weder die Möglichkeiten a) noch b) unter realitätsnahen Annahmen zutreffen können. Zum einen ist eine weitgehende ertragsteuerliche Erfassung von Investitionen international ebenso üblich wie eine über bloße Investitionsbegünstigung hinausgehende fiskalische Mittelverwendung.[99] Gleichzeitig muss jedoch davon ausgegangen werden, dass staatliche Investitionsbegünstigungen zumindest in gewissem Umfang existieren.[100, 101] Somit wird der Investor bei der Standortwahl auch auf das Verhältnis der Komponenten (2) und (3) (dies sei als effektive Nettosteuerlast[102] bezeichnet) in Relation zu anderen Investitionsstandorten abstellen.

Die bisherigen Bedingungen an eine Entscheidungsneutralität sind nun um die Anforderung zu erweitern, dass der effektive Nettosteuersatz als gleicher Faktor auf den Kapitalwert darstellbar ist. Dieses Kriterium ist bereits dann verletzt, wenn unterschiedliche, durch Staaten gewährte Begünstigungen, nicht jeweils proportional auf den Kapitalwert vor Steu-

---

[98] Grundannahme hierfür ist die staatliche Finanzierung dieser Begünstigungen aus Steuereinnahmen. In Europa verbreitete Maßnahmen zur Investitionsförderung mittels Reduktionen der Bemessungsgrundlagen sollen hingegen nicht zu solchen Begünstigungen gezählt werden, da sie als steuerschuldbezogene Vergünstigungen keine Rückflüsse an die Investoren darstellen, sondern vielmehr den effektiven Steuersatz des Investitionsstandorts mindern. Voraussetzung hierfür ist, dass sie auch auf Inbound-Investitionen gewährt werden. Siehe hierzu auch Jacobs (2011), S. 142.

[99] Vgl. bspw. § 3 Abs. 1 dAO.

[100] Vgl. bspw. Wenger (1983), S. 217; Fuest (2005), S. 23 f. Siehe weiterhin Schneider (1992), S. 239 zur steuerlichen Investitionsförderung und Musgrave (1957) zu meritorischen Gütern.

[101] Auch die reale Existenz unterschiedlicher Verkehrs- und Stromnetze sowie bspw. die durch Deutschland eingeräumte Möglichkeit staatlich begünstigter Kurzarbeit, die nicht innerhalb der EU normiert sind, lassen auf die Entscheidungsrelevanz solcher Investitionsbegünstigungen schließen.

[102] Vgl. auch Vogel (1988), S. 314 zu einem in etwa spiegelbildlichen „administrativen Netto-Output".

ern wirken.[103] Eine standortübergreifende gleichmäßige Beeinflussung des Kapitalwerts bleibt dann ein reines Zufallsprodukt. Steuersatzunterschiede führen somit unvermeidlich in einem gewissen Umfang zu Beeinflussungen des Investorenverhaltens. Sofern ein Steuerwettbewerb nicht langfristig zu einer Angleichung der internationalen Steuersätze an die jeweilige Effizienz der Staaten führen wird[104], kann ein internationales Steuersystem, zumindest unter der Annahme gewisser bestehender steuerfinanzierter Investitionsbegünstigungen, nicht vollkommen neutral sein.[105] Entscheidend ist daher vielmehr das Ausmaß solcher Entscheidungsverzerrungen. Wie aus der obigen Betrachtung hervorgeht, sind für die Wahl des optimalen Steuersystems insbesondere die Abhängigkeit der privaten Akteure von staatlichen Leistungen, die Bereitschaft der Staaten zur Erbringung solcher Leistungen und die den Staaten hierdurch entstehenden Kosten relevant. Die letzten beiden, zwischen den Staaten divergierenden Faktoren, können in Summe als staatliche Wettbewerbsverhältnisse[106] bezeichnet werden. Da eine Unterscheidung bei der Besteuerung nach (unterschiedlich von Begünstigungen abhängigen) Wirtschaftszweigen jedoch realitätsfern wäre, ist in gewissem Umfang immer von einer Standortverletzung auszugehen. Von besonderer Relevanz bleibt hingegen das Ausmaß internationaler Existenz und Divergenz staatlicher Wettbewerbsverhältnisse für die realökonomische Vorteilhaftigkeit der zwei nachfolgend dargestellten Grundprinzipien zur Aufteilung der Besteuerungsrechte.

2.3.2 Kapitalexportneutralität

Kapitalexport- und Kapitalimportneutralität[107] sind als Ergebnisse unterschiedlicher Methoden bei der Aufteilung der Besteuerungsrechte zwischen Staaten zu verstehen. Kapitalexportneutralität ist das Ergebnis einer durchgehenden Anwendung des Wohnsitz- oder Welteinkommensprinzips, welches durch Besteuerung des Welteinkommens unter Anwendung des nationalen Steuertarifs unter (vollständiger) Anrechnung ausländischer Steuern erreicht wird. Es setzt nicht voraus, dass der Quellenstaat von der Besteuerung vollständig ausgeschlossen ist; die dortige Besteuerung darf jedoch keinen Einfluss auf die Steuerlast der Investition haben. Zu Kapitalimportneutralität hingegen führt die durchgehende und vollständige Anwendung des Territorialitätsprinzips mittels Freistellungsmethode (siehe folgender Abschnitt).

Die insbesondere in der finanzwissenschaftlichen Literatur vorherrschende Meinung geht von einer Vermeidung der dargestellten Verzerrungswirkungen auf dieser zweiten

---

[103] Bspw. kann sich die Effizienz der Staaten zur Bereitstellung bestimmter Ressourcen unterscheiden. Weiterhin unterscheidet sich das Ausmaß der von den Staaten zur Bereitstellung öffentlicher Güter investierten Steuereinnahmen (siehe Zodrow/Mieszkowski (1986) und Ragnitz et al. (2013) zu empirischen Daten). Darüber hinaus sind unterschiedliche Branchen auch unterschiedlich von bestimmten staatlich bereitgestellten Ressourcen abhängig (z.B. Transportdienstleistung vs. Unternehmensberatung). Vgl. hierzu auch Bareis (1996), S. 36.

[104] Vgl. das Modell von Tiebout (1956).

[105] Vgl. auch Maiterth (2001), S. 99.

[106] Es sollte beachtet werden, dass nur der staatliche Beitrag zum Investitionsstandort in die Betrachtung mit eingeht. Die Berücksichtigung anderer Wettbewerbsverhältnisse (vgl. Ruf (2004), S. 1000) betrifft den Kapitalwert vor Steuern und leistet keinen Beitrag zur Bestimmung eines entscheidungsneutralen Besteuerungssystems.

[107] Entwickelt von Richman (1963), Musgrave (1969).

Ebene internationaler Entscheidungsneutralität durch eine vollständige Anwendung der Anrechnungsmethode aus.[108] Die Überlegung ist dabei einfach: wenn der Investor immer der inländischen effektiven Steuerbelastung unterworfen wird, indem unabhängig vom Investitionsstandort alle seine weltweiten Einkünfte nach inländischem Recht zu ermitteln und zu besteuern sind, während alle zuvor im Ausland gezahlten Steuern angerechnet werden, so ist er aus steuerlicher Sicht indifferent über den Investitionsstandort. Folglich bleibt die Rangfolgeinvarianz zwischen Inlandsinvestition und verschiedener Auslandsinvestitionen gewahrt. Voraussetzung hierfür ist neben der Vollständigkeit des Anrechnungsverfahrens jedoch die Abwesenheit von steuerlich finanzierten staatlichen Investitionsbegünstigungen. Sobald der Investor solche Begünstigungen in sein Kalkül mit einbezieht, ist eine Kapitalexportneutralität auch durch vollständige Anrechnung nicht zu erreichen.[109]

„Vollständige Anrechnung" bedeutet hierbei sowohl die Abwesenheit von Anrechnungsüberhängen[110] als auch die differenzierungslose Anerkennung[111] der ausländischen Quellensteuern (direkte Anrechnung) und kann insbesondere im inländischen Verlustfall sowie im Fall eines höheren ausländischen Steuersatzes zu Steuererstattungen führen.[112] Findet darüber hinaus eine grundsätzlich abschließende Besteuerung gebietsfremder Körperschaften auf Grundlage des Trennungsprinzips statt, so ist zudem eine vollständige Anrechnung der im Ausland gezahlten Körperschaften (grenzüberschreitende indirekte Anwendung) in solchem Umfang vorzunehmen, dass das inländische effektive Körperschaftsteuerniveau erreicht wird. Werden abweichend hiervon dem Ansässigkeitsstaat einer an der Investition beteiligten Gesellschaften die alleinigen Besteuerungsrechte zugeordnet, so ist „die Besteuerung vollständig vom wirtschaftlichen Sachverhalt losgelöst"[113] und kann infolgedessen auch zu keiner Entscheidungsneutralität führen. Gewährleistet werden kann eine kapitalexportneutrale Besteuerung im Rahmen eines Vollanrechnungsverfahrens bei reinen Personengesellschaften unter Anwendung des Transparenzprinzips, wenn ausländische Betriebsstättengewinne in die Steuerbemessungsgrundlage mit einbezogen und die hierfür gezahlten ausländischen Steuern angerechnet werden. Verfehlt wird das Ziel mangels indirekter Anrechnungsmöglichkeiten hingegen derzeit weitgehend[114] bei der Besteuerung ausländischer Kapitalgesellschaften,[115, 116] da eine vollständige Hochschleusung auf das inländische Steuerniveau unterbleibt. Doch selbst bei einer Anrechenbarkeit der Körperschaftsteuer auf die persönliche Einkommensteuer des Investors verbleibt eine temporale Verzerrung, insofern die Körperschaftsteuer nun quasi eine Vorauszahlung auf die Ein-

---

[108] Bspw. Homburg (2005), S. 15 ff.; Schreiber (2012), S. 625.

[109] Weitere Voraussetzung ist ein substitutiver Zusammenhang zwischen in- und ausländischen Investitionen (bei fixem Kapitalstock), der zumindest im Aggregat anzutreffen sein wird (siehe Spengel (2013), S. 53 f.).

[110] Wie sie sich aus Art. 23B S. 2 OECD-MA und bspw. § 34c Abs. 1 dEStG und § 26 Abs. 1 dKStG ergeben.

[111] D.h. unabhängig von inländischen Vorschriften wie z.B. § 34d dEStG.

[112] Siehe hierzu die Auflistung der Gründe für Anrechnungsüberhänge in Scheffler (2009), S. 31.

[113] Kiesewetter et al. (2008), S. 265.

[114] Vgl. OECD (2014b), Art. 7 Abs. 1. Ein solches Anrechnungsverfahren wird derzeit lediglich angewandt von Malta, vgl. Bundesministerium der Finanzen (2016), Übersicht 3, S. 12 ff.

[115] „Aus ökonomischer Sicht stellt die Besteuerung von Unternehmensgewinnen im Sitzstaat der Kapitalgesellschaft eine Quellenbesteuerung und somit eine Verletzung des Wohnsitzprinzips dar." (Ruf (2004), S. 1000 f.).

[116] Zur Ausgestaltung im System einer zinsbereinigten Einkommensteuer siehe Kiesewetter (1999), S. 65 ff.

kommensteuer darstellt, die erst bei Ausschüttung in die persönliche steuerliche Veranlagung des Investors eingeht während die Körperschaftsteuerbelastung auf thesaurierte Gewinne zunächst erhalten bleibt. Keines der derzeit innerhalb der Europäischen Union angewandten Anrechnungsverfahren kann aufgrund der Anwendung des Trennungsprinzips und der Existenz von Anrechnungsüberhängen[117] zu einer kapitalexportneutralen Besteuerung führen.

2.3.3 Kapitalimportneutralität

Kapitalimportneutralität ist das Gegenstück zu Kapitalexportneutralität. Es basiert auf dem Prinzip der abschließenden Besteuerung am Investitionsstandort, welche durch das Territorialitätsprinzip bei Freistellung sämtlicher ausländischer Einkünfte im Wohnsitzstaat erreicht wird. Es ist somit offensichtlich, dass zur Rechtfertigung einer kapitalimportneutralen Besteuerung insbesondere Investitionsbegünstigungen am Standort angeführt werden, die durch Steuern „erkauft" werden (Tieboutsche Effizienzhypothese).[118] Eine Freistellung führt dazu, dass der Investor an einem ausländischen Markt zu den dortigen Bedingungen, also auch nach den dortigen steuerlichen Vorschriften agiert. Hierfür ist Voraussetzung, dass räumlich getrennte Märkte existieren; eine Annahme, die im wissenschaftlichen Schrifttum für die Europäische Union (insbesondere aufgrund verschmelzender Absatzmärkte und des Binnenmarktes) weitgehend negiert wird.[119] Weiterhin wird eine enge wirtschaftliche Verknüpfung des Investors mit dem Ausland als Bedingung zur Wahrung des (relativen) Leistungsfähigkeitsprinzips angeführt.[120] Für die Frage, ob durch Kapitalimportneutralität auch Standortneutralität erreicht wird, spielt letztere Überlegung jedoch keine Rolle, da Neutralitätsbedingungen unabhängig von Anzahl und Ausmaß der durchgeführten Investitionen gewahrt sein müssen, um Rangfolgeinvarianz zu gewährleisten.

Insofern Unternehmen keine eigene Leistungsfähigkeit unterstellt wird, so kann ein steuerlicher Zugriff auf Körperschaftsebene nur als Vorab-Besteuerung zur Sicherung des Steueranspruchs legitimiert sein. Die Freistellungsmethode führt hingegen zu einer abschließenden Besteuerung und widerspricht somit dem Leistungsfähigkeitsprinzip.[121] Aus Sicht der Befürworter der kapitalimportneutralen Besteuerung ist dies legitim, da einem Akteur an einem fremden Markt für die dort erzielten Einkünfte gerade eine solche abweichende steuerliche Leistungsfähigkeit unterstellt wird, die nur dann gewahrt ist, solange dort erzielte Einkünfte (also auch solche der dort ansässigen Kapitalgesellschaft) dem dortigen Steuerniveau unterliegen.

Der Terminus der „Freistellung" der ausländischen Investition ist als vollständige steuerliche Nichtberücksichtigung dieser Einkünfte durch den (Wohn-)Sitzstaat zu verstehen, so dass eine Hoch- oder Herabschleusung des effektiven Steuerniveaus unterbleibt. Hierdurch werden Doppelbesteuerungen systematisch verhindert.[122] Es wird jedoch zurecht ar-

---

[117]   Eine unbeschränkte Anrechnung verbietet sich n.h.M. bereits aus fiskalischen Erwägungen und aus Gründen des Gleichbehandlungsgrundsatzes. Vgl. Jacobs (2011), S. 23.

[118]   Vgl. Ruf (2008), S. 63.

[119]   Vgl. Spengel (2013), S. 48 f.; Jacobs (2011), S. 29 f.

[120]   Vgl. Debatin (1960), S. 1015; Schaumburg (1995), S. 147 f.

[121]   Siehe Hey in: Tipke/Lang (2015), § 3, Rn. 45.

[122]   So Schaumburg (1995), S. 132.

gumentiert, dass ein solches Verfahren bei progressiven Tarifen zu einem Splitting-Effekt führt, der das Leistungsfähigkeitsprinzip verletzt.[123] Die hieraus abgeleitete Forderung nach einem Progressionsvorbehalt des Wohnsitzstaats auf freigestellte ausländische Gewinne sowie nach einem negativen Progressionsvorbehalt auf freigestellte Verluste wäre aus Sicht der Kapitalimportneutralität zurückzuweisen. Ein Freistellungsverfahren mit universellem Progressionsvorbehalt ist im Gewinnfall wirkungsgleich mit einem (durch overall-limitation) begrenzten Anrechnungsverfahren bei höherem ausländischem Effektivsteuersatz.[124] Progressionsvorbehalte führen dazu, dass nicht nur der Steuertarif des Quellenlandes zum Tragen kommt, sondern sich auch der inländische Tarif durch ausländische Investitionen erhöht. Es ergibt sich ein Mischsteuersatz zwischen den Effektivsteuersätzen von Quellenländern und Wohnsitzstaat. Der Investor kann folglich nicht mehr am ausländischen Markt zu den dortigen Bedingungen konkurrieren. Hinsichtlich der Rangfolge der Investitionsstandorte ist dies jedoch unbedeutend, da die Tariferhöhung unabhängig davon eintritt, ob ein in- oder ausländischer Standort gewählt wird. Auch die Rangfolge verschiedener ausländischer Standorte bleibt unbeeinflusst. Niveauinvarianz kann bei Anwendung eines Progressionsvorbehalts verletzt sein, jedoch ist diese Eigenschaft der Tarifprogression selbst und somit der Verletzung der nationalen Investitionsneutralität zuzuschreiben, da Niveauinvarianz auch bei einer alternativen Inlandsinvestition verletzt wäre. In der hier vorgenommenen Betrachtung werden Progressionsvorbehalte somit nicht primär einer Verletzung von Standortneutralität zugeordnet.

2.3.3.1 Kapitaleignerneutralität

Investitionen können auf zweierlei Arten durchgeführt werden. Entweder wird, wie in der bisherigen Betrachtung, Kapital geografisch zur Durchführung eines neuen realen Investitionsobjekts verlagert („greenfield-investment") oder ein bereits existierendes Investitionsobjekt aufgekauft. In jüngerer Zeit hat die letztere Investitionsmöglichkeit zunächst realwirtschaftlich[125] und dann auch in der Literatur deutlich an Bedeutung gewonnen. Da hierbei kein neues Investitionsobjekt durchgeführt wird, sondern ein bereits bestehendes seinen Eigner (Investor) wechselt, wird von einigen Autoren[126] die Forderung nach einer „Kapitaleignerneutralität" (KEN) erhoben. Dem liegt der Gedanke zugrunde, dass der Kapitalwert einer Investition nicht nur vom Investitionsobjekt selbst abhängt, sondern auch dessen Eigner durch Erfahrungs- und Synergieeffekte Einfluss übt und somit die Gesamtwohlfahrt auch von einer optimalen Allokation der Eigner abhängt. Folglich bestünde die Forderung nach einer Rangfolgeneutralität der Besteuerung neben dem Standort der potentiellen Investitionsobjekte auch hinsichtlich des Standorts der potentiellen Eigner.[127]

Kapitaleignerneutralität ist aus zweierlei Gründen ein hilfreiches Kriterium zur Beurteilung der Vorteilhaftigkeit einer kapitalexport- oder einer kapitalimportneutralen Besteu-

---

[123] Vgl. Jacobs (2011), S. 24.
[124] So auch OECD (2014b), Commentary on Art. 23A and 23B, Rn. 62 und Jacobs (2011), S.19.
[125] Siehe Desai/Hines (2003), S.489 ff.
[126] Siehe bspw. Griffith et al. (2010), die aufgrund dieser Forderung Großbritannien gar die Abschaffung des Anrechnungssystems empfehlen. Siehe weiterhin Becker/Fuest (2010), Ruf (2011) und Feld et al. (2013).
[127] Vgl. Spengel (2013), S. 52.

erung: Zum einen kann das Kriterium hilfreich sein, um Anreize des Investors zu Verlagerungen des eigenen Wohnsitzes aufzuzeigen, zum anderen liefert es eine weitere Erkenntnis: Insofern unterstellt wird, dass der Kapitalwert einer Investition eine eignerspezifische Komponente enthält, so kann Rangfolgeinvarianz unter der Anwendung des Wohnsitzprinzips selbst in Abwesenheit staatlicher Investitionsbegünstigungen verletzt sein.[128] Weist eine Investition in Land A beispielsweise für einen Investor in Land B einen eignerspezifischen Kapitalwert von 110 auf, während sich für einen weniger effizienten Investor in Land C ein eignerspezifischer Kapitalwert von 100 ergibt, so würde der Investor in Land B aufgrund seines höheren Reservationspreises die Investition durchführen. Wird nun von Land B ein Steuersatz von 40 % erhoben, während C nur 20 % verlangt, so bleibt diese Rangfolge im Zuge der Besteuerung unverändert, insofern beide Staaten die ausländische Investition von der Besteuerung freistellen, da nun der Steuersatz in Land A für beide Investoren gleichermaßen zur Anwendung kommt. Kommen jedoch die Steuersätze der Wohnsitzstaaten der Eigner zum Tragen, so ändert die Besteuerung die Rangfolge der Kapitalwerte.[129] Die Konsequenzen aus diesem einfachen Beispiel zeigen Feld et al. (2013) empirisch auf. Sie gelangen dabei zum Ergebnis, dass die derzeit praktizierte Anrechnungsmethode in den Vereinigten Staaten zu Effizienzverlusten in Höhe von ungefähr 1,2 % des Gesamtwerts aller ausländischen Unternehmenskäufe führt.

Eine sowohl kapitaleigner- als auch kapitalexportneutrale Ausgestaltung internationaler Besteuerungssysteme verlangt Vollharmonisierung der Steuersätze und Ermittlungsvorschriften[130] oder (für Kapitaleignerneutralität bei Restrukturierungen) die Zulässigkeit ökonomischer Abschreibungen auf einen erworbenen Unternehmenswert[131]. Dem entgegen erfolgt bei kapitalimportneutraler Ausgestaltung die Besteuerung von Investitionen gänzlich unabhängig vom Standort der Eigner und Kapitaleignerneutralität ist gewahrt.[132] Voraussetzung hierfür ist jedoch, dass auch Finanzierungskosten abschließende Berücksichtigung im Quellenstaat finden.[133] Wird die Besteuerung von Zinsen und Lizenzgebühren im Wohnsitzstaat des Investors vorgenommen, so unterscheidet sich die Rentabilität der Investition je nach Investor, da diese dann mit unterschiedlichen Nettozinsen diskontieren. Folglich wäre Kapitalexport- und Kapitalimportneutralität verletzt. Somit müssen auch solche Zahlungen von der Freistellung erfasst sein und dürfen die Bemessungsgrundlage im Quellenstaat nicht mindern.

---

[128] Vgl. Schreiber (2012), S. 626.

[129] In ähnlicher Weise bereits Herzig/Sander (1999), S. 132.

[130] Mitunter wird aufgeführt, dass beide Methoden Kapitaleignerneutralität herstellen könnten (vgl. bspw. Spengel (2013), S. 52). Die hierzu notwendigen Voraussetzungen sind jedoch deutlich strenger und in der Realität kaum anzutreffen. Siehe auch Griffith et al. (2010), S. 952 ff.

[131] Siehe Ruf (2011).

[132] Wenn Erfahrungseffekte als Teil des kapitalwertsteigernden Eignervorteils Kapazitätsgrenzen aufweisen (bspw. durch nur begrenzt zur Verfügung stehende Arbeitszeit des Investors), kann aufgrund einer Verdrängung inländischer Investitionen eine kapitalimportneutrale Besteuerung aus isolierter nationaler Betrachtung auch nachteilig sein (vgl. Becker/Fuest (2010)).

[133] Vgl. Schreiber (2012), S. 627 f.; Spengel (2013), S. 49, 53.

2.3.3.2 Zur Vorteilhaftigkeit kapitalimport- und kapitalexportneutraler Besteuerung

Beiden diskutierten Neutralitätsbedingungen liegen letztendlich verschiedene Zielrichtungen der beschriebenen Standortneutralität zugrunde. Ihre Zielerreichung ist dabei weitgehend unabhängig von den innerstaatlichen Steuersystemen, da die Anforderungen der Standortneutralität nicht gleichzusetzen sind mit internationaler Investitions- und Finanzierungsneutralität. Kapitalimport- und Kapitalexportneutralität sind gleichzeitig nur bei einer vollständigen Harmonisierung der betreffenden Steuersysteme erreichbar.[134]

Welchem Neutralitätsmodell in Abwesenheit einer Vollharmonisierung der Vorzug gegeben werden soll, ist in der Literatur umstritten.[135] Der Diskurs über die Vorteilhaftigkeit vollzieht sich auf Grundlage verschiedener Betrachtungsweisen:

(1) **Rechtswissenschaftlich:** Verlangt die Gleichmäßigkeit der Besteuerung die Anwendung eines absoluten oder eines relativen Gleichheitspostulats bei Auslegung des Leistungsfähigkeitsprinzips?[136]

(2) **Finanzwissenschaftlich:** Ist eine Angleichung der Netto- oder Bruttozinssätze, welche zu Produktions- oder zu Konsumeffizienz führen, vorteilhaft?

(3) **Betriebswirtschaftlich:** Wie sind Investitionsobjekte zu belasten, ohne dass sich die Entscheidung der Investoren über den Investitionsstandort verändert?

(4) **Administrativ:** Welche der hierzu anzuwendenden Methoden (Freistellungsmethode oder Anrechnungsmethode) ist einfacher umsetzbar / mit weniger Steuererhebungskosten verbunden?

Auf Grundlage einer finanzwissenschaftlichen Betrachtungsweise wird eine Vorteilhaftigkeit von Kapitalexportneutralität angenommen, da sie internationale Produktionseffizienz durch einheitliche Bruttozinsen gewährleistet.[137] Gleichzeitig wird hierdurch Konsumeffizienz verletzt, da sich bei divergierenden Effektivsteuersätzen die Nachsteuerrenditen nach Herkunft der Eigner unterscheiden. Internationale Konsumeffizienz ist nur dann möglich, wenn die Besteuerung der Investition ausschließlich am Investitionsstandort erfolgt (Kapitalimportneutralität) oder die Steuersysteme vollständig harmonisiert sind.[138] Ist die intertemporale Konsumpräferenz jedoch schon auf nationaler Ebene beeinträchtigt, da unter Anwendung des klassischen Einkommensbegriffs der Marktzins das Kapitaleinkom-

---

[134] Vgl. Gerken et al. (2000), S. 64.

[135] Vgl. Breithecker/Klapdor (2016), S. 55.

[136] Absolute Gleichheit bei der Besteuerung oder Gleichheit in Relation zu den Wettbewerbsbedingungen, denen das Investitionsobjekt / Steuersubjekt unterliegt (Äquivalenzprinzip), vgl. Jacobs (2011), S. 20 f.

[137] V.a. Spengel (2013), S. 46 ff.; Homburg (2007a), S. 303 ff.; Schreiber (1992); Sinn (1985), S. 117 ff. Eine kapitalimportneutrale Besteuerung favorisieren die Vertreter einer kapitaleignerneutralen Besteuerung (s.o.) sowie insbesondere Gandenberger (1985) und Vogel (1988).

[138] Vgl. Homburg (2007a), S. 306.

men nicht mindert[139], bildet sich ohnehin kein national einheitlicher Nettozinssatz nach Steuern.[140] Somit ist die Forderung nach Konsumeffizienz bei der Besteuerung grenzüberschreitender Investitionen aus finanzwissenschaftlicher Sicht ein fragwürdiges Anliegen. Interessant erscheint aus deren Betrachtung lediglich die Frage, ob ineffizient besteuernde Staaten durch Anwendung einer kapitalimportneutralen Besteuerung Konsumneutralität „erhöhen" können. Die Effizienzeinbußen durch eine klassische Einkommensteuer erwachsen durch den Keil zwischen Vor- und Nachsteuerrendite. Betrachtet man vereinfachend zwei Länder, welche Handel betreiben und zwei unterschiedliche Effektivsteuersätze verlangen, so kann sich unter der Annahme unbeschränkter Investitionsmöglichkeiten durch die Möglichkeit der Bürger des Hochsteuerlands, Investitionen im Niedrigsteuerland zu tätigen, dieser Steuerkeil verringern, da die erzielbaren Nachsteuerrenditen absinken. Konsum wird somit durch Investitionen im Niedrigsteuerland ersetzt. Im umgekehrten Fall (Investition aus dem Niedrigsteuerland im Hochsteuerland) würde sich keine Veränderung ergeben, da Entscheider, die aufgrund ihrer Zeitpräferenzraten zwischen den erzielbaren marginalen Nachsteuerrenditen der beiden Länder liegen, ihre Investitionen weiterhin zur niedrigeren marginalen Nachsteuerrendite im Niedrigsteuerland tätigen werden. Die Wirkung des Handels auf die Konsum-Spar-Entscheidung führt hier zu Wohlfahrtssteigerungen. Sind die zur Verfügung stehenden Investitionsmöglichkeiten im Niedrigsteuerland hingegen begrenzt, so kann es zumindest teilweise zur Verdrängung inländischer Investoren im Niedrigsteuerland durch Investoren des Hochsteuerlands kommen. Es bleibt jedoch auch hier bei einer positiven Wirkungsrichtung der kapitalimportneutralen Besteuerung auf die Gesamtwohlfahrt. Tendenziell ist daher davon auszugehen, dass eine kapitalimportneutrale Besteuerung unabhängig vom nationalen Besteuerungssystem Ineffizienzen der Konsum-Spar-Entscheidung vermeiden, zumindest aber verringern sollte.

Ungeachtet von diesen Überlegungen ist auf Grundlage der Theorie der „Zweitbest-Besteuerung" eine Verletzung von Konsumineffizienz hinzunehmen und primär Produktionseffizienz anzustreben.[141] Folglich muss Kapitalexportneutralität finanzwissenschaftlich der Vorzug gegeben werden. Die Annahmen, unter denen sich unter Kapitalexportneutralität Produktionseffizienz einstellt, sind sehr streng. Investitionsbegünstigungen als Standortfaktoren werden hierbei ebenso ausgeblendet wie in der Realität erzielbare Überrenditen; die Aussagefähigkeit des Ergebnisses wird in der Literatur daher kritisiert.[142]

Sowohl finanzwissenschaftlich als auch betriebswirtschaftlich stellt die Trennbarkeit der Märkte sowie der Umfang divergierender steuerfinanzierter Investitionsbegünstigungen auf diesen Märkten einen entscheidenden Faktor bei der Abwägung kapitalimport- und kapitalexportneutraler Besteuerungssysteme dar. Insofern davon auszugehen ist, dass am Binnenmarkt keine separaten Märkte mehr existieren und den dort anzutreffenden Divergenzen an Investitionsbegünstigungen aus Sicht der Investoren keine nennenswerte Relevanz

---

[139]   Zwar sehen einige Steuersysteme konsumorientierte Komponenten (z.B. Freibeträge) vor, diese sind jedoch nur geeignet, die Verzerrungswirkungen zu vermindern, nicht jedoch, sie zu beseitigen. Gleiches gilt auch für die duale Einkommensteuer. Die Pauschalierung von Werbungskosten stellt hingegen keinen Grund für Substitutionseffekte der Konsum-Spar-Entscheidung dar. Vgl. hierzu Titgemeyer (2009), S. 326 ff.

[140]   Vgl. Kellersmann/Treisch (2002), S. 76; Titgemeyer (2009), S. 296-301.

[141]   Vgl. Homburg (2005), S. 19 f.

[142]   Siehe v.a. Gerken et al. (2000), S. 65-67.

zukommt, so ist der Kapitalexportneutralität der Vorzug zu geben. Beeinflussen sie jedoch die Entscheidungen der Investoren in nicht unerheblichem Maße, so würde Kapitalexportneutralität Anreize zu Investitionen in Hochsteuerländern mit ausgeprägter staatlicher Infrastruktur schaffen. Unter Berücksichtigung der bisherigen Ausführungen ist jedoch davon auszugehen, dass staatlich bereitgestellte Investitionsbegünstigungen eher untergeordnete Auswirkungen auf die Standortentscheidung, insbesondere am europäischen Binnenmarkt, aufweisen. Entsprechend ist aus dieser Sicht grundsätzlich eine kapitalexportneutrale Besteuerung zu präferieren.

Zudem ergeben sich, wie ausgeführt wurde, hohe Anforderungen an die Ausgestaltung eines simultan kapitalexport- wie kapitaleignerneutral ausgestalteten Steuersystems. So entscheidet weiterhin das relative Ausmaß der als „greenfield-investment" oder als Unternehmensakquise durchgeführten Investitionen über die Vorteilhaftigkeit der Kapitalexportneutralität.

Mögliche Anreize zu Sitzverlegungen in niedriger besteuernde Staaten können hingegen nicht als Kritik an ein kapitalexportneutral ausgestaltetes Besteuerungssystem gelten gelassen werden. Derartige Sitzverlegungen haben unter dem Wohnsitzprinzip keinen Einfluss auf die Rangfolge und den Umfang der durchgeführten Investitionen, insofern dies nicht durch Verletzungen der nationalen Investitionsneutralität bedingt wird.[143] Jedoch können solche Sitzverlegungen bei einer Quellenbesteuerung am Investitionsstandort und vollständiger Anrechnung der Quellensteuer zu Aufkommensproblemen der Staaten führen.

Ein nicht unwesentlicher Nachteil kapitalexportneutraler Besteuerung ist hingegen ihre Inkompatibilität mit der Lenkungsfunktion der Besteuerung des Quellenstaats. Wird der Quellenstaat von Beeinflussungsmöglichkeiten der effektiven Steuerbelastung ausgeschlossen, da bei Durchbrechung des Trennungsprinzips ausschließlich Steuersatz und Ermittlungsvorschriften des Wohnsitzstaats maßgeblich sind, so wird der Quellenstaat seiner Möglichkeiten beraubt, durch steuerliche Einflussnahme Investitionen, Forschung und Entwicklung (bspw. durch Investitionsrücklagen oder Steuergutschriften) zu fördern und Marktversagen entgegenzuwirken.[144] Verhindert werden könnte diese Hochschleusung im Rahmen eines Anrechnungsverfahrens zwar durch eine fiktive Steueranrechnung, diese würde jedoch die Bedingungen für Kapitalexportneutralität verletzen. Zuletzt wird kritisiert, dass Kapitalexportneutralität im Gegensatz zur Kapitalimportneutralität zu keiner effizienten Bereitstellung öffentlicher Güter führen könne.[145]

Administrativ ist dem Freistellungsverfahren der Vorzug zu geben, solange es ohne Progressionsvorbehalt angewandt wird.[146] Es ist dann keine Ermittlung ausländischer Steuerbemessungsgrundlagen nach inländischen Vorschriften notwendig und ein grenzüberschreitender Informationsaustausch kann auf die Prüfung einer tatsächlichen wirtschaftlichen Tätigkeit[147] am ausländischen Investitionsstandort begrenzt werden. Da jedoch der

---

[143] Bspw. Führich (2009), S. 7 f.; Schreiber (2012), S. 623.

[144] Ein solches wird bspw. für den Bereich Forschung und Entwicklung angenommen (vgl. Spengel (2009)).

[145] Vgl. Gerken et al. (2000), S. 66.

[146] Vgl. Jacobs (2011), S. 22. Eine andere Auffassung vertritt Spengel (2013), S. 49, der auf die Notwendigkeit stärkerer internationaler Kooperation bei der Umsetzung einer kapitalimportneutralen Besteuerung verweist.

[147] Die Freistellungsmethode gilt als missbrauchsanfälliger, vgl. Esser (2004), S. 65.

Progressionsvorbehalt in der Besteuerungspraxis weite Verbreitung gefunden hat, ist auch hier keine eindeutige Vorteilhaftigkeit abzuleiten. Das steuerliche Verifikationsprinzip erfordert in beiden Fällen weitgehende Amtshilfe und einen umfangreichen Informationsaustausch.

In zusammenfassender Abwägung spricht insbesondere in der zunehmend globalisierten Wirtschaft und einem zunehmend verflochtenen Binnenmarkt vor allem aufgrund finanzwissenschaftlicher Erkenntnisse mehr zugunsten einer kapitalexportneutralen Aufteilung der Besteuerungsrechte mithilfe eines vollständigen Anrechnungsverfahrens. Ein solches ist jedoch am Binnenmarkt in keinem Mitgliedstaat anzutreffen. Die größte Einschränkung ergibt sich hierbei aus betriebswirtschaftlicher Sicht aus der weitgehenden Abwesenheit körperschaftsteuerlicher Anrechnungssysteme. Bei Auseinanderfallen von Steuersubjekt und wirtschaftlichem Steuerlastträger (Investor) aufgrund des Trennungsprinzips sowie bei Existenz von Anrechnungsbeschränkungen ist wirtschaftliche Subjektidentität nicht gewährleistet. Kapitalexportneutralität muss somit zwar als wünschenswerte, jedoch aus heutiger Sicht realitätsferne Eigenschaft eines Steuersystems gelten. Aus diesem Grunde wäre es unsinnig, die Rechtsprechung des EuGH allein an deren Auswirkungen auf eine kapitalexportneutrale Besteuerung zu messen. Zudem ist in betrachtetem Kontext zu beachten, dass durch die Rechtsprechung keine Entscheidung für oder gegen ein vollständiges System, sondern nur über einzelne Komponenten dieser Systeme getroffen werden, die zum Teil selbst dann zu einer Verbesserung pareto-effizienter Besteuerung führen können, wenn sie Produktionseffizient verletzen.[148]

Das europäische Steuerrecht ist geprägt von einem Nebeneinander von Techniken des Welteinkommens- und des Quellenlandprinzips.[149] Solange eine europaweit systematische Lösung auf dem Harmonisierungswege nicht zu erreichen ist, sollten doch zumindest die national gewählten Freistellungs- oder Anrechnungssysteme anhand der obigen Ausführungen kapitalimport- oder kapitalexportneutral[150] ausgestaltet werden. Als ökonomische Forderung kann an den EuGH somit gestellt werden, dass die sich aus seinen Urteilen ergebenden Anforderungen in Abhängigkeit der angewandten Methode zur Vermeidung der Doppelbesteuerung (Anrechnung oder Freistellung) eine kapitalexport- oder kapitalimportneutrale Ausgestaltung des gewählten Systems nicht verhindern oder im besten Fall sogar begünstigen.

2.3.3.3 Mehr- und Minderbesteuerung

Mehrbesteuerung sei jede Besteuerung, die aufgrund einer mehrfachen Erfassung eines bestimmten steuerlichen Sachverhalts durch eine vergleichbare Steuer für den wirtschaftlichen Steuerlastträger eine effektive Steuerbelastung aufweist, die den Effektivsteuersatz des höher besteuernden Staats übersteigt. Ursächlich hierfür sind Kollisionen der Steuerrechtsordnungen verschiedener nach dem Souveränitätsprinzip besteuernder Staaten. Für die vorliegende Betrachtung relevant sind insbesondere wirtschaftliche Mehrbelastungen, die

---

[148] Vgl. Keen/Wildasin (2004), S. 261 ff.

[149] Wie Endres et al. (2013), S. 900 f. aufzeigen, herrschen jedoch mit steigender Tendenz kapitalimportneutral ausgerichtete Freistellungssysteme vor.

[150] Zur möglichen Ausgestaltung einer hierzu erforderlichen Wohnsitzbesteuerung siehe Führich (2009), S. 203 ff.

sich aufgrund des Nebeneinanders von unbeschränkter und beschränkter Steuerpflicht ergeben. Konkurrierende unbeschränkte oder konkurrierende beschränkte Steuerpflichten[151] spielen bei der Rechtsprechung des Europäischen Gerichtshofs eine eher untergeordnete Rolle. Es wird hierbei, wenn nicht anders hervorgehoben, der wirtschaftliche Doppelbesteuerungsbegriff (im Folgenden wird vornehmlich von Mehrbesteuerung gesprochen) verwendet. Dieser ist weiter gefasst als der rechtliche Doppelbesteuerungsbegriff[152], der sowohl Subjekt- als auch Objektidentität voraussetzt. Der wirtschaftliche Steuerlastträger kann hingegen über eine Vielzahl von Steuersubjekten agieren.[153]

Da die mehrfache steuerliche Berücksichtigung wirtschaftlicher Aktivitäten ein beträchtliches Hemmnis für den grenzüberschreitenden Wirtschaftsverkehr darstellt, wuchs im Laufe des 20. Jahrhunderts ein weit umfassendes Netz an völkerrechtlichen Abkommen zur Vermeidung der Doppelbesteuerung (DBA). Diese sollten durch Aufteilung der Besteuerungsrechte auf Wohnsitz- und Quellenstaaten die rechtliche Doppelbesteuerung vermeiden. Wichtige Voraussetzung für ein Funktionieren solcher Kollisionsregeln ist zum einen deren Vollständigkeit (Abbildung aller steuerlich relevanten Sachverhalte) und zum anderen die definitorische Übereinstimmung der in den Rechtsordnungen kodifizierten wirtschaftlichen Sachverhalte. Eine solche Übereinstimmung ist im Steuerrecht jedoch kaum zu erreichen. Weder folgen die verschiedenen nationalen Rechtsordnungen immer einer übereinstimmenden Systematik, noch verwenden sie übereinstimmende Rechtsbegriffe. Schon deshalb ist eine durchgehend symmetrische Behandlung zwischenstaatlicher Transaktionen nahezu unmöglich. So existieren auch heute internationale wirtschaftliche Mehrbesteuerungen, die sich bspw. infolge von Verlustabzugsbeschränkungen, einer unvollständigen oder zeitlich verzögerten Anrechnung ausländischer Steuern sowie durch unberücksichtigte Beteiligungsaufwendungen ergeben.

Auf der anderen Seite führten diese systematischen Schwierigkeiten der Kollisionsnormen im Zusammenspiel mit dem Einfallsreichtum der zur Steuervermeidung tendierenden Individuen in Vergangenheit und Gegenwart statt zu einer Doppelbesteuerung nicht selten auch zu einer doppelten steuerlichen Nichterfassung von Einkünften. Hierbei lassen sich insbesondere drei Strategien unterscheiden:

(1) Doppelte steuerliche Nichtberücksichtigung von Einkünften
(2) Mehrfache steuerliche Berücksichtigung von Aufwendungen / Verlusten oder Generierung fiktiver Aufwendungen
(3) Realitätswidrige Zuordnung von Einkünften, Verlusten oder Aufwendungen

Abzugrenzen sind dabei die Strategien (1) und (2) von Strategie (3). Denn während die ersten beiden Strategien direkt der Ebene der Minderbesteuerung zuzurechnen sind, beschreibt die dritte Strategie Verstöße gegen die Ebene der Verlagerungsneutralität. Maßnahmen zur Verhinderung von Gewinnverlagerungen führen nicht selten zu Mehrbesteuerungen, die in Abschnitt 2.3.3.4 erläutert werden sollen.

---

[151] Vgl. Scheffler (2009), S. 9 ff.
[152] Siehe hierzu OECD (2014b), Commentary on Art. 23A and 23B, Rn. 3 ff.
[153] Siehe hierzu grundlegend Scheffler (2009), S. 7 ff.

Strategie (1) beschreibt die Generierung „weißer Einkünfte", also den Wegfall einer Besteuerungsebene aufgrund einer fehlenden Quellenbesteuerung bei Freistellung im Wohnsitzstaat. Diese Nichtbesteuerung lässt sich vergleichsweise einfach im Wege eines Nachweises über die Besteuerung im Quellenstaat vermeiden, bei deren Fehlen die ausländischen Einkünfte abkommensrechtlich oder mittels nationaler Bestimmung („treaty override") der inländischen Besteuerung unterworfen werden. Komplexer stellt sich jedoch die Vermeidung von steuerplanerischen Möglichkeiten der zweiten Strategie dar. Als solche sind bspw. „hybrid mismatching" oder „double-dip-leases" zu nennen. Ziel hybrider Gestaltungen ist es, unter Ausnutzung divergierender nationaler Einordnungen von Rechtsformen als Personen- oder Kapitalgesellschaften (oder transparent und intransparent besteuerter Gesellschaften) sowie des einschlägigen Sitzes der Gesellschaft, Aufwendungen mehrfach zu erfassen oder Aufwendungen zu generieren, die im Staat des Zuflusses nicht als steuerpflichtige Einkünfte klassifiziert werden. Im Bereich des Leasings soll erreicht werden, dass durch unterschiedliche nationale Bestimmungen über die Zuordnung des wirtschaftlichen Eigentums an Vermögensgegenständen deren Abschreibung in beiden Staaten ermöglicht wird.

Derartige unternehmerische Gestaltungsmaßnahmen (es wird hierbei in der politischen Debatte zumeist von „treaty shopping" oder „aggressive tax planning" gesprochen) erweckten zunehmenden Widerstand der Fisci. Zur Verhinderung eines Verlusts an Steuersubstrat wurden die in der Regel bereits bestehenden allgemeinen Missbrauchsvorschriften (bspw. § 42 dAO) erweitert.[154] Diese neuen Regelungen verhindern Minderbesteuerungen durch Anknüpfung an die im anderen Staat tatsächlich durchgeführte Besteuerung. Ist ihr Anwendungsbereich erfüllt, so führen sie zur steuerlichen Hinzurechnung[155], bzw. zu einem Abzugsverbot der im Ausland berücksichtigten Aufwendungen oder Verluste[156]. Hierdurch verhindern sie Minderbesteuerungen, können jedoch in Verbindung mit der Besteuerung des jeweils anderen Staates zu Verletzungen der Verlagerungsneutralität führen, da sie keine Aussage über die korrekte Zuordnung der Aufwendungen enthalten. Dieses Problem soll im Folgenden beleuchtet werden.

2.3.3.4 Verlagerungsneutralität

Wird die Annahme einer vollständigen Zuordnung der Besteuerungsgrundlagen zum Wohnsitzland oder Investitionsstandort aufgehoben, so ergibt sich bei Besteuerung nach dem Trennungsprinzip, durch die Möglichkeit von Gewinnverlagerungen, eine weitere Ebene der steuerlichen Zusatzlast. Verantwortlich für diese Zusatzlast sind Informationsasymmetrien, die sich aus der Komplexität und fehlenden Beobachtbarkeit der im internationalen Geflecht von Konzern- und Beteiligungsstrukturen abgewickelten wirtschaftlichen Tätigkeiten ergeben.[157] Unter dem Schlagwort „Base Erosion and Profit Shifting" (BEPS) ist unter Federführung der OECD in den vergangenen Jahren, spätestens aber durch die Vorstellung des Aktionsplans im Juli 2013, die Möglichkeit multinationaler Unternehmen aggressiver Steuerplanung unter Ausnutzung solcher Asymmetrien in den Mittelpunkt der

---

[154]   Siehe zu international existierenden Regelungen auch OECD (2012), Kapitel 4.
[155]   Bspw. §§ 7 – 14 dAStG.
[156]   Bspw. § 14 Abs. 1 Nr. 5 dKStG.
[157]   Verstärkt tritt dieses Problem durch die Zunahme einer „digital economy" auf, die eine zweifelsfreie und eindeutige Zuordnung von Steuersubstrat zu Investitionsstandorten zunehmend unmöglich macht.

internationalen Steuerdebatte gerückt. Hierbei versucht die OECD, auch unterstützt von
der Europäischen Kommission[158], neben den bereits aufgezeigten Strategien zur Erreichung
von Minderbesteuerungen, einer „schädlichen"[159] Verlagerung von Einkünften entgegenzutreten. Als Gründe für die Bekämpfung solcher Gewinnverlagerungsmöglichkeiten werden hierbei neben fiskalischen Mindereinnahmen die Unterminierung einer (wahrgenom-
menen) Integrität des Steuersystems, mangelnde „Fairness" und Wettbewerbsverzerrungen
gegenüber anderen Steuerzahlern mit weniger mobilen Einkünften sowie eine suboptimale
Ressourcenallokation angeführt.[160]

Für eine ökonomische Betrachtungsweise sind fiskalische Mindereinnahmen (die Mittelverteilung zwischen Staat und Privatwirtschaft allein sagt nichts über die Gesamtwohlfahrt aus), sowie der normativ wertende Begriff „Fairness" unbedeutend. Allenfalls könnte
hiervon die Gleichmäßigkeit der Besteuerung betroffen sein. „Integrität des Steuersystems"
bleibt zunächst undefiniert und von geringer Aussagekraft. Sie scheint jedoch ebenfalls auf
die Gleichmäßigkeit der Besteuerung nach dem Leistungsfähigkeitsprinzip abzuzielen.[161]
Eine suboptimale Ressourcenallokation hingegen ist mit Neutralitätsverletzungen durch
buchhalterische Gewinnverlagerungen erklärbar. Solche beruhen hierbei insbesondere auf
zwei Aspekten. Zum einen verletzen derartige Möglichkeiten Kapitaleignerneutralität. Verzerrungen des Wettbewerbs der Eigner existieren dahingehend, dass Reduktionen der Steuerlast nur solchen Investoren möglich sind, die aufgrund der Qualität und Quantität ihrer
durchgeführten Investitionsobjekte über die Infrastruktur verfügen, mittels geeigneter
Konzernstrukturen Gewinne effektiv zu verschieben. Der steuerinduzierte Wettbewerbs-
vorteil verzerrt den auf Synergie- und Erfahrungseffekten basierenden eignerspezifischen
Kapitalwert vor Steuern. Weiterhin führt die Möglichkeit buchhalterischer Gewinnverlagerung zu einer faktischen steuerlichen Begünstigung mobilen Einkommens. Mobiles Einkommen bezeichnet hierbei solche Investitionsrückflüsse, die sich aus räumlich ungebun-
denem Vermögen ergeben, deren Informationsasymmetrie als hoch anzusehen ist oder deren korrekte Zuordnung zu einem Investitionsstandort durch die Fisci nur schwer zu veri-
fizieren ist. So wird die steuerliche Zuordnung der Rückflüsse aus Immobilienvermögen
weit geringere Spielräume aufweisen als solche aus der Nutzung von Patenten oder ausge-
reichtem Fremdkapital. Zum anderen verstoßen buchhalterische Gewinnverlagerungen,
unter der Annahme staatlicher Investitionsbegünstigungen, auch gegen Kapitalimportneutralität, da Gewinne unabhängig von der Quelle ausgewiesen werden und Investoren
nicht äquivalent zu den Marktbedingungen am Investitionsstandort besteuert werden können. Bei vollständig kapitalexportneutraler Besteuerung wäre hingegen kein Anreiz zu Verlagerung von Steuersubstrat gegeben. Wie bereits aufgezeigt wurde, tritt eine kapitalexportneutrale Besteuerung nur bei einer völligen Durchbrechung des Trennungsprinzips ein, da
ansonsten bereits die Errichtung einer ausländischen, vom inländischen Eigner kontrollier-

---

[158] Vgl. Europäische Kommission (2015), S. 7.
[159] Interessanterweise versteht sie hierunter eine Verlagerung von „Einkünften aus Ländern, in denen die Pro-
       duktionstätigkeit ausgeübt wurde, in andere Länder", was einer einseitigen Bekenntnis zum Territorialitäts-
       prinzip gleichzukommen scheint.
[160] Siehe OECD (2014a), S. 8.
[161] Siehe Abschnitt 5.2.2.

ten Gesellschaft („controlled foreign company") zur Durchsetzung buchhalterischer Gewinnverlagerungen ausreichend wäre.

Es ergibt sich hierdurch eine weitere Ebene steuerlicher Zusatzlast, die durch Verzerrungen des Marktes durch die steuerliche Wirkung buchhalterischer Gewinnverlagerungen erwächst. Diese Wohlfahrtseinbußen lassen sich bemessen als der Wohlfahrtsunterschied einer Welt mit und einer Welt ohne Bindung des Gewinns an den Investitionsstandort oder an das Wohnsitzland (in Abhängigkeit des angewandten Verfahrens zur Vermeidung der Doppelbesteuerung). Grundsätzlich ist der OECD somit auch aus nicht-fiskalischen Erwägungen beizupflichten, wenn sie solchen Verlagerungen von Steuersubstrat, losgelöst vom Investitionsstandort oder Wohnsitzland, entgegenzutreten versucht. Die meisten Methoden zur Vermeidung einer Verlagerung von Steuersubstrat bewirken eine Nichtabzugsfähigkeit solcher Aufwendungen, die zu Erträgen im niedrig besteuernden Ausland führen. Hiervon abzugrenzen sind hingegen Methoden, die in einer ausländischen Bemessungsgrundlage enthaltene Einkünfte in die inländische Bemessungsgrundlage integrieren (z.B. Hinzurechnungs- oder Zugriffsbesteuerung).

Zur Verlagerung von Steuersubstrat, stehen grenzüberschreitend agierenden Investoren eine Reihe von Möglichkeiten zur Verfügung.[162] Solche Methoden sind eine unangemessene Verrechnungspreissetzung, Fremdfinanzierungen, Lizenzvereinbarungen und Leasing-Arrangements sowie Verlustverlagerungen, um nur einige zu nennen.

Verlagerungsneutrale Verrechnungspreise müssen dabei entweder so ausgestaltet sein, dass sie den Preisen, welche die Investoren für ihre tatsächlichen internen Leistungsbeziehungen zugrunde legen, entsprechen, oder sie müssen für die Besteuerung unerheblich sein.[163] Bereits Schmalenbach[164] wies zurecht darauf hin, dass es hierfür nicht ausreichend sein könne, dass diese den Marktpreisen zu entsprechen hätten, da sich bereits aus dem Zweck eines Konzernverbunds andere Anforderungen ergäben. Auch aus Sicht der Entscheidungsneutralität ist ein allgemeiner Fremdvergleichsgrundsatz daher abzulehnen.[165] Nun existieren eine ganze Reihe möglicher Regulierungsmethoden, zwischen denen jedoch vom EuGH nicht unterschieden wird und auf deren weitere Erörterung daher verzichtet wird.[166]

Fremdkapitalfinanzierung ist einer Eigenkapitalfinanzierung, bereits aufgrund der verbreiteten Verletzung nationaler Entscheidungsneutralität durch eine asynchrone Abzugsfähigkeit von Fremdfinanzierungs- nicht aber von Selbstfinanzierungsaufwendungen, steuerlich überlegen. Da Zinszahlungen grundsätzlich Aufwendungen beziehungsweise Erträge bei den beteiligten Unternehmen darstellen, kommt es bei grenzüberschreitenden Finanzierungen zu einem neuen Problem: Aufwendungen und Erträge gehen durch unterschiedliche Steuersätze mit unterschiedlicher Gewichtung in die Kapitalwerte der beteiligten Unternehmen ein. Steuersatzgefälle schaffen daher Anreize für Unternehmen, Kapital in niedrig besteuernden Staaten zu halten und von dort aus mittels Fremdfinanzierung an die in-

---

[162] Zum geschätzten Ausmaß der durch diese ausgelösten Steuerrisiken siehe OECD (2013), S. 79, Figure 6.2.
[163] Vgl. Schröer (2004), S. 262 ff.
[164] Schmalenbach (1908), S. 165 ff.
[165] Siehe hierzu ausführlich Schröer (2004).
[166] Vgl. insbesondere Wellisch (2003), S. 332 ff. zur Übereinstimmung verschiedener Methoden der Verrechnungspreissetzung mit der Anforderung der Verlagerungsneutralität.

ternationalen Konzernglieder zu vergeben. Die Verminderung der Steuerlast in Höhe der mit der Steuersatzdifferenz gewichteten Zins- oder Lizenzzahlungen stellt somit eine Verletzung der Verlagerungsneutralität dar.

Daher wird oftmals die grenzüberschreitende Darlehensvergabe ab gewissen Größenordnungen unter dem Terminus „Unterkapitalisierung" (englisch: „thin capitalisation") steuerlich sanktioniert.[167] Bei Anwendbarkeit solcher Regelungen bleiben Zinsaufwendungen, die eine gewisse Größenordnung (z.B. gemessen am EBITDA) überschreiten, steuerlich (teilweise) nicht abzugsfähig. Dies gilt ggf. unabhängig von der Angemessenheit des zugrundeliegenden Zinssatzes. Solche Regelungen gehen dann in Ermangelung einer grundlegenden Systematik einem neutralen Steuersystem zweifellos fehl. Sie unterstellen, dass internationale Fremdfinanzierung ab gewissen relativen Größenordnungen ausschließlich durch Steuervermeidungsstrategien erklärbar ist. Jedoch kann die Hingabe von Darlehen gegen Leistung von Zinsen nicht weniger eine Investition darstellen wie der Bau einer Fabrikanlage. Eine konzerninterne Kreditvergabe kann ebenfalls aus realwirtschaftlichen Gründen (bspw. zur Risikostreuung oder zur Berücksichtigung der Interessen unterschiedlich beteiligter Eigner) erfolgen.

Um diesen Neutralitätsverstoß systematisch zu beheben, müsste zunächst auf nationaler Ebene eine Gleichbehandlung von Eigen- und Fremdkapital gewährleistet sein. Steuerliche Gewichtungsprobleme, die aus unterschiedlichen Steuersätzen erwachsen, lassen sich nur bei einer vollständig kapitalexportneutralen Besteuerung vermeiden (Irrelevanz des ausländischen Steuerniveaus). Für Kapitalimportneutralität hingegen ist die Abzugsfähigkeit von Finanzierungsaufwendungen und deren Besteuerung im Quellenstaat gerade Voraussetzung. Hier wäre eine Vollharmonisierung der einzige Garant für Verlagerungsneutralität.

Ähnlich der grenzüberschreitenden Verlagerung von liquiden Mitteln per Darlehensvergabe können auch nicht-liquide Mittel wie Produktionsanlagen oder Transportmittel buchhalterisch mittels Leasing verlagert werden. Steuerlich relevant ist hierbei nicht nur das Entgelt für die Überlassung, sondern auch die Verlagerung des Abschreibungspotentials.[168]

Eine weitere Möglichkeit zur Ausnutzung von Steuersatzgefällen stellt die grenzüberschreitende Verlustverlagerung bei nicht kapitalexportneutral ausgestalteten Steuersystemen dar. Kann Verlustausgleichspotential in höher besteuernde Staaten verlagert werden, so senken sie die effektive Steuerbelastung in einem überproportionalen Ausmaß. Findet die Freistellungsmethode Anwendung, so sind ausländische Verluste nicht in die Bemessungsgrundlage einzubeziehen. Wird hingegen ein Anrechnungsverfahren zur Erreichung einer kapitalexportneutralen Besteuerung angewandt, lässt sich aus Neutralitätsaspekten die Notwendigkeit des vollständigen Einbezugs ausländischer Verluste in die innerstaatliche Bemessungsgrundlage ableiten. Dies gilt dann unabhängig von der Beteiligungshöhe. So müssten auch Verluste ausländischer nichtbeherrschter Beteiligungen Eingang finden.

---

[167] Eine solche Regelung wurde bspw. durch die Einführung des § 8a dKStG durch das Standortsicherungsgesetz im Jahre 1992 in die deutsche Besteuerungspraxis eingeführt.

[168] Verlagerungen ergeben sich im Falle von Operating-Leases auch bei marktüblichen Konditionen.

2.4 Abzuleitende Forderungen an die Besteuerung am Binnenmarkt

Auf nationaler Ebene bleibt die Forderung nach umfassender Neutralität sämtlicher Konsum-, Investitions- und Freizeitentscheidungen kaum realisierbar und umstritten. Unter realitätsnahen Annahmen umsetzbar erscheinen hingegen Investitions- und Finanzierungsneutralität im unternehmerischen Bereich.[169] Die Herstellung der hierfür erforderlichen Bedingungen ist jedoch aus dem europäischen Integrationsziel für das direkte Steuerrecht nicht abzuleiten.

Notwendig für die Verschmelzung der europäischen Teilmärkte zu einem Binnenmarkt mit ungehindertem (und damit unverzerrtem) Güter- und Kapitalverkehr ist aus ökonomischer Betrachtung hingegen eine standort-, verlagerungs- und kapitaleignerneutrale Besteuerung. Hierbei besteht ein Zielkonflikt zwischen Verlagerungs- und Kapitaleignerneutralität. Erstere erfordert eine kapitalexportneutrale, letztere eine kapitalimportneutrale Besteuerung. Welches dieser Theoreme eine standortneutrale Besteuerung (eher) verwirklicht, hängt insbesondere von den Marktbedingungen (Separierbarkeit der Märkte und Relevanz staatlicher Investitionsbegünstigungen) ab. Eine umfassende Verwirklichung aller Neutralitätsbedingungen ist nur durch Vollharmonisierung der Steuersysteme zu erreichen. Auch wenn Kapitalexportneutralität finanzwissenschaftlich der Vorzug gegeben wird, setzt deren Umsetzung eine Durchbrechung des Trennungsprinzips bei der Besteuerung von Kapitalgesellschaften sowie ein vollständiges Anrechnungsverfahren voraus. Da diese Bedingungen derzeit in keinem Mitgliedstaat erfüllt sind, soll in vorliegender Betrachtung nicht ausschließlich auf eine Kapitalexportneutralität abgestellt werden, deren effizienztheoretischen Vorzüge unter diesen reellen Bedingungen fraglich sind. Aufgrund dieser Umstände soll sowohl eine Orientierung an einer kapitalimport- wie auch an einer kapitalexportneutralen Besteuerung als grundsätzlich vereinbar mit den zwischenstaatlichen Effizienzkriterien betrachtet werden. Effizienzsteigerungen sind durch die im folgenden Abschnitt dargestellten, am Binnenmarkt vorherrschenden Besteuerungssystematiken unter dieser Annahme dann möglich, wenn sie einen positiven Effekt auf die Verwirklichung der in Tabelle 1 zusammengefassten Kriterien aufweisen. Ein negativer Effekt ist hingegen dann anzunehmen, wenn aufgrund bestimmter Vorgaben einzel- oder zwischenstaatliche Regelungen, welche diese Voraussetzungen sicherstellen können, nicht mehr möglich sind oder nicht mehr angewandt werden können.

---

[169] Vgl. Homburg (2007a), S. 238 ff.

Ebene	Anforderungen	
	KEX (einheitlicher Markt)	**KIN (getrennte Märkte)**
Standortneutralität	• Übereinstimmung von Zensit, Destinar • Vollständige Anrechnung aller ausländischen Steuern • Vollständiger Einbezug ausländischer Gewinne und Verluste in die inländische Bemessungsgrundlage • Volle Besteuerung stiller Reserven bei Wegzug	• Vollständige Besteuerung der Investition im Quellenstaat • Vollständige Freistellung der ausländischen Gewinne und Verluste im Wohnsitzstaat • Besteuerung stiller Reserven ausschließlich durch Quellenstaat
Kapitaleignerneutralität	Nur durch vollständige Harmonisierung zu erreichen	• Abzugsfähigkeit von Finanzierungskosten im Wohnsitzstaat und vollständige Besteuerung im Quellenstaat • Kein Progressionsvorbehalt
Verlagerungsneutralität	Gewahrt unter bisherigen Voraussetzungen[170]	• Übereinstimmung ökonomischer und steuerlicher Verrechnungspreise • Vollständige und korrekte steuerliche Abbildung von Finanzierungs- und Lizenzvereinbarungen
Mehr-/ Minderbesteuerung	Gewahrt unter bisherigen Voraussetzungen	• Vollständige und sofortige Verlustberücksichtigung im Quellenland • Einheitliche Ermittlung der Verrechnungspreise • Einheitliche Ermittlung von Aufwendungen und Erträgen bei grenzübergreifenden Finanzierungs- und Lizenzvereinbarungen
Rechtsformneutralität	Keine aperiodische Besteuerung beteiligungsneutraler Umwandlungen und Restrukturierungen mit Ausnahme verlagerter stiller Reserven	Keine aperiodische Besteuerung beteiligungsneutraler Umwandlungen und Restrukturierungen mit Ausnahme verlagerter stiller Reserven

Tabelle 1: Anforderungen der Kapitalexportneutralität (KEX) und Kapitalimportneutralität (KIN)

---

[170] Es bleibt zu beachten, dass Investitionen bei unvollständiger Anrechnung nicht dem effektiven Steuerniveau des Wohnsitzlandes unterliegen. Es sind dann ggf. weitere Anforderungen an das Besteuerungssystem zu stellen.

3 Rahmenbedingungen grenzüberschreitender Investitionen am Binnenmarkt

3.1 Aufteilung der Besteuerungsrechte nach bilateralem Abkommensrecht und Sekundärrecht

Die vorliegende Untersuchung widmet sich der Frage nach der Einflussnahme, die der EuGH durch Auslegung von Protokollen, Verordnungen und Richtlinien sowie der Grundverkehrsfreiheiten auf die vorliegenden Kriterien nimmt. Komplex wird diese Fragestellung unter anderem dadurch, dass von der Auslegung des Unionsrechts nicht nur der jeweils beklagte Staat, sondern auch andere Mitgliedstaaten betroffen sein können, auch wenn sie bei der Besteuerung unterschiedlichen Systematiken folgen. Die Vielzahl der am Binnenmarkt existierenden nationalen steuerlichen Rahmenbedingungen und der noch weit größeren Zahl an zu berücksichtigenden zwischenstaatlichen Doppelbesteuerungsabkommen lässt daher keine allgemeingültige Aussage auf die Gesamtwirkung eines Urteils zu. Dieser Umstand dürfte insbesondere empirische Untersuchungen erschweren, er fordert jedoch auch einer qualitativen Analyse ein gewisses Maß an Abstraktion ab. Glücklicherweise erfolgt die Aufteilung der Besteuerungsrechte zwischen Industriestaaten auch in Abwesenheit von sekundärem und primärem Unionsrecht nicht gänzlich diffus, sondern zumeist in gewissen Mustern[171], die im Musterabkommen der OECD[172] (im Folgenden „OECD-MA") vorgegeben sind. Auch der EuGH stellte mehrfach fest, „dass es für die Mitgliedstaaten nicht sachfremd ist, sich zum Zweck der Aufteilung der Steuerhoheit an der internationalen Praxis und den von der OECD erarbeiteten Musterabkommen zu orientieren"[173].

Weiterhin stellen die von den europäischen Institutionen erlassenen Richtlinien, Protokolle und Verordnungen Teil dieser Rahmenbedingungen dar, wobei in den hier untersuchten Rubriken insbesondere Richtlinien eine wesentliche Bedeutung zukommt. Diese wirken nach Ablauf der jeweiligen Umsetzungsfrist unmittelbar gegen die Mitgliedstaaten[174], ohne dass diese sich „auf Bestimmungen, Übungen oder Umstände [ihrer] internen Rechtsordnung berufen [können], um die Nichteinhaltung der in einer Richtlinie festgelegten Verpflichtungen und Fristen zu rechtfertigen"[175].

---

[171] Vgl. Jacobs (2011), S. 64.

[172] Der nachfolgenden Betrachtung ist das OECD-MA des Jahres 2014 zugrunde gelegt, siehe OECD (2014b).

[173] EuGH-Urteil vom 15.05.2008 zur Rs. C-414/06 (Lidl Belgium), Slg. 2008 I-3601, ECLI:EU:C:2008:278, Rn. 22 m.w.N.

[174] Der Berechtigte kann sich, unabhängig von ihrer nationalen Umsetzung, direkt auf den Inhalt der Richtlinie berufen. Zu den Voraussetzungen siehe Schaumburg in Schaumburg/Englisch (2015), Rn. 3.11.

[175] EuGH-Urteil vom 19.02.1998 zur Rs. C-8/97 (Kommission/Griechenland), Slg. 1998 I-823, ECLI:EU:C: 1998:75, Rn. 8; EuGH-Beschluss vom 08.05.2008 zur Rs. C-392/07 (Kommission/Belgien), Slg. 2008 I-72, ECLI:EU:C:2008:272, Rn. 9 m.w.N.

Um repetitive Ausführungen in den folgenden Abschnitten zu vermeiden, soll bereits an dieser Stelle auf die grundsätzliche Aufteilung der Besteuerungsrechte nach dem OECD-MA eingegangen werden. Es wird hierbei jeweils zunächst ein kurzer Überblick über die Wirkungsweise der Bestimmungen des OECD-MA und anschließend der sekundärrechtlichen Bestimmungen gegeben. Die Betrachtung beschränkt sich hierbei auf die Behandlung periodischer Einkünfte sowie von Veräußerungsgewinnen und die hierfür vorgesehenen Methoden zur Vermeidung der Doppelbesteuerung und erhebt keinen Anspruch auf Vollständigkeit. Für die Behandlung speziellerer, für die Rechtsprechung des EuGH relevanter Fragestellungen wird auf die Ausführungen im vierten Abschnitt verwiesen. Zu beachten ist, dass sowohl das Musterabkommen als auch die Richtlinien im Betrachtungszeitraum unregelmäßigen Änderungen unterworfen waren.

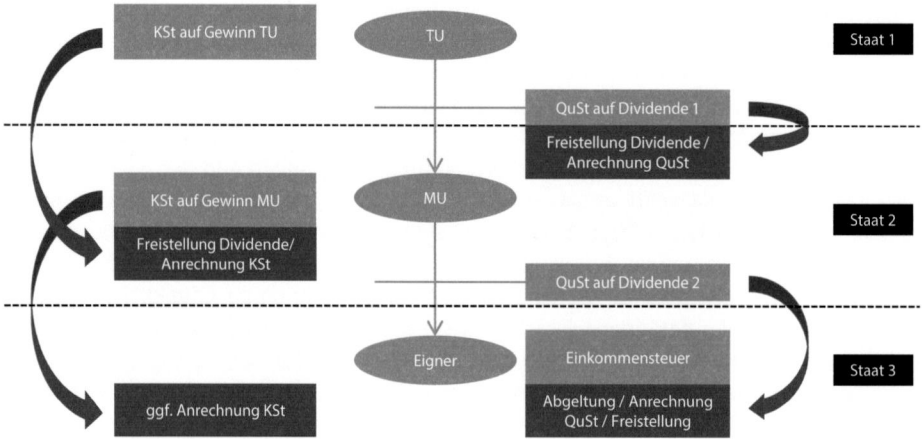

Abb. 2: Mögliche Kollisionen der Besteuerungsrechte bei mehrstufigen multinationalen Beteiligungsketten

Besonders grenzüberschreitenden mittelbaren Investitionen droht infolge des Souveränitätsprinzips[176], durch einen ertragsteuerlichen Kaskadeneffekt bei mehrstufigen Beteiligungsstrukturen, eine Mehrbesteuerung, zum einen durch das Recht auf Steuerzugriff der Sitzstaaten der jeweiligen Unternehmen auf das generierte Steuersubstrat der Gesellschaft, zum anderen durch das Zugriffsrecht auf abfließende Gewinne durch die Quellenbesteuerung der gebietsfremden Anteilseigner. Die Besteuerungsrechte (hell) und möglichen Steuerentlastungen (dunkel) einer solchen mehrstufigen Beteiligungskette sind vereinfacht in Abb. 2 dargestellt. Es wird hier von einer Investition des Eigners mit Sitz in Staat 3 (Wohnsitzland) in eine Tochterkapitalgesellschaft (TU) mit Sitz in Staat 1 (Quellenland) ausgegangen, welche über eine Beteiligungsholding (MU) mit Sitz in Staat 2 gehalten wird.

Minderbesteuerungen entstehen durch die mehrfache Anrechnung derselben erhobenen Steuer oder durch Wegfall einer Besteuerungsebene aufgrund eines Verzichts beider

---

[176] Siehe grundlegend Bühler (1965), S.130-137.

Mitgliedstaaten auf Ausübung ihrer Besteuerungsrechte (weiße Einkünfte).[177] Eine Mehrbesteuerung stellt sich für alle Fälle ein, in welchen eine oder mehrere der dargestellten Steuerentlastungen nicht vollumfänglich gewährt werden. Hierzu ist einschränkend anzumerken, dass eine Nichtanrechnung ausländischer Körperschaftsteuern bzw. eine fehlende Freistellung auf Eignerebene nur dann zu einer internationalen Mehrbesteuerung führt, wenn eine solche Anrechnung oder Freistellung bei Inlandinvestitionen zulässig wäre (wie bspw. bei körperschaftsteuerlichen Anrechnungssystemen oder Teileinkünfteverfahren).

Keine Mehrbesteuerung tritt ein, wenn die Anrechnung sämtlicher zuvor erhobener Körperschaftsteuern und / oder Quellensteuern auf einer späteren Beteiligungsebene erfolgt (bspw. Erstattung sämtlicher, auf allen Beteiligungsebenen erhobener Steuern durch den Wohnsitzstaat des Eigners). Insofern dieser eine volle und sofortige Steuergutschrift gewährt, blieben aus Sicht des Eigners die auf Ebene der Beteiligungsunternehmen erhobenen Steuern Makulatur (Kapitalexportneutralität). In einer mehrstufigen Beteiligungskette kann dies jedoch den praktischen Verzicht des Wohnsitzstaats auf seine Besteuerungsrechte, ggf. sogar die steuerliche Netto-Entlastung des Eigners im Wohnsitzstaat bedeuten. Durch die reale Möglichkeit von Anrechnungsüberhängen kann ein solches System somit nur durch eine Beschränkung der Besteuerungsrechte der Quellen- und Transitstaaten gewährleistet werden. Eine solche könnte beispielsweise in der Verpflichtung aller Sitzstaaten zur Anrechnung der auf das übergeordnete Beteiligungsglied von dessen Sitzstaat erhobenen Einkommen- und Körperschaftsteuern sowie der von diesem auf das Steuersubstrat erhobenen Quellensteuern bestehen.

Aus kapitalimportneutraler Betrachtungsweise könnte eine Vermeidung der Doppelbesteuerung hingegen durch eine durchgehende Freistellung von Dividendenerträgen von der Einkommen- und Körperschaftsteuer, nebst einer teilweisen Freistellung von Quellensteuern erreicht werden. Um die Besteuerung gebietsfremder Eigner zu den Inlandskonditionen sicherzustellen, ist eine Quellensteuer in Höhe der auf Dividendenerträge inländischer Steuerpflichtiger angewandten Einkommensteuersatzes zu erheben. Auf späteren Beteiligungsebenen wäre nur solches Steuersubstrat einer Quellenbesteuerung zu unterwerfen, welches nicht auf durch das ansässige Unternehmen bezogene Einkünfte entfällt (Freistellung von „Transitdividenden"). Insbesondere bei der Möglichkeit von Gewinnthesaurierungen dürfte deren Anteil jedoch technisch schwer zu bestimmen sein. Ein kapitalimportneutral ausgestaltetes Verfahren bei mehrstufigen Beteiligungsstrukturen ist entsprechend mit verwaltungstechnischen Schwierigkeiten verbunden.

3.1.1 Periodische Einkünfte der Kapitalgesellschaften und Niederlassungen

Grundsätzlich hält ausschließlich der Sitzstaat einer Kapitalgesellschaft die Besteuerungsrechte an deren laufenden Gewinnen. Dies ergibt sich zum einen aus der fehlenden unbeschränkten Steuerpflicht der Gesellschaft außerhalb deren Sitzstaates, wie auch aus den Bestimmungen des Art. 7 Nr. 1 OECD-MA. Dieser theoretisch einfachen Aufteilung der Besteuerungsrechte steht jedoch eine Reihe von Qualifikationskonflikten gegenüber. Zum

---

[177] Bspw. aufgrund unterschiedlicher nationaler Auffassungen über die Rechtsform der Investition.

einen können die Bestimmungen der Sitzstaaten von Mutter- und Tochterunternehmen über deren steuerliche Ansässigkeit und Rechtsform divergieren. Zum anderen gestaltet sich die praktische Erfolgsabgrenzung bei Kapitalgesellschaften, zwischen denen ein Beteiligungsverhältnis oder eine sonstige Abhängigkeit besteht, recht komplex.[178]

Bei der Gewinnaufteilung zwischen Unternehmen existieren insbesondere Bewertungsschwierigkeiten der internen Leistungsbeziehungen[179] sowie Zuordnungsprobleme bei Beteiligungskosten. Da aufgrund der rechtlich selbständigen Entitäten nach gängiger internationaler Praxis der Ort der Entstehung von Aufwendungen für deren Zuordnung ausschlaggebend ist, werden Beteiligungskosten regelmäßig dem Mutterunternehmen als Träger der Aufwendungen zugewiesen. Wenn der Sitzstaat des Mutterunternehmens die im Zusammenhang mit solchen Aufwendungen stehenden Einkünfte jedoch von der inländischen Besteuerung freistellt, ist ein Abzug dieser Kosten von der Bemessungsgrundlage des Mutterunternehmens oftmals ausgeschlossen. Die Folge ist eine Mehrbesteuerung grenzüberschreitender fremdkapitalfinanzierter Investitionen durch, wie es Hahn ausdrückt, „in Europa herumvagabundierende Kostenblöcke".[180] Zur Aufteilung der Beteiligungskosten des Mutterunternehmens auf die Gesellschaften lässt auch die Mutter-Tochter-Richtlinie (MTR) den Mitgliedstaaten weitgehend freie Hand. Gemäß Art. 4 Abs. 2 S. 1 MTR besteht keine Verpflichtung, den Betriebsausgabenabzug für die Kosten der Beteiligung zuzulassen.

Unter Ausblendung der Schwierigkeiten der Erfolgsabgrenzung, ist die Zuordnung der Besteuerungsrechte zum Sitzstaat der Gesellschaft geeignet, Kapitalimportneutralität zu gewährleisten. Kapitalexportneutralität scheitert hingegen im Falle von Gewinnthesaurierungen an den fehlenden Möglichkeiten der Durchbrechung des Trennungsprinzips. Eine solche Durchbrechung wäre lediglich bei speziellen Formen der Durchgriffs- oder Hinzurechnungsbesteuerung[181] bewirkt.

Betriebsstätten werden in Art. 5 OECD-MA definiert. Auch Anteile an gewerblich tätigen ausländischen Personengesellschaften begründen nach Art. 5 Abs. 1 OECD-MA regelmäßig eine ausländische Betriebsstätte. Die Besteuerungsrechte für die auf die Betriebsstätte entfallenden Gewinne liegen primär bei deren Belegenheitsstaat. Dort ist die gebietsfremde Gesellschaft i.d.R. für ihre im Inland erzielten Gewinne beschränkt steuerpflichtig. Deren Gewinne sind gem. Art. 7 Abs. 1 und 2 OECD-MA nach dem Territorialitätsgrundsatz aufzuteilen wobei nur solche Gewinne auf die Betriebsstätte entfallen, die dieser direkt zuzuordnen sind. Die Aufteilung der Erträge und Aufwendungen zwischen Stammhaus und unselbständiger ausländischen Einheit erfolgt hierbei nicht nach dem Ort der Entstehung, sondern insbesondere nach deren Zurechnung zu den ausgeübten (wirtschaftlichen) Funktionen, den getragenen Risiken und dem eingesetzten Kapital. Zugrunde liegt die Fiktion der selbständigen Einheit unter Beachtung des „dealing at arm's length principle".

Die Vermeidung der Doppelbesteuerung erfolgt durch den Sitzstaat des Stammhauses. Die Mitgliedstaaten wenden dabei etwa hälftig die Freistellungs- oder Anrechnungsmethode an.[182] Betriebsstättengewinne sind somit sowohl nach Maßgabe der Kapitalexport-

---

[178]   Hierzu ausführlich Jacobs (2011), S. 733 f.
[179]   Art. 9 OECD-MA.
[180]   Hahn (2003), S. 1249.
[181]   Siehe Jacobs (2011), S. 435-455.
[182]   Vgl. Endres et al. (2011), S. 104.

als auch nach der Kapitalimportneutralität zu beurteilen. Aus der Mutter-Tochter-Richtlinie lassen sich regelmäßig keine über die Vorgaben des OECD-MA hinausgehenden Bestimmungen ableiten.[183]

Bei Betriebsstätten scheitert Kapitalimportneutralität im Falle der Freistellung bereits regelmäßig an den fehlenden Möglichkeiten einer umfassenden Besteuerung der Anteilseigner. Da Betriebsstätten selbst keine Ausschüttungen vornehmen können, existiert für den Belegenheitsstaat keine Möglichkeit zur Quellenbesteuerung bei Ausschüttungen der Gesellschaft an deren Eigner. Während sich bei gebietsansässigen Investoren die Steuerlast regelmäßig aus der Besteuerung der Eigner durch die Einkommensteuer sowie die Besteuerung der Gesellschaft ergibt, unterliegen gebietsfremde Investoren mit gebietsfremdem Stammhaus zwar der inländischen Besteuerung der Gesellschaft, jedoch nicht der Quellenbesteuerung durch den Belegenheitsstaat des Stammhauses. Zur Hochschleusung der Steuerbelastung auf das Niveau der inländischen Eigner, müsste somit die spätere persönliche Einkommensbesteuerung bereits auf Ebene der Betriebsstätte einbezogen werden. Eine solche einseitige Mehrbelastung auf Ebene der Betriebsstätte widerspräche jedoch dem Gleichbehandlungsgrundsatz des Art. 24 Abs. 3 OECD-MA.[184] Kapitalexportneutralität lässt sich unter diesen Umständen durch Anrechnung der durch den Belegenheitsstaat auf die Betriebsstättengewinne erhobenen Steuern in Abwesenheit einer Quellenbesteuerung hingegen vergleichsweise einfach umsetzen.

Zur Berücksichtigung von Verlusten gebietsfremder Gesellschaften oder Betriebsstätten sind macht weder das OECD-MA[185], noch das Sekundärrecht explizite Vorgaben. Es sei hier auf die Ausführungen zu Abschnitt 4.3.4 verwiesen.

3.1.2 Besteuerung von Dividenden und Zinsen

3.1.2.1 Ausschüttungen an gebietsfremde natürliche Personen

Damit sich ein kapitalimport- oder kapitalexportneutraler Zustand bei einer mehrstufigen Beteiligungsstruktur einstellen kann, wäre jedenfalls eine einheitliche Anwendung der Freistellungs- oder Anrechnungsmethode erforderlich. Auch von der OECD wird eine solche Homogenität als wünschenswerte Eigenschaft eines internationalen Besteuerungssystems angesehen. Dennoch wird den unterschiedlichen Präferenzen der Vertragsstaaten Rechnung getragen und diesen die Wahl über die anzuwendende Methode überlassen.[186] Enthalten sind im OECD-MA hingegen Bestimmungen über die Ausgestaltung der jeweiligen Methode.

Entscheiden sich die Vertragsstaaten zur Freistellung bestimmter Einkünfte natürlicher Personen im Wohnsitzstaat, so sieht das OECD-MA einen Progressionsvorbehalt vor. Es

---

[183] Vgl. Kofler in Schaumburg/Englisch (2015), Rn. 14.24.

[184] Eine Ausnahme bildete die deutsche Methode der nachträglichen Steuerherabsetzung bei Ausschüttungen im Rahmen des deutschen körperschaftsteuerlichen Anrechnungsverfahrens (vgl. § 44d Abs. 1 S. 3 dEStG 1996 i.V.m. § 49 Abs. 1 dKStG 1996.

[185] Seitens der OECD wird auf die uneinheitlichen Bestimmungen der nationalen Steuerrechtsordnungen verwiesen, welche eine systematische Lösung der Verlustübernahme durch das OECD-MA verhindern. Vgl. OECD (2014b), Commentary on Article 23A, Rn. 44.

[186] Vgl. ebd., Comments on Articles 23A and 23B, S. 330.

ergeben sich die in Abschnitt 2.3.3 dargestellten Verstöße gegen die Neutralitätsbedingungen.

Nach den Bestimmungen des OECD-MA kommt für Dividendeneinkünfte jedoch grundsätzlich ein direktes Anrechnungsverfahren zur Anwendung.[187] Bei Anrechnungsverfahren sind allgemein drei Grundvarianten denkbar[188], die in Reinform oder in Mischformen über die Höhe des Anrechnungsbetrags, bzw. der zu gewährenden Steuergutschrift entscheiden. Gegeben sei die inländische Gesamtsteuerlast $S_W = s_W \cdot (E_Q + E_W)$, wobei s_W der einschlägige nationale Nominalsteuersatz auf die inländischen (E_W) und ausländischen (E_Q) Einkünfte. S_Q bezeichne die tatsächlich gezahlte Steuer im Quellenstaat, die sich aus Anwendung des ausländischen Nominalsteuersatzes (s_Q) auf die ausländischen Bruttoeinkünfte (E_Q) ergibt. In Abhängigkeit des gewählten Verfahrens ergibt sich der Anrechnungsbetrag (AB) als

- Alternative 1: Vollanrechnung: $AB = S_Q$.
- Alternative 2: Fiktive Anrechnung: $AB = s_W \cdot E_Q$ oder $AB = s_F \cdot E_Q$.
- Alternative 3: Beschränkte Anrechnung: $AB = min\{S_Q; S_W; s_W \cdot E_Q\}$.

Hierbei kann ausschließlich eine unbeschränkte (und sofortige) Anrechnung oder Erstattung der gezahlten ausländischen Steuern im Sinne der Alternative 1 Kapitalexportneutralität gewährleisten. Alternative 2 beschreibt die Anrechnung in Höhe des inländischen Steuerniveaus (oder eines anderen fiktiven Steuersatzes s_F) und kann im Falle niedrigerer ausländischer Steuern keine (vollständige) Hochschleusung auf das inländische Steuerniveau bewirken. Im Falle höherer ausländischer Steuern führt sie zu Mehrbesteuerungen. In beiden Fällen wären die Bedingungen der Kapitalexportneutralität verletzt. Eine fiktive Anrechnung „bekämpft weder die reale noch die latente Doppelbesteuerung"[189], sondern zielt insbesondere auf eine Investitionsförderung im niedrig besteuernden Quellenstaat ab und findet sich daher zumeist in den zwischen Industrie- und Entwicklungsländern geschlossenen DBA.[190] Durch Hochschleusung des Steuerniveaus würden hier gewährte steuerliche Vergünstigungen ihre Wirkung auf den Entscheidungsträger verlieren. Dies wird durch die Gewährung eines den Betrag der tatsächlich gezahlten Steuern übersteigenden Steuerbetrags vermieden.[191] Da hierdurch ausländische steuerliche Vergünstigungen erhalten bleiben, bzw. keine vollständige Hoch- oder Herabschleusung auf das inländische Steuerniveau stattfinden kann, verletzt Alternative 2 Kapitalexportneutralität. Alternative 3 definiert den

---

[187] Vgl. Art. 23A Abs. 2, Art. 23B i.V.m. Art. 10 Abs. 1 OECD-MA.

[188] Siehe Breithecker/Klapdor (2016), S. 56 ff. Aufbauend auf diesen Grundformen existieren in den Mitgliedstaaten noch weitere Anrechnungsbeschränkungen, siehe hierzu Abschnitt 4.3.3.1. Der Vollständigkeit halber sei angemerkt, dass auch die Abzugsmethode teilweise hierzu gezählt wird. Diese knüpft jedoch nicht an den Steuertarif, sondern an die Bemessungsgrundlage an, leistet damit „keinen systematischen Beitrag zur Ausschaltung der Doppelbesteuerung" (ebd., S. 90) und verletzt die Bedingungen an eine kapitalexportneutrale Besteuerung. Vorteilhafte Steuerwirkungen können sich durch eine Abzugsmethode gegenüber einem Anrechnungsverfahren nur ergeben, wenn letzteres nicht kapitalexportneutral ausgestaltet ist. Vgl. hierzu Schmidt et al. (2005), S. 47.

[189] Breithecker/Klapdor (2016), S. 75.

[190] Vgl. Scheffler (2009), S. 227.

[191] Vgl. Bächle et al. (2008), S. 28.

Anrechnungshöchstbetrag durch die Minimierung der im Inland gezahlten Steuer und der Anrechnungsbeträge, die sich aus den Alternativen 1 und 2 ergeben würden. Verletzungen der Kapitalexportneutralität resultieren dann, wenn das Steuerniveau des Wohnsitzstaats das Steuerniveau des Quellenstaats übersteigt. Ansonsten erfolgt eine Vollanrechnung und Kapitalexportneutralität bleibt gewahrt. Durch die Bestimmungen des Art. 23B Abs. 1 S. 2 OECD-MA wird Alternative 3 als maßgebliches Anrechnungsverfahren konstatiert. Die Beschränkung der Anrechnung unterscheidet sich im Ausmaß durch den Umfang der in die Berechnung einzubeziehenden ausländischen Einkünfte (E_Q). Ursächlich hierfür ist die Konsolidierung von Auslandsverlusten und Auslandsgewinnen in der Berechnung der maßgeblichen Auslandseinkünfte.[192] Praktiziert werden insbesondere drei Verfahren[193]:

- Overall-limitation: die Berechnung erfolgt einmalig über alle ausländischen Einkünfte; E_Q entspricht dem Betrag aller ausländischen Bruttodividenden;
- Per-country-limitation: die Berechnung erfolgt für die Einkünfte aus jedem Staat einzeln;[194] E_Q entspricht den aus einem Staat zufließenden Einkünften;
- Per-company-limitation: die Berechnung erfolgt separat für jedes gebietsfremde Unternehmen, von dem der Steuerpflichtige Einkünfte bezieht; E_Q entspricht der bezogenen Dividende.

Das OECD-MA schlägt hierbei eine per-country-limitation vor. Bei deren Anwendung kommt stets der höhere Effektivsteuersatz aus Quellen- und Wohnsitzland zum Tragen. Die Methode ist wirkungsgleich zu einer Freistellung mit Progressionsvorbehalt.[195] Mehrbesteuerungen aufgrund der Zulässigkeit von Anrechnungsüberhängen bei mehrstufigen Beteiligungen versucht das OECD-MA mit einer Reduktion des Besteuerungsrechts der Quellenstaaten zu begegnen.[196] Hierzu enthält das OECD-MA eine Deckelung von Quellensteuern auf 15 % der Bruttodividende.[197] Kapitalexportneutralität bleibt im Rahmen der direkten Steueranrechnung somit nur dann gewahrt, wenn die Begrenzung der Quellensteuer Anrechnungsüberhänge verhindert und sich keine Mehrbesteuerung ergibt. Es ist hierbei zu beachten, dass eine solche Begrenzung der Quellenbesteuerung zwar bei unvollständigen Anrechnungssystemen die Gefahr der Mehrbesteuerung reduziert, jedoch im Falle einer Freistellung im Wohnsitzland die Voraussetzungen für Kapitalimportneutralität verletzt, bei welcher das persönliche Steuerniveau der Eigner durch die Quellenbesteuerung Berücksichtigung finden muss. Werden gebietsansässige Eigner mit einem persönlichen Steuersatz von über 15 % belastet, scheitert eine Hochschleusung auf dieser Ebene.

---

[192] Vgl. Oestreicher et al. (2008), S. 149.
[193] Darüber hinaus besteht noch die Möglichkeit einer per-item-of-income-limitation, die eine separate Berechnung jeder abkommensrechtlich definierten Einkunftsart vorsieht (vgl. Jacobs (2011), S. 75), zur vorliegenden Betrachtung allerdings keinen nennenswerten Bezug aufweist.
[194] Zur Wirkung siehe Breithecker/Klapdor (2016), S. 65 ff. Es ist zu beachten, dass diese nicht zwischen thesaurierten und ausgeschütteten Gewinnen gebietsfremder Kapitalgesellschaften unterscheiden, sondern stets von einem vollständigen Einbezug der gebietsfremden Einkünfte i.S.d. Welteinkommensprinzips ausgehen.
[195] Vgl. OECD (2014b), Commentary on Articles 23A and 23B, Rn. 62.
[196] Vgl. Jacobs (2011), S. 74.
[197] Art. 10 Nr. 2 lit. b) OECD-MA.

Weitgehend verdrängt aus den europäischen Systemen der Vermeidung von Doppelbesteuerungen wurde hingegen die indirekte Anrechnung gebietsfremder Körperschaftsteuern.[198] Hierfür wäre die vollständige Besteuerung der zufließenden gebietsfremden Dividenden nach dem Welteinkommensprinzip unter Nichtabzugsfähigkeit der hierauf anteilig gezahlten gebietsfremden Körperschaftsteuern Voraussetzung. Die hierauf erfolgende Steuerfestsetzung wäre alsdann um den hinzugerechneten Körperschaftsteuerbetrag zu vermindern. Ein derartiges Verfahren ist im OECD-MA nicht vorgesehen.

Insofern keine Mehrbesteuerung im Zuge der direkten Steueranrechnung eintritt, bleibt Standortneutralität verletzt, wenn keine Anrechnung der im Sitzstaat der ausschüttenden Gesellschaft geleisteten anteiligen Körperschaftsteuer möglich ist und sich das kumulative Steuerniveau daher aus der körperschaftsteuerlichen Belastung des Steuersubstrats in diesem Staat und der ertragsteuerlichen Belastung der empfangenden Person in deren Sitzstaat ergibt.

3.1.2.2 Ausschüttungen an eine gebietsfremde Kapitalgesellschaft

Grundsätzlich gelten diese Regelungsvarianten auch für Kapitalgesellschaften, ohne dass sich die Mitgliedstaaten dabei auf eine einheitliche Behandlung von natürlichen Personen und Kapitalgesellschaften festlegen müssen. Speziellere Regelungen enthält das OECD-MA allerdings für solche Fälle, in denen an der ausschüttenden Gesellschaft eine Beteiligung von mindestens 25 % des Gesellschaftskapitals besteht. Hier kommt das körperschaftsteuerliche Schachtelprivileg zur Anwendung. Dieses sieht eine noch weitergehende Beschränkung der Quellensteuer (und somit der potentiellen Mehrbesteuerung je Beteiligungsglied) auf 5 % der Bruttodividende[199] vor. Zwar ist auch für Schachteldividenden im OECD-MA eine Anwendung der Anrechnungsmethode vorgesehen, jedoch weichen die Vertragsstaaten häufig von diesem Grundsatz ab und stellen Schachteldividenden von der Besteuerung im Sitzstaat der dividendenempfangenden Gesellschaft frei.[200] Diese weitere Beschränkung der Quellenbesteuerung bewirkt eine weitere Verschlechterung der Bedingungen von Kapitalimportneutralität.

Im Falle der Anrechnungsmethode ergeben sich dieselben Neutralitätsverletzungen wie im vorherigen Abschnitt, obgleich die Gefahr einer Mehrbesteuerung aufgrund des stark limitierten Rechts der Quellenbesteuerung sehr gering ist. Wurde hingegen vertraglich eine Anwendung der Freistellungsmethode für Schachteldividenden vereinbart, so gilt ein kumulatives Steuerniveau, das sich aus den fünfprozentigen Quellensteuern (je Beteiligungsglied), dem Körperschaftsteuerniveau des Quellenstaats und dem Einkommensteuerniveau des Wohnsitzstaats zusammensetzt. Im Vergleich zu Streubesitzdividenden, wird die Gefahr einer Mehrbesteuerung aufgrund von Anrechnungsüberhängen reduziert, Standortneutralität bleibt jedoch auch hier verletzt.

Die Bestimmungen des OECD-MA bleiben bei Dividendenausschüttungen innerhalb der Europäischen Union unbeträchtlich, insofern auf diese die Mutter-Tochter-Richtlinie Anwendung findet. Deren Anwendungsbereich beschränkt sich auf wesentliche Beteiligun-

---

[198]   Eine solche praktiziert lediglich Malta (vgl. Abschnitt 2.3.2).
[199]   Art. 10 Nr. 2 lit. a) OECD-MA.
[200]   Vgl. Haase (2014), S. 302.

gen, geht aber in ihren Rechtsfolgen über die Bestimmungen des OECD-MA hinaus. So verbietet Art. 5 Abs. 1 MTR jeglichen „Steuerabzug an der Quelle" bei Beteiligungen von mindestens 10 %[201] am Gesellschaftskapital der ausschüttenden Gesellschaft. Weiterhin enthält Art. 4 Abs. 1 i.V.m. Abs. 3 S. 2 und Abs. 2 S. 2 MTR ein Wahlrecht zur Besteuerung dieser Erträge auf Ebene der empfangenden Gesellschaft. Die Mitgliedstaaten können entweder zur Freistellung von mindestens 95 % der ausländischen Gewinne oder Anrechnung der ausländischen Körperschaftsteuer optieren, wobei im zweiten Fall die Beschränkung des Anrechnungsbetrags auf die im Inland festgesetzte Steuer zulässig ist. Entscheidet sich der Staat hierbei für die Freistellung, so ergibt sich die Gesamtsteuerlast aus der ausländischen Körperschaftsteuer und der Einkommensteuer des Anteilseigners, gegebenenfalls zuzüglich einer maximalen Mehrbelastung in Höhe von 5 % des Gewinns[202], angewandt auf den inländischen Körperschaftsteuertarif. Kapitalimportneutralität ist nicht erreichbar. Die Gefahr einer Mehrbesteuerung ist im Vergleich zur Zulässigkeit einer Quellenbesteuerung im OECD-MA hingegen als gering anzusehen. Beispielsweise ergäbe sich bei einem universellen Körperschaftsteuertarif von 15 % eine effektive Mehrbelastung von lediglich 0,75 %. Im Anrechnungsfall stellt sich ein weitgehend kapitalexportneutraler Zustand ein, insofern keine Anrechnungsüberhänge zu einer Mehrbelastung führen. Die Wahrscheinlichkeit der Entstehung von Anrechnungsüberhängen ist aufgrund des Ausschlusses der Quellenbesteuerung jedoch deutlich geringer.[203] Durch die Mutter-Tochter-Richtlinie ist daher regelmäßig von einer Reduktion steuerlich induzierter Verzerrungen der Kapitalallokation am Binnenmarkt auszugehen. Ihre Anwendung wirkt effizienzsteigernd.

3.1.2.3 Grenzüberschreitende Fremdkapitalfinanzierungen

Für Fremdkapitalfinanzierungen gelten grundsätzlich die gleichen Neutralitätserfordernisse wie für die dargestellten eigenkapitalfinanzierten Investitionen.[204] So hat, in Abhängigkeit von der gewählten Methode zur Vermeidung der Doppelbesteuerung und der daraus folgenden (tendenziellen) Annäherung an Kapitalexport- oder Kapitalimportneutralität, die Besteuerung der Rückflüsse entweder im Wohnsitzstaat des Eigners oder dem Quellenstaat zu erfolgen, wobei lediglich bei einer abschließenden Besteuerung im Quellenstaat Kapitalimportneutralität erreicht werden kann. Im OECD-MA hält der Wohnsitzstaat die Besteuerungsrechte für Zinsen, die diesem von einer unabhängigen Partei gezahlt werden, wobei der Quellenstaat diese Einkünfte einer Besteuerung von bis zu 10 % unterwerfen darf,[205] die im Sitzstaat nach Maßgabe der Bestimmungen des Art. 23B OECD-MA anzurechnen sind. Gleiches gilt für Lizenzgebühren, wobei für diese bei Zahlungen zwischen unabhängigen Parteien abweichend kein Besteuerungsrecht für den Quellenstaat vorgese-

---

[201] bis 01.01.2003: 25 %, bis 01.01.2007: 20 %, bis 01.01.2009: 15 %

[202] Dieser vom freizustellenden Gewinn maximal zulässige Abzugsbetrag i.H.v. 5 % des zufließenden Gewinns bezweckt den pauschalierenden Ausgleich der durch das Mutterunternehmen getragenen Beteiligungsaufwendungen, welche bei diesem Betriebsausgaben darstellen können. In Abhängigkeit dieser tatsächlich getragenen Aufwendungen und deren Abzugsfähigkeit kann die Mehrbesteuerung geringer ausfallen.

[203] Möglich bleiben Anrechnungsüberhänge insbesondere bei geringeren Effektivsteuersätzen des Wohnsitzlands gegenüber dem Quellenland.

[204] Vgl. Abschnitt 2.2.1.

[205] Siehe Art. 11 Abs. 1, 2 OECD-MA.

hen ist.[206] Bei Zinsen, die von einer Betriebsstätte an deren Stammhaus gezahlt werden, bleiben dem Quellenstaat die Besteuerungsrechte an diesen Einkünften vorbehalten.[207] In Folge kommt es in der Regel zu einer eingeschränkt kapitalexportneutralen Behandlung von Lizenz- oder Fremdkapitalvergütungen und abweichend zu einer weitestgehend kapitalimportneutralen Besteuerung bei Zahlungen von Betriebsstätten an deren Stammhaus. Die Möglichkeit eines Betriebsausgabenabzugs der auszahlenden Gesellschaft oder Betriebsstätte bleibt hierdurch unberührt, insofern die Zahlungshöhe dem Fremdvergleich standhält.

Werden zwischen Betriebsstätten, Gesellschaften mit einer Mindestbeteiligung von 25 % oder zwischen Schwestergesellschaften[208] Zinszahlungen getätigt, so werden die Besteuerungsrechte an diesen Zahlungen durch die Zins- und Lizenzgebührenrichtlinie unter bestimmten Voraussetzungen ausschließlich dem Sitzstaat des Zahlungsempfängers zugeordnet. Für in deren Anwendungsbereich fallende Zahlungen sieht die Richtlinie, abweichend vom OECD-MA, eine durchgehende Anlehnung an eine kapitalexportneutrale Besteuerung vor. Im Fall derartiger Zahlungen zwischen Unternehmen wirkt deren Anwendung aufgrund des vollständigen Ausschlusses der Quellensteuer für Fälle unvollständiger Anrechnung somit effizienzsteigernd. Im Falle von Zahlungen einer Betriebsstätte ist keine eindeutige Aussage möglich, da es zu einem Wechsel von Freistellungs- zur Anrechnungsmethode kommt.

3.1.3 Veräußerungsgewinne

Entgeltliche Veräußerungen führen in der Regel zur Aufdeckung und Besteuerung der stillen Reserven in Höhe des Unterschiedsbetrags zwischen Veräußerungserlös (Marktpreis) und (gegebenenfalls fortgeführten) Anschaffungskosten. Bei grenzüberschreitenden Veräußerungen (das Veräußerungsobjekt ist nicht im Sitzstaat des Veräußerers belegen) wird bei der Aufteilung der Besteuerungsrechte[209] zwischen der Art des Veräußerungsobjekts unterschieden. Im Falle mobilen Vermögens werden die Besteuerungsrechte ausschließlich dem Sitzstaat des Veräußerers unter Ausschluss jeglicher Quellenbesteuerung im Belegenheitsstaat zugesprochen (kapitalexportneutrale Anwendung des Wohnsitzlandprinzips). Bei Veräußerungen von gewerblichem Vermögen sowie von Immobilien, hält der Belegenheitsstaat die Besteuerungsrechte, während dem Ansässigkeitsstaat des Veräußerers die Methode zur Vermeidung der Doppelbesteuerung anheimgestellt wird.[210]

Entsprechend der gewählten Methode lassen sich hierbei sowohl Kapitalimport- als auch Kapitalexportneutralität realisieren. Insofern es sich bei dem Veräußerungsobjekt um ein Investitionsobjekt des Veräußerers handelt, stellt dessen Liquidationserlös einen festen Bestandteil des Kapitalwerts der Investition dar. Dieser unterliegt somit denselben Neutralitätsanforderungen wie laufende Erträge. Bei fehlender Abzugsfähigkeit der Anfangsauszahlung im Anschaffungszeitpunkt, sind die um Abschreibungen und / oder Wertberichti-

---

[206]   Siehe Art. 12 Abs. 1; Art. 12 Abs. 3 i.V.m. Art. 7 Abs. 1 OECD-MA.

[207]   Siehe Art. 11 Abs. 4 i.V.m. Art. 7 Abs. 1 OECD-MA.

[208]   Mit einem in mindestens in dieser Höhe an beiden beteiligten Mutterunternehmen.

[209]   Vgl. Art. 13 OECD-MA.

[210]   Bei Schiffen und Luftfahrzeugen ist die Freistellung durch den Wohnsitzstaat zwingend vorgeschrieben.

gungen verminderte Anschaffungskosten im Zeitpunkt der Veräußerung zu berücksichtigen.

3.2 Die Grundverkehrsfreiheiten

3.2.1 Rechtliche Grundlagen

Das für steuerliche Fragestellungen relevante primäre Unionsrecht setzt sich zusammen aus den Grundrechten (Art. 6 Abs. 3 EUV), den Grundverkehrsfreiheiten (Art. 26 Abs. 2 AEUV) sowie den zu letzteren (zumindest für wirtschaftliche Tätigkeiten) subsidiären Bestimmungen des allgemeinen Diskriminierungsverbots (Art. 18 AEUV) und des allgemeinen Freizügigkeitsrechts (Art. 21 AEUV).[211] Für die folgenden Betrachtungen sei darauf hingewiesen, dass die Begriffe „Gemeinschaftsrecht" und das hieraus hervorgegangene „Unionsrecht" synonym gebraucht werden, jeweils in Abhängigkeit vom betroffenen Zeitraum. Eine Übersicht über die zu den unterschiedlichen Zeiträumen einschlägigen Normen finden sich in Tabelle 2.

Bestimmung	EWG-Vertrag[212]	EGV		AEUV
	Römische Verträge, 1957	Vertrag von Maastricht, 1992	Vertrag von Amsterdam, 1997	Vertrag von Lissabon, 2009
Niederlassungsfreiheit	Art. 52, Art. 58	Art. 52, Art. 58	Art. 43, Art. 48	Art. 49, Art. 54
Kapitalverkehrsfreiheit	Art. 67	Art. 73b	Art. 56	Art. 63
Warenverkehrsfreiheit	Art. 30, Art. 34	Art. 30, Art. 34	Art. 28, Art. 29	Art. 34, Art. 35
Dienstleistungsfreiheit	Art. 59	Art. 59	Art. 49	Art. 56
Arbeitnehmerfreizügigkeit	Art. 48	Art. 48	Art. 39	Art. 45
Allg. Freizügigkeitsrecht	-	Art. 8a	Art. 18	Art. 21
Allg. Diskriminierungsverbot	Art. 7	Art. 6	Art. 12	Art. 18

Tabelle 2: Einschlägige Artikel zu den primärrechtlichen Bestimmungen[213]

---

[211] Vgl. Schaumburg in Schaumburg/Englisch (2015), Rn. 4.26-4.28.

[212] Der EWG-Vertrag enthält keine unmittelbar anwendbaren Grundfreiheiten, sondern vielmehr Verpflichtungen der Staaten zur Herstellung solcher Freiheiten innerhalb einer Übergangszeit.

[213] Neben diesen festgeschriebenen Bestimmungen zählt auch die sog. „Zahlungsverkehrsfreiheit" i.w.S. zu den Grundverkehrsfreiheiten, welche die i.R.e. in Anspruch genommenen Grundverkehrsfreiheit getätigten Transaktionen schützt. Normiert wurde sie lediglich für die Kapitalverkehrsfreiheit. Für die restlichen Grundfreiheiten ist sie als Annexkompetenz anerkannt. Siehe hierzu Bröhmer in: Calliess et al. (2016), zu Art. 63 AEUV, Rn. 66.

Ziel der Grundverkehrsfreiheiten ist die Gewährleistung des freien Verkehrs von Personen, Kapital, Waren sowie Dienstleistungen und damit die Errichtung und Aufrechterhaltung des Binnenmarktes (Binnenmarktfinalität der Grundverkehrsfreiheiten). Sind alle Grundverkehrsfreiheiten vollumfänglich in den Mitgliedstaaten gewährleistet, so wäre der Binnenmarkt aus rechtlicher Sicht verwirklicht. Da hierbei seit den Urteilen des EuGH zu den Rs. *Van Gend & Loos*[214] sowie *Costa*[215] keine Zweifel am Anwendungsvorrang des Primärrechts vor innerstaatlichen Bestimmungen der Mitgliedstaaten bestehen konnten und nationale Bestimmungen aufgrund der Unionstreue (Art. 4 Abs. 3 EUV) stets primärrechtskonform auszulegen sind[216], ist aus dieser Betrachtungsweise von einer Verwirklichung des Binnenmarkts auszugehen. Zum normierten Datum für die Vollendung des Binnenmarkts wurde durch Art. 13 der Einheitlichen Europäischen Akte der 31.12.1992 erklärt. Seitdem gilt der Binnenmarkt als rechtlich verwirklicht.

Entscheidend für Umfang und Reichweite des Binnenmarktbegriffs ist somit die Interpretation der normativ offen formulierten Grundverkehrsfreiheiten. Deren Rechtsfolge (modifizierte Anwendung der nationalen Norm[217]) tritt ein, wenn

(1) der Anwendungsbereich der einschlägigen Grundverkehrsfreiheit eröffnet ist,

(2) ein Eingriff der fraglichen Norm in die Grundverkehrsfreiheit festzustellen ist und

(3) dieser Eingriff nicht gerechtfertigt werden kann.

Zu (1): Die Berufung auf eine Grundverkehrsfreiheit setzt voraus, dass deren gegenständlicher, persönlicher, räumlicher und zeitlicher Anwendungsbereich eröffnet ist und der fragliche Sachverhalt einen grenzüberschreitenden Binnenmarktbezug aufweist. Der sachliche Anwendungsbereich hängt hierbei von der Grundverkehrsfreiheit ab (Niederlassung[218], Kapitalverkehr, Lieferung von Waren, Erbringung von Dienstleistungen oder Nachgehen einer nichtselbständigen Beschäftigung). Voraussetzung ist hierbei im Gegensatz zum allgemeinen Diskriminierungsverbot und zum allgemeinen Freizügigkeitsrecht jedoch immer eine wirtschaftliche Betätigung. Dabei kann durchaus auch mehr als eine der genannten Betätigungen vorliegen (bspw. Abzugsfähigkeit von Versicherungsbeiträgen durch einen Grenzgänger im Tätigkeitsstaat). Es stellt sich dann die Frage, ob alle betroffenen Grundverkehrsfreiheiten anwendbar sind oder nur die vorrangig betroffene Grundverkehrsfreiheit zu prüfen ist. Bereits dieser erste Prüfungsschritt bedurfte hierbei nicht selten der Auslegung durch den EuGH.

---

[214] EuGH-Urteil vom 05.02.1963 zur Rs. 26/62 (Van Gend und Loos), Slg. 1963 3, ECLI:EU:C:1963:1.

[215] EuGH-Urteil vom 15.07.1964 zur Rs. 6/64 (Costa), Slg. 1964 1253, ECLI:EU:C:1964:66. In diesem Urteil führte der EuGH aus: „Aus alledem folgt, dass dem vom Vertrag geschaffenen, somit aus einer autonomen Rechtsquelle fließenden Recht wegen dieser seiner Eigenständigkeit keine wie immer gearteten innerstaatlichen Rechtsvorschriften vorgehen können" (ohne Rn.).

[216] Vgl. Schaumburg in Schaumburg/Englisch (2015), Rn. 4.50.

[217] Die Unionsrechtswidrigkeit führt nicht automatisch zur Nichtanwendbarkeit der Norm. Vielmehr sind „die gemeinschaftsrechtlichen Erfordernisse [...] in die Norm hineinzulesen" (BFH-Urteil-vom 21.10.2009 zur Rs. I R 114/08 (Columbus Container Services), BStBl. II 2010, 774, Rn. 27).

[218] Hierzu zählen nach Art. 49 AUEV auch die Gründung von Gesellschaften, Zweigniederlassungen, Agenturen oder Tochtergesellschaften.

Im nächsten Schritt erfolgt die Prüfung, ob ein grenzüberschreitender Sachverhalt mit Binnenmarktbezug vorliegt. Die Grundverkehrsfreiheiten sind lediglich dann einschlägig, wenn die Grenze zwischen Mitgliedstaaten überschritten wird.[219] Von diesem Grundsatz abweichend ist die Kapitalverkehrsfreiheit auch dann anwendbar, wenn Kapitalströme die Grenze zu Drittstaaten überschreiten. Es ist hierbei nicht erforderlich, dass der Grenzübertritt bereits unternommen wurde. Auch ex-ante kann sich ein Anspruch (auf Unterlassung) ergeben, sofern die ernsthafte Absicht eines realen Steuerpflichtigen[220] zur Umsetzung einer durch die Grundverkehrsfreiheiten geschützten Betätigung besteht.[221]

Der persönliche Anwendungsbereich für die allgemeine Freizügigkeit, für das allgemeine Diskriminierungsverbot sowie für die Arbeitnehmerfreizügigkeit knüpft an die Unionsbürgerschaft an.[222] Anspruchsberechtigt sind weiterhin Staatsangehörige der EWR-Staaten (Island, Liechtenstein, Norwegen) sowie Staatsangehörige von Drittstaaten mit Assoziierungsabkommen, insofern in diesen die Anwendung explizit vereinbart wurde.[223] Es kommen hierbei somit lediglich natürliche Personen in Betracht. Durch die Niederlassungsfreiheit sind daneben auch Gesellschaften[224], die nach Rechtsvorschriften eines Mitgliedstaats errichtet wurden und Sitz, Hauptverwaltung oder Hauptniederlassung in einem Mitgliedstaat haben (Art. 54 AEUV), geschützt. Für den Anwendungsbereich der Kapital- und Warenverkehrsfreiheit sind hingegen keine persönlichen Voraussetzungen zu erfüllen.[225]

Räumlich beschränken sich die Grundverkehrsfreiheiten auf Betätigungen auf dem Gebiet der Europäischen Union. Ausnahmen hiervon bilden die Kapitalverkehrsfreiheit und das allgemeine Diskriminierungsverbot, die aufgrund ihrer Bestimmungen räumlich ungebunden sind.[226] Die zeitliche Dimension erstreckt sich auf alle Sachverhalte, die während der Gültigkeit[227] der Grundverkehrsfreiheiten verwirklicht werden.[228]

Zu (2): Inwiefern ein Eingriff in die Grundverkehrsfreiheiten besteht, hängt von der ihnen zugesprochenen Wirkungsrichtung und Reichweite ab. Klassischerweise unterschieden wird zwischen Diskriminierungs- und Beschränkungsverboten. Beide bezeichnen eine Ungleichbehandlung grenzüberschreitender Betätigungen gegenüber solchen ohne Grenzübertritt. Dabei richten sich Diskriminierungsverbote vornehmlich gegen die Benachteiligung des Inbound-Falls (bspw. Zuzug, Kapitalzufluss), Beschränkungsverbote gegen die Benachteiligung des Outbound-Falls (bspw. Wegzug, Auslandsinvestition).[229] Diskrimini-

---

[219] Diskriminierungen im Inlandssachverhalt sind regelmäßig keiner unionsrechtlichen Auslegung zugänglich.

[220] Dementsprechend reicht auch ein „Problem hypothetischer Natur" nicht zur Vorlageberechtigung aus (EuGH-Urteil vom 16.12.2008 zur Rs. C-210/06 (Cartesio), Slg. 2008 I-9641, ECLI:EU:C:2008:723, Rn. 67).

[221] Vgl. Reimer in Schaumburg/Englisch (2015), Rn. 7.31 f.

[222] Zwischenzeitlich kommt es nicht mehr darauf an, ob die Benachteiligung eigene oder fremde Staatsangehörige betrifft. Zu Kritik am früheren Verständnis siehe Cordewener (2002), S. 193 m.w.N.

[223] Vgl. Schaumburg in Schaumburg/Englisch (2015), Rn. 4.30.

[224] Hierzu zählen nach Art. 54 AEUV Gesellschaften bürgerlichen Rechts, Handelsgesellschaften, Genossenschaften und sonstige Personen öffentlichen oder privaten Rechts, sofern sie einen Erwerbszweck verfolgen.

[225] Vgl. Reimer in Schaumburg/Englisch (2015), Rn. 7.26 f.

[226] Vgl. Englmair (2013), S. 52.

[227] Deren Gültigkeit begann mit Gründung der EWG oder einem späteren Beitrittsdatum zu EWG, EG oder EU. Zu beachten sind die Übergangsvorschriften (Stillstandsklauseln) der Kapitalverkehrsfreiheit.

[228] Vgl. Cloer/Lavrelashvili (2008), S. 70.

[229] Vgl. Jacobs (2011), S. 208; Reimer in Schaumburg/Englisch (2015), Rn. 7.34-7.41.

rungen liegen vor, wenn eine gesetzliche Norm nach der Staatsbürgerschaft oder des Sitzes einer Gesellschaft differenziert (offene oder unmittelbare Diskriminierung). Die unionsrechtlichen Diskriminierungsverbote beruhen auf dem Gedanken abgegrenzter Märkte und entsprechen im Grundsatz denen des OECD-MA, obgleich sie deutlich strenger anzuwenden sind.[230] Weiterhin verboten sind in diesem Zusammenhang aber auch Normen, die nicht auf solche Kriterien abstellen, deren Anwendung jedoch vornehmlich gebietsfremde benachteiligen (verdeckte oder mittelbare Diskriminierung). Als Diskriminierungsverbote formuliert sind die Warenverkehrsfreiheit und die Arbeitnehmerfreizügigkeit. Die Dienstleistungs- und die Kapitalverkehrsfreiheit stellen hingegen nach ihrem Wortlaut Beschränkungsverbote dar. Als Beschränkungsverbot ist weiterhin auch die Niederlassungsfreiheit ausgestaltet, welche dieses jedoch enger fasst und an die Staatsangehörigkeit, bzw. den Sitz anknüpft.[231] Beschränkungsverbote gehen von einem gemeinsamen Markt aus und fordern eine über reine Diskriminierungsverbote hinausgehende ungehinderte Partizipationsmöglichkeit.[232]

Zu (3): Auch, wenn sich die Rechtsprechung, wie im vierten Abschnitt deutlich wird, von einer klaren Unterscheidung zwischen offenem / verdecktem Diskriminierungs- und Beschränkungsverbot weitestgehend gelöst hat[233], behält die Abgrenzung ihre Bedeutung vor allem auf Rechtfertigungsebene, bei welcher offene Diskriminierungen regelmäßig schwieriger zu rechtfertigen sind als verdeckte Diskriminierungen oder Beschränkungen. Der grundlegende (nicht abschließende) Katalog an möglichen Rechtfertigungsgründen ergibt sich dabei zunächst aus dem Vertragstext selbst. So sieht bspw. Art. 36 AEUV Ausnahmen von der Warenverkehrsfreiheit vor, insofern durch deren Gewährleistung die öffentliche Sittlichkeit, Ordnung oder Sicherheit beeinträchtigen würde. Dem wird jedoch zugleich die Verhältnismäßigkeitsprämisse beigefügt, dass es sich bei den diskriminierenden oder beschränkenden Maßnahmen um keine willkürliche Diskriminierung oder verschleierte Beschränkung des Handels handeln dürfe. Ähnlich verhält es sich bei Art. 65 Abs. 1 AEUV, der Beschränkungen des Kapitalverkehrs erlaubt, insofern diese auf einer steuerlichen Ungleichbehandlung nach dem Kapitalanlageort beruhen oder den Notwendigkeiten staatlicher Aufsicht über die Kapitalmärkte geschuldet sind. Auch hier darf es sich jedoch nach Art. 65 Abs. 3 AEUV weder um eine willkürliche Diskriminierung noch um eine verschleierte Beschränkung des Kapitalverkehrs handeln. Aufgrund der teleologischen zunehmend konvergenten Auslegung der Grundverkehrsfreiheiten, wurde die Anwendbarkeit der genannten Rechtfertigungsgründe auch auf andere Grundverkehrsfreiheiten ausgedehnt und der Katalog um weitere „zwingende Gründe des Allgemeininteresses" erweitert.[234]

---

[230] Vgl. Vanistendael (2003), S. 139.
[231] Vgl. Reimer in Schaumburg/Englisch (2015), Rn. 7.71.
[232] „National borders disappear and any obstacle at a national border should disappear" (Vanistendael (2003), S. 139).
[233] Vgl. Englisch in Tipke/Lang (2015), § 4, Rn. 83 f.
[234] Vgl. Reimer in Schaumburg/Englisch (2015), Rn. 7.49.

3.2.2 Ökonomische Interpretation

Wäre die direkte Besteuerung sowohl im nationalen als auch im internationalen Kontext im ökonomischen Sinne entscheidungsneutral, so würde infolge der Rangfolgeinvarianz keine Entscheidung durch steuerliche Regelungen behindert oder ungünstiger gemacht werden. Es ergeben sich bereits terminologische Überschneidungen zum Gewährleistungsgehalt der Grundverkehrsfreiheiten. Dennoch ist festzustellen, dass die Wirkungsrichtungen von Neutralitätspostulaten und Grundverkehrsfreiheiten keineswegs gleichgerichtet sein müssen. Dies beruht insbesondere auf vier Gründen:

Erstens garantieren Diskriminierungs- und Beschränkungsverbote keine grenzüberschreitende Belastungsgleichheit, sondern lediglich die rechtliche Gleichbehandlung der die durch einen Mitgliedstaat geregelten Sachverhalte.[235] Somit garantieren die Grundverkehrsfreiheiten kein universelles Verbot wirtschaftlicher Doppelbesteuerung, sondern lediglich die Verpflichtung zur Vermeidung derartiger Verzerrungen, die aus Rechtsnormen zweier beteiligter Staaten erwachsen, die sich in Inhalt und Zielrichtung entsprechen. Und auch dies gilt nur insoweit, als dass keiner der „involvierten Hoheitsträger seinen Regelungsanspruch in der Sache zurücknehmen muss."[236] Dementsprechend sind vorwiegend Ungleichbehandlungen bei unvollständigen Kollisionsregelungen zur Vermeidung juristischer Doppelbesteuerungen an den Grundverkehrsfreiheiten zu messen, nicht jedoch solche Verzerrungen, die sich in Folge divergierender Besteuerungsmethoden und Effektivsteuersatzdifferenzen ergeben können.

Zweitens garantieren sie nicht die monetäre Gleichbehandlung der Investitionsalternativen auf Ebene des Investors. Entspricht das Steuersubjekt nicht dem ökonomischen Eigner, so kann eine vorübergehende Belastung, die sich auf Ebene einer Beteiligung ergibt und erst auf einer höheren Beteiligungsebene neutralisiert wird, durchaus eine Beschränkung darstellen, ohne dass dieser eine Belastungsungleichheit zugrunde läge. Entsprechend können sowohl kapitalimport- als auch kapitalexportneutral ausgestaltete Steuersysteme unionsrechtlich unzulässig ausgestaltet sein. Ebenso können unionsrechtskonform ausgestaltete Steuersysteme Rangfolge- und Niveauvarianz aufweisen. Das internationale Neutralitätspostulat verlangt nicht nur die Unterlassung einer ungünstigeren Behandlung grenzüberschreitender Sachverhalte, sondern eine barwertäquivalente Besteuerung von In- und Auslandssachverhalt, wobei sich diese Äquivalenz je nach gewählter Form der Vermeidung der Doppelbesteuerung durch Anrechnungs- oder Freistellungsmethode auf das Steuerniveau des Wohnsitz- oder Quellenstaats beziehen kann. Ein primärrechtlich nicht zu beanstandender wirtschaftlicher Steuerzugriff mehrerer Staaten kann diese Neutralitätskriterien verletzen.[237]

Drittens stehen die Grundverkehrsfreiheiten zwar einer Schlechterbehandlung, nicht jedoch einer Privilegierung ausländischer Einkünfte im (Wohn-)Sitzstaat des Steuerpflichtigen entgegen.[238]

---

[235] Vgl. Birk (1996), S. 66; Tumpel (2000), S. 323.
[236] Strassburger (2012), S. 63.
[237] Vgl. Jacobs (1999), S. 96, 100 f.
[238] Vgl. Vogt (2003), S. 152.

Viertens gelten die Grundverkehrsfreiheiten, anders als die universellen Voraussetzungen der Entscheidungsneutralität, nicht uneingeschränkt. Zwar erstreckt sich ihre sachliche Anwendbarkeit auf weitgehend alle denkbaren für Investitionen relevanten Betätigungen und der persönliche Anwendungsbereich zumindest bei den hierbei relevantesten Grundverkehrsfreiheiten (Kapitalverkehrs- und Niederlassungsfreiheit) sowohl auf natürliche wie auch auf juristische Personen und Personengesellschaften. Ausgenommen bleiben jedoch von der Niederlassungsfreiheit natürliche Personen, die zwar am Wirtschaftsleben des Binnenmarkts partizipieren, nicht jedoch die Staatsangehörigkeit eines EWR-Staats besitzen. Weiterhin ausgenommen sind von der Niederlassungsfreiheit Gesellschaften, die nicht nach den Rechtsvorschriften eines Mitgliedstaats errichtet wurden, selbst wenn sie ihren Sitz in einem solchen Mitgliedstaat haben. Besonders aus Sicht der Rechtsformneutralität ergibt sich hierdurch Distortionspotential, da die Möglichkeit eines „Herein-Formwechsels" in eine Rechtsform, auf welche die Grundverkehrsfreiheiten Anwendung finden würden, für solche Gesellschaften weder primär-[239] noch sekundärrechtlich vorgesehen ist.

In ihrer räumlichen Reichweite divergieren die Grundverkehrsfreiheiten hinsichtlich ihrer Anwendbarkeit auf weltweite Vorgänge (allgemeines Diskriminierungsverbot, Kapitalverkehrsfreiheit) und solche innerhalb des Binnenmarkts (alle anderen). In Kollisionsfällen entscheidet daher die Auslegung über die einschlägige Freiheit auch über die räumliche Reichweite. Selbstverständlich wäre eine weltweite Effizienz der Besteuerung dabei einer binnenmarktumfassenden Effizienz grundsätzlich vorzuziehen, jedoch bedeutet die Anwendbarkeit der Grundverkehrsfreiheiten auf weltweite Sachverhalte eine einseitige Beschränkung der Besteuerungsrechte auf die am Binnenmarkt partizipierenden Staaten. Im Zusammenwirken mit dem nicht den Grundverkehrsfreiheiten unterworfenen Leviathan wäre daher eine einseitige Aushöhlung der Bemessungsgrundlage zu befürchten. Derartige Möglichkeiten bleiben derzeit hingegen auf die Reichweite der Kapitalverkehrsfreiheit auf solche Drittlandsachverhalte begrenzt.

Die ökonomisch gewichtigste Einschränkung ist der notwendige Bezug zum Grenzübertritt, der unmittelbare Auswirkungen der Grundverkehrsfreiheiten auf nationale Effizienzkriterien ausschließt. Aus einer ungerechtfertigten Beschränkung oder Diskriminierung durch eine einzelstaatliche Norm folgt zwar eine Begrenzung deren Anwendbarkeit in diesem grenzüberschreitenden Fall, nicht hingegen eine allgemeine Nichtanwendbarkeit der Norm (kein Geltungsvorrang des Unionsrechts). Eine diskriminierende oder beschränkende Norm darf dementsprechend zwar nicht in betroffenen grenzüberschreitenden, wohl aber in rein innerstaatlichen Sachverhalten angewandt werden. Somit schließt die Voraussetzung des grenzüberschreitenden Binnenmarktbezugs jegliche direkte Wirkung der Grundverkehrsfreiheiten auf die nationale Investitions- und Finanzierungsneutralität aus. Beeinflussungspotential besteht hingegen auf die excess-burden, welche aus Verletzungen der Standort- und Verlagerungsneutralität erwächst.

Aufgrund der Schrankenwirkung der Grundverkehrsfreiheiten auf die nationalen Besteuerungsrechte ist naheliegend, dass Grundverkehrsfreiheiten unmittelbar lediglich eine Reduktion der Steuerbelastung bewirken können. Strukturell richten sie sich im hier betrachteten Kontext somit gegen Mehrbesteuerungen, die aus der Grenzüberschreitung ei-

---

[239]   Vgl. Brenncke in Kraft et al. (2014) zu I. Grundlagen, Rn. 8.

ner Investition erwachsen. Gleichsam ist nicht auszuschließen, dass Grundverkehrsfreiheiten Minderbesteuerungen erhöhen können. Eine Abnahme von Minderbesteuerungen ist hingegen, ebenfalls wie eine Zunahme von Mehrbesteuerungen, bereits a priori auszuschließen. Derartige Wirkungen können sich allenfalls durch Rechtsanpassungen der Mitgliedstaaten an die unionsrechtlichen Anforderungen an ihr Steuersystem ergeben. Komplex erscheint hingegen die Frage, wie sich die Grundverkehrsfreiheiten auf die Voraussetzungen für eine kapitalexport- und kapitalimportneutrale Besteuerung sowie auf eine Verlagerungsneutralität der Besteuerung auswirken. Die Beantwortung hängt von der Interpretation der Grundverkehrsfreiheiten ab und erfordert eine differenzierte Betrachtung der einzelnen Problemstellungen des internationalen Ertragsteuerrechts, derer sich der EuGH anzunehmen hatte.

Zur möglichst weitgehenden Reduktion von Mehrbesteuerungen sollte den Grundverkehrsreichweiten aus ökonomischer Sicht grundsätzlich eine eher weitreichende Auslegung angedeihen, sofern hierdurch die Möglichkeiten kapitalexport- und kapitalimportneutraler Ausgestaltung der Steuersysteme erhalten bleiben. Inwiefern eine restriktive oder weitreichende Auslegung hingegen subjektiv wünschenswert erscheint, hängt von den Erwartungen an den Binnenmarkt ab. Auch wenn dieser normativ als errichtet gilt, ist seine faktische Umsetzung sicherlich mehr als ein langwieriger Prozess zu verstehen[240], dessen Ziele und Anforderungen im Zeitablauf nicht unveränderlich sind.[241] Dies gilt insbesondere hinsichtlich der Unternehmensbesteuerung, deren Rahmenbedingungen durch Modernisierung und Digitalisierung unweigerlich einen Wandel vollzogen haben. Dem Rechnung tragend, erklärt die Europäische Kommission insbesondere die „Wiederherstellung der Einheit von Besteuerungsort und Ort der Wirtschaftstätigkeit", die Bewertbarkeit der Leistungsbeziehungen und Schutz des Binnenmarkts von externem Steuerwettbewerb kooperationsunwilliger Länder im Rahmen des BEPS-Projekts (Verlagerungsneutralität) und die „Schaffung einer konkurrenzfähigen, wachstumsfreundlichen Unternehmensbesteuerung in der EU" zu den wichtigen steuerpolitischen Zielen des 21. Jahrhunderts.[242] Gleichzeitig ist der Wortlaut der Grundverkehrsfreiheiten (mit Ausnahme der Kapitalverkehrsfreiheit) seit den Gründungsverträgen unverändert geblieben. Entsprechend kann der Wortlaut der Grundverkehrsfreiheiten nur die „äußere Grenze der Auslegung bilden"[243] und die mit ihnen verfolgten Ziele müssen auch in der Rechtsprechung des EuGH Beachtung finden.

3.3 Der Europäische Gerichtshof

3.3.1 Aufbau und Zuständigkeit

Zwar obliegt der Rechtschutz innerhalb der Europäischen Union vorwiegend der nationalen Gerichtsbarkeit, jedoch besteht zur Gewährleistung einer einheitlichen Rechtsauslegung und Rechtsanwendung zudem ein dreistufiges System der Gerichtsbarkeit der Europäi-

---

[240] Vgl. Nettesheim in Oppermann et al. (2016), S. 593.
[241] Vgl. Ilzkovitz et al. (2007), S. 19.
[242] Vgl. Europäische Kommission (2015), S. 3-7.
[243] Strassburger (2012), S. 32.

schen Union.[244] Dieses besteht aus dem Gericht (Art. 256 AEUV), den Fachgerichten[245] (Art. 257 Abs. 1 AEUV) sowie dem Gerichtshof (Art. 251 Abs. 1 AEUV), wobei letzterem die größte Bedeutung beizumessen ist. Das Gericht ist im Wesentlichen für Streitsachen zwischen den Organen der Europäischen Union[246] untereinander oder mit Dritten zuständig (Art. 256 AEUV[247]). Über dienstrechtliche Streitigkeiten zwischen den Institutionen und den Beamten und Bediensteten der Europäischen Union (Art. 255 i.V.m. Art. 270 AEUV) befindet zumeist das Gericht für den öffentlichen Dienst wobei das Gericht gem. Art. 256 Abs. 2 und Art. 257 Abs. 3 AEUV für Rechtsmittel gegen dessen Entscheidungen zuständig ist. Der Gerichtshof ist hingegen ausnahmsweise für vorgenannte Verfahren erstinstanzlich zuständig, die ihm gemäß Satzung entsprechend Art. 256 Abs. 1 S. 1 AEUV vorbehalten sind. Seine wesentliche Aufgabe besteht jedoch in der Auslegung der Verträge (Art. 267 Abs. 1 S. 1 lit. a AEUV) sowie der Entscheidung über Gültigkeit und Auslegung der Handlungen der Organe[248], Einrichtungen oder sonstigen Stellen der Europäischen Union (Art. 267 Abs. 1 S. 1 lit. b AEUV) im Vorabentscheidungsverfahren sowie der Entscheidung in Vertragsverletzungsverfahren, welche durch die Kommission entsprechend Art. 258 Abs. 2 AEUV eingeleitet werden können.[249]

Die Zusammensetzung des Gerichtshofs und dessen Abläufe bestimmen sich nach Art. 251 AEUV sowie dessen Satzung und Verfahrensordnung. Er besteht aus 28 Richtern und 11 Generalanwälten. Entsprechend Art. 254 Abs. 2 AEUV wird je ein Richter von der Regierung eines jeden Mitgliedstaats für 6 Jahre ernannt, wobei eine Wiederernennung zulässig ist. Die Ernennung erfolgt im Turnus von 3 Jahren für jeweils die Hälfte der Richter.[250] Vor der Ernennung werden die Richter einer „Bewerberprüfung" nach Art. 255 AEUV unterzogen. Die Richter wählen aus ihrer Mitte einen Präsidenten, einen Vizepräsidenten und einen Kanzler. Organisatorisch gliedert sich der Gerichtshof in Kammern. Sie unterteilen sich entsprechend Artikel 16 der Satzung des EuGH in Kammern mit fünf Richtern (Erste bis Sechste Kammer), Kammern mit drei Richtern (Siebte bis Zehnte Kammer) und eine Große Kammer, welcher fünfzehn Richter (Präsident, Vizepräsident, Vorsitzende der Kammern mit fünf Richtern und weitere Richter) angehören.[251] Entscheidungen in den Kammern mit drei Richtern werden einstimmig, die restlichen mit der Mehrheit der Stimmen getroffen.

Die Zusammensetzung des Gerichts aus Richtern und Generalanwälten unterschiedlicher Nationalitäten führt zu Barrieren aufgrund der Mehrsprachigkeit. Die Europäische Union kennt 24 Amtssprachen. Die Verfahrenssprache bei Vorabentscheidungsersuchen ist die Amtssprache des vorlegenden nationalen Gerichts, in anderen Fällen die Sprache der

---

[244] Vgl. Oellerich in Schaumburg/Englisch (2015), R. 5.1 f.

[245] Bislang besteht lediglich ein Gericht für den öffentlichen Dienst.

[246] Rat, Kommission Zentralbank, Europäisches Parlament und Europäischer Rat.

[247] I.V.m. 263, 265, 268, 272 AEUV (Nichtigkeitsklage, Untätigkeitsklage, Schadenersatzklage oder bei Zuständigkeit aufgrund einer Schiedsklausel).

[248] Hieraus ergibt sich die Zuständigkeit des EuGH zur Auslegung von Sekundärrecht.

[249] Bei Anrufung der Kommission durch einen Mitgliedstaat kann auch dieser im Falle einer nicht fristgemäßen Abgabe einer Stellungnahme nach Art. 259 Abs. 4 AEUV Klage erheben.

[250] Art. 253 Abs. 2 AEUV i.V.m. Artikel 9 der Satzung des EuGH.

[251] Bei Amtsenthebungsverfahren nach den Art. 225 Abs. 2 oder 286 Abs. 6 AEUV ist die Tagung im Plenum vorgesehen.

Klageschrift. Beratungen zwischen den Richtern und den Generalanwälten werden traditionell auf Französisch abgehalten (Arbeitssprache). Verhandlungen der mündlichen Phase finden jedoch mehrsprachig mit simultaner Übersetzung statt.[252] Dabei ist es durchaus möglich, dass keine direkte Übersetzung stattfindet, sondern zunächst die Sprache der Partei A ins Französische und von dort in die Sprache der Partei B übersetzt wird. Hierdurch ergibt sich eine sprachliche Unschärfe zum einen in den Verhandlungen selbst, zum anderen aber auch bei der Interpretation der Urteile. So verlangt der EuGH von den nationalen Gerichten bei Auslegung seiner Urteile sämtliche Sprachfassungen gleichrangig heranzuziehen und überdies hinaus dem Umstand Rechnung zu tragen, dass die unionsrechtliche Terminologie von denen der nationalen Rechtsordnungen durchaus abweichen kann.[253, 254]

Praktische Probleme bereitet auch der enorme materielle Umfang der Zuständigkeiten des EuGH. Aufgrund des breiten Kollisionsspektrums des auszulegenden Unionsrechts und der Diversität der nationalen Rechtsordnungen, haben sich die Richter des Einheitsgerichts mit einer breiten Rechtsmaterie auseinanderzusetzen. Dabei ist es im Rahmen der Unparteilichkeit zudem unüblich, dass sich Richter mit der Rechtsmaterie ihres Heimatlandes befassen, in welchem sie über ein gewisses Maß an Vorbildung verfügen könnten. Demnach kann es kaum verwundern, dass am EuGH regelmäßig weniger Spezialwissen über die auszulegenden nationalen Bestimmungen anzutreffen ist als beim vorlegenden Gericht (zumeist Fachgerichte). So kommentiert Hey, dass „die Holzschnitthaftigkeit manche[r] Entscheidungen auch daran liegen mag, dass hier Richter ohne speziellen steuerlichen Sachverstand über zumeist hochkomplexe steuerrechtliche Fragen zu befinden haben."[255] Wünschenswert wäre es jedenfalls, wenn sich die vorlegenden Richter bei der Vorlagebegründung detaillierter über die strittige Rechtsnorm, insbesondere deren Kontext im nationalen und zwischenstaatlichen Besteuerungssystem und ggf. deren wirtschaftspolitischen Hintergrund äußern würden,[256] statt, wie regelmäßig der Fall, nur wenig mehr als den Normtext mit den Vorlagefragen zu übersenden.

3.3.2 Grundsätze, Wirkungsweise und Grenzen der Einflussnahme

Im Gegensatz zu den indirekten Steuern ermangelt es dem europäischen Vertragswerk an einer normierten Zuständigkeit für die direkten Steuern. Grundsätzlich dürfte daher der nationale und bilaterale Rechtsrahmen der direkten Besteuerung aufgrund des im Grundsatzes der begrenzten Einzelermächtigung (Art. 5 EUV) verankerten Subsidiaritätsprinzips, in Verbindung mit der mitgliedstaatlichen Verfahrensautonomie, keinen spezifischen primärrechtlichen Anforderungen unterliegen. Dass sich das Unionsrecht von dieser weitgehenden Selbstbeschränkung gelöst hat, muss insbesondere drei vom EuGH implementierten Grundsätzen zugeschrieben werden. Zunächst genannt sei der vom Gerichtshof in der

---

[252] Bis heute gibt es keine rechtliche Regelung des Sprachenproblems. Art. 64 der Satzung des EuGH verweist auf eine vom Rat zu erlassende Regelung. Eine solche ist indes noch nicht erfolgt.

[253] Vgl. EuGH-Urteil vom 06.10.1982 zur Rs. 283/81 (C.I.L.F.I.T.), Slg. 1982 3415, ECLI:EU:C:1982:335, Rn. 18 f.

[254] Ausführlich mit dem Mehrsprachigkeitsproblem beschäftigt sich Mayer (2005), insbesondere S. 372 f.

[255] Hey (2004), S. 197.

[256] So auch Ahmann (2005), S. 75-80.

Rs. *Van Gend & Loos*[257] (entgegen dem Protest vieler der damaligen Mitgliedstaaten[258]) begründete Grundsatz der unmittelbaren Anwendbarkeit[259] des Unionsrechts, die der Gerichtshof aus einer „neuen Rechtsordnung des Völkerrechts" ableitete, die sich aus der Gemeinschaft ergebe. Dieser Logik folgend schuf der EuGH nur ein Jahr später[260] den Grundsatz des Vorrangs des Gemeinschaftsrechts und begründete hierdurch ein „klassisches föderales Konstitutionsprinzip"[261] der Europäischen Gemeinschaft. Drittens etablierte der Gerichtshof mit der „effet utile"-Doktrin (Effizienzgebot) eine Ausweitung seiner bereits 1956 explizit festgehaltenen „implied-powers"-Doktrin.[262] Letztere beinhaltet eine Annexkompetenz und eine ergänzende Gesetzgebungskompetenz für eng mit normierten Sachverhalten in Zusammenhang stehenden Nachbargebieten, jedoch beschränkt auf solche Fälle, in denen eine Rechts(durch)setzung ansonsten „überhaupt nicht oder nicht sinnvoll möglich wäre"[263]. Letztere Einschränkung ist beim Effizienzgebot nicht enthalten. Es verlangt eine weite Auslegung der unionsrechtlichen Normen, so dass diese eine möglichst „nützliche", in der späteren Rechtsprechung ihre „volle" oder „praktische" Wirksamkeit entfalten.[264] Es bewirkt, dass die Auslegung der Norm anhand des mit der Norm angestrebten Zieles unabhängig davon erfolgt, ob dieses Ziel durch die Norm selbst tatsächlich erreicht werden kann.[265]

Indem sich der EuGH mit der „effet-utile"-Doktrin von klassischen teleologischen Interpretationsmustern löst und eine Maximierung der Wirkungskraft einer Norm über die Suche nach deren Zweck erhebt, wurde auch das eher unionsrechtsferne Ertragsteuerrecht einer primärrechtlichen Interpretation zugänglich. Diese Erkenntnis wiederholt der EuGH als einleitendes Mantra seiner Urteilsbegründungen zu Vorlagefragen betreffend das direkte Steuerrecht seit der Rs. *Schumacker* mit den Worten, dass solches „zwar nicht in die

---

[257] EuGH-Urteil vom 05.02.1963 zur Rs. 26/62 (Van Gend und Loos).

[258] Vgl. Craig/de Búrca (2011), S. 185.

[259] Die hierfür anfänglich festgelegten Voraussetzungen, eine unionsrechtliche Regelung müsste hierzu ein klares, uneingeschränktes und vorbehaltsloses Verbot (nur Unterlassung, keine Verpflichtung zu einem Tun) aufweisen, dessen Umsetzung darüber hinaus keinen nationalen Rechtsetzungsakt bedürfe (vgl. EuGH-Urteil vom 05.02.1963 zur Rs. 26/62 (Van Gend und Loos), S. 25), wurden später vom EuGH sukzessive aufgeweicht. Dieser Grundsatz „war und bleibt das Triebwerk der Europäisierung, fundamentiert die Supranationalität des Unionsrechts, macht seine historische Originalität aus." (Hufeld (2014), S. 49).

[260] EuGH-Urteil vom 15.07.1964 zur Rs. 6/64 (Costa), insb. S. 1270.

[261] Höreth in: Deckner/Höreth (2009), S. 169. Höreth führt auf S. 175 weiter aus: „[A]ls Hüter der neuartigen, ,eigenen Rechtsordnung' der Gemeinschaft hat der EuGH daher von Anfang an versucht, ein ebenso eigenständiges, gemeinschaftsspezifisches und kohärentes Verfassungs- und Streitschlichtungssystem zu entwickeln, ohne das [...] die Funktionsfähigkeit der Gemeinschaft nicht hätte gewährleistet werden können. [...] Es ist vor dem Hintergrund der Selbstbeschreibung des EuGH nicht überraschend, dass das Gericht gerade in jenen Bereichen besonders aktiv war, in denen eindeutige, in den Verträgen positivierte Regelungen fehlten."

[262] Vgl. Urteil vom 29.11.1956 zur Rs. 8/55 (Fédération charbonnière de Belgique), Slg. 1955 297, ECLI:EU:C:1956:11, S. 312: „Der Gerichtshof hält [...] die Anwendung einer [...] Auslegungsregel für zulässig, wonach die Vorschriften eines völkerrechtlichen Vertrages oder eines Gesetzes zugleich diejenigen Vorschriften beinhalten, bei deren Fehlen sie sinnlos wären oder nicht in vernünftiger und zweckmäßiger Weise zur Anwendung gelangen könnten."

[263] Schaumburg in: Schaumburg/Englisch (2015), Rn. 11.1.

[264] Vgl. Potacs (2015), S. 179-181; Kirschner (2014), S. 71 f.

[265] Vgl. Seyr (2008), S. 367. Sie charakterisiert diesen Grundsatz als „potenzierte Form der Teleologie".

Zuständigkeit der Gemeinschaft fällt, die Mitgliedstaaten die ihnen verbliebenen Befugnisse jedoch unter Wahrung des Gemeinschaftsrechts auszuüben haben."[266]

Für das direkte Steuerrecht sind dabei Vertragsverletzungsverfahren sowie Vorabentscheidungsersuche von Bedeutung. Erstere machten ca. 20 %, letztere etwa 80 % der Verfahren im direkten Steuerrecht aus, die zu Urteilen oder Beschlüssen führten.[267] Während die Kommission in ihrem Ermessen zur Einleitung eines solchen Verfahrens autark ist, stellt das Vorabentscheidungsersuchen wichtigstes Instrument für die einheitliche Auslegung des primären und sekundären Unionsrechts dar. Als „Schlussstein in der Architektur der Zusammenarbeit von innerstaatlichen Gerichten und Gerichtshof"[268] wirkt es sich auch auf die Integration des direkten Steuerrechts am Binnenmarkt aus. Art. 267 Abs. 2 AEUV konstituiert hierbei eine Vorlageberechtigung für Finanzgerichte der Mitgliedstaaten, Art. 267 Abs. 3 AEUV eine Vorlageverpflichtung für höchstinstanzliche Finanzgerichte bei entscheidungserheblichen Fragen zu Sachverhalten, die im Sinne des Abs. 1 dieses Artikels der unionsrechtlichen Deutungshoheit des EuGH unterliegen. Keine Vorlageverpflichtung besteht hingegen in solchen Fällen, in denen die Auslegung des Unionsrechts keine unmittelbare Konsequenz auf die rechtliche Begutachtung des Sachverhalts aufweist oder die Auslegung durch den EuGH bereits hinlänglich präzisiert wurde („acte claire").[269]

Das Urteil des EuGH bewirkt keine endgültige Beilegung der Streitsache. Seine Auslegung des vorgelegten Sachverhalts entfaltet jedoch Bindungswirkung für das vorlegende Gericht, welches dann letztlich über den konkreten Rechtsstreit zu befinden hat.[270] Der Gerichtshof entscheidet darüber, ob eine (oder mehrere) dem Rechtsstreit zugrundeliegende(n) Norm(en) einen Verstoß gegen Unionsrecht bewirken. Dabei urteilt er zumeist ebenfalls darüber, ob eine Rechtfertigung im einschlägigen Sachverhalt vorliegt, weist diese Prüfung jedoch mitunter auch an das vorlegende Gericht zurück.

Die Bindungswirkung der in den Urteilen aufgestellten Maßstäbe beschränkt sich nicht ausschließlich auf das jeweils vorlegende Gericht, sondern besitzt universelle Geltung erga omnes. Sie sind somit auf Grundlage der in Art. 4 Abs. 3 EUV verankerten Unionstreue für sämtliche Gerichte und Behörden im Geltungsraum maßgeblich. Die Unmittelbarkeit der Wirkung ergibt sich dabei aus dem Anwendungsvorrang des Gemeinschaftsrechts. In zeitlicher Dimension besteht zumeist eine Geltung der Urteile ex-tunc.[271] Sie gelten daher mit Wirkung für die Vergangenheit ab Erlass der unionsrechtswidrigen Norm für alle auf deren Grundlage ergangenen noch nicht bestandskräftigen Verwaltungsakte. Die Wirkung für bestandskräftige Verwaltungsakte unterliegt im Wesentlichen der nationalen Verfahrensautonomie, welche jedoch unter Berücksichtigung des Effektivitätsgrundsatzes auszuüben

---

[266] EuGH-Urteil vom 14.02.1995 zur Rs. C-279/93 (Schumacker), Slg. 1995 I-225, ECLI:EU:C:1995:31, Rn. 21.

[267] Oellerich in Schaumburg/Englisch (2015), R. 5.29 sieht in den Vertragsverletzungsverfahren hingegen nur geringe praktische Bedeutung für das direkte Steuerrecht, ohne dies jedoch näher zu begründen.

[268] Kokott et al. (2006), S. 633.

[269] Zur näheren Erläuterung siehe Gerichtshof der Europäischen Union (2012).

[270] Vgl. EuGH-Urteil vom 09.03.1978 zur Rs. 106/77 (Simmenthal), Slg. 1978 629, ECLI:EU:C:1978:49, Rn. 16 und 21; EuGH-Urteil vom 19.06.1990 zur Rs. C-213/89 (Factortame), Slg. 1990 2466, ECLI:EU:C:1990:257, Rn. 19.

[271] Für eine ex-nunc-Wirkung werden erhebliche fiskalische Auswirkungen und eine bedeutende objektive Rechtsunsicherheit kumulativ vorausgesetzt. Letzteres ist hierbei nur in Ausnahmefällen erfüllt. Siehe ausführlich Schaumburg in: Schaumburg/Englisch (2015), Rn. 24.9.

ist. Die Modalitäten über eine in diesem Rahmen ggf. gebotenen Erstattung erhobener Steuern dürfen unter Wahrung des Äquivalenzprinzips nicht ungünstiger sein als bei vergleichbaren innerstaatlichen Verwaltungsakten.[272] Aufgrund der ex-tunc-Wirkung und der teils erheblichen fiskalischen Auswirkung der Urteile erfolgen erforderliche legislative Anpassungen unter starkem Zeitdruck. Entsprechend konzeptionslos und systemwidrig wirken mitunter die Ergebnisse. Diese Wirkungsweise ist dementsprechend in der Literatur erheblicher Kritik ausgesetzt.[273]

Wie Kapitel 2 aufgezeigt hat, kann eine Vermeidung der Verzerrungswirkungen in der internationalen Besteuerung nur durch umfassende Rechtsangleichung gewährleistet werden. Da eine solche Rechtsangleichung jedoch seit Jahren trotz intensiver Bemühungen der Europäischen Kommission scheiterte[274], blieb einzig die Rechtsprechung des Europäischen Gerichtshofs, die zumindest solche Beschränkungen und Diskriminierungen am Handel im Binnenmarkt zu verhindern versuchte, die nach seinem Dafürhalten den Grundverkehrsfreiheiten zuwiderliefen. Nach Einschätzung der Kommission sei hierdurch zu befürchten, „ein solches punktuelles gerichtliches Vorgehen gegen steuerbedingte Hindernisse könnte für das Steuerrecht der Mitgliedstaaten neue Probleme aufwerfen und – schlechtestenfalls – der Vollendung des Binnenmarkts sogar schaden."[275] Ebenso wird eine Gefährdung der Integrität der mitgliedstaatlichen Steuersystematik durch die Rechtsprechung auch in Teilen der Literatur angenommen.[276] Trotz seiner kritischen Grundhaltung hält *Fischer* solchen Aussagen entgegen, dass die Bedingungen und Voraussetzungen innerstaatlicher Steuersystematik der Jurisdiktion des EuGH entzogen seien. Demnach seien Rechtsfolgen

Abb. 3: Unmittelbare und mittelbare Wirkung von Urteilen

---

272 Siehe Cloer/Lavrelashvili (2008), S. 51-56 oder ausführlicher Schaumburg in: Schaumburg/Englisch (2015), Rn. 24.1-24.54.

273 Vgl. Hey (2004), S. 197; Hey (2005), S. 321. Zu hierzu denkbaren ökonomischen Interpretationen siehe Fuest (2005), S. 22 f.

274 Siehe insbesondere das fortwährende CCCTB-Projekt: Europäische Kommission (2011b), Europäische Kommission (2016a) und zur Harmonisierung der körperschaftsteuerlichen Bemessungsgrundlage Europäische Kommission (2016b).

275 Europäische Kommission (2003), S. 6 f.

276 Siehe insbesondere Heinrich (2002), S. 554; Hey (2004), S. 196; Wathelet (2004), S. 2 f.

und Tragweite auch von Entscheidungen des EuGH unter Berücksichtigung des Grundsatzes der begrenzten Einzelermächtigung und des Subsidiaritätsprinzips zu bestimmen.[277] Hinter diesem Widerspruch steht letztlich die Frage, was für die Bewertung der Rechtsprechung maßgeblich sein soll: lediglich der unmittelbare Zugriff des EuGH (Anwendbarkeit / Nichtanwendbarkeit einer Norm) auf ein ganz spezielles, nämlich das vorgelegte Steuersystem oder aber seine mittelbaren Auswirkungen auf die Anpassungen, die seine Urteile im Besteuerungssystem auch der anderen Mitgliedstaaten bewirken (vgl. Abb. 3).

Die Nichtanwendbarkeit einer steuerrechtlichen Regelung aufgrund eines festgestellten Unionsrechtsverstoßes kann nur solange unmittelbare Auswirkungen auf das Grundsystem entfalten (Wirkungsebene A), als dass der Gesetzgeber diesen Zustand noch nicht legislativ bereinigt hat. Eine solche Bereinigung erfolgt aufgrund der oftmals erheblichen fiskalischen Auswirkungen zumeist zeitnah, so dass aus rein temporaler Betrachtung dem Einfluss der Wirkungsebene B weitaus höhere Relevanz beizumessen ist.

Indes beantwortet dies nicht die Frage nach den tatsächlichen Einflussmöglichkeiten des EuGH auf die Besteuerungssystematik, welche dieser vermeintlich unterminiert. Zwar ist eine gewisse Frustration der um eine sinnvolle Ausgestaltung ihrer Steuersysteme bemühten Organe der Mitgliedstaaten über die vermeintliche „Selbstermächtigung" des EuGH nachvollziehbar. Doch sollte hierbei nicht vernachlässigt werden, dass es sich um einen institutionalisierten Akteur handelt, dem die legitime Kompetenz zur Rechtsprechung und in gewissem Rahmen auch zur Rechtsfortbildung, nicht ernstlich abgesprochen werden kann.[278] Dass dieser Akteur nun eine nationale Steuerrechtssystematik (soweit es jemals eine solche gegeben haben sollte) aushöhlt, bedarf einer Betrachtung des Verursachungszusammenhangs. Ein, die Systematik betreffender Konflikt erwächst grundsätzlich dann, wenn eine durch den EuGH konstatierte unionsrechtliche Anforderung die Funktionsweise eines existierenden nationalen Besteuerungssystems beeinträchtigt. Die Verantwortung zur Schaffung eines unionsrechtskonform ausgestalteten Besteuerungssystems liegt hierbei auf Grundlage des Souveränitäts- und Subsidiaritätsprinzips sowie des Grundsatzes der Verfahrensautonomie der Mitgliedstaaten bei der nationalen Legislative.[279] In deren Verantwortung liegt es, hierfür die verfolgte Systematik der Besteuerung zu beachten. Insofern hierzu eine Möglichkeit besteht, kann deren Nichtergreifung, sei es aus politischen oder fiskalischen Gründen, nicht dem Gerichtshof angelastet werden. Die Folgen der Auslegung des Unionsrechts durch den EuGH auf die nationalen Steuerrechtsordnungen können ihm nur dann zugerechnet werden, wenn er den Mitgliedstaaten entweder unter Vernachlässigung genannter Prinzipien klare positive[280] Vorgaben für eine Implementierung in deren Besteuerungssystem aufzwingt[281] oder aber negative[282] Anforderungen aufstellt,

---

[277] Vgl. Fischer (2004), S. 634.

[278] Zudem gilt zu bedenken, dass sich die gestiegene Machtposition des Gerichtshofs insbesondere „in der relativen Ohnmacht seiner ‚counter-vailing powers' [Anm.: der Mitgliedstaaten] begründet." (Höreth (2008), S. 355)

[279] Siehe bspw. EuGH-Urteil vom 12.12.2002 zur Rs. C-385/00 (de Groot), Slg. 2002 I-11819, ECLI:EU:C: 2002:750, Rn. 114; EuGH-Urteil vom 30.06.2016 zur Rs. C-176/15 (Riskin und Timmermans), ECLI:EU:C: 2016:488, Rn. 29.

[280] Aufforderung zum Tun.

[281] Zu derartigen Verletzungen der mitgliedstaatlichen Souveränität siehe Kube (2003), S. 325 ff.

[282] Aufforderung zum Unterlassen.

die mit einem systematisch ausgestalteten Besteuerungssystem unvereinbar sind.[283] Es sei überdies bemerkt, dass vom Gerichtshof kaum abverlangt werden kann, unter Berücksichtigung der erga-omnes-Wirkung seines Urteils dessen Auswirkungen auch auf sämtliche mitgliedstaatliche Besteuerungssysteme abzuwägen, die nicht Bestandteil der auszulegenden Rechtsordnung sind.

Übertragen auf die vorzunehmende Betrachtung des Einflusses des EuGHs auf die Besteuerung von Investitionen am Binnenmarkt ergeben sich folgende Schlussfolgerungen:

(1)   Hinreichend für die Beantwortung der Fragestellung ist eine Betrachtung der unmittelbaren Wirkungsebene (A) der Urteile auf das bestehende Grundsystem. Dazu sind die isolierten Auswirkungen zu untersuchen, die eine Nichtanwendbarkeit der einzelstaatlichen oder abkommensrechtlichen Norm bzw. deren unionsrechtskonforme Anwendung gegenüber der Ausgangslage bewirken.

(2)   Kapitalexportneutralität und Kapitalimportneutralität sind als maximale Ausprägungen des Welteinkommens- und des Territorialitätsprinzips geeignete Instrumente, um die den Mitgliedstaaten verbleibenden Möglichkeiten einer systematischen Ausgestaltung ihrer bilateralen Besteuerungsrechte zu beurteilen. Zusammen mit der Gleichmäßigkeit der Besteuerung verlangen diese Prinzipien auch eine Verhinderung von Mehr- und Minderbesteuerungen. Mittelbare Wirkungen der Urteile (Wirkungsebene B) sind daher einzubeziehen,

   a.   wenn die Anforderungen des EuGH nur durch Implementierung systematisch inkonsistenter Regelungen in nationales oder internationales Recht verwirklicht werden können oder

   b.   der EuGH den Mitgliedstaaten keine eigenständige Legislativentscheidung über die Art der Implementierung belässt (faktischer unmittelbarer Durchgriff).[284]

(3)   Das System der nationalen Besteuerung von Inlandssachverhalten (nationale Entscheidungsneutralität) kann von einer Betrachtung ausgenommen werden, insofern sich durch die Rechtsprechung keine unmittelbaren Auswirkungen auf rein inländische Sachverhalte ergeben[285]

---

[283]   Siehe für einen solchen Zustand bspw. die Ausführungen zu Beteiligungskosten in Abschnitt 4.3.2.3.

[284]   Die Rechtsfortbildung des EuGH mag zwar ihre institutionelle Berechtigung haben, die ihrerseits jedoch vom Subsidiaritätsprinzip und der Verfahrensautonomie der Mitgliedstaaten beschränkt wird. Überlässt er den Mitgliedstaaten daher nur ein Umsetzungsinstrument, so entfällt die Ebene der mittelbaren Wirkung. Hinnekens (2004), S. 65 bezeichnet dies als „semi-legislative tasks". Angeführt werden kann in diesem Zusammenhang bspw. die weitgehenden Vorgaben des EuGH zu den Konditionalitäten bei Sicherheitsleistungen in Wegzugssachverhalten (vgl. Fischer (2004), S. 633 f.).

[285]   Siehe hierzu bspw. EuGH-Urteil vom 17.07.1997 zur Rs. C-28/95 (Leur-Bleum), Slg. 1997 I-4161, ECLI:EU:C: 1997:369, Vorlagefrage 1.

4 Analyse der Rechtsprechung

4.1 Grundlagen und Ergebnisse der Urteils-Kategorisierung

Zur geordneten Analyse der relevanten EuGH-Entscheidungen bezüglich der Besteuerung von Investitionen, wurden zunächst die Urteile mit unmittelbaren Bezug zum direkten Steuerrecht[286] zu ökonomischen Themenkomplexen zusammengefasst und untergliedert (siehe „Verzeichnis und Rubrizierung der Rechtsprechung" im Anhang). In der Aufstellung enthalten sind nach bestem Kenntnisstand sämtliche Urteile und Beschlüsse des Gerichtshofs, welche aufgrund einer Vorlagefrage zu, oder aufgrund einer Klage der Kommission gegen, eine oder mehrere Norme(n) des Rechtssystems eines Mitgliedstaats zur ertragsteuerlichen Erfassung von Investitionen bis einschließlich Dezember 2016 ergangen sind. Jedes Urteil wurde hierbei entsprechend seines ökonomischen Bezugs einer Hauptkategorie und einer Subkategorie zugeordnet, wobei die Subkategorien Unterteilungen der Hauptkategorien darstellen. Sind in einem Verfahren mehrere Vorlagefragen behandelt (v.a. bei „group litigation"-Verfahren), welche verschiedene Kategorien betreffen, so wurde die Rechtssache derjenigen Kategorie zugeordnet, für welche das Urteil die höchste ökonomische Relevanz entfaltet.[287]

Bis zum Stichtag ergingen in Summe 280 Urteile zum direkten Steuerrecht (siehe Abb. 4). Hiervon entfallen 162 (ca. 58 %) auf die Hauptkategorien „Outbound-Investitionen" (75), „Inbound-Investitionen" (49), „Verlagerung und Restrukturierung" (26) sowie „Gewinnverlagerung" (12), welche direkt die ertragsteuerliche Behandlung von Investitionen betreffen. Diese Rubriken bilden die folgenden Abschnitte 4.2 - 4.5. Der hohe Anteil investitionsbezogener Entscheidungen zeigt bereits deren Relevanz für die Rechtsprechung des Gerichtshofs auf. Mangels unmittelbaren Bezugs zu Investitionen und der Kapitalallokation

---

[286] Eine regelmäßig aktualisierte Übersicht der Urteile mit Bezug zum direkten Steuerrecht wird regelmäßig von der Kommission veröffentlicht. Siehe hierzu Europäische Kommission (2017). Die vorliegende Betrachtung weicht mitunter von dieser ab. Zum einen sind in vorliegender Abhandlung Urteile berücksichtigt, die nicht in der Aufstellung der Kommission enthalten sind, jedoch direkten Bezug zum direkten Steuerrecht aufweisen (bspw. EuGH-Urteil vom 07.05.1985 zur Rs. 18/84 (Kommission/Frankreich), Slg. 1985 1339, ECLI:EU:C:1985:175; EuGH-Urteil vom 18.01.2001 zur Rs. C-113/99 (P. P.), Slg. 2001 I-471, ECLI:EU:C:2001:32). Zum anderen werden in der Aufstellung der Kommission Urteile aufgeführt, die keinen solchen unmittelbaren Bezug aufweisen und hier nicht berücksichtigt sind (bspw. EuGH-Urteil vom 26.01.1999 zur Rs. C-18/95 (Terhoeve), Slg. 1999 I-345, ECLI:EU:C:1999:22 zu Beiträgen in die niederländische Sozialversicherung, deren Ermittlung sich zwar eng an den einkommensteuerlichen Vorschriften orientiert, der Sachverhalt jedoch erhobene Beiträge betrifft, die auf steuerfreie Einkünfte entfallen; EuGH-Urteil vom 14.10.1999 zur Rs. C-439/97 (Sandoz), Slg. 1999 I-7041, ECLI:EU:C:1999:22 zu Urkundengebühren; EuGH-Urteil vom 15.07.2004 zur Rs. C-415/02 (Kommission/Belgien), Slg. 2004 I-7215, ECLI:EU:C:2004:450 zur belgischen Börsenumsatzsteuer).

[287] Es sei darauf hingewiesen, dass Systeme, betreffend die Gruppenbesteuerung, einheitlich der Kategorie „Verluste" zugewiesen wurden.

am Binnenmarkt, finden die Kategorien „Grenzgänger"[288] (43), „Dienstleistungen" (22), „Erbschaftsteuer / Schenkungsteuer" (19), Vermögensteuer (7) sowie „Sonstiges"[289] (27) keinen eigenständigen Eingang in vorliegende Betrachtung. Sie werden in der Auflistung der Urteile in verkürzter Form dargestellt.

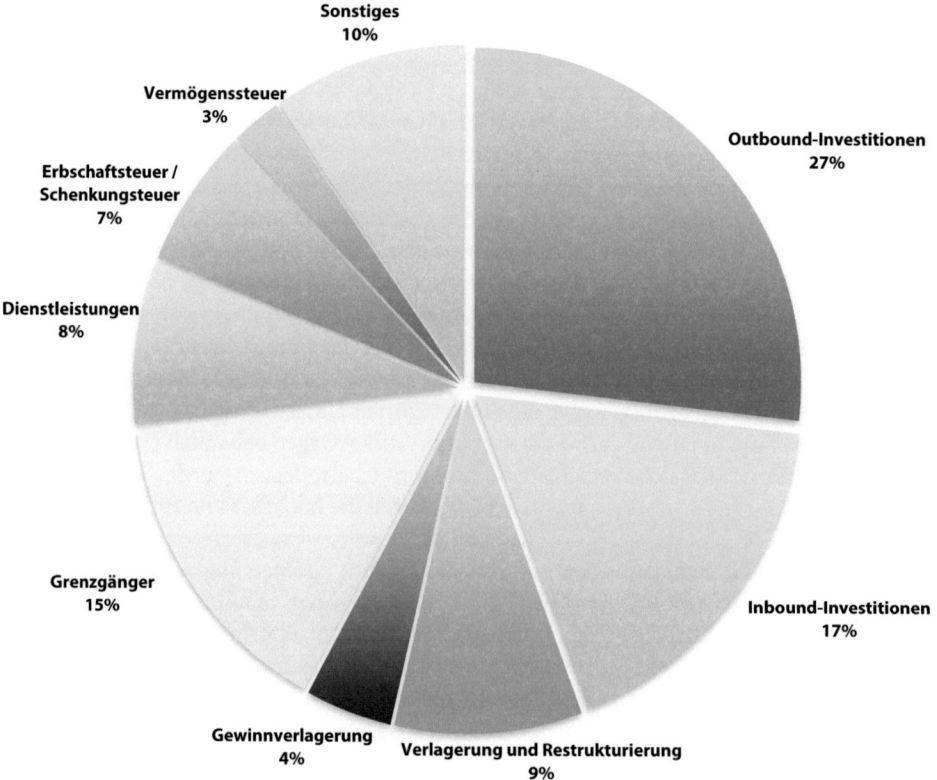

Abb. 4: Anteil der Hauptkategorien an den insgesamt ergangenen Urteilen und Beschlüssen

---

288 Verdichtet sind in dieser Kategorie insbesondere Sachverhalte zur Besteuerung von Arbeitseinkommen durch den Tätigkeits- und den Wohnsitzstaat sowie die Auswirkungen grenzüberschreitender Tätigkeiten und des Wohnhorts auf Steuervergünstigungen.

289 Hier befinden sich insbesondere Urteile bezüglich Verfahrensvorschriften, Auslegungsfragen zum Vorrechteprotokoll, Regelungen zum Sonderausgabenabzug und andere Steuerarten zusammengefasst.

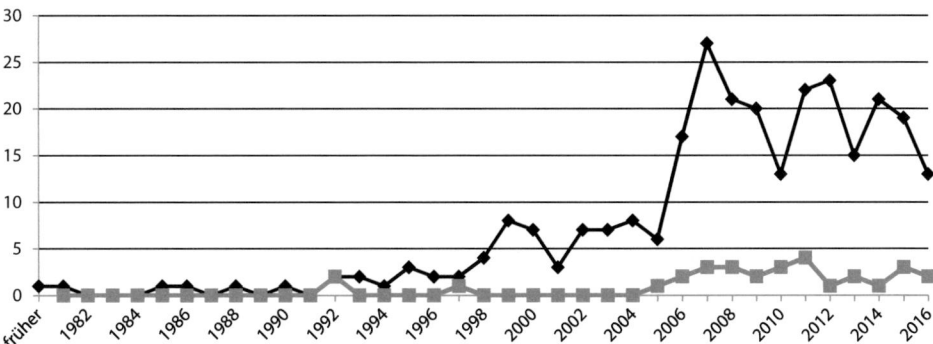

Abb. 5: Zeitliche Entwicklung der Anzahl an Urteilen und Beschlüssen (schwarz) und gerechtfertigten Ungleichbehandlungen (grau) pro Jahr (Zuordnungskriterium ist das Entscheidungsdatum)

Wie Abb. 5 aufzeigt, erreichte die Fülle der Rechtsprechung ihren bisherigen Zenit um das Jahr 2007, was aufgrund der Rechtsunsicherheit infolge bestimmter Änderungen der Rechtsprechung, insbesondere hinsichtlich der einschlägigen Rechtfertigungen (siehe graue Linie) in den Jahren 2004 und 2005, nicht verwundert. Seitdem scheint sich eine gewisse Stabilisierung einzustellen, auch wenn die Anzahl der Urteile und Beschlüsse auch weiterhin einer Schwankung unterliegt.

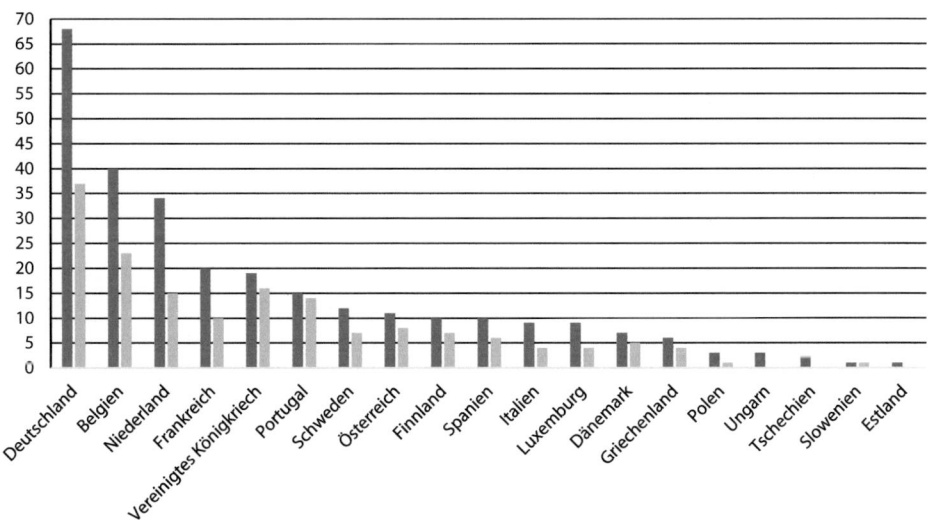

Abb. 6: Urteile und Beschlüsse zum direkten Steuerrecht insgesamt (dunkel eingefärbt) und davon zu Investitionen (hell eingefärbt) nach Land

Eine äußerst ungleiche Verteilung zeigt sich bei Betrachtung der Urteile und Beschlüsse in Abhängigkeit der zugrundeliegenden Rechtsordnung. Etwa die Hälfte der Urteile zum direkten Steuerrecht insgesamt und zu investitionsbezogenen Fragestellungen im Besonderen entfallen hierbei auf die Mitgliedstaaten Deutschland, Belgien und die Niederlande, während betreffend manch anderer Mitgliedstaaten bislang überhaupt keine Klagen oder Vorabentscheidungsersuchen vom EuGH entscheiden wurden (vgl. Abb. 6).[290]

4.2 Inbound-Investitionen

Dieser Abschnitt betrifft den Steuerzugriff des Quellenstaats auf die in dessen Territorium durchgeführte Produktivtätigkeit, deren Rückflüsse (ganz oder teilweise, mittelbar oder unmittelbar) einer gebietsfremden Person zustehen. Welche ökonomischen Anforderungen sich hierbei an die Besteuerung des Quellenstaats richten, hängt auch maßgeblich von der Besteuerung der gebietsfremden Person in deren (Wohn-)Sitzstaat ab. Wird Standortneutralität als kapitalexportneutrale Besteuerung verstanden und genügt der Wohnsitzstaat des Investors deren Anforderungen (sofortige bzw. marktüblich verzinste und vollständige Anrechnung bzw. Erstattung der im Ausland tatsächlich erhobenen Steuern), so entscheidet die Steuererhebung im Quellenstaat oder den Quellenstaaten lediglich über die Verteilung des Steueraufkommens zwischen den beteiligten Fisci, nicht jedoch über die effektive Besteuerung des Investitionsobjekts. Da eine solche Anrechnungsmethodik in der Praxis jedoch die Ausnahme bleibt[291] und es infolge dessen, durch die nicht vollständig durch den Wohnsitzstaat vermiedenen Folgen des mehrfachen Steuerzugriffs, zu Mehrbesteuerungen kommt, ist eine Beschränkung der Besteuerungsrechte des Quellenstaats erforderlich. Kapitalexportneutralität stellt sich dann ein, wenn die erhobenen Steuern des Quellenstaats auch in Folge einer unvollständigen Anrechnung von Quellensteuern und einer beschränkten Teilanrechnung von Körperschaftsteuern vollständig durch den Wohnsitzstaat (vgl. Abschnitt 4.3.3) ausgeglichen werden können. Um eine kapitalexportneutrale Besteuerung in der Realität, ohne umfängliche Harmonisierung, gewährleisten zu können, ist somit die Begrenzung des Effektivsteuersatzes einer Inbound-Investition seitens des Quellenlands auf maximal den Effektivsteuersatz der (aus dessen Sicht bestehenden) Outbound-Investition des Wohnsitzlands erforderlich. Effektiv und endgültig wird eine Steuerbelastung des Quellenlands hingegen bei Inlandsinvestitionen ausländischer Investoren bei deren Freistellung im Sitzstaat.

Aus dem Unionsrecht ergibt sich hierbei zunächst die Nichtanwendbarkeit diskriminierender Normen, also solcher Regelungen, die explizit (offene Diskriminierung) oder implizit (verdeckte Diskriminierung) in unzulässiger Weise an die Staatsbürgerschaft, das Ziel oder die Herkunft von Gütern, Personen, Dienstleistungen oder Kapital knüpfen. Grundsätzlich verboten ist nach Ansicht des EuGH jedoch auch jede Art von Besteuerung, welche

---

[290] Hinsichtlich der bemerkenswert niedrigen Urteilszahl betreffend das Vereinigte Königreich ist zu beachten, dass die dortige Judikative anders als die anderer Mitgliedstaaten, Verfahren zum Teil bündelt und dem Gerichtshof gemeinsam zur Auslegung vorlegt.

[291] Zu den Gründen hierzu siehe Jacobs (2011), S. 22 ff.

die „Ausübung der Grundfreiheiten behindert oder weniger attraktiv macht"[292]. Der EuGH stellt hierbei somit nicht mehr nur auf die Norm selbst, sondern auch auf deren Wirkung ab.[293] Diese beträchtliche Erweiterung begründet bei Inbound-Sachverhalten ein Marktzugangsprinzip.[294]

Der Steuerzugriff des Quellenstaats kann bei diesen Sachverhalten auf zwei Ebenen erfolgen, aus welchen sich jeweils Kollisionsfälle durch einen parallelen oder nachgelagerten Steuerzugriff durch den Ansässigkeitsstaat des Investors sowie durch den Ansässigkeitsstaat zwischengeschalteter Gesellschaften ergeben können. Die erste Ebene stellt hierbei die Besteuerung der gebietsansässigen Gesellschaft oder Betriebsstätte des gebietsfremden Investors dar; die zweite Ebene betrifft den Steuerzugriff auf Ebene des gebietsfremden Investors (Quellensteuer).

4.2.1 Besteuerung der ansässigen Gesellschaft oder Niederlassung

4.2.1.1 Besteuerung inländischer Kapitalgesellschaften

Aufgrund des international verbreiteten Trennungsprinzips obliegt das Besteuerungsrecht für die Gewinne gebietsfremder Tochterunternehmen ausschließlich deren Sitzstaat. Da dieser eben wegen dieses Trennungsprinzips die in seinem Hoheitsgebiet ansässigen Kapitalgesellschaften regelmäßig unabhängig von der Ansässigkeit derer Eigner gleichmäßig besteuert, ergeben sich in dieser Konstellation nur wenige unionsrechtliche Kollisionsfälle. Entsprechend führten hierbei nur zwei Themen zu Vorlagefragen, nämlich

(1) das Recht der Mitgliedstaaten zur Erhebung von Körperschaftsteuern und

(2) die Zulässigkeit einer Beschränkung der Anrechnung geleisteter Körperschaftsteuern auf inländische Anteilseigner.

Betroffen waren hierbei zwei Besteuerungssysteme, zum einen die britische Advance Coporation Tax (ACT), mit welcher sich der Gerichtshof in drei Verfahren[295] zu beschäftigen hatte, zum anderen ein deutscher Berichtigungsmechanismus im Rahmen eines

---

[292] Bspw. EuGH-Urteil vom 13.03.2007 zur Rs. C-524/04 (Thin Cap Group Litigation), Slg. 2007 I-2107, ECLI:EU:C:2007:161, Rn. 61.

[293] Ursprünglich geprägt hatte der EuGH dieses Prinzip mit seiner sog. „Dassonville-Formel", nach welcher jede Regel, „die geeignet ist, den innergemeinschaftlichen Handel unmittelbar oder mittelbar, tatsächlich oder potentiell zu behindern, [...] als Maßnahme mit gleicher Wirkung wie eine mengenmäßige Beschränkung anzusehen [ist]". Siehe EuGH-vom 11.07.1974 zur Rs. 8/74 (Dassonville), Slg. 1974 838, ECLI:EU:C:1974:82, Rn 5.

[294] Siehe hierzu Gammie (2005), S. 486.

[295] EuGH-Urteil vom 08.03.2001 zur Rs. C-397/98, C-410/98 (Metallgesellschaft u.a.), Slg. 2001 I-1727, ECLI:EU:C:2001:134; EuGH-Urteil vom 25.09.2003 zur Rs. C-58/01 (Océ van der Grinten), Slg. 2003 I-9809, ECLI:EU:C:2003:495; EuGH-Urteil vom 12.12.2006 zur Rs. C-374/04 (ACT Group Litigation), Slg. 2006 I-11673, ECLI:EU:C:2006:773.

körperschaftsteuerlichen Vollanrechnungssystems, über welches er in der Rs. *Burda Verlagsbeteiligungen*[296] entschied.

Als ACT bezeichnet sich eine britische Form der Körperschaftsteuervorauszahlung, welche sich an der Höhe der durch eine Gesellschaft ausgeschütteten Dividenden bemaß. Aufgrund ihrer Anknüpfung an einen zahlungswirksamen Vorgang wirkte die ACT somit bis zum Zeitpunkt der Körperschaftsteuer-Abschlusszahlung wie eine Cash-Flow-Steuer auf die Zahlungsströme zwischen den Beteiligungsgliedern eines mehrstufigen Konzerns. Um hierbei Mehrfachbelastungen durch Kaskadeneffekte im mehrstufigen Konzernverbund zu vermeiden, gewährte das Vereinigte Königreich innerhalb eines solchen Konzerns Steuergutschriften, welche dort zusammengefasste Unternehmen mit ihren eigenen ACT-Zahlungen verrechnen konnten. Der Verpflichtung zur Vorauszahlung und die Gewährung entsprechender Steuergutschriften war dabei an mehrere Voraussetzungen geknüpft, die zu Vorlagefragen an den EuGH führten.

Zunächst konnte sich eine Gesellschaft von der Vorauszahlungspflicht durch Optierung zu einer körperschaftsteuerlichen Gruppenbesteuerung befreien, wenn deren Muttergesellschaft im Inland ansässig war. Die Norm bewirkte somit eine unterschiedliche Behandlung der inländischen Gesellschaften in Abhängigkeit ihrer Eigner (Verstoß gegen Kapitaleignerneutralität). Hierzu stellte der EuGH fest, dass sich gebietsansässige Gesellschaften nicht aufgrund der Ansässigkeit ihrer Eigner in einer unterschiedlichen steuerlichen Situation befänden. Zwar müssten gebietsfremde Eigner ggf. keine solchen Vorauszahlungen entrichten und würden folglich weniger stark belastet, dies ergebe sich jedoch aufgrund des Fehlens einer inländischen Körperschaftsteuerpflicht für die Gewinne gebietsfremder Gesellschaften, die ausschließlich in deren Sitzstaat der Besteuerung unterliegen.[297] Der EuGH isolierte somit seine Betrachtung auf die körperschaftsteuerliche Sphäre der inländischen Person. Gebietsfremde Anrechnungsmöglichkeiten bleiben somit unbeachtlich. Die Verweigerung einer Option zur Gruppenbesteuerung bewirkt folglich unmittelbar einen Liquiditätsnachteil, der zu einer Beschränkung der Niederlassungsfreiheit führt.[298]

Anders verhielt es sich im Ausgangssachverhalt zum deutschen Berichtigungsmechanismus (betreffend den § 28 Abs. 4 dKStG 1996 über Verrechnungen mit „EK 02"). Bei Ausschüttung von Einkünften einer Körperschaft an einen inländischen Anteilseigner wurde diesem eine Steuergutschrift für die hierauf entfallende Körperschaftsteuer eingeräumt (körperschaftsteuerliches Vollanrechnungssystem). Hierbei ergab sich jedoch die Gefahr, dass Gewinne ausgeschüttet wurden, auf die bislang keine ausreichende Körperschaftsteuer veranlagt war. Um der Gefahr einer zu hohen Steuererstattung und folglich einer unbotmäßig niedrigen Besteuerung zu entgehen, erhöhte besagter Mechanismus das zu versteuernde Einkommen auf den ausgeschütteten Betrag und folglich die Körperschaftsteuer auf den Betrag der hierauf gewährten Steuergutschriften. Die Vorschrift bezog sich jedoch nicht auf den Betrag der Steuergutschrift des Anteilseigners, sondern aus-

---

[296] EuGH-Urteil vom 26.06.2008 zur Rs. C-284/06 (Burda Verlagsbeteiligungen), Slg. 2008 I-4571, ECLI:EU:C:2008:365.

[297] Vgl. EuGH-Urteil vom 08.03.2001 zur Rs. C-397/98, C-410/98 (Metallgesellschaft u.a.), Rn. 55 f.

[298] Vgl. ebd., Rn. 43, 51-58.

schließlich auf die Höhe der Ausschüttung. Obwohl die Intention der Vorschrift die Vermeidung einer wirtschaftlichen Minderbesteuerung war[299], bedeutete sie daher für den gebietsfremden Anteilseigner eine Erhöhung seiner Steuerlast, insofern dessen (Wohn-)Sitz-
staat wie im vorliegenden Fall kein vergleichbares körperschaftsteuerliches Anrechnungssystem praktizierte. Eine Ungleichbehandlung bestand nach Auffassung der klagenden Partei daher nun in der Gleichbehandlung objektiv unterschiedlicher Situationen.[300]

Im Gegensatz zum Sachverhalt zur britischen ACT führte der deutsche Berichtigungsmechanismus selbst zu keiner geringeren Besteuerung auf Ebene einer gebietsansässigen
Gesellschaft, deren Eigner im Inland ansässig waren. Vielmehr führte er, unbeachtlich der
Ansässigkeit der Eigner, zu einer vollen körperschaftsteuerlichen Erfassung der ausgeschütteten Gewinne auf Ebene der Kapitalgesellschaft. Eine höhere Steuerbelastung konnte sich
somit lediglich auf Ebene der Anteilseigner ergeben (vgl. Abb. 7). Während den in den Niederlanden ansässigen Eignern der Kapitalerträge zwar regelmäßig eine Anrechnung der gebietsfremden Quellensteuern gewährt wurde[301], existierte kein vergleichbares körperschaftsteuerliches Anrechnungssystem. Aufgrund des unvollständig kapitalexportneutral ausgestalteten niederländischen Steuersystems ergab sich somit, bei Anwendung des Korrekturmechanismus infolge des Trennungsprinzips, eine Erhöhung der effektiven Steuerbelastung der Investition auf einen Mischsteuersatz, welcher sich im Wesentlichen aus deutscher
Körperschaftsteuer und niederländischer Einkommensteuer ergab. Wirtschaftlich ursächlich für diese Erhöhung waren jedoch fehlende Anrechnungsmöglichkeiten der Niederlande, nicht hingegen der deutsche Steuerzugriff.

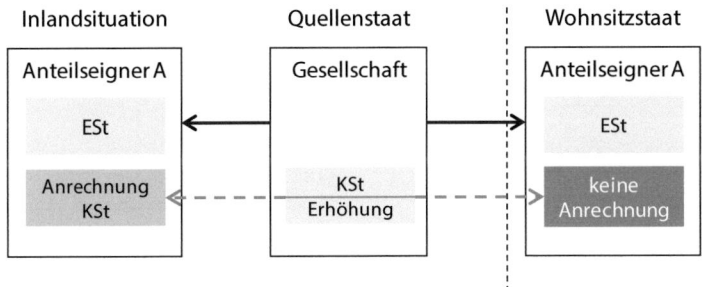

Abb. 7: Sachverhalt der Rs. Burda Verlagsbeteiligungen (vereinfachte Darstellung)[302]

Auch die Richter des EuGH wiesen den Vorwurf einer Gleichbehandlung ungleicher
Situationen zurück. Entsprechend ihrer isolierten Betrachtung in der vorgenannten Rs.
könne eine unterschiedliche Situation der Kapitalgesellschaft nicht allein dadurch bestehen,
dass deren Eigner in unterschiedlichen Staaten ansässig seien, deren Besteuerungssystem

---

[299] Vgl. EuGH-Urteil vom 26.06.2008 zur Rs. C-284/06 (Burda Verlagsbeteiligungen), Rn. 88.
[300] Vgl. ebd., Rn. 81.
[301] Vgl. Art. 20 Abs. 3 DBA Deutschland-Niederlande vom 16. Juni 1959 i.d.F. vom 21.05.1991.
[302] Ausschüttungen (durchgehende Pfeile), Anrechnung (gestrichelte Pfeile).

sich von denen des Sitzstaats der Gesellschaft unterscheide.[303] Er kam daher zum übereinstimmenden Ergebnis, dass es nicht Sache des Belegenheitsstaats der gebietsansässigen Gesellschaft sein könne, für eine Vermeidung der wirtschaftlichen Doppelbesteuerung zu sorgen. Dies sei vornehmliche Aufgabe des Ansässigkeitsstaats des Anteilseigners.[304] Daher verstoße der Berichtigungsmechanismus auch nicht gegen die Niederlassungsfreiheit.

Die weiteren primärrechtlichen[305] Vorlagefragen (allesamt zur britischen ACT) betrafen die Gewährung von Steuergutschriften. Eine Gutschrift wurde hierbei nur dann gewährt, wenn auch die dividendenbeziehende Person im Inland oder in einem anderen Staat ansässig war, mit dem die Gewährung einer solchen Gutschrift abkommensrechtlich vereinbart wurde. Weiterhin war die Gewährung einer Gutschrift im Fall grundsätzlich berechtigter gebietsfremder Gesellschaften ausgeschlossen, wenn deren Eigner aufgrund ihres Sitzes wiederum nicht zu einer solchen Gutschrift berechtigt waren (Verhinderung von treaty-shopping[306], beispielhaft für das Verfahren Metallgesellschaft u.a. in Abb. 8 dargestellt).

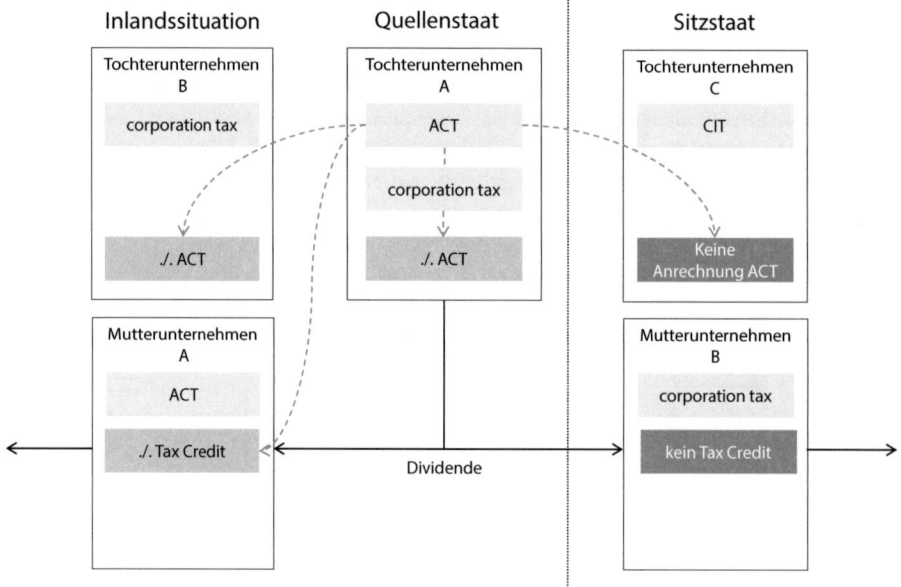

Abb. 8: Sachverhalt der Rs. Metallgesellschaft u.a. (vereinfachte Darstellung)

---

[303] Vgl. EuGH-Urteil vom 26.06.2008 zur Rs. C-284/06 (Burda Verlagsbeteiligungen), Rn. 83-85.
[304] Vgl. ebd., Rn. 90 ff.
[305] Weiterhin geprüft wurde im EuGH-Urteil vom 25.09.2003 zur Rs. C-58/01 (Océ van der Grinten) die Vereinbarkeit der Regelung mit Art. 5 Abs. 1 MTR. Hiernach stellt die ACT einen Steuerabzug an der Quelle i.S.d. Richtlinie dar, deren Kürzung jedoch durch Art. 7 Abs. 1 MTR zulässig ist.
[306] Vgl. Cloer/Lavrelashvili (2008), S. 275 f.

Hierbei gelangte der EuGH erneut zu der Einschätzung, dass allenfalls der Ansässigkeitsstaat des Anteilseigners zur Vermeidung der Doppelbesteuerung verpflichtet sei.[307] Die zur Steuergutschrift berechtigte beziehende inländische Gesellschaft sei nicht in der Situation einer nicht zur Gutschrift berechtigten ausländischen Gesellschaft, da der Quellenstaat letztere nicht der Besteuerung unterwerfe[308]. In der Vergleichspaarbetrachtung bezieht er somit erneut nur die inländische Besteuerungssphäre der gebietsansässigen Person ein. Die Behandlung gebietsfremder Eigner bleibt indes unbeachtlich. Folglich hindert die Niederlassungsfreiheit den Mitgliedstaat nicht daran, gebietsfremden oder gebietsansässigen Personen eine Anrechnung geleisteter inländischer Steuern zu gewähren, andere gebietsfremde Personen wiederum hiervon auszuschließen.

Bedauerlicherweise wurde das ACT-System zum Zeitpunkt dieses Urteils bereits abgeschafft. Ansonsten hätte sich für die hiervon betroffenen Mitgliedstaaten womöglich die interessante Frage gestellt, wie der Sitzstaat einer Gesellschaft oder eines Endaktionärs eine Doppelbesteuerung vermeiden soll, die im Liquiditätsnachteil aus einer Vorauszahlung auf eine extraterritoriale Steuer besteht. Dies hätte wohl nur im Zuge einer Freistellung oder durch eine sofortige Anrechnung dieser (zumindest auf die nicht thesaurierten Gewinne erhobenen) ausländischen Steuervorauszahlung erreicht werden können, was zwar aus Sicht einer kapitalexportneutralen Besteuerung grundsätzlich als wünschenswert anzusehen wäre, sich technisch aber wohl nur schwer umsetzten ließe.

Ungeachtet dieser Gefahr einer temporalen Mehrbesteuerung befindet sich die Essenz der Urteile (insbesondere der isolierenden Betrachtungsweise nur der inländischen Kapitalgesellschaft) im Einklang mit den Grundsätzen des OECD-MA und mit den Bedingungen der Standortneutralität. Die Erhebung von Körperschaftsteuern gebietsansässiger Gesellschaften mit gebietsfremden Eignern wird durch die Niederlassungsfreiheit regelmäßig auf den Betrag beschränkt, welche sich bei Gesellschaften mit inländischen Eignern ergibt. Hierdurch wird eine kapitalimportneutrale Aufteilung der Besteuerungsrechte ermöglicht, die durch eine abschließende Besteuerung der Körperschaft bei Abwesenheit körperschaftsteuerlicher Vollanrechnungssysteme im Wohnsitzstaat des Eigners durch das OECD-MA impliziert wird. Mehrbesteuerungen, die sich auf Ebene der inländischen Kapitalgesellschaft ergeben, stehen hingegen im Widerspruch zur Niederlassungsfreiheit. Dabei bleibt eine Anrechnung inländischer Körperschaftsteuern lediglich für gebietsansässige Anteilseigner jedoch zulässig. Zumindest aus dieser Perspektive verbleibt den Mitgliedstaaten somit die Möglichkeit kapitalexportneutral ausgestalteter Besteuerungssysteme mittels körperschaftsteuerliche Vollanrechnungssysteme auch dann erhalten, wenn andere Mitgliedstaaten von derartigen Möglichkeiten keinen Gebrauch machen und folglich Verzerrungen der Standortentscheidung hinnehmen. Eine Vergleichspaarbetrachtung, welche auch die steuerliche Sphäre gebietsfremder Anteilseigner einschließen würde, hätte hingegen die fiskalpolitische Unmöglichkeit nicht-harmonisierter körperschaftsteuerlicher Anrechnungssysteme bedeutet.

---

[307] Vgl. EuGH-Urteil vom 12.12.2006 zur Rs. C-374/04 (ACT Group Litigation), Rn. 65-68.
[308] Vgl. ebd., Rn. 70.

4.2.1.2 Besteuerung inländischer Betriebsstätten gebietsfremder Gesellschaften

Die Besteuerungsrechte an den Gewinnen gebietsfremder Betriebsstätten der im Inland ansässigen Gesellschaften liegen nach OECD-MA primär beim Belegenheitsstaat der Betriebsstätte. Die Vermeidung der Doppelbesteuerung liegt demnach in der Verantwortung des Sitzstaats der Gesellschaft, der sich hierbei für die Anwendung von Freistellungs- oder Anrechnungsmethode entscheiden kann. Im Falle der Freistellung findet die abschließende Besteuerung auf Gesellschaftsebene im Quellenstaat statt.[309] Kapitalimportneutralität in Reinform ist mangels Möglichkeit eines Einbezugs der Eignerebene mittels Quellensteuer nicht möglich.[310] Bei Wahl einer vollständigen Anrechnung bliebe die Behandlung der Gesellschaft im Belegenheitsstaat hingegen ohne Wirkung auf den Effektivsteuersatz der Investition. Eine Begrenzung der Steuerbelastung erhöht jedoch die Wahrscheinlichkeit einer vollständigen Anrechnung und kann daher zu einer Verbesserung der Kapitalexportneutralität führen. Zu Vorlagefragen führten hierbei insbesondere die Komplexe

(1) allgemeine Ausgestaltung des Steuertarifs,

(2) inländische körperschaftsteuerliche Anrechnungssysteme

(3) Anforderungen an die Bemessungsgrundlage i.w.S.

Zunächst sollen die unionsrechtlichen Grenzen der allgemeinen Ausgestaltung von Steuertarifen bei Betriebsstätten gebietsfremder Gesellschaften aufgezeigt werden. In diesem Zusammenhang ergibt sich die Besonderheit, dass die Vergleichbarkeitsprüfungen (in Abhängigkeit der Vorlagefrage) nicht nur durch Vergleich mit einer Betriebsstätte eines inländischen Stammhauses (Inlandsvergleich), sondern auch durch Vergleich mit Tochtergesellschaften gebietsfremder Mutterunternehmen (Rechtsformvergleich) durchgeführt wurden. Einen Inlandsvergleich nahm der EuGH hierbei in der Rs. *Royal Bank of Scotland*[311] zum griechischen Körperschaftsteuertarif auf Aktiengesellschaften vor. Dieser differenzierte nach dem Sitz der Gesellschaft. Während auf inländischen Gesellschaften ein Körperschaftsteuersatz von 35 % zur Anwendung kam, wurde gebietsfremden Gesellschaften ein Steuersatz von 40 % auferlegt. Eine derartige Ungleichbehandlung konnte nach Ansicht des EuGH aufgrund objektiv unterschiedlicher Situation der gebietsansässigen und gebietsfremden Gesellschaften legitimiert sein.[312] Als Kriterium zur Feststellung dieser Vergleichbarkeit stellte er auf die Ermittlungsvorschriften der steuerlichen Bemessungsgrundlage für die im Inland erzielten Einkünfte ab. Im vorliegenden Sachverhalt erfolgte die Ermittlung dabei nach den gleichen Mustern (Berechnung des Reingewinns oder der Nettoeinnahmen). Ein Einbezug der gebietsfremden Einkünfte nach Maßgabe des Welteinkommensprinzips, lediglich bei unbeschränkt steuerpflichtigen inländischen Gesellschaften,

---

[309] Es wird hierbei nur die unterste Beteiligungsebene betrachtet. Dies entspricht der Annahme, dass diese gebietsfremden Gesellschaften oder Betriebsstätten keine Einkünfte aus in weiteren Staaten gehaltenen Beteiligungen zufließen.

[310] Vgl. Abschnitt 3.1.2.2.

[311] EuGH-Urteil vom 29.04.1999 zur Rs. C-311/97 (Royal Bank of Scotland), Slg. 1999 I-2651, ECLI:EU:C:1999: 216.

[312] Vgl. ebd., Rn. 27.

hindere dabei nicht an einer Vergleichbarkeit der Situation zu beschränkt Steuerpflichtigen, da dieser Umstand auf der begrenzten Steuerhoheit über die Einkünfte letzterer Gesellschaften beruhte.[313] Somit ergab sich durch die Ungleichbehandlung eine Diskriminierung, die in vorliegendem Sachverhalt ohne Rechtfertigung blieb.[314]

Auch bei der deutschen Körperschaftsteuer führte eine Ungleichbehandlung durch der nach Ansässigkeit der Gesellschaft differenzierten Steuersätzen in der Rs. *CLT-UFA*[315] zu Vorlagefragen an den Gerichtshof. Dabei bestand die Möglichkeit einer nachträglichen Herabsetzung der tariflichen Körperschaftsteuerbelastung bei zeitnaher Ausschüttung der Gewinne eines Tochterunternehmens an sein Mutterunternehmen. Im Falle, dass es sich bei der Ausschüttung nun um inländische Gewinne handelte, die eine gebietsfremde Gesellschaft durch eine inländische Betriebsstätte erzielt hatte, kamen diese Vorschriften hingegen (mangels Ausschüttungsvorgangs der im Inland unbeschränkt steuerpflichtigen Betriebsstätte und des nur für deren Einkünfte beschränkt steuerpflichtigen Stammhauses) nicht in Betracht. Da die meisten inländischen Gesellschaften von dieser Herabsetzungsmöglichkeit Gebrauch machten, führte die Regelung zu einer regelmäßig um bis zu 15 % höheren Belastung der inländischen Einkünfte gebietsfremder Personen. Obgleich es sich auch bei vorliegendem Sachverhalt primär um eine Ungleichbehandlung der inländischen Einkünfte von Betriebsstätten in Abhängigkeit vom Sitz des Stammhauses handelte, betraf die Vorlagefrage eine mögliche Beschränkung durch Ungleichbehandlung von Tochtergesellschaften gebietsfremder Mutterunternehmen und Betriebsstätten gebietsfremder Stammhäuser. Die folglich durchgeführte rechtsformvergleichende Prüfung durch den EuGH ergab einen Eingriff in die Freiheit, „die geeignete Rechtsform für die Ausübung von Tätigkeiten in einem anderen Mitgliedstaat frei zu wählen."[316] Zweifellos bestehen jedoch bei Transaktionen zwischen rechtlich unselbständigen Betriebsstätten und rechtlich eigenständigen Tochterunternehmen gewichtige juristische Unterschiede, die an einer objektiven Vergleichbarkeit zweifeln lassen. Zwar könnte im vorliegenden Sachverhalt durchaus eine Beschränkung vorliegen, die nationale Norm knüpfte jedoch an keinen Auslandsbezug an, der eine Diskriminierung vermuten ließe. Da sich aus den Erwägungen des EuGH in dieser Rs.[317] sowie unter Berücksichtigung der im Urteil zur Rs. *Columbus Container Services* vorgenommenen Erläuterungen[318] zum umgekehrten Outbound-Sachverhalt zwar ein Diskriminierungsverbot, nicht jedoch ein Beschränkungsverbot oder gar eine Verpflichtung der Mitgliedstaaten zur Gewährleistung steuerlicher Belastungsgleichheit im Sinne einer rechtsformneutralen Besteuerung folgern lässt, könnte die Ansicht vertreten werden, aus dem Rechtsformvergleich sei eine unionsrechtliche Unbedenklichkeit der Norm zu folgern. So brachte auch der Beklagte vor, eine Gleichbehandlung scheitere gerade an objektiven rechtlichen Unterschieden, wonach Betriebsstätten keine Ausschüttungen vornehmen könnten und sie somit einem vergleichbaren Abfluss von Vermögen ermangelten, an den

---

[313] Vgl. ebd., Rn. 28 f.

[314] Vgl. ebd., Rn. 30, 33.

[315] EuGH-Urteil vom 23.02.2006 zur Rs. C-253/03 (CLT-UFA), Slg. 2006 I-1831, ECLI:EU:C:2006:129.

[316] Ebd., Rn. 17.

[317] Vgl. insbesondere den Bezug zu „diskriminierenden Steuerbestimmungen" in Rn. 14.

[318] Vgl. EuGH-Urteil vom 06.12.2007 zur Rs. C-298/05 (Columbus Container Services), Slg. 2007 I-10451, ECLI:EU:C:2007:754, Rn. 53.

besagte Norm unterschiedslos anknüpfte. Der EuGH, ansonsten meist auf eben derartige rechtlichen Unterschiede bedacht, setzte jedoch die streitbare[319] Einschätzung entgegen, dass Vermögen in beiden Fällen dem Stammhaus zur Verfügung gestellt werde. Im Falle von Betriebsstätten bedürfe es hierzu lediglich keiner „förmliche[n] Entscheidung"[320]. Ebenso wenig überzeugend fuhren die Richter fort, auch ein Mutterunternehmen könne schließlich ihrem Tochterunternehmen die ausgeschütteten liquiden Mittel jederzeit in Form von Eigen- oder Fremdkapital wieder zur Verfügung stellen.[321] Nachdem sie auf Grundlage dieser Ausführungen den objektiven Unterschieden zwischen Betriebsstätten und Tochterunternehmen eine Absage erteilt hatten, unternahmen sie die weitere Prüfung analog zur zuvor erörterten Rs. im Schema des Inlandsvergleichs. So betonten die Richter, dass die Ermittlungsvorschriften der Bemessungsgrundlage des Vergleichspaars insoweit übereinstimmten als dass sie keinen unterschiedlichen Steuertarif rechtfertigen könnten und folgerten eine objektiv vergleichbare Situation.[322]

Man kann sich hierbei dem Eindruck kaum erwehren, der EuGH versuche, durch diese eher wirtschaftliche Betrachtung der zugrundeliegenden Transaktionen, den Rechtsform-vergleich einem Inlandsvergleich dem Ergebnis nach gleichzustellen. Auch wenn diese Vor-gehensweise argumentativ nicht ganz überzeugend wirkt, ergeben sich zwei Vorteile: Zum einen liegt die Wahl des zugrundeliegenden Vergleichspaars nicht in den Händen des EuGH, sondern ergibt sich aus den Vorlagefragen. Die Angleichung der Vergleichspaare führt somit zu einer Gleichartigkeit der Schlussfolgerungen und gewährleistet Rechtssicher-heit. Weiterhin betreffen die Sachverhalte aus ökonomischer Betrachtung Situationen, in denen sich bei Freistellung oder unvollständiger Anrechnung durch den Sitzstaat des Stammhauses Mehrbesteuerungen ergeben könnten, die durch die Beurteilung des Ge-richtshofs verhindert werden. In Folge dieser Rechtsauffassung ergeben sich im Prüfungs-schema des EuGH Ungleichbehandlungen der Rechtsform lediglich als Folge von Ungleich-behandlungen im vertikalen Vergleichspaar (Inlandsvergleich).[323]

Aus Sicht der Kapitalimportneutralität ist hingegen keine eindeutige Wertung der Ur-teile möglich. Da die Gewinne einer Betriebsstätte, im Unterschied zu einer Repatriierung der Gewinne von Tochterunternehmen, mangels Ausschüttungsvorgang keiner Quellenbe-steuerung unterworfen werden können,[324] ist eine kapitalimportneutrale Behandlung der Betriebsstättengewinne kaum möglich.[325] Die betrachteten Steuersysteme hätten jedoch durch die (in letzterer Rs. zumindest faktische) Ungleichbehandlung gebietsfremder Be-

[319]   Zwar stehen Gewinne in beiden Fällen rechtlich dem Stammhaus / Mutterunternehmen zu, ob dies jedoch steuerlich ebenfalls dem Stammhaus und nicht der Betriebsstätte zugerechnet werden müsste, hängt von der Art und Gebundenheit des ggf. reinvestierten hinzugewonnenen Kapitals ab, welches als notwendiges Be-triebsvermögen dem Stammhaus zuzurechnen sein könnte.

[320]   EuGH-Urteil vom 23.02.2006 zur Rs. C-253/03 (CLT-UFA), Rn. 23.

[321]   Vgl. ebd., Rn. 24.

[322]   Vgl. ebd., Rn. 29 f.

[323]   Ebenso: Jacobs (1999), S. 93; Schön (2004), S. 300; Herzig/Wagner (2006), S. 5.

[324]   Entsprechend äußerte die Bundesregierung auch Zweifel an einer Vergleichbarkeit, siehe auch EuGH-Urteil vom 21.09.1999 zur Rs. C-307/97 (Saint-Gobain), Slg. 1999 I-6161, ECLI:EU:C:1999:438, Rn. 53.

[325]   Vgl. hierzu Abschnitt 3.1.2.2.

triebsstätten und der inländischen Gesellschaften[326] unter bestimmten Voraussetzungen[327] eine Annäherung des Besteuerungsniveaus in- und ausländischer Eigner auf Ebene der Betriebsstätte bewirken können. Im Falle ausländischer Freistellung wären die deutsche und die griechische Rechtsnorm daher in Ausnahmefällen geeignet gewesen, eine Annäherung der Besteuerung der gebietsfremden Investoren an die Marktbedingungen und somit die Bedingungen für Kapitalimportneutralität zu verbessern. Dass der Gerichtshof solche möglichen Verbesserungen verhindert, relativiert sich bei Beachtung der durch die betreffenden Mitgliedstaaten gewählten, für die Erreichung vollständiger Kapitalimportneutralität ungeeigneten und unsystematischen Methodik.

Nationale körperschaftsteuerliche Anrechnungssysteme folgen der Zielsetzung, Rechtsformneutralität und eine Besteuerung anhand des Leistungsfähigkeitsprinzips zu gewährleisten. Durch Besteuerung der Einkünfte der Kapitalgesellschaft auf Eignerebene unter Anrechnung zuvor erhobener Körperschaftsteuern bewirken sie eine Hochschleusung auf den persönlichen Steuertarif des Eigners. Wie bereits verdeutlicht wurde, ist gerade eine gleichgeartete grenzüberschreitende Anrechnung Voraussetzung für eine kapitalexportneutrale Besteuerung. Dabei ist es aus Sicht von Standortneutralität grundsätzlich unerheblich, ob die Anrechnung durch den Quellenstaat oder den Wohnsitzstaat gewährt wird, insofern die Besteuerung des Eigners nach den Tarifbestimmungen des Wohnsitzstaats erfolgt. Aus kapitalimportneutraler Betrachtungsweise ist hingegen aufgrund der Freistellung im Wohnsitzstaat eine Inklusion der körperschaftsteuerlichen Sphäre in die des Eigners ausgeschlossen. Soll die Besteuerung daher nach den Bedingungen des Investitionsstandorts erfolgen, so muss eine Gleichbehandlung der dort agierenden Eigner unabhängig von deren Ansässigkeit gewährleistet sein. Wird daher für gebietsansässige Eigner eine Doppelbelastung von Einkommen- und Körperschafsteuern vermieden, so hat der Quellenstaat eine solche Behandlung auch für gebietsfremde Eigner zu gewährleisten.

Die einzige Rs. mit explizitem Bezug zur Vermeidung einer innerstaatlichen Doppelbesteuerung durch körperschaftsteuerliche Anrechnung, ist der zu einiger Berühmtheit gelangte Fall über den französischen *Avoir Fiscal*[328]. Als solcher bezeichnete sich eine französische Möglichkeit zur Anrechnung von Körperschaftsteuern bei Gewinnausschüttungen gebietsansässiger Tochterunternehmen zur Vermeidung eines Kaskadeneffekts inländischer Schachtelbeteiligungen. Verwehrt wurden die hierzu gewährten Steuergutschriften bei Ausschüttungen an inländische Betriebsstätten gebietsfremder Gesellschaften[329], so dass sich auf Ebene der Betriebsstätte eine doppelte Besteuerung der Dividenden gebietsansässiger Körperschaften ergab, sofern deren Stammhaus ihren Sitz nicht in Frankreich hatte. In diesem frühen Urteil prüfte der EuGH das Bestehen einer Diskriminierung (bestehender Niederlassungen) und einer Beschränkung (der Freiheit zur Gründung solcher Niederlas-

---

[326] Dieses Vorgehen entspricht nicht dem Gleichbehandlungsgrundsatz des Art. 24 Abs. 3 OECD-MA.

[327] Hierzu hätte die zusätzliche effektive Steuerbelastung auf Ebene der Betriebsstätte der zusätzlichen effektiven Steuerbelastung durch die tarifliche Veranlagung des Eigners zur Einkommensteuer entsprechen müssen. In den (damaligen) Systemen einer Besteuerung der Eignerebene mit progressiven Steuertarifen stellte dies jedoch keine systematische Lösung dar.

[328] EuGH-Urteil vom 28.01.1986 zur Rs. 270/83 (Kommission/Frankreich (Avoir Fiscal)).

[329] Die Klage der Europäischen Kommission richtete sich hierbei, mit ausdrücklichem Bedauern des EuGH, nur auf die Behandlung von Versicherungsgesellschaften.

sungen) ebenfalls neben dem Inlands- auch mithilfe des Rechtsformvergleichs.[330] Auf dessen Grundlage befand er inländische Gesellschaften mit den gebietsfremden in einer objektiv vergleichbaren Situation, da diese hinsichtlich ihrer inländischen körperschaftsteuerlichen Gewinne steuerrechtlich grundsätzlich gleichbehandelt würden.[331] Eine Ungleichbehandlung ergab sich durch die einseitige Gewährung einer hiermit zusammenhängenden Vergünstigung an gebietsansässige Gesellschaften.[332] Zum gleichen Ergebnis gelangte der EuGH für solche Fälle, in denen zur Vermeidung einer inländischen körperschaftsteuerlichen Doppelbesteuerung andere Tarifreduktionen an inländische Gesellschaften gewährt wurden.[333]

In diesem Zusammenhang sollte auch die Rs. zur *F. E. Familienprivatstiftung Eisenstadt*[334] Erwähnung finden, auch wenn sie sich nicht direkt auf ein körperschaftsteuerliches Anrechnungsverfahren, sondern auf eine steuerliche Privilegierung der Einkünfte bestimmter österreichischer Stiftungen bezog. Mit der sog. „Zwischensteuer" sollte dabei nur das thesaurierte Stiftungsvermögen belastet werden. Hierzu wurde bei Leistung von Zuwendungen an Begünstigte die zuvor erhobene Steuer erstattet und der Begünstigte für seine erhaltenen Zuwendungen zur Steuer veranlagt. Das System (Tarifreduktion bei Ausschüttung) ähnelte somit wirtschaftlich dem deutschen in der Rs. *CLT-UFA*. Im Ergebnis handelt es sich im Gegensatz zu letzterem jedoch um ein auf Auskehrungen von Stiftungen beschränktes System der körperschaftsteuerlichen Anrechnung (hier durch Erstattung). Die klagende Stiftung leistete nun Zuwendungen an gebietsfremde Personen, deren Besteuerungsrechte nach OECD-MA beim Wohnsitzstaat des Zuwendungsempfängers lagen. Da für diese Zuwendungsempfänger zudem abkommensrechtlich eine Erstattung der auf die Zuwendungen einbehaltenen Quellensteuer vorgesehen war, hätte der österreichische Fiskus auf das durch die Stiftung im Inland erwirtschaftete Steuersubstrat im beschrieben System seinen steuerlichen Zugriff vollständig verloren. Um dies zu verhindern, gewährte er für die auf gebietsfremde Begünstigte entfallende Zuwendungen keine Erstattung der Zwischensteuer.

Im Falle der Anrechnung der Zwischensteuer im Wohnsitzstaat des Begünstigten ergäbe sich hierdurch ein kapitalexportneutraler Zustand, im Falle der Freistellung jedoch ein Mischsteuersatz (persönliche Einkommensteuer im Wohnsitzstaat und Zwischensteuer im Quellenland) und folglich ein Verstoß gegen Kapitalimportneutralität. Aufgrund der Privilegierung muss dieser Mischsteuersatz hierbei untypischer Weise nicht den regulären

---

[330]   Als Vergleichspaar dienten auch Gesellschaften, die mittels eines Tochterunternehmens am französischen Markt agierten. Im betreffenden Zusammenhang führt der Vergleich der Rechtsformen zum gleichen Ergebnis wie der Inlandsvergleich, da beide als Vergleichspaar auf inländische Gesellschaften abstellen. Die Prüfung der Vergleichspaare durch den EuGH erfolgte daher bei den Urteilen zu Betriebsstätten gemeinsam.

[331]   Vgl. hierzu die bereits erörterten Rs.: EuGH-Urteil vom 29.04.1999 zur Rs. C-311/97 (Royal Bank of Scotland); EuGH-Urteil vom 23.02.2006 zur Rs. C-253/03 (CLT-UFA).

[332]   Vgl. EuGH-Urteil vom 28.01.1986 zur Rs. 270/83 (Kommission/Frankreich (Avoir Fiscal)), Rn. 20; EuGH-Urteil vom 21.09.1999 zur Rs. C-307/97 (Saint-Gobain), Rn. 49.

[333]   Gleiches Schema fand auch in der Rs. EuGH-Urteil vom 14.09.2006 zur Rs. C-386/04 (Stauffer), Slg. 2006 I-8203, ECLI:EU:C:2006:568 über die Steuerbefreiung einer ausländischen Stiftung ohne inländische Betriebsstätte aber mit inländischen Einkünften aus der Vermietung einer Immobilie Anwendung.

[334]   EuGH-Urteil vom 17.09.2015 zur Rs. C-589/13 (F. E. Familienprivatstiftung Eisenstadt), ECLI:EU:C:2015: 612.

inländischen Steuersatz übersteigen, in den meisten Fällen jedoch den Steuersatz vergleichbarer inländischer Zuwendungsempfänger, welche letztendlich lediglich mit persönlicher Einkommensteuer belastet werden. Es ist daher Auslegungssache, ob von einer Mehrbesteuerung des Sachverhalts gesprochen werden kann. Eine Gewährung der Steuerbegünstigung, auch für gebietsfremde Zuwendungsempfänger, könnte jedoch ebenfalls keine Kapitalimportneutralität gewährleisten, da sie faktisch zu einer Freistellung von jeglicher Besteuerung im Quellenland führt. Sie wäre hingegen geeignet, einen kapitalexportneutralen Zustand herbeizuführen.[335] Der Vollständigkeit halber sei erwähnt, dass der Zustand ebenfalls eine Verletzung der Kapitaleignerneutralität impliziert, wenngleich dieses Kriterium bei einer Privatstiftung, deren Hauptaugenmerk nicht auf Kapitalakquise ausgerichtet sein sollte, kaum zielführend sein wird.

Aus Betrachtung der Kapitalverkehrsfreiheit jedoch besteht eine offenkundige Ungleichbehandlung objektiv vergleichbarer Situationen[336], die nicht durch eine ausgewogene Aufteilung der Besteuerungsrechte gerechtfertigt werden kann. Die Aufteilung der Besteuerungsrechte scheint, wie aus dem vorstehenden hervorgeht, ohnehin keinem klaren Ziel zu folgen, außer dem, trotz einer inländischen steuerlichen Privilegierung von Privatstiftungen, die einmalige und abschließende Besteuerung derer Erträge im Inland sicherzustellen.[337] Dies stellt jedoch keinen vom Gerichtshof anerkannten Grund des Allgemeininteresses dar. Ökonomisch verwundern muss der angeführte Rechtfertigungsgrund des Versuchs der Wahrung einer Kohärenz der nationalen Steuerregelung. Denn eine solche Kohärenz ist eher bei einer Nichtanwendbarkeit als bei einer Anwendbarkeit der Regelung zu erwarten. Da die Rechtsprechung des EuGH für diesen Rechtfertigungsgrund jedenfalls die Gewährung eines unmittelbar zusammenhängenden Steuervorteils verlangt, war dem Vorbringen vor allem aus dieser Sicht nicht zu folgen.[338]

Rechtfertigungserwägungen spielten bei Vorlagefragen zur Besteuerung von Betriebsstätten insgesamt eine eher untergeordnete Rolle. Als gerechtfertigt betrachtete der EuGH lediglich die in der Rs. *Futura Participations und Singer*[339] festgestellte Beschränkung der Niederlassungsfreiheit durch den Territorialitätsgrundsatz. Die Beschränkung bestand in der Verweigerung der Vortragsfähigkeit periodischer Verluste einer Betriebsstätte mit gebietsfremdem Stammhaus, wenn diese Verluste nicht im Zusammenhang mit inländischen Einkünften standen.[340] Da eine Ablehnung dieser Rechtfertigung einer Verpflichtung der Mitgliedstaaten zur Berücksichtigung der Verluste eines gebietsfremden Stammhauses bedeutet hätte, ist die Entscheidung des Gerichtshofs in dieser Sache ökonomisch naheliegend. Interessanter ist hingegen die restriktive Auslegung der Rechtfertigung mittels der Notwendigkeit zur Wahrung der Steueraufsicht. Aufgrund der engen Leistungsbeziehungen zwischen Betriebsstätte und Stammhaus, der hierdurch resultierenden Komplexität der Gewinnabgrenzung und der daraus erwachsenden Gefahr einer Verlagerung von Steu-

---

[335] Eine Steueranrechnung durch die Sitzstaaten wäre aufgrund des fehlenden Rechts Österreich auf eine Quellenbesteuerung der Zuwendungen nicht erforderlich, Vgl. ebd., Rn. 14.

[336] Vgl. ebd., Rn. 35-65.

[337] Vgl. ebd., Rn. 73.

[338] Vgl. ebd., Rn. 81-84.

[339] EuGH-Urteil vom 15.05.1997 zur Rs. C-250/95 (Futura Participations und Singer), Slg. 1997 I-2471, ECLI:EU:C:1997:239.

[340] Vgl. hierzu auch Abschnitt 4.3.4.2.

ersubstrat wäre denkbar gewesen, dass der EuGH diesem Argument mehr Gewicht beimäße.

Dies verdeutlicht die Rs. *Talotta*[341]. Die hier betrachtete belgische Norm ermöglichte es der Finanzverwaltung, bei gebietsfremden Personen mit inländischen Betriebsstätten, welche ihren steuerlichen Deklarationspflichten nicht, oder zumindest nicht rechtzeitig nachgekommen waren, die Steuer nach einer Mindestbemessungsgrundlage zu bestimmen, obgleich die Bemessungsgrundlage bei inländischen Personen auf Grundlage der Gewinne und bestimmter anderer Größen vergleichbarer Steuerpflichtiger zu ermitteln gewesen wäre. Es ergab sich die Möglichkeit einer Mehrbelastung, die aufgrund des Geltungsbereichs der Norm ausschließlich auf gebietsfremde Personen mit inländischen Betriebsstätten Anwendung finden konnte. Die hierdurch hervorgerufene Beschränkung der Niederlassungsfreiheit konnte nach Ansicht des EuGH nicht durch eine notwendige Gewährleistung der Wirksamkeit der steuerlichen Kontrolle gerechtfertigt werden. Er begründete dies mit den nach der Amtshilferichtlinie bestehenden Möglichkeiten des Informationsaustauschs zwischen den Mitgliedstaaten. Weiterhin argumentierten die Richter, dem Generalanwalt folgend, Abgrenzungsprobleme bestünden ebenfalls bei gebietsansässigen Personen, die Umsätze in anderen Mitgliedstaaten tätigten.[342] Es darf wohl bezweifelt werden, dass diese Abgrenzungsschwierigkeiten mit den internen Leistungsbeziehungen bei gebietsfremden Betriebsstätten als vergleichbar angesehen werden können. Weiterhin bestehen im reinen Inlandssachverhalt keine Anreize zu Ausnutzung eines Steuersatzgefälles durch Gewinnverlagerung. Zudem ging es eben um Sachverhalte, in denen der Steuerpflichtige seiner Deklarationspflicht nicht nachkam. Selbiges galt für die Rs. *Futura Participations und Singer*, bei welcher der Verlustvortrag auch dann ausgeschlossen wurde, wenn der Steuerpflichtige keine Bücher nach inländischem Recht führte, sondern eine Möglichkeit der proratarischen Einkünfteermittlung nutzte. Zwar erkannte er in diesem Zusammenhang die Geeignetheit des Ausschlusses des Verlustvortrags an, erachtete ihn jedoch als unverhältnismäßig, da seiner Auffassung nach auch eine Nachweispflicht über die Höhe der Verluste ausreichend gewesen wäre.[343]

Im Ergebnis entspricht die unionsrechtliche Anforderung an die einkommen- oder körperschaftsteuerliche Behandlung von Betriebsstätten jener bei Kapitalgesellschaften. Demnach ist eine höhere Belastung einer Betriebsstätte aufgrund des Sitzes des Stammhauses in anderen Mitgliedstaaten unzulässig, da sich die Gesellschaften nicht allein aufgrund der Ansässigkeit ihrer Eigner in einer objektiv unterschiedlichen Situation befinden. Die aus der Niederlassungsfreiheit resultierende Verpflichtung zur Gleichbehandlung der inländischen Betriebsstätte, unabhängig von deren Eignern, bewirkt in ihrer Logik eine Reduktion der Steuerbelastung auf das Niveau der inländischen Gesellschaften. Sie ist daher geeignet, Mehrbesteuerungen zu vermindern sowie die Bedingungen für Kapitalexportneutralität zu verbessern und entspricht dem Gleichbehandlungsgrundsatz des Art. 24 Abs. 3 OECD-MA. Da im Falle von Betriebsstätten eine Quellenbesteuerung bei Repatriierung von Gewinnen nicht möglich ist, kann sich im Falle einer Freistellung im Sitzstaat des Stammhauses allerdings aufgrund der Vorgaben kein kapitalimportneutraler Zustand ergeben. Ein solcher

---

[341] EuGH-Urteil vom 22.03.2007 zur Rs. C-383/05 (Talotta), Slg. 2007 I-2555, ECLI:EU:C:2007:181
[342] Vgl. ebd., Rn. 34-37.
[343] Vgl. EuGH-Urteil vom 15.05.1997 zur Rs. C-250/95 (Futura Participations und Singer), Rn. 36 ff.

würde gerade die höhere Belastung der Betriebsstättenergebnisse gebietsfremder Stammhäuser zur Kompensation einer fehlenden Quellenbesteuerung voraussetzen. Die einzige
Möglichkeit, unter den Vorgaben des EuGH ein kapitalimportneutrales Besteuerungssystem bei Betriebsstätten zu implementieren, wäre eine insgesamt höhere steuerliche Belastung inländischer Gesellschaften und Nutzung eines körperschaftsteuerlichen Anrechnungsverfahrens auf Eignerebene.[344]

4.2.2 Besteuerung der gebietsfremden Dividendenempfänger

Als Quellensteuer soll ein Steuerzugriff bezeichnet werden, der auf gebietsfremde Personen
für monetäre oder geldwerte Ausschüttungen von im Inland unbeschränkt steuerpflichtigen Gesellschaften erfolgt und in der Regel in Form eines Steuerabzugs durchgeführt wird.
Eine solche Quellenbesteuerung auf Dividendeneinkünfte ist im OECD-MA beschränkt auf
einen Steuersatz auf die Bruttodividende von 5 % bei Beteiligungen von mindestens 25 %
und in allen anderen Fällen auf 15 %. Gemeinschaftsrechtlich ist zu unterscheiden, ob die
Mutter-Tochter-Richtlinie greift oder ob „lediglich" die Grundverkehrsfreiheiten bei der
Quellenbesteuerung zu beachten sind.

4.2.2.1 Anwendbarkeit der Mutter-Tochter-Richtlinie

Wie in Abschnitt 3.1.2.2 gezeigt wurde, vermindert die Anwendung der Mutter-Tochter-
Richtlinie Mehrbesteuerungen und verbessert die Bedingungen einer kapitalexportneutra-
len Besteuerung. Da jedoch mit einer Ausnahme alle Mitgliedstaaten die Freistellung einer
Anrechnung vorziehen, sind bei realitätsnaher Betrachtung insbesondere die Bedingungen
der Kapitalimportneutralität heranzuziehen. Das durch die Richtlinie vorgesehene Verbot
eines Steuerabzugs an der Quelle führt im Vergleich mit einer bloßen Anwendbarkeit der
Vorschriften des OECD-MA zu einer weiteren Reduktion von Quellensteuern und kann
Mehrbesteuerungen reduzieren. Jedoch ergibt sich für den Eigner regelmäßig ein Mischsteuersatz aus dem effektiven inländischen persönlichen Einkommensteuertarif und dem
effektiven gebietsfremden Körperschaftsteuertarif. Die Folge ist eine Verschlechterung der
Bedingungen für Kapitalimportneutralität. Der EuGH nimmt hierzu hingegen grundsätzlich die Position ein, dass durch die Richtlinie bestehende Verbot der Quellenbesteuerung
bezwecke die „Sicherung der steuerlichen Neutralität"[345]. Auslegungsbedarf bestand bei der
Richtlinie bezüglich der Begrifflichkeit des „Steuerabzugs an der Quelle" hinsichtlich der
hiervon betroffenen Steuerarten, Gesellschaftsformen und Mindestbeteiligungen.

In den persönlichen Anwendungsbereich der Richtlinie fallen lediglich Mutterunternehmen, welche die jeweilig gültige Mindestbeteiligung am Gesellschaftskapital des Tochterunternehmens halten. Beteiligung bedeutet hierbei nach Art. 3 Abs. 1 lit. a) MTR den
Besitz von Anteilen. Andere Rechtsstellungen sind nicht ausreichend.[346] Ebenso erstreckt

---

[344] Zu den Voraussetzungen einer primärrechtlichen Zulässigkeit eines solchen Systems siehe Abschnitt 4.3.3.2.
[345] EuGH-Urteil vom 25.09.2003 zur Rs. C-58/01 (Océ van der Grinten), Rn. 82.
[346] Vgl. EuGH-Urteil vom 22.12.2008 zur Rs. C-48/07 (Les Vergers du Vieux Tauves), Slg. 2008 I-10627,
       ECLI:EU:C:2008:758, insb. Rn. 38-44; hier zu Nießbrauchrechten an solchen Anteilen.

sich die Anwendbarkeit der Richtlinie ausschließlich auf den enthaltenen Katalog an Gesellschaftsformen.[347] Von den Bestimmungen der Richtlinie weiterhin ausgeschlossen sind
gem. Art. 3 Abs. 2 der Richtlinie solche Gesellschaften, „die nicht während eines ununter-
brochenen Zeitraums von mindestens zwei Jahren im Besitz einer Beteiligung bleiben".
Dies setzt nach dem Wortlaut nicht voraus, dass diese Haltefrist zum Zeitpunkt der Ausschüttung bereits erfüllt sein muss. Auch bei kürzeren Fristen können die Steuervorteile der
Richtlinie gewährt werden, jedoch kann der Mitgliedstaat in diesen Fällen die Vergünstigung auch erst mit Ablauf der Frist gewähren, ohne dass dem Steuerpflichtigen hieraus ein
Zinsanspruch für das zeitliche Auseinanderfallen von Ausschüttung und Steuererstattung
entsteht.[348] Aufgrund einfacher Möglichkeiten einer Überwachung der Einhaltung der
Mindesthaltedauer durch die Mitgliedstaaten und der Gefahr einer Aushöhlung des durch
den EuGH bekräftigten Recht der Unternehmen, sich direkt auf den Richtlinieninhalt zu
berufen, wäre eine restriktivere Auslegung wünschenswert gewesen.

In sechs Fällen hatte der EuGH nun zu entscheiden, welche Formen einer Besteuerung
als Steuerabzug an der Quelle im Sinne der Mutter-Tochter-Richtlinie zu bewerten seien.
Diese betrafen eine portugiesische Schenkungsteuer, die auf Übertragungen von Wertpa-
pieren erhoben wurde[349], einen italienischen Steuereinbehalt auf erstattete Steuerbeträge[350],
eine griechische Einkommensteuer auf den Reingewinn von Tochtergesellschaften, welche
nicht-thesaurierte Gewinne einem Steuerabzug unterwarf, jedoch nicht die gebietsfremde
Muttergesellschaft als Steuersubjekt einbezog[351], die in Abschnitt 4.2.1 beschriebene britische ACT[352] sowie Ausschüttungen aus dem deutschen EK02[353]. Zusammenfassend sieht
der Gerichtshof als Steuerabzug an der Quelle

(1)   jede vorläufige und endgültige Besteuerung[354]
(2)   unabhängig von der Steuerart[355] an,
(3)   deren (nach objektiven Maßstäben zu identifizierendes[356]) Steuersubjekt Inhaber
       einer Beteiligung ist,

---

[347]   Vgl. EuGH-Urteil vom 01.10.2009 zur Rs. C-247/08 (Gaz de France), Slg. 2009 I-9225, ECLI:EU:C:2009:600,
         Rn. 43.

[348]   Vgl. EuGH-Urteil vom 17.10.1996 zur Rs. C-283/94, C-291/94, C-292/94 (Denkavit u.a.), Slg. 1996 I-5063,
         ECLI:EU:C:1996:387, Rn. 25, 53.

[349]   Siehe EuGH-Urteil vom 08.06.2000 zur Rs. C-375/98 (Epson Europe), Slg. 2000 I-4243, ECLI:EU:C:2000:302.

[350]   Siehe EuGH-Urteil vom 24.06.2010 zur Rs. C-338/08, C-339/08 (Ferrero und General Beverage Europe), Slg.
         2010 I-5743, ECLI:EU:C:2010:364.

[351]   Siehe EuGH-Urteil vom 04.10.2001 zur Rs. C-294/99 (Athinaiki Zythopoiïa), Slg. 2001 I-6797, ECLI:EU:
         C:2001:505.

[352]   Siehe EuGH-Urteil vom 25.09.2003 zur Rs. C-58/01 (Océ van der Grinten) und EuGH-Urteil vom 12.12.2006
         zur Rs. C-446/04 (FII Group Litigation I), Slg. 2006 I-11753, ECLI:EU:C:2006:774.

[353]   Siehe EuGH-Urteil vom 26.06.2008 zur Rs. C-284/06 (Burda Verlagsbeteiligungen).

[354]   Vgl. EuGH-Urteil vom 04.10.2001 zur Rs. C-294/99 (Athinaiki Zythopoiïa), Rn. 32; EuGH-Urteil vom
         25.09.2003 zur Rs. C-58/01 (Océ van der Grinten), Rn. 50 f.

[355]   In den Anwendungsbereich der MTR fällt ebenfalls die im ersten Fall bezeichnete Schenkungsteuer, deren
         Wirkungsgleichheit zu Ertragsteuern hervorgehoben wurde, vgl. EuGH-Urteil vom 08.06.2000 zur Rs. C-
         375/98 (Epson Europe), Rn. 22.

[356]   Vgl. EuGH-Urteil vom 04.10.2001 zur Rs. C-294/99 (Athinaiki Zythopoiïa), Rn. 26 f.; EuGH-Urteil vom
         26.06.2008 zur Rs. C-284/06 (Burda Verlagsbeteiligungen), Rn. 55 f.

(4)   deren Erträge das Objekt einer Besteuerung sind[357] und

(5)   deren Auszahlung auslösender Tatbestand der Besteuerung ist[358].

Aufgrund des Potentials der Richtlinie, Mehrbesteuerungen zu vermeiden, ist es zu begrüßen, dass der EuGH die Definition des Steuerabzugs an der Quelle vor allem hinsichtlich des Einbezugs anderer Steuerarten und der Liquiditätsnachteile durch Vorauszahlungen (insofern diese nicht in den Anwendungsbereich des eng auszulegenden Art. 7 Abs. 1 und 2 der Richtlinie fallen) weit fasst.[359] Aus Sicht der Kapitalimportneutralität verstärken sich hierdurch die aufgezeigten Schwierigkeiten.

Erläuterungsbedürftig ist die gemeinschaftsrechtliche Definition des Steuersubjekts (Steuerpflichtiger), da hierfür nach Ansicht des EuGH nicht notwendigerweise die innerstaatlichen Rechtsvorschriften einschlägig sind (s.u.). Hierzu ist festzustellen, dass die Gefahr einer Aushöhlung der Vorschrift durch die Mitgliedstaaten bestehen könnte, denn anders als der Steuerlastträger, lässt sich das Steuersubjekt mangels ökonomischem Inhalt des Begriffs durch nationale Bestimmungen vergleichsweise einfach rein definitorisch festlegen. Dass der Gerichtshof bei Auslegung dieses Begriffs nicht auf nationale Bestimmungen abstellt, erscheint somit zunächst einmal zielführend. In der Rs. *Athinaiki Zythopoiïa* war hierzu insbesondere auszulegen, ob bei einer Besteuerung von Gewinnen eines Tochterunternehmens, welche nur auf ausgeschüttete, nicht aber auf thesaurierte Gewinne erhoben wird, dieses Tochterunternehmen das einschlägige Steuersubjekt darstellt oder ob faktisch die Muttergesellschaft einer Quellenbesteuerung unterworfen wird. Keiner der grundlegenden praktizierten Besteuerungsprinzipien (Einkommen aus dauernden Quellen, Reinvermögenszuwachs oder Reinvermögenszugang)[360] sieht hierbei eine solche Besteuerung im Zeitpunkt der Ausschüttung vor. Alle Besteuerungsprinzipien knüpfen an die Mittelherkunft i.w.S., nicht jedoch an die Mittelverwendung an. Dem folgend müsste die Tochtergesellschaft das Steuersubjekt darstellen[361] und die Art der Besteuerung in ihrer ökonomischen Natur als Quellensteuer zu qualifizieren sein. Der EuGH argumentiert hingegen, dass sich die Besteuerung „unmittelbar nach dem Umfang der vorgenommenen Ausschüttung"[362] richte und legt für eine Bestimmung des tatsächlichen Steuersubjekts somit die Merkmale des Steuerobjekts zugrunde. Dass diese Definition nicht unproblematisch ist, zeigte die Rs. *Burda Verlagsbeteiligungen*, bei dem es ebenfalls um eine Steuerbelastung von Ausschüttungen ging, die bei Thesaurierung nicht besteuert worden wären. Der Fall wies jedoch den entscheidenden Unterschied auf, dass mit betreffender Norm für Inlandssachverhalte keine endgültige Besteuerung erreicht werden sollte. Vielmehr handelte es sich bei dieser Art der Besteuerung um eine Hochschleusung des Steuerniveaus zur Vermeidung

---

[357]   Vgl. EuGH-Urteil vom 08.06.2000 zur Rs. C-375/98 (Epson Europe), Rn. 23.

[358]   Vgl. ebd., Rn. 23.

[359]   Ein solcher wurde zwar in der Rs. EuGH-Urteil vom 24.06.2010 zur Rs. C-338/08, C-339/08 (Ferrero und General Beverage Europe) nicht angenommen, jedoch ging es in diesem Fall um durch eine inländische Gesellschaft an eine ausländische Gesellschaft durchgereichte erstattete Steuerbeträge, die aus naheliegenden Gründen nicht als Erträge aus einer Beteiligung zu klassifizieren waren.

[360]   Siehe hierzu auch Schreiber (2012), S. 14 ff.

[361]   Alle Besteuerungsprinzipien knüpfen an der Mittelherkunft (i.w.S.), nicht jedoch an ihrer Verwendung an.

[362]   EuGH-Urteil vom 04.10.2001 zur Rs. C-294/99 (Athinaiki Zythopoiïa), Rn. 28 zur Beurteilung der Erklärung der griechischen Regierung (Rn. 24).

übermäßig hoher Steuererstattungen im Rahmen des damals in Deutschland durchgeführten körperschaftsteuerlichen Anrechnungsverfahrens. Dass diese Hochschleusung für einige gebietsfremde Steuerpflichtige auch eine Erhöhung ihrer effektiven Steuerlast bewirkte, kann nicht ausreichend für das Vorliegen einer Quellenbesteuerung im Sinne der Richtlinie gewesen sein. Darüber hinaus wies diese Rechtssache einen noch stärkeren Bezug zur Ebene des Anteilseigners (Anrechnungsberechtigter) auf, als dies bei der Rs. *Athinaiki Zythopoiïa* der Fall gewesen war. Glücklicherweise folgte der EuGH seiner vorherigen Betrachtung der Merkmale des Steuerobjekts nicht und erachtete es für ausreichend, dass das ausschüttende und nicht das beziehende Unternehmen Steuersubjekt der inländischen Körperschaftsteuer sei.[363] Entsprechend erkannte er, entgegen des Vorbringens des Klägers und der Kommission, keinen Steuerabzug an der Quelle. Eine Begründung für ihre abweichende Rechtsprechung blieben die Richter jedoch schuldig. Da die Anknüpfung an das Steuersubjekt somit einen weiten Entscheidungsspielraum lässt, insofern im gemeinschaftsrechtlichen Sinne als solches nicht die in den nationalen Gesetzesvorschriften bestimmten Steuerschuldner verstanden werden dürfen, bleibt die Definition nicht abschließend. Besonders, da die nicht hinreichend geklärte Frage auch Auswirkungen auf das Rechtfertigungsargument einer angemessenen Aufteilung der Besteuerungshoheiten[364] entfalten dürfte, wäre eine Erläuterung der „objektiven Kriterien", nach denen das Steuersubjekt bestimmt werden müsste, durch den EuGH sachdienlich. Eine Betrachtung der genannten Besteuerungsprinzipien könnte hierbei hilfreich sein.

4.2.2.2 Primärrechtliche Zulässigkeit der Erhebung

Auch wenn der Anwendungsbereich der Mutter-Tochter-Richtlinie nicht eröffnet ist, so bleibt eine Quellenbesteuerung unter Gewährleistung der Grundverkehrsfreiheiten auszuüben. Hierbei stellten sich insbesondere die Fragen, unter welchen primärrechtlichen Voraussetzungen eine Quellensteuer erhoben werden darf und welche Anforderungen an den Tarif sowie an die Bemessungsgrundlage zu stellen sind. Diese Fragen sollen im Folgenden beleuchtet werden.

Findet die Mutter-Tochter-Richtlinie keine Anwendung, so steht es den Mitgliedstaaten grundsätzlich frei, gebietsfremde Gesellschaften, Betriebsstätten sowie gebietsfremde natürliche Personen, welche Ausschüttungen gebietsansässiger Gesellschaften empfangen, für diese Einkünfte der inländischen Besteuerung zu unterwerfen, wobei dies in der Regel als Steuerabzug an der Quelle erfolgt. Eine solche Besteuerung der Zahlungsströme ist grundsätzlich unter den in Abschnitt 3.1.2.2 genannten Voraussetzungen in Abhängigkeit von den im Ansässigkeitsstaat des Eigners und der auf die übergeordneten Beteiligungsgesellschaften angewandten Verfahren zur Vermeidung einer Doppelbesteuerung grundsätzlich sowohl mit einer kapitalimportneutralen als auch mit einer kapitalexportneutralen Besteuerung zu vereinbaren.

Bei einer kapitalimportneutralen Besteuerung ist es gerade dabei Voraussetzung, dass der Quellenstaat auch die Ebene des Dividendenempfängers in den Besteuerungsprozess einbezieht, da nur so eine Partizipation am Marktgeschehen des Quellenstaats zu den dor-

---

[363]   Vgl. EuGH-Urteil vom 26.06.2008 zur Rs. C-284/06 (Burda Verlagsbeteiligungen), Rn. 52-64.
[364]   Vgl. ebd., Rn. 89.

tigen Marktbedingungen gewährleistet werden kann. Denn hierzu ist es erforderlich, dass im Quellenstaat generiertes Steuersubstrat bei Grenzüberschreitung auf das effektive Steuerniveau eines gebietsansässigen Endeigners hochgeschleust wird. Ein solcher Zustand kann jedoch nur dann erreicht werden, wenn die Belegenheitsstaaten der anderen Beteiligungsebenen und des Eigners diese Einkünfte von der Besteuerung freistellen. Wenden sie hingegen die Anrechnungsmethode an, so ist die Quellenbesteuerung nur dann unbeachtlich, wenn eine vollständige Anrechnung im Wohnsitzstaat erfolgt. Da diese Voraussetzung in der Regel nicht erfüllt sein wird[365], weist eine Quellenbesteuerung eine potentielle Beeinträchtigung der kapitalexportneutralen Besteuerung auf. Unter der Anforderung, dass ein grenzüberschreitender Vorgang entweder kapitalimport- oder kapitalexportneutral besteuert werden sollte, entscheidet daher die gewählte Methode zur Vermeidung der Doppelbesteuerung im Wohnsitzstaat des Eigners über die sich hieraus ergebende Folgen einer Quellenbesteuerung auf die Standortneutralität.

Dem entgegen bestehen unionsrechtliche Bedenken zunächst, unabhängig von der gewählten Methodik, im Wohnsitzstaat dann, wenn lediglich gebietsfremde Empfängergesellschaften einer solchen Quellenbesteuerung unterworfen werden, da sich hierdurch Verletzungen der Kapitalverkehrsfreiheit, der Niederlassungsfreiheit und / oder der Dienstleistungsfreiheit ergeben können.[366] Zwar wird für gebietsansässige und nicht-gebietsansässige Gesellschaften wohl historisch bedingt[367] grundsätzlich keine vergleichbare Situation antizipiert, jedoch führt ein Einbezug dieser gebietsfremden Gesellschaft in die innerstaatliche Besteuerung nach Ansicht des Gerichtshofs zu einer Annäherung dieser Situationen[368], da sie „unabhängig von einer Besteuerung im anderen [Wohnsitz-]Mitgliedstaat die Gefahr einer mehrfachen Belastung oder solcher wirtschaftlichen Doppelbesteuerung in sich [birgt]."[369] Folglich entschied der EuGH, dass eine (auch nur annähernd vollständige) Quellensteuerfreiheit gebietsansässiger Gesellschaften auch nicht-gebietsansässigen Gesellschaften[370] grundsätzlich unter den gleichen Voraussetzungen[371] zu gewähren ist, insofern sich für diese ansonsten eine höhere „endgültige" Steuerbelastung ergibt.[372] In die Prüfung dieser „endgültigen" Steuerbelastung sind solche Belastungen einzubeziehen, welche dem Steuerpflichtigen

---

[365] Siehe bspw. die Anrechnungsbeschränkungen des Art. 23b Nr. 1 OECD-MA.

[366] Siehe auch Abb. 9 zur Übersicht über das angewendete Prüfungsschema.

[367] Vgl. Reimer in: Schaumburg/Englisch (2015), Rn. 7.141.

[368] Siehe bspw. EuGH-Urteil vom 03.06.2010 zur Rs. C-487/08 (Kommission/Spanien), Slg. 2010 I-4843, ECLI:EU:C:2010:310, Rn. 59 f.

[369] EuGH-Urteil vom 25.10.2012 zur Rs. C-387/11 (Kommission/Belgien), ECLI:EU:C:2012:670, Rn. 50.

[370] Vgl. EuGH-Urteil vom 14.12.2006 zur Rs. C-170/05 (Denkavit Internationaal und Denkavit France), Slg. 2006 I-11949, ECLI:EU:C:2006:783; EuGH-Urteil vom 06.10.2011 zur Rs. C-493/09 (Kommission/Portugal), Slg. 2011 I-9247, ECLI:EU:C:2011:635; EuGH-Urteil vom 19.11.2009 zur Rs. C-540/07 (Kommission/Italien), Slg. 2009 I-10983, ECLI:EU:C:2009:717.

[371] Vgl. EuGH-Urteil vom 08.11.2007 zur Rs. C-379/05 (Amurta), Slg. 2007 I-9569, ECLI:EU:C:2007:655 und EuGH-Urteil vom 11.06.2009 zur Rs. C-521/07 (Kommission/Niederlande), Slg. 2009 I-4873, ECLI:EU:C:2009:360, bei welchen in den zugrundeliegenden Sachverhalten insbesondere unterschiedliche Anforderungen gebietsansässiger und gebietsfremder Anteilseigner an die Beteiligungshöhe gestellt wurden.

[372] Vgl. EuGH-Urteil vom 17.09.2015 zur Rs. C-10/14, C-14/14, C-17/14 (Miljoen u.a.), ECLI:EU:C:2015:608, Rn. 46-48.

(1) über den Besteuerungszeitraum (Veranlagungszeitraum)

(2) unter Zugrundlegung der Gesamtheit aller in diesem Mitgliedstaat erzielten Erträge aus dort gehaltenen Anteilen erwachsen, wobei

(3) Vorteile, die einer inländischen Personen speziell für diese Erträge gewährt werden (z.B. Freibeträge für Dividendeneinkünfte) und

(4) Aufwendungen, die bei Ausschüttungen an Gesellschaften in unmittelbarem Zusammenhang mit den bezogenen Dividenden stehen, ohne dass es hierbei auf den Zeitpunkt der tatsächlichen Auszahlung ankäme (siehe hierzu Abschnitt 4.2.2.3), als Minderung dieser endgültigen Steuerbelastung zu berücksichtigen sind.[373]

Somit scheint es dem EuGH hierbei weniger auf den normativen Gehalt der anzuwendenden Regelung als auf deren tatsächliche Wirkung anzukommen.[374] Für einen ökonomisch geeigneten Vergleichsmaßstab wäre hierzu auf die bereits beschriebene effektive Steuerbelastung[375] abzustellen. Ähnlich wie die Betrachtungsweise des EuGH sind auch hierbei neben der nominalen Steuerbelastung Bemessungsgrundlageneffekte (wie der Einbezug von Aufwendungen und Freibeträgen) zu berücksichtigen. Jedoch unterscheidet sich das Kriterium vom Maßstab des EuGH in einigen Aspekten. Erstens ist für die effektive Steuerbelastung ausschließlich die Eignerebene entscheidend während der EuGH bei der Prüfung ausschließlich auf die Ebene des Dividendenempfängers abstellt. Zweitens hängt die Wahl des sinnvollen Referenzzeitraums vom Sachverhalt ab. Hierbei muss gewährleistet sein, dass Bemessungsgrundlageneffekte (bspw. Abschreibungen), Zinseffekte und spätere Steuererstattungen (wären sie denn in den Maßstab einzubeziehen) berücksichtigt werden. Der durch den EuGH als Referenzzeitraum pauschalierte Veranlagungszeitraum kann für eine sinnvolle Betrachtung der tatsächlichen Belastungswirkungen für einige Sachverhalte entsprechend zu kurz greifen.[376] Drittens zielt das Kriterium des EuGH auf die durchschnittliche steuerliche Belastung aller im Quellenstaat investierter Investitionsobjekte ab. Zunächst besitzen andere im Quellenland getätigten Investitionen (in Abwesenheit von Synergieeffekten) keine Aussagekraft auf den Kapitalwert der betrachteten Investition. Entsprechend wäre sinnigerweise lediglich auf die effektive Belastung der dem Sachverhalt zugrundeliegenden Investition abzustellen. Viertens ist es fraglich, ob die Durchschnittssteuerbelastung das geeignete Kriterium darstellt. Diese ist Komponente des Entscheidungskriteriums über die Standortwahl. In Fällen, in denen über eine Beschränkung der freien Wahl der Niederlassung zu befinden ist, reicht demnach die vom EuGH angeordnete Betrachtung der durchschnittlichen Steuerbelastung aus. Für die auch ex-post zur Standortwahl getroffene Entscheidung über das am Standort realisierte Investitionsvolumen bildet die Durchschnittsbetrachtung jedoch nicht das geeignete Kriterium. Denn im Gegensatz zu

---

[373] Vgl. ebd., Rn. 50-61.

[374] Dies gilt nicht uneingeschränkt bei vordinglicher Anwendbarkeit der Kapitalverkehrsfreiheit, da bei Prüfung der Ausnahmebestimmung des Art. 65 Abs. 1 lit a AEUV stärker auf Ziel, Zweck und Inhalt der Norm zu fokussieren ist und daher teilweise auch faktische Ungleichbehandlungen zu akzeptieren sind. Siehe hierzu EuGH-Urteil vom 06.06.2016 zur Rs. C-252/14 (Pensioenfonds Metaal en Techniek), ECLI:EU:C:2016:402, Rn. 51 ff.

[375] Vgl. Beschreibung des ETR in Abschnitt 2.3.

[376] Vgl. Spengel et al. (2007), S. 88.

Entscheidungen über die Niederlassung, können Entscheidungen über die Kapitalanlage laufend getroffen werden, ohne dass aus Investorensicht eine Betrachtung der Gesamtinvestition erforderlich wäre (Marginalbetrachtung). Demnach erfolgen diese Entscheidungen auf Basis der Grenzrendite. Geeignetes Kriterium wäre hier somit die marginale effektive Steuerbelastung.[377] In Fällen, in denen die Kapitalverkehrsfreiheit betroffen ist, müsste somit auch diese in die Prüfung einer Beschränkung einbezogen werden. Eine alleinige Berücksichtigung der Durchschnittsbelastung ermöglicht keine hinreichenden Erkenntnisse, ob bezüglich des Ortes der Kapitalanlage eine vollständige Vermeidung der mehrfachen Belastung durch den Sitzstaat erfolgt.

Zuletzt unterscheidet sich das Kriterium des EuGH vom ökonomischen auch hinsichtlich des stärker begrenzten Einbezugs der Aufwendungen. Grundsätzlich ist für eine Maßgeblichkeit des economic objective value für die Besteuerung ein Einbezug sämtlicher Aufwendungen und Erträge zu gewährleisten, welche realwirtschaftlich dem Steuersubstrat des Quellenlands zuzurechnen sind. Es sei hierzu auf Abschnitt 4.2.2.3 verwiesen.

Im Zuge der Prüfung einer „Kästchengleichheit"[378] unterscheidet der EuGH zunächst nicht, ob sich die Doppelbesteuerung durch Freistellung von der Quellensteuer oder durch inländische Anrechnungsmöglichkeiten vermieden wird. Wirkungsgleichheit zu einer Freistellung inländischer Personen von der Quellenbesteuerung sah der EuGH in Systemen erreicht, die zur Vermeidung der aus dem Quellensteuerabzug resultierenden wirtschaftlichen Doppelbesteuerung inländischer Personen, die Anrechnung und ggf. Erstattung dieser Steuer gewähren, während eine solche Erstattung gebietsfremden Empfängern von Dividenden aus inländischen Quellen verweigert wird. In solchen Systemen steht auch gebietsfremden Gesellschaften primärrechtlich regelmäßig die Anrechnung der inländischen Quellensteuer zu.[379] Keine unionsrechtlichen Verstöße sind hingegen anzunehmen, wenn die Quellenbesteuerung auch für die gebietsfremden Dividendenempfänger zu einer gleichartigen Erstattungsfähigkeit der Quellensteuer führt, oder wenn diese für gebietsansässige und gebietsfremde Empfänger abgeltend wirkt.

Im Kontext der hier dargestellten ökonomischen Anforderungen an eine Neutralitätsverbesserung, durch Anwendung oder Nichtanwendung einer Quellenbesteuerung, ist interessant, dass im Zuge der Prüfung einer Rechtfertigung durch den EuGH die angewandte Methode zur Vermeidung der Doppelbesteuerung im Ansässigkeitsstaat der empfangenden Gesellschaft eine Rolle spielen kann, sofern diese abkommensrechtlich vereinbart ist und tatsächlich durchgeführt wird. Denn grundsätzlich wird ein Doppelbesteuerungsabkommen als Teil des rechtlichen Rahmens angesehen, der vom Gerichtshof berücksichtigt werden muss.[380] Dies begründet der EuGH dadurch, dass der Mitgliedstaat „die Beachtung seiner Verpflichtungen aus dem Vertrag dadurch sicherzustellen [vermag], dass er mit ei-

---

[377] Ausführlich Schreiber (2004), S. 215 ff.

[378] Der Begriff bezeichnet die ausschließliche Betrachtung des innerstaatlichen Rechtsrahmens unter Ausblendung der in grenzüberschreitenden Sachverhalten innerstaatlichen Normen des anderen beteiligten Staats und der mit diesem vereinbarten Kollisionsnormen. Siehe hierzu Birk (1996), S. 65 f.

[379] Siehe EuGH-Urteil vom 20.10.2011 zur Rs. C-284/09 (Kommission/Deutschland), Slg. 2011 I-9879, ECLI:EU:C:2011:670, Rn. 72 sowie EuGH-Beschluss vom 12.07.2012 zur Rs. C-384/11 (Tate & Lyle Investments), ECLI:EU:C:2012:463.

[380] Vgl. EuGH-Urteil vom 14.12.2006 zur Rs. C-170/05 (Denkavit Internationaal und Denkavit France), Rn. 45 sowie EuGH-Urteil vom 08.11.2007 zur Rs. C-379/05 (Amurta), Rn. 80.

nem anderen Mitgliedstaat ein Abkommen zur Vermeidung der Doppelbesteuerung schließt"[381]. Daraus folgt jedoch im Umkehrschluss, dass, wenn ein solcher Mechanismus zur Vermeidung der Doppelbesteuerung nicht aufgrund einer DBA-rechtlichen Bestimmung sondern einseitig aufgrund einer innerstaatlichen Norm durch den Wohnsitzstaats gewährt wird, weiterhin eine Ungleichbehandlung vorliegen kann[382], obgleich der Dividendenempfänger insgesamt nicht höher belastet ist. Wenn jedoch ein DBA vorliegt, hat der Mitgliedstaat seine Verpflichtungen aus den Verträgen gewahrt, insofern dieses die „Wirkungen" einer Beschränkung der Grundverkehrsfreiheit „neutralisieren" kann.[383] Hierfür erforderlich sei jedoch die vollständige Abzugsfähigkeit der Quellensteuer vom im Sitzstaat der Empfängergesellschaft geschuldeten Steuer.[384] Siehe zusammenfassend Abb. 9.

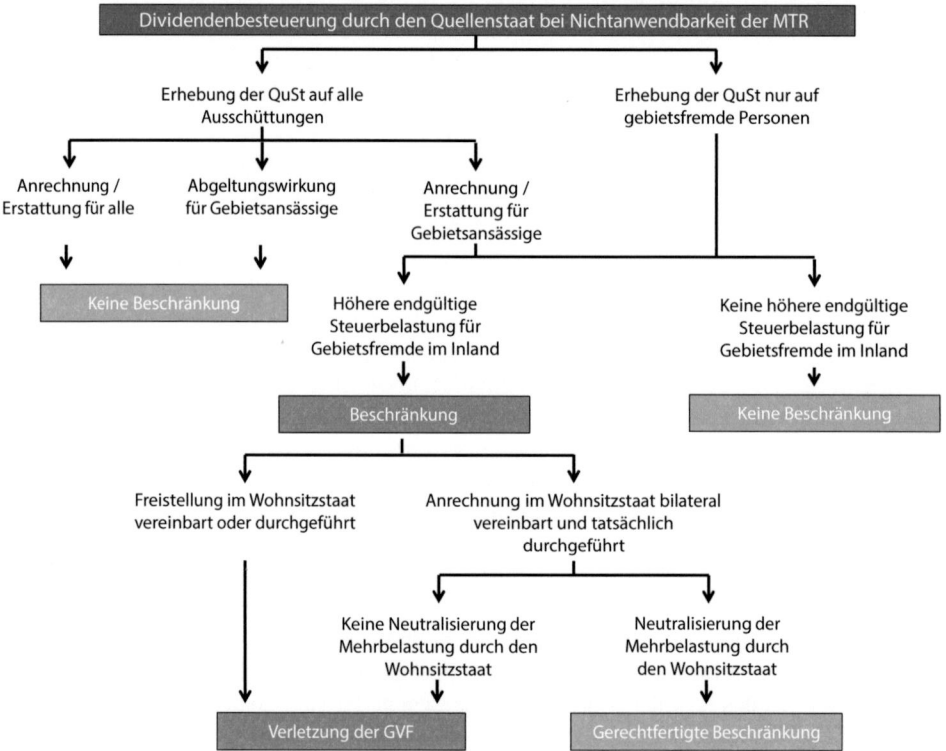

Abb. 9: Abstrahiertes Prüfungsschema bei Quellenbesteuerung von Dividenden ohne Anwendbarkeit der MTR

---

[381] EuGH-Urteil vom 08.11.2007 zur Rs. C-379/05 (Amurta), Rn. 79; siehe auch EuGH-Urteil vom 17.09.2015 zur Rs. C-10/14, C-14/14, C-17/14 (Miljoen u.a.), Rn. 83 f.

[382] Vgl. EuGH-Urteil vom 08.11.2007 zur Rs. C-379/05 (Amurta), Rn. 72-80.

[383] Vgl. ebd., Rn. 83.

[384] Vgl. EuGH-Urteil vom 19.11.2009 zur Rs. C-540/07 (Kommission/Italien), Rn. 37 f.; EuGH-Beschluss vom 22.11.2010 zur Rs. C-199/10 (Secilpar), Slg. 2010 I-154, ECLI:EU:C:2010:706.

Ein Mitgliedstaat kann sich jedoch nicht auf eine Vermeidung der Doppelbesteuerung im Sitzstaat berufen, wenn diese nicht auf Ebene der betrachteten Gesellschaft, sondern erst auf einer nicht in die Vergleichspaaranalyse einzubeziehenden Ebene der an ihr beteiligten Anleger erfolgt,[385] da die Vergleichbarkeit der Situationen anhand des Kriteriums geprüft werden müsse, welches der betreffende Mitgliedstaat zur Unterscheidung der Besteuerung dieser Einkünfte eingeführt hat.[386] Eine erst auf Eignerebene erfolgende Vermeidung dieser steuerlichen Mehrbelastung könnte somit nur dann Berücksichtigung finden, wenn eine steuerliche Norm zur Unterscheidung der Besteuerung gebietsansässiger und gebietsfremder Gesellschaften auf die persönlichen Umstände der Eigner abstellen würde (bspw. Unterscheidung nach Art der Vermeidung der Doppelbesteuerung im Wohnsitzstaat des Eigners). Da dies als Kriterium für die nationale Legislatur aufgrund unvollständiger Informationen und der (insbesondere in Streubesitzfällen) zu erwartenden Höhe an hierdurch verursachten Transaktionskosten gänzlich ungeeignet sein dürfte, wird die Möglichkeit zur Vermeidung einer steuerlichen Mehrbelastung auf Eignerebene in der Regel keine nennenswerte Rolle spielen.

Diese Auslegung bei Anwendung der Anrechnungsmethode im Sitzstaat der Empfängergesellschaft erfolgt grundsätzlich im Sinne einer kapitalexportneutralen Besteuerung und ist geeignet, aus deren Sichtweise die Verzerrungen am Binnenmarkt zu reduzieren. Die Einschränkungen (Vorliegen eines DBA und die Notwendigkeit einer Vermeidung auf Ebene der betrachteten Gesellschaft) führen zwar zu Eingriffen in die Aufteilung der Besteuerungsrechte zwischen den Mitgliedstaaten, erfordern jedoch keine Einschränkung des Ergebnisses einer insgesamt effizienzsteigernden Wirkung der Rechtsprechung, sofern sich hieraus keine Minderbelastungen aufgrund doppelter Steueranrechnung ergeben.

Anders verhält es sich hingegen bei einer Freistellung im Ansässigkeitsstaat der Empfängergesellschaft. Aus kapitalimportneutraler Betrachtungsweise ist eine Quellenbesteuerung gerade dann erforderlich. Eine Anknüpfung der Quellensteuer an die Grenzüberschreitung des Sachverhalts kann sowohl eine kapitalimportneutrale Besteuerung gewährleisten als auch eine Mehrbelastung im Sinne einer Besteuerung über dem jeweils höheren effektiven Steuersatz der beteiligten Staaten verhindern. Voraussetzung ist die gleichzeitige Freistellung der gebietsfremden Gesellschaft für das hierbei bezogene und im Quellenstaat besteuerte Substrat in dessen Sitzstaat. Diese Vermeidung der Doppelbesteuerung durch die Freistellungsmethode spielt für den EuGH in diesem Kontext jedoch keine Rolle. Denn durch dessen Anwendung wird, im Gegensatz zu einer vollständigen Anrechnung, eine durch die Quellensteuer induzierte zusätzliche Steuerbelastung, welcher inländische Empfängergesellschaften in den hierzu verhandelten Urteilen nicht unterlagen, definitiv.[387] Die Durchbrechung der limitierenden Betrachtung der Kästchengleichheit in Fällen abkommensrechtlicher Vereinbarung der Steuervermeidung mit dem Sitzstaat, gilt allein bei Anwendung der Anrechnungsmethode. Im Falle der Freistellungsmethode wird die Steuervermeidung im Sitzstaat wohl ausgeblendet bleiben, da sie die Steuerwirkung nicht zu neutralisieren vermag, obgleich auch sie Mehrbesteuerungen verhindern kann. Diese begründete

---

[385] Vgl. EuGH-Urteil vom 10.04.2014 zur Rs. C-190/12 (Emerging Markets Series of DFA Investment Trust Company), ECLI:EU:C:2014:249, Rn. 63 f.

[386] EuGH-Urteil vom 25.10.2012 zur Rs. C-387/11 (Kommission/Belgien), Rn. 65.

[387] Vgl. EuGH-Urteil vom 14.12.2006 zur Rs. C-170/05 (Denkavit Internationaal und Denkavit France), Rn. 64 f.

Vermutung wurde vom EuGH jedoch bislang nicht explizit konstatiert. Wird eine solche Freistellung ohne eine abkommensrechtliche Verpflichtung gewährt, so sieht der EuGH hierin jedenfalls einen „einseitig gewährten Vorteil", der die Beschränkung einer Grundfreiheit nicht rechtfertigen könne[388], obwohl faktisch auch hier keine Mehrbesteuerung resultiert.

Weiterhin bestand Klärungsbedarf hinsichtlich der Beurteilung von Quellensteuern auf gebietsfremde Anlageorganismen, die einer transparenten Besteuerung im Ansässigkeitsstaat unterliegen. Hierbei werden die Einkünfte der gebietsfremden Gesellschaft direkt ihren Anteilseignern zugerechnet, so dass deren steuerliche Veranlagung erst auf Anteilseignerebene erfolgt. Da die Ebene des Anlageinstruments selbst steuerlich unbeachtlich bleibt, wäre bei solchen offenen Investmentfonds bei vergleichender Analyse sinnigerweise die Situation inländischer Anteilseigner heranzuziehen. Ist im beklagten Mitgliedstaat kein vergleichbarer Anlageorganismus zu finden, so wäre somit die Situation einer vergleichbaren inländischen natürlichen oder juristischen Person, welche ohne Zwischenschaltung eines solchen Organismus direkt Erträge aus Wertpieren bezieht, das bestmögliche Vergleichspaar.

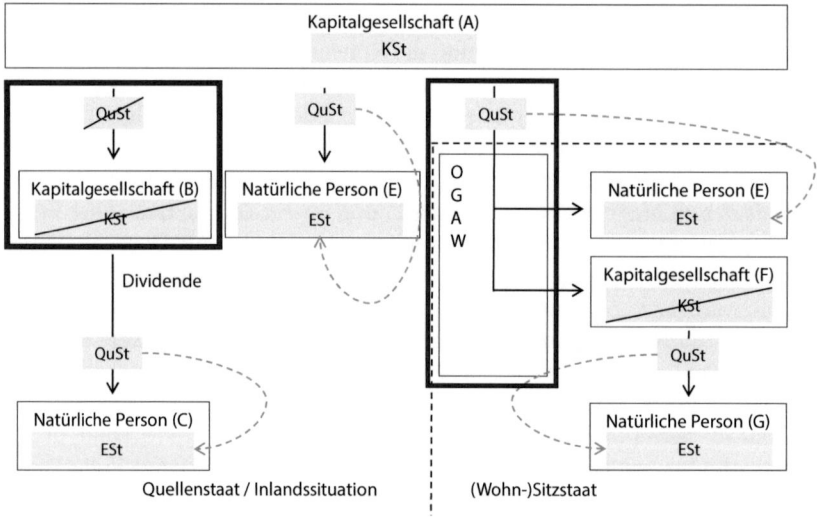

Abb. 10: Mögliche und tatsächliche Vergleichspaare bei der Quellenbesteuerung von OGAW, hier zur Rs. Aberdeen Property Fininvest Alpha (vereinfachte Darstellung)

Die hierzu vorliegenden Fälle betrafen die Besteuerung einer niederländischen SICAV[389] und diverser anderer OGAW[390] (siehe Abb. 10). In beiden Fällen hielt sich der

---

[388]   Vgl. EuGH-Urteil vom 03.06.2010 zur Rs. C-487/08 (Kommission/Spanien), Rn. 65 f.

[389]   EuGH-Urteil vom 18.06.2009 zur Rs. C-303/07 (Aberdeen Property Fininvest Alpha), Slg. 2009 I-5145, ECLI:EU:C:2009:377.

[390]   EuGH-Urteil vom 10.05.2012 zur Rs. C-338/11 - C-347/11 (Santander Asset Management SGIIC u.a.), ECLI:EU:C:2012:286.

Gerichtshof an die Vorlagefragen, welche die Befreiung gebietsansässiger Kapitalgesellschaften (B) von dieser Quellenbesteuerung als Vergleichspaar (markiert durch Rahmen) aufbrachten[391] und sah folglich eine Ungleichbehandlung für gegeben, da nach Überzeugung des Gerichtshofs bereits der Einbezug eines gebietsfremden OGAW in die inländische Besteuerung diesen in eine objektiv vergleichbare Situation zur inländischen Gesellschaft (B) brächte.[392] Die Nichtbesteuerung des OGAW durch den Ansässigkeitsstaat könne ebenfalls keine unterschiedliche Behandlung bei der Quellenbesteuerung rechtfertigen.[393] Auch wenn diese Formel bei ansonsten ähnlich ausgestalteten Gesellschaftsformen zumeist zu sinnvollen Ergebnissen führen mag, so bestehen an einer objektiven Vergleichbarkeit einer (hier) finnischen Aktiengesellschaft und eines niederländischen SICAV jedoch starke Zweifel.

Der Belastungsvergleich macht die durch transparente Besteuerung hervorgerufene Problematik erkennbar: Ohne Einbezug der Eignerebene bleibt das Ergebnis für den Steuerpflichtigen zufällig. Die Wirkung der Quellensteuer unterscheidet sich erheblich, je nachdem ob die Anteile am OGAW von natürlichen (E) oder juristischen (F) Personen gehalten werden. Entsprechend der gängigen europäischen Besteuerungspraxis wird hier unterstellt, dass im ersten Fall die gebietsfremden Einkünfte einem unvollständigen Anrechnungsverfahren unterliegen, im zweitem Fall dem körperschaftsteuerlichen Schachtelprivileg durch Freistellung.

Im Falle einer beteiligten Körperschaft stellen die Quellensteuern eine endgültige Steuerbelastung dar. Es resultiert eine Mehrbesteuerung zum Inlandsvergleich, die jedoch ökonomisch nicht der Quellenbesteuerung selbst geschuldet ist, sondern vielmehr der mangelnden Freistellung der durch die gebietsfremde Kapitalgesellschaft durchgereichten Einkünfte auf Ebene der persönlichen Steuerveranlagung des Eigners (Verletzung der Kapitalimportneutralität durch den Wohnsitzstaat). Durch das Urteil wird somit der Zustand der Mehrbesteuerung auf Kosten der Umsetzbarkeit einer kapitalimportneutralen Besteuerung durch den Quellenstaat bereinigt.

Für eine am OGAW beteiligte natürliche Person war aufgrund der Anrechenbarkeit der gebietsfremden Quellensteuern keine Mehrbesteuerung eingetreten.[394] Das Verbot der Quellenbesteuerung hat somit keine Auswirkungen auf deren Steuerbelastung, sondern bewirkt lediglich eine Verschiebung des Steueraufkommens vom Quellen- zum Wohnsitzstaat. Lediglich im Falle, dass Anrechnungsüberhänge im Wohnsitzstaat existieren, könnte sich durch die ergangene Rechtsprechung eine leichtere Erreichbarkeit eines kapitalexportneutralen Zustands ergeben. Die begrenzte Höhe der zulässigen Quellensteuern in den Ausgangssachverhalten spricht jedoch gegen eine solche Annahme.

Durch die Ausblendung der Eignerebene bewirkt der EuGH durch seine Rechtsprechung zu transparenten Anlageorganismen somit eine Verhinderung von Mehrbesteuerun-

---

[391] Vgl. EuGH-Urteil vom 18.06.2009 zur Rs. C-303/07 (Aberdeen Property Fininvest Alpha), Rn. 22; EuGH-Urteil vom 10.05.2012 zur Rs. C-338/11 - C-347/11 (Santander Asset Management SGIIC u.a.), Rn. 10.

[392] Vgl. EuGH-Urteil vom 18.06.2009 zur Rs. C-303/07 (Aberdeen Property Fininvest Alpha), Rn. 43 f.; EuGH-Urteil vom 10.05.2012 zur Rs. C-338/11 - C-347/11 (Santander Asset Management SGIIC u.a.), Rn. 25-28.

[393] Vgl. EuGH-Urteil vom 18.06.2009 zur Rs. C-303/07 (Aberdeen Property Fininvest Alpha), Rn. 46-51; EuGH-Urteil vom 10.05.2012 zur Rs. C-338/11 - C-347/11 (Santander Asset Management SGIIC u.a.), Rn. 30 f.

[394] Die begrenzte Höhe der zulässigen Quellenbesteuerung in den Vorlagefragen spricht gegen Anrechnungsüberhänge.

gen auf Kosten der Möglichkeit einer kapitalimportneutralen Aufteilung der Besteuerungsrechte sowie eine wohl unbeabsichtigte Verschiebung von Steueraufkommen zwischen den
Mitgliedstaaten, entgegen der von diesen in Wahrnehmung ihrer verbliebenen Souveränität vorgenommenen abkommensrechtlichen Aufteilung ihrer Besteuerungsbefugnisse.

4.2.2.3 Anforderungen an die Bemessungsgrundlage

Da Quellensteuern auf den Zahlungsfluss von Erträgen erhoben werden, finden die hiermit
im Zusammenhang stehenden Aufwendungen des Steuerpflichtigen in der Regel keinen
Eingang in deren Berechnung. Doch auch in Fällen der Veranlagung beschränkt Steuerpflichtiger ohne Quellensteuerabzug existieren einige Fälle, in denen die von diesen getragenen Aufwendungen nicht im gleichen Umfang einbezogen werden können wie bei unbeschränkt Steuerpflichtigen. Solche Abzugsverbote wurden in sieben Verfahren Gegenstand
der EuGH-Rechtsprechung. Im ersten Fall[395] verlangte der EuGH die Abzugsfähigkeit von
Anschaffungskosten bei der schwedischen Besteuerung eines Veräußerungsgewinns aus
Aktienrückkäufen, wenn diese bei gebietsansässigen Steuerpflichtigen im Zuge der Veranlagung gewährt wird. Eine diesbezügliche Unterscheidung zwischen Gebietsansässigen und
Gebietsfremden wäre auch hier unionsrechtlich lediglich dann möglich, wenn die hierdurch eintretende Beschränkung der Kapitalverkehrsfreiheit durch anderweitige Vorteile
(z.B. niedrigerer Steuersatz) neutralisiert würde.[396]

Eine Abzugsfähigkeit von Aufwendungen muss durch den Quellenstaat gewährleistet
sein, insofern diese in „unmittelbarem wirtschaftlichem Zusammenhang" zu den besteuerten Einkünften stehen und „von diese[n] nicht getrennt werden können", ohne dass es dabei auf Ort und Zeit ihrer Entstehung ankäme.[397] Einen solchen unmittelbaren Zusammenhang erkannten die Richter sowohl auf Ebene des Sonderausgabenabzugs für Steuerbera-
tungskosten[398] und dauernde Lasten[399], als auch im Falle der Betriebsausgaben für Zufüh-
rungen zu Rückstellungen für Pensionsverpflichtungen, die sich in Höhe der bezogenen
inländischen Dividenden eines gebietsfremden Pensionsfonds ergaben.[400] Keinen nachge-
wiesenen unmittelbaren Zusammenhang konnten die Richter derselben Kammer hingegen
in einem nur zwei Wochen später ergangenen Urteil feststellen, das ebenfalls Aufwendungen eines Pensionsfonds betraf. Nebst der Stichhaltigkeit der hierzu beigebrachten Belege
bezweifelten sie insbesondere, dass es sich bei den hier beanstandeten nicht berücksichtigungsfähigen Transaktionskosten (insbesondere Bankgebühren und Personalaufwendun-
gen für Erwerb und Abwicklung der Investitionen) um „spezielle laufende Kosten" mit un-

---

[395]   EuGH-Urteil vom 19.01.2006 zur Rs. C-265/04 (Bouanich I), Slg. 2006 I-923, ECLI:EU:C:2006:51.

[396]   Vgl. ebd., Rn. 48, 53.

[397]   EuGH-Urteil vom 15.02.2007 zur Rs. C-345/04 (Centro Equestre de Lezíria Grande), Slg. 2007 I-1425,
        ECLI:EU:C:2007:96, Rn. 25.

[398]   Vgl. EuGH-Urteil vom 06.07.2006 zur Rs. C-346/04 (Conijn), Slg. 2006 I-6137, ECLI:EU:C:2006:445, Rn. 24-
        26.

[399]   Vgl. EuGH-Urteil vom 31.03.2011 zur Rs. C-450/09 (Schröder), Slg. 2011 I-2497, ECLI:EU:C:2011:198, Rn.
        47. Gegenstand dieses Verfahrens waren Aufwendungen im Zusammenhang mit einem Nießbrauchrecht auf
        Einnahmen aus der Vermietung einer inländischen Immobilie, welche nicht Gegenstand einer Quellensteuer
        waren, sondern der beschränkten Steuerpflicht im Quellenstaat entsprechend der Bestimmungen des Art. 6
        Abs. 1 OECD-MA unterworfen waren.

[400]   Vgl. EuGH-Urteil vom 08.11.2012 zur Rs. C-342/10 (Kommission/Finnland), ECLI:EU:C:2012:688, Rn. 42 f.

mittelbarem Zusammenhang zu den entsprechenden Einkünften handle.[401] Aus der Verwendung des Begriffes „speziell" muss wohl gefolgert werden, dass solche Kosten zum Nachweis des untrennbaren Zusammenhangs zum Investitionsobjekt separierbar sein müssen, um eine eindeutige Zuordnung der Aufwendungen zu den Einkünften zu gewährleisten. Dieser Zusammenhang fehlte den Richtern ebenfalls bei Beteiligungskosten, insbesondere der Kosten für die Absicherung von Finanzrisiken (Hedging) und sogar bei einem Anteil des Kaufpreises, der auf den auszuschüttenden Dividendenbetrag entfiel und dementsprechend nicht zu den Anschaffungskosten der Beteiligung zählte.[402] Ebenfalls unionsrechtswidrig sind de-minimis-Beschränkungen des Betriebsausgabenabzugs.[403] Ein hierbei eingebrachter Rechtfertigungsversuch, betreffend der Gefahr einer doppelten Berücksichtigung dieser Kosten, greift nicht durch, wenn zum einen eine Auskunftsmöglichkeit vorliegt (Amtshilfe), zum anderen die Anwendung der Anrechnungsmethode im Wohnsitzstaat geeignet ist, eine doppelte Berücksichtigung jener Kosten vermeiden zu können, die bei der Berechnung der im Quellenstaat entrichteten Steuer berücksichtig worden sind.[404]

Unmittelbare Kosten müssen im Falle einer kapitalimportneutralen Besteuerung durch den Quellenstaat, im Falle einer kapitalexportneutralen Besteuerung im Wohnsitzstaat (endgültig) erfasst werden. Der EuGH verpflichtet die Mitgliedstaaten grundsätzlich dann zur Berücksichtigung, wenn keine vollständige Anrechnung der Quellensteuern im Sitzstaat des Dividendenempfängers erfolgt. Somit besteht im Anrechnungsfall keine Pflicht des Quellenstaats zur Berücksichtigung. Die Bedingungen für Kapitalexportneutralität bleiben gewahrt. Findet keine vollständige Anrechnung statt, beschränkt die Pflicht zum Einbezug dieser Aufwendungen das Besteuerungsrecht des Quellenstaats und die Wahrscheinlichkeit einer vollständigen Anrechnung wird erhöht. Auch in diesem Fall ergibt sich durch die Reduktion der Mehrbesteuerung ein effizienteres Ergebnis und das umso mehr, je mehr Kosten in die Bemessungsgrundlage eingehen müssen. Anders verhält es sich hier bezüglich der Kapitalimportneutralität, welche auf eine akkurate Zuordnung der auf das Investitionsobjekt im Quellenstaat entfallenden Kosten angewiesen ist.[405] Dem wird durch die Anforderung der Unmittelbarkeit und Untrennbarkeit allgemein Rechnung getragen. Dass hingegen nur die Einzelkosten des Investitionsobjekts berücksichtigt werden müssen, ist sowohl aus Sicht von Kapitalexport- als auch Kapitalimportneutralität effizienzmindernd. Wenn geeignete Schlüssel für die Aufteilung der Gemeinkosten gefunden werden, sollte daher von der Erfordernis einer Separierbarkeit der Kosten Abstand genommen werden.

4.2.3 Besonderheiten bei Zinszahlungen

Wie festgestellt wurde, gelten für die betriebswirtschaftliche Entscheidungsneutralität weitgehende Ähnlichkeiten bei der Behandlung von Rückflüssen aus gewährtem Fremd- und Eigenkapital. Auch im internationalen Kollisionssteuerrecht werden diese ähnlich behan-

---

[401]   Vgl. EuGH-Urteil vom 22.11.2012 zur Rs. C-600/10 (Kommission/Deutschland), ECLI:EU:C:2012:737, Rn. 19-24.

[402]   Vgl. EuGH-Urteil vom 17.09.2015 zur Rs. C-10/14, C-14/14, C-17/14 (Miljoen u.a.), Rn. 56-60.

[403]   Vgl. EuGH-Urteil vom 15.02.2007 zur Rs. C-345/04 (Centro Equestre de Lezíria Grande), Rn. 28 ff.

[404]   Vgl. ebd., Rn. 35.

[405]   Entsprechend dürfte hier auch ein in der Literatur geforderter „Ability-to-pay"-Ansatz nur beschränkt nützlich sein.

delt. Aus der unionsrechtlich maßgeblichen Entscheidung zur Rs. *Truck Center*[406] ergeben sich hingegen erhebliche Unterschiede in den gemeinschaftsrechtlichen Anforderungen im Vergleich zu Rückflüssen aus gewährtem Eigenkapital. Konkret ging es um Quellensteuern auf Zinsen, die eine gebietsansässige Gesellschaft an eine gebietsfremde Gesellschaft zahlte, welche wesentlich an ihr beteiligt war. Diese Quellensteuern wären nicht erhoben worden, wenn die Empfängergesellschaft gebietsansässig gewesen wäre. Statt auch hier seine Formel der Situationsangleichung bei Einbezug einer gebietsfremden Person in die inländische Steuererhebung[407] anzuwenden, erkannte der EuGH nun einen objektiven Unterschied der Situationen. Zum einen handle der erhebende Staat in seiner Eigenschaft als Quellenstaat und zum anderen erfolge die Besteuerung auf unterschiedlichen Rechtsgrundlagen.[408] Da Zinseinkünfte im Gegensatz zu Dividendenzahlungen erst im Rahmen der Körperschaftsteuer der empfangenden Gesellschaft veranlagt werden, während letztere bereits auf körperschaftsteuerlicher Ebene der ausschüttenden Gesellschaft einer Besteuerung unterlegen hätten, könnten diese auch nicht verglichen werden. Bei der Besteuerung von Zinseinkünften handle es sich lediglich um eine „Erhebungsmodalität", die durch einen „in der objektiven Situation begründeten Unterschied gerechtfertigt"[409] sei. Empfangene Dividenden müsse die gebietsansässige Gesellschaft schließlich ebenfalls versteuern, wenn auch erst im Rahmen der Körperschaftsteuerveranlagung.

Der wahre Grund für diese unterschiedliche innerstaatliche Behandlung von Zinsen und Dividenden besteht indes in der Abzugsfähigkeit der Zinsaufwendungen bei der leistenden Gesellschaft. Hierdurch ist im Gegensatz zur Eigenkapitalfinanzierung keine Gefahr einer innerstaatlichen Mehrfachbesteuerung gegeben, die eine körperschaftsteuerliche Freistellung der Zinsen auf Ebene der empfangenden Gesellschaft erforderlich machen würde. Anders verhält es sich jedoch im grenzüberschreitenden Sachverhalt. In diesem können sich aufgrund kollidierender Besteuerungsrechte, analog zur Situation bei Dividendenzahlungen, sehr wohl steuerliche Mehrbelastungen im Falle einer unvollständigen Anrechnung ergeben. Insofern die unterschiedlichen Erhebungsmodalitäten auszublenden sind, wäre in dieser Konstellation daher eher zu prüfen gewesen, ob es sich hierbei gegebenenfalls um eine Gleichbehandlung objektiv unterschiedlicher Situationen gehandelt haben könnte. Im Ergebnis jedenfalls führt das Urteil zur unionsrechtlichen Zulässigkeit steuerlicher Mehrbelastungen, welche sich nicht aus der Steuersatzdifferenz ergeben und somit also nicht einer angemessenen Aufteilung der Besteuerungsrechte geschuldet sind, sondern auf einem mehrfachen steuerlichen Zugriff auf dasselbe Steuersubjekt beruhen. Aufgrund der Bestimmungen der Art. 1 der Zins- und Lizenzgebührenrichtlinie (Befreiung der Zinszahlungen verbundener Unternehmen von der Quellenbesteuerung, Art. der 14 Zinsrichtlinie[410] (Vermeidung der Doppelbesteuerung durch Anrechnung) und des Art. 11 OECD-MA (Begrenzung der Quellensteuer auf 10 %) sowie der Tatsache, dass viele EU-Staaten

---

[406]   EuGH-Urteil vom 22.12.2008 zur Rs. C-282/07 (Truck Center), Slg. 2008 I-10767, ECLI:EU:C:2008:762.

[407]   Vgl. bspw. EuGH-Urteil vom 03.06.2010 zur Rs. C-487/08 (Kommission/Spanien), Rn. 59 f.

[408]   Vgl. EuGH-Urteil vom 22.12.2008 zur Rs. C-282/07 (Truck Center), Rn. 42 f.

[409]   Siehe Klarstellung zum Urteil *Truck Center* in der Rs. EuGH-Urteil vom 10.05.2012 zur Rs. C-338/11 - C-347/11 (Santander Asset Management SGIIC u.a.), Rn. 43.

[410]   Die Richtlinie galt für vor dem 31.12.2016 erhobene Quellensteuern.

überhaupt keine Quellensteuern auf Zinseinkünfte erheben,[411] ist das hierdurch resultierende Potential verzerrender Besteuerung am Binnenmarkt jedoch als eher gering einzuschätzen.

Zur Anwendung der Zins- und Lizenzgebührenrichtlinie sowie der Zinsrichtlinie hat es erstaunlicherweise bislang kaum Auslegungsbedarf gegeben. Lediglich in der Rs. *Scheuten Solar Technology*[412] über die Reichweite der Zins- und Lizenzgebührenrichtlinie[413] wurde der EuGH hierzu angerufen. Dies erstaunt, da die unterschiedliche Anwendung der Richtlinie durch die Mitgliedstaaten[414] Auslegungsspielräume indizieren.

4.2.4 Besonderheiten bei Veräußerungsgewinnen

Übertragungen von Wirtschaftsgütern führen zumeist zur Aufdeckung der Wertzuwächse durch Besteuerung des Veräußerungsgewinns. Verzichten die Staaten hierbei auf ihre Besteuerungsrechte, so geschieht dies in der Regel in Wahrnehmung der Lenkungsfunktion der Besteuerung. So sind in den Steuerrechtsordnungen der Mitgliedstaaten, insbesondere zur Schaffung von Investitionsanreizen bei der Besteuerung von Veräußerungen von Anteilen an Gesellschaften und zur Förderung des Eigenheims der Staatsangehörigen, Vergünstigungen vorgesehen. Da hierbei jedoch mitunter nur inländisches Vermögen oder gebietsansässige Personen begünstigt werden sollen, waren Kollisionen mit den Grundverkehrsfreiheiten fast unvermeidlich. Für Übertragungen von inländischen Gesellschaftsanteilen stellte der EuGH klar, dass eine (auch partielle) Steuerbefreiung oder Tarifbegünstigung nicht einseitig inländischen Veräußerern gewährt werden kann.[415] Gleiches gilt auch für (partielle) Steuerbefreiungen anderer Vermögenswerte.[416] Ebenso wurde entschieden, dass bei einer Steuerbefreiung von Veräußerungserlösen inländischer Steuerpflichtiger nicht auf den Belegenheitsstaat des übertragenen Gegenstands[417] oder eines Reinvestitionsobjekts[418] abgestellt werden darf. Die vom EuGH beanstandeten steuerlichen Förderungsmaßnahmen stellten allesamt Verletzungen einer kapitalimportneutralen Besteuerung dar. Da diese jedoch der Lenkungsfunktion der Besteuerung geschuldet waren und es sich daher um gewollte Verzerrungen handelte, erübrigt sich eine ökonomische Betrachtung.

---

[411] Vgl. Bundeszentralamt für Steuern (2017), S. 3 ff.

[412] EuGH-Urteil vom 21.07.2011 zur Rs. C-397/09 (Scheuten Solar Technology), Slg. 2011 I-6455, ECLI:EU:C:2011:499.

[413] Frage über den Einbezug nur der gebietsfremden Gesellschaft oder auch der gebietsansässigen beim Verbot der Besteuerung von Zinseinkünften nach Abs. 1 ZLR.

[414] Vgl. Europäische Kommission (2009), S. 3 ff.

[415] Vgl. EuGH-Beschluss vom 08.06.2004 zur Rs. C-268/03 (De Baeck), Slg. 2004 I-5961, ECLI:EU:C:2004:342, Rn. 23 ff.

[416] Vgl. EuGH-Urteil vom 11.10.2007 zur Rs. C-443/06 (Hollmann), Slg. 2007 I 8491, ECLI:EU:C:2007:600, Rn. 38 f., 54, 60 zu Veräußerungen inländischer Immobilien durch ein gebietsfremde Steuerpflichtige und EuGH-Urteil vom 06.10.2009 zur Rs. C-562/07 (Kommission/Spanien), Slg. 2009 I-9553, ECLI:EU:C:2009:614, Rn. 47-51 sowie 65 f. zu derartigen Veräußerungen an anderen Vermögensgegenständen.

[417] Vgl. EuGH-Urteil vom 09.12.2004 zur Rs. C-219/03 (Kommission/Spanien), ECLI:EU:C:2004:785, Rn. 29.

[418] Vgl. EuGH-Urteil vom 26.10.2006 zur Rs. C-345/05 (Kommission/Portugal), Slg. 2006 I-10633, ECLI:EU: C:2006:685, Rn. 43.

4.2.5 Zusammenfassung

Die körperschaftsteuerliche Erfassung inländischer Kapitalgesellschaften wird auf die Steuerbelastung von Kapitalgesellschaften mit inländischen Eignern begrenzt und Mehrbesteuerungen entsprechend reduziert. Die Möglichkeit einer kapitalimportneutralen Aufteilung der Besteuerungsrechte nach dem Territorialitätsprinzip bleibt erhalten und zeitgleich werden die Bedingungen für Kapitalexportneutralität verbessert. Die Ebene gebietsfremder Eigner bleibt im Zuge der Kästchengleichheit unberücksichtigt. Auch die Möglichkeit einer Beschränkung der Körperschaftsteueranrechnung auf inländische Eigner bleibt erhalten. Somit bleiben aus dieser Perspektive auch kapitalexportneutral ausgestaltete körperschaftsteuerliche Vollanrechnungssysteme möglich.

Hinsichtlich inländischer Betriebsstätten gebietsfremder Gesellschaften bewirkt die Begrenzung der zulässigen Besteuerung auf das Niveau von Betriebsstätten mit gebietsansässigem Stammhaus eine Reduktion der Mehrbesteuerung. Durch diese Beschränkung ist eine Besteuerung zu den Bedingungen im Quellenstaat nicht möglich. Da infolge der informellen Gewinnauskehrung hierbei keine Quellenbesteuerung möglich ist, bewirkt die Rechtsprechung eine Einschränkung des Territorialitätsprinzips und kapitalimportneutral ausgerichteter Systeme. Die Bedingungen für Kapitalexportneutralität werden indes verbessert. Hierbei ergeben sich keine Unterschiede aus der Anwendung horizontaler oder vertikaler Vergleichspaare.

Das gleiche Bild ergibt sich bei der Besteuerung gebietsfremder Dividendenempfänger. Hier bewirkt auch die weite Auslegung der Mutter-Tochter-Richtlinie eine weitergehende Reduktion von Mehrbesteuerungen auf Kosten des Territorialitätsprinzips und Kapitalimportneutralität. Durch die Begrenzung der Quellensteuer wird hingegen die Wahrscheinlichkeit kapitalexportneutraler Zustände bei Nutzung der Anrechnungsmethode im (Wohn-)Sitzstaat erhöht. Auch bei primärrechtlicher Betrachtung verhindert die percountry-limitation Kapitalimportneutralität. Problematisch ist hierbei der fehlende Einbezug der Situation der Anteilseigner transparenter Anlageorganismen. Handelt es sich hierbei um gebietsfremde Personen, die einem Anrechnungsverfahren unterliegen, ergibt die Rechtsprechung eine Verschiebung von Steueraufkommen vom Quellen- zum Wohnsitzstaat. Durch die Pflicht zur Berücksichtigung von Einzelkosten in die Bemessungsgrundlage der Quellensteuer werden die Bedingungen für Kapitalimport- und Kapitalexportneutralität unter Wahrung des Territorialitätsprinzips verbessert. Dieser Effekt könnte durch eine Verpflichtung zum Einbezug von Gemeinkosten weiter verstärkt werden.

Eine Quellenbesteuerung lediglich grenzüberschreitender Zinszahlungen bleibt durch die Rechtsprechung zulässig. Hieraus resultierende Mehrbelastungen bleiben bestehen. Zur Anwendung der Zinsrichtlinie und der Zins- und Lizenzgebührenrichtlinie sind trotz unterschiedlicher Ausgestaltungen durch die Mitgliedstaaten keine wesentlichen Urteile ergangen.

4.3 Outbound-Investitionen

4.3.1 Keine allgemeine Verpflichtung zur Vermeidung der Doppel- besteuerung

Ca. 27 % der Urteile und Beschlüsse des EuGH zum direkten Steuerrecht sind der Kategorie Outbound-Investitionen zuzuweisen, wobei über ein Viertel hiervon in Verfahren gegen Steuerrechtsnormen Deutschlands ergingen. In der Kategorie sind vor allem Verfahren be- züglich der Besteuerung von Rückflüssen aus Auslandsinvestitionen gelistet. Diese sind re- gelmäßig bereits aufgrund des Territorialitätsanspruchs des Quellenstaats steuerlich vorbe- lastet. Es ist daher naheliegend, dass ein gemeinsamer europäischer Binnenmarkt ohne Hemmnisse für den Waren-, Kapital-, Dienstleistungs- oder Personenverkehr nur unter der notwendigen Voraussetzung einer effektiven Vermeidung steuerlicher Mehrbelastungen grenzüberschreitender Sachverhalte erreicht werden kann. Welche Methode hierbei aus Ef- fizienzkriterien vorzuziehen ist, kann, wie Abschnitt 2.4 aufgezeigt hat, zum gegenwärtigen Stand der ökonomischen Forschung nicht allgemeingültig gefolgert werden. Während sich im europäischen Primärrecht keine explizite Verpflichtung der Mitgliedstaaten zur Ver- meidung der mehrfachen steuerlichen Erfassung grenzüberschreitender Sachverhalte fin- det, kann sich eine solche bei Anwendbarkeit bestimmter sekundärrechtlicher Anforderun- gen ergeben. Bei Rückflüssen aus Streubesitz, Betriebsstätten, Darlehen, Rechtsüberlassun- gen, etc., welche nicht in den Anwendungsbereich der einschlägigen Richtlinien fallen, er- geben sich Verpflichtungen zur Vermeidung der Doppelbesteuerung ausschließlich aus dem zwischenstaatlichen Recht. Dabei haben die Mitgliedstaaten (mit Ausnahme von Alt- verträgen gegenüber Drittstaaten im Sinne des Art. 351 AEUV) den Anwendungsvorrang des Unionsrechts zu wahren. Das heißt, dass eine zwischenstaatliche Vereinbarung zwar ungeachtet unionsrechtlicher Verstöße als völkerrechtliche Verpflichtung weiterhin Be- stand hat, dann jedoch im Verhältnis zum Schutzberechtigten nicht mehr vollumfänglich anwendbar ist.[419]

Hinsichtlich einer primärrechtlichen Verpflichtung zur Vermeidung der Doppelbesteu- erung bestand lange Uneinigkeit zwischen Europäischer Kommission und EuGH. Die Eu- ropäische Kommission stützte sich auf den zwischenzeitlich aufgehobenen Art. 293 EGV und vertrat die Ansicht, durch DBA solle „das ausdrücklich im EG-Vertrag genannte Ziel der Vermeidung von Doppelbesteuerung erreicht werden". Hieraus folgerte die Kommis- sion eine Zuständigkeit der Gemeinschaft, die Vermeidung der Doppelbesteuerung durch- zusetzen, da sich eine solche „direkt auf das Funktionieren des Binnenmarkts auswirken kann."[420] Der EuGH hingegen sprach der Norm, entsprechend ihres Wortlauts, keine un- mittelbare Wirkung zu.[421] Mangels Harmonisierung der europäischen Steuerrechtsord- nung hielt er die Mitgliedstaaten für weiterhin „befugt, insbesondere zur Beseitigung der Doppelbesteuerung die Kriterien für die Aufteilung ihrer Steuerhoheit vertraglich oder ein-

---

[419] Vgl. Kellersmann/Treisch (2002), S. 200 m.w.N.
[420] Vgl. Europäische Kommission (2005), Rn. 14.
[421] Vgl. EuGH-Urteil vom 12.05.1998 zur Rs. C-336/96 (Gilly), Slg. 1998 I-2793, ECLI:EU:C:1998:221, Rn. 15.

seitig festzulegen".[422] Es besteht folglich keine allgemeine primärrechtliche Verpflichtung zur generellen Vermeidung einer Doppelbesteuerung.[423] Dies gilt sowohl für den Abschluss als auch für die Anwendung bestehender Doppelbesteuerungsabkommen. Diese Rechtsprechung sieht der EuGH, auch bestärkt durch die ersatzlose Streichung des Art. 293 EGV im Zuge des Vertragsschlusses von Lissabon, als gefestigt an.[424] In der hieraus abzuleitenden Zulässigkeit grenzüberschreitender Mehrbesteuerung ist wohl eines der derzeit gravierendsten und offenkundigsten Hemmnisse für die Erreichung des Binnenmarkts zu sehen.[425]

Zur Illustration der Wirkung dieser Zulässigkeit sei beispielhaft das Urteil zur Rs. *Kerckhaert und Morres*[426] angeführt. Die Vorlagefrage betraf hierbei eine natürliche Person, welche Dividenden aus einem anderen Mitgliedstaat bezog, der diese einer Quellensteuer unterworfen hatte. Eine Anrechnung von Quellensteuern auf die inländische Einkommensteuer wurde verweigert. Dividenden aus inländischen Quellen wurden hingegen keiner Quellensteuer unterworfen, so dass eine Anrechnung hier erst gar nicht in Betracht kam. Da weder inländischen noch grenzüberschreitenden Dividenden die Anrechnung von Quellensteuern gewährt wurde, konnte der Gerichtshof keine Ungleichbehandlung erkennen.[427] Zur Prüfung einer Diskriminierung durch Gleichbehandlung ungleicher Situationen stellte er fest, dass eine solche nicht allein durch die Besteuerungsrechte des Quellenstaats begründet werden könne.[428] Da sich die Mehrbelastung des grenzüberschreitenden Sachverhalts somit aufgrund einer parallelen Ausübung der Besteuerungsbefugnisse zweier Mitgliedstaaten ergebe und eine solche aufgrund des Fehlens „allgemeine[r] Kriterien für die Verteilung der Kompetenzen der Mitgliedstaaten untereinander" als zulässig betrachtet werden müsse, ergibt sich nach Einschätzung des EuGH kein Verstoß gegen die (in diesem Fall einschlägige) Kapitalverkehrsfreiheit.[429]

Doch bedeutet dies keineswegs, dass Verstöße der Grundverkehrsfreiheiten bei Outbound-Investitionen die Ausnahme blieben. Denn isoliert betrachtet, ergibt sich aus der Anwendung einer Norm, welche die Verminderung von steuerlichen Mehrbelastungen bezweckt, ein Steuervorteil. Versucht ein Mitgliedstaat, innerstaatliche Mehrbelastungen, die sich aufgrund von Kaskadeneffekten bei der Unternehmensbesteuerung sowie aus der

---

[422] EuGH-Urteil vom 20.05.2008 zur Rs. C-194/06 (Orange European Smallcap Fund), Slg. 2008 I-3747, ECLI:EU:C:2008:289, Rn. 32 m.w.N.

[423] Vgl. EuGH-Urteil vom 12.02.2009 zur Rs. C-67/08 (Block), Slg. 2009 I-883, ECLI:EU:C:2009:92, Rn. 30 f. Entsprechend deutliches Missfallen hat die Interpretation des Gerichtshofs in der Literatur gefunden (siehe die von Daxkobler/Huisman (2013), S. 400 zusammengestellten Quellen).

[424] Vgl. EuGH-Beschluss vom 19.09.2012 zur Rs. C-540/11 (Levy und Sebbag), ECLI:EU:C:2012:581.

[425] Vgl. Europäische Kommission (2011a), S. 6-9.

[426] EuGH-Urteil vom 14.11.2006 zur Rs. C-513/04 (Kerckhaert und Morres), Slg. 2006 I-10967, ECLI:EU:C:2006:713.

[427] Vgl. ebd., Rn. 17. Zum gleichen Ergebnis gelangte der EuGH auch bei einer solchen Mehrbelastung unter etwa hälftiger Freistellung der bezogenen Dividenden. Siehe hierzu EuGH-Beschluss vom 04.02.2016 zur Rs. C-194/15 (Baudinet u.a.), ECLI:EU:C:2016:81.

[428] Siehe EuGH-Urteil vom 14.11.2006 zur Rs. C-513/04 (Kerckhaert und Morres), Rn. 19.

[429] Zum gleichen Ergebnis gelangt das EuGH-Urteil vom 16.07.2009 zur Rs. C-128/08 (Damseaux), Slg. 2009 I-6823, ECLI:EU:C:2009:471, in welchem eine Vorlagefrage zum gleichen rechtlichen Rahmen auf die Bestimmungen des einschlägigen DBA erweitert wurde, für deren Prüfung sich der Gerichtshof jedoch nicht für zuständig befand (vgl. Rn. 20).

Koexistenz von Unternehmen-, Quellen- und Einkommensteuern ergeben könnten, durch Gewährung eines solchen Steuervorteils zu vermindern oder auszugleichen, so erwachsen auch unionsrechtliche Anforderungen. Diese stehen der einseitigen Gewährung eines Steuervorteils entgegen, wenn sich hierdurch ungerechtfertigte Ungleichbehandlungen zwischen vergleichbaren Situationen ergeben.[430] Da die Existenz verschiedener Besteuerungsebenen die Regel ist und daher Normen zum Ausgleich innerstaatlicher Mehrbelastungen für die Funktionsfähigkeit der Steuersysteme unerlässlich sind, bestehen daher trotz der allgemeinen primärrechtlichen Zulässigkeit steuerlicher Mehrbelastungen grenzüberschreitender Sachverhalte eine Reihe teils gravierender Einschränkungen der Besteuerungsrechte der Mitgliedstaaten. Diese hängen von der im Inland gewählten Methode der Vermeidung wirtschaftlicher Mehrbelastungen ab und betreffen vornehmlich die Vermeidung einer ungemilderten Doppelerfassung des Steuersubstrats durch die Einkommens- und Körperschaftsteuer.[431]

Die hier auf Anteilseignerebene praktizierten Systeme der Freistellung und Anrechnung können für reine Inlandssachverhalte eine Abschwächung der Doppelbelastung (bspw. Teileinkünfteverfahren oder Teilanrechnung) oder auch eine Vermeidung der Doppelbesteuerung (vollständige Freistellung, vollständige Anrechnung) bewirken.[432] Aus der Pflicht zur Gewährung gleichgearteter Steuervorteile auch für Rückflüsse aus Auslandsinvestitionen, kann sich Kapitalimport- oder Kapitalexportneutralität aus der Rechtsprechung somit selbst nur als Zufallsprodukt ergeben. Eine ökonomisch sinnvolle Umsetzung der unionsrechtlichen Anforderungen bedarf daher in besonderem Maße einer überlegten gesetzgeberischen Initiative. Die schlichte Gewährung der Steuervorteile für grenzüberschreitende Sachverhalte analog zum innerstaatlichen Sachverhalt bietet hierbei keine systematische Lösung und birgt die Gefahr von Mehr- oder Minderbesteuerungen, sowohl bei innerstaatlichen wie auch bei grenzüberschreitenden Sachverhalten.[433]

Auch zur Wahl der Methode zur Vermeidung der Doppelbesteuerung ergibt sich keine unionsrechtliche Priorisierung. So bleibt es zulässig, innerstaatliche Doppelbelastungen durch Freistellung, grenzüberschreitende Mehrbesteuerungen hingegen durch Anrechnung zu beseitigen[434], wie auch umgekehrt[435]. Da sich aus der Anwendung der Anrechnungsmethode im grenzüberschreitenden Sachverhalt und der Freistellungsmethode im Inlandssachverhalt insbesondere bei Ausschüttungen an natürliche Personen ungleiche Nominal- und Effektivsteuersätze ergeben können, stellen sich bei heterogener Methodik ökonomisch, wie auch unionsrechtlich weitere Anforderungen. Zum einen darf der inlän-

---

[430] Vgl. EuGH-Urteil vom 15.09.2011 zur Rs. C-310/09 (Accor), Slg. 2011 I-8115, ECLI:EU:C:2011:581, Rn. 43 f. m.w.N.

[431] Geringe Schwierigkeiten ergeben sich dagegen bei transparenter Besteuerung von Personengesellschaften. Entsprechend geringer war auch die Anzahl der hierzu eingereichten Vorlagefragen.

[432] Ausführlicher Jacobs (1999), S. 87-93.

[433] Siehe bspw. EuGH-Urteil vom 15.07.2004 zur Rs. C-315/02 (Lenz), Slg. 2004 I-7063, ECLI:EU:C:2004:446, Rn. 20 ff. über die Möglichkeit einer partiellen Vermeidung der Wirkungen einer steuerlichen Mehrfacherfassung durch Körperschaftsteuer, Quellensteuer und Einkommensteuer durch das Wahlrecht einer Abgeltungswirkung der Quellensteuer oder der Anwendung eines reduzierten „Hälftesteuersatzes".

[434] Vgl. EuGH-Urteil vom 12.12.2006 zur Rs. C-446/04 (FII Group Litigation I), Rn. 46-48.

[435] Vgl. EuGH-Urteil vom 11.09.2014 zur Rs. C-47/12 (Kronos International), ECLI:EU:C:2014:2200, Rn. 67.

dische Steuersatz bei der Besteuerung nicht höher sein[436], zum anderen ist eine weitgehende Anrechnung der gebietsfremden Steuern zu gewährleisten (vgl. hierzu Abschnitt 4.3.3). Der umgekehrte Fall einer vollständigen Freistellung der grenzüberschreitend zufließenden Einkünfte garantiert bereits für sich eine kapitalimportneutrale Behandlung durch den Sitz- oder Wohnsitzstaat. Auch unionsrechtlich ergeben sich dann keine weiteren Anforderungen.[437]

4.3.2   Rückflüsse bei Anwendung der Freistellungsmethode

4.3.2.1 Verpflichtungen zur Freistellung von Einkünften

Entscheidet sich der Sitzstaat einer Person mit direkten oder mittelbaren gebietsfremden Investitionen nun zur Freistellung der Rückflüsse auf ertragsteuerlicher Ebene der inländischen Person, so ist diese Situation unter den Bedingungen der Kapitalimportneutralität zu beurteilen. Die Beteiligungshöhe ist zwar aus Sicht der ökonomischen Neutralitätskriterien belanglos, für die steuerrechtliche Würdigung jedoch wesentlich. Sie ist eine wichtige Voraussetzung für die Anwendbarkeit der Mutter-Tochter-Richtlinie (Beteiligungsschwellenwert des Art. 3 Abs. 1 lit. a) MTR und maßgebliches Kriterium bei unionsrechtlicher Beurteilung des Sachverhalts anhand der Niederlassungs- und / oder der Kapitalverkehrsfreiheit.

Zu Rückflüssen aus wesentlichen Beteiligungen, welche unter den Anwendungsbereich der Richtlinie fallen, sind dem EuGH bemerkenswert wenige[438] Vorlagefragen angetragen worden. Dies ist den wohl geringen Auslegungsspielräumen der Richtlinie bei Wahl der Freistellungsmethode zuzuschreiben.

Die primärrechtlichen Auslegungsfragen betrafen nun hauptsächlich solche Sachverhalte, die nicht in den Anwendungsbereich der Mutter-Tochter-Richtlinie fielen, also insbesondere Dividenden natürlicher Personen und Streubesitzdividenden bei Kapitalgesellschaften. Wie bereits vorige Ausführungen nahelegen, ergaben sich weder unionsrechtlich noch ökonomisch systematische Unterschiede dahingehend, ob dem Vergleichspaar ein partieller oder vollständiger Verzicht zur Besteuerung inländischer Einkünfte auf Ebene eines Steuerpflichtigen zugrunde liegt.[439] Die Beurteilung steuerlicher Regelungen, welche zu

---

[436]   Ein höherer Steuersatz kann sich bspw. dadurch ergeben, dass Ausschüttungen an inländische natürliche Personen im Inlandssachverhalt der Abgeltungssteuer, im grenzüberschreitenden Fall einer Anrechnung unter Anwendung eines progressiven Steuertarifs unterliegen. Vgl. EuGH-Urteil vom 15.07.2004 zur Rs. C-315/02 (Lenz), Rn. 20 f.

[437]   Vgl. EuGH-Urteil vom 11.09.2014 zur Rs. C-47/12 (Kronos International), Rn. 70-88.

[438]   Siehe hierzu lediglich die Urteile zur belgischen Freistellungsmethode in Abschnitt 4.3.2.2. Weiterhin ergab sich eine Vorlagefrage zur Abgrenzung der von Art. 4 Abs. 1 MTR erfassten Ausschüttungen von Gewinnen anlässlich der Liquidation der Tochtergesellschaft. Zur Auslegung des Begriffs der Liquidation sind entsprechend EuGH-Urteil vom 18.10.2012 zur Rs. C-371/11 (Punch Graphix Prepress Belgium), ECLI:EU:C:2012: 647, Rn. 34 f. die Bestimmungen der Fusionsrichtlinie maßgeblich.

[439]   Auch der EuGH betrachtet lediglich die Folge als eine vollständige oder teilweise Vermeidung der Doppelbesteuerung. Siehe hierzu insbesondere EuGH-Urteil vom 24.11.2016 zur Rs. C-464/14 (SECIL), ECLI:EU:C: 2016:896, Rn. 48, in dessen Vergleichspaar sowohl eine vollständige als auch eine teilweise Abzugsfähigkeit von Dividenden bei der Ermittlung der Bemessungsgrundlage vorgesehen war.

einer teilweisen Nichtberücksichtigung von inländischen Einkünften führen (z.B. Freibeträge oder Teileinkünfteverfahren) wurden daher ebenfalls der Kategorie „Freistellung" zugeordnet.

Da Streubesitzdividenden mangels eines sicheren Einflusses auf die unternehmerischen Entscheidungen nicht der Niederlassungsfreiheit unterliegen[440], war für die hier ergangene Rechtsprechung die Beurteilung der Reichweite der Kapitalverkehrsfreiheit von zentraler Bedeutung. Die Meinungen divergierten hier zunächst hinsichtlich des Umfangs der allgemeinen steuerlichen Ausnahmeregelung des Art. 65 Abs. 1 lit. a) AEUV. Diese erlaubt eine steuerliche Ungleichbehandlung der Steuerpflichtigen mit unterschiedlichem Kapitalanlageort und bildet somit eine Einschränkung der Kapitalverkehrsfreiheit. Solche Ungleichbehandlungen dürfen nach Maßgabe des Art. 65 Abs. 3 AEUV jedoch weder ein „Mittel zur willkürlichen Diskriminierung noch eine verschleierte Beschränkung" der Kapitalverkehrsfreiheit darstellen. Die Mitgliedstaaten vertraten hierzu die Ansicht, es handle sich um eine Klarstellung, dass sich Steuerpflichtige bereits grundsätzlich „hinsichtlich des Ortes ihrer Kapitalanlage nicht in einer vergleichbaren Lage befänden"[441]. Der EuGH wollte diese Norm jedoch anders verstanden wissen und stellte klar, die Norm beinhalte aus seiner Sicht keinen zusätzlichen Regelungsgehalt, da der Gerichtshof auch selbst eine solche Ungleichbehandlung bereits vor deren Inkrafttreten zugelassen hätte. Vielmehr müsse daher mit Rücksicht auf diese Selbstbegrenzung der Norm, die gängige Analyse der objektiven Vergleichbarkeit durchgeführt werden.[442] Aufgrund dieser engen Auslegung entfaltete die Ausnahme im direkten Steuerrecht keine nennenswerte Wirkung und die Kapitalverkehrsfreiheit war anzuwenden, insofern nicht die weitere Ausnahmebestimmung des Art. 64 Abs. 1 AEUV einschlägig war[443]. Entsprechend wurde vom Gerichtshof die Prüfung der Kapitalverkehrsfreiheit weitgehend deckungsgleich zu den anderen Grundverkehrsfreiheiten durchgeführt und auch solche Beteiligungen, die keinen sicheren Einfluss auf die unternehmerischen Entscheidungen gewährleisten, den primärrechtlichen Anforderungen unterworfen. Zusammen mit der auf der Dassonville-Formel basierenden Weiterentwicklung des Diskriminierungsverbots zum Beschränkungsverbot, ermöglichte der EuGH hierdurch die umfassende Bedeutsamkeit des primären Unionsrechts bei Rückflüssen aus Outbound-Investitionen.

In der hierzu behandelten Rs. *Verkooijen* hatte der EuGH über eine niederländische Regelung zu befinden, bei welcher natürlichen Personen ein Freibetrag auf Dividendeneinkünfte nur dann gewährt wurde, wenn diese bereits einer inländischen Dividendenbesteuerung unterlegen hatten.[444] Derartige Regelungen seien nach Ansicht des EuGH geeignet, grenzüberschreitende Investitionen aus Sicht eines Inländers ungünstiger erscheinen zu

---

[440] Vgl. EuGH-Urteil vom 13.11.2012 zur Rs. C-35/11 (FII Group Litigation II), ECLI:EU:C:2012:707, Rn. 91 m.w.N.; zur Abgrenzung siehe detailliert Reimer in: Schaumburg/Englisch (2015), Rn. 7.88 ff.

[441] EuGH-Urteil vom 06.06.2000 zur Rs. C-35/98 (Verkooijen), Slg. 2000 I-4113, ECLI:EU:C:2000:294, Rn. 41.

[442] Vgl. ebd., Rn. 43 f.

[443] Vgl. hierzu EuGH-Urteil vom 21.05.2015 zur Rs. C-560/13 (Wagner-Raith), ECLI:EU:C:2015:347, Rn. 41 m.w.N.

[444] Die Gewährung eines Freibetrags unterscheidet sich zwar von der Freistellung gewisser Einkünfte, jedoch wird bis zur Höhe des Freibetrags Wirkungsgleichheit zu einer solchen Freistellung erreicht.

lassen.[445] Investitionen umfassen nach Verständnis des EuGH dabei zumindest die Aufnahme von Darlehen oder das Tätigen von Anlagen.[446] Eine einseitige Gewährung vollständiger oder partieller Freistellung wird somit bei Binnenmarktsituationen nur in Ausnahmefällen zu keiner Beschränkung der Verkehrsfreiheiten führen. So erkannte der EuGH ebenfalls eine beschränkende Wirkung bei nationalen Regelungen zur ausschließlichen Gewährung eines Freibetrags auf Zinseinkünfte, wenn diese von inländischen Banken ausgezahlt wurden,[447] bei einseitiger Freistellung von Gewinnausschüttungen, die durch inländischer Gesellschaften vorgenommen wurden[448] oder die der inländischen Quellensteuer unterlegen haben[449], sowie bei einer Besteuerung von Gewinnen aus der Veräußerung von ausländischen Beteiligungen, die im Falle inländischer Beteiligungen steuerfrei geblieben wären[450].

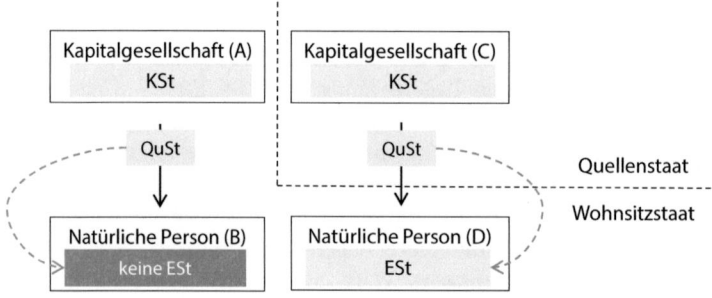

Abb. 11: Sachverhalt der Rs. Verkooijen (vereinfachte Darstellung)

Umso wichtiger gestaltete sich daher hierbei die Prüfung möglicher Rechtfertigungen. Bei den vom Gerichtshof anerkannten zwingenden Gründen des Allgemeininteresses waren die steuerliche Kohärenz und die Wirksamkeit der steuerlichen Kontrollen bedeutsam. Auch in der *Rs. Verkooijen* spielte die Rechtfertigungsebene eine gewichtige Rolle. Hierbei ging es vor allem um die Kohärenz des niederländischen Steuersystems, welches ein direk-

---

[445] Die Betrachtung erfolgt regelmäßig sowohl aus Sicht des Steuerpflichtigen, die „abgeschreckt werden, ihr Kapital in Gesellschaften anzulegen, die ihren Sitz in einem anderen Mitgliedstaat haben" und aus Sicht der Gesellschaften mit Sitz in anderen Mitgliedstaaten, gegenüber derer sich die Verweigerung der Freistellung „einschränkend aus[wirkt], weil sie für sie ein Hindernis darstellt, in [...anderen Mitgliedstaaten] Kapital zu sammeln" (siehe EuGH-Urteil vom 06.06.2000 zur Rs. C-35/98 (Verkooijen), Rn. 34 f.).

[446] Vgl. EuGH-Urteil vom 11.06.2009 zur Rs. C-155/08, C-157/08 (X und Passenheim-van Schoot), Slg. 2009 I-5093, ECLI:EU:C:2009:368, Rn. 33 und EuGH-Urteil vom 01.07.2010 zur Rs. C-233/09 (Dijkman), Slg. 2010 I-6649, ECLI:EU:C:2010:397, Rn. 25.

[447] Hier sah der EuGH eine Beschränkung der Dienstleistungsfreiheit, vgl. EuGH-Urteil vom 06.06.2013 zur Rs. C-383/10 (Kommission/Belgien), Rn. 47 f.

[448] Vgl. EuGH-Urteil vom 18.12.2007 zur Rs. C-101/05 (A), Slg. 2007 I-11531, ECLI:EU:C:2007:804, Rn. 42 f. und EuGH-Urteil vom 23.04.2009 zur Rs. C-406/07 (Kommission/Griechenland), Slg. 2009 I-62, ECLI:EU:C:2009: 251, Rn. 38 f.

[449] Vgl. EuGH-Urteil vom 01.07.2010 zur Rs. C-233/09 (Dijkman), Rn. 62.

[450] Vgl. EuGH-Urteil vom 18.12.2007 zur Rs. C-436/06 (Gronfeldt), Slg. 2007 I-12357, ECLI:EU:C:2007:820, Rn. 13-16, sowie 24.

tes Anrechnungsverfahren für Quellensteuern auf in- und ausländische[451] Dividenden vorgesehen hatte, bei ersteren jedoch darüber hinaus bei der Besteuerung natürlicher Personen einen Freibetrag gewährte. Durch diesen sollte einer inländischen Doppelbelastung mit Einkommen- und Körperschaftsteuern Rechnung getragen werden. Aufgrund der Anrechnung der gebietsfremden Quellensteuer ist die Aufteilung der Besteuerungsrechte an der Kapitalexportneutralität zu messen. Im inländischen Freistellungsfall wird aufgrund der Neutralisierung von Quellensteuer (Anrechnung) und Einkommensteuer (Freistellung) das Körperschaftsteuerniveau auf Eignerebene effektiv. In Höhe des Freibetrags besteht hier Wirkungsgleichheit zu einem Betriebssteuersystem. Im grenzüberschreitenden Sachverhalt hingegen ergibt sich die Steuerlast aus der gebietsfremden Körperschaftsteuer und der inländischen Einkommensteuer. Eine steuerliche Belastungsgleichheit natürlicher Personen, unabhängig vom Kapitalanlageort, ist entsprechend unmöglich und Kapitalexportneutralität ist verletzt. Im Falle der Gewährung einer Freistellung auch gebietsfremder Dividenden, würde die Mehrbesteuerung des grenzüberschreitenden Sachverhalts vermieden werden. Die unterschiedliche Belastung der In- und Auslandsinvestition entspräche dann jedoch der effektiven Steuersatzdifferenz auf Körperschaftsebene. Gleiches galt auch für die luxemburgische Rs. *Weidert und Paulus*[452], in dessen Ausgangssachverhalt ebenfalls grundsätzlich ein Anrechnungsverfahren zur Anwendung kam und darüber hinaus ein Freibetrag gewährt wurde. Dieser Freibetrag war jedoch, anders als in vorgenannter Rs., nicht abhängig von einer inländischen Dividendenbesteuerung, sondern von einer Reinvestition in inländische Gesellschaften. Somit erfolgte in Inlandsfällen bis zur Höhe der getätigten begünstigten Reinvestition auf Ebene des Dividendenempfängers keine Besteuerung. Obgleich eine solche Nichtbesteuerung von Reinvestitionen auch aus Sichtweise der Konsumneutralität positive Wirkungen entfalten kann, bestand die maßgebliche Intention des Gesetzgebers in der Ausübung der Lenkungsfunktion der Besteuerung zur Stärkung des Kapitalstocks inländischer Unternehmen. Gleichwohl sah der EuGH auch in einem solchen Vorteil eine rechtfertigungsbedürftige Beschränkung von grenzüberschreitenden Investitionen, wie auch von gebietsfremden Gesellschaften.[453]

Unionsrechtlich erfordert die in beiden Rechtssachen angeführte Rechtfertigung durch eine Wahrung steuerlicher Kohärenz einen unmittelbaren Zusammenhang zwischen der zusätzlichen Steuerbelastung (Verweigerung der Freistellung) und einem Steuervorteil.[454] Ein solcher Steuervorteil lag hierbei jedoch nicht vor. Die fehlende inländische Besteuerung der Kapitalgesellschaft, welche der einzige wirkliche steuerliche Vorteil hätte darstellen können, folgt aus dem fehlenden Besteuerungsrecht der betreffenden Mitgliedstaaten. Zudem unterlag die gebietsfremde Kapitalgesellschaft durchaus ebenfalls der Körperschaftsteuer, nur eben nicht der inländischen. Der Gerichtshof hingegen negiert den erforderlichen unmittelbaren Zusammenhang von Steuervor- und Steuernachteil in der Rs. *Verkooijen* bereits aufgrund deren Vorliegen auf den unterschiedlichen Besteuerungsebenen

---

451 Vgl. Art. 24 Abs. 1 Nr. 3 DBA Belgien-Niederlande 1971.
452 EuGH-Urteil vom 15.07.2004 zur Rs. C-242/03 (Weidert und Paulus), Slg. 2004 I-7379, ECLI:EU:C:2004:465.
453 Vgl. ebd., Rn. 13 f. Zu einem solchen Ergebnis gelangt in einer ähnlichen Rs. auch das EuGH-Urteil vom 10.05.2012 zur Rs. C-370/11 (Kommission/Belgien). Siehe hierzu Rn. 18 f.
454 Vgl. EuGH-Urteil vom 27.06.1996 zur Rs. C-107/94 (Asscher), Slg. 1996 I-3089, ECLI:EU:C:1996:251, Rn. 58.

von Kapitalgesellschaft und Anteilseigner (Verletzung des Erfordernisses der Subjektidentität).[455] In der Rs. *Weidert und Paulus* versuchte die luxemburgische Regierung daher, die spätere einkommensteuerliche Erfassung der Ausschüttungen der geförderten inländischen Kapitalgesellschaften als relativierenden Nachteil darzustellen. Eine solche einkommensteuerliche Erfassung sei nämlich bei Rückflüssen aus gebietsfremden Gesellschaften aufgrund derer steuerlichen Vorbelastung nicht möglich.[456] Die Rechtfertigung einer einseitigen Begünstigung des Inlandsachverhalts durch einen später möglicherweise eintretenden steuerlichen Nachteil stellt nach Auffassung des EuGH jedoch ebenfalls keinen unmittelbaren Zusammenhang dar. Weiterhin stellte der Gerichtshof endgültig klar, dass einem Steuerpflichtigen aus abkommensrechtlicher Gewährleistung bereits grundsätzlich kein Steuervorteil erwachsen könne, wenn der andere Staat seine Besteuerungsbefugnisse spiegelbildlich wahrnehmen kann.[457]

Gleichsam stellt sich der Sachverhalt aus dem Blickwinkel kapitalexportneutraler Besteuerung dar. Die Ungleichbehandlung folgt nicht aus der Komplexität einer nationalen Besteuerungssystematik, sondern aus einer recht einfachen ökonomischen Tatsache: Werden Rückflüsse aus Investitionen unter vollständiger oder teilweiser Anrechnung der gebietsfremden Steuern demselben inländischen Steuertarif unterworfen, so unterliegen Auslandinvestitionen derselben oder einer höheren effektiven Besteuerung als Inlandsinvestitionen. Werden inländischen Investoren in einer solchen Situation Vergünstigungen gewährt, die das effektive Steuerniveau der inländischen Grenzinvestition absenken, so bewirkt eine Verweigerung derselben Vergünstigung bei Outbound-Investitionen eine Mehrbesteuerung. Ein wirtschaftlich werthaltiger „Steuervorteil" im Sinne einer Kohärenz des nationalen Besteuerungssystems kann sich daher nicht aus der Vermeidung einer Mehrbelastung ergeben, die selbst der Grenzüberschreitung geschuldet ist.

Rechtfertigungsversuchen durch den Verweis auf die Notwendigkeit bestimmter innerstaatlicher Regelungen zur Sicherstellung der Steueraufsicht und Wirksamkeit staatlicher Kontrollen, hält der EuGH bei Binnenmarktkonstellationen im direkten Steuerrecht regelmäßig die Amtshilferichtlinie entgegen, welche die Mitgliedstaaten zur Ermittlung der tatsächlichen steuerlichen Sachverhalte befähige. Weiterhin hätten Mitgliedstaaten aufgrund eines (teilweise) harmonisierten Systems der Buchführung (wie bspw. durch die Bilanzrichtlinie) die grundsätzliche[458] Möglichkeit, Nachweise durch den Steuerpflichtigen zu verlangen; ein Argument, an welchem Rechtfertigungsversuche auf Ebene der Angemessen-

---

[455] Vgl. EuGH-Urteil vom 06.06.2000 zur Rs. C-35/98 (Verkooijen), Rn. 56-58. Einen solchen hatte hingegen der Generalanwalt in seinen ersten Schlussanträgen angenommen, der hierbei jedoch noch davon ausging, dass im Inlandsfall keine Anrechnung der Quellensteuer gewährt wurde und es sich bei der Freistellung um eine Vergünstigung handelte, die in unmittelbarem Zusammenhang mit dem durch den Quellenabzug verbundenen Steuernachteil stehe (vgl. die Schlussanträge des GA La Pergola vom 24.06.1999 zur Rs. C-35/98 (Verkooijen), Slg. 2000 I-4073, ECLI:EU:C:1999:329, Rn. 25-27). Interessanterweise ging er jedoch nicht auf die abkommensrechtlich vereinbarte Erstattung der Quellensteuer im grenzüberschreitenden Sachverhalt ein. Denn insofern man diese ignoriert, wären beide Sachverhalte der Quellenbesteuerung unterworfen gewesen. Es könnte dann folglich nur schwer von einem Steuervorteil gesprochen werden.

[456] Vgl. EuGH-Urteil vom 15.07.2004 zur Rs. C-242/03 (Weidert und Paulus), Rn. 17.

[457] Vgl. ebd., Rn. 34 f. Grundlegende Entscheidung hierzu ist das EuGH-Urteil vom 11.08.1995 zur Rs. C-80/94 (Wielockx), Slg. 1995 I-2493, ECLI:EU:C:1995:271, siehe insb. Rn. 25.

[458] Praktische Schwierigkeiten bei der Einholung solcher Informationen reichen für eine Rechtfertigung nicht aus (vgl. EuGH-Urteil vom 06.06.2013 zur Rs. C-383/10 (Kommission/Belgien), Rn. 53).

heitsprüfung häufig scheiterten.[459] Eine solche Möglichkeit einer Erbringung zuverlässiger und eindeutiger Nachweise „kann jedoch nicht in vollem Umfang auf den Kapitalverkehr zwischen Mitgliedstaaten und dritten Ländern übertragen werden, da dieser sich in einen anderen rechtlichen Rahmen einfügt"[460]. In solchen Fällen darf der Mitgliedstaat eine ungünstigere Behandlung vorsehen, insofern sich aus den geltenden abkommensrechtlichen Vereinbarungen die innerstaatlichen Voraussetzungen für die Gewährung der Vergünstigung nicht ermitteln lassen.[461] Regelmäßig bleibt die Möglichkeit einer Rechtfertigung durch die Wirksamkeit der steuerlichen Kontrollen somit auf Drittlandsachverhalte beschränkt.

4.3.2.2 Anforderungen bei Verlustsituationen des Dividendenempfängers

Die Rs. *Cobelfret*[462] sowie *KBC-Bank*[463] betrafen die Auslegung der Mutter-Tochter-Richtlinie bei Anwendung der Freistellungsmethode. In den Ausgangssachverhalten wurde die Freistellung der durch gebietsfremde Tochterunternehmen an ein inländisches Mutterunternehmen ausgeschütteten Dividenden auf Ebene des Mutterunternehmens dadurch begrenzt, dass die (zunächst zum Einkommen der Muttergesellschaft hinzugerechneten ausländischen Dividendenerträge) nur insofern vom steuerpflichtigen Einkommen abgezogen werden konnten, als dass der Gesellschaft hierdurch kein Verlust entstand, bzw. ein bestehender Verlust nicht erhöht wurde. Ebenso wenig konnte der nicht genutzte Abzugsbetrag auf folgende Veranlagungszeiträume vorgetragen werden. Durch die Verringerung der im Zuge des inner- oder außerperiodigen Abzugs nutzbaren Verluste um die gebietsfremden Dividendenbezüge ergibt sich eine steuerliche Mehrbelastung des grenzüberschreitenden Sachverhalts in Höhe des auf die nicht ausgeglichenen Verluste anzuwendenden Effektivsteuersatzes[464]. In der faktischen Voraussetzung ausreichend positiver sonstiger Einkünfte an die Gewährung einer Freistellung der Dividendenbezüge, sah der EuGH einen Verstoß. Ein solches Vorgehen sei weder mit dem Wortlaut der Richtlinie, noch mit deren Zielsetzung und Systematik vereinbar.[465] Durch die Richtlinie werde eine „Vermeidung der wirtschaftlichen Doppelbesteuerung in vollem Umfang"[466] angestrebt. Entsprechend dürfen Dividenden ungeachtet der Situation des Steuerpflichtigen zu keiner inländischen Steuerbelastung führen, wenn die Mitgliedstaaten ihrer, sich aus Art. 4 Abs. 1 der Richtlinie ergebenden Verpflichtung durch Implementierung einer Freistellungsmethode nachzu-

---

[459] Vgl. ebd., Rn. 52.

[460] EuGH-Urteil vom 18.12.2007 zur Rs. C-101/05 (A), Rn. 60.

[461] Vgl. EuGH-Urteil vom 24.11.2016 zur Rs. C-464/14 (SECIL), Rn. 68 f.

[462] EuGH-Urteil vom 12.02.2009 zur Rs. C-138/07 (Cobelfret), Slg. 2009 I 731, ECLI:EU:C:2009:82.

[463] EuGH-Beschluss vom 04.06.2009 zur Rs. C-439/07, C-499/07 (KBC-Bank und Beleggen, Risicokapitaal, Beheer), Slg. 2009 I-4409, ECLI:EU:C:2009:339.

[464] Der Effektivsteuersatz vermindert sich im Falle des Verlustvortrags ggf. um Zinseffekte.

[465] Vgl. EuGH-Urteil vom 12.02.2009 zur Rs. C-138/07 (Cobelfret), Rn. 34-41.

[466] Vgl. EuGH-Beschluss vom 04.06.2009 zur Rs. C-439/07, C-499/07 (KBC-Bank und Beleggen, Risicokapitaal, Beheer), Rn. 42.

kommen versuchen.[467] Eine inländische Steuerbelastung ist dabei auch dann gegeben, wenn sich ein nach inländischen Rechtsvorschriften zulässiger Verlustvortrag durch die bezogenen Dividenden vermindert.[468]

Ebenfalls zurückgewiesen wurde der Einwand, dass sich auch aus einem Anrechnungsverfahren, welches die Richtlinie als Wahlmöglichkeit vorsieht, eine steuerliche Mehrbelastung in inländischen Verlustsituationen ergeben könnte.[469] Eine solche Situation war sodann primärrechtlich in der Rs. *Kronos International*[470] zu prüfen. Die in Deutschland ansässige Holdinggesellschaft hielt dabei Tochterunternehmen in anderen Mitgliedstaaten sowie in Drittstaaten. Deren Dividenden waren von der Besteuerung freigestellt, während Dividenden vergleichbarer, im Inland ansässiger Gesellschaften, einem Anrechnungsverfahren unterlagen. Dieses führte zur (vollständigen oder teilweisen) Erstattung der ausländischen Körperschaftsteuer. Die Klägerin machte daher geltend, dass Investitionen in gebietsfremde Gesellschaften in einer Verlustsituation des Mutterunternehmens weniger günstig seien.

Zunächst bedeutet die Freistellung der ausländischen Einkünfte die kapitalimportneutrale Partizipation des Investors zu den Zielmarktbedingungen. Eine Herabschleusung der effektiven Steuerbelastung aufgrund einer Verlustsituation des Mutterunternehmens würde daher dem ökonomischen Zweck einer Freistellung zuwiderlaufen. Auch der EuGH sah keine ungünstigere Behandlung, da zum einen die Mitgliedstaaten die Methode zur Vermeidung der Doppelbesteuerung frei wählen könnten und sich aus einem Verzicht des Sitzstaats auf die Besteuerung ausländischer Einkünfte keine wirtschaftliche Doppelbesteuerung ergeben könne.[471] Ebenso folgerichtig betrachtete er zum anderen die Möglichkeit eines hierdurch entstehenden Liquiditätsnachteils, der sich aus den unterschiedlichen Zahlungszeitpunkten der ausländischen Körperschaftsteuer im Fall der Freistellung und der erst später zahlungswirksam werdenden Minderung des Verlustvortrags im Fall der Anrechnung ergeben könnte, als Ausfluss objektiv unterschiedlicher Situationen aufgrund unterschiedlicher Besteuerungsprinzipien.[472] Aus ökonomischer Sichtweise ist die sofortige Zahlung der ausländischen Körperschaftsteuer ebenso notwendiges Kriterium der Kapitalimportneutralität, wie es die sofortige und vollständige Erstattung oder Anrechnung dieser Steuer im Falle der Kapitalexportneutralität ist. Dass eine Minderung von Verlustvorträgen erst zu einem späteren Zeitpunkt einen zahlungswirksamen Steuernachteil bewirkt,

---

[467] Keine Verletzung fand der EuGH durch diese Regelung bezogen auf das Primärrecht. Im Zuge eines angefragten Rechtsformvergleichs zu Betriebsstätten blieb der Gerichthof vage. So bemerkte der Gerichtshof lediglich, eine ungünstigere Behandlung von vergleichbaren Betriebsstättengewinnen im Verhältnis zu ausgeschütteten Gewinnen einer Tochtergesellschaft gehe aus den vorliegenden Akten nicht hervor. Entsprechend unternahm der Gerichtshof keine Untersuchung, inwiefern sich ein Stammhaus und ein Mutterunternehmen in Bezug auf Verlustminderungen durch Rückflüsse ihrer Betriebsstätten und Tochterunternehmen in einer objektiv vergleichbaren Situation befinden. Siehe hierzu ebd., Rn. 77-82.

[468] Vgl. ebd., Rn. 53 f.

[469] Vgl. EuGH-Urteil vom 12.02.2009 zur Rs. C-138/07 (Cobelfret), Rn. 48-50; EuGH-Beschluss vom 04.06.2009 zur Rs. C-439/07, C-499/07 (KBC-Bank und Beleggen, Risicokapital, Beheer), Rn. 41 f.

[470] EuGH-Urteil vom 11.09.2014 zur Rs. C-47/12 (Kronos International).

[471] Vgl. ebd., Rn. 66-78.

[472] Vgl. ebd., Rn. 79-82.

ist hierbei Folge der inländischen Steuerbedingungen, die nicht nach Maßgabe der Standortneutralität zu bewerten sind.

4.3.2.3 Aufwendungen in Zusammenhang mit freigestellten Einkünften

Da eine Anwendung der Freistellungsmethode zur Vermeidung einer grenzüberschreitenden Doppelbesteuerung durch einen Mitgliedstaat keiner Erfassung des grenzüberschreitenden Sachverhalts durch den Sitzstaat der empfangenden Person bedarf, beschränkten sich die weiteren Möglichkeiten unionsrechtlicher Verstöße im Wesentlichen auf die Abzugsfähigkeit von Kosten im Zusammenhang mit solchen Einkünften. Kosten einer Beteiligung, deren Rückflüsse von der Steuer freigestellt sind, sind bei der Ermittlung der Bemessungsgrundlage des Mutterunternehmens oder Stammhauses regelmäßig nicht abzugsfähig. In den hierzu ergangenen Urteilen bezogen sich die Vorlagefragen auf Finanzierungsaufwendungen, Konzernbeiträge, Teilwertabschreibungen, Aufwendungen für eine Zinsbereinigung der Körperschaftsteuer sowie auf die pauschale Hinzurechnung von Beteiligungskosten nach der Mutter-Tochter-Richtlinie.

Ausgangssachverhalt des im Rahmen solcher Beteiligungskosten grundlegenden Urteils zur Rechtssache *Bosal*[473] war eine wie in Abschnitt 3.1.1 geschilderte Situation der doppelten Nichtberücksichtigung von Finanzierungskosten der Beteiligung und eine hieraus resultierende Mehrbesteuerung des grenzüberschreitenden Sachverhalts. Da nach Art. 4 Abs. 3 S. 1 MTR keine Verpflichtung der Mitgliedstaaten zur Gewährung eines entsprechenden Betriebsausgabenabzugs bestand, wurde ein solcher durch die Niederlande nur für solche Kosten zugelassen, die in direktem oder mittelbarem Zusammenhang mit im Inland steuerpflichtigen Einkünften standen.

Entsprechend der Ausführungen in Abschnitt 2.3.3.1 entspricht dieser Ausschluss der Kosten gebietsfremder Beteiligungen den Anforderungen an eine kapitalimport- und kapitaleignerneutrale Besteuerung im Sitzstaat der Muttergesellschaft. Soll das Steuerniveau des Quellenstaats zum Tragen kommen, so dürfen derartige Finanzierungskosten nicht im Sitzstaat der Muttergesellschaft berücksichtigt werden, sondern müssen im Sitzstaat der Tochtergesellschaft abzugsfähig sein. Die gemeinschaftsrechtliche Problematik ergab sich in diesem Fall nun aus der Abzugsfähigkeit derartiger Kosten, die von der Muttergesellschaft im Zuge einer Finanzierung von Beteiligungen an inländischen Tochterunternehmen getragen wurden. In dieser ungleichen Behandlung sah der Gerichtshof eine Beschränkung der Niederlassungsfreiheit aufgrund einer steuerlichen Mehrbelastung. Aus ökonomischer Sichtweise bestand diese Mehrbelastung jedoch aufgrund der fehlenden Abzugsfähigkeit der Finanzierungskosten im Sitzstaat des Tochterunternehmens. Im Falle, dass beispielsweise eine Muttergesellschaft im höher besteuernden Ausland eine Tochtergesellschaft im Quellenstaat unterhält, deren Besteuerung ausschließlich durch letzteren erfolgt, so erlangt die Gesellschaft durch die steuerliche Abzugsfähigkeit der Kosten ihrer Fremdfinanzierung (wirtschaftliche Aufwendungen, die direkt im Zusammenhang mit diesem Investitionsobjekt stehen) einen Marktvorteil gegenüber einem gleichartigen Unternehmen, bei welchem aufgrund einer unterschiedlichen Eignerstruktur die Beteiligungskosten unter dem geringeren Steuerniveau im Quellenlands abzugsfähig sind. Entsprechend dieser Sichtweise

---

[473] EuGH-Urteil vom 18.09.2003 zur Rs. C-168/01 (Bosal), Slg. 2003 I-9409, ECLI:EU:C:2003:479.

wurde als Rechtfertigung unter anderem die Wahrung des Grundsatzes der Territorialität angeführt, dem der EuGH jedoch nicht folgte, da auch die Gewinne einer inländischen Tochtergesellschaft nicht der Besteuerung auf Ebene des Mutterunternehmens unterlagen. Wie aus der Rs. *Keller Holding*[474] hervorging, kommt es dabei nicht darauf an, ob im Vergleichspaar die Gewinne inländischer Gesellschaften auf Ebene der Muttergesellschaft freigestellt sind oder ob die inländische Doppelbesteuerung durch Anrechnung vermieden wird.

Aus den Urteilen ergibt sich somit eine grundsätzliche Pflicht zur Vermeidung der Mehrbesteuerung durch den Sitzstaat des Mutterunternehmens auf Kosten der Kapitalimport- und Kapitaleignerneutralität, sollten sie nicht auch bei inländischen Sachverhalten die steuerliche Zurechnung der Finanzierungskosten zur Ebene des Tochterunternehmens vornehmen.[475] Eine solche Änderung der Zuordnung von Beteiligungskosten zur steuerlichen Sphäre des Tochterunternehmens entspräche der wirtschaftlichen Betrachtungsweise von Betriebsstätten. Sie wäre bei reinen Inlandssachverhalten hinsichtlich der Gesamtsteuerbelastung einer Investition folgenlos, insofern auf Ebene von Mutter- und Tochterunternehmen derselbe Steuersatz greift. Jedoch wäre ein solcher Ansatz zur Herstellung einer bei Outbound-Sachverhalten unionsrechtskompatiblen Ausgestaltung eines kapitalimportneutralen Steuersystems ggf. mit höheren administrativen Kosten durch die abweichende buchhalterische Zuordnung der Zinsaufwendungen des Mutterunternehmens zum Tochterunternehmen verbunden. Weiterhin hätte ein, durch einzelne Mitgliedstaat unkoordiniert vorgenommenes Abzugsverbot von Beteiligungskosten auf Ebene des Mutterunternehmens und eine Abzugsfähigkeit beim Tochterunternehmen, wahrscheinlich vermehrte Mehr- oder Minderbesteuerungstatbestände zur Folge. So könnten sich bei Outbound-Investitionen steuerliche Mehrbelastungen ergeben, wenn Aufwendungen des inländischen Mutterunternehmens dem gebietsfremden steuerlich freigestellten Tochterunternehmen zugerechnet würden. Im umgekehrten Inbound-Sachverhalt käme es dann zu einer spiegelbildlichen Minderbesteuerung. Ob eine solche „Benachteiligung" von Inbound-Sachverhalten jedoch für diesen Mitgliedsaat unionsrechtskonform wäre, bleibt fraglich. Eine unionsrechtskonforme und gleichzeitig kapitalimport- sowie kapitaleignerneutrale Lösung würde daher wohl lediglich durch ein koordiniertes Vorgehen im Rahmen einer Novellierung der Mutter-Tochter-Richtlinie erfolgen können.

Zur Zulässigkeit einer Verweigerung steuerlich abzugsfähiger Teilwertabschreibungen auf Grundlage von Kursminderungen von gehaltenen Auslandsbeteiligungen urteilte der Gerichtshof in den Rs. *Rewe Zentralfinanz*[476] und *STEKO Industriemontage*[477] in ähnlicher Weise. Teilwertabschreibungen führen im Veranlagungszeitraum ihrer Vornahme zu Betriebsausgaben und mindern im Gegenzug den Buchwert einer Beteiligung. Sie erhöhen somit einen möglichen späteren Veräußerungsgewinn, bewirken aber gleichzeitig durch Zuordnung von Marktpreisminderungen zum Veranlagungsjahr der wirtschaftlichen Ver-

---

[474] EuGH-Urteil vom 23.02.2006 zur Rs. C-471/04 (Keller Holding), Slg. 2006 I-2107, ECLI:EU:C:2006:143. Siehe hierbei insbesondere Rn. 34.

[475] Vgl. auch Englmair (2013), S. 58 f.

[476] EuGH-Urteil vom 29.03.2007 zur Rs. C-347/04 (Rewe Zentralfinanz), Slg. 2007 I-2647, ECLI:EU:C:2007:194.

[477] EuGH-Urteil vom 22.01.2009 zur Rs. C-377/07 (STEKO Industriemontage), Slg. 2009 I-299, ECLI:EU:C:2009:29.

ursachung einen Liquiditäts- und Zinsvorteil. Sind Veräußerungsgewinne jedoch von der inländischen Besteuerung freigestellt, so würde die Zulässigkeit von Teilwertabschreibungen zu Aufwendungen führen, die in keinem Zusammenhang zu im Inland steuerpflichtigen Einnahmen stünden. In den Fällen, die beide deutsche Rechtsnormen betrafen, wurden im Betrachtungszeitraum Veräußerungsgewinne inländischer Beteiligungen besteuert und Teilwertabschreibungen auf diese Beteiligungen zugelassen. Bei Beteiligungen an Gesellschaften, die ihren steuerlichen Sitz im Ausland hatten, waren Veräußerungsgewinne aufgrund des Besteuerungsrechts des Sitzstaats der ausländischen Gesellschaft analog zu Art. 13 Nr. 2 OECD-MA hingegen von der Besteuerung freigestellt[478] und Teilwertabschreibungen folglich nicht abzugsfähig.

In dieser unterschiedlichen Behandlung erkannte der EuGH nun eine Beschränkung des freien Kapitalverkehrs. Streitpunkt war in beiden Fällen zunächst die objektive Vergleichbarkeit der Situationen. Das Vorbringen der deutschen Regierung, wonach im fraglichen Zeitraum zwei unterschiedliche Besteuerungssysteme galten, die bei ausländischen Gesellschaften das Halbeinkünfteverfahren (mit Freistellung ausländischer Gewinne), bei inländischen Gesellschaften noch das alte körperschaftsteuerliche Anrechnungsverfahren vorgesehen hätten, wurde abgewiesen.[479] Der EuGH leitete eine objektive Vergleichbarkeit daraus her, dass „in beiden Fällen zum einen die Verluste, [...] der Muttergesellschaften [...] und zum anderen die Gewinne der Tochtergesellschaften nicht bei den Muttergesellschaften besteuert werden, gleichviel, ob sie von in Deutschland oder von in anderen Mitgliedstaaten steuerpflichtigen Tochtergesellschaften stammen"[480]. Diese Vergleichbarkeitsanalyse auf Grundlage der laufenden „Gewinne der Tochtergesellschaften" geht fehl. Denn Teilwertabschreibungen werden eben nicht auf Grundlage von laufenden Gewinnen der Tochtergesellschaft, sondern auf Grundlage einer angemessenen Verteilung möglicher Veräußerungsverluste der Muttergesellschaft auf die Veranlagungsjahre ihrer wirtschaftlichen Verursachung vorgenommen. Geeignetes Kriterium wäre daher die Situation der Gesellschaften in Bezug auf die steuerliche Behandlung ihrer Veräußerungsgewinne gewesen. In den vorliegenden Fällen waren diese im Inlandsachverhalt steuerpflichtig, im Auslandsachverhalt hingegen nicht. An einer objektiven Vergleichbarkeit der Situationen bestehen daher erhebliche Zweifel. Zudem ergibt sich aus der unterschiedlichen Behandlung der Sachverhalte steuerlich lediglich ein Liquiditäts- und Zinsnachteil, nicht jedoch eine höhere nominelle Gesamtsteuerlast, da die Gewährung der Teilwertabschreibung unmittelbar zur Erhöhung des Veräußerungsgewinns oder zur Absenkung eines möglichen Veräußerungsverlustes führt. Durch die Teilwertabschreibung um den Betrag TWA ergibt sich somit im Inlandsfall in einem einfachen zweiperiodigen Modell, in welchem Rückflüsse der Periode eins zu einem Zinssatz i angelegt werden können, ein Rückgang der effektiven Gesamtsteuerlast i.H.v.

---

[478] In der zweiten Rs. betrifft diese Aussage nur den zweiten betrachteten Veranlagungszeitraum (vgl. Rn. 64 und 65).

[479] Vgl. EuGH-Urteil vom 22.01.2009 zur Rs. C-377/07 (STEKO Industriemontage), Rn. 31-33.

[480] Ebd., Rn. 34; m.a.W. EuGH-Urteil vom 29.03.2007 zur Rs. C-347/04 (Rewe Zentralfinanz), Rn. 34.

$$\Delta ETR_{TWA,Inland} = -ETR_S \cdot TWA + \frac{ETR_S \cdot TWA}{1+i} = ETR_S \cdot TWA \cdot \left(\frac{1}{1+i} - 1\right)$$

Formel 4-1

wobei der effektive Steuersatz des Sitzstaats des Mutterunternehmens durch ETR_S und der des Sitzstaats des Tochterunternehmens durch ETR_Q gegeben sei. Da bei Auslandsinvestitionen keine Teilwertabschreibung möglich ist, bestimmt sich somit aus Sicht des Investors das Ausmaß derer Ungleichbehandlung in dieser Höhe (Auslandssachverhalt vor EuGH: $\Delta ETR_{TWA,A,vor\ EuGH} = 0$). Legt man nun den Auslandssachverhalt zugrunde, der sich aufgrund der Rechtsprechung bei Zulässigkeit der Teilwertabschreibung und gleichzeitiger Zuordnung der Besteuerungsrechte am Veräußerungsgewinn nach Maßgabe des Art. 13 Nr. 2 OECD-MA zum Sitzstaat des Tochterunternehmens ergäbe (Auslandssachverhalt nach EuGH: $\Delta ETR_{TWA,A,nach\ EuGH} = s_1 \cdot TWA - s_2 \cdot TWA \cdot 1/(1+i)$), bestimmt sich das neue Ausmaß der Ungleichbehandlung von In- und Auslandssachverhalt als

$$\Delta\Delta ETR_{TWA,nach\ EUGH} = \left[ETR_S \cdot \tfrac{1}{1+i} + ETR_Q \cdot \tfrac{1}{1+i} - 2 \cdot ETR_S\right] \cdot TWA.$$

Formel 4-2

Folglich ergibt sich aus der Rechtsprechung eine Veränderung der Ungleichbehandlung im Ausmaß von

$$\Delta\Delta\Delta ETR_{TWA} = \left[ETR_S \cdot \left(\tfrac{2}{1+i} - 3\right) + ETR_Q \cdot \tfrac{1}{1+i}\right] \cdot TWA.$$

Formel 4-3

Aus Investorensicht besteht somit eine Schmälerung der Standortverzerrungen für alle Zinssätze $i > ETR_Q - ETR_S/(3 \cdot ETR_S)$. Unter Beachtung, dass hier nur eine Zinsperiode dargestellt wird, sind somit unter realistischen Annahmen sowohl Verbesserungen als auch Verschlechterungen der Standortneutralität durch das Urteil möglich. Eine Heilung des resultierenden Verstoßes gegen Kapitalimportneutralität würde die Berücksichtigung von Teilwertabschreibungen im Zuge der beschränkten Steuerpflicht des Mutterunternehmens im Sitzstaat der Tochtergesellschaft erfordern, wenn der Sitzstaat des Mutterunternehmens die Veräußerungsgewinne an dieser Tochtergesellschaft von der inländischen Besteuerung freistellt.

Auf Rechtfertigungsebene wandte die deutsche Regierung ein, die vom EuGH festgestellte Ungleichbehandlung sei durch eine Reihe von zwingenden Gründen des Allgemeininteresses legitimiert. Unter anderem führte sie hierbei die Notwendigkeit einer Wahrung der Kohärenz des Steuersystems an.[481] Zum hierzu erforderlichen unmittelbarem Zusammenhang zwischen Steuernachteil und einem anderweitigen Steuervorteil erwiderte der

---

[481] Vgl. EuGH-Urteil vom 29.03.2007 zur Rs. C-347/04 (Rewe Zentralfinanz), Rn. 59 ff. sowie EuGH-Urteil vom 22.01.2009 zur Rs. C-377/07 (STEKO Industriemontage), Rn. 45 ff.

Gerichtshof, dass „die Tatsache, dass es später möglich wäre, für die bei einer Veräußerung erzielten Gewinne eine Steuerbefreiung zu erhalten, wenn ein Gewinn in ausreichender Höhe erzielt wird, keine Erwägung der steuerlichen Kohärenz dar[stellt]."[482] Der EuGH begründet das Fehlen eines unmittelbaren Zusammenhangs somit dadurch, dass ein Steuervorteil zum einen in der Zukunft liegt, und zum anderen nicht ausreichend konkret ist. Es steht zwar fest, dass der Steuervorteil der zukünftigen Nichtbesteuerung aufgrund von Zins- und Liquiditätserwägungen den Steuernachteil grundsätzlich nicht aufwiegen kann, dies sollte jedoch nicht am unmittelbaren Zusammenhang zwischen der Unzulässigkeit von Teilwertabschreibungen und der Nichtbesteuerung der Veräußerungsgewinne hindern. Denn im Unterschied zu in anderen Verfahren vorgenommenen Abwägungen der Steuervor- und -nachteile[483], kann hierbei zumindest mit hinreichender Sicherheit angenommen werden, dass ein Steuervorteil zukünftig eintreten wird und somit ausreichend konkretisiert ist.

Ökonomisch ähnliche Wirkungen ergeben sich bei Firmenwertabschreibungen, wie sie dem Ausgangssachverhalt zur österreichischen Rs. *Finanzamt Linz*[484] zugrunde lagen. Zwar basieren diese, anders als Teilwertabschreibungen, auf Wertaufdeckungen im Zuge von Anschaffungs- und nicht von Veräußerungsvorgängen, gleichwohl bewirken sie aber eine Verminderung von Beteiligungswerten und erhöhen den zukünftigen Veräußerungsgewinn. Im Sachverhalt waren Abschreibungen auf Firmenwerte zulässig, wenn eine Beteiligung erworben und im Wege einer Gruppenbesteuerung konsolidiert wurde. Mehrkapital aus der Differenz zwischen steuerlichem Anschaffungswert und Buchwert der Beteiligung wurde entsprechend erfolgswirksam aufgelöst und hierdurch Belastungsunterschiede zum alternativen asset-deal reduziert.[485] Die steuerliche Bilanzierung eines entsprechenden Firmenwerts auf ausländische Beteiligungen war nicht möglich. Die Prüfung des EuGH erfolgte analog zu den vorstehenden Rechtssachen. Ein wesentlicher Unterschied zu den vorgenannten Sachverhalten bestand jedoch im geeigneten Kriterium bei Prüfung der Vergleichbarkeit. In den Rechtssachen zu Teilwertabschreibungen bestand die Vergleichbarkeit im Wesentlichen darin, dass die laufenden Gewinne weder im Vergleichspaar noch im Sachverhalt auf Ebene der Muttergesellschaft besteuert wurden, während Teilwertabschreibungen aber nur im Inlandssachverhalt zulässig waren. In betrachteter Rechtssache wurden im Zuge der Konsolidierung nun jedoch nur Gewinne der inländischen, nicht jedoch der gebietsfremden konsolidierten Gesellschaften (für die lediglich Möglichkeiten des Verlustausgleichs vorgesehen waren) auf Ebene der Muttergesellschaft besteuert. Wäre daher wiederum der Einbezug von Gewinnen und Verlusten auf Ebene des Mutterunternehmens maßgebliches Beurteilungskriterium gewesen, wäre eine Vergleichbarkeit der Situationen wohl abzulehnen gewesen. Mangels Bezug der Norm auf die Gewinn- und Verlustsituation der gebietsfremden Gesellschaften war dies jedoch nach Dafürhalten des EuGH im vorlie-

---

[482] EuGH-Urteil vom 29.03.2007 zur Rs. C-347/04 (Rewe Zentralfinanz), Rn. 67.

[483] Vgl. bspw. EuGH-Urteil vom 28.02.2008 zur Rs. C-293/06 (Deutsche Shell), Slg. 2008 I-1129, ECLI:EU:C:2008:129, Rn. 40 zu einem Steuernachteil bei Währungsverlusten, dessen in Zusammenhang stehender Steuervorteil vom Vorliegen einer Gewinnsituation abhängt, dem Steuerpflichtigen also ggf. überhaupt nicht zugutekommt.

[484] EuGH-Urteil vom 06.10.2015 zur Rs. C-66/14 (Finanzamt Linz), ECLI:EU:C:2015:661.

[485] Vgl. ebd., Rn. 32.

genden Sachverhalt nicht der geeignete Vergleichsmaßstab. Er erachtete nun bereits die Möglichkeit der Konsolidierung ausländischer Gesellschaften ungeachtet derer Konditionen für ausreichend, eine Vergleichbarkeit der Situationen zu folgern. Ausgerechnet aus der freiwilligen Gewährung eines Verlustausgleichs mit gebietsfremden Gesellschaften ohne Einbezug derer Gewinne erwuchs somit eine primärrechtliche Verpflichtung zur Gewährung einer systemwidrigen Firmenwertabschreibung auf gebietsfremde Beteiligungen.

Ebenfalls beschränkende Wirkung attestierte der EuGH den schwedischen und finnischen Regelungen über Konzernbeiträge.[486] Solche sind im Wesentlichen Transferleistungen, die von einem Mutterunternehmen an ein Tochterunternehmen geleistet werden, um deren wirtschaftliche Situation (vor allem im Verlustfall[487]) zu stärken. Sie stellen abzugsfähige Ausgaben der Muttergesellschaft und steuerpflichtige Einnahmen bei der Tochtergesellschaft dar. Fragliche nationale Regelung schließt die Abzugsfähigkeit des Transfers einer gebietsansässigen Muttergesellschaft hingegen aus, wenn diese an eine gebietsfremde Empfängergesellschaft geleistet wird. Die festgestellte Beschränkung der Niederlassungsfreiheit war jedoch nach Ansicht des EuGH im zweiten Sachverhalt[488] dadurch gerechtfertigt, dass die Regelung zur Wahrung einer ausgewogenen Aufteilung der Besteuerungsrechte in Verbindung mit der Gefahr einer Steuerumgehung geeignet und angemessen sei. Denn eine Zulässigkeit grenzüberschreitender Konzernbeiträge hätte „zur Folge, dass Unternehmensgruppen nach Belieben den Mitgliedstaat wählen könnten, in dem die Gewinne der Tochtergesellschaft besteuert würden"[489].

Wirtschaftlich betrachtet handelt es sich bei Konzernbeiträgen um Investitionsauszahlungen. Die transferierten Mittel verbleiben bei der Tochtergesellschaft und erhöhen daher (ähnlich dem zur Verfügung gestellten Eigenkapital) das Investitionsvolumen. Die hierdurch generierten Investitionsrückflüsse unterliegen, wie im Falle einer Finanzierung durch Eigenkapital, auf Ebene der Tochtergesellschaft und später auf Ebene der Eigner, der Besteuerung. Insofern die Berücksichtigung des Konzernbeitrags als Betriebseinnahme im Sitzstaat des Tochterunternehmens gewährleistet ist, ergibt sich ein Steuervorteil durch die Möglichkeit einer Verlagerung von Gewinnen in niedriger besteuernde Staaten. Es ist jedoch nicht ganz richtig, dass die Unternehmensgruppen hierdurch die freie Wahl des besteuernden Staates hätten. Die Ansicht des EuGH, eine solche Regelung berge die „Gefahr in sich [...], dass durch rein künstliche Gestaltungen Einkünfte innerhalb einer Unternehmensgruppe auf Gesellschaften übertragen werden, deren Sitz sich in den Mitgliedstaaten befindet, die die niedrigsten Steuersätze anwenden"[490], vernachlässigt die Tatsache, dass es sich bei Konzernbeiträgen nicht um fiktive Zahlungen handelt, sondern die realwirtschaftliche Aufteilung der im Konzern verfügbaren Ressourcen zugunsten der Auslandsinvesti-

---

[486] Vgl. EuGH-Urteil vom 18.11.1999 zur Rs. C-200/98 (X AB und Y AB), Slg. 1999 I-8261, ECLI:EU:C:1999:566, Rn. 28-30; EuGH-Urteil vom 18.07.2007 zur Rs. C-231/05 (Oy AA), Slg. 2007 I-6373, ECLI:EU:C:2007:439, Rn. 43.

[487] Der betrachtete Ausgangssachverhalt wird aufgrund seiner Relevanz für Verlustsituationen oftmals dem Bereich der zwischenstaatlichen Verlustberücksichtigung (siehe Abschnitt 4.3.4) zugeschlagen. Siehe bspw. Cordewener et al. (2004), S. 218; Pezzella (2014), S. 74.

[488] In der zum EuGH-Urteil vom 18.11.1999 zur Rs. C-200/98 (X AB und Y AB) führenden Verhandlung wurde von der schwedischen Regierung kein Rechtfertigungsversuch unternommen.

[489] Vgl. EuGH-Urteil vom 18.07.2007 zur Rs. C-231/05 (Oy AA), Rn. 56.

[490] Vgl. ebd., Rn. 58.

tion geändert wird. Zu einer künstlichen Gestaltung wäre erforderlich, dass der Konzern-beitrag dem Mutterunternehmen steuerlich unberücksichtigt zurückfließen könnte. Dies ließe sich jedoch durch weniger beschränkende Maßnahmen, wie z.B. Ausschüttungssper-ren oder Nachversteuerungspflichten bei Führung gesonderter Kapitalkonten, problemlos erreichen. An der Angemessenheit der vollständigen Verweigerung eines Konzernbeitrags können somit Zweifel geäußert werden. Zwar werden Verlagerungsaktivitäten durch diese Beurteilung der Konzernbeiträge effektiv verhindert, Standortneutralität bleibt jedoch durch die steuerliche Begünstigung von Inlandsinvestitionen verletzt.

Zur Abzugsfähigkeit von Aufwendungen gebietsfremder Betriebsstätte bezog der EuGH im Fall *Argenta Spaarbank*[491] Stellung. Verhandelt wurde über die Zulässigkeit der Be-schränkung der Berechnungsgrundlage für das belgische Verfahren der Zinsbereinigung der Körperschaftsteuer auf im Inland investiertes Vermögen. Unter Anwendung der Frei-stellungsmethode für Betriebsstättengewinne ist der Ausschluss von Zinsen auf nicht im Inland investiertes Eigenkapital aus kapitalimportneutraler Betrachtung folgerichtig. Da je-doch der Belegenheitsstaat der Betriebsstätte kein entsprechendes Verfahren zur Reduktion der Ungleichbehandlung von Eigen- und Fremdkapital implementiert hatte, bestand aus Sicht des Stammhauses eine Mehrbesteuerung der Auslandsinvestition durch die im Ver-gleich zu einer entsprechenden Inlandsinvestition geringere Eigenkapitalverzinsung. Hierzu konstatiert der EuGH, Belgien halte durch diese Regelung Unternehmen davon ab, Betriebsstätten in anderen Mitgliedstaaten zu gründen.[492] Die hervorgerufene Beschrän-kung könne weder durch die Kohärenz des nationalen Besteuerungssystems, noch durch eine angemessene Aufteilung der Besteuerungsrechte gerechtfertigt werden. Auch den Hin-weis des Beklagten, mit dem System lediglich die Gleichbehandlung von Fremd- und Ei-genkapital gewährleisten zu wollen, wiegelte der EuGH ab.

Tatsächlich verfolgte Belgien das Ziel, innerstaatliche Entscheidungsverzerrungen zu verringern, die aus der steuersystematisch nicht erklärbaren unterschiedlichen Behandlung von Aufwendungen im Zusammenhang mit Eigen- und Fremdkapital erwuchsen. Die vom EuGH beanstandete steuerliche Mehrbelastung der Auslandsinvestition bestand in Wahr-heit in Höhe der innerstaatlichen Entscheidungsverzerrung im Belegenheitsstaat. Es sollte daher die Frage erlaubt sein, ob nicht unter Umständen dieser Staat für die durch ihn selbst geschaffenen Investitionshemmnisse verantwortlich sein könnte. Hierzu sei in Erinnerung gerufen, dass der Gerichtshof bei einer Rechtfertigung durch die Wahrung einer angemes-senen Aufteilung der Besteuerungsrechte in anderen Sachverhalten durchaus berücksich-tigt hatte, dass ein Mitgliedstaat nicht verpflichtet sei, die nachteiligen Folgen zu tragen, die sich aus der Anwendung von Steuervorschriften eines anderen Mitgliedstaats ergeben.[493] Da der EuGH die hier betrachteten Wirkungen offensichtlich nicht als derartige Folgen einstufen wollte, bewirkte sein Urteil abermals, dass der „falsche" Mitgliedstaat als Verur-sacher einer Ungleichbehandlung identifiziert wurde. Die damit einhergehende unions-rechtliche Verpflichtung Belgiens, die Zinsbereinigung auch des im Ausland investierten Kapitals seiner gebietsansässigen Stammhäuser vorzunehmen, bewirkt eine Verletzung der

---

[491] EuGH-Urteil vom 04.07.2013 zur Rs. C-350/11 (Argenta Spaarbank), ECLI:EU:C:2013:447.

[492] Vgl. ebd., Rn. 33.

[493] Vgl. bspw. EuGH-Urteil vom 06.12.2007 zur Rs. C-298/05 (Columbus Container Services), Rn. 51 und EuGH-Urteil vom 07.11.2013 zur Rs. C-322/11 (K), ECLI:EU:C:2013:716, Rn. 79.

Verlagerungs- und Kapitalimportneutralität und erschwert eine entscheidungsneutrale Ausgestaltung der nationalen Steuersysteme durch die Mitgliedstaaten.

Drei weitere Urteile zu gebietsfremden Betriebsstätten betrafen staatliche Fördermaßnahmen. Dabei machte das österreichische[494] und das luxemburgische[495] Recht die Gewährung einer Investitionsprämie auf neu angeschaffte körperliche Wirtschaftsgüter davon abhängig, dass diese in einer inländischen Betriebsstätte verwendet werden. Gleiche Bedingung stellte auch eine deutsche[496] Regelung über einen Aufschub der Besteuerung bei Reinvestition in ein Ersatzwirtschaftsgut. Die Verwendung betraf dabei körperliche Wirtschaftsgüter, die vom Unternehmen insbesondere in anderen Mitgliedstaaten eingesetzt wurden.[497] Durch die Ungleichbehandlung nach dem Ort der eingesetzten Wirtschaftsgüter, ergab sich in den ersten beiden Sachverhalten eine Beschränkung der vordringlich betroffenen Dienstleistungsfreiheit.[498] Die Fälle hatten gemein, dass durch die gebietsfremde Tätigkeit keine Betriebsstätte begründet wurde. Die Besteuerungsrechte lagen somit allein beim Sitzstaat der Gesellschaft. In Abwesenheit von Zurechnungsproblemen ergab sich eine einfache Mehrbesteuerung des grenzüberschreitenden Sachverhalts. Entsprechend scheiterte der Rechtfertigungsversuch mittels Ausgewogenheit der Besteuerungsrechte.[499] Einer Wahrnehmung der Lenkungsfunktion der Besteuerung auf Kosten grenzüberschreitender Neutralität erteilte der Gerichtshof erneut eine Absage. Von der deutschen Regelung, welche im Zuge einer Vertragsverletzungsklage Gegenstand der Rechtsprechung wurde, waren hingegen auch Fälle betroffen, in denen Deutschland aufgrund abkommensrechtlicher Vereinbarung sein Besteuerungsrecht an den Ersatzwirtschaftsgütern verlor. Eine Ausweitung der Regelung auf solche Sachverhalte wäre somit mit dem Verlust des Besteuerungsrechts an den veräußerten Wirtschaftsgütern verbunden. Insofern betonte auch der Gerichtshof die Berechtigung der Bundesrepublik zur Besteuerung der auf das ersetzte Wirtschaftsgut entfallenden stillen Reserven im Zuge der Prüfung einer Rechtfertigung durch die ausgewogene Aufteilung der Besteuerungsrechte.[500] Entsprechend seiner Urteile zur Wegzugsbesteuerung erachtete er einen vollständigen Ausschluss der Begünstigung für solche Fälle jedoch als unverhältnismäßig und verwies auf die Möglichkeit einer Steuerstundung.[501] Zur Wirkung sei auf Abschnitt 4.4.2 verwiesen.

Mit Blick auf die Gesamtheit der hier bislang zu Beteiligungsaufwendungen eruierten Urteile, kann sicherlich angenommen werden, dass die Verletzung der Kapitalimportneutralität als Folge dieser Entscheidungen durch die hierdurch gleichzeitig verminderte Mehrbesteuerung aus Sicht der Standortneutralität aufgewogen wird. Denn erstere ergibt sich

---

[494] EuGH-Urteil vom 04.12.2008 zur Rs. C-330/07 (Jobra), Slg. 2008 I-9099, ECLI:EU:C:2008:685.

[495] EuGH-Urteil vom 22.12.2010 zur Rs. C-287/10 (Tankreederei I), Slg. 2010 I-14233, ECLI:EU:C:2010:827.

[496] EuGH-Urteil vom 16.04.2015 zur Rs. C-591/13 (Kommission/Deutschland).

[497] Im Falle der österreichischen Regelung betraf der Sachverhalt Kraftfahrzeuge, die im Zuge eines Leasinggeschäfts durch den Leasingnehmer überwiegend in anderen Mitgliedstaaten eingesetzt wurden.

[498] Vgl. EuGH-Urteil vom 04.12.2008 zur Rs. C-330/07 (Jobra), Rn. 26; EuGH-Urteil vom 22.12.2010 zur Rs. C-287/10 (Tankreederei I), Rn. 18.

[499] Weiterhin wurde auch die Gefahr einer Steuerumgehung, wie auch die steuerliche Kohärenz verworfen. Vgl. EuGH-Urteil vom 04.12.2008 zur Rs. C-330/07 (Jobra), S. 27 ff.; EuGH-Urteil vom 22.12.2010 zur Rs. C-287/10 (Tankreederei I), Rn. 19 ff.

[500] Vgl. EuGH-Urteil vom 16.04.2015 zur Rs. C-591/13 (Kommission/Deutschland), Rn. 68 f.

[501] Vgl. ebd., Rn. 70-73.

nur in Höhe der Differenz der anzuwendenden Steuersätze, letztere hingegen in Höhe des betreffenden Steuersatzes selbst. Dennoch führt die Interpretation der Grundfreiheiten durch den EuGH in Bezug auf mit freigestellten ausländischen Einkünften zusammenhängende Kosten zu keiner effizienten Lösung der Steuerrechtskollisionen. Wünschenswert wäre daher eine sekundärrechtliche Regelung durch die Mitgliedstaaten. Der durch den EuGH erzeugte Harmonisierungsdruck schien jedoch hierfür bislang nicht ausgereicht zu haben.[502]

Dass unionsrechtlich die Ursächlichkeit einer Mehrbesteuerung durchaus einzubeziehen sein kann, zeigte die Rs. *Banque Fédérative du Crédit Mutuel*[503]. Sie betraf den Umfang der einzubeziehenden Gewinnausschüttungen zur Ermittlung des pauschalen nicht abzugsfähigen Betrags für Verwaltungskosten der Beteiligung nach Art. 4 Abs. 3 MTR. Diese pauschale Hinzurechnung von 5 % der Gewinnausschüttung dient hierbei dem Ausgleich einer unterstellten Berücksichtigung bestimmter Kosten auf Ebene des Mutterunternehmens, die eigentlich dem Tochterunternehmen zuzurechnen wären. Eine solche Hinzurechnung ist auch primärrechtlich grundsätzlich nicht zu beanstanden, insofern sie gleichwertig für die Rückflüsse aus inländischen und gebietsfremden Tochterunternehmen erfolgt.[504] Für den Fall, dass aufgrund einer Ausnahmeregelung der Mutter-Tochter-Richtlinie Quellensteuer vom Sitzstaat einer Tochtergesellschaft bei Ausschüttungen an ihre Muttergesellschaft einbehalten wird, sah eine französische Regelung zusätzlich zur Freistellung der Beteiligungserträge auf körperschaftsteuerlicher Ebene des Mutterunternehmens eine Steuergutschrift vor, die dem Mutterunternehmen in Höhe der einbehaltenen Quellensteuer gewährt wurde und welche diese bei eigener Ausschüttung auf die von ihr geschuldeten Kapitalertragsteuer anrechnen konnte. Hierdurch wurde die Quellensteuerbelastung aus Sicht des Mutterunternehmens neutralisiert. Dem Mutterunternehmen stand somit effektiv die gesamte Ausschüttung (abzüglich der durch das Tochterunternehmen abzuführenden Körperschaftsteuer) zur Verfügung. Bei der nach Art. 4 Abs. 3 MTR zulässigen Hinzurechnung von 5 % dieser Bemessungsgrundlage wurden daher auch 5 % der gewährten Steuergutschrift einbezogen. Voraussetzung für die Anrechnung der Steuergutschrift war jedoch, dass das Mutterunternehmen die Dividenden, auf welche diese Gutschriften angerechnet wurden, innerhalb von fünf Jahren ausschüttet. Geschah dies nicht, so verfiel die Gutschrift, die Quellensteuer wurde definitiv und der Einbezug von 5 % der Steuergutschrift in die hinzuzurechnenden pauschalen Beteiligungskosten führte zu einer steuerlichen Mehrbelastung, da die vom Mutterunternehmen empfangenen Dividenden in diesem Fall zu 5 % sowohl der ausländischen Quellensteuer als auch der inländischen Körperschaftsteuer unterlegen hatten.

Aus dem Wortlaut der Mutter-Tochter-Richtlinie sollte ein solches Vorgehen legitim sein. Der in Art. 4 Abs. 3 MTR verwendete Begriff „von der Tochtergesellschaft ausgeschüt-

---

[502] So erfolgten auch bei der letzten Änderung der Mutter-Tochter-Richtlinie durch die Richtlinie (EU) 2015/121 vom 27.01.2015 lediglich Anpassungen zur Vermeidung von Steuerarbitrage.

[503] EuGH-Urteil vom 03.04.2008 zur Rs. C-27/07 (Banque Fédérative du Crédit Mutuel), Slg. 2008 I-2067, ECLI:EU:C:2008:195.

[504] Da auch die Bestimmungen der Richtlinie unter Wahrung des Primärrechts anzuwenden sind, ist eine einseitige Hinzurechnung nur für Dividenden inländischer Gesellschaften unzulässig, vgl. EuGH-Urteil vom 02.09.2015 zur Rs. C-386/14 (Groupe Steria), ECLI:EU:C:2015:524, Rn. 22, 39.

tete Gewinne", bezieht sich unter Berücksichtigung von Art. 5 MTR[505] auf den nach Körperschaftsteuer verbliebenen Ausschüttungsbetrag vor Abzug von Quellensteuern, welche
die Muttergesellschaft belasten sollen. Die Bemessung der hinzuzurechnenden pauschalen
Aufwendungen auf Basis der (vor Abzug von Quellensteuern) zur Verfügung stehenden
auskehrbaren Gewinne steht daher im Einklang mit den Bestimmungen der Richtlinie.

Dies aber entsprach nicht der Argumentation des Gerichtshofs, der eine eher systematische Auslegung der Richtlinie vornahm. Er vertrat dabei die nachvollziehbare Ansicht,
dass die Französische Republik durch die Steuergutschrift eine juristische Doppelbesteuerung der Muttergesellschaft gerade zu verhindern versuchte, obgleich sie nach den Bestimmungen der Richtlinie hierzu nicht verpflichtet war.[506] Daher bestünden in der Beschränkung der Anrechenbarkeit auf die fünf Folgejahre auch keine Bedenken. Die Korrektur der
Beteiligungskosten diene dazu, die Gewinne der Tochtergesellschaft auf den Betrag anzupassen, über welchen „die Muttergesellschaft insoweit letztlich und tatsächlich verfügt" und
stehe daher „im Einklang mit dem Ziel der steuerlichen Neutralität"[507]. Im Fall, dass diese
Dividenden jedoch nicht innerhalb der Fünfjahresfrist ausgeschüttet werden, führt die Hinzurechnung der Beteiligungskosten zweifellos zu einer „stärkeren steuerlichen Belastung
der Muttergesellschaft"[508]. Die hieraus resultierende Mehrbelastung ergebe sich jedoch aufgrund der Quellenbesteuerung im Sitzstaat des Tochterunternehmens. Der Sitzstaat der
Mutterunternehmen bleibe somit berechtigt, die Beteiligungskosten um 5 % der (verfalle-
nen) Steuergutschrift zu erhöhen.[509] Ein Verstoß gegen die Richtlinie ergebe sich folglich
nicht.

Auch wenn man dem Ergebnis dieser Argumentation zustimmen mag, bleibt diese Begründung wenig stichhaltig. Denn die Belastung der französischen Hinzurechnung der Beteiligungserträge geht im Fall der Nicht-Ausschüttung über die Quellensteuer hinaus. Die
Mehrbelastung ergibt sich hier nur zum einen aus der nicht angerechneten Quellensteuer,
zum anderen aber aus den zusätzlich nicht freigestellten Beteiligungsaufwendungen. Offensichtlich hatte der EuGH bei dieser für ihn ungewöhnlichen Argumentation daher weniger
die tatsächliche Wirkung als das Ziel der Norm vor Augen, welches er nicht zu sanktionie-
ren bereit war.

4.3.2.4 Freistellung von Veräußerungsverlusten

Nach den Bestimmungen OECD-MA werden die Besteuerungsrechte für Gewinne aus der
Veräußerung immobiler (Art. 13 Abs. 1 i.V.m. Art. 6 OECD-MA) oder gewerblicher (Art.
13 Abs. 2 OECD-MA) Vermögenswerte dem Belegenheitsstaat zugesprochen. Der Sitzstaat
des Veräußerers hat die Wahl der Methode zur Vermeidung der Doppelbesteuerung. In
den im Folgenden dargestellten Sachverhalten wurde hierbei einheitlich eine Freistellung
solcher Gewinne (und Verluste) gewählt. Die Besteuerungsrechte bei der Veräußerung an-

---

[505]   Dieser verwendet ebenfalls den Terminus der „ausgeschütteten Gewinne" zur Beschreibung der Bemessungs-
          grundlage der Quellensteuer. Folglich kann sich der Begriff nur auf den Ausschüttungsbetrag von Abzug von
          Quellensteuern beziehen.
[506]   Vgl. EuGH-Urteil vom 03.04.2008 zur Rs. C-27/07 (Banque Fédérative du Crédit Mutuel), Rn. 38, 44.
[507]   Ebd., Rn. 39 f.
[508]   Ebd., Rn. 47.
[509]   Vgl. ebd., Rn. 44.

derer Vermögenswerte hält gemäß Art. 13 Abs. 5 OECD-MA ausschließlich der Sitzstaat des Veräußerers. Da der Steuerpflichtige jedoch zumeist den größeren Anteil seiner Einkünfte in seinem (Wohn-)Sitzstaat generiert, steht im Quellenstaat der Verlustverrechnung ggf. nicht ausreichendes Steuersubstrat zur Durchführung eines Verlustausgleichs zur Verfügung.

Entsprechend besteht für die Steuerpflichtigen (unabhängig von der Steuersatzdifferenz zwischen den beteiligten Staaten) mitunter ein Vorteil, diese Verluste im ersteren Staat auszuweisen. Ob eine unionsrechtliche Verpflichtung zur Berücksichtigung solcher Verluste besteht, ergab sich insbesondere aus der Rs. K[510], in welcher ein finnischer Steuerpflichtiger den Einbezug eines nicht im Quellenstaat berücksichtigungsfähigen Veräußerungsverlusts aus einer in Frankreich belegenen Immobilie zu erstreiten versuchte. Die Verweigerung des Einbezugs nur für gebietsfremde Immobilien stellte dabei nach Dafürhalten des Gerichtshofs eine Ungleichbehandlung objektiv vergleichbarer Situationen dar, aus der er eine Beschränkung der Kapitalverkehrsfreiheit ableitete.[511] Entscheidend war jedoch seine Würdigung der Rechtfertigungsebene. Eine spiegelbildliche Behandlung von Gewinnen und Verlusten stellt hierbei nach Auffassung des Gerichts einen Steuervor- und einen Steuernachteil dar, zwischen denen ein unmittelbarer Zusammenhang besteht. Entsprechend folgte er den Argumenten des Beklagten und erachtete die fragliche Norm durch die Wahrung steuerlicher Kohärenz und einer angemessenen Aufteilung der Besteuerungsrechte für gerechtfertigt. Unter den in Abschnitt 4.3.4.1 ausgeführten Einschränkungen gewährleistet dieses Ergebnis die Möglichkeit zur kapitalimportneutralen Aufteilung der Besteuerungsrechte. Denn die Mehrbesteuerung beruhte primär auf der Nichtberücksichtigung der Verluste im Quellenstaat und war vordringlich diesem zuzuschreiben.

Die Sachverhalte *Deutsche Shell*[512] sowie *X AB*[513] betrafen eine Bewertungsproblematik bei der Veräußerung von in Fremdwährungen gehaltenen gebietsfremder Investitionsobjekte. Im ersteren Fall wurde dieses mittels einer ausländischen Betriebsstätte durchgeführt. Während die Bestimmungen des OECD-MA nun dem Belegenheitsstaat dieser Beteiligungen die Besteuerungsrechte aus deren Veräußerung zusprechen, trifft es keine Aussage über die Bewertung dieser Vermögenswerte.[514] Speziell ging es im Ausgangssachverhalt um Währungsverluste, welche sich aufgrund gestiegener Wechselkurse bei der Rückzahlung von Dotationskapital einer (zur Veräußerung in ein ausländisches Tochterunternehmen umgewandelten) ausländischen Betriebsstätte an das inländische Mutterunternehmen ergaben.

Es ist naheliegend, dass ausschließlich der Sitzstaat des Stammhauses die Besteuerung von Währungsgewinnen und Währungsverlusten aus der Auskehrung von Eigenkapital der Betriebsstätte tragen kann. Da der Belegenheitsstaat der Betriebsstätte sowohl Veräußerungserlös als auch Buchwert des Dotationskapitals zum Zeitpunkt der Ausreichung in der eigenen Währung berechnet, kann sich dort schließlich gar kein Währungsgewinn oder -verlust ergeben. Dieser wird erst bei Auskehrung der zuvor überlassenen Wirtschaftsgüter

---

[510] EuGH-Urteil vom 07.11.2013 zur Rs. C-322/11 (K).
[511] Vgl. ebd., Rn. 30 f., 48.
[512] EuGH-Urteil vom 28.02.2008 zur Rs. C-293/06 (Deutsche Shell).
[513] EuGH-Urteil vom 10.06.2015 zur Rs. C-686/13 (X AB), ECLI:EU:C:2015:375.
[514] Vgl. OECD (2014b), Commentary on Art. 13, Rn. 12.

an das Stammhaus realisiert. Hieraus lässt sich folgern, dass der Sitzstaat des Stammhauses diese Wertveränderungen steuerlich berücksichtigen sollte.[515] Insofern der Sitzstaat des Stammhauses die Gewinne aus gehaltenen Fremdwährungen steuerlich nicht abbildet, während der Belegenheitsstaat diese technisch kaum erfassen kann, entsteht so eine Minderbesteuerung aufgrund des Vorliegens weißer Einkünfte. Im umgekehrten Fall einer Nichterfassung von Währungsverlusten durch das Stammhaus ergibt sich dementsprechend eine Situation der Mehrbesteuerung. Darüber hinaus ist zu ergründen, ob sich an die ökonomische Forderung des steuerlichen Einbezugs von Währungsgewinnen und -verlusten durch den Wohnsitzstaat Änderungen aufgrund möglicher Verlagerungseffekte ergeben. Hierzu stellt sich die Frage, ob diese Gewinne dem Effektivsteuersatz des Quellen- oder des Wohnsitzstaats unterworfen sein sollten. Nach den hier entscheidenden Anforderungen der Kapitalimportneutralität, muss die Durchführung einer Investition im Quellenstaat zu den dortigen Marktbedingungen erfolgen. Diese Bedingungen umfassen auch die Ausstattung mit der dortigen Währung. Die ausländische Betriebsstätte oder die Kapitalgesellschaft als Mantel der Investition ist somit mit Kapital auszustatten, welches in der Währung des Quellenstaats dotiert ist. Dass dieses Kapital einer Währungsumrechnung unterlag, muss für diesen unbeachtlich sein. Würde eine Besteuerung der Kursänderungen im Quellenstaat erfolgen, so wären die steuerlichen Rahmenbedingungen im Vergleich zu einem inländischen Marktakteur verschieden, der keiner Währungsumrechnung unterliegt. Auch aus diesem Blickwinkel folgt daher, dass der steuerliche Zugriff auf Ebene des Sitzstaats zu erfolgen hat.

Nach Auffassung der beklagten deutschen Finanzverwaltung, die sich auf zwei Urteile des BFH stützen konnte[516], sind jedoch „Verluste und Gewinne aus Währungsschwankungen des Dotationskapitals der Betriebstätte [...] durch die Existenz der Betriebsstätte bedingt und daher dieser zuzuordnen."[517] Eine Nichtberücksichtigung dieser Gewinne und Verluste sei somit zwar nicht zufriedenstellend, jedoch aufgrund der Symmetrietheorie hinzunehmen.[518] Gegen die hieraus resultierende Verweigerung des Einbezugs solcher Verluste aus Währungsschwankungen richtete sich die Klage, die zu den Vorlagefragen an den EuGH führte.

Dieser sah eine Beschränkung der Niederlassungsfreiheit aufgrund eines erhöhten Steuerrisikos, das zusätzlich zum ohnehin bestehenden Währungsrisiko die wirtschaftlichen Risiken der Investition in anderen Mitgliedstaaten erhöht.[519] Dass durch die Regelung die Kohärenz eines Steuersystems gewahrt würde, welches auch Währungsgewinne nicht besteuert, wies der EuGH zurück, da der Steuervorteil einer solchen Nichtbesteuerung im Gewinnfall nicht in unmittelbarem Zusammenhang mit dem Steuernachteil stünde, schließlich erwuchs dem Kläger selbst kein solcher Vorteil.[520] Ebenfalls wies der den Rechtfertigungsversuch, die Beschränkung ergebe sich aus der Aufteilung der Steuerhoheit zwischen

---

[515] So auch ebd., Commentary on Art. 13, Rn. 16 f. Alternativ wird auf die Möglichkeit eines Verständigungsverfahrens nach Art. 25 zur Vermeidung der Doppelbesteuerung verwiesen.

[516] BFH-Urteil vom 16.02.1996 zur Rs. I R 43/95, BStBl. II 1997, S. 128; BFH-Urteil vom 16.02.1996 zur Rs. I R 46/95, BStBl. II 1996, S. 588.

[517] Bundesministerium der Finanzen (1999), S. 35.

[518] Siehe Cloer/Lavrelashvili (2008), S. 292.

[519] Vgl. EuGH-Urteil vom 28.02.2008 zur Rs. C-293/06 (Deutsche Shell), Rn. 30-32.

[520] Vgl. ebd., Rn. 40.

den beteiligten Staaten, mit dem Hinweis zurück, dass im vorliegenden Sachverhalt lediglich der beklagte Sitzstaat des Stammhauses überhaupt die Möglichkeit zur Berücksichtigung solcher Verluste habe.[521]

Die zweite Rs. *X AB* basierte auf einer Besonderheit des schwedischen Steuerrechts, welches einen Verzicht der Besteuerung von Gewinnen aus der Veräußerung bestimmter Anteile juristischer Personen an nicht börsennotierten Aktiengesellschaften oder Genossenschaften, an denen eine Beteiligung von mindestens 10 % gehalten wurde, vorsah. Entsprechend konnten Verluste, die sich aus einer solchen Veräußerung ergaben, die Bemessungsgrundlage der Körperschaftsteuer nicht mindern. Zu solchen Verlusten wurden hierbei auch solche aus dem Wertverlust von in Fremdwährungen gehaltenen Kapitalanteilen gezählt, die sich aufgrund gesunkener Wechselkurse ergaben. Ökonomisch gilt das zu Betriebsstätten im vorherigen Sachverhalt erwähnte. Durch die schwedische Rechtslage ergibt sich eine Mehrbesteuerung. Um das Vorliegen einer Ungleichbehandlung zufriedenstellend zu prüfen, wäre nun die Entscheidung erforderlich gewesen, ob es sich bei Fremdwährungsverlusten um einen vom Veräußerungsgewinn separierbaren Bestandteil handelt. Denn im Gegensatz zum vorigen Sachverhalt umfasst der Verzicht auf eine Besteuerung (mit anderen Worten das Risiko einer Mehr- oder Minderbesteuerung) nicht nur die Wechselkursentwicklung, sondern den Veräußerungsgewinn oder -verlust als Ganzes. Ein Fremdwährungsverlust ist wohl als zusätzliches steuerliches Risiko anzusehen, welches dem Steuerpflichtigen über das Risiko eines regulären Veräußerungsverlusts hinaus erwächst.[522] Durch dieses steuerliche Risiko würden entsprechend der Ausführungen des EuGH zur obigen Rechtssache Investitionen in gebietsfremde Gesellschaften ungünstiger behandelt. Jedoch folgte der EuGH nun einem anderen Weg. Er verwies auf die Möglichkeit, dass auch Gesellschaften mit inländischen Beteiligungen von der Nichtabziehbarkeit der Währungsverluste betroffen sein könnten, wenn diese Beteiligungen in einer fremden Währung gezeichnet seien.[523]

Es darf wohl bezweifelt werden, dass diese Möglichkeit in der Praxis so weit verbreitet ist, als dass hier von einem zu Steuerpflichtigen mit gebietsfremden Beteiligungen auch nur ansatzweise ebenbürtigem Risiko gesprochen werden könnte.[524] Die Folgerung des Gerichtshofs, es liege hier keine Ungleichbehandlung und somit keine Beschränkung der Niederlassungsfreiheit vor[525], kann demnach nur als Korrektur seiner Rechtsprechung zur Rs. *Deutsche Shell* interpretiert werden, welche nicht nur von der Generalanwältin Kokott in ihren Schlussanträgen zur vorliegenden Rechtssache kritisiert wurde, da sie sich zu einseitig

---

[521] Ebd., Rn. 44.

[522] So stellen Fremdwährungen auch im deutschen Steuerrecht ein separates Wirtschaftsgut dar, dessen Veräußerung unabhängig von den hiermit im Zusammenhang stehenden Wirtschaftsgütern ein steuerpflichtiges Veräußerungsgeschäft auslöst (vgl. § 23 Abs. 1 Nr. 2 dEStG).

[523] Vgl. EuGH-Urteil vom 10.06.2015 zur Rs. C-686/13 (X AB), Rn. 30f. Es sei angemerkt, dass die strittige zu veräußernde britische Beteiligung nicht in Britischen Pfund, sondern in US Dollar gehalten wurde, wie die Schlussanträge des GA Kokott vom 22.01.2015 zur Rs. C-686/13 (X AB), ECLI:EU:C:2015:31, Rn. 36 hervorheben.

[524] Nach Rspr. des Gerichtshofs kann sich eine versteckte Diskriminierung aber besonders in solchen Sachverhalten ergeben, in denen grenzüberschreitende Sachverhalte „typischerweise stärker betroffen" sind. Siehe hierzu: Ehlers in: Ehlers (2009), Rn. 26 und Klement (2015), S. 359 m.w.N.

[525] Vgl. EuGH-Urteil vom 10.06.2015 zur Rs. C-686/13 (X AB), Rn. 32, 35.

auf die Verlustseite fokussiert hätte.[526] Mit seiner weiteren Ausführung, eine Nichtausübung der Besteuerungsrechte sei grundsätzlich „neutral" und könne daher keine Beschränkung induzieren[527], gelangte der EuGH nun auch im Bereich der Währungsverluste zur Ansicht (die auch der BFH in den oben genannten Urteilen vertreten hatte), dass hier vordergründig auf die Symmetrietheorie abzustellen sei. Bezogen auf die hier betrachteten Währungsverluste bedeutet diese unionsrechtliche Erkenntnis, dass die Mehrbesteuerung solcher grenzüberschreitender Transaktionen aus steuersystematischen Gründen hinzunehmen ist. Ökonomisch lässt sich ein solch abstraktes Verständnis von „Steuersystematik" aus den genannten Gründen jedenfalls nicht nachvollziehen.

4.3.3 Rückflüsse bei Anwendung der Anrechnungsmethode

Damit die Anrechnungsmethode zu einer kapitalexportneutralen Besteuerung führt, muss diese sämtliche ausländische Steuern umfassen, welche auf das Steuersubstrat des Investitionsobjekts erhoben wurden. Dies gilt sowohl für ausländische Quellensteuern auf die Einkommensteuer inländischer Investoren wie auch auf die im Ausland erhobenen Körperschaftsteuern auf den Rechtsmantel des Investitionsobjekts. Anrechnungsüberhänge müssen erstattet werden. Nach den Regelungen des OECD-MA und der Mutter-Tochter-Richtlinie ist ein Anrechnungsverfahren insbesondere bei Unternehmensbeteiligungen von unter 10 % (zwingend) oder bei Unternehmensbeteiligungen von über 10 % (wahlweise) vorgesehen. Hierbei umfasst die Anrechnung im ersten Fall nur die Quellensteuer, die auf 15 % der Bruttodividende gedeckelt ist und im zweiten Fall nur die ausländische Körperschaftsteuer, da dem Sitzstaat des Tochterunternehmens eine Quellenbesteuerung versagt ist.

4.3.3.1 Direkte grenzüberschreitende Anrechnung

Eines der ersten Urteile in diesem Zusammenhang betraf die Klage des *Orange European Smallcap Fund*[528]. Die zugrundeliegenden niederländischen Vorschriften bezweckten eine Wirkungsgleichheit der Besteuerung bestimmter OGAW anlog zur Besteuerung von Direktinvestitionen durch deren Anteilseigner. Hierzu waren einbehaltene inländische Quellensteuern auf von diesen Organismen empfange Dividenden erstattungsfähig und der Körperschaftsteuersatz auf null reduziert. Um Thesaurierungsvorteile zu begrenzen, waren die Organismen verpflichtet, innerhalb bestimmter Fristen ihre Gewinne (mit Ausnahme bestimmter zulässiger Rücklagen) an ihre Gesellschafter auskehren. Dabei konnten jedoch ausländische Quellensteuern grundsätzlich nur bis zur Höhe der inländischen Körperschaftsteuer angerechnet werden. Da eine solche nun aufgrund des Steuersatzes von Null auf die Organismen nicht erhoben wurde, erhielt dieser für die ausländischen Steuern eine Erstattung in Höhe der fiktiv auf die Ausschüttungen anfallenden niederländischen Steuer. In der Gesamtschau ergab sich somit eine körperschaftsteuerliche Freistellung, jedoch eine Quellenbesteuerung unter Erstattung der auf die empfangene Dividende einbehaltenen Quellensteuern.

---

[526]   Schlussanträge des GA Kokott vom 22.01.2015 zur Rs. C-686/13 (X AB), Rn. 43.
[527]   Vgl. EuGH-Urteil vom 10.06.2015 zur Rs. C-686/13 (X AB), Rn. 38 f.
[528]   EuGH-Urteil vom 20.05.2008 zur Rs. C-194/06 (Orange European Smallcap Fund).

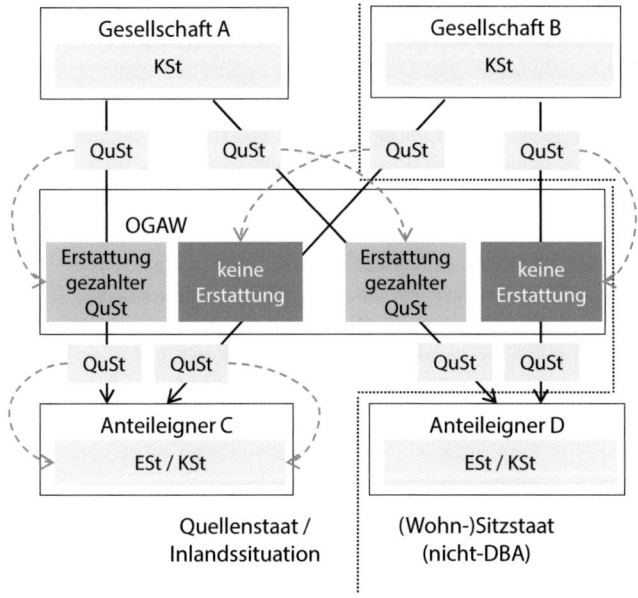

Abb. 12: Sachverhalt der Rs. Orange European Smallcap Fund, Vorlagefrage 1, lit. a (vereinfachte Darstellung)

Gemeinschaftsrechtliches Konfliktpotential bestand nun bezüglich einer Regelung, welche diese Erstattung auf denjenigen Anteil zu beschränken versuchte, der bei einer Direktinvestition durch die am Organismus beteiligten Personen im Rahmen der Einkommensteuer anrechenbar gewesen wäre. Dazu beschränkte sich die gewährte fiktive Erstattung zum einen auf den Anteil der ausländischen Steuern, die nach Maßgabe der geschlossenen DBA von der Einkommensteuer abzugsfähig wären (Vorlagefrage 1, lit. a) und zum anderen auf den Anteil des Personenkreises der gebietsansässigen Anteilseigner (Vorlagefrage 1, lit. b), da gebietsfremden eine solche inländische Anrechnung nicht zustand. Die Übersicht (siehe Abb. 12) schildert die steuerliche Situation, in welcher der Sondermechanismus zur Berücksichtigung gebietsfremder Steuern aufgrund dieser Ausnahmeregelungen nicht greift.

Zunächst ist festzustellen, dass der Anlageorganismus lediglich zur Bündelung von Kapital und zur Durchreichung von Dividenden genutzt wird. Es handelt sich bei solchen Dividenden (zwischen B und D) ausländischen Ursprungs und gebietsfremder Anteilseigner somit ausschließlich um Transitdividenden. Jede durch den Transitstaat erhobene effektiv werdende Besteuerung sollte sowohl nach Maßgabe der Kapitalimport- wie auch der Kapitalexportneutralität unterbleiben. Im Sinne des Art. 10 Nr. 2 OECD-MA ist zur Vermeidung der Doppelbesteuerung der effektivste Weg in der Beschränkung der Quellenbesteuerung zu sehen. Da die Niederlande hierbei eine Quellensteuer auf Ausschüttungen des Organismus erhoben, sollte entsprechend eine Anrechnung der im vorherigen Beteiligungsglied angefallenen Steuern erfolgen. Damit das niederländische Anrechnungsverfahren bei

Ausschüttungen von B an C Kapitalexportneutralität gewährleisten könnte, wäre die vollständige Anrechnung auch der ausländischen Körperschaftsteuern erforderlich. Durch die parallele Besteuerung von Körperschaftsteuer und Quellensteuer ergibt sich entsprechend eine Verletzung von Standortneutralität. Durch den Ausschluss einer Anrechnung oder Erstattung von Quellensteuern, die auf bestimmte Dividenden aus Staaten erhoben wurden, mit denen kein entsprechendes DBA geschlossen wurde, ergibt sich darüber hinaus eine Mehrbesteuerung.[529] Weiterhin ist die niederländische Regelung ebenfalls nicht geeignet, eine Wirkungsgleichheit mit der Besteuerung einer Direktinvestition durch inländische Anteilseigner zu erreichen, denn hierzu müsste die Beschränkung der erstattungsfähigen ausländischen Steuern auf den Anteil des Personenkreises auch diesem vollständig zugutekommen. Aufgrund der formelhaften Berechnung und der Erstattung an das Investitionsvehikel kommt dies jedoch allen Anteilseignern entsprechend ihrer quotalen Beteiligung zugute.

Zu einem mit diesen Ausführungen übereinstimmendem Ergebnis gelangt die Große Kammer beim zweiten Teil der ersten Vorlagefrage. Durch den Einbezug der gebietsfremden Anteilseigner in die Besteuerung, sind Organismen mit gebietsansässigen und (teilweise) gebietsfremden Anteilseignern in einer vergleichbaren Situation, auf welche unterschiedliche steuerliche Vorschriften angewandt würden.[530]

Zur Beantwortung des ersten Teils der ersten Vorlagefrage folgte der EuGH weitgehend den Ausführungen des Generalanwalts Bot. Dieser sah zwar tatsächlich eine Ungleichbehandlung aufgrund der einseitigen Doppelbesteuerung auf solche Dividenden, bei welchen die auf sie erhobenen ausländischen Quellensteuern aufgrund geschlossener DBA nicht erstattungsfähig waren, stellte jedoch anschließend fest, dass aus Sicht des Anlageorganismus keine Besteuerung durch den Mitgliedstaat stattfände. Die festgestellte höhere Steuerbelastung und daraus resultierende Ungleichbehandlung sei daher den DBA-Staaten zuzuschreiben, für welche die erhobene Steuer nicht erstattungsfähig war, namentlich Deutschland und Portugal. Denn nicht die niederländischen Regelungen, sondern der Quellenbesteuerung durch diese Mitgliedstaaten sei Ursache der höheren Steuerbelastung.[531] Daher könne es keine Verpflichtung für einen Mitgliedstaat geben, „einen Steuernachteil auszugleichen, der sich aus einer Mehrfachbelastung ergibt, die zur Gänze durch den Mitgliedstaat bewirkt wird, in dessen Hoheitsgebiet die diese Dividenden ausschüttende Gesellschaft niedergelassen ist"[532]. Die Ungleichbehandlung sei folglich nicht auf eine diskriminierende Vorschrift der Niederlande zurückzuführen und nicht von diesem Mitgliedstaat zu verantworten.[533]

Diese Ausführungen zeugen von einer Reduktion der Betrachtung auf die steuerliche Situation des Organismus unter sehr einseitiger Einbettung in das nationale und internationale System der Besteuerung. Diesem Vorgehen müssen insbesondere zwei Argumente

---

[529] Vorstehendes gilt unter der Annahme, dass die ausländischen Steuern nicht im Zuge einer späteren Anrechnung nachgelagerter Beteiligungsglieder neutralisiert werden.

[530] Vgl. EuGH-Urteil vom 20.05.2008 zur Rs. C-194/06 (Orange European Smallcap Fund), Rn. 74, 78.

[531] Schlussanträge des GA Bot vom 03.07.2007 zur Rs. C-194/06 (Orange European Smallcap Fund), Slg. 2008 I-03747, ECLI:EU:C:2007:403, Rn. 82-89.

[532] EuGH-Urteil vom 20.05.2008 zur Rs. C-194/06 (Orange European Smallcap Fund), Rn. 41.

[533] Ebd., Rn. 48 ff.

entgegengehalten werden: Erstens wurden Quellensteuern nicht nur von diesen Mitgliedstaaten (Deutschland und Portugal) erhoben, sondern auch von den Niederlanden und anderen DBA-Staaten. Somit kann nur eine fehlende Anrechnung und nicht die Erhebung
selbst zur Ungleichbehandlung geführt haben. Wird die gebietsfremde Quellensteuer auf
die durch den OGAW bezogenen Dividenden in die Betrachtung der Situation einbezogen,
so ist nicht nachvollziehbar, warum die inländische Quellenbesteuerung im Vergleichspaar
unberücksichtigt bleiben sollte. Zweitens erfordert die Aussage, ursächlich für die Mehrbelastung sei die durch Deutschland und Portugal erfolgende Besteuerung, eine Entscheidung
darüber, wie Besteuerungsrechte denn korrekterweise aufzuteilen wären.[534] Da die Wahrnehmung der Quellenbesteuerung durch Deutschland und Portugal mit den Besteuerungsrechten des OECD-MA korrespondiert, welche der EuGH bereits als Indiz für eine angemessene Aufteilung der Besteuerungsrechte herangezogen hatte[535], erscheint dies zumindest begründungswürdig. Die gemeinschaftsrechtlichen Erwägungsgründe für seine, den
Schlussanträgen entsprechenden, Beurteilung blieb der Gerichtshof jedoch schuldig. Die
Mehrbesteuerung innerhalb der Sphäre dieser Staaten kann sich in diesem Fall nur aus der
Belastung sowohl auf Ebene der Körperschaft als auch auf Ebene des Dividendenempfängers im Rahmen der Quellensteuer ergeben. Eine solche Ausübung der Besteuerungsrechte
ist jedoch im Falle einer Freistellung im Wohnsitzstaat Voraussetzung für Kapitalimportneutralität und im Falle der Anrechnungsmethode von Beteiligungen unter 10 % zumindest
gängige Praxis.[536] Lediglich im Falle einer Anwendbarkeit der Mutter-Tochter-Richtlinie
wäre hingegen ein Ausschluss von Quellensteuern vorgesehen gewesen.

Ganz ähnliche steuerliche Belastungswirkungen ergaben sich aus einer französischen
Norm, über deren gemeinschaftsrechtliche Zulässigkeit der Gerichtshof im Fall *Accor*[537] zu
befinden hatte. Diese sah eine körperschaftsteuerliche Befreiung für Dividenden vor, die
durch inländische Gesellschaften von anderen Gesellschaften bezogen wurden, an denen
diese eine Mindestbeteiligung aufwiesen. Da diese unterhalb der Mindestbeteiligung im
Sinne der Mutter-Tochter-Richtlinie lag, fand letztere im Ausgangssachverhalt keine Anwendung. So wurde Quellensteuer auf die Ausschüttung an das beziehende inländische Unternehmen einbehalten. Da aufgrund der Freistellung eine steuerliche Mehrbelastung dieser Dividenden nicht auf der Ebene der Körperschaft vermieden werden konnte, wurde,
wie im Fall *Orange European Smallcap Fund*, die Quellensteuer auf die von der beziehenden
inländischen Gesellschaft (QuSt 1) bei Weiterleitung dieser Dividenden an ihre Anteilseigner geschuldeten Quellensteuer (QuSt 2) angerechnet. Diese Anrechnung wurde ebenfalls
auf inländische Quellensteuern beschränkt. Somit ergaben sich im Vergleich zur Vorlagefrage 1, lit. a der vorigen Rechtssache im Wesentlichen die Unterschiede, dass

---

[534] Dieser Entscheidung hatte sich der EuGH ansonsten stets entzogen, vgl. bspw. EuGH-Urteil vom 12.05.1998
       zur Rs. C-336/96 (Gilly), Rn. 24, 30 sowie EuGH-Urteil vom 08.11.2007 zur Rs. C-379/05 (Amurta), Rn. 17.
[535] Vgl. bspw. EuGH-Urteil vom 14.02.1995 zur Rs. C-279/93 (Schumacker), Rn. 32.
[536] Vgl. Art. 10 OECD-MA.
[537] EuGH-Urteil vom 15.09.2011 zur Rs. C-310/09 (Accor).

a)   sich die Norm nicht auf OGAW beschränkte, sondern nach Mindestbeteiligungen unterschied,

b)   statt Anwendung eines Körperschaftsteuersatzes von null eine Freistellung von der Körperschaftsteuer erfolgte und

c)   die auf die beziehende Gesellschaft erhobene Quellensteuer (QuSt 2) im Vergleichspaar nicht auf Ebene der Gesellschaft, sondern erst auf Ebene der Quellenbesteuerung der Eigner abzugs- / erstattungsfähig war.

Obgleich in diesem Fall die fragliche Anrechnung nicht auf Ebene der Gesellschaft sondern erst auf Ebene der Quellenbesteuerung der Anteilseigner möglich war und auf Ebene der beziehenden Gesellschaft keine Besteuerung stattfand, rechnete der EuGH die Ungleichbehandlung hier nun abweichend vom vorigen Urteil dem Sitzmitgliedstaat der beziehenden Gesellschaft zu[538] und untersagte somit eine ungerechtfertigte Ungleichbehandlung bei der Anrechnung ausländischer Quellensteuer, die er zuvor noch erlaubt hatte. Anders als in vorheriger Rechtssache konnte nun nämlich die Eignerebene nicht vollständig ausgeblendet bleiben, da sich die Ungleichbehandlung erst auf deren Ebene[539] ergab. Da jedoch die Eignerebene regelmäßig nicht vom EuGH berücksichtigt wurde, musste er zur Findung einer mit seiner Rechtsprechung konkludenten Lösung dieses Problem umgehen. So stellte er fest, die Muttergesellschaft müsse im grenzüberschreitenden Fall „entweder die um den Betrag des Steuervorabzugs geschmälerten Dividenden auszuschütten, oder aber [...] auf ihre Rücklagen zurückzugreifen, um einen [der Inlandsituation entsprechenden] Betrag zu erreichen"[540]. Diese Begründung, nach welcher eine Ungleichbehandlung der Eigner auch eine Ungleichbehandlung der Gesellschaft als deren Investitionsvehikel impliziert, ließe sich jedoch gleichsam auch auf jeden anderen Sachverhalt übertragen, bei welchem der EuGH einen solchen Einbezug der Eignerebene ablehnte (siehe nicht zuletzt die vorherige Rechtssache). Auch die dort vorgebrachten Erwägungen zur Zurechenbarkeit der steuerlichen Mehrbelastung zum Quellenstaat spielten nun keine Rolle mehr.[541]

Diese abweichende Rechtsprechung war aus dem Blickwinkel der Standortneutralität zu begrüßen. Aus dem Unionsrecht ergibt sich demnach grundsätzlich eine Verpflichtung zur Anrechnung ausländischer Quellensteuer, wenn eine solche auch für inländische Quellensteuern praktiziert wird. Dann befinden sich die Steuerpflichtigen hinsichtlich dieser Quellensteuern nach Auffassung des EuGH bereits deshalb in einer vergleichbaren Situation, als dass in beiden Fällen die Gefahr einer steuerlichen Mehrbelastung gegeben ist.[542] Gleiches gilt wohl auch für solche Sachverhalte, in denen eine Anrechnung von Quellen-

---

[538]   Vgl. ebd., Rn. 48 ff.

[539]   Die Betrachtung erfolgt auf Ebene der Ausschüttung des Mutterunternehmens nach Quellenbesteuerung und nach Anrechnung durch die Französische Republik, jedoch vor Vermeidung der Doppelbesteuerung im grenzüberschreitenden Fall (Kästchengleichheit).

[540]   EuGH-Urteil vom 15.09.2011 zur Rs. C-310/09 (Accor), Rn. 50.

[541]   Bemerkenswert ist, dass trotz der Ähnlichkeit der Vorlagefrage mit dem durch die Große Kammer verhandelten Sachverhalt in *Orange European Smallcap Fund* weder im Urteil noch in den Schlussanträgen an irgendeiner Stelle Bezug auf diesen genommen wird.

[542]   Vgl. EuGH-Urteil vom 15.09.2011 zur Rs. C-310/09 (Accor), Rn. 45.

steuern aus anderen Mitgliedstaaten zulässig wäre (andere Binnenmarktsituation als Vergleichspaar).[543] Anderes ergibt sich hingegen aus Schlechterbehandlungen von Binnenmarktsituationen gegenüber Drittlandsachverhalten. Ein hierzu behandelter Fall[544] betraf die belgische Beschränkung einer Anrechnung ausländischer, auf Dividenden einbehaltener Quellensteuern auf solche Fälle, in denen das mit der Ausschüttung in Zusammenhang stehende Vermögen für eine inländische berufliche Tätigkeit genutzt wurde. Hierdurch bestand eine Schlechterbehandlung gegenüber Dividendenausschüttungen aus bestimmten Drittstaaten, für die abkommensrechtlich kein solcher Vorbehalt der Steueranrechnung vorgesehen war. Hierin sah der Gerichtshof jedoch keine objektiv vergleichbare Situation.[545] Ursächlich hierfür ist die geringere Schutzreichweite, welche die Kapitalverkehrsfreiheiten in Bezug zu Drittstaaten entfaltet. Hierdurch ist Art. 65 Abs. 1 lit. a AEUV (Zulässigkeit von nach unterschiedlichem Kapitalanlageort differenzierender Regelungen) in Drittlandfällen weiter auszulegen.[546]

Die weiteren Urteile beschäftigten sich mit der Frage, in welcher Höhe eine Anrechnung ausländischer Steuern zu gewähren ist. Die Rs. *Banco Bilbao Vizcaya Argentaria*[547] behandelte die Abzugsfähigkeit fiktiver Steuern. Dabei gewährte eine spanische Rechtsvorschrift die Anrechnung auch solcher inländischen Steuern, die aufgrund von Steuerbefreiungen nicht erhoben oder anderweitig erstattet wurden. Die nach den Regelungen des inländischen Steuerrechts berechneten anrechenbaren ausländischen Steuern wurden hingegen auf den Betrag der tatsächlich entrichteten Steuern begrenzt. Faktisch handelte es sich damit um eine Begünstigung von Inlandsinvestitionen. Der Gerichtshof betonte hierzu das Fehlen einer gemeinschaftsrechtlichen Verpflichtung der Mitgliedstaaten zur Vermeidung der Doppelbesteuerung. Dies gelte umso mehr für eine Regelung, die dem Steuerpflichtigen die Inanspruchnahme eines in einem anderen Mitgliedstaat gewährten Steuervorteils verweigert, insofern diese nicht diskriminierend sei.[548] Da die ungünstig formulierte Vorlagefrage nicht einschloss, ob eine Diskriminierung aufgrund einer nationalen Norm bestehen könnte, die eine solche Anrechnung für die fiktiven inländischen Steuern erlaube, gab der EuGH hierzu keine explizite Antwort. Dennoch betonte er, dass sich die Steuerpflichtigen bezüglich der Abzugsfähigkeit solcher fiktiven Steuern durchaus in einer vergleichbaren Situation befinden könnten.[549] Hieraus – und aus der weiteren Rechtsprechung zu Anrechnungsverfahren bei Outbound-Investitionen lässt sich erahnen, dass der EuGH dies wohl als Diskriminierung eingestuft hätte. Eine gemeinschaftsrechtliche Verwerfung einer solchen Norm wäre auch aus ökonomischen Gründen zu begrüßen. Die Zulässigkeit einer Anrechnung fiktiver Steuern ist zwar bereits aus Sicht der nationalen Entscheidungsneutralität problematisch, jedoch basiert diese auf der Lenkungsfunktion der Besteuerung und

---

[543] Vgl. Schlussanträge des GA Kokott vom 12.04.2016 zur Rs. C-176/15 (Riskin und Timmermans), ECLI:EU:C:2016:246, Rn. 36.

[544] EuGH-Urteil vom 30.06.2016 zur Rs. C-176/15 (Riskin und Timmermans).

[545] Vgl. ebd., Rn. 23-34.

[546] Vgl. Schlussanträge des GA Kokott vom 12.04.2016 zur Rs. C-176/15 (Riskin und Timmermans), Rn. 34-37, 45.

[547] EuGH-Urteil vom 08.12.2011 zur Rs. C-157/10 (Banco Bilbao Vizcaya Argentaria), Slg. 2011 I-13023, ECLI:EU:C:2011:813.

[548] Vgl. ebd., Rn. 39.

[549] Vgl. ebd., Rn. 42-45.

das Postulat der nationalen Entscheidungsneutralität wäre daher zu deren Beurteilung nicht geeignet. Nationale Lenkungsnormen der Besteuerung, die dazu dienen, inländische Investitionen gegenüber ausländischen zu bevorteilen, laufen durch eine Verzerrung der Standortentscheidung jedoch allemal dem Zweck des Binnenmarkts zuwider.

Neben der üblichen Deckelung einer Steueranrechnung auf die tatsächlich gezahlte Steuer wird diese ebenfalls regelmäßig auf den Betrag begrenzt, der sich bei Ermittlung nach inländischem Steuerrecht ergeben hätte. Derartige Anrechnungshöchstbeträge (*AHB*) verletzen zwar die Kapitalexportneutralität, sind jedoch aus unionsrechtlicher Sicht per se nicht zu beanstanden, da sie sich aufgrund der unterschiedlichen Steuersätze der Staaten bei paralleler Ausübung ihrer Besteuerungsrechte ergeben.[550] Im Widerspruch zur Kapitalverkehrsfreiheit stehen hingegen Rechtsvorschriften, die, wie im Fall *Beker*[551], den Anrechnungshöchstbetrag auch darüber hinaus weiter zu begrenzen versuchen und hierdurch eine Mehrbesteuerung auslösen. Die fragliche deutsche Begrenzung der Anrechnung erfolgte hierbei nach folgendem Schema: Die fiktive inländischen Steuer, die sich auf Grundlage aller in- und ausländischen Einkünfte nach Abzug von Freibeträgen und Sonderausgaben (x) errechnete, wurde mit dem Quotienten multipliziert, der sich aus der Summe der ausländischen Einkünfte ($SdE_{Ausland}$) im Nenner und der gesamten Summe der Einkünfte (SdE_{Gesamt}) im Zähler ergab.

$$AHB = s \cdot (SdE_{Gesamt} - x) \cdot \frac{SdE_{Ausland}}{SdE_{Gesamt}} = s \cdot SdE_{Ausland} \cdot \left(\frac{SdE_{Gesamt} - x}{SdE_{Gesamt}}\right)$$

Formel 4-4

Dies führte dazu, dass in Fällen, in welchen der Quellenstaat die familiäre und persönliche Situation des Steuerpflichtigen nicht einbeziehen kann und muss[552], diese für den Anteil der ausländischen Einkünfte effektiv keine Berücksichtigung fand. Dieses Problem bestand, da statt dem zu versteuernden Einkommen, die Summe der Einkünfte als Bezugsgröße zur Berechnung des Anrechnungshöchstbetrags herangezogen[553] wurde. Folglich verzerrte das Verfahren die Standortentscheidung. Übereinstimmend erkannte auch der EuGH eine ungerechtfertigte Ungleichbehandlung gegenüber Steuerpflichtigen, die ihr gesamtes Einkommen im Inland erzielten und in den Genuss der vollen Freibeträge und Sonderausgaben gelangten.

In Zusammenhang mit der Rechtsprechung des Gerichtshofs zur Anrechnung von Quellensteuern ist zuletzt auch noch der Fall *Bouanich*[554] zu erwähnen, auch wenn sich dieser nicht direkt auf das französische Anrechnungsverfahren bezog, das im vorliegenden Fall

---

[550] Vgl. EuGH-Urteil vom 14.11.2006 zur Rs. C-513/04 (Kerckhaert und Morres), Rn. 20-23.

[551] EuGH-Urteil vom 28.02.2013 zur Rs. C-168/11 (Beker), ECLI:EU:C:2013:117.

[552] I.W. also dann, wenn der Steuerpflichtige weniger als 90 % seiner Einkünfte im Inland erzielt (vgl. EuGH-Urteil vom 14.02.1995 zur Rs. C-279/93 (Schumacker)).

[553] Vgl. Scheffler (2009), S. 32 f.

[554] EuGH-Urteil vom 13.03.2014 zur Rs. C-375/12 (Bouanich II), ECLI:EU:C:2014:138.

eine Erstattung sämtlicher ausländischer Quellensteuern vorsah. Verhandelt wurde die Begrenzung der Gesamtsteuerbelastung eines Steuerpflichtigen durch die direkten Steuern auf 50 % bzw. 60 % seiner Einkünfte. Steuern, welche diesen Wert, den sogenannten „bouclier fiscal", überstiegen, konnten auf Antrag erstattet werden. Die Berechnung dieses Grenzwerts erfolgte unter Einbeziehung der im Inland gezahlten Steuern im Zähler und der Welteinkünfte unter Abzug bestimmter ausländischer Steuern im Nenner. Gebietsfremde Einkünfte führten daher zu einer systematischen Absenkung des „bouclier fiscal" und folglich zu einer Erhöhung der Belastung ausländischer Investitionen. Der Argumentation, dass es sich hierbei lediglich um eine „Unannehmlichkeit" handle, die sich für die Steuerpflichtigen aus der parallelen Ausübung der Besteuerungsrechte ergäben[555], wollte der EuGH nicht folgen, da die in Frage stehende Rechtsvorschrift nicht die Aufteilung der Besteuerungsrechte, sondern einen hiervon losgelösten nationalen Steuervorteil betraf.[556] Da zwischen der Erstattung ausländischer Steuern und dem „bouclier fiscal" kein direkter Zusammenhang bestand, konnte auch eine Rechtfertigung durch die Notwendigkeit zur Wahrung steuerlicher Kohärenz ebenso wenig durchgreifen wie die Wahrung einer ausgewogenen Aufteilung der Besteuerungsrechte. Eine Beschränkung der Kapitalverkehrs- und der Niederlassungsfreiheit durch diese, die Standortneutralität verletzende Regelung, war die Folge.

4.3.3.2 Indirekte grenzüberschreitende Anrechnung

Bei der Unternehmensbesteuerung sind verschiedene Formen der Interaktion zwischen Einkommen- und Körperschaftsteuern denkbar. Abgesehen von der Eigner- und Teilhabersteuer, bei denen keine Besteuerung auf Unternehmensebene stattfindet und Betriebssteuersystemen, bei denen keine Besteuerung auf Eignerebene erfolgt, existieren klassische Körperschaftsteuersysteme, Dividendenabzugs- und Anrechnungssysteme.[557] Letztere sehen eine (vollständige) Anrechnung der auf Unternehmensebene gezahlten Körperschaftsteuern bei der Einkommensteuerveranlagung auf Eignerebene für den Teil der hierbei einbezogenen zugeflossenen Dividenden vor. In der Summe werden lediglich die thesaurierten Gewinne der Kapitalgesellschaft bis zum Zeitpunkt ihrer Ausschüttung effektiv mit Körperschaftsteuer belastet. Im Vergleich zu klassischen Körperschaftsteuersystemen, bei welchen die ausgeschütteten Erträge sowohl der Einkommens- als auch der Körperschaftsteuer unterliegen, wird so der gewichtigste Teil der wirtschaftlichen Doppelbesteuerung beseitigt. Dies gelingt klassischen Körperschaftsteuersystemen lediglich über eine allgemeine Reduktion der Steuertarife oder durch eine (teilweise) Freistellung auf Eignerebene.

Kapitalexportneutralität ist bei klassischen Körperschaftsteuersystemen aufgrund des Trennungsprinzips nur bei international harmonisierten (Effektiv-)Steuersätzen zu erreichen. Dies gilt ebenfalls für das körperschaftsteuerliche (Voll-)Anrechnungsverfahren, jedoch wird hier die Verletzung der kapitalexportneutralen Besteuerung auf die temporalen Differenzen zwischen Körperschaftsteuerzahlung und Einkommensteuerzahlung reduziert. Jede teilweise Nichtanrechnung von Körperschaftsteuern, sei es aufgrund eines Teilanrechnungssystems oder aufgrund nicht verwertbarer Anrechnungsüberhänge (bei einem

---

[555]   Ebd., Rn. 36.
[556]   Ebd., Rn. 40.
[557]   Siehe hierzu Kellersmann/Treisch (2002), S. 96 ff.

das inländische Steuerniveau übersteigenden ausländischen Körperschaftsteuerniveau), er-höht diese Abweichung. Sind Eigner- oder Teilhabersteuersysteme nicht verfügbar, so stel-len Vollanrechnungssysteme aus Sicht kapitalexportneutraler Besteuerung die ökonomisch vorzuziehende Alternative dar.

Hiervon in ihrer ökonomischen Wirkungsweise zu unterscheiden sind Anrechnungs-methoden, welche körperschaftsteuerliche Kaskadeneffekte durch Anrechnung der auf die ausgeschütteten Dividenden einer Gesellschaft entrichteten Körperschaftsteuer auf die Körperschaftsteuerlast der beziehenden Gesellschaft vorsehen. Da die Anrechnung nicht auf Eignerebene erfolgt, ergeben sich keine unmittelbaren Wirkungen auf die Kapitalex-portneutralität. Vielmehr betreffen solche Anrechnungsmethoden primär die Vermeidung steuerlicher Mehrbelastungen. Entsprechend der Ausführungen in Abschnitt 3.1.2.2, kön-nen sich jedoch mittelbar aufgrund nicht weiter nutzbarer Anrechnungsüberhänge oder aufgrund der Freistellung von Dividenden ausländischer Quellen in den Ansässigkeitsstaa-ten vorgeschalteter Holding-Gesellschaften Verletzungen der Kapitalexportneutralität er-geben. In dieser Rubrik stellen sich insbesondere die Fragen,

(1) wann eine Verpflichtung zur Anrechnung von Körperschaftsteuern abzuleiten ist,
(2) in welcher Höhe diese im Falle einer Verpflichtung bemessen sein müsse,
(3) ob ein Vortrag von Anrechnungsüberhängen zulässig sein muss,
(4) welche Anforderungen sich an die nach inländischen Vorschriften zu berechnende Bemessungsgrundlage ergeben sowie
(5) ob eine Verpflichtung zur Berücksichtigung gebietsfremder Verluste besteht.

Anrechnungsverfahren auf Eignerebene wurden Ende des 20. Jahrhunderts in zahlrei-chen Mitgliedstaaten[558] praktiziert, so auch in Finnland und Deutschland. Aus den grund-sätzlichen Feststellungen des EuGH zur Rs. *Verkooijen* zu Freibeträgen, welche eine Reduk-tion der inländischen wirtschaftlichen Doppelbesteuerung erwirken sollten, erwuchsen starke Zweifel an der unionsrechtlichen Zulässigkeit einer Beschränkung der Anrechnung auf die im Inland gezahlten Körperschaftsteuern. So wurden dem EuGH mit den Verfahren *Manninen*[559] und *Meilicke*[560] alsdann auch zwei klassische Vollanrechnungssysteme zur Vorabentscheidung vorgelegt.

Im Fall *Manninen* hielt ein in Finnland unbeschränkt Steuerpflichtiger sowohl Anteile an einer finnischen wie auch an einer schwedischen Kapitalgesellschaft. Die finnische Re-gelung sah eine Anrechnung der auf die Dividende gezahlten Körperschaftsteuer auf die inländische Einkommensteuer in Form einer Steuergutschrift vor[561], so dass in Folge eine Gesamtsteuerbelastung in Höhe des konstanten Steuertarifs auf Kapitaleinkommen ver-blieb. Dies galt jedoch nicht für ausländische Beteiligungen, bei denen lediglich Quellen-steuern, nicht aber Körperschaftsteuern angerechnet wurden (siehe Abb. 13).

---

[558] Siehe Kaufmann/Gebhardt (2000), S. 1035 f.
[559] EuGH-Urteil vom 07.09.2004 zur Rs. C-319/02 (Manninen), Slg. 2004 I-7477, ECLI:EU:C:2004:484.
[560] EuGH-Urteil vom 06.03.2007 zur Rs. C-292/04 (Meilicke u.a. I), Slg. 2007 I-1835, ECLI:EU:C:2007:132.
[561] Dies entspricht der Alternative 3 des Abschnitts 3.1.2.1.

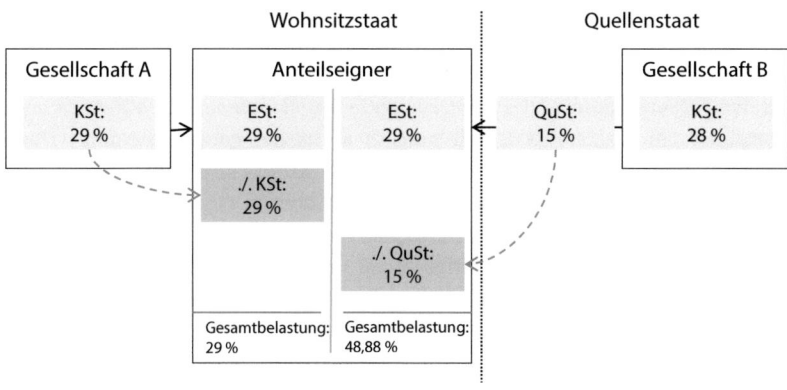

Abb. 13: Sachverhalt der Rs. Manninen (vereinfachte Darstellung)

Aus dem Vergleichspaar resultiert eine nominale Gesamtsteuersatzdifferenz des Investors in Höhe von 19,88 %. Diese ergibt zu 0,29 · 0,71 = 20,59 % aus der Doppelbesteuerung der Dividende und zu -0,01 · 0,71 = - 0,71 % aus den Steuersatzunterschieden. In dieser ungemilderten wirtschaftlichen Doppelbesteuerung allein des grenzüberschreitenden Sachverhalts, erkannte die Große Kammer des Gerichtshofs eine Beschränkung des freien Kapitalverkehrs.

Auf der Rechtfertigungsebene gingen die Richter ausführlich auf die steuerliche Kohärenz ein. Sie gelangten hierbei zu dem Ergebnis, dass die zur Disposition stehende Norm solange nicht für die Wahrung der Kohärenz erforderlich sei, als „der Zusammenhang zwischen der dem Aktionär gewährten Steuervergünstigung und der geschuldeten Körperschaftsteuer aufrecht erhalten wird."[562] Dieser Zusammenhang ist grundsätzlich bei Zahlung der Körperschaftsteuer unabhängig davon gewahrt, ob diese im Inland erfolgt. So wies der Gerichtshof auch ein ähnliches Ansinnen der deutschen Bundesregierung zur Rs. *Meilicke* zurück, die eine Anrechnung gebietsfremder Steuern für unmöglich hielt, da sich der Anrechnungsbetrag direkt auf den inländischen Körperschaftsteuertarif von 30 % bezog, dem gebietsfremde Gesellschaften gar nicht unterlegen hatten.[563] Eine Norm zur körperschaftsteuerlichen Anrechnung darf somit lediglich auf die tatsächliche Zahlung, nicht jedoch auf den Ort der Erhebung abstellen.

Die Rs. *Saint-Gobain*[564] veranschaulicht die Problematik der grenzüberschreitenden wirtschaftlichen Mehrbelastung bei Ausschüttungen zwischen Kapitalgesellschaften. In diesem Fall war Deutschland als Belegenheitsstaat einer Betriebsstätte, die Schachteldividenden aus Drittstaaten bezog, nur Transitstaat, jedoch weder Quelle noch endgültiges Ziel der Zahlungsströme. Diese Dividenden wurden der vollen inländischen Besteuerung unterworfen. Gleichzeitig verweigerte Deutschland aber seine volle Partizipation an einer Vermeidung der Doppelbesteuerung des durch die Besteuerungsrechte des Quellenlands vor-

---

[562] EuGH-Urteil vom 07.09.2004 zur Rs. C-319/02 (Manninen), Rn. 46.
[563] Vgl. EuGH-Urteil vom 06.03.2007 zur Rs. C-292/04 (Meilicke u.a. I), Rn. 17.
[564] EuGH-Urteil vom 21.09.1999 zur Rs. C-307/97 (Saint-Gobain).

belasteten Steuersubstrats. Während derartige Dividenden bei inländischen Gesellschaften nach nationalem Recht einem direkten und indirekten Anrechnungsverfahren unterlegen hätten[565], wurde beschränkt steuerpflichtigen Gesellschaften mit inländischen Betriebsstätten lediglich die direkte Anrechnung der einbehaltenen Quellensteuern gewährt. Es ergab sich diesen gegenüber somit eine Zusatzbelastung in Höhe der gebietsfremden Körperschaftsteuer. Im Falle der Zulässigkeit einer solchen Verweigerung käme es fast zwangsläufig zu einer wirtschaftlichen Mehrbesteuerung entweder dadurch, dass bei Freistellung im Sitzstaat des Stammhauses die Steuern des Transitlands und die Steuern des Quellenlands anfielen, oder bei einer Anrechnung im Wohnsitzstaat durch Anrechnungsüberhänge, da eine doppelte körperschaftsteuerliche Vorbelastung der Gewinne die effektive Steuerbelastung im Wohnsitzland zumeist übersteigen dürfte. Entsprechend sah auch der EuGH in der Verweigerung einer indirekten Anrechnung auf körperschaftsteuerlicher Ebene eine Beschränkung der Niederlassungsfreiheit.[566] Diese ergab sich zum einen im Inlandsvergleich zwischen Betriebsstätten in- und ausländischer Gesellschaften, zum anderen aber auch im Rechtsformvergleich zwischen inländischen Tochterunternehmen und Betriebsstätten ausländischer Gesellschaften.

Eine Weigerung der Anrechnung ausländischer Steuern in derlei Fällen kann, ebenso wie eine Freistellung der betreffenden Einkünfte, neben der Wahrung der Kohärenz auch durch die Gewährleistung der Steueraufsicht, bzw. der Wirksamkeit der steuerlichen Kontrollen, gerechtfertigt sein. So ist es grundsätzlich zulässig, Nachweise vom Steuerpflichtigen über die Besteuerung im Sitzstaat der ausschüttenden Gesellschaft zu verlangen.[567] Deren Beurteilung dürfe jedoch nicht „zu formalistisch erfolgen". Auch eine Steuerbescheinigung, die nicht nach den Vorschriften des grundsätzlich zur Anrechnung verpflichtenden Mitgliedstaats erstellt wurde, ist zu akzeptieren, insofern sich aus dieser die Voraussetzungen „klar und genau" überprüfen ließen.[568] Im Falle von EFTA- oder Drittstaaten ist es weiterhin zulässig, das Vorliegen eines Amtshilfeabkommens zur Bedingung zu machen, wohingegen eine Vereinbarung über Vollstreckungshilfe vom EuGH als nicht erforderlich angesehen wird.[569]

Es zeigt sich, dass Anrechnungsverfahren mit dem Ziel einer Verhinderung oder Abschwächung der wirtschaftlichen Doppelbelastung durch Einkommen- und Körperschaftsteuern im Inlandsachverhalt ebenso auf Dividendenausschüttungen gebietsfremder Gesellschaften anzuwenden sind. Die Rechtfertigungsmöglichkeiten (Kohärenz und Steuer-

---

[565] Im vorliegenden Fall sahen die mit den Drittstaaten vereinbarten DBA grundsätzlich die Freistellung vor, die der klagenden Gesellschaft mangels inländischen Sitzes nicht gewährt wurde. Diese Behandlung begründete in vorliegender Rs. einen weiteren Verstoß gegen Gemeinschaftsrecht.

[566] EuGH-Urteil vom 21.09.1999 zur Rs. C-307/97 (Saint-Gobain), Rn. 44. Es sei darauf hingewiesen, dass sich der Sachverhalt auf die Verweigerung steuerlicher Vergünstigungen für Betriebsstätten gebietsfremder Gesellschaften und nicht auf die Anwendung der Niederlassungsfreiheit auf Drittstaatssachverhalte bezog.

[567] Vgl. EuGH-Urteil vom 10.02.2011 zur Rs. C-436/08, C-437/08 (Haribo und Österreichische Salinen), Slg. 2011 I-305, ECLI:EU:C:2011:61, Rn. 104.

[568] Siehe EuGH-Urteil vom 30.06.2011 zur Rs. C-262/09 (Meilicke u.a. II), Slg. 2011 I-5669, ECLI:EU:C:2011:438, Rn. 46.

[569] Vgl. EuGH-Urteil vom 10.02.2011 zur Rs. C-436/08, C-437/08 (Haribo und Österreichische Salinen), Rn. 73 f.

aufsicht) der Verweigerung einer Steueranrechnung für Auslandsachverhalte wurden durch den EuGH erneut eng ausgelegt.

Infolge der aus dieser Rechtsauffassung abzuleitenden Verpflichtung zur Gewährung einer grenzüberschreitenden Körperschaftsteueranrechnung, fürchteten die Mitgliedstaaten um ihre Besteuerungsrechte an den über die Grenze zufließenden Dividendenerträgen. Es stellte sich die Frage, ob ein Anrechnungssystem unter den unionsrechtlichen Anforderungen aus fiskalischen Erwägungen noch tragfähig sei. Denn aus dem Zwang der Sitzstaaten zum Einbezug gebietsfremder Steuern ergeben sich Anreize der Quellenstaaten zu Steuererhöhungen. Denn solange bei vollständiger Anrechnung die Steuerbelastung der Investoren nicht tangiert wird, können diese durch höhere Körperschaftsteuerzahlungen ihre Steuereinnahmen steigern, ohne jedoch inländisches Investitionsvolumen aufgeben zu müssen. Ein solcher Steuerwettbewerb („race to the top") könnte zumindest in Binnenmarktsachverhalten bei kooperativem Verhalten der Mitgliedstaaten durch eine sekundärrechtliche Lösung verhindert werden (beispielsweise durch Begrenzung des Körperschaftsteuertarifs oder Einführung eines Clearing-Systems[570]). Da durch Anrechnungssysteme jedoch die Kapitalverkehrsfreiheit und somit auch Drittlandsachverhalte berührt sein können, wäre auch hierdurch keine umfassende Lösung möglich. Im Drittlandfall sowie im Binnenmarktfall bei unkooperativen Verhalten der Mitgliedstaaten, hängen die fiskalischen Auswirkungen und somit auch die reale Möglichkeit einer Aufrechterhaltung indirekter nationaler Anrechnungssysteme von der Höhe der unionsrechtlich gebotenen grenzüberschreitenden Anrechnung ab.

Wenig Auslegungsbedarf besteht hierzu bei Betriebsstätten gebietsfremder Gesellschaften, wenn bei gebietsansässigen Gesellschaften zur Vermeidung der internationalen Doppelbesteuerung eine indirekte Anrechnung vorgesehen ist, da ersteren ohne systematische Diskrepanzen eine ebensolche Anrechnung in gleichwertiger Höhe gewährt werden kann.[571] Komplexer erscheint eine Bemessung jedoch in Fällen, in denen zur Vermeidung der nationalen wirtschaftlichen Doppelbesteuerung durch Einkommen- und Körperschaftsteuern entweder eine Freistellung der aus inländischen Quellen bezogenen Dividenden erfolgt oder eine indirekte Anrechnung durchgeführt wird, die pauschal am inländischen Körperschaftsteuertarif anknüpft. In diesen Fällen ergibt sich die unionsrechtlich erforderliche Anrechnungshöhe nicht direkt aus dem Vergleichspaar.

Zum ersteren Fall positionierte sich der Gerichtshof insbesondere bei der Beantwortung der Vorlagefrage Nr. 1 des Gruppengerichtsverfahren bezüglich einer britischen Regelung über ausländische Dividendenerträge, die von inländischen Gesellschaften bezogen wurden.[572] Namens gebend für das Verfahren war die auf das Vergleichspaar anzuwendende Regelung über den von der Körperschaftsteuer befreiten Kapitalertrag, den „Franked Invested Income", der lediglich auf Inlandsachverhalte Anwendung fand. Vereinfacht[573] ausgedrückt wurden hierbei von aus inländischen Quellen bezogenen Dividenden von der Be-

---

[570] Vgl. Giovannini (1990), S. 486; Haase/Roßmayer (1991), S. 1129.

[571] So ergibt sich eine Beschränkung, wenn solchen Betriebsstätten eine Vergünstigung „nicht unter den gleichen Voraussetzungen wie [inländischen] Kapitalgesellschaften" gewährt wird. Siehe EuGH-Urteil vom 21.09.1999 zur Rs. C-307/97 (Saint-Gobain), Rn. 64.

[572] EuGH-Urteil vom 12.12.2006 zur Rs. C-446/04 (FII Group Litigation I).

[573] Die hiermit zusammenhängenden und mitverhandelten Vorschriften zur ACT werden hier nicht betrachtet.

steuerung auf Ebene der beziehenden Gesellschaft von der Körperschaftsteuer freigestellt, während bei solchen Erträgen aus gebietsfremden Quellen unter bestimmten Voraussetzungen ein Anrechnungsverfahren griff. Dieses umfasste grundsätzlich die Anrechnung von Quellensteuern, von Körperschaftsteuern jedoch erst ab einer Mindestbeteiligung von 10 % an der ausschüttenden Gesellschaft. Die parallele Anwendung eines Freistellungsverfahrens für inländische und eines Anrechnungsverfahrens für gebietsfremde Einkünfte erachtete der Gerichtshof wie auch in anderen Urteilen zur Freistellungsmethode für grundsätzlich zulässig.[574, 575] Hieran knüpften die Richter jedoch zwei Bedingungen. Zum einen dürften „die Dividenden aus ausländischen Quellen in diesem Mitgliedstaat nicht zu einem höheren Steuersatz besteuert werden als Dividenden aus inländischen Quellen."[576] Zum anderen müsse „eine Steuergutschrift in voller Höhe der von der ausschüttenden Gesellschaft in deren Sitzstaat gezahlten Steuer"[577] gewährt werden, insofern die Besteuerung der ausländischen Gesellschaft einem niedrigeren Niveau unterliegt als bei inländischen Gesellschaften. Im umgekehrten Fall eines höheren ausländischen Steuersatzes müsse „eine Steuergutschrift nur bis zur Höhe der von der Empfängergesellschaft zu entrichtenden Körperschaftsteuer"[578] erteilt werden. Anrechnungsüberhänge sind daher zulässig. Die Anrechnung muss unter diesen Voraussetzungen jedenfalls die erhobenen Quellen- sowie Körperschaftsteuern umfassen. Eine Vermeidung lediglich der rechtlichen Doppelbesteuerung durch ausschließliche Anrechnung der Quellensteuer verhindere nicht, „dass die ausgeschütteten Gewinne mehrfach belastet werden wenn sie zunächst im Rahmen der von der ausschüttenden Gesellschaft in deren Sitzstaat zu entrichtenden Körperschaftsteuer und anschließend im Rahmen der von der Empfängergesellschaft zu zahlenden Körperschaftsteuer besteuert werden."[579] Unter Zuhilfenahme des wirtschaftlichen Doppelbesteuerungsbegriffs macht der Gerichtshof somit die beschränkte Teilanrechnung (siehe Abschnitt 3.1.2.1, Alternative 3) zur unionsrechtlichen Mindestanforderung an indirekte Anrechnungsverfahren auf Gesellschaftsebene bei paralleler Freistellung gleichartiger inländischer Einkünfte.

Aus Sicht der Standortneutralität ist die Anwendung einer Freistellung oder Anrechnung im rein innerstaatlichen Sachverhalt unbeachtlich, da sie lediglich Auswirkung auf die nationale Neutralitätsebene entfalten. Sie dienen im Falle einer kapitalexportneutralen Aufteilung der Besteuerungsrechte jedoch als Vergleichspaar, da sie Auswirkungen auf die Höhe des inländischen Effektivsteuersatzes entfalten können. Ziel einer kapitalexportneutralen Besteuerung besteht in der Realisierung des Effektivsteuersatzes der Inlandsinvestition auch für Auslandsinvestitionen. Dabei ist zwischen Ausschüttungen an Kapitalgesellschaften und Ausschüttungen an natürliche Personen zu unterscheiden. Bei Ausschüttungen zwischen gebietsansässigen Kapitalgesellschaften unterliegen die Dividendenerträge, unabhängig einer Anrechnung oder Freistellung, dem inländischen Körperschaftsteuerni-

---

574 Vgl. EuGH-Urteil vom 12.12.2006 zur Rs. C-446/04 (FII Group Litigation I), Rn. 47 f.
575 Dies gilt gleichfalls in Bezug zu Drittstaaten. Siehe EuGH-Urteil vom 10.02.2011 zur Rs. C-436/08, C-437/08 (Haribo und Österreichische Salinen), Rn. 141.
576 Vgl. EuGH-Urteil vom 12.12.2006 zur Rs. C-446/04 (FII Group Litigation I), Rn. 49.
577 Vgl. ebd., Rn. 51.
578 Vgl. ebd., Rn. 52.
579 Vgl. ebd., Rn. 63.

veau. Bei Ausschüttungen an natürliche Personen unter Einbehalt einer abgeltend wirkenden Quellensteuer ergibt sich der Körperschaftsteuersatz aus diesen beiden Komponenten. Somit führt die Anrechnung gebietsfremder Quellensteuern unter Anwendung des progressiven Einkommensteuertarifs in solchen Fällen zu einer divergierenden Steuerbelastung in Höhe der Differenz zwischen persönlichem Steuertarif und inländischem Quellensteuersatz. Die Zulässigkeit von Anrechnungsüberhängen ist aus kapitalexportneutraler Betrachtungsweise bei inländischer Freistellung nachteilig, da sie zur steuerlichen Mehrbelastung der Auslandsinvestition führt.

Ähnlich entschied der Gerichtshof in einer erneuten Vorlagefrage zur Rs. *Meilicke* zu Systemen, die eine nationale wirtschaftliche Doppelbesteuerung durch indirekte Anrechnung zu erreichen versuchten. Eine solche Anrechnung hatte der Gerichtshof in seinem ersten in dieser Rechtssache ergangenen Urteil (s.o.) alsdann auch bei grenzüberschreitenden Dividendenzuflüssen verlangt. Da die fragliche nationale Norm zur Anrechnung im Inlandssachverhalt expressis verbis den inländischen Tarif vorsah, stand jedoch ebenfalls zur Disposition, welcher Gestalt eine unionsrechtskonforme Anwendung der Norm sein müsse.

So verlangten die Kläger, eine Anrechnung müsse auch den die deutsche Körperschaftsteuer übersteigenden Teils der gezahlten ausländischen Körperschaftsteuer umfassen (Vollanrechnung). Der Gerichtshof nahm hierzu jedoch lediglich indirekt Stellung, indem er festhielt, dass eine solche Rechtsvorschrift, welche die Anrechnung an einem Bruchteil der Nettodividende bemisst, der sich an der Körperschaftsteuerbelastung des Ansässigkeitsstaats der ausschüttenden Gesellschaft orientiert, nicht aufgrund der Ansässigkeit in einem anderen Mitgliedstaat unanwendbar sein könne.[580] Die auf Dividenden lastende ausländische Körperschaftsteuer lässt sich in der Praxis nicht eindeutig bestimmen, wird sie doch nicht nur auf ausgeschüttete, sondern ebenfalls auf thesaurierte Gewinne erhoben. Dem vorlegenden Gericht reichte die vage Antwort des Gerichtshofs folglich nicht aus und es legte dem EuGH in einem weiteren Vorabentscheidungsersuchen drei mögliche Verfahren zur Bestimmung des primärrechtlich gebotenen Anrechnungsbetrags vor.[581] Diese waren a) die Teilanrechnung (siehe Abschnitt 3.1.2.1, Alternative 2) der nach inländischen Vorschriften ermittelten Körperschaft- oder Einkommensteuer, b) die Schätzung des auf den Dividenden lastenden ausländischen Körperschaftsteuersatz oder c) die Schätzung der erhobenen ausländischen Steuer[582], wobei b) und c) Verfahren der Vollanrechnung (Alternative 1) darstellen. Dem entgegen betrachtete der EuGH, wie auch in seinem Urteil zum Franked Invested Income, die begrenzte Teilanrechnung (Alternative 3) zur Erfüllung der unionsrechtlichen Anforderungen für ausreichend. Ziel der primärrechtlichen Vorschriften sei eine möglichst gleichwertige Behandlung des grenzüberschreitenden Sachverhalts (Effektivitätsgrundsatz). Daher müsse das nationale Steuersystem so weit wie möglich auf grenzüberschreitende Sachverhalte übertragen werden.[583] Diese Verpflichtung ist allerdings „auf den Abzug der von der ausschüttenden Gesellschaft nach dem Recht des Mitgliedstaats ihres Sitzes für diese Dividenden gezahlten Körperschaftsteuer von der von dem Anteils-

---

[580] Vgl. EuGH-Urteil vom 06.03.2007 zur Rs. C-292/04 (Meilicke u.a. I), Rn. 30.
[581] EuGH-Urteil vom 30.06.2011 zur Rs. C-262/09 (Meilicke u.a. II).
[582] Vgl. ebd., Rn. 22.
[583] Vgl. ebd., Rn. 29-31.

eigner für diese Dividenden zu entrichtenden Einkommensteuer begrenzt [...] da sonst die Steuerautonomie des erstgenannten Mitgliedstaats durch die Ausübung der Steuerhoheit des anderen Mitgliedstaats beschränkt würde"[584].

Die Formulierung „für diese Dividenden" entspricht dabei dem Wortlaut nach einer per-company-limitation.[585] Aus dieser Begrenzung ergäben sich geringere Möglichkeiten von Mehrbesteuerungen als bei der von der OECD vorgeschlagenen per-country-limitation in solchen Fällen, in denen nichtkonsolidierte Auslandsverluste inländische Anrechnungs-überhänge erhöhen.[586] Eine als per-company-limitation formulierte Anrechnungsbe-schränkung durch eine nationale Norm weist überdies den unionsrechtlichen Vorteil auf, dass die keinen Bezug zum grenzüberschreitenden Sachverhalt aufweisen muss, da sie hier-von unabhängig auf die von einem Unternehmen gezahlte Steuern abstellen. Entsprechend geringer ist das Risiko, dass sich hierdurch eine Diskriminierung oder Beschränkung ergibt. Dennoch ist aus dem Wortlaut nicht zu folgern, dass der EuGH eine per-country-limitation als unvereinbar mit den Grundverkehrsfreiheiten betrachten könnte. So wurde eine per-country-limitation in seiner späteren Entscheidung zur Rs. *Beker* bezüglich einer direkten Anrechnung nicht beanstandet.[587]

Aufgrund der grundverkehrsfreiheitlichen Zulässigkeit von Anrechnungsüberhängen mangels Verpflichtung zur Vollanrechnung war zuletzt noch fraglich, ob eine Vortragsfä-higkeit bestehender Anrechnungsüberhänge primärrechtlich geboten ist. Ausgangslage des hierzu ergangenen Urteils des EuGH zur ersten Vorlagefrage der Rs. *Österreichische Sali-nen*[588] war der Bezug ausländischer Dividenden durch eine inländische Gesellschaft, die im betreffenden Veranlagungszeitraum jedoch insgesamt Verluste auswies. Folglich minder-ten die empfangenen Dividenden auf der einen Seite den Verlust, auf der anderen Seite war jedoch aufgrund der Körperschaftsteuerlast von Null keine Anrechnung der tatsächlich ge-zahlten ausländischen Körperschaftsteuern möglich. Im Vergleichspaar führte die im In-landsfall praktizierte Freistellung bezogener Dividendenerträge im Gegensatz hierzu zu kei-ner Minderung des Verlustes. Um den hierdurch höheren zukünftigen Steuervorteil im Vergleichspaar auszugleichen, bedarf es der gleichwertigen Vortragsfähigkeit der Anrech-nungsüberhänge bei Inbound-Dividenden. Entsprechend ist der Einschätzung der Richter der Dritten Kammer des EuGH zuzustimmen, die Schmälerung des Verlustvortrags könne „zu einer wirtschaftlichen Doppelbesteuerung dieser Dividenden führen, wenn die Anrech-nung der von der ausschüttenden Gesellschaft entrichteten Steuer nicht vor[ge]tragen [wer-den] kann"[589].

Die Rechtsprechung hatte vielfach die Abschaffung der Anrechnungsmethoden durch die Mitgliedstaaten auch im Inlandsfall zur Folge.[590] Hieraus lässt sich jedoch entgegen weit

---

[584]   Vgl. ebd., Rn. 32 f.

[585]   Siehe Abschnitt 3.1.2.1.

[586]   Gefordert wird eine solche per-country-limitation daher für Italien von Marino/Ballancin (2004), S. 475 und allgemein von Führich (2009), S. 216.

[587]   Vgl. EuGH-Urteil vom 28.02.2013 zur Rs. C-168/11 (Beker). Siehe insbesondere die Schlussanträge des GA Mengozzi vom 12.07.2012 zur Rs. C-168/11 (Beker), ECLI:EU:C:2012:452, Rn. 37 mit Verweis auf die bishe-rige Auffassung des Gerichtshofs im EuGH-Urteil vom 12.05.1998 zur Rs. C-336/96 (Gilly), Rn. 48.

[588]   EuGH-Urteil vom 10.02.2011 zur Rs. C-436/08, C-437/08 (Haribo und Österreichische Salinen), Rn. 148 ff.

[589]   Ebd., Rn. 158.

[590]   Vgl. Esser (2004), S. 35 f.

verbreiteter Auffassung[591] nicht ohne weiteres folgern, der EuGH hätte den Mitgliedstaaten diese Maßnahme durch Schaffung unionsrechtlicher, mit nationalen Steuersystematiken nicht vereinbarer Anforderungen aufgezwungen. Erstens wurden einzelstaatlichen Regelungen durch den EuGH lediglich in solchen Fällen verworfen, in denen sich die Mitgliedstaaten nicht zur Freistellung entschieden hatten und entsprechend angelehnt an eine kapitalexportneutrale Besteuerung die Steuerlast des Investors auf die inländische heraufschleusen wollten. Einen Primärrechtsverstoß sah der EuGH hierbei lediglich dann, wenn solche Systeme durch Verweigerung einer indirekten Anrechnung zu einer grenzüberschreitenden Mehrbesteuerung führten und entsprechend auch dem systematischen Zweck einer kapitalexportneutralen Aufteilung der Besteuerungsrechte zuwiderliefen.[592] Zweitens verlangte der EuGH keine Anrechnung in unbegrenztem Ausmaß. Die Gefahr der Steuerarbitrage durch die Quellenstaaten (Erhöhung der Körperschaftsteuer auf Kosten der Anrechnungsstaaten) war demnach stets auf die Höhe des Steuersatzes des Wohnsitzstaats begrenzt. Steuererhöhungen über den Steuersatz des Wohnsitzstaats hinaus, hätten Anrechnungsüberhänge und folglich eine Steigerung der effektiven Gesamtsteuerlast zur Folge, welche ungewollte Auswirkungen auf das Investitionsvolumen im Quellenstaat entfaltet hätte. Eine Kapitalexportneutralität gewährleistende Vollanrechnung hätte hingegen mit einiger Wahrscheinlichkeit vor den Richtern Bestand gehabt. Es kann kaum ein Zweifel daran bestehen, dass ein primärrechtkonform ausgestaltetes Anrechnungsverfahren möglich gewesen wäre.[593] Es kommen somit eher fiskalpolitisch als steuersystematisch begründete Erwägungen für eine Abkehr von diesen Systemen infrage.

4.3.3.3 Anforderungen an die Bemessungsgrundlage

Anrechnungsverfahren erfordern die Ermittlung der Bemessungsgrundlage der gebietsfremden Einkünfte nach den nationalen Rechtsvorschriften des anrechnenden Staats. Nach den Kriterien der Kapitalexportneutralität, muss diese Ermittlung zum gleichen Ergebnis wie bei inländischen Einkünften führen, damit sich die effektive inländische Steuerbelastung einstellen kann. Solch eine Erfordernis ergibt sich auch aus der Rechtsprechung des Gerichtshofs. Sie folgt aus der ersten Bedingung des Gerichtshofs in der erwähnten Rs. *FII Group Litigation*, nach welcher die von gebietsfremden Gesellschaften ausgeschütteten Dividenden auf Ebene der empfangenden Körperschaft nicht zu einem „höheren Steuersatz" besteuert werden dürften als die Dividenden aus inländischen Quellen auf Ebene der ausschüttenden Körperschaft. Zwar überließ der EuGH hierbei die Prüfung dem nationalen Gericht, dieses legte die Frage dem EuGH jedoch erneut zur Vorabentscheidung vor.[594] Es verlangte dabei Auskunft darüber, ob bei der Anforderung auf die effektive Steuerbelastung im Ansässigkeitsstaat der Dividenden beziehenden Gesellschaft abzustellen sei, eine Prüfung der nominalen Steuersätze ausreiche oder beide Parameter zu prüfen seien. Unterschiede zwischen dem Vergleich nominaler Steuertarife und effektiver Steuerbelastung

---

[591]   Vgl. bspw. Seiler (2005), S. 28 f.

[592]   Vgl. Herzig/Sander (1999), S. 132-136 zu unerwünschten Auswirkungen eines auf das Inland begrenzten Anrechnungsverfahrens auf den Steuerpflichtigen („Kooperationsverluste") und auf die Konzernstruktur. Vgl. Fuest/Huber (2000), S. 517 zur Verzerrung der Kapitalanlageentscheidung.

[593]   Ein solches System zeigten bereits Herzig/Dötsch (1998), S. 17 ff auf. Siehe auch Führich (2009), S. 203 ff.

[594]   Siehe EuGH-Urteil vom 13.11.2012 zur Rs. C-35/11 (FII Group Litigation II).

können hierbei aufgrund von Bemessungsgrundlageneffekten (Abzugsfähigkeit, Bewer-
tungswahlrechte) sowie Verlustnutzungsmöglichkeiten bestehen. Solche Unterschiede der
Bemessungsgrundlage ergeben sich bei Gegenüberstellung von Anrechnungs- und Freistellungsmethode dadurch, dass solche Effekte bei Freistellung der Einkünfte bei der beziehenden Gesellschaft effektiv werden, bei Anrechnung der ausländischen Körperschaftsteuer jedoch im Zuge der Neuberechnung der Bemessungsgrundlage im (Wohn-)Sitzstaats unter-
gehen. Der Gerichtshof trifft jedoch keine Aussage darüber, welche dieser Effekte beim Vergleich heranzuziehen sind. Hintergrund der Unterscheidung waren hierbei Unterschiede
der effektiven Steuerbelastung, „die aufgrund von speziellen Körperschaftsteuerbefreiun-
gen und -vergünstigungen des Vereinigten Königreichs (z.B. für Investitionen oder Forschung und Entwicklung)"[595] erwuchsen. Die Richter entschieden, dass sich Beschränkungen sowohl aus Unterschieden der nominellen als auch aus der effektiven Steuerbelastung
ergeben können, es sei denn, eine niedrigere effektive Steuerbelastung der Dividenden aus
inländischen Quellen stelle sich nur in Ausnahmefällen ein.[596] Durch diese Bedingung
bleibt auch Kapitalexportneutralität gewahrt. Eine Nichtgewährung dieser Vergünstigungen allein für Dividenden aus gebietsfremden Quellen, hätte hingegen eine Mehrbesteuerung zur Folge gehabt. Durch die Verpflichtung wird auch der Effekt, dass die Lenkungsfunktion der Besteuerung im Quellenstaat durch die Anrechnungsmethode erheblich erschwert ist, bei einer Existenz ähnlicher Lenkungsnormen im Wohnsitzstaat zumindest reduziert.

Die bei systematischer Umsetzung des Urteils erwachsende Notwendigkeit zur Neuberechnung der Bemessungsgrundlage bewirkt regelmäßig verwaltungstechnischen Mehrauf-
wand bei grenzüberschreitenden Transaktionen und nicht unerhebliche Transaktionskosten, da die Bemessungsgrundlage nach mehreren verschiedenen nationalen Rechtsvorschriften zu ermitteln ist. Aus diesem Grunde wird nach Maßgabe des Zuflussprinzips zumeist vereinfachend der Bruttobetrag der nach den Rechtsvorschriften des Quellenstaats
ermittelten und tatsächlich ausgeschütteten Erträgen als Bemessungsgrundlage herangezogen und hierauf die nationalen Vergünstigungen gewährt. Das Vorgehen hat jedoch den
Nachteil, dass der grenzüberschreitende Sachverhalt hierdurch tendenziell zum inländischen bevorteilt wird. Denn ohne Neuberechnung lassen sich nachteilige inländische Bemessungsgrundlageneffekte kaum unionsrechtskonform berücksichtigen. Durch die einseitige Schutzrichtung der Grundverkehrsfreiheiten (Schutz nur der Grenzüberschreitung
gegenüber dem Inlandssachverhalt) bleibt eine Pauschalierung jedoch vom Gerichtshof unbeanstandet.

Eine von diesen Grundsätzen abweichende Regelung bestand in den deutschen Rechtsvorschriften über die Besteuerung von Investmentanteilen, welche zur Vermeidung einer
begünstigten Besteuerung thesaurierter Erträge eine transparente Besteuerung vorsah.
Hierzu bediente sich die Norm einer Ausschüttungsfiktion und fasste auch „ausschüttungs-
gleiche" Erträge sowie „Zwischengewinne" in die Bemessungsgrundlage ein.[597] Auch dieses
Vorgehen, welches sowohl für inländische als auch für ausländische Investmentanteile galt,

---

[595]   Schlussanträge des GA Geelhoed vom 06.04.2006 zur Rs. C-446/04 (FII Group Litigation I), Slg. 2006 I-11761,
        ECLI:EU:C:2006:240, Rn. 49.
[596]   Vgl. EuGH-Urteil vom 13.11.2012 zur Rs. C-35/11 (FII Group Litigation II), Rn. 43-50.
[597]   Vgl. § 2 Abs. 1 dInvStG i.d.F. 2004.

war in seiner Grundsystematik primärrechtlich nicht zu beanstanden. Jedoch waren zur Bestimmung der nach nationalem Recht einschlägigen thesaurierten Erträge und Zwischengewinne Angaben und Nachweise erforderlich, die durch den Investmentfonds erbracht werden mussten. Kam dieser der Verpflichtung nicht nach, so fand eine Schätzung der Erträge statt, die für den Steuerpflichtigen nachteilig sein konnte.[598] Da gebietsfremde Investmentfonds aufgrund ihrer Eignerstruktur tendenziell geringere Anreize zur Erfüllung dieser Verpflichtungen aufweisen als inländische Fonds, erkannte der Gerichtshof eine mittelbare Diskriminierung und folglich eine Beschränkung der Kapitalverkehrsfreiheit.[599] Eine solche Schätzung, die dem Steuerpflichtigen keine Möglichkeit belässt, selbst Nachweise über die korrekte Höhe der anzusetzenden Erträge zu erbringen, geht hierbei nach gefestigter Rechtsprechung über das Erforderliche zur Wahrung einer wirksamen Steueraufsicht hinaus.[600] Dabei kann nach Auffassung des EuGH nicht entgegengehalten werden, dass die Erfordernis aus einer angestrebten Einheitlichkeit der nationalen Steuerfestsetzung erwachse, denn eine solche könne auch durch Möglichkeiten des nationalen Datenaustauschs und im Zuge der Amtshilfe erreicht werden.[601]

4.3.4 Periodische Verluste gebietsfremder Personen oder Niederlassungen

Im Folgenden werden die Vorgaben des EuGH an die Berücksichtigung laufender Verluste[602] aus Outbound-Investitionen im Ansässigkeitsstaat des Investors, bzw. des übergeordneten Beteiligungsglieds betrachtet. Mit Ausnahme der Rs. *Busley und Cibrian Fernandez*[603] zum Abzug von Verlusten einer inländischen Immobilie, betreffen alle dieser Kategorie zuzuordnenden Sachverhalte den Einbezug von Betriebsstättenverlusten auf Ebene des Stammhauses oder den Einbezug von Verlusten von Mehrheitsbeteiligungen auf Ebene des Mutterunternehmens. Aufgrund des bestimmenden Einflusses des Stammhauses oder der mehrheitlich beteiligten Gesellschaft waren alle Sachverhalte[604] ausschließlich anhand der Niederlassungsfreiheit zu beurteilen.[605]

4.3.4.1 Allgemeine ökonomische Betrachtung

Auch im Bereich des zwischenstaatlichen Verlustausgleichs unterscheiden sich die Anforderungen hinsichtlich einer insgesamt eher kapitalimport- oder kapitalexportneutralen Ausgestaltung des Besteuerungssystems.

Werden Gewinne aus ausländischen Investitionen unter Anrechnung der ausländischen Steuern der inländischen Besteuerung unterworfen, so sind die Anforderungen der

---

[598] Vgl. EuGH-Urteil vom 09.10.2014 zur Rs. C-326/12 (van Caster), ECLI:EU:C:2014:2269, Rn. 28, 32.

[599] Vgl. ebd., Rn. 35-38.

[600] Vgl. ebd., Rn. 49. Der Gesetzgeber versuchte dem sodann auch durch Einführung einer Nachweismöglichkeit durch § 6 Abs. 2 dInvStG n.F. abzuhelfen.

[601] Vgl. ebd., Rn. 53-55.

[602] D.h. solcher Verluste, die nicht aus der Veräußerung des Investitionsobjekts insgesamt resultieren

[603] EuGH-Urteil vom 15.10.2009 zur Rs. C-35/08 (Busley und Cibrian Fernandez), Slg. 2009 I-9807, ECLI:EU:C:2009:625.

[604] Dies gilt mit Ausnahme der zuvor genannten Rechtssache.

[605] So auch Führich (2009),S. 154 m.w.N.

Kapitalexportneutralität auch für die Behandlung entsprechender Verluste einschlägig. Aus deren Perspektive, wie auch aus Gründen des Leistungsfähigkeitsprinzips, sind auch ausländische Verluste gewinnmindernd in die inländische Bemessungsgrundlage einzubeziehen. Gewinne und Verluste aus ausländischen Quellen sind also symmetrisch zu behandeln, insofern den Verlusten ausreichendes Steuersubstrat zur Verrechnung gegenübersteht. Im Falle fehlender oder unzureichender Möglichkeiten einer Verrechnung von Verlusten (V) im Zeitpunkt $t = 0$ im Quellenstaat oder zwischen den Quellenstaaten können sich kapitalexportneutrale Kapitalwerte (KW_{KEX}) bzw. hiervon abweichende Kapitalwerte (ΔKW_{KEX}) in Abhängigkeit des auf diese Verluste anzuwendenden Effektivsteuersatzes des Wohnsitzlands ($ETR_{V,W}$) sowie des Zinsniveaus (i) folgende Situationen ergeben:

(1) Bei vollständiger direkter und indirekter Anrechnung unter Einbezug sämtlicher Gewinne und Verluste in die inländische Bemessungsgrundlage ergibt sich unabhängig von der Behandlung der Verluste im Quellenstaat ein kapitalexportneutraler Zustand: $KW_{KEX} = ETR_{V,W} \cdot V_{t=0}$.

(2) Findet eine beschränkte direkte und indirekte Anrechnung unter Einbezug sämtlicher Gewinne und Verluste statt, gilt hinsichtlich der indirekten Anrechnung zu unterscheiden:

    a. Bei Vortragsfähigkeit der aufgrund von Verlusten bestehenden Anrechnungsüberhänge ergibt sich eine Mehrbesteuerung aufgrund des Zinsnachteils: $\Delta KW_{KEX} = ETR_{V,W} \cdot V_{t=0} \cdot [1 - (1 + i)^{-n}]$.

    b. Ohne Vortragsfähigkeit der aufgrund von Verlusten bestehenden Anrechnungsüberhänge ergibt sich eine Mehrbesteuerung aufgrund von Nichtberücksichtigung des den Anrechnungshöchstbetrag übersteigenden Anteils der Verluste: $\Delta KW_{KEX} = -ETR_{V,W} \cdot V_{t=0}$.

(3) Anrechnungsverfahren, die nur auf ausgeschüttete Erträge angewandt werden, führen zur systematischen Nichtberücksichtigung von Verlusten im Quellenstaat. Unabhängig von der Vortragfähigkeit der Anrechnungsüberhänge und dem Vorliegen einer direkten und / oder indirekten Anrechnung ergibt sich daher immer eine Mehrbesteuerung von $\Delta KW_{KEX} = -ETR_{V,W} \cdot V_{t=0}$.

Ein kapitalexportneutraler Zustand im Sinne der Situation (1) ist insbesondere bei Betriebsstättenverlusten auf Ebene des Stammhauses denkbar. Situation (2) kann sich beispielsweise für transparent besteuerte Anlageorganismen oder anderer Investmentfonds ergeben. Aufgrund der unionsrechtlichen Vorgaben zur Vortragsfähigkeit von Anrechnungsüberhängen[606] wird sich hierbei in Binnenmarktsituationen regelmäßig Situation (2b.) einstellen. Bei Eignern von Körperschaften findet nach Maßgabe des Trennungsprinzips demgegenüber regelmäßig keine Ermittlung des eignerspezifischen Welteinkommens statt und lediglich ausgeschüttete Erträge werden erfasst. Eine symmetrische Behandlung von Verlusten ist nicht mehr realisierbar. Denn bei Anwendung der Anrechnungsmethode werden die thesaurierten Gewinne auf Ebene der Kapitalgesellschaft durch deren Sitzstaat, der hier-

---

[606] Siehe die Ausführungen des Abschnitts 4.3.3.2 zum EuGH-Urteil vom 10.02.2011 zur Rs. C-436/08, C-437/08 (Haribo und Österreichische Salinen).

von ausgeschüttete Anteil hingegen vom (Wohn-)Sitzstaat des Anteilseigners besteuert. Da Verluste jedoch ihrem Wesen nach nicht ausschüttungsfähig sind, kann eine den Gewinnen entsprechende Unterscheidung in ausgeschüttete und nicht-ausgeschüttete Anteile nicht erfolgen. Zwar bleibt bei rechtlicher Eigenständigkeit des ausländischen Tochterunternehmens auch ohne Einbezug solcher Verluste das Leistungsfähigkeitsprinzip gewahrt, eine kapitalexportneutrale Behandlung der Verluste scheitert und allgemeingültige Anforderungen an die Behandlung solcher Verluste können nicht abgeleitet werden. Da eine neutrale Behandlung von Verlusten gebietsfremder Tochterunternehmen in diesen Fällen nicht möglich sein wird, ist vielmehr die Frage zu stellen, ob ein Einbezug oder ein Nicht-Einbezug solcher Verluste zu geringeren Verzerrungen führt. Diese kann dahingehend beantwortet werden, dass mangels eigener Konsumptionsfähigkeit der Kapitalgesellschaft deren thesaurierte Gewinne langfristig zu Ausschüttungen führen müssen. Während ein Nichteinbezug somit eine grundlegend asymmetrische Behandlung bedeuten würde, entspricht der Einbezug einer um Zinseffekte verzerrten symmetrischen Behandlung.[607] Somit ist im Sinne einer möglichst standortneutralen Erfassung der Verluste deren sofortiger Einbezug einer Nichterfassung auf Ebene des Eigners oder der Muttergesellschaft vorzuziehen. Dies gilt bei Anwendung der Anrechnungsmethode unabhängig von den Möglichkeiten eines späteren Verlustabzugs im Quellenstaat, welcher aufgrund einer Minderung der anzurechnenden Steuern zu keiner effektiven doppelten Verlustberücksichtigung führt.[608]

Werden die Rückflüsse ausländischer Investitionen hingegen vollständig der inländischen Besteuerung freigestellt, so gelten auch für die Verlustberücksichtigung die Anforderungen der Kapitalimportneutralität. Hierbei bleiben Verluste aus ökonomischer Betrachtung solange unproblematisch, als dass diese sofort und vollständig durch den Quellenstaat berücksichtigt werden. Dies ist jedoch nicht immer der Fall. Verzerrungen der Standortneutralität entstehen hierbei durch ungleichmäßige Aufteilung von Investitionen des Stammhauses oder des Mutterunternehmens auf verschiedenen Staaten, welche zu einer ungleichmäßigen Verteilung von Steuersubstrat und somit zu unterschiedlich hohen Verlustausgleichspotentialen führen. Wird die Annahme zugrunde gelegt, dass Steuerpflichtige in ihrem Sitzstaat regelmäßig den größten Teil ihrer Einkünfte erzielen und hierdurch ein höheres Verlustausgleichspotential aufweisen, so führt die Gefahr unzureichenden Verlustausgleichspotentials im Ausland zu einem relativ höheren antizipierten inländischen Kapitalwert nach Steuern. Die Auslandinvestition wird gegenüber der Inlandinvestition benachteiligt und eine Partizipation zu den Marktbedingungen des Quellenstaats ist aufgrund der höheren Verlustverrechnungsmöglichkeiten der dort ansässigen Marktteilnehmer nicht möglich.[609] In Abhängigkeit der Verlustberücksichtigung im Sitzstaat des Mutterunternehmens / des Stammhauses und der Gewinnsituation der ausländischen Gesellschaft oder Betriebsstätte, ergeben sich im Falle ausreichenden inländischen Verlustausgleichpotentials folgende idealtypische Situationen:

---

[607] Weiterhin ist zu beachten, dass ein einseitiger sofortiger Einbezug von Verlusten, nicht aber von Gewinnen Verzerrungen riskanter Investitionen auslösen kann. Vgl. hierzu Oestreicher et al. (2011), S. 13.

[608] Aus diesem Grund gilt es auch die Auffassung abzulehnen, auch bei Anrechnungsverfahren müssten die Mitgliedstaaten ihre Besteuerungssysteme vor einer Erosion durch gebietsfremde Verluste bewahren (so Meussen (2003), S. 146 f.).

[609] Siehe auch Schön (2008), S. 825.

(1) Können ausländische Verluste nicht mit inländischen Einkünften verrechnet werden, ergeben sich hieraus unterschiedliche steuerliche Verzerrungen der Kapitalanlage, je nachdem ob diese Verluste im Quellenstaat

   a. sofort ausgeglichen werden können, bzw. in zukünftigen Perioden tatsächlich verrechnet werden können und der Verlustvortrag marktüblich verzinst wird (kapitalimportneutrale Verlustberücksichtigung),

   b. erst zu einem späteren Zeitpunkt die Steuerlast mindern und aufgrund fehlender Verzinsung des Verlustvortrags zu sinkenden Kapitalwerten führen (Mehrbesteuerung mangels Verzinslichkeit) oder

   c. mangels zukünftigen Verlustausgleichspotentials keine steuerliche Berücksichtigung finden (Mehrbesteuerung durch Untergang des Verlustvortrags).

(2) Können ausländische Verluste hingegen mit inländischen Einkünften ausgeglichen werden, unterscheiden sich die Situationen, je nachdem, ob diese Verluste im Quellenstaat

   a. sofort berücksichtigt werden bzw. in zukünftigen Perioden tatsächlich verrechnet werden können und der Verlustvortrag marktüblich verzinst wird (Minderbesteuerung aufgrund doppelter Verlustberücksichtigung),

   b. später im Rahmen eines unverzinslichen Verlustvortrags tatsächlich berücksichtigt werden (durch Zinseffekte abgemilderte Minderbesteuerung aufgrund doppelter Verlustberücksichtigung),

   c. später im Rahmen eines unverzinslichen Verlustvortrags tatsächlich berücksichtigt werden können und im Wohnsitzstaat der Nachversteuerung unterliegen (näherungsweise kapitalimportneutrale Verlustberücksichtigung).

   d. mangels zukünftigen Steuersubstrats bei einer Nachversteuerung oder mangels der Vortragsfähigkeit von Verlusten nicht im Quellenstaat berücksichtigt werden (Standortverzerrungen durch Verlustverlagerung).

Die in den Situationen (2c.) und (2d.) angeführte Nachversteuerung stellt einen Korrekturmechanismus dar, mit welchem durch einen Einbezug von Gewinnen im Zeitpunkt $t = n$ in Höhe einer zuvor gewährten Verrechnung ausländischer Verluste im Zeitpunkt $t = 0$ mit inländischen Gewinnen eine strukturelle Benachteiligung ausländischer Verluste vermieden werden soll. Die grundlegende Aufteilung der Besteuerungsrechte zwischen den beteiligten Staaten wird hierbei nicht durchbrochen. Reicht das zukünftig generierte Steuersubstrat für eine solche Nachversteuerung aus (Situation (2c.)), so reduziert sich die Standortverzerrung (dargestellt als Abweichung zum kapitalimportneutralen Kapitalwert der Verlustberücksichtigung entsprechend Situation (1a.)) ΔKW_{KIN} aufgrund der Verluste (V) im Zeitpunkt $t = 0$ in Abhängigkeit des Marktzinses i und der Effektivsteuersatzdifferenz (auf Verluste) ΔETR_V auf $\Delta KW_{KIN} = \Delta ETR_V \cdot V_{t=0} \cdot [1 - (1 + i)^{-n}]$. Kommt es aufgrund mangelnden Steuersubstrats zu keiner Nachversteuerung, so erhöht sich diese Differenz aufgrund der Berücksichtigung der Verluste zum inländischen Effektivsteuersatz

Verlustberücksichtigung   **WOHNSITZLAND**

		nein	sofort
Q **U** **E**	sofort / später (verzinslich)	(1a.): KIN $$KW_{KIN} = ETR_{V,Q} \cdot V_{t=0}$$	(2a.): Minderbesteuerung $$\Delta KW_{KIN} = ETR_{V,W} \cdot V_{t=0}$$
L **L** **E** **N** **L** **A**	später (unverzins-lich)	(1b.): Mehrbesteuerung (Zins) $$\Delta KW_{KIN} = ETR_{V,Q} \cdot V_{t=0}$$ $$\cdot [1 - (1+i)^{-n}]$$	(2b.): gemilderte Minderbesteuerung (Zins) $$\Delta KW_{KIN} = \Delta ETR_V \cdot V_{t=0} + ETR_{V,Q}$$ $$\cdot V_{t=0} \cdot (1+i)^{-n}$$
N **D**	nein	(1c.): Mehrbesteuerung $$\Delta KW_{KIN} = -ETR_{V,Q} \cdot V_{t=0}$$	(2d.): Verlustverlagerung $$\Delta KW_{KIN} = \Delta ETR_V \cdot V_{t=0}$$

Tabelle 3: Übersicht über Kapitalwertdifferenzen verschiedener Situationen bei Freistellung der Gewinne

betragsmäßig auf $\Delta KW_{KIN} = \Delta ETR_V \cdot V_{t=0}$. Somit entspricht die Kapitalwertdifferenz im Falle einer erfolgreichen Nachversteuerung der verzinsten Effektivsteuersatzdifferenz zwischen Inland und Quellenstaat. Kann Situation 1a. nicht realisiert werden, so entspricht Situation (2c.) der Zweitbest-Lösung. Selbst bei sofortigem Einbezug der Verluste in die inländische Steuerbemessungsgrundlage ohne Möglichkeit einer späteren Nachversteuerung (Situation (2d.)), ergeben sich aus Perspektive der Standortneutralität bessere Ergebnisse als in den anderen Situationen, insofern die Auswirkungen der Verlustverlagerung solche einer Mehr-/ Minderbesteuerung nicht übersteigen. Es sei jedoch klargestellt, dass eine vollständig kapitalimportneutrale Ausgestaltung auch hierdurch nicht möglich ist.[610]

4.3.4.2 Verlustausgleich mit gebietsfremden Kapitalgesellschaften

Gruppenbesteuerungssysteme unterstellen eine gemeinsame Leistungsfähigkeit von in Konzernen zusammengeschlossenen Gesellschaften und ermöglichen durch die Durchbrechung des Trennungsprinzips eine unternehmensübergreifende Berücksichtigung ihrer Verluste. International unterscheiden sich solche Systeme insbesondere bezüglich ihrer Anforderungen an den Einbezug von Gesellschaften[611] als auch hinsichtlich des Ausgleichsmechanismus[612]. Hierbei wird jedoch oftmals eine Berücksichtigung von Verlusten für solche Gesellschaften ausgeschlossen, deren Besteuerungsrechte nicht der Sitzstaat der über-

---

[610] Siehe auch Hüsing (2008), S. 288-290 und Jacobs (2011), S. 422 f. Eine andere Auffassung vertreten Spengel/Matenaer (2010), S. 819, die in der Kapitalimportneutralität ein grundlegendes Nichtberücksichtigungsgebot sehen.

[611] Z.B. Höhe der Beteiligungsquote und Regelung der Gewinnabführung.

[612] Z.B. Konzernabzug oder Addition der Gewinne und Verluste der Organgesellschaften zum Organträger.

nehmenden Gesellschaft innehat. So erging eine ganze Reihe von Urteilen zur Frage, welche Anforderungen die Niederlassungsfreiheit an eine Verweigerung des Einbezugs solcher Verluste gebietsfremder Kapitalgesellschaften stellt.

Die weitaus größte Aufmerksamkeit genoss die Rs. *Marks & Spencer*[613], bei welcher erstmals ein Verlustausgleich mit einer gebietsfremden Gesellschaft verhandelt wurde. Anders als in später in diesem Kontext verhandelten Sachverhalten lag der zur Disposition stehenden britischen Besteuerungsmethodik ein Anrechnungsverfahren zugrunde. So wurden Dividenden aus gebietsfremden Tochtergesellschaften auf körperschaftsteuerlicher Ebene der Muttergesellschaft besteuert und ausländische Körperschaftsteuer und Quellensteuer erstattet. Thesaurierte Gewinne der ausländischen Gesellschaften wurden hingegen nicht der inländischen Besteuerung unterworfen, so dass sich bei partieller Gewinnthesaurierung auf Ebene der Muttergesellschaft eine unvollständig kapitalexportneutrale Situation einstellte.

Der Rechtsstreit betraf die Berücksichtigung von Verlusten von im Ausland ansässigen Tochterunternehmen, die mittelbar über eine gebietsfremde Holdinggesellschaft gehalten wurden, in der steuerlichen Sphäre der inländischen Muttergesellschaft. Während ein innerperiodiger Verlustausgleich zwischen inländischen Konzerngesellschaften im Rahmen eines Konzernabzugs (Übertragung der Verluste auf die Muttergesellschaft) möglich war, wurde ein solcher für ausländische Gesellschaften verweigert, insofern diese nicht über inländische Betriebsstätten verfügten. Entsprechend standen zwei Vergleichspaare zur Auswahl: Die Situation einer inländischen Gesellschaft mit einer ausländischen Betriebsstätte (horizontales Vergleichspaar) oder die Situation einer inländischen Gesellschaft mit einer inländischen Tochtergesellschaft (vertikales Vergleichspaar). Der erste Vergleichsmaßstab wurde vom Generalanwalt verworfen[614] und vom Gerichtshof erst gar nicht erwähnt.

Eine Untersuchung anhand des Rechtsformvergleichs hätte jedoch zu einer grundlegend unterschiedlichen Beurteilung führen können. Das durch Großbritannien gewählte Instrument des Konzernabzugs bei Verlusten einer Tochtergesellschaft führte, anders als bei einer Investition mittels einer Betriebsstätte, nicht zur Konsolidierung der Gewinne und Verluste auf Ebene der inländischen (Holding-)Gesellschaft. Vielmehr beschränkte sich der Steuerzugriff im Falle der Investition mittels eines Tochterunternehmens auf Ebene des Mutterunternehmens auf die von dem Tochterunternehmen ausgeschütteten Gewinne (keine Konsolidierung). Aufgrund des unterschiedlichen Steuerzugriffs wäre daher zweifelhaft, ob im Falle eines Rechtsformvergleichs der Gerichtshof ein tertium comparationis dieser Situationen festgestellt hätte.[615]

---

[613] EuGH-Urteil vom 13.12.2005 zur Rs. C-446/03 (Marks & Spencer), Slg. 2005 I-10837, ECLI:EU:C:2005:763.

[614] Dieser erachtet die Ungleichbehandlung der Rechtsformen als bloße Folge einer Ungleichbehandlung der Staatsangehörigkeit (vgl. Schlussanträge des GA Maduro vom 07.04.2005 zur Rs. C-446/03 (Marks & Spencer), Slg. 2005 I-10837, ECLI:EU:C:2005:201, Rn. 42-47. Zu weiteren Ausführungen hierzu siehe Abschnitt 2.2.2.

[615] Ebenso ebd., Rn. 48; Gutmann (2003). Eine andere Auffassung vertreten Cordewener et al. (2004), S. 230 f: Sie argumentieren, dass eine Vergleichbarkeit auch im horizontalen Vergleichspaar zum einen ökonomisch (lediglich unterschiedliches Investitionsvehikel), zum anderen aber auch normativ aufgrund des britischen Anrechnungsverfahrens gegeben sei.

Ihrer Beurteilung in der zuvor ergangenen Rs. *Imperial Chemical Industries*[616] folgend, unternahmen die Richter jedoch den Inlandsvergleich und erkannten in dem durch den Konzernabzug umgangenen Verlustvortrag einen Liquiditätsvorteil (Steuervergünstigung) und in dessen einseitiger Verweigerung für die Verluste an nicht im Mitgliedstaat wirtschaftlich tätigen, objektiv vergleichbaren Gesellschaften folglich eine Beschränkung der Niederlassungsfreiheit.[617] Auf die objektive Vergleichbarkeit wird im vorliegenden Urteil nur knapp Bezug genommen, diese jedoch anerkannt. Dedizierter widmete sich der EuGH einer Untersuchung der objektiven Vergleichbarkeit der Situationen eines Mutterunternehmens mit gebietsansässigen oder gebietsfremden Verlustgesellschaften in der Rs. *X Holding*[618]. Hier nahm der Gerichtshof eine objektive Vergleichbarkeit bereits dann an, wenn die begünstigende Norm auf eine steuerliche Neutralität und dem Ausgleich von Gewinnen und Verlusten auf Ebene des Mutterunternehmens abzielt.[619] Da Gruppenbesteuerungssysteme gerade eine solche Zielsetzung immanent ist, sind in diesem Kontext kaum Sachverhalte denkbar, in denen der Nachweis einer Beschränkung an der Prüfung der objektiven Vergleichbarkeit eines vertikalen Vergleichspaars scheitern könnte. Das Ergebnis dieser Vergleichspaaranalyse stimmt im Grundsatz mit den dargestellten Erfordernissen einer kapitalexportneutralen Besteuerung überein, welche auch die Besteuerung von Verlusten nach den Bedingungen des Sitzes der beteiligten Gesellschaft, bzw. des Investors verlangen. Die Wahl des vertikalen Vergleichspaars ist daher auch aus ökonomischer Sicht begrüßenswert.

Seine hohe Bedeutung verdankt die Rs. *Marks & Spencer* jedoch nicht vordergründig der Vergleichbarkeitsprüfung, sondern der nachfolgenden Prüfung der Rechtfertigungsgründe. Denn hier überraschte der Gerichtshof durch deutlich geringere Anforderungen, als er sie an eine Rechtfertigung von Beschränkungen in anderen Bereichen des direkten Steuerrechts erhob – und mit welchen in der Literatur kaum gerechnet wurde.[620] So wurde im Rechtsstreit vorgebracht, die fragliche Regelung wäre aufgrund des Rechts der Mitgliedstaaten, eine ausgewogene Aufteilung der Besteuerungsrechte vorzunehmen, der Vermeidung einer doppelten Verlustnutzung sowie aufgrund der Steuerfluchtgefahr gerechtfertigt.[621] Sämtliche dieser Erwägungen sah der Gerichtshof als geeignet an, die festgestellte Beschränkung der Niederlassungsfreiheit zu rechtfertigen. Sie stellen seitdem im Bereich des grenzüberschreitenden Verlustausgleichs die wesentlichen akzeptierten Rechtfertigungsgründe dar.[622]

- Dem Argument einer ausgewogenen Aufteilung der Besteuerungsrechte folgte der Gerichtshof mit der Begründung, durch eine Möglichkeit des Steuerpflichtigen zur

---

[616] EuGH-Urteil vom 16.07.1998 zur Rs. C-264/96 (Imperial Chemical Industries), Slg. 1998 I-4695, ECLI:EU:C: 1998:370.

[617] Vgl. EuGH-Urteil vom 13.12.2005 zur Rs. C-446/03 (Marks & Spencer), Rn. 32 f.

[618] EuGH-Urteil vom 25.02.2010 zur Rs. C-337/08 (X Holding), Slg. 2010 I-1215, ECLI:EU:C:2010:89.

[619] Vgl. ebd., Rn. 24.

[620] Vgl. Gammie (2005); O´Shea (2006), S. 76; Lang (2006).

[621] Auf die weiter vorgebrachten Rechtfertigungsversuche durch die Anwendung des Territorialitätsgrundsatzes wurden im Urteil nicht gesondert erörtert.

[622] Vgl. Pezzella (2014), S. 72.

freien Wahl des Ortes des Einbezugs solcher Verluste würde diese Aufteilung „erheblich beeinträchtigt". Es käme zu einer nicht durch die Mitgliedstaaten gewollten Verlagerung von Bemessungsgrundlagen.[623]

- Da auch ohne die Möglichkeit einer doppelten Berücksichtigung solcher Verluste Anreize zur Steuerarbitrage aufgrund von Steuersatzdifferenzen bestünden (wobei die Richter von einem Bestehen „deutlicher Unterschiede in den Steuersätzen der verschiedenen Mitgliedstaaten" ausgingen) wurde auch die Gefahr einer Umgehung der Besteuerungsrechte für einschlägig erachtet.

- Auch der Rechtfertigung durch die Gefahr einer doppelten Verlustberücksichtigung folgte der EuGH zunächst ohne nähere Begründung.

Eine Rechtfertigung auf Grundlage des Territorialitätsgrundsatzes konnte in diesem Fall hingegen nicht durchgreifen.[624] Nach Ansicht des Gerichthofs reiche ein fehlendes Besteuerungsrecht des Sitzstaats der Mutter an den Gewinnen ausländischer Tochterunternehmen für eine Rechtfertigung nicht aus. Anerkannt wurde Territorialität als Rechtfertigung hingegen in der Rs. *Futura Participations und Singer* (betreffend die Verluste einer Betriebsstätte, s.o.). Es bestand hier jedoch der Unterschied, dass in letzterer Situation kein Zusammenhang zu inländischen Einkünften vorlag, während in der hier betrachteten Rs. die Dividenden der gebietsfremden Gesellschaft auf Basis des Welteinkommensprinzips der inländischen Gesellschaft besteuert wurden. Es bestand somit zumindest ein indirekter Zusammenhang zu inländischen Einkünften.[625] Auch eine Argumentation anhand des in anderen Urteilen beschriebenen Kohärenzbegriffs fällt in diesem Zusammenhang schwer, da der gewährte steuerliche Vorteil der Verlustnutzung auf Ebene der Muttergesellschaft und der damit im Zusammenhang stehende Nachteil des damit einhergehenden Untergangs dieses Verlustes bei der verlustübertragenden Gesellschaft und somit auf Ebene eines anderen Steuerpflichtigen, besteht.[626] Dies gilt jedoch nicht uneingeschränkt bei Betriebsstätten.[627]

Während der Gerichtshof in der Rs. *Marks & Spencer* noch betonte, die drei Rechtfertigungsgründe könnten in diesem Bereich nur zusammengenommen eine Beschränkung rechtfertigen, hielt er das Vorbringen einer Gefahr der doppelten Verlustberücksichtigung in späteren Urteilen nicht mehr für erforderlich.[628] Diese wurde ohnehin nie als alleinste-

---

[623] Vgl. EuGH-Urteil vom 13.12.2005 zur Rs. C-446/03 (Marks & Spencer), Rn. 46.

[624] Vgl. ebd., Rn. 36, 39 f.

[625] Zum gleichen Ergebnis kommen Cordewener et al. (2004), S. 229 sowie der Generalanwalt in seinen Schlussanträgen (Schlussanträge des GA Maduro vom 07.04.2005 zur Rs. C-446/03 (Marks & Spencer)), Rn. 63).

[626] Vgl. Meussen (2005), S. 284; Cordewener et al. (2004), S. 229. Lang (2006), S. 60, sieht in den drei herangezogenen Rechtfertigungsgründen einen Ersatz des Kohärenz-Arguments, um seine diesbezügliche Rspr. nicht anpassen zu müssen. Auch vom Generalanwalt wurden diese unter der Notwendigkeit der Wahrung Kohärenz des Steuersystems subsumiert. Siehe hierzu Schlussanträge des GA Maduro vom 07.04.2005 zur Rs. C-446/03 (Marks & Spencer), Rn. 57 ff.

[627] Vgl. EuGH-Urteil vom 15.05.2008 zur Rs. C-414/06 (Lidl Belgium) und EuGH-Urteil vom 23.10.2008 zur Rs. C-157/07 (Krankenheim Ruhesitz am Wannsee-Seniorenheimstatt), Slg. 2008 I-8061, ECLI:EU:C:2008:588.

[628] Siehe hierzu die klarstellenden Anmerkungen im EuGH-Urteil vom 18.07.2007 zur Rs. C-231/05 (Oy AA), Rn. 60 mit Übertragung auf den hier behandelten Kontext im EuGH-Urteil vom 15.05.2008 zur Rs. C-414/06 (Lidl Belgium), Rn. 39-41 sowie Pezzella (2014), S. 72.

hender Rechtfertigungsgrund betrachtet[629], sondern allenfalls als Vorstufe der Rechtfertigung durch eine angemessene Aufteilung der Besteuerungsrechte[630] oder einer Unterkategorie von Kohärenz, auf welche die Verhinderung einer doppelten Verlustverrechnung unweigerlich abziele.[631] Auch die Gefahr der Steuerumgehung könne nur als ein der angemessenen Aufteilung der Besteuerungsrechte hierarchisch untergeordneter Rechtfertigungsgrund verstanden werden.[632] Somit ist im Bereich des grenzüberschreitenden Verlustausgleichs insbesondere die Aufteilung der Besteuerungsrechte für eine Rechtfertigung maßgeblich. Die anderen beiden Rechtfertigungsgründe könnten demnach auch als historisch
bedingte Hilfsargumente verstanden werden, da der EuGH eine Rechtfertigung durch die
Notwendigkeit der Wahrung einer angemessenen Aufteilung der Besteuerungsrechte zunächst nicht als alleinstehenden Rechtfertigungsgrund zuließ.[633] Eine klare Antwort auf das
Verhältnis der Rechtfertigungsargumente ist der EuGH jedoch bis heute schuldig geblieben.[634]

Bei Betrachtung der ökonomischen Ebene sei vorangestellt, dass jede Form einer akzeptierten Rechtfertigung durch den EuGH auch eine Akzeptanz von aus Steuergründen verzerrter Kapitalallokation am Binnenmarkt impliziert. Da sich der Mitgliedstaat im Falle der
Rs. *Marks & Spencer* zur Anwendung einer Anrechnungsmethode entschieden hatte, ist
auch die Verlustberücksichtigung nach Maßgabe der Kapitalexportneutralität zu beurteilen. Hierbei kann keines der aufgeführten Rechtfertigungsargumente überzeugen. Im Zuge
eines Anrechnungsverfahrens bleibt eine mehrfache Berücksichtigung von Verlusten ausgeschlossen, da (auch zukünftige) Verlustverrechnungsmöglichkeiten im Sitzstaat des
Tochterunternehmens aufgrund der geringeren anrechenbaren ausländischen Steuern im
Sitzstaat des Mutterunternehmens Berücksichtigung finden.[635, 636] Ebenso wenig sind verstärkte Möglichkeiten einer Steuerarbitrage zu befürchten. Eine von den Mitgliedstaaten
gewählte Aufteilung der Besteuerungsrechte bliebe lediglich dann nicht gewahrt, wenn
diese auf eine effektive Besteuerung der Gewinne im Sitzstaat des Mutterunternehmens, der
Verluste hingegen im Sitzstaat des Tochterunternehmens abzielen würde. Ein solches Besteuerungssystem wäre dann jedoch gerade auf eine unterschiedliche Behandlung in- und
ausländischer Verluste angelegt. Die vom EuGH zugelassenen Rechtfertigungsgründe können daher aus dieser Sichtweise insgesamt nicht überzeugen.

Da jedoch diese Grundsätze ebenfalls auf Situationen anwendbar sind, in denen eine
Freistellungsmethode praktiziert wird, sind diese auch hinsichtlich ihrer Auswirkungen auf
eine kapitalimportneutrale Besteuerung zu untersuchen. Da bei Freistellung eine Hochschleusung auf das inländische Besteuerungsniveau unterbleibt, können sich durchaus Si

---

[629]   Vgl. Monteiro/Kiers (2013), S. 94.

[630]   Vgl. Lang (2014), S. 532.

[631]   Vgl. Schlussanträge des GA Maduro vom 07.04.2005 zur Rs. C-446/03 (Marks & Spencer), Rn. 74. sowie Hey
       (2006), S. 121.

[632]   Vgl. Pezzella (2014), S. 74

[633]   Vgl. EuGH-Urteil vom 18.07.2007 zur Rs. C-231/05 (Oy AA), Rn. 54; EuGH-Urteil vom 21.01.2010 zur Rs.
       C-311/08 (SGI), Slg. 2010 I-487, ECLI:EU:C:2010:26, Rn. 60. Dies änderte sich spätestens mit EuGH-Urteil
       vom 25.02.2010 zur Rs. C-337/08 (X Holding).

[634]   Siehe auch Monteiro/Kiers (2013), S. 94.

[635]   Ebenso Lang (2005), S. 98.

[636]   Es verblieben lediglich die den Thesaurierungsanteil betreffenden Zinseffekte.

tuationen ergeben, die eine Rechtfertigung auch ökonomisch plausibel erscheinen lassen. So richtet sich das Argument der Notwendigkeit zur Verhinderung einer doppelten Verlustnutzung gegen den Eintritt der oben beschriebenen Situationen (2a.) oder (2b.) (Minderbesteuerung aufgrund doppelter Verlustberücksichtigung, welche ggf. aufgrund des Verlustvortrags im Sitzstaat des Tochterunternehmens um hieraus resultierende Zinseffekte gemildert sein kann) und ist somit[637] auch aus dieser Sichtweise berechtigt. Anders verhält es sich bei den anderen Rechtfertigungsgründen. Sowohl die Notwendigkeiten einer Aufteilung der Besteuerungsrechte als auch die der Bekämpfung von Steuerumgehung sind hierbei, insofern diese nicht speziell auf eine Verhinderung der doppelten Verlustberücksichtigung abzielen, der Situation (2d.) zuzuordnen. Diese Situation beschreibt eine Verlagerung von Verlusten in Regime mit anderen (wohl zumeist höheren) Effektivsteuersätzen. Eine erfolgreiche Rechtfertigung der bestehenden Beschränkung führt zur unionsrechtlichen Zulässigkeit einer Vermeidung solcher Verzerrungen der Standortneutralität durch eine Nichtberücksichtigung der Verluste, also der absichtsvollen Schaffung einer Situation der Mehrbesteuerung. Wie bereits ausgeführt, überwiegen die Verzerrungseffekte derartiger Mehrbesteuerungen in Abhängigkeit der Effektivsteuersätze und der Effektivsteuersatzdifferenzen regelmäßig die Auswirkungen reiner Verlustverlagerungen. Die Zulässigkeit dieser Rechtfertigungsgründe steht daher einer möglichst neutralen Ausgestaltung der Besteuerung am Binnenmarkt entgegen.

Weiterhin war jedoch zunächst noch die Verhältnismäßigkeit der fraglichen Regelung zu prüfen. Als weniger belastende Maßnahmen verwiesen der Kläger und die Kommission auf zwei mögliche Alternativen. Zum einen könnte ein grenzüberschreitender Verlustausgleich davon abhängig gemacht werden, dass alle Möglichkeiten der Verlustberücksichtigung im Sitzstaat der kontrollierten Gesellschaft ausgeschöpft wurden. Dies erkannte der EuGH zunächst im Grundsatz an, zog jedoch zunehmend engere Grenzen um diese sogenannte „Marks & Spencer-Ausnahme". So stellte er bereits in der betrachteten Rs. klar, für ein Scheitern der Verhältnismäßigkeit müssten nicht nur alle Möglichkeiten einer Nutzung solcher Verluste im Veranlagungszeitraum (insbesondere innerperiodiger Verlustausgleich, Verlustrücktrag sowie Verlustübertrag auf Dritte) ausgeschöpft, sondern auch eine Nutzung der Verluste für zukünftige Perioden (insbesondere Verlustvortrag oder Übertragung auf Dritte) ausgeschlossen sein. Die Prüfung der Möglichkeiten einer weiteren Nutzbarkeit der Verluste überwies der Gerichtshof jedoch zurück an das vorlegende Gericht. Unklar blieb daher, was der Gerichtshof genau unter dem hier neu entwickelten Finalitätskriterium verstand. So bestand Auslegungsbedarf insbesondere bei der Beurteilung, ob bei Prüfung der Möglichkeit eines zukünftigen Verlustausgleichs auf rechtliche oder faktische)[638] Tatsachen abzustellen sein sollte, ob also bspw. die Einstellung des Geschäftsbetriebs ausreichend sein sollte oder erst das Erlöschen der Gesellschaft einen Verlustuntergang bedeute.[639]

Zu diesen Fragen positionierte sich der EuGH in späteren Urteilen. So erkannte er in der Rs. A[640] einen Untergang von Verlusten im Zuge der Fusion einer ausländischen Toch-

---

[637] Unter Ausblendung der später erläuterten alternativen Möglichkeit einer Nachversteuerung.

[638] Zur Diskussion von faktischer und legaler Finalität siehe bspw. Pezzella (2014), S. 76 ff.

[639] Vgl. Lang (2014), S. 530 f.

[640] EuGH-Urteil vom 21.02.2013 zur Rs. C-123/11 (A), ECLI:EU:C:2013:84.

tergesellschaft auf ein inländisches Mutterunternehmen trotz Einstellung der Unternehmenstätigkeit und Auflösung dieser Tochtergesellschaft nicht automatisch an, da er Zweifel hatte, ob Verluste nicht im Rahmen einer Besteuerung des Aufgabegewinns oder (auch geringer) nachlaufender Einkünfte zum Abzug gebracht werden könnten.[641] Hier wird bereits deutlich, dass nicht auf die rechtliche Situation, sondern allein auf die faktische Berücksichtigungsfähigkeit der Verluste abzustellen ist.[642] Mit anderen Worten müssen dem Sitzstaat des Tochterunternehmens mangels hierzu verfügbarer Einkünfte sämtliche Möglichkeiten einer sofortigen oder zukünftigen Verlustberücksichtigung fehlen. Rechtsgründe, wie Verlustverrechnungsbeschränkungen im Sitzstaat des Tochterunternehmens, spielen bei der unionsrechtlichen Beurteilung auf Ebene des Mutterunternehmens hingegen keine Rolle.[643] Den Nachweis über einen vollständigen Verlustuntergang darf der Mitgliedstaat dabei dem Steuerpflichtigen auferlegen[644], obgleich es Steuerpflichtigen in der Praxis reichlich schwer fallen dürfte, einen solchen Nachweis zu erbringen.[645] Die Möglichkeiten einer zukünftigen Verlustberücksichtigung beschränken sich wohl nicht nur auf dessen Intentionen, sondern stehen ebenfalls in Abhängigkeit einer zukünftigen Realisierbarkeit von zum Verlustausgleich nutzbaren Einkünften.[646] Ein Nachweis über derartige zukünftige Entwicklungen bedürfe wohl hellseherischer Fähigkeiten des Steuerpflichtigen und wäre sicherlich selbst unter Idealbedingungen leicht durch die Finanzverwaltung anfechtbar. Das Urteil hat somit zur Konsequenz, dass zum Nachweis einer Finalität von Verlusten praktisch ein Erlöschen jeglicher Besteuerungsrechte im Quellenstaat erforderlich sein dürfte.

Beeindruckend zeigte sich dies auch im jüngeren Vertragsverletzungsverfahren der Kommission gegen das Vereinigtes Königreich[647], welches mittels einer Gesetzesänderung im Jahre 2010 die Verlustnutzung weiterhin davon abhängig machte, dass ein solcher Nachweis über den endgültigen Untergang von Verlusten „unmittelbar nach Ende" des Wirtschaftsjahrs derer Entstehung erbracht werden müsse. Damit wird der Verlustausgleich (mit Ausnahme der nachfolgenden Sachverhaltskonstellation) praktisch verhindert. Betrachtet man diese Voraussetzung im Zusammenspiel mit den obigen Nachweispflichten des Steuerpflichtigen, so müsste der Verlust bereits mit Ablauf des Veranlagungsjahrs seines Entstehens vollständig und zweifelsfrei untergegangen sein. Wie die Kommission feststellte, bedürfe es daher nach den nationalen Rechtsvorschriften für einen solchen Nachweis entweder überhaupt keiner Verlustnutzungsmöglichkeiten im Quellenstaat (Situation (1)) oder der Eröffnung eines Liquidationsverfahrens über die Verlustgesellschaft noch vor Ende des Veranlagungszeitraums der Entstehung dieser Verluste (Situation (2)). Da somit ein Verlustausgleich in den meisten Fällen faktisch ausgeschlossen würde, erachtete sie die Norm für unverhältnismäßig.[648] Die Große Kammer des Gerichtshofs wies diese Argumentation dennoch zurück. Sie ging sie auf die beiden von der Kommission vorgebrachten Si-

---

[641] Vgl. ebd., Rn. 51-53.

[642] Vgl. Danish (2015), S. 419 ff

[643] Vgl. Oellerich in Schaumburg/Englisch (2015), Rn. 8.101 f. m.w.N.

[644] Vgl. EuGH-Urteil vom 21.02.2013 zur Rs. C-123/11 (A), Rn. 54.

[645] Siehe hierzu Lang (2006) 64 f.

[646] So auch Lang (2014), S. 533.

[647] EuGH-Urteil vom 03.02.2015 zur Rs. C-172/13 (Kommission/Großbritannien), ECLI:EU:C:2015:50.

[648] Vgl. ebd., Rn. 30-32.

tuationen ein. Zu Situation (1) stellte sie (analog zur Rs. K^{649}) klar, dass für sie selbst das Fehlen von Möglichkeiten des Verlustausgleichs im Quellenstaat keine ausreichende Begründung für die Finalität der Verluste darstelle.[650] Weiterhin erinnerte sie bezüglich Situation (2), dass auch „minimale" nachlaufende Einnahmen im Belegenheitsstaat der Verlustgesellschaft an der Finalität von Verlusten hinderten. Daher könne eine Nutzung ausländischer Verluste nach Ansicht des Gerichtshofs ebenso in dieser zweiten von der Kommission vorgebrachten Situation scheitern.[651] Damit stellte der EuGH wohl unmissverständlich klar, dass er nur ganz wenige Situationen für denkbar hält, in welchen die Rechtfertigung einer Beschränkung der Grundverkehrsfreiheiten an der Prüfung des von ihm selbst geschaffenen Finalitätskriteriums scheitern könnte.[652] Ausnahme könnten hierbei wohl nur Verluste eines Veranlagungszeitraums darstellen, in welchem bestimmte Umwandlungs- oder Veräußerungstatbestände realisiert wurden, die einen Verlust der Besteuerungsrechte des Unternehmens implizieren (bspw. ein Erlöschen der Verlustnutzungsmöglichkeiten durch Eigentümerwechsel oder Umwandlung einer Betriebsstätte in eine Kapitalgesellschaft).[653]

Der Gerichtshof hält auch weiter grundsätzlich an seiner „Marks & Spencer-Ausnahme" fest, obwohl diese nicht nur in der Literatur als wenig zielführend gilt.[654, 655] So schlug auch die Generalanwältin Kokott in ihren Schlussanträgen zur Rs. *A* als Alternative vor, Verweigerungen eines Verlustausgleichs, die durch die Notwendigkeit zur Aufteilung der Besteuerungsrechte gerechtfertigt sein könnten, als grundsätzlich verhältnismäßig zu erachten. Die Prüfung der Verhältnismäßigkeit eines Ausschlusses des Verlustausgleichs gebietsfremder Tochterunternehmen hält sie in einem solchen Kontext für nicht erforderlich, da bei einer unionsrechtlichen Verpflichtung zur Berücksichtigung solcher Verluste das Ziel der Wahrung der Aufteilung der Besteuerungsrechte überhaupt nicht mehr erreicht werden könne.[656] Nach dieser Argumentation könnte somit ein Verlustausgleich unabhängig von den Nutzungsmöglichkeiten im Quellenstaat durch den Sitzstaat des Mutterunternehmens kategorisch verweigert werden.[657] Würde der Gerichtshof dieser Argumentation folgen, so wäre zumindest Rechtssicherheit gewahrt. Durch seine komplexe Finalitätsprüfung, welche effektiv doch zu keiner Verpflichtung zum Einbezug ausländischer Verluste führt, schafft er lediglich Transaktionskosten für Gesetzgeber und Steuerpflichtige.

Das Festhalten des EuGH an der Finalitätsvoraussetzung läuft jedoch den aufgezeigten ökonomischen Zielsetzungen zuwider. Zum einen entstehen Mehrbelastungen im Zuge der grenzüberschreitenden Verlustberücksichtigung eben nicht nur im Falle vollständig untergegangener Verluste, sondern zum anderen auch aus Zins- und Liquiditätseffekten einer divergierenden temporalen Verlustberücksichtigung. Gerade solche Zins- und Liquiditäts-

---

[649]   EuGH-Urteil vom 07.11.2013 zur Rs. C-322/11 (K).

[650]   Faktische Verlustnutzungsmöglichkeiten sind entscheidend, nicht rechtliche, s.o.

[651]   Siehe EuGH-Urteil vom 03.02.2015 zur Rs. C-172/13 (Kommission/Großbritannien), Rn. 33, 36.

[652]   So auch Lang (2014), S. 536.

[653]   Vgl. Oellerich in Schaumburg/Englisch (2015), Rn. 8.102.

[654]   Siehe Cordewener (2011), S. 59.

[655]   In der jüngeren Rspr. ist zwar eine gewisse Distanzierung des EuGH von der Finalitätsausnahme erkennbar, nicht jedoch eine Aufgabe selbiger, vgl. Möller (2015), S. 616; ausführlicher Pinetz/Spies (2015), S. 311 ff.

[656]   Schlussanträge des GA Kokott vom 19.07.2012 zur Rs. C-123/11 (A), ECLI:EU:C:2012:488, Rn. 42-54.

[657]   Vgl. Lang (2014), S. 532.

nachteile hatte der EuGH in Urteilen zu anderen Bereichen des direkten Steuerrechts selbst stets beanstandet.[658] Dass der Gerichtshof einen Verlustausgleich weiterhin in fast allen Fällen ausschließt, in denen eine faktische Finalität dieser Verluste eingetreten ist, verschlimmert diese Situation weiter, indem selbst Mehrbelastungen der nominalen Gesamtsteuerzahlung für unionsrechtskonform erklärt werden.

Als zweite Möglichkeit geringerer einzelstaatlicher Maßnahmen wurde auf Möglichkeiten einer Nachversteuerung verwiesen. Auf diese, bereits oben diskutierte Maßnahme, ging der Gerichtshof in der Rs. *Marks & Spencer* jedoch nicht ein. Man hätte nun vermuten können, dass der Gerichtshof nähere Ausführungen hierzu aufgrund der Tatsache unterlassen würde, dass im betrachteten Sachverhalt eine Nachversteuerung aufgrund der bereits erfolgten Veräußerung der Tochtergesellschaften gar nicht mehr denkbar gewesen wäre. Stattdessen konstatierte er jedoch, dass Methoden der Nachversteuerung „einer vom Gemeinschaftsgesetzgeber zu erlassenden Harmonisierungsregelung"[659] bedürften. Unter Betrachtung der Wirkungsweise eines solchen Mechanismus ist diese Ansicht nicht plausibel. Zur Funktionsweise der Nachversteuerung ist es belanglos, ob Sitzstaaten gebietsfremder Tochterunternehmen oder Betriebsstätten ebenfalls ein solches Verfahren anwenden oder nicht. Erneut wurde das Argument in der Rs. *X Holding* vorgebracht. Hierbei wurde ein Verfahren der Nachversteuerung bei Verlusten ausländischer Betriebsgesellschaften angewandt, dessen Ausweitung auf ausländische Tochtergesellschaften in den Augen der Kommission und des Klägers ein geringfügigeres Mittel zur Erreichung der Wahrung einer angemessenen Aufteilung der Besteuerungsrechte darstellte. Statt jedoch die fragliche Geeignetheit des Mittels zu prüfen, wies der EuGH das Vorbringen unter einer wenig überzeugenden Berufung auf eine fehlende Verpflichtung des Mitgliedstaats zurück, Betriebsstätten mit diesen nicht objektiv vergleichbaren Tochtergesellschaften in Bezug auf die Möglichkeiten des Verlustausgleichs gleichzustellen.[660]

Wie bereits geschildert, führen derartige Nachversteuerungsregelungen im Falle ausreichenden zukünftigen Steuersubstrats (Zustand (1)) zu annähernd kapitalimportneutralen Situationen. Auf Rechtfertigungsebene stellt ein solcher Mechanismus unweigerlich eine weniger belastende Methode zur Verhinderung einer mehrfachen Verlustberücksichtigung dar.[661] Eine ausgewogene Aufteilung der Besteuerungsrechte bliebe gewahrt und die Steuerfluchtgefahr gehemmt.

Im Falle unzureichenden zukünftigen Steuersubstrats, welches durch den Sitzstaat der Muttergesellschaft der Nachversteuerung unterworfen werden kann (Zustand 2), wird die Verlustverlagerung hingegen effektiv. Da dem Steuerpflichtigen in einem solchen Fall Möglichkeiten zur Steuerarbitrage verbleiben, ist eine Aufteilung der Besteuerungsrechte nach

---

[658] Vgl. bspw. EuGH-Urteil vom 08.03.2001 zur Rs. C-397/98, C-410/98 (Metallgesellschaft u.a.), Rn. 54; EuGH-Urteil vom 12.12.2006 zur Rs. C-446/04 (FII Group Litigation I), Rn. 96 f.; EuGH-Urteil vom 29.03.2007 zur Rs. C-347/04 (Rewe Zentralfinanz), Rn. 29 sowie Hey (2006), S. 116. Eine andere Auffassung vertritt Meussen (2008).

[659] EuGH-Urteil vom 13.12.2005 zur Rs. C-446/03 (Marks & Spencer), Rn. 58.

[660] Vgl. EuGH-Urteil vom 25.02.2010 zur Rs. C-337/08 (X Holding), Rn. 36-41.

[661] So bspw. auch Cordewener et al. (2004), S. 230; Meussen (2005), S. 284; Hey (2006), S. 116; Schlussanträge des GA Sharpston vom 14.02.2008 zur Rs. C-414/06 (Lidl Belgium), Slg. 2008 I-3601, ECLI:EU:C:2008:88, Rn. 23-25 und Führich (2009), S. 158.

Gusto der Mitgliedstaaten dann nicht mehr möglich.[662] Durch die Möglichkeit von zukünftig nicht zur Nachversteuerung ausreichenden Steuersubstrats kann diese weniger belastende Methode somit keine vollständige Wirkungsgleichheit mit einem Ausschluss des Ausgleichs solcher ausländischen Verluste mit inländischen Einkünften erreichen. Insofern nun keine Abwägungen zwischen den von den Mitgliedstaaten und den Steuerpflichtigen zu tragenden Risiken der Verlustberücksichtigung vorgenommen werden sollte[663], könnte man daher geneigt sein, aus dogmatischer Sicht in der Möglichkeit einer Nachversteuerung kein geringeres Mittel zur Erreichung dieser Ziele im Sinne der Rechtsprechung zu erkennen.

Diesem Ergebnis soll jedoch folgende Überlegung entgegengehalten werden, welche eine alternative Rechtsprechungsmöglichkeit für den Gerichtshof eröffnen hätte können: Insofern im Zustand (1) die Rechtfertigung der Nichtberücksichtigung ausländischer Verluste auf Ebene der Verhältnismäßigkeit bei Verfügbarkeit von Möglichkeiten der Nachversteuerung als geringere Maßnahme scheitern würde (wofür einiges spricht), so könnte die Maßnahme nur unter Betrachtung des Zustands (2) gerechtfertigt sein. In diesem Zustand unzureichenden zukünftigen Steuersubstrats wäre eine Nachversteuerung durch den Sitzstaat des Mutterunternehmens oder der Betriebsstätte nicht mehr möglich. Gleichzeitig könnte jedoch auch ein Ausgleich dieser Verluste durch den Belegenheitsstaat der Betriebsstätte, bzw. des Sitzstaats des Tochterunternehmens nicht mehr erfolgen. Zustand (2) beschreibt daher gleichzeitig eine Situation, in welcher die betrachteten Verluste aus faktischen Gründen endgültig werden. Würde der EuGH Finalität als einen zukünftigen Zustand betrachten, in welchem eine Verlustverrechnung durch den Quellenstaat faktisch ausgeschlossen ist (ohne dass es auf legale Verlustverrechnungsbeschränkungen im Quellenstaat ankäme), so wäre es bei einer Betrachtung ex ante unerheblich, welcher Zustand eintreten würde. Im Falle von Zustand (1) scheitert die Verhältnismäßigkeit der beschränkenden Norm an der Existenz von Nachversteuerungssystemen, im Zustand (2) scheitert sie aufgrund der leicht modifizierten Finalitätsausnahme. Nachweise durch den Steuerpflichtigen wären bei einem solchen Vorgehen ebenso wenig erforderlich wie Spekulationen über zukünftiges Steuersubstrat, wie diese der EuGH in den obigen Fällen anstellte. Es wäre daher zu überlegen, ob diese Logik nicht eine bisherige Rechtsprechung ergänzen könnte, nach der ein unionsrechtswidriger Zustand nur deshalb akzeptiert wird, als dass dieser zwei zukünftige Ausprägungen aufweist, die zwar jeweils für sich genommen unweigerlich die Unionsrechtswidrigkeit des Zustandes begründen, jedoch ex ante unbekannt ist, welcher davon eintritt.

Der EuGH gibt mit seiner Rechtsauffassung einer Mehrbesteuerung (zulasten des Steuerpflichtigen) gegenüber einer Situation einer Verlustverlagerung (zulasten des Sitzstaats des Mutterunternehmens) den Vorzug. Insofern der Steuersatz im Quellenstaat der Steuersatzdifferenz zwischen den Sitzstaaten der verlustübertragenden und verlustübernehmenden Gesellschaften übersteigt, wovon regelmäßig auszugehen sein wird, ergeben sich durch die Abweisung der Möglichkeit einer Nachversteuerung suboptimale Allokationseffekte.

---

[662] Eine spätere Rückgängigmachung der Nachversteuerung ohne ausreichendes Steuersubstrat ist nach Maßgabe des noch auszuführenden EuGH-Urteils vom 17.07.2014 zur Rs. C-48/13 (Nordea Bank Danmark), ECLI:EU:C:2014:2087 auch unionsrechtlich problematisch (siehe nachfolgender Abschnitt).

[663] So argumentiert Hey (2006), S. 116.

Einschränkend ist hier anzumerken, dass Nachversteuerungssysteme in der Realität vor allem bei Betriebsstätten Anwendung finden, die im Gegensatz zu gebietsfremden Tochterunternehmen inländischer Mutterunternehmen auch der inländischen Buchführungspflicht unterliegen.[664] Insofern Verluste ausländischer Tochterunternehmen mit Gewinnen eines inländischen Mutterunternehmens ausgeglichen werden sollten, so erforderte dies eine Ermittlung dieser Verluste nach den Bestimmungen des Sitzstaats der inländischen Gesellschaft. Die hierdurch dem Steuerpflichtigen entstehenden Transaktionskosten wären daher der Preis einer verbesserten Standortneutralität durch Verlustausgleich zwischen Kapitalgesellschaften.

Zusammenfassend kann somit attestiert werden, dass der EuGH den reellen Möglichkeiten der Verlustnutzung zwischen gebietsansässigen und gebietsfremden Kapitalgesellschaften mittels für ihn ungewöhnlich weitgehender Rechtfertigungsmöglichkeiten, faktisch eine Absage erteilt hat. Dies gilt unabhängig von der Wahl einer Anrechnungs- oder einer Freistellungsmethode. Im Falle der Nutzung der Anrechnungsmethode führt seine Rechtsprechung zu keiner Verbesserung der Effizienzbedingungen. Bei Freistellung gebietsfremder Einkünfte wäre insbesondere die Akzeptanz der Möglichkeit einer Nachversteuerung als weniger belastende Methode bei Prüfung der Angemessenheit ökonomisch vorteilhaft gewesen.

4.3.4.3 Verlustausgleich mit gebietsfremden Betriebsstätten

Die Besteuerungshoheit für Betriebsstätten hält deren Belegenheitsstaat, welcher daher zumeist auch Verluste, die einer solchen Betriebsstätte zuzuordnen sind, auf Grundlage des Territorialitätsgrundsatzes im Wege des Verlustvortrags berücksichtigt.[665] Anders als bei ausländischen Kapitalgesellschaften wird bei ausländischen Betriebsstätten in der rechtswissenschaftlichen Literatur jedoch auch ein Einbezug von Verlusten in die Bemessungsgrundlage des Stammhauses aufgrund des Leistungsfähigkeitsprinzips gefordert.[666] Neben dem Leistungsfähigkeitsprinzip ergibt sich aus ihrer Sicht auch aus dem primären Unionsrecht die Verpflichtung zum Einbezug solcher Verluste, die im Belegenheitsstaat nicht berücksichtigt werden können. Aus den allgemeinen Ausführungen zu ökonomischen Grundlagen des zwischenstaatlichen Verlustausgleichs ist ebenfalls die Forderung nach einem Einbezug von Verlusten gebietsfremder Betriebsstätten abzuleiten. Bei Anrechnungssystemen wäre die Verweigerung eines Einbezugs von gebietsfremden, jedoch gesellschaftseigenen Betriebsstättenverlusten, völlig konzeptionslos. Dementsprechend lagen den Vorlagefragen ausschließlich Freistellungssysteme zugrunde, die nach den Anforderungen der Kapitalimportneutralität zu beurteilen sind. Hierbei können, entsprechend den obigen Ausführungen, besonders Systeme der Nachversteuerung, bei gleichzeitig gewährtem Ver-

---

[664] Vgl. Führich (2009), S. 161; Jacobs (2011), S. 670 f.

[665] Zu unionsrechtlichen Anforderungen der Zuordnung von Verlusten auf Grundlage des Territorialitätsgrundsatzes im Belegenheitsstaat der Betriebsstätte siehe EuGH-Urteil vom 15.05.1997 zur Rs. C-250/95 (Futura Participations und Singer).

[666] So stellt bspw. nach Auffassung von Heide und Harald Schaumburg eine Nichtberücksichtigung von Verlusten gebietsfremder Betriebsstätten aus Gründen der Symmetrietheorie eine „überkommene Auffassung" dar (Schaumburg/Schaumburg (2005), S. 310).

lustvortrag durch deren Belegenheitsstaat, die sich aufgrund von Effektivsteuersatzdifferenzen ergebenden Verzerrungswirkungen reduzieren.

In der Rechtsprechung des EuGH sind hier fünf Urteile relevant. Diese betrafen zum einen eine Verlustausgleichsbeschränkung des Stammhauses aufgrund der Gewinnsituation einer gebietsfremden Betriebsstätte (*AMID*[667]), Beschränkungen der Berücksichtigung der Verluste gebietsfremder Betriebsstätten auf Ebene des Stammhauses (*Lidl Belgium*[668]) sowie Verfahren der Nachversteuerung zuvor berücksichtigter Verluste gebietsfremder Betriebsstätten (*Krankenheim Ruhesitz am Wannsee-Seniorenheimstatt*[669], *Nordea Bank Danmark*[670] und *Timac Agro Deutschland*[671]).[672]

In der Rs. *AMID* lag eine Gewinnsituation einer gebietsfremden Betriebsstätte vor, aufgrund derer der Verlustvortrag des Stammhauses durch dessen Sitzstaat verweigert wurde. Dieses Ergebnis ergab sich aufgrund eines nationalen Verlustausgleichsmechanismus, welcher einen vorrangigen unterjährigen Ausgleich der dieser Gesellschaft insgesamt (in deren in- und ausländischen Betriebsstätten) entstandenen Verlusten mit den durch diese insgesamt erwirtschafteten in- und ausländischen Gewinnen vorsah. In besagter Situation ergab sich für den, nach Maßgabe des Territorialitätsgrundsatzes besteuernden Belegenheitsstaat der Betriebsstätte, weder eine gemeinschaftsrechtliche[673] noch sonstige Notwendigkeit, die Verluste des ausländischen Stammhauses bei der Ermittlung der Steuerlast der Betriebsstätte zu berücksichtigen. Dennoch wurde dem Stammhaus durch dessen Sitzstaat der Verlustvortrag verweigert. Die sich aus der steuerlichen Nichterfassung der Verluste ergebende Mehrbelastung bestand somit aufgrund der bloßen Existenz einer gewinnträchtigen gebietsfremden Betriebsstätte. Da sich eine solche Mehrbelastung im vertikalen Vergleichspaar (Stammhaus mit weiterer inländischer Betriebsstätte) nicht ergeben hätte, da deren Gewinne ebenfalls im Sitzstaat des Stammhauses berücksichtigt worden wären, ergab sich eine Beschränkung der Niederlassungsfreiheit.[674] Der Versuch einer Rechtfertigung durch den „Gesamtzusammenhang"[675] scheiterte. Der Beklagte führte hierzu aus, dass im umgekehrten Fall (Verlustsituation der Betriebsstätte und Gewinnsituation des Stammhauses) dieselbe Norm eine vorteilhaftere Wirkung für den Steuerpflichtigen entfalten würde. Dieses Vorbringen ist wohl als Rechtfertigung durch die Notwendigkeit einer Gewährleistung steuerlicher Kohärenz zu klassifizieren, auch wenn diese nicht ausdrücklich benannt wurde.[676] Eine solche hätte jedenfalls am Fehlen eines direkten Zusammenhangs zwischen Steuernachteil und Steuervorteil scheitern müssen. Es ergeben sich hier keine der aufge-

---

[667]   EuGH-Urteil vom 14.12.2000 zur Rs. C-141/99 (AMID), Slg. 2000 I-11619, ECLI:EU:C:2000:696.

[668]   EuGH-Urteil vom 15.05.2008 zur Rs. C-414/06 (Lidl Belgium).

[669]   EuGH-Urteil vom 23.10.2008 zur Rs. C-157/07 (Krankenheim Ruhesitz am Wannsee-Seniorenheimstatt).

[670]   EuGH-Urteil vom 17.07.2014 zur Rs. C-48/13 (Nordea Bank Danmark).

[671]   EuGH-Urteil vom 17.12.2015 zur Rs. C-388/14 (Timac Agro Deutschland), ECLI:EU:C:2015:829.

[672]   Siehe im Übrigen EuGH-Beschluss vom 06.11.2007 zur Rs. C-415/06 (Stahlwerk Ergste Westig), Slg. 2007 I-151, ECLI:EU:C:2007:651 zu einem Drittlandsachverhalt, bei welchem sich aufgrund der vorwiegend betroffenen Niederlassungsfreiheit keine Beschränkung ergab.

[673]   Vgl. EuGH-Urteil vom 15.05.1997 zur Rs. C-250/95 (Futura Participations und Singer).

[674]   Vgl. EuGH-Urteil vom 14.12.2000 zur Rs. C-141/99 (AMID), Rn. 22 f.

[675]   Ebd., Rn. 24.

[676]   Vgl. Schlussanträge des GA Alber vom 08.06.2000 zur Rs. C-141/99 (AMID), Slg. 2000 I-11619, ECLI:EU:C: 2000:309, Rn. 37 ff.

zeigten ökonomischen Problematiken, da die hier diskutierten Verluste direkt unter der Besteuerungshoheit des Sitzstaats erwachsen waren. Der Auffassung des Gerichtshofs ist daher auch aus dieser Warte zuzustimmen.

In der Rs. *Lidl Belgium* stand nun eine Ausgangslage zur Disposition, in welcher einem Steuerpflichtigen die Berücksichtigung von Verlusten ausländischer Betriebsstätten auf Ebene eines gewinnträchtigen Stammhauses aufgrund der Freistellung von Betriebsstätten-gewinnen nach Maßgabe der Symmetrietheorie verweigert wurde. Der EuGH näherte sich dem Sachverhalt durch die Feststellung, bei der Verlustberücksichtigung handle es sich um einen gewährten oder nicht gewährten Steuervorteil sowie durch den Verweis auf die Konzeption der Betriebsstätte als steuerlich selbständige Einheit im Sinne der Art. 5 und 7 OECD-MA.[677] Auf dieser Grundlage nahm er die weitere Prüfung weitgehend analog zu den Rs. *Marks & Spencer* sowie *Oy AA* vor und übertrug seine dort entwickelten Grundsätze auf die Beurteilung von Betriebsstätten.[678] Dementsprechend folgerte der Gerichtshof eine Beschränkung aufgrund der Nichtgewährung eines Steuervorteils nach Maßgabe der Belegenheit einer Betriebsstätte im Ausland.[679] Da auch die hier betrachteten Effizienzkriterien nicht hinsichtlich der Rechtsform der durchgeführten Investition unterscheiden, führt die vom Gerichtshof vorgenommene Übertragung seiner für die Verluste von ausländischen Tochtergesellschaften entwickelten Grundsätze auf Betriebsstättenverluste lediglich zur Ausweitung der hierbei diskutierten Verstöße gegen die Effizienzkriterien.

Bezüglich der vorgebrachten Rechtfertigungsargumente, der Angemessenheit der Aufteilung der Besteuerungsrechte sowie der Verhinderung der Gefahr einer Steuerumgehung (hier betreffend die Möglichkeit einer doppelten Verlustnutzung), sah der EuGH die Nichtberücksichtigung von Verlusten als erforderliche und geeignete Maßnahme an.[680] Da der Belegenheitsstaat die Möglichkeit eines Verlustvortrags vorsah (von dem der Kläger zwischenzeitlich sogar Gebrauch gemacht hatte), konnte der EuGH ebenso nicht erkennen, dass die Maßnahme über das zur Erreichung erforderliche hinausginge.[681] Erneut bleibt somit ein für den Steuerpflichtigen nachteiliger Zins- und Liquiditätseffekt unbeanstandet, obwohl erneut ein Nachversteuerungsmechanismus als geringfügigere Methode zur Erreichung der zur Rechtfertigung benannten Ziele angeführt und in den Schlussanträgen von Generalanwalt Sharpston klar für ein geeignetes milderes Mittel befunden wurde.[682]

Die restlichen zwei Vorlagefragen, die hier zu erläutern sind, betreffen die Zulässigkeit praktizierter Nachversteuerungssysteme. Im Ausgangssachverhalt zur Rs. *Krankenheim Ruhesitz am Wannsee-Seniorenheimstatt* wurden Verluste einer gebietsfremden Betriebsstätte von der Bemessungsgrundlage des inländischen Stammhauses abgezogen. Nachdem sich Gewinne bei der Betriebsstätte eingestellt hatten, wurden diese Gewinne dem Gesamtbetrag der Einkünfte des Stammhauses hinzugerechnet und bis zur Höhe der in früheren Veranlagungsjahren abgezogenen Verluste nachversteuert. Das Verfahren entspricht daher der obenstehenden Methodik der Nachversteuerung, welche der steuerlichen Leistungsfä-

---

[677] Vgl. EuGH-Urteil vom 15.05.2008 zur Rs. C-414/06 (Lidl Belgium), Rn. 22.

[678] Siehe auch Lang (2014), S. 531.

[679] Vgl. EuGH-Urteil vom 15.05.2008 zur Rs. C-414/06 (Lidl Belgium), Rn. 23-26.

[680] Vgl. ebd., Rn. 27-43.

[681] Vgl. ebd., Rn. 44-51.

[682] Vgl. Schlussanträge des GA Sharpston vom 14.02.2008 zur Rs. C-414/06 (Lidl Belgium), Rn. 23-32.

higkeit sowie der Gefahr einer steuerlichen Mehrbelastung bei gebietsfremden Betriebsstätten Rechnung tragen soll. Eine solche Mehrbelastung wäre auch im fraglichen Sachverhalt vermieden worden, hätte sich nicht der Belegenheitsstaat der Betriebsstätte dafür entschieden, die Verlustverrechnung nur subsidiär zu den Verlustausgleichsmöglichkeiten mit dem Stammhauses vorzunehmen. Da im Ausgangssachverhalt der Vorlagefrage der Sitzstaat des Stammhauses eine ebensolche Verrechnungsmöglichkeit jedoch in früheren Veranlagungsjahren ermöglicht hatte, verweigerte der Belegenheitsstaat den Verlustausgleich. Unter Berücksichtigung der Nachversteuerung stellte sich eine Situation steuerlicher Mehrbelastung des grenzüberschreitenden Sachverhalts ein, aufgrund derer der Steuerpflichtige Klage gegen die Finanzbehörden des nachversteuernden Staats erhob.

Der EuGH sah in der Nachversteuerung den Entzug einer zuvor gewährten Steuerbegünstigung, welcher im Gegensatz zur Gewährung der Begünstigung nur auf gebietsfremde Betriebsstätten Anwendung fände und diese daher benachteilige.[683] Die hieraus erwachsene Beschränkung der Niederlassungsfreiheit war jedoch durch die Notwendigkeit zur Gewährleistung von Kohärenz des fraglichen Steuersystems gerechtfertigt, da der Steuernachteil nicht von dem anderweitig gewährten Steuervorteil getrennt werden könne.[684] Diese Sichtweise des EuGH steht im Widerspruch zu den in anderen Urteilen erhobenen Voraussetzungen an die Kohärenz. Denn während bei isolierter Betrachtung des Sitzstaats des Stammhauses dieser einen Steuernachteil (Nachversteuerung) lediglich bei gebietsfremden Betriebsstätten auferlegt, wird der Steuervorteil, nämlich die Verlustverrechnung einer Betriebsstätte mit dem inländischen Stammhaus, unabhängig von deren Belegenheit gewährt. Aus dieser Sichtweise könnte somit der einseitig auferlegte Steuernachteil nicht durch einen beidseitig gewährten Steuervorteil ausgeglichen werden. Daraus ist abzuleiten, dass der ausgleichende Steuervorteil aus Sicht des EuGH vielmehr in der Freiwilligkeit einer auf der Symmetrietheorie basierenden Verlustberücksichtigung besteht, die der Sitzstaat des Stammhauses ohne jegliche vertragliche Verpflichtung und entgegen dem Territorialitätsgrundsatz gewährt hat und der somit nicht mit dem Steuervorteil, der für inländische Betriebsstättenverluste gewährt wurde, vergleichbar ist. Diese Ausweitung der Kohärenz um die Zulässigkeit einer spiegelbildlichen Behandlung von Gewinnen und Verlusten auf Basis der Symmetrietheorie erfolgte wohl auch deshalb, da der EuGH den Sitzstaat des Stammhauses nicht für eine Situation in Haftung nehmen wollte, die aufgrund einer unionsrechtlichen zweifelhaften[685] Verweigerung des Verlustausgleichs durch den Belegenheitsstaat resultierte.

Aus ökonomischer Betrachtung ist jedenfalls das Ergebnis des EuGH zuzustimmen. Die Mehrbesteuerung wurde nicht durch die Wahrnehmung der Besteuerungsrechte durch den nachversteuernden Sitzstaat des Stammhauses, sondern vielmehr durch die Weigerung der Verlustberücksichtigung durch den Belegenheitsstaat induziert, ohne welche die fragliche nationale Norm der Nachversteuerung eine kapitalimportneutrale Wirkung entsprechend Situation 1c. entfaltet hätte. Wäre dem Sitzstaat die Nachversteuerung unionsrechtlich verweigert worden, so entspräche der sich einstellende Kapitalwert dem Zustand 2d., also einer

---

[683]   EuGH-Urteil vom 23.10.2008 zur Rs. C-157/07 (Krankenheim Ruhesitz am Wannsee-Seniorenheimstatt), Rn. 35-38.

[684]   Vgl. ebd., Rn. 42.

[685]   So auch Lang (2014), S. 532.

vollständigen Verlagerung der Verluste und folglich einer Verletzung der Standortneutralität. Dass es in der betreffenden Situation zu einer unionsrechtlich unbeanstandeten Mehrbesteuerung kam, ist wohl der unterbliebenen Vorlage des Sachverhalts an den EuGH durch die Finanzgerichte des Belegenheitsstaats zuzuschreiben. Eine andere Entscheidung durch den EuGH hätte wohl neben Anreizen zur Nichtberücksichtigung von Betriebsstättenverlusten im Belegenheitsstaat auch zu einer Abkehr von Nachversteuerungssystemen geführt.

Zwei weitere Vorlagefragen wurden dem Gerichtshof zum dänischen und deutschen System der Nachversteuerung in den Rs. *Nordea Bank Danmark* und *Timac Agro Deutschland* vorgelegt. Zugrunde lag in beiden Fällen eine Nachversteuerung von zuvor in die Bemessungsgrundlage des inländischen Stammhauses einbezogenen Verlusten einer ausländischen Betriebsstätte bei der Veräußerung dieser Betriebsstätte an ein verbundenes Unternehmen. Anders als in voriger Rs. wurde die Nachversteuerung also nicht aufgrund vorliegender ausländischer Gewinne, sondern aufgrund des Untergangs der zuvor einbezogenen ausländischen Verluste in der Sphäre des Belegenheitsstaats vorgenommen. Durch die einseitige Nachversteuerung von Verlusten ausländischer Betriebsstätten sah der EuGH abermals eine Beschränkung der Niederlassungsfreiheit für gegeben an.[686] Zur Rechtfertigung dieser Beschränkung argumentierten beide Regierungen, die Regelung solle eine angemessene Aufteilung der Besteuerungsrechte in Zusammenhang mit der Verhinderung bestimmter Konstrukte der Steuerumgehung sicherstellen. So könnten durch Begründung von Betriebsstätten mit Stammhaus in einem höher besteuernden Regime Anfangsverluste der Betriebsstätte steuerlich höher bewertet werden. Sobald die Betriebsstätte dann Gewinne realisiere, würde deren Geschäftstätigkeit auf eine im selben Staat ansässige Gesellschaft übertragen.[687] Weiterhin berief sich die deutsche Regierung in der zweiten Rechtssache auf die Notwendigkeit der Regelung zur Wahrung von Kohärenz.[688] Alle drei Rechtfertigungsgründe sind allgemein vom EuGH anerkannt.

Die Prüfung des Gerichtshofs verdeutlichte erneut, dass ungeachtet des vorgebrachten Rechtfertigungsarguments die Prüfung der Verhältnismäßigkeit im Zusammenhang mit Nachversteuerungssystemen ausschließlich anhand der Spiegelbildlichkeit der Besteuerungsrechte an Gewinnen und Verlusten vorzunehmen ist.[689] Denn die Zielrichtung der Rechtfertigungserwägungen ist hierbei einheitlich. Kohärenz und die Angemessenheit der Aufteilung von Besteuerungsrechten zielen darauf ab, eine Symmetrie zwischen dem Recht der Besteuerung der Gewinne (Steuernachteil) und der Zulässigkeit des Verlustabzugs (Steuervorteil) herzustellen, wobei Praktiken der Steuerumgehung insbesondere darauf abzielen können, diesen Zusammenhang zu durchbrechen und Gewinne und Verluste hierdurch steuerlich unterschiedlich zu gewichten.[690] Entsprechend prüfte er die Verhältnis-

---

[686] Siehe EuGH-Urteil vom 17.07.2014 zur Rs. C-48/13 (Nordea Bank Danmark), Rn. 21; EuGH-Urteil vom 17.12.2015 zur Rs. C-388/14 (Timac Agro Deutschland), Rn. 25.

[687] Vgl. EuGH-Urteil vom 17.07.2014 zur Rs. C-48/13 (Nordea Bank Danmark), Rn. 26, 28 f.

[688] Kohärenz wurde nur in der zweiten Rs. vorgebracht, vgl. EuGH-Urteil vom 17.12.2015 zur Rs. C-388/14 (Timac Agro Deutschland), Rn. 33.

[689] So auch Niemann/Dodos (2016), S. 1057.

[690] Vgl. EuGH-Urteil vom 17.12.2015 zur Rs. C-388/14 (Timac Agro Deutschland), Rn. 47-60.

mäßigkeit in beiden Rechtssachen gemeinsam für alle Rechtfertigungserwägungen, wobei er jedoch zu unterschiedlichen Ergebnissen kam:

In der ersten Rs. *Nordea Bank Danmark* befand er, dass die Regelung nicht verhältnismäßig sei, da die Besteuerungsrechte des Sitzstaats des Stammhauses im Zuge des Nordischen Anrechnungsverfahrens auch die laufenden Gewinne aus der Betriebsstätte sowie deren Veräußerungsgewinn umfasst hatten.[691] Entsprechend mangelte es an der Spiegelbildlichkeit bei der Besteuerung von Gewinnen und Verlusten. Ein solche war hingegen in der zweiten Rs. *Timac Agro Deutschland* gegeben, in welcher der Sitzstaat des Stammhauses aufgrund der Wahl der Freistellungsmethode keine Besteuerungsrechte an den Gewinnen der gebietsfremden Betriebsstätte hielt und durch die Nachversteuerung folglich eine Spiegelbildlichkeit erreichte.[692]

Auch aus ökonomischer Betrachtung ist hier der Auffassung der Richter zu folgen. Da eine Spiegelbildlichkeit bei Wahl der Anrechnungsmethode nicht gewahrt sein kann, bleibt die betrachtete Möglichkeit der Nachversteuerung primärrechtlich versagt. Für die Anwendung eines Nachversteuerungsmechanismus ermangelt es auch einer ökonomischen Begründung, da Verluste zur Gewährleistung von Kapitalexportneutralität in die inländische Bemessungsgrundlage einzubeziehen sind. Insofern das Verfahren korrekt durchgeführt wird, kann sich keine Gefahr der Steuerumgehung durch eine höhere steuerliche Gewichtung von Verlusten ergeben, wie von der dänischen Regierung vorgebracht. Aus der Hinzurechnung dieser Verluste ergibt sich lediglich die steuerliche Mehrbelastung der gebietsfremden Betriebsstätte.

Im Falle der Freistellungsmethode ergibt sich durch die Nachversteuerung aufgrund eines Wegfalls zukünftigen Steuersubstrats ebenfalls zunächst eine Mehrbelastung, da die Verlustberücksichtigung im Sitzstaat rückgängig gemacht wird. Diese Mehrbelastung hindert jedoch nicht am kapitalimportneutralen Zustand. Da nämlich der Belegenheitsstaat neben den primären Besteuerungsrechten an den laufenden Gewinnen auch die am Veräußerungsgewinn hält, sollte er auch zur Berücksichtigung der Verluste befähigt sein.[693] Insofern die konzerninterne Übertragung des Geschäftsbetriebs auf dem Fremdvergleichsgrundsatz basiert, wird sich der Erlös dieser Übertragung von Vermögensposten der Betriebsstätte auf Grundlage deren zukünftigen Ertragswerts bestimmen. Reicht der hieraus resultierende Veräußerungsgewinn nicht zur Berücksichtigung der Verluste aus, werden es zukünftige Gewinne wohl ebenso wenig. Verletzungen der Kapitalimportneutralität wären daher weitgehend auf finale Verluste begrenzt.

---

[691]   Vgl. EuGH-Urteil vom 17.07.2014 zur Rs. C-48/13 (Nordea Bank Danmark), Rn. 30-36.

[692]   Vgl. EuGH-Urteil vom 17.12.2015 zur Rs. C-388/14 (Timac Agro Deutschland), Rn. 51.

[693]   Ist eine Verrechnung laufender Verluste mit Veräußerungsgewinnen nach innerstaatlichen Vorschriften nicht möglich, kann sich eine Mehrbesteuerung als Ergebnis mangelnder nationaler Investitionsneutralität ergeben.

4.3.4.4 Verlustausgleich mit gebietsansässigen Gesellschaften

In den Urteilen zur bereits erwähnten Rs. *Imperial Chemical Industries* sowie zu den Rs. *Société Papillon*[694], *Felixstowe Dock and Railway Company u.a.*[695] und *SCA Group Holding u.a.*[696] wurde über die Zulässigkeit des Ausschlusses der Berücksichtigung von Verlusten inländischer Enkelgesellschaften, welche über gebietsfremde Zwischengesellschaften gehalten wurden, bzw. verbunden waren, verhandelt. Die Problematiken der ökonomischen Betrachtung stellten sich in den hier zugrundeliegenden Sachverhalten nicht. Entgegen dem Grundsatz der Territorialität und der symmetrischen Behandlung von Verlusten war in diesen Fällen eine Verlustberücksichtigung bei der Konzernmutter unzulässig, obwohl deren Sitzstaat die Besteuerungsrechte an den Verlustgesellschaften hielt. Eine Ungleichbehandlung allein aufgrund des Auslandbezugs der Sachverhalte war daher offenkundig.[697] Dass hierbei primär die Niederlassungsfreiheit der gebietsfremden Holdinggesellschaft, der Bindegliedgesellschaft oder ähnliche verletzt ist, stellt kein Hindernis dar, da sich nach Ansicht des EuGH die Gesellschaften auch auf die Beschränkung der Niederlassungsfreiheit von mit diesen verbundenen Gesellschaften berufen können, insofern sich diese Beschränkung auch auf sie selbst steuerlich auswirkt.[698]

Auch die vorgebrachten Rechtfertigungsversuche hatten keinen Erfolg. Nach Ansicht des Gerichtshofes könne eine Berufung auf die in der Rs. *Marks & Spencer* diskutierten Rechtfertigungsgründe keinen Erfolg haben, wenn beide Gesellschaften im selben Mitgliedstaat ansässig sind. Ausführlicher diskutiert wurde in der Rs. *Société Papillon* der Versuch einer Rechtfertigung durch die Notwendigkeit der Wahrung der Kohärenz des Steuersystems. Angeführt als Steuervorteil, der in unmittelbarem Zusammenhang mit dem betreffenden Steuernachteil stünde, wurde die Möglichkeit der Bildung einer Rückstellung durch die Tochtergesellschaft für die mit dem Verlust einhergehenden Wertminderung der Anteile der Enkelgesellschaft. Ein solcher Steuervorteil käme einer inländischen Tochtergesellschaft des Vergleichspaars nicht zugute, da die Rückstellung im Rahmen derer steuerlichen Integration in die Konzerngruppe neutralisiert würde. Diesen direkten Zusammenhang bejahte der EuGH[699], obwohl dieser Steuervorteil lediglich vorübergehender Natur war[700] und nicht durch den Mitgliedstaat gewährt wurde, welcher den Steuernachteil verursachte. Dennoch scheiterte der Rechtfertigungsversuch auf Ebene der Prüfung der Verhältnismäßigkeit, da dem Kläger keine Gelegenheit gegeben wurde, Nachweise zu erbringen, welche die Gefahr einer doppelten Verlustnutzung hätten widerlegen können.[701]

---

[694] EuGH-Urteil vom 27.11.2008 zur Rs. C-418/07 (Société Papillon), Slg. 2008 I-8947, ECLI:EU:C:2008:659.

[695] EuGH-Urteil vom 01.04.2014 zur Rs. C-80/12 (Felixstowe Dock and Railway Company u.a.), ECLI:EU:C: 2014:200.

[696] EuGH-Urteil vom 12.06.2014 zur Rs. C-39/13, C-40/13, C-41/13 (SCA Group Holding u.a.), ECLI:EU:C: 2014:1758.

[697] Siehe EuGH-Urteil vom 16.07.1998 zur Rs. C-264/96 (Imperial Chemical Industries), Rn. 22 f.; EuGH-Urteil vom 27.11.2008 zur Rs. C-418/07 (Société Papillon), Rn. 17-32; EuGH-Urteil vom 12.06.2014 zur Rs. C-39/13, C-40/13, C-41/13 (SCA Group Holding u.a.), Rn. 20-31.

[698] Bspw. EuGH-Urteil vom 01.04.2014 zur Rs. C-80/12 (Felixstowe Dock and Railway Company u.a.), Rn. 23.

[699] Vgl. EuGH-Urteil vom 27.11.2008 zur Rs. C-418/07 (Société Papillon), Rn. 41-51.

[700] Die „Rückstellung" ist wirkungsgleich zu einer Abschreibung auf die Anteile an der Tochtergesellschaft, welche bei deren Veräußerung oder Liquidation zu einer Erhöhung des steuerlichen Ergebnisses führt.

[701] Vgl. EuGH-Urteil vom 27.11.2008 zur Rs. C-418/07 (Société Papillon), Rn. 59.

Selbige ökonomische Situation ergab sich für *Philips Electronics UK*[702], die Verluste einer inländischen Betriebsstätte einer gebietsfremden Gesellschaft, an welcher der Kläger wesentlich beteiligt war, mit ihren inländischen Einkünften verrechnen wollte. Dies wurde vom Sitzstaat mit der Begründung abgewiesen, dass die Möglichkeit bestünde, die Verluste der Betriebsstätte mit den Gewinnen der ausländischen Gesellschaft in deren Sitzstaat zu verrechnen. Wäre die Investition im Inland hingegen nicht durch eine Betriebsstätte, sondern durch ein Tochterunternehmen der ausländischen Gesellschaft erfolgt, so wäre eine solche Verlustverrechnung zulässig gewesen. In dieser Ungleichbehandlung im horizontalen Vergleichspaar sah der Gerichtshof eine Beschränkung der Niederlassungsfreiheit, welche die Freiheit beinhalte, „die geeignete Rechtsform für die Ausübung ihrer Tätigkeiten in einem anderen Mitgliedstaat frei zu wählen"[703]. Dem Argument einer fehlenden Vergleichbarkeit aufgrund einer unterschiedlichen Besteuerungsbefugnis für Betriebsstätten ausländischer Gesellschaften (nach dem Territorialitätsgrundsatz) und inländischen Kapitalgesellschaften (nach dem Welteinkommensprinzip) folgte der EuGH erfreulicherweise nicht.[704] Ein Versuch der Rechtfertigung erfolgte durch die in der Rs. *Marks & Spencer* erstmalig akzeptierten Rechtfertigungsgründe „Wahrung der Aufteilung der Besteuerungsgrundlagen" zusammen mit der „Verhinderung einer doppelten Verlustberücksichtigung". Ersteres wurde durch die Richter mit der naheliegenden Begründung abgelehnt, dass „die Besteuerungsbefugnis dieses Mitgliedstaats in Bezug auf die möglichen Gewinne aus der Tätigkeit der Betriebsstätte in seinem Hoheitsgebiet nicht berührt" werde.[705] Da die Gefahr einer doppelten Verlustberücksichtigung alleinstehend keine Beschränkung rechtfertigen kann, sondern nur gemeinsam mit dem abgelehnten ersteren Grund akzeptiert wird, blieb auch dieses Vorbringen erfolglos.

4.3.5 Zusammenfassung

Grundsätzlich besteht, trotz anderslautender Einschätzungen, keine unionsrechtliche Verpflichtung zur Vermeidung der Doppelbesteuerung durch den (Wohn-)Sitzstaat. Unionsrechtliche Anforderungen ergeben sich aber daraus, dass dieser auf Maßnahmen zur Verhinderung wirtschaftlicher Mehrbesteuerung infolge eines multiplen innerstaatlichen Steuerzugriffs angewiesen ist. Denn die hierfür geschaffenen Normen müssen, um im Einklang mit dem Unionsrecht zu stehen, auch die steuerliche Mehrbelastung vergleichbarer grenzüberschreitender Sachverhalte vermeiden. So ist im Falle einer Freistellung inländischer Sachverhalte auch über die Grenze zufließenden Dividenden eine Freistellung zu gewähren, wenn keine Anrechnung vorgesehen ist. Bei nicht freigestellten grenzüberschreitenden Dividenden folgt aus dem Primärrecht entsprechend die Verpflichtung zu einer dem Inlandssachverhalt gleichwertigen Gewährung einer direkten und indirekten Steueranrechnung. Diese Anrechnung muss dabei weder die inländische fiktive Steuer, noch die (anteilige) tatsächlich gezahlte Steuer übersteigen (per-country-limitation). Diese primärrechtlich gebo-

---

[702] EuGH-Urteil vom 06.09.2012 zur Rs. C-18/11 (Philips Electronics UK), ECLI:EU:C:2012:532.
[703] Ebd., Rn. 13.
[704] Vgl. ebd., Rn. 18 f.
[705] Ebd., Rn. 26.

tene Reduktion der Mehrbesteuerung gilt jedoch nicht uneingeschränkt bei transparent besteuernden Gesellschaften, die selbst nicht der inländischen Besteuerung unterliegen, auch wenn eine Anrechnung inländischen Eignern gewährt wird. Diese können entsprechend des Prüfungsschemas nicht in das Vergleichspaar einzubeziehen sein. Auch wenn insbesondere die Verpflichtung zur indirekten Anrechnung fiskalpolitische Probleme bereitet, sind die Anforderungen der Rechtsprechung unabdingbar für eine kapitalexportneutrale Besteuerung und einer Vermeidung grenzüberschreitender Mehrbesteuerungen. Die geringen Rechtfertigungsmöglichkeiten laufen weder dem Welteinkommensprinzip noch dem Leistungsfähigkeitsprinzip zuwider.

Bei der Wahl der Methode bleiben die Mitgliedstaaten zunächst autark. Es steht ihnen ebenfalls frei, auf inländische und grenzüberschreitende Sachverhalte unterschiedliche Methoden zur Vermeidung der Doppelbesteuerung anzuwenden. Ungleichbehandlungen können sich auch durch Freistellung gebietsfremder Einkünfte bei gleichzeitiger Nutzung der Anrechnungsmethode bei inländischen Einkünften nicht dadurch ergeben, dass sich der inländische Anteilseigner in einer Verlustsituation befindet und die Verlustberücksichtigung nur im Rahmen des im Inland durchgeführten Anrechnungsverfahrens zulässig ist. Dies entspricht den Anforderungen der Kapitalimportneutralität. Im umgekehrten Fall (Anwendung der Freistellungsmethode bei Inlandsachverhalten und Anrechnungsmethode bei Inbound-Dividenden) muss durch direkte und indirekte Anrechnung eine Vermeidung der wirtschaftlichen Doppelbesteuerung gewährleistet sein. Eine auf das Inland beschränkte Gewährung von Vergünstigungen über die Vermeidung der Doppelbesteuerung hinaus, wie bspw. Freistellungen im Inlandsachverhalt (z.B. Sparerpauschbeträge) bei grundsätzlicher Nutzung der Anrechnungsmethode in beiden Vergleichspaarhälften, stellen hingegen eine Beschränkung des grenzüberschreitenden Sachverhalts dar, die ganz im Sinne der Voraussetzungen an eine kapitalexportneutrale Aufteilung der Besteuerungsrechte nicht durch die Wahrung eines kohärenten Steuersystems gerechtfertigt werden kann. Durch die Ausdehnung der Reichweite der Kapitalverkehrsfreiheit gelten diese Voraussetzungen bei deren vordringlicher Betroffenheit auch bei Drittlandsachverhalten.

Die Rechtsprechung zur unionsrechtlich gebotenen Berücksichtigung der Kosten im Zusammenhang von freigestellten Einkünften stellt die Steuerrechtssystematik der Mitgliedstaaten hingegen infrage. Aus kapitalexportneutraler Betrachtungsweise ist ein solcher Einbezug oder Nicht-Einbezug unerheblich. Aus Sicht der Kapitalimportneutralität und als Ausfluss des Territorialitätsprinzips in Verbindung mit dem Nettoprinzip, sind Aufwendungen und Verluste primär beim Quellenstaat zu berücksichtigen, insofern sie im Zusammenhang mit dortigen Einkünften stehen. Auch unter Berücksichtigung der Gleichmäßigkeit der Besteuerung und des Leistungsfähigkeitsprinzips ist ein Einbezug von Aufwendungen und Verlusten im (Wohn-)Sitzstaat nur ausnahmsweise zu fordern, wenn ein solcher Einbezug im Quellenland an mangelndem Steuersubstrat im Quellenland scheitert oder kein Zusammenhang zu dortigen Einkünften (bspw. Währungsverluste) besteht.

Diese begründeten mitgliedstaatlichen Interessen berücksichtigt der Gerichtshof nicht in gebotenem Maße. So ist ein Einbezug von Aufwendungen unabhängig vom Grund der Nichtberücksichtigung im Quellenland regelmäßig im (Wohn-)Sitzstaat zuzulassen. Im Ergebnis verschiebt er die Aufteilung der Besteuerungsrechte vom (Wohn-)Sitz- zum Quellenstaat und verletzt Verlagerungsneutralität. Rechtfertigungsmöglichkeiten durch die Kohärenz des Steuersystems scheitern hierbei aufgrund der vom EuGH verlangten Subjekt-identität. Obwohl hier die gleichen ökonomischen und systematischen Anforderungen wie bei Aufwendungen gelten, sind dem entgegen Verluste nur dann einzubeziehen, wenn kei-nerlei Möglichkeit einer Verlustnutzung im Quellenstaat verbleibt. Dies gilt unabhängig davon, dass den Mitgliedstaaten durch Nachversteuerungssysteme hierbei geringere und geeignetere Mittel zur Wahrung des Territorialitätsprinzips zur Verfügung stehen.

4.4 Aufdeckung latenter Wertzuwächse bei Verlagerung und Restrukturierung

Die Wegzugs- und Entstrickungsbesteuerung zielt auf eine Sicherstellung der Besteuerung der im Inland generierten stillen Reserven bei Tatbeständen, die den Untergang des inlän-dischen Besteuerungsrechts für die aus deren Aufdeckung resultierenden Einkünfte bewir-ken können. Im Folgenden sollen hierzu insbesondere die Beurteilungen des EuGH zur Anwendung der Fusionsrichtlinie und der primärrechtlichen Anforderungen an derartige Sachverhalte untersucht werden.

4.4.1 Allgemeine ökonomische Betrachtung

Vollständige oder teilweise Veräußerungen eines Investitionsobjekts führen im Allgemei-nen zu Zahlungsflüssen, die als Schlusszahlung zur ganzheitlichen steuerlichen Erfassung der Investition Berücksichtigung finden müssen. Dies gilt jedoch nur, wenn die Veräuße-rung tatsächlich zur Beendigung der Investition vorgenommen wird. Hiervon abzugrenzen sind rechtliche Veräußerungstatbestände bei Vorgängen, die nicht auf eine Terminierung der Investition, sondern auf dessen interne Umstrukturierung abzielen.[706] So kann es ins-besondere bei Unternehmensgruppen erforderlich sein, Strukturen an sich verändernde re-alwirtschaftliche aber auch rechtliche Umweltveränderungen anzupassen. Bei innerstaatli-chen Sitzverlagerungen und Reorganisationen lässt sich dabei aus der Rechtsformneutrali-tät als Subkategorie von Investitions- und Finanzierungsneutralität die Forderung nach steuerlicher Nichtbelastung solcher Vorgänge ableiten.[707] Eine steuerliche Belastung solcher Vorgänge würde ungewünschte Anreize schaffen, realwirtschaftlich überkommene Unter-nehmensstrukturen aufrecht zu erhalten. Im Inlandssachverhalt ist hieraus abzuleiten, dass Restrukturierungsmaßnahmen im Beteiligungsverbund, welche Veräußerungstatbestände erfüllen, bei Beibehaltung der quotalen Eignerstruktur mangels tatsächlicher Gewinnreali-sierung am Markt[708], wirtschaftlich nicht als Veräußerung zu werten sind. Eine aperiodi-sche Besteuerung des Vorgangs hat entsprechend zu unterbleiben.

Bei Grenzüberschreitung eines solchen Vorgangs gelten diese Ergebnisse jedoch nicht uneingeschränkt, insofern nicht eine Aufdeckung der stillen Reserven bei vollständig kapi-talexportneutraler Besteuerung im Wohnsitzstaat des Eigners oder in den Wohnsitzstaaten der Eigner im Zuge einer Konsolidierung und vollständigen Anrechnung, bzw. Erstattung

---

[706] Eine Übersicht über typische Reorganisationsfälle gibt Jacobs (2011), S. 1187 ff.
[707] Vgl. Abschnitt 2.2.2.
[708] Vgl. Jacobs (2011), S. 1171.

der ausländischen Steuern neutralisiert wird.[709] Denn in den Fällen einer eher kapitalimportneutralen Ausgestaltung des Steuersystems oder bei Anwendung des Trennungsprinzips bewirken steuerlich unbelastete Verlagerungen von stillen Reserven zwischen Regimen ungleicher Effektivsteuersätze Verletzungen der Verlagerungsneutralität. Da stille Reserven bislang unbelastetes Steuersubstrat eines Regimes darstellen, ist aus der Verlagerungsneutralität eine steuerliche Belastung dieses steuerverstrickten Vermögens, ungeachtet dessen Verlagerung entsprechend dessen Effektivsteuersatzes, abzuleiten. In grenzüberschreitenden Situationen sind die Vorbehalte der Herkunfts- respektive Wegzugsstaaten daher ungleich größer als im reinen Inlandsachverhalt.[710] Denn hier würde eine steuerliche Neutralität der Restrukturierung unweigerlich mit der Gefahr eines Verlusts der Besteuerungsrechte an den mit den stillen Reserven im Zusammenhang stehenden Einkünften bedeuten.[711] Gleichwohl darf sich hierdurch keine Mehrbesteuerung ergeben, so dass eine sofortige Entstrickung bei Verlagerung, auch aus Sichtweise der Standortneutralität, aus Zins- und Liquiditätserwägungen abzulehnen ist. Vielmehr müssen diese stillen Reserven ungeachtet der Verlagerung erst zum Zeitpunkt ihrer tatsächlichen Aufdeckung eine zahlungswirksame steuerliche Belastung zum Effektivsteuersatz des Staats ihrer Entstehung erfahren. Dementsprechend wären beispielsweise proratarische Abschreibungsschemata, die zu stillen Reserven geführt haben, trotz Verlagerung fortzuführen. Stille Reserven bei Anlagegütern, die zum Zeitpunkt der Verlagerung festgestellt wurden, sind erst im Zeitpunkt ihrer Veräußerung anhand eines Nachversteuerungsrechts des Herkunftsstaats dieser Einkünfte zu berücksichtigen. Ebenso dürfte die Auflösung von Rücklagen oder Rückstellungen nicht an einen Restrukturierungstatbestand geknüpft werden.

Steht ein Nachversteuerungsmechanismus hingegen nicht zur Verfügung, so ist eine analytische Aussage nicht mehr möglich. Eine Beurteilung der Vorteilhaftigkeit einer Aufdeckung oder einer Nicht-Aufdeckung latenter Wertzuwächse erfordert dann eine Abwägung der Mehrbesteuerung aufgrund von Zinseffekten und der Verletzungen der Rechtsformneutralität auf der einen sowie der Verletzung der Verlagerungsneutralität durch Effektivsteuersatzdifferenzen auf der anderen Seite.[712] Dabei dürfte das Ausmaß dieser gegenläufigen Effekte auch empirisch nur schwer zu bestimmen sein.

Die gleichen Ergebnisse lassen sich für Wegzugs- oder Verlagerungssachverhalte feststellen. Im reinen inländischen Sachverhalt ist eine Sitzverlegung ertragsteuerlich unbedeutsam.[713] Bei Sitzverlegung über die Grenze ergeben sich hingegen die gleichen Problematiken für die im Wegzugstaat erzielten stillen Reserven, die bislang zu keiner zahlungswirksamen Steuerbelastung führten. Durch aperiodische Besteuerung wird die am Binnenmarkt angestrebte Mobilität gehemmt.[714]

---

[709] Ein solches Besteuerungssystem ist am Binnenmarkt nicht anzutreffen. Ganz im Gegenteil bewirken Restrukturierungen oftmals den Verlust von Anrechnungsguthaben, vgl. Herzig/Sander (1999), S. 132.

[710] Restrukturierungen sind in reinen Inlandssachverhalten i.d.R. steuerneutral möglich, vgl. Fuest (2005), S. 21.

[711] Vgl. Fehling in Schaumburg/Englisch (2015), Rn. 17.3.

[712] Weiterhin könnten auch Auswirkungen auf den Steuerwettbewerb zu berücksichtigen sein. Fuest (2005), S. 24 f., befürchtet hierbei als Reaktion der Gesetzgeber eine Ausweitung aperiodischer Besteuerung auf Inlandssachverhalte.

[713] Einschränkend könnten hier bestimmte Steuern wirken, die nach bestimmten kommunalen oder gebietsspezifischen Merkmalen differenzieren.

[714] Vgl. Esser (2005), Rn. 19.

4.4.2 Steuerentstrickung bei Verlagerung von Vermögenswerten und Wegzug

Die Rechtsprechung zur Besteuerung stiller Reserven begann mit dem 1988 ergangenen Urteil zur Rs. *Daily Mail*[715]. In Abwesenheit einer heute üblichen Wegzugsbesteuerung[716] stellte eine Sitzverlegung nach den inländischen Steuervorschriften einen genehmigungspflichtigen Vorgang dar, insofern die inländische Rechtsform beibehalten werden sollte. Mit dem Wegzug verfolgte die Klägerin insbesondere den Zweck, die Besteuerung einer geplanten Veräußerung wesentlicher Teile der von ihr gehaltenen Wertpapiere zu reduzieren. Da der Zuzugsstaat die Besteuerung dieser Veräußerung auf den im Inland erzielten Wertzuwachs dieser Papiere beschränkte, wäre hierdurch eine Besteuerung der im Wegzugsstaat gebildeten stillen Reserven umgangen worden. Der Wegzugsstaat machte die Erteilung der Genehmigung jedoch davon abhängig, dass die Klägerin einen Teil dieser Wertpapiere bereits vor der Sitzverlegung veräußern sollte. Hierdurch sah sich die Klägerin in ihrem Recht auf freie Niederlassung beschränkt. Mit der Verlegung des Orts der Geschäftsleitung sah sie eine Verlagerung des wirtschaftlichen Schwerpunkts in den Zuzugsstaat. Dem entgegen sah der Beklagte eine reine Verlagerung der Geschäftsleitung, die keine „tatsächliche und echte wirtschaftliche Tätigkeit in diesem Mitgliedstaat" mit sich bringe, nicht durch die Niederlassungsfreiheit geschützt.[717] Auch der EuGH sah die Niederlassungsfreiheit nicht verletzt. Hierbei hielt er sich nicht mit deren strittigen sachlichen Schutzbereich auf, sondern stellte direkt fest, dass die britische Rechtsvorschrift keinen Eingriff in die Niederlassungsfreiheit darstellte, da die Norm lediglich auf eine Genehmigungspflicht bei Beibehaltung der nationalen Rechtsform Anwendung fände.[718] Aufgrund der fehlenden Harmonisierung der zwischen den Mitgliedstaaten divergierenden Definitionen, Anknüpfungsmerkmalen und Rechtsfolgen der Rechtsform sowie des Sitzes der Gesellschaft, gewähre die Niederlassungsfreiheit kein Recht auf Verlegung des Sitzes unter Beibehaltung der nationalen Rechtsform.[719] Im Gegensatz zu natürlichen Personen besteht somit für Kapitalgesellschaften als „Produkt einer nationalen Rechtsordnung"[720] aus der Niederlassungsfreiheit kein allgemeiner freiheitsrechtlicher Anspruch auf Wegzug.

Klassische Systeme der Entstrickungsbesteuerung wurden erst knapp 16 Jahre später Objekt der Rechtsprechung des Gerichtshofs. In seinen Urteilen zu den Rs. *De Lasteyrie du Saillant*[721], *N*[722], *National Grid Indus*[723], *Verder LabTec*[724], sowie die Urteile zu den fünf

---

[715]   EuGH-Urteil vom 27.09.1988 zur Rs. 81/87 (Daily Mail), Slg. 1988 5483, ECLI:EU:C:1988:456.

[716]   Zu frühen Formen („Fluchtsteuer") siehe Jagdfeld (1972).

[717]   Vgl. EuGH-Urteil vom 27.09.1988 zur Rs. 81/87 (Daily Mail), Rn. 13.

[718]   Vgl. ebd., Rn. 18.

[719]   Vgl. ebd., Rn. 19-24. Dies gilt jedoch bspw. dann nicht, wenn der Zuzugsstaat die Gründungstheorie anwendet und dementsprechend die Eigenschaften der Rechtform nicht berührt, vgl. EuGH-Urteil vom 29.11.2011 zur Rs. C-371/10 (National Grid Indus), Slg. 2011 I-12273, ECLI:EU:C:2011:785, Rn. 26-28.

[720]   Bergmann (2012), S. 239.

[721]   EuGH-Urteil vom 11.03.2004 zur Rs. C-9/02 (De Lasteyrie du Saillant), Slg. 2004 I-2409, ECLI:EU:C:2004:138.

[722]   EuGH-Urteil vom 07.09.2006 zur Rs. C-470/04 (N), Slg. 2006 I-7409, ECLI:EU:C:2006:525.

[723]   EuGH-Urteil vom 29.11.2011 zur Rs. C-371/10 (National Grid Indus).

[724]   EuGH-Urteil vom 21.05.2015 zur Rs. C-657/13 (Verder LabTec), ECLI:EU:C:2015:331.

hierzu geführten Vertragsverletzungsverfahren der Jahre 2010 bis 2013[725], gaben dem Gerichtshof ausreichend Gelegenheit, Position zur Vereinbarkeit der Niederlassungsfreiheit mit aperiodischer Besteuerung bei Verlegung des Sitzes oder Verlagerung von Vermögenswerten zu beziehen.

Bei der unionsrechtlichen Untersuchung einer Beschränkung findet das vertikale Vergleichspaar Anwendung. Da Systeme der Wegzugsbesteuerung gerade an ein Verlassen des steuerlichen Hoheitsgebiets anknüpfen und stille Reserven somit im Gegensatz zur Inlandssituation „anlässlich der Überführung aufgedeckt und besteuert werden"[726], ergibt sich eine Ungleichbehandlung bereits aus dem Konzept der Wegzugsbesteuerung. Hierbei befinden sich die Steuerpflichtigen auf beiden Seiten des Vergleichspaares hinsichtlich ihrer latenten Wertzuwächse in einer vergleichbaren Situation.[727] Die Ungleichbehandlung führt hierbei zu einer Schlechterstellung des grenzüberschreitenden Sachverhalts und somit zu einer Beschränkung insbesondere der Niederlassungsfreiheit. Die Schlechterstellung ist hierbei nach Ansicht des Gerichtshofs insbesondere darin zu erkennen, dass der Steuerpflichtige „für ein Einkommen steuerpflichtig sei, das noch nicht realisiert ist und über das er noch nicht verfügt, während die Wertsteigerungen [im Inlandsfall] nur steuerpflichtig würden, wenn und soweit sie tatsächlich realisiert worden sind."[728] Aus dieser Steuerpflicht könnte dem Steuerpflichtigen ein Liquiditätsnachteil gegenüber der Situation im vertikalen Vergleichspaar erwachsen.[729] Weiterhin beinhalte die Besteuerung „fiktiver", d.h. nicht realisierter Wertzuwächse, die Gefahr, dass spätere Wertminderungen steuerlich nicht erfasst würden und sich hierdurch Mehrbesteuerungen gegenüber einer reinen Inlandssituation ergäben.[730] Bereits mit der Verpflichtung zur Abgabe einer Steuererklärung bei Wegzug erkannte der Gerichtshof das Potential einer Beschränkung.[731] Man kann somit konstatieren, dass eine aperiodische Wegzugbesteuerung, die nicht auch innerstaatliche Verlegungen berücksichtigen möchte, stets eine Beschränkung der Niederlassungsfreiheit und ggf. eine Beschränkung der Arbeitnehmerfreizügigkeit und der allgemeinen Freizügigkeit[732] bewirken wird.

Entsprechend stellte sich die Frage nach den Möglichkeiten einer Rechtfertigung dieser Beschränkungen. Neben der bereits grundsätzlich nicht vom Gerichtshof anerkannten Wahrung der Integrität der Bemessungsgrundlage, wurden hierbei die Verhinderung von

---

[725] EuGH-Urteil vom 12.07.2012 zur Rs. C-269/09 (Kommission/Spanien), ECLI:EU:C:2012:485; EuGH-Urteil vom 06.09.2012 zur Rs. C-38/10 (Kommission/Portugal), ECLI:EU:C:2012:521; EuGH-Urteil vom 31.01.2013 zur Rs. C-301/11 (Kommission/Niederlande), ECLI:EU:C:2013:47; EuGH-Urteil vom 25.04.2013 zur Rs. C-64/11 (Kommission/Spanien), ECLI:EU:C:2013:264; EuGH-Urteil vom 18.07.2013 zur Rs. C-261/11 (Kommission/Dänemark), ECLI:EU:C:2013:480.

[726] EuGH-Urteil vom 21.05.2015 zur Rs. C-657/13 (Verder LabTec), Rn. 37.

[727] Vgl. EuGH-Urteil vom 29.11.2011 zur Rs. C-371/10 (National Grid Indus), Rn. 38; EuGH-Urteil vom 06.09.2012 zur Rs. C-38/10 (Kommission/Portugal), Rn. 29; EuGH-Urteil vom 21.05.2015 zur Rs. C-657/13 (Verder LabTec), Rn. 38.

[728] EuGH-Urteil vom 11.03.2004 zur Rs. C-9/02 (De Lasteyrie du Saillant), Rn. 46.

[729] Vgl. EuGH-Urteil vom 21.05.2015 zur Rs. C-657/13 (Verder LabTec), Rn. 37.

[730] Vgl. Schlussanträge des GA Kokott vom 30.03.2006 zur Rs. C-470/04 (N), Slg. 2006 I-7409, ECLI:EU:C:2006:217; Rn. 81.

[731] Vgl. EuGH-Urteil vom 07.09.2006 zur Rs. C-470/04 (N), Rn. 38.

[732] Vgl. EuGH-Urteil vom 21.12.2016 zur Rs. C-503/14 (Kommission/Portugal), ECLI:EU:C:2016:979, Rn. 47, 69.

Steuerflucht, der Wirksamkeit der steuerlichen Kontrollen, die effektive Einziehung von Steuerschulden, die Wahrung steuerlicher Kohärenz sowie die angemessene Aufteilung der Besteuerungsrechte in Zusammenspiel mit dem Territorialitätsgrundsatz angeführt.

Obwohl die Steuerfluchtgefahr grundsätzlich ein vom EuGH anerkanntes Ziel ist, gehen in diesem Zusammenhang Normen der Wegzugsbesteuerung aufgrund deren allgemeiner Anwendbarkeit ohne Voraussetzung spezifischer Steuerumgehungssachverhalte (kein Bezug bspw. zu rein künstlichen Sachverhalten) bereits grundsätzlich über das Erforderliche hinaus.[733] Ein weiterer angeführter Grund des Allgemeininteresses, die effektive Einziehung von Steuerschulden sicherzustellen, scheitert ebenfalls bei Prüfung der Verhältnismäßigkeit an der Amtshilfe- und Beitreibungsrichtlinie als geringeres Mittel der Zielerreichung.[734]

Auch die Wahrung steuerlicher Kohärenz spielte in den betreffenden Fällen eine eher untergeordnete Rolle. Zunächst erkannte sie der Gerichtshof in diesem Kontext nicht für Zulässig an, insofern Normen der Wegzugsbesteuerung nicht allgemein auf die Besteuerung inländischer Wertsteigerungen, sondern auf die Vermeidung von Steuerumgehungen durch vorübergehenden Wohnsitzwechsel abzielten.[735] Später befand er das Anliegen der Wahrung steuerlicher Kohärenz in diesem Zusammenhang für deckungsgleich mit dem einer angemessenen Aufteilung der Besteuerungsrechte. Da das Kriterium selbst bei seiner eigenständigen Zulässigkeit in gleichem Maße den hierzu aufgestellten Anforderungen der Verhältnismäßigkeit zu genügen habe, erachtete der Gerichtshof eine separate Prüfung nicht für notwendig.[736] Schwierig dürfte auch der Nachweis eines mit dem Steuernachteil in direktem Zusammenhang stehenden Steuervorteils sein. Ein solcher könnte zwar bereits in der Existenz der stillen Reserven liegen, dieser Steuervorteil würde dem Steuerpflichtigen jedoch auch im Falle des Verbleibs im betreffenden Staat zugute kommen.[737]

Hinsichtlich der Aufteilung der Besteuerungsrechte aber vollzog der Gerichtshof im Laufe seiner Rechtsprechung gleich zwei Kehrtwenden. So vertrat er anfänglich die Ansicht, ein derartiger Rechtfertigungsversuch könne nicht durchgreifen, da es sich bei der nationalen Regelung nicht vornehmlich um eine Norm zur Aufteilung der Besteuerungsrechte handle. In der Rs. *De Lasteyrie du Saillant* teilte er die Ansicht des Generalanwalts, der hierzu ausführte, „die vorliegende Rechtssache [betrifft] eine nationale Regelung, die sich nicht zwangsläufig aus der Aufteilung der Steuerhoheit zwischen Mitgliedstaaten ergibt und im Übrigen die Steuerpflichtigen, die ihre sich aus dem Gemeinschaftsrecht ergebenden Rechte ausüben wollen, durchgängig benachteiligt." Eine Norm zur Aufteilung der Besteuerungsrechte sei hingegen dadurch gekennzeichnet, dass sie sich sowohl „zu Gunsten als auch zu Lasten des Steuerpflichtigen auswirken [kann]."[738]

Diese Auffassung änderte sich mit seiner Entscheidung in der Rs. *N*, in der die Aufteilung der Besteuerungsrechte in Zusammenhang mit dem Territorialitätsgrundsatz betrachtet wurde. Aus dem auf dem Territorialitätsprinzip beruhenden Besteuerungsrecht des

---

[733]   Vgl. EuGH-Urteil vom 11.03.2004 zur Rs. C-9/02 (De Lasteyrie du Saillant), Rn. 50-58.

[734]   Vgl. EuGH-Urteil vom 12.07.2012 zur Rs. C-269/09 (Kommission/Spanien), Rn. 64-75.

[735]   Vgl. EuGH-Urteil vom 11.03.2004 zur Rs. C-9/02 (De Lasteyrie du Saillant), Rn. 63-67.

[736]   Vgl. EuGH-Urteil vom 29.11.2011 zur Rs. C-371/10 (National Grid Indus), Rn. 79-82.

[737]   Vgl. EuGH-Urteil vom 12.07.2012 zur Rs. C-269/09 (Kommission/Spanien), Rn. 83-85.

[738]   Schlussanträge des GA Mischo vom 13.03.2003 zur Rs. C-9/02 (De Lasteyrie du Saillant), Slg. 2004 I-2409, ECLI:EU:C:2003:159, Rn. 83.

Wohnsitzstaats an Veräußerungsgewinnen, verbunden mit einem „zeitlichen Element", ergebe sich demnach ein im Allgemeininteresse liegendes Ziel der Besteuerung latenter Wertzuwächse. Die Wegzugsbesteuerung sei dabei ein geeignetes Mittel zur Erreichung dieses Ziels.[739] An eine Verhältnismäßigkeit knüpfte er jedoch Bedingungen, die bis zur erneuten Änderung seiner Rechtsauffassung im Zusammenhang mit den Urteilen zu den Rs. *DMC*[740] und *Verder LabTec* in allen Fällen ein Scheitern der Rechtfertigungsversuche zur Folge hatten. Die Erwägungen des Gerichtshofs lassen sich in die folgenden Maßnahmen zusammenfassen, die Bestandteil von Regelungen zur Besteuerung latenter Wertzuwächse bei Verlagerung der zugrundeliegenden Vermögenswerte außerhalb der Besteuerungshoheit sein können:

(1) Verpflichtung zur Abgabe einer Steuererklärung

(2) Veranlagung zum Zeitpunkt des Wegzugs

(3) Stellung von Sicherheiten

(4) Sofortige Zahlungswirksamkeit, bzw. Konditionen eines Zahlungsaufschubs

Damit eine Wegzugsbesteuerung die ökonomischen Ziele erreichen kann, muss sichergestellt sein, dass die aus ihr resultierenden Steuerzahlungen zu den jeweiligen Zeitpunkten der tatsächlichen Realisation der Wertzuwächse entsprechend ihrer zum Wegzugszeitpunkt festgestellten Höhe erfolgen. Da stille Reserven nur durch Informationsasymmetrien begründet sein können, die zu pauschalierenden Normen und zu Ungenauigkeiten der Bewertung führen, ist die Überwindung dieser Informationsasymmetrien im Wegzugszeitpunkt gerade Voraussetzung für die korrekte Bemessung der tatsächlichen Marktwerte und somit der Höhe der latenten Wertzuwächse. Auch unionsrechtlich bestanden keine ernstlichen Bedenken an der Verhältnismäßigkeit einer Pflicht zur Abgabe einer Steuererklärung im Zeitpunkt des Wegzugs, da nach Überzeugung des Gerichtshofs keine geringeren Mittel zur Erreichung des Ziels zur Verfügung standen.[741] Auch eine Veranlagung zum Zeitpunkt des Wegzugs schien der Gerichtshof zwar als beschränkende aber auch als verhältnismäßig angesichts des hiermit zu erreichenden Ziels des Allgemeinwohls zu erachten.[742] Eine gewichtige Einschränkung an die unionsrechtliche Zulässigkeit einer sofortigen Steuererhebung ließ jedoch die Feststellung des EuGH in der Rs. *N* erkennen, dass für eine Verhältnismäßigkeit auch gewährleistet sein müsse, dass Wertminderungen auf die veranlagten stillen Reserven nach dem Wegzugszeitpunkt durch den Wegzugsstaat berücksichtigt werden müssen, insofern dies nicht durch den Zuzugsstaat geschehe.[743].

Durch den Zuzugsstaat würden derartige Wertminderungen berücksichtigt, wenn er nicht die buchhalterischen Werte des Wegzugsstaats zugrunde legt, sondern diese um die durch den Wegzugsstaat aufgedeckten stillen Reserven aufstockt (und im Falle von Passiva

[739] Vgl. EuGH-Urteil vom 07.09.2006 zur Rs. C-470/04 (N), Rn. 46 f.; EuGH-Urteil vom 29.11.2011 zur Rs. C-371/10 (National Grid Indus), Rn. 45-48.

[740] EuGH-Urteil vom 23.01.2014 zur Rs. C-164/12 (DMC Beteiligungsgesellschaft), ECLI:EU:C:2014:20.

[741] Vgl. EuGH-Urteil vom 07.09.2006 zur Rs. C-470/04 (N), Rn. 49.

[742] Vgl. ebd., Rn. 50; EuGH-Urteil vom 25.04.2013 zur Rs. C-64/11 (Kommission/Spanien), Rn. 60 m.w.N.

[743] Vgl. EuGH-Urteil vom 07.09.2006 zur Rs. C-470/04 (N), Rn. 54. Zur Frage, wann solche Wertminderungen möglich sind siehe EuGH-Urteil vom 29.11.2011 zur Rs. C-371/10 (National Grid Indus), Rn. 52-64.

entsprechend reduziert). Bei Buchwertfortführung durch den Aufnahmestaat bei einer abschließenden Steuerveranlagung im Zeitpunkt des Wegzugs wäre die Bedingung des EuGH nicht zu erfüllen. Ökonomisch käme es zu einer Situation der Mehrbesteuerung durch den Zuzugsstaat, der Wertminderungen, die unter seiner Besteuerungshoheit entstanden sind, steuerlich nicht erfasst. In diesen Situationen verlangt der EuGH somit eine Vermeidung dieser Mehrbesteuerung durch den Wegzugsstaat. Sollte dieser nachträgliche Wertminderungen nun steuerlich berücksichtigen, wäre jedoch Verlagerungsneutralität verletzt, welche bei kapitalimportneutraler Aufteilung der Besteuerungsrechte eine steuerliche Bewertung von Wertzuwächsen zu den Effektivsteuersätzen am Ort ihres Entstehens verlangt. Zudem müsste auch die Festsetzung der Steuer auf den tatsächlichen Realisationszeitpunkt aufgeschoben werden oder zumindest bis zu diesem Zeitpunkt unter Vorbehalt stehen. Einzige Alternative zur Berücksichtigung durch den Wegzugstaat wäre die verpflichtende Berücksichtigung durch den Zuzugsstaat.[744] Tatsächlich wäre dies ökonomisch vorteilhafter, da Mehrbesteuerungen verhindert würden, ohne dabei Verlagerungsneutralität zu verletzen. Da der EuGH jedoch das nationale Steuerrecht anderer Mitgliedstaaten als dem beklagten grundsätzlich im Zuge der Untersuchung von Kästchengleichheit nicht für entscheidungserheblich hält, erforderte die Verhältnismäßigkeit der Regelung bei Berücksichtigung späterer Wertminderungen im Zuzugsstaat wohl deren abkommensrechtliche Vereinbarung.[745] Diese Anforderung führte der EuGH in der Rs. *National Grid Indus* weiter aus, erwähnte sie jedoch in den weiteren Rs. nicht mehr, da die Rechtfertigungsversuche hier bereits klar an der nachfolgend diskutierten Maßnahme der sofortigen Fälligkeit der Steuer scheiterten. Interessanterweise erwähnte der Gerichtshof die Anforderung allerdings ebenfalls nicht mehr in der Rs. *Verder LabTec*, in welcher er eine Rechtfertigung erstmalig nicht verwarf. Vielmehr erachtete er es hier wieder als „verhältnismäßig [...], wenn ein Mitgliedstaat [...] die Steuer auf die in seinem Hoheitsgebiet entstandenen stillen Reserven im Zusammenhang mit dem aus seinem Hoheitsgebiet überführten Wirtschaftsgütern dann festsetzt, wenn seine Besteuerungsbefugnis in Bezug auf die betroffenen Wirtschaftsgüter endet."[746] Es ist somit zweifelhaft, ob die in der Rs. *N* erhobenen Anforderungen an einen Einbezug nachträglicher Wertminderung noch von Bedeutung sind.

Insofern es unionsrechtlich unbedenklich war, die Steuer auf die latenten Wertzuwächse im Zeitpunkt des Wegzugs festzusetzen, war insbesondere der Zeitpunkt der Steuererzahlung für die Verhältnismäßigkeit der fraglichen Regelung maßgeblich. Grundsätzlich unverhältnismäßig ist hierbei eine sofortige Zahlungswirksamkeit im Zeitpunkt des Wegzugs.[747] In einigen Ausgangssachverhalten waren den Steuerpflichtigen hingegen Stundungsmöglichkeiten eröffnet. Diese wurden jedoch seitens der Mitgliedstaaten teils von bestimmten Voraussetzungen abhängig gemacht. Als unverhältnismäßig betrachtete der EuGH insbesondere die Verpflichtung des Steuerpflichtigen zur Stellung von Sicherheiten

---

[744] Im Falle eines unkoordinierten Vorgehens der Mitgliedstaaten ist durch die Anforderung des EuGH eine doppelte Berücksichtigung der Wertminderungen nicht auszuschließen. Vgl. auch Zuijdendorp (2007), S. 11 f.

[745] Siehe bspw. EuGH-Urteil vom 08.11.2007 zur Rs. C-379/05 (Amurta), Rn. 79; EuGH-Urteil vom 17.09.2015 zur Rs. C-10/14, C-14/14, C-17/14 (Miljoen u.a.), Rn. 83 f.

[746] Vgl. EuGH-Urteil vom 21.05.2015 zur Rs. C-657/13 (Verder LabTec), Rn. 48.

[747] Vgl. EuGH-Urteil vom 29.11.2011 zur Rs. C-371/10 (National Grid Indus), Rn. 86.

zur Gewährleistung des Steueranspruchs. Weiterhin dürfe ein Steueraufschub nicht nur an-tragsbezogen gewährt werden, sondern müsste automatisch erfolgen. Mögliche Steueraus-fälle könnten hinreichend durch Anwendung der in der Amtshilfe- und Beitreibungsricht-linie vorgesehenen Methoden verhindert werden.[748]

Diese enge Auslegung sorgte in den Mitgliedstaaten für derartigen Unmut, dass sich gleich zehn Mitgliedstaaten veranlasst sahen, im Fall *National Grid Indus* Erklärungen hierzu einzureichen. Im Wesentlichen beinhalteten diese die Schilderung eines derart ho-hen Verwaltungsaufwands, den eine Nachverfolgung der einzelnen steuerverstrickten Ver-mögensgegenstände bedeuten würde, dass bei einem Steueraufschub keinesfalls von einer gleichwertigen und effizienten Alternative die Rede sein könne.[749] Der EuGH parierte dieses Ansinnen jedoch mit der Bemerkung, dass in diesem Falle zumindest ein Wahlrecht des Steuerpflichtigen, welches entweder eine sofortige Fälligkeit der Steuer oder einen Zah-lungsaufschub, verbunden mit den sich hieraus ergebenden Nachweispflichten vorsehen könnte, ein geringeres Mittel darstellen würde.[750] Hieran hielt er auch in seiner weiteren Rechtsprechung fest.[751]

Fraglich war somit nur noch, wie lange ein solcher Steueraufschub zu gewähren sei. Eine Stundung entspricht wohl jedenfalls dann den Anforderungen an die Verhältnismäßigkeit, wenn sie bis zur tatsächlichen Veräußerung der betreffenden Werte erfolgt, so dass sich aus der Steuerzahlung selbst kein höherer Liquiditätsnachteil als im Inlandsachverhalt ergeben kann. Dann wäre jedoch bereits eine beschränkende Wirkung der Norm zu bezweifeln, in-sofern sich eine solche nicht bereits aus der aperiodischen Steuerfestsetzung ergibt. Der Zeitpunkt der tatsächlichen Wertrealisation war auch derjenige, welcher im obigen Fall als verhältnismäßigeres Mittel diskutiert wurde[752] und auch die Zustimmung des Generalan-walts fand.[753] Bei seiner eigenen Beurteilung nutzte der Gerichtshof jedoch stets den offenen Terminus einer „Aufschiebung der Zahlung", ohne einen konkreten Zeitraum zu benen-nen.[754] Die Festlegung folgte mit den Sachverhalten *DMC* und *Verder LabTec*. Eine Steuer-stundung sei demnach zumindest dann verhältnismäßig, wenn sie für einen Zeitraum von mindestens fünf Jahren oder ggf. bis zum Zeitpunkt einer früheren tatsächlichen Wertrea-lisation vollständig oder gestaffelt[755] gewährt wird[756], da hierbei auch dem im Zeitablauf steigenden Risiko einer Uneinbringlichkeit der Steuerforderung Rechnung getragen wer-den müsse.[757] Diese Beurteilung ist insofern bemerkenswert, als dass fiskalische Erwägun-gen, wie ein steigendes Risiko von Steuerausfällen, die nicht im Zusammenhang mit Um-

---

[748] Vgl. EuGH-Urteil vom 11.03.2004 zur Rs. C-9/02 (De Lasteyrie du Saillant), Rn. 47; EuGH-Urteil vom 07.09.2006 zur Rs. C-470/04 (N), Rn. 51-53.

[749] Vgl. EuGH-Urteil vom 29.11.2011 zur Rs. C-371/10 (National Grid Indus), Rn. 67-71, 75.

[750] Vgl. ebd., Rn. 73.

[751] Vgl. EuGH-Urteil vom 21.05.2015 zur Rs. C-657/13 (Verder LabTec), Rn. 49.

[752] Vgl. EuGH-Urteil vom 29.11.2011 zur Rs. C-371/10 (National Grid Indus), Rn. 65-70.

[753] Vgl. Schlussanträge des GA Kokott vom 08.09.2011 zur Rs. C-371/10 (National Grid Indus), Slg. 2011 I-12273, ECLI:EU:C:2011:563, Rn. 107.

[754] Vgl. EuGH-Urteil vom 29.11.2011 zur Rs. C-371/10 (National Grid Indus), Rn. 73 ff.

[755] Im Falle DMC sah die Regelung eine Verteilung der Steuerzahlung auf fünf Jahre vor.

[756] Vgl. EuGH-Urteil vom 23.01.2014 zur Rs. C-164/12 (DMC Beteiligungsgesellschaft), Rn. 64 und EuGH-Urteil vom 21.05.2015 zur Rs. C-657/13 (Verder LabTec), Rn. 52.

[757] Vgl. EuGH-Urteil vom 29.11.2011 zur Rs. C-371/10 (National Grid Indus), Rn. 73 f.; EuGH-Urteil vom 21.05.2015 zur Rs. C-657/13 (Verder LabTec), Rn. 50.

gehungstatbeständen stehen und somit einer bloßen allgemeinen Gefahr von Steuermindereinnahmen entsprechen, grundsätzlich nicht als Rechtfertigungsgrund anerkannt sind.[758] Entsprechend offenkundig stellt sich hier das Entgegenkommen des EuGH gegenüber den protestierenden Mitgliedstaaten dar.[759]

Um ökonomische Mehrbesteuerungen bei Systemen der Wegzugsbesteuerung zu verhindern, müsste neben der Buchwertaufstockung durch den Zuzugsstaat auch ein Aufschub der sich hieraus ergebenden Steuerzahlungen auf die jeweiligen Zeitpunkte der tatsächlichen Wertrealisation sichergestellt sein. Zudem dürfte die Steuerstundung zu keinen weiteren Transaktionskosten, Liquiditäts- oder Zinsnachteilen führen. Eine solche Neutralisierung erfolgte jedoch in keinem der betreffenden Sachverhalte. Die Pauschalierung eines gebotenen Mindestaufschubs von fünf Jahren mag aus Sicht der Rechtssicherheit wünschenswert sein, den ökonomischen Zielanforderungen entspricht sie nicht. Im Wahlrecht des Steuerpflichtigen zur sofortigen Steuerzahlung oder eines Steueraufschubs bis zum Zeitpunkt der jeweiligen Wertrealisation, verbunden mit den hierzu erforderlichen Nachweispflichten, wäre eine zielführendere Alternative verfügbar gewesen.

Unionsrechtlich zumindest fragwürdig, ökonomisch jedoch völlig unplausibel, ist die Zulässigkeit einer Verzinsung auf den sich ergebenden Steueraufschub, wie ihn der EuGH in der Rs. *National Grid Indus* für zulässig erklärt hat.[760] Zur unionsrechtlichen Problematik der Aussage sei zunächst daran erinnert, dass selbst bei Abwesenheit einer anderweitigen Benachteiligung aus der Verzinsung selbst bereits eine Beschränkung der Niederlassungsfreiheit resultieren muss. Denn anders als im vertikalen Vergleichspaar werden hierbei für einen bestimmten Zeitraum Zinsen auf die aus einer Besteuerung stiller Reserven resultierenden Zahlungslast nur aufgrund des Wegzugs erhoben.[761] Dabei befinden sich die Steuerpflichtigen, wie der Gerichtshof selbst festgestellt hat, in objektiv vergleichbaren Situationen. Eine Verzinsung stellt daher bereits für sich genommen eine Beschränkung der Niederlassungsfreiheit dar.[762] Unklar ist zudem, inwiefern eine Verzinsung der Steuerlast eine zur Aufteilung der Besteuerungsrechte dienliche, erforderliche und angemessene Maßnahme darstellen soll, da sich wohl nur schwerlich eine direkte Verbindung von Verzinsung und der Gewährleistung der nationalen Besteuerungsansprüche herstellen ließe. Der Gerichtshof jedenfalls blieb in den betrachteten Urteilen eine Begründung seiner Auffassung schuldig.

Ökonomisch führen Stundungszinsen, die sich an Marktzinsen bemessen, zu einem Kapitalwert des Investors, welcher dem einer sofortigen Fälligkeit der Steuer im Wegzugszeitpunkt entspricht. Bei Zulässigkeit einer Verzinsung zum Marktwert hat sich somit durch die Rechtsprechung des EuGH keine Veränderung an den bestehenden Ungleichbehandlungen der Investoren in Abhängigkeit der Grenzüberschreitung des Sachverhalts und so-

---

[758]   Vgl. Englisch in: Schaumburg/Englisch (2015), Rn. 7.209.

[759]   Zu berücksichtigen ist, dass die fraglichen Normen auch auf eine verwaltungstechnische Vereinfachung abzielten, die ohne weitere Nachweispflichten durch den Steuerpflichtigen auskamen, vgl. Sydow (2014), S. 269.

[760]   Siehe EuGH-Urteil vom 29.11.2011 zur Rs. C-371/10 (National Grid Indus), Rn. 73 f.

[761]   Eine Ungleichbehandlung i.S.d. Primärrechts hält bei mangelnder Barwertäquivalenz auch Hey (2006), S. 116 für gegeben.

[762]   Vgl. EuGH-Urteil vom 11.03.2004 zur Rs. C-9/02 (De Lasteyrie du Saillant), Rn. 47 zur beschränkenden Wirkung eines Sicherheitseinbehalts, dem wirkungsgleich durch Aufnahme verzinslichen Fremdkapitals hätte nachgekommen werden können.

mit auch keine Veränderung der hierdurch bestehenden steuerinduzierten Fehlallokationen am Binnenmarkt ergeben. Doch darüber hinaus beschied der Gerichtshof, die Stundung könne sich hierbei „entsprechend der anwendbaren nationalen Regelung" bestimmen.[763] Insofern der Mitgliedstaat entsprechend der weiteren Anforderungen nun nationale Stundungszinsen auf die Steuerforderung anwendet, die den Marktzinssatz übersteigen[764], so müsste der Steuerpflichtige darüber hinaus zur Zahlung einer Prämie bereit sein, um die vorzuziehende, ihn beschränkende sofortige Fälligkeit zu erreichen. Zusammenfassend belässt der EuGH den Mitgliedstaaten damit die Möglichkeit, ihre Systeme der Wegzugsbesteuerung so auszuüben, dass sich, trotz zahlreicher unionsrechtlicher Vorgaben, an der hierdurch hervorgerufenen Kapitalwertdifferenz (mit und ohne Wegzug) für den Steuerpflichtigen keine Veränderung durch die Rechtsprechung ergibt. Das durch die Wegzugsbesteuerung hervorgerufene Potential einer Verzerrung des Binnenmarkts bleibt somit nach all diesem Für und Wider letztlich unverändert.

4.4.3 Anforderungen der Fusionsrichtlinie an Restrukturierungen

Zum Abbau von Hindernissen des Binnenmarkts durch eine entsprechend ungleich hohe Besteuerung von inländischen und grenzüberschreitenden Restrukturierungen sieht die Fusionsrichtlinie (FRL) für Fusionen, Spaltungen, Abspaltungen, Einbringungen von Anteilen und den Austausch von Anteilen bei Unternehmen bestimmter Rechtsformen einen Aufschub der Besteuerung stiller Reserven bis zum Zeitpunkt ihrer Realisierung vor.[765] Die Richtlinie erstreckt sich im Allgemeinen nicht auf Wegzugs- oder Verlagerungssachverhalte. Bestimmungen zum Steuereingriff bei Sitzverlegungen finden sich lediglich für Europäische Gesellschaften (SE) und Europäische Genossenschaften (SCE). Das Ziel der Richtlinie besteht nicht in einer paneuropäischen Harmonisierung von Restrukturierungen, sondern in der Beseitigung bestimmter hierbei auftretender steuerlicher Nachteile.[766]

Der persönliche Anwendungsbereich der Richtlinie erstreckt sich gem. Art. 3 FRL auf bestimmte Rechtsformen (entsprechend einem abschließenden Katalog), die steuerlich als in einem Mitgliedstaat ansässig gelten und dort einer Körperschaft- oder Gesellschaftsteuer unterliegen. Durch Art. 2 FRL werden folgende Sachverhalte erfasst (siehe zur Übersicht der sachlichen Voraussetzungen Tabelle 4):

- lit. a): Fusion durch
  - o Übertragung des gesamten Aktiv- und Passivvermögens auf eine andere (bestehende oder neu gegründete) Gesellschaft gegen Gewährung von Anteilen an die eigenen Gesellschafter (ggf. zuzüglich einer Zuzahlung)

---

[763] Vgl. EuGH-Urteil vom 21.05.2015 zur Rs. C-657/13 (Verder LabTec), Rn. 49.

[764] So bspw. hätte die derzeitige deutsche Verzinsungsregelung nach § 234 i.V.m. § 238 AO Anwendung finden können. Jedoch wird gem. § 6 Abs. 5 AStG in den hier betrachteten Situationen von der Verzinsung befreit.

[765] Siehe zu den Bestimmungen der Richtlinie im einzelnen Fehling in: Schaumburg/Englisch (2015), Rn. 17.25-17.87.

[766] Vgl. Schlussanträge des GA Kokott vom 16.07.2009 zur Rs. C-352/08 (Zwijnenburg), Slg. 2010 I-4303, ECLI:EU:C:2009:483, Rn. 52.

    o   Übertragung des gesamten Aktiv- und Passivvermögens auf eine Gesell-
        schaft, die sämtliche Anteile der einbringenden Gesellschaft hält

- lit. b): Spaltung, d.h. Untergang der Gesellschaft und Übertragung des gesamten Aktiv- und Passivvermögens auf mehrere andere Gesellschaften

- lit. c): Abspaltung, d.h. Übertragung eines oder mehrerer Teilbetriebe auf eine oder mehrere andere Gesellschaften gegen Gewährung von Gesellschaftsrechten der übernehmenden Gesellschaft an die Gesellschafter der einbringenden Gesellschaft

- lit. d): Einbringung, d.h. Übertragung eines oder mehrerer Teilbetriebs oder des gesamten Betriebs auf eine andere Gesellschaft gegen Gewährung von Gesellschaftsrechten der übernehmenden Gesellschaft an die einbringende Gesellschaft

- lit. e): Anteilstausch, d.h. Erwerb von Anteilen an einer Gesellschaft (wobei eine Mehrheitsbeteiligung erreicht wird) gegen Hingabe von eigenen Anteilen (ggf. zzgl. einer Zuzahlung)

Sachverhalte des Art. 2	lit. b): Spaltung	lit. c): Abspaltung	lit. d): Einbringung	lit. a): Fusion
Gegenstand	Gesamtbetrieb	Teilbetrieb(e)	Gesamtbetrieb oder Teilbetrieb	Gesamtbetrieb
Empfänger der Gegenleistung	Anteilseigner des übertragenden UN	Anteilseigner des übertragenden UN	übertragendes UN	Anteilseigner des übertragenden UN
Untergang des übertragenden UN	muss erfolgen	darf nicht erfolgen	darf nicht erfolgen	darf nicht erfolgen
Höchstgrenze der baren Zuzahlung	max. 10 % des Nennwerts	max. 10 % des Nennwerts	nicht relevant	max. 10 % des Nennwerts

Tabelle 4: Divergierende Voraussetzungen der Eröffnung des sachlichen Anwendungsbereichs der FRL

Spaltungen, Abspaltungen und Einbringungen betreffen dabei Möglichkeiten der Übertragung von Betrieben oder Teilbetrieben. Diese Formen unterscheiden sich zum einen hinsichtlich des Umfangs des zu übertragenden Vermögens. Während bei der Spaltung das gesamte Aktiv- und Passivvermögen auf eine oder mehrere übernehmende Gesellschaften übertragen wird, sind im Falle von Abspaltungen und Einbringungen auch Übertragungen von Teilbetrieben im Sinne des Art. 2 lit. j) FRL möglich. Weiterhin divergieren die Vorgänge hinsichtlich des Empfängers der gewährten Gegenleistung. Bei Spaltungen und Abspaltungen erhalten die Anteilseigner der übertragenen Gesellschaft im Gegenzug Gesellschaftsrechte an der übernehmenden Gesellschaft; im Falle der Einbringung kommen diese Gesellschaftsrechte der einbringenden Gesellschaft selbst zugute. Während hierbei bei

Spaltung und Abspaltung sowie Tausch von Anteilen die Möglichkeit einer zehnprozentigen baren Zuzahlung zur Entschädigung der Anteilseigner für einen sich ergebenden geringeren Wert der als Gegenleistung erhaltenen Anteile besteht, entfällt ein solcher Mechanismus entsprechend bei der Einbringung mangels direkter Entschädigung der Anteilseigner.[767]

Der durch die FRL vorgesehene Aufschub der Besteuerung erstreckt sich sowohl auf die Ebene der Gesellschaft (Art. 4 Abs. 1 FRL, bei Einbringungen i.V.m. Art. 9 FRL) als auch auf die Ebene der Beteiligten (Art. 8 Abs. 1 bis 3 FRL), wenn diese als Empfänger der Gegenleistung im Restrukturierungsprozess Subjekt der Besteuerung sind. Im Falle des Tauschs von Anteilen ist hingegen ausschließlich das Besteuerungsverbot auf Ebene der Anteilseigner relevant. Die aufgeschobene Besteuerung gilt dabei nur für solche Vermögenswerte, deren Wertansatz einschließlich des Abschreibungs- und Bewertungsschemas von der übernehmenden Gesellschaft und / oder den Anteilseignern fortgeführt werden (Art. 4 Abs. 4 sowie Art. 8 Abs. 4 FRL).

Einschränkend wirkt insbesondere der Betriebsstättenvorbehalt des Art. 4 Abs. 2 Buchst. b der Richtlinie. Demnach erstreckt sich der Steueraufschub nur auf solche stillen Reserven, die im Anschluss an den Vorgang durch eine Betriebsstätte der gebietsfremden Gesellschaft im Sitzstaat der einbringenden Gesellschaft belassen wird und „zur Erzielung des steuerlich zu berücksichtigenden Ergebnisses dieser Betriebsstätte beiträgt." Der Besteuerungsaufschub gilt somit nur für steuerverstricktes Vermögen, an welchem der Sitzstaat der einbringenden Gesellschaft seine Besteuerungsrechte nicht zur Gänze verliert.[768] Dem entgegen gelten die ökonomischen Anforderungen für diese Vermögensgegenstände unbeschadet ihres Verbleibs.

Weitere Einschränkungen ergeben sich für Verschmelzungen von Tochterunternehmen auf deren gebietsfremde Mutterunternehmen (upstream-merger) bei Beteiligungen von unter 10 % (Art. 7 Abs. 2 FRL). Hierdurch sollen Gewinnausschüttungen an Mutterunternehmen, die nicht nach Maßgabe der Mutter-Tochter-Richtlinie von der Besteuerung ausgenommen sind, auch im Wege einer Fusion verhindert werden. Zudem gelten gewisse Einschränkungen bei hybriden Gesellschaften durch Art. 11 FRL. Wird eine gebietsfremde einbringende oder erworbene Gesellschaft als transparent angesehen[769], so darf der Ansässigkeitsstaat des Beteiligten auch die stillen Reserven im Zeitpunkt der Restrukturierung in dessen steuerlicher Sphäre besteuern (Abs. 1), insofern er eine fiktive[770] Steuer des Sitzstaats auf den Veräußerungsgewinn anrechnet (Abs. 2). Faktisch ergibt sich hierdurch eine sofortige Besteuerung der stillen Reserven in Höhe der Steuersatzdifferenz[771]. Insofern nicht die einbringende, sondern die übernehmende oder erwerbende Gesellschaft als hybrid gilt und im Sitzstaat des Beteiligten bei diesem transparent besteuert wird, kann der Sitzstaat einen sich ergebenden Veräußerungsgewinn besteuern (Abs. 3). Zudem kann er in solchen

---

[767] Vgl. Fehling in Schaumburg/Englisch (2015), Rn. 17.37.
[768] Vgl. Fehling in ebd., Rn. 17.44.
[769] Es erfolgt somit eine Besteuerung der Einkünfte des Beteiligten aus der gebietsfremden Personengesellschaft in dessen steuerlicher Sphäre unter Anrechnung der auf diese gebietsfremde Gesellschaft durch deren Belegenheitsstaat erhobenen Steuer.
[770] Eine solche Steuer wird nach Maßgabe der FRL auf den Veräußerungsgewinn nicht erhoben.
[771] $\left(ETR_W - ETR_Q \right) * \textit{stille Reserven}$

Fällen bei hybriden übernehmenden Gesellschaften bei transparenter Besteuerung auf Ebene des Beteiligten diese so behandeln, als wäre sie im Inland ansässig (Abs. 4). In diesen Fällen können Umwandlungen daher zu sofortigen steuerlichen Belastungen führen. Gleiches gilt, wenn die Anwendbarkeit der Richtlinie aufgrund des Missbrauchs- oder Mitbestimmungsvorbehalts versagt wird (Art. 15 Abs. 1 lit. a) bzw. b) FRL).

Für alle anderen Fälle gewährleistet die Richtlinie einen Aufschub der Besteuerung stiller Reserven vom Restrukturierungs- zum Realisationszeitpunkt.[772] Betroffen ist aufgrund des Betriebsstättenvorbehalts keine grenzüberschreitende Allokation von Wirtschaftsgütern. Daher ergibt sich bei der Richtlinie auch nicht die Frage nach der Aufteilung der Besteuerungsrechte bei einer späteren steuerlichen Erfassung der Wertzuwächse bei Realisation. Bei Vorgängen, bei welchen keine Verlagerung von Steuersubstrat erfolgt, ist die Wirkung der Richtlinie auf die ökonomischen Neutralitätserfordernisse eindeutig positiv. Durch den Betriebsstättenvorbehalt wird den Mitgliedstaaten hingegen die sofortige Besteuerung latenter Wertzuwächse bei Verlagerung von Vermögenswerten in andere Regime eingeräumt. Es ergibt sich hierdurch die beschriebene Situation von Mehrbesteuerungen durch Zinseffekte sowie Verletzung der Rechtsformneutralität bei gleichzeitiger Verhinderung von Verletzungen der Verlagerungsneutralität durch eine Belastung mit unterschiedlichen Effektivsteuersätzen. Weiterhin kann die Anwendung der Richtlinie zu Verzerrungen führen, wenn unterschiedliche Eigner an den betreffenden Unternehmen beteiligt sind oder sich die Relation ihrer Beteiligungswerte unterscheidet. In dieser Situation könnte ein Teil des übertragenen Vermögens für einen der Beteiligten eine Abschlusszahlung seiner Investition darstellen, die eine sofortige Aufdeckung der stillen Reserven aus Sicht der Verlagerungsneutralität erforderlich gemacht hätte.

Die nachfolgend aufgeführte Rspr. befasste sich nun mit der zuvor beschriebenen Fusionsrichtlinie, welcher die Mehrzahl der im Bereich der Restrukturierung ergangenen Urteile zuzuordnen sind. Sowohl die Grundverkehrsfreiheiten wie auch die Richtlinie finden grundsätzlich nur in grenzüberschreitenden Fällen Anwendung. Wenn Richtlinien jedoch durch eine Implementierung innerstaatlicher Rechtsvorschriften in nationales Recht umgesetzt wurden, deren Anwendungsbereich auch bei innerstaatlichen Sachverhalten eröffnet ist um eine Schlechterstellung eigener Staatsangehöriger und Wettbewerbsverzerrungen zu verhindern, so können auch hiervon betroffene innerstaatlichen Sachverhalte Gegenstand der unionsrechtlichen Auslegung durch den EuGH werden.[773] Dies begründet der EuGH mit einem „klare[n] Interesse der Union daran, dass die aus dem Unionsrecht übernommenen Bestimmungen oder Begriffe unabhängig davon, unter welchen Voraussetzungen sie angewandt werden sollen, einheitlich ausgelegt werden, um künftige Auslegungsunterschiede zu verhindern"[774]. Inwiefern hierbei Richtlinienbestimmungen ursächlich für

---

[772] Vgl. Erwägungsgrund 7 FRL.

[773] Siehe EuGH-Urteil vom 17.07.1997 zur Rs. C-28/95 (Leur-Bleum). Hierbei lag zwar einen rein innerstaatlichen Sachverhalt zugrunde, die innerstaatlichen anzuwendenden Normen waren jedoch eng an die FRL angelehnt. Entgegen der Auffassung des Generalanwalts erklärte sich der Gerichtshof zur Beantwortung der Vorlagefragen für berechtigt. Siehe weiterhin in diesem Kontext EuGH-Urteil vom 15.01.2002 zur Rs. C-43/00 (Andersen und Jensen), Slg. 2002 I-379, ECLI:EU:C:2002:15, Rn. 18; EuGH-Urteil vom 20.05.2010 zur Rs. C-352/08 (Zwijnenburg), Slg. 2010 I-4303, ECLI:EU:C:2010:282, Rn. 33; EuGH-Urteil vom 18.10.2012 zur Rs. C-603/10 (Pelati), ECLI:EU:C:2012:639, Rn. 18.

[774] EuGH-Urteil vom 18.10.2012 zur Rs. C-603/10 (Pelati), Rn. 18.

die Ausgestaltung des innerstaatlichen Rechts sind, obliegt der Auslegung durch das vorlegende Gericht.[775] Aus wettbewerbspolitischer Sicht ist dem EuGH hierbei sicherlich zuzustimmen. Die einheitliche Regelung und Auslegung inländischer sowie grenzüberschreitender Restrukturierungsprozesse entspricht nicht nur gleichheitsrechtlichen Grundsätzen, sondern dient ebenfalls einer von räumlichen Aspekten invarianten Beeinflussung von Kapitalwerten und damit einer unverzerrten Kapitalallokation am Binnenmarkt.

Im Gegensatz zur grenzüberschreitenden Verlagerung von Vermögenswerten des vorherigen Abschnitts gilt bei Restrukturierungsmaßnahmen, die von der Fusionsrichtlinie erfasst werden, grundsätzlich der Betriebsstättenvorbehalt. Erfasst sind demnach keine Vorgänge, welche eine tatsächliche Verlagerung von Vermögensgegenständen über die Grenze beinhalten. Derartige Restrukturierungen, die eine Verlagerung von Betriebsvermögen beinhalten, können somit lediglich unter den Bestimmungen des primären Unionsrechts beurteilt werden.[776]

Unabhängig von der Restrukturierungsform besteht der Gewährleistungsgehalt der FRL in einem Besteuerungsaufschub durch Verbot der Steuerentstrickung anlässlich von Restrukturierungen zum einen auf Ebene des Erwerbers gem. Art. 4 Abs. 1, 2 bzw. Art. 9 i.V.m. Art. 4 Abs. 1 FRL sowie auf Ebene der Anteilseigner gem. Art. 8 Abs. 1 FRL bzw. Art. 8 Abs. 2 FRL. Hierfür erforderlich sind jedoch einige persönliche und sachliche Voraussetzungen. Im Folgenden sollen solche Voraussetzungen und Ausnahmen näher betrachtet werden, die Gegenstand der Rechtsprechung des EuGH waren. Im Einzelnen sind dies

- der Begriff des Teilbetriebs
- die Einhaltung des Kulanzbereichs bei Zuzahlungen
- die Voraussetzung der Buchwertverknüpfung
- die Ausnahmebestimmung bei rechtsmissbräuchlicher Berufung auf die Richtlinie

Durch die Unterwerfung auch rein innerstaatlicher Sachverhalte unter die Auslegungskompetenz des EuGH wurden die nationalen sowie bilateralen Teilbetriebsbegriffe der Mitgliedstaaten in den vergangenen Jahren verstärkt durch einen „europäischen Teilbetriebsbegriff" abgelöst,[777] der zum Großteil in einem Urteil des EuGH, nämlich dem zur Rs. *Andersen und Jensen*[778] begründet liegt. In dessen Ausgangssachverhalt gründeten Aktionäre einer Aktiengesellschaft (A) zur Durchführung eines Generationswechsels eine weitere Gesellschaft (B), auf welche der Geschäftsbetrieb der A übertragen werden sollte. Im Anschluss daran sollten die Aktionäre die Anteile an der B mittelbar über die einbringende Gesellschaft A halten. Eine solche Einbringung entsprechend Art. 2 lit. d) FRL wäre steuerlich

---

[775] Vgl. EuGH-Urteil vom 17.07.1997 zur Rs. C-28/95 (Leur-Bleum), Rn. 33.

[776] Es wird zwar auch die Ansicht vertreten, Art. 4 FRL sei aufgrund der Rspr. des Gerichtshofs zu Wegzugssachverhalten aufgrund eines vermeintlichen Verstoßes gegen Primärrecht auch auf grenzüberschreitende Verlagerungen übertragbar, diese Argumentation verkennt jedoch zum einen die Tatsache, dass der Wegzug grundsätzlich nicht in den Anwendungsbereich der Richtlinie fällt und zum anderen, dass der Artikel lediglich eine Einschränkung der Begünstigung bewirkt, siehe Fehling in: Schaumburg/Englisch (2015), Rn. 17.45 f.

[777] So bspw. auch die deutsche Finanzverwaltung, vgl. Graw (2013), S. 21.

[778] EuGH-Urteil vom 15.01.2002 zur Rs. C-43/00 (Andersen und Jensen).

neutral möglich[779], wenn der Gegenstand der Einbringung als „Betrieb insgesamt" oder als „Teilbetrieb" im Sinne des Art. 2 lit. j) FRL anzusehen gewesen wäre. Als Teilbetrieb gilt entsprechend des Wortlaut genannten Artikels die „Gesamtheit der in einem Unternehmensteil einer Gesellschaft vorhandenen aktiven und passiven Wirtschaftsgüter, die in organisatorischer Hinsicht[780] einen selbständigen Betrieb, d. h. eine aus eigenen Mitteln funktionsfähige Einheit, darstellen". Zur Disposition lagen hierbei insbesondere drei Aspekte der Übertragung.

Ersterer bezog sich auf eine Bankverbindlichkeit der einbringenden Gesellschaft A, welche mit auf die Gesellschaft B übertragen werden sollte, während die hieraus ausgereichten Geldbeträge bei der einbringenden Gesellschaft A verbleiben sollten. Ziel dieser Transaktion war insbesondere die Absicherung des Eigenkapitals der übertragenden Gesellschaft A. Es ist jedoch leicht ersichtlich, dass die aus einem Darlehen resultierenden Aktiva und Passiva in untrennbarem wirtschaftlichen sowie funktionalen Zusammenhang stehen. Entsprechend betrachtete auch der Gerichtshof eine Trennung solcher Wirtschaftsgüter als nicht mit der Erforderlichkeit vereinbar, alle aktiven und passiven Wirtschaftsgüter zu übertragen, die in ihrer Gesamtheit einen selbständigen Betrieb ergeben.[781] Aus dem Wortlaut des Art. 2 lit. j) FRL ließ sich hingegen nicht ableiten, dass auch Vermögenswerte dem Teilbetrieb zuzuordnen seien, die keine unmittelbare Bedeutung für dessen Geschäftszweck aufweisen (hier ein Aktienpaket an einer dritten Gesellschaft).[782] Mit dieser auch ökonomisch zweckmäßigen Ansicht befindet sich der EuGH in Übereinstimmung mit der herrschenden Meinung.[783]

Weiterhin sollte im Ausgangssachverhalt ein zur Finanzierung des laufenden Geschäftsbetriebs der übernehmenden Gesellschaft B aufgenommener Kredit durch ein Pfandrecht an den Aktien dieser Gesellschaft besichert werden. Als Erwerberin der Anteile wäre A somit Sicherungssteller. Dieser Umstand weckte beim Beklagten Zweifel an der selbständigen Funktionsfähigkeit (auch: Lebensfähigkeit) des eingebrachten Teilbetriebs. Er argumentierte, dass die übernehmende Gesellschaft B aufgrund ihres hohen Verschuldungsgrades nicht aus eigenen Mitteln funktionsfähig sei[784] und die eingebrachten Wirtschaftsgüter somit auch keinen selbstständigen Teilbetrieb darstellen könnten.

Nach Auffassung des EuGH müsse hingegen bei der Beurteilung der Selbständigkeit primär auf einen „funktionellen Aspekt" abgestellt werden. Die Unternehmensteile müssten demnach als selbständiges Unternehmen funktionsfähig sein, ohne dass eine Aufrechterhaltung des laufenden Geschäftsbetriebs zusätzlicher „Investitionen oder Einbringungen" bedürfe.[785] Die Aufnahme einer Bankverbindlichkeit zu marktüblichen Konditionen allein hindere nicht an einer Selbstständigkeit. Ein solcher „finanzieller Aspekt" könne nur zweitrangig in eine Beurteilung aufgenommen werden. Auch eine Besicherung des Darle-

---

[779]   Die weiteren Voraussetzungen waren in vorliegendem Sachverhalt erfüllt.

[780]   Eine unternehmerische Selbständigkeit wird indes nicht verlangt. Vgl. hierzu EuGH-Urteil vom 13.10.1992 zur Rs. C-50/91 (Commerz-Credit-Bank), Slg. 1992 I-5225, ECLI:EU:C:1992:386, Rn. 16.

[781]   Vgl. EuGH-Urteil vom 15.01.2002 zur Rs. C-43/00 (Andersen und Jensen), Rn. 24 f.

[782]   Vgl. ebd., Rn. 28.

[783]   Vgl. bspw. Blumers (2001), S. 722; Lange (2005), S. 125.

[784]   Vgl. EuGH-Urteil vom 15.01.2002 zur Rs. C-43/00 (Andersen und Jensen), Rn. 33.

[785]   Er betrachtet hierbei den Teilbetrieb aus dem Blickwinkel des Erwerbers, für den dieser ohne weitere Kapitalzufuhr funktionsfähig sein muss, vgl. Blumers (2001), S. 725.

hens durch die Aktionäre der übernehmenden Gesellschaft mit deren Aktien ändert hieran nach Auffassung des Gerichthofs nichts.[786] An der sekundär vorzunehmenden finanziellen Betrachtung würde die Selbständigkeit erst scheitern, wenn die „Einkünfte der übernehmenden Gesellschaft im Verhältnis zu den Zinsen und Tilgungsraten der aufgenommenen Schulden unzureichend erscheinen."[787]

Zusätzliche Einbringungen (funktionale Betrachtung) werden dann zur Aufrechterhaltung des Geschäftsbetriebs erforderlich sein, wenn der Teilbetrieb strukturell defizitär bleibt. Die Ertragslage des Unternehmens bestimmt sich hierbei durch das operative Ergebnis[788] sowie dem finanziellen Ergebnisbeitrag[789].[790] Da dieser finanzielle Ergebnisbeitrag jedoch der vom Gerichtshof beschriebenen, nur sekundär vorzunehmenden finanziellen Betrachtung entspricht, kann bei sachlogischer Trennung „Funktionalität" lediglich auf den operativen Ergebnisbeitrag bezogen sein. Tatsächlich erhält eine solche „funktionale" Betrachtung nur dann Aussagekraft, wenn sie auf die Struktur des Betriebs, bspw. auf das Vorhandensein sämtlicher zur Aufrechterhaltung notwendiger Prozesse, Einrichtungen und betrieblicher Strukturen[791] und somit vordringlich auf den daraus resultierenden langfristig zu erwartenden operativen Ergebnisbeitrag abstellt. Insofern durch die Zusammensetzung und Struktur der übertragenen Funktionen langfristig mit einem positiven operativen Ergebnis zu rechnen ist (funktionale Selbstständigkeit), so kann diese im zweiten Schritt nur dann scheitern, wenn bei Betrachtung der finanziellen Umstände das Finanzergebnis langfristig nicht durch das operative Ergebnis und Fremdkapitalaufnahme zu marktüblichen Konditionen kompensiert werden kann.

Zur ökonomischen Wirkung des Urteils sei folgendes angefügt: Während die Übertragung einzelner Wirtschaftsgüter zwischen Kapitalgesellschaften zur Aufdeckung der auf ihnen ruhenden stillen Reserven führen sollen, zielt das Umwandlungssteuerrecht auf die Begünstigung bei Übertragungen im Rahmen von Umstrukturierungen ab. Der Begriff des Teilbetriebs als „kleinste Einheit einer Einkunftsquelle"[792] dient hierbei der legalen Abgrenzung dieser unterschiedlich zu behandelnden Sachverhalte. Da betriebswirtschaftlich hingegen auf den Kapitalwert der Investition aus Sicht des Eigners abzustellen ist, ergibt sich aus ihrer Perspektive kein Grund zur Unterscheidung dieser Sachverhalte. Vielmehr wäre aus deren Blickwinkel auf die Eigneridentität abzustellen. Wären beide beteiligten Unternehmen im Besitz derselben Gruppe verhältnismäßig gleich beteiligter Eigner, so stellten Übertragungen zwischen diesen Unternehmen, unabhängig von deren Ausmaß (einzelnes Wirtschaftsgut oder Teilbetrieb), keine Investitionsauszahlungen dar. Aus der Übertragung ergibt sich dann kein Ertrag oder Mehrwert für die Eigner, da sich lediglich Änderungen der Strukturen innerhalb eines Investitionsobjekts ergeben. Die steuerliche Erfassung die-

---

[786] Vgl. EuGH-Urteil vom 15.01.2002 zur Rs. C-43/00 (Andersen und Jensen), Rn. 35.

[787] Ebd., Rn. 36.

[788] In der Gewinn- und Verlustrechnung wäre bspw. das Betriebsergebnis heranzuziehen. Regelmäßige Verwendung findet als Maßgröße auch bspw. der „Earnings before interest and taxation" (EBIT) nach IFRS.

[789] In das Finanzergebnis Eingang finden i.W. Erträge und Aufwendungen aus Zinsen und Beteiligungen.

[790] Es sei darauf hingewiesen, dass zu den hier herangezogenen Begriffen unterschiedliche Definitionen bestehen, deren Abgrenzung jedoch nicht Gegenstand vorliegender Betrachtung ist.

[791] Für eine organisatorisch-organische Betrachtung spricht auch nicht zuletzt der Wortlaut des Art. 2 lit. j) FRL. In ähnlicher Weise Greil (2011), S. 90 f.

[792] Wälzholz (1999), S. 132.

ser Vermögensübergänge ist bedingt durch das steuerliche Trennungsprinzip, welches durch die Begünstigung von Restrukturierungen einseitig durchbrochen wird, wenn die Übertragung ein ausreichendes „Ausmaß" (Teilbetrieb) erreicht. In ökonomischer Konsequenz wirkt eine weite Auslegung des Teilbetriebsbegriffs somit i.d.R. effizienzsteigernd.[793] Eine solche vergleichsweise weite Auslegung nahm der EuGH hinsichtlich zwei von drei Aspekten vor. Sowohl die Nichtübertragung nicht betriebsnotwendiger Aktien als auch die Sicherungsstellung durch die Aktionäre hinderten nicht am Vorliegen eines selbständig funktionsfähigen Teilbetriebs. Jedoch scheiterte die Begünstigung mangels Übertragung der als betriebsnotwendig angesehenen Verbindlichkeit, die vom Gerichtshof als in direktem Zusammenhang mit dem übertragenen Auszahlungsbetrag stehend betrachtet wurde. Diese, sich auch jeglicher ökonomischen Realität entziehende, Aufspaltung der Aktiva und Passiva einer zusammengehörenden Vermögensposition stellte jedoch eine durchaus „atypische Sachverhaltskonstellation"[794] dar. Es kann hieraus kaum die Schlussfolgerung gezogen werden, der Begriff des „Teilbetriebs" sei durch den EuGH hierdurch eng gefasst[795]. Vielmehr ist Eilers, Bahns und Sedlaczek zuzustimmen, welche die Aufnahme eines Darlehens und Einbringung nur der Darlehensverbindlichkeit unter Einbehaltung der Valuta wirtschaftlich[796] mit einer Zuzahlung gleichsetzen.[797]

Auch bezüglich dieses Begriffs einer „baren Zuzahlung" im Sinne des Art. 2 lit a), b), c) und e) FRL bestand Auslegungsbedarf. Die hier definierte Zuzahlungsgrenze erlaubt den Ausgleich einer Differenz der Marktwerte der an die Gesellschaft übertragenen Anteile[798] (ohne das Vorliegen einer solchen Teilwertdifferenz jedoch zur Voraussetzung zu machen) und der im Gegenzug gewährten Anteile der erwerbenden Gesellschaft an die Eigner der ersteren Gesellschaft durch eine Zuzahlung. Diese ist begrenzt auf 10 % des Nennwerts, bzw. des rechnerischen Werts der hingegebenen Anteile. Die zehnprozentige Zuzahlungsgrenze entspricht dabei Art. 2 der Verschmelzungsrichtlinie, welche die gesellschafts- und arbeitsrechtlichen Grundlagen von Verschmelzungen zwischen Unternehmen mit Sitz in unterschiedlichen Mitgliedstaaten reguliert. Nach Auffassung des Gesetzgebers könnten hohe Zuzahlungen hierbei die „Eigenart" und somit das Rechtsinstitut einer Restrukturierungsmaßnahme sowie die Interessen von Gläubigern und Anteilseignern gefährden.[799]

Die Zielsetzung der Fusionsrichtlinie hingegen unterscheidet sich deutlich von der einer Verschmelzungsrichtlinie. Da erstere auf Steuerneutralität grenzüberschreitender Restrukturierungen abzielt, sollten Aspekte des Gläubiger- und Anteilseignerschutzes nicht alleine eine derart gewichtige Einschränkung des Anwendungsbereichs rechtfertigen. Lediglich mit einer Gefährdung des Rechtsinstituts der Restrukturierungsmaßnahme könnte argumentiert werden, da eine Gewährleistung der Besteuerung der Restrukturierung die Auf-

---

[793] Dies gilt umso mehr beim vorliegenden rein innerstaatlichen Sachverhalt, bei welchem zudem Eigneridentität vorlag.

[794] Graw (2013), S. 28.

[795] Eine enge Auslegung des Begriffs im betrachteten Urteil sehen bspw. Menner/Broer (2002), S. 816; Greil (2011), S. 89.

[796] Die rechtlichen Vorgaben an eine bare Zuzahlung (s.u.) waren hier nicht gegen. Zudem handelte es sich um eine Einbringung entsprechend Art. 2 lit. d) FRL, für welche die Richtlinie keine Zuzahlungen vorsah.

[797] Vgl. Eilers/Bahns/Sedlaczek in: von der Groeben/Schwarze (2003), S. 1303.

[798] Vgl. Terra/Wattèl (2012), S. 342 f.

[799] Vgl. Lutter et al. (2012), S. 593; Beutel (2008), S. 149.

teilung der veräußerten Anteile in einen begünstigten und einen nicht-begünstigten Anteil erforderlich macht.[800] Eine Buchwertverknüpfung wird somit nur für einen Teil, für den Rest der Anteile hingegen eine Veräußerungsgewinnbesteuerung verwirklicht. Aus der Notwendigkeit einer solchen Aufteilung im Zuzahlungsfall lässt sich indes wirtschaftlich nicht die Folgerung ableiten, unabhängig vom Anteil der Zuzahlung bei Überschreitung der 10%-Grenze den gesamten Restrukturierungsvorgang einer sofortigen Gewinnbesteuerung zu unterwerfen. Die Zuzahlung impliziert schließlich keine tatsächliche Veräußerung der im Zuge der unentgeltlichen Übertragung restrukturierten Vermögenswerte der Investition. Vielmehr dürfte maximal der Zuzahlungsanteil zu Anschaffungskosten der übernehmenden Person führen und einer sofortigen Besteuerung beim Zuzahlungsempfänger unterworfen werden. Eine solche reguläre Besteuerung von Zuzahlungen bleibt gem. Art. 8 Abs. 9 FRL zulässig. Zuzahlungen können daher auch nicht als Gestaltungsinstrument genutzt werden, um Steuerstundungen oder Minderbesteuerungen durch verschleierte Gewinnausschüttungen zu realisieren. So ergibt sich als ökonomische Forderung, die Voraussetzungen der Zuzahlungsgrenze zugunsten des Steuerpflichtigen möglichst weit, den Begriff der „baren Zuzahlung" im Falle eines Überschreitens der 10%-Grenze möglichst eng auszulegen.

Die Frage nach der Reichweite des Begriffs stellte sich in der Rs. *Kofoed*[801]. Hierbei wurden Anteile einer dänischen Gesellschaft C an eine gebietsfremde Gesellschaft B, die sich im Besitz der gleichen Eigner A befand, übertragen, so dass sich C im Anschluss vollständig im Besitz von B befand. Als Gegenleistung erhielten die Anteilseigner weitere Anteile an letzterer Gesellschaft, die aus einer Kapitalerhöhung dieser Gesellschaft resultierten (siehe Abb. 14). Kurz nach diesem Anteilstausch schüttete das Tochterunternehmen Gewinne an ihr neues Mutterunternehmen aus. Deren Anteilseigner beschlossen zwei Tage später, den größten Teil der diesem zugeflossenen Erträge weiter an sich auszukehren. Ziel der Transaktion war eine Reduktion der Steuerbelastung der Eigner auf Grundlage des zum betreffenden Zeitpunkt geltenden DBA der beteiligten Mitgliedstaaten, welches ein Freistellungsverfahren für die Ausschüttungen vorgesehen hatte. Folglich wurden durch die Restrukturierung im Inland generierte Einkünfte über einen weiteren Mitgliedstaat umgeleitet und von letzterem abschließend besteuert.

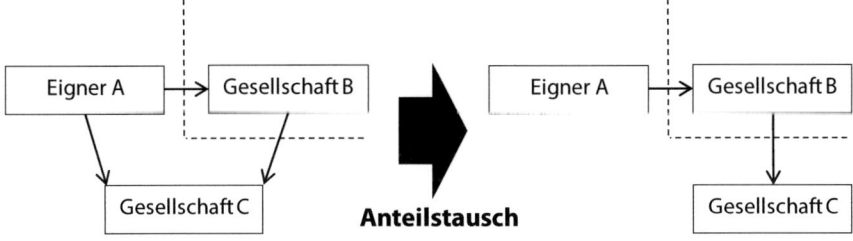

Abb. 14: Beteiligungsstruktur der Rs. Kofoed

---

[800] Siehe Kellersmann/Treisch (2002), S. 225.
[801] EuGH-Urteil vom 05.07.2007 zur Rs. C-321/05 (Kofoed), Slg. 2007 I-5795, ECLI:EU:C:2007:408.

In Folge ergab sich eine Verletzung der Verlagerungsneutralität: Sowohl der Investiti-onsstandort als auch die Eigner waren im selben Mitgliedstaat ansässig. Aufgrund des steu-erlichen Trennungsprinzips und der abkommensrechtlichen Freistellung der Dividenden-einkünfte auf Eignerebene im Wohnsitzstaat, vermochten die Steuerpflichtigen zwar die Besteuerung der Investitionserträge auf Ebene der gebietsansässigen Gesellschaft nicht zu umgehen, jedoch durch Durchleitung der Dividenden durch eine Zwischengesellschaft, ihre persönliche Einkommensteuerlast zu reduzieren, da diese letztere Gesellschaft in ei-nem anderen, hier niedriger besteuernden Mitgliedstaat ansässig war. Die Folge war eine Reduktion des Effektivsteuersatzes der Investition, welcher unabhängig einer Befürwortung von Kapitalimport- oder Kapitalexportneutralität dem des hier identischen Wohnsitz- und Investitionsstaat entsprechen sollte.

Auch die Aufnahme einer gewerblichen Tätigkeit im Belegenheitsstaat des Tochter-unternehmens war nicht geplant. Entsprechend vertrat die Generalanwältin den vertret-baren Standpunkt, es handle sich um eine Steuerumgehung, die im vorliegenden Fall nur durch eine weite Auslegung des Begriffs der baren Zuzahlung hätte verhindert werden kön-nen.[802, 803] Einer ebensolchen Auslegung folgte die dänische Finanzverwaltung. Sie betrach-tete die Gewinnausschüttung, insbesondere aufgrund des engen zeitlichen Zusammen-hangs zum Erwerbsvorgang, als Bestandteil des Anteilstauschs. Da die Ausschüttung die Zuzahlungsgrenze überstieg, unterwarf sie die noch nicht realisierten Wertsteigerungen im Zeitpunkt des Anteilstauschs vollständig der Besteuerung. Eine solche Beurteilung des Zu-zahlungsbegriffs anhand der zeitlichen Dimension lehnte der Gerichtshof jedoch ab. Viel-mehr sei auf den Charakter der Zahlung als „echte Gegenleistung" abzustellen. Einen sol-chen Charakter hätten solche Barzahlungen insbesondere dann, wenn sie verbindlich und zusätzlich zu den zu gewährenden Anteilen am Kapital der erwerbenden Gesellschaft zum Erwerb der Mehrheitsbeteiligung vereinbart wurden. Die Motive für die Vereinbarung und der Zeitpunkt der Zahlung seien für diese Qualifikation unerheblich.[804] Insbesondere mit der Erforderlichkeit einer zivilrechtlichen Vereinbarung über eine zusätzliche Zahlung, un-abhängig der hierbei zugrundeliegenden Motivation der Steuerpflichtigen[805], eröffnet der EuGH weite Gestaltungsmöglichkeiten. Es lässt sich eine eher enge Auslegung des Begriffs erkennen.[806] Der Gerichtshof entspricht hierbei somit auch der ökonomischen Forderung.

Im konkreten Sachverhalt deutete nichts darauf hin, dass die Gewinnausschüttung ei-nen integralen Bestandteil des Erwerbsvorgangs darstellt.[807] Bei seiner Schlussfolgerung in dieser Rechtssache ist dem Gerichtshof auch aus ökonomischer Perspektive zuzustimmen, wenn auch aus anderen Gründen. Da sich an den mittelbaren quotalen Eigentumsverhält-nissen der Gesellschaftsanteile nichts änderte, ist bereits zu hinterfragen, wofür eine vom Beklagten antizipierte Zuzahlung überhaupt geleistet worden sein sollte. Es war im vorlie-

---

[802]   Vgl. Schlussanträge des GA Kokott vom 08.02.2007 zur Rs. C-321/05 (Kofoed), Slg. 2007 I-5795, ECLI:EU:C:2007:86, Rn. 24-31.

[803]   Die Missbrauchsvorschrift des Art. 15 Abs. 1 lit. a) FRL war im betrachteten Zeitraum nicht im dänischen Recht implementiert.

[804]   Vgl. EuGH-Urteil vom 05.07.2007 zur Rs. C-321/05 (Kofoed), Rn. 28-31.

[805]   Motive können lediglich bei der Ausnahmebestimmung zum Rechtsmissbrauch nach Art. 15 Abs. 1 lit. a) FRL zum Tragen kommen (s.u.).

[806]   Siehe auch Schlussanträge des GA Kokott vom 08.02.2007 zur Rs. C-321/05 (Kofoed), Rn. 54.

[807]   Vgl. EuGH-Urteil vom 05.07.2007 zur Rs. C-321/05 (Kofoed), Rn. 33.

genden Sachverhalt vielmehr offenkundig, dass die bare Zuzahlung als „Rettungsring" der Finanzverwaltung dienen sollte, die den Verlust Ihrer Besteuerungsrechte an den thesaurierten Gewinnen auf Eignerebene befürchten musste und eine Verlagerung von Steuersubstrat zu verhindern versuchte. Die hierzu gewählte Methode war jedoch unsachgemäß. Der steuerliche Vorteil aus der hier betrachteten Verlagerung ergibt sich ausschließlich aus dem Zusammenwirken der Freistellungsmethode und dem Trennungsprinzip, nicht hingegen aus einer konzeptionellen Schwäche des Besteuerungssystems der Fusionsrichtlinie. Der unternommene Versuch der Kompensation einer Schwäche der Ertragsbesteuerung durch eine Besteuerung des Veräußerungsgewinns im Rahmen des vorgenommenen Anteilstauschs stellt sicherlich keine sachdienliche, sondern eine sowohl methodisch als auch systematisch zweifelhafte Maßnahme dar.

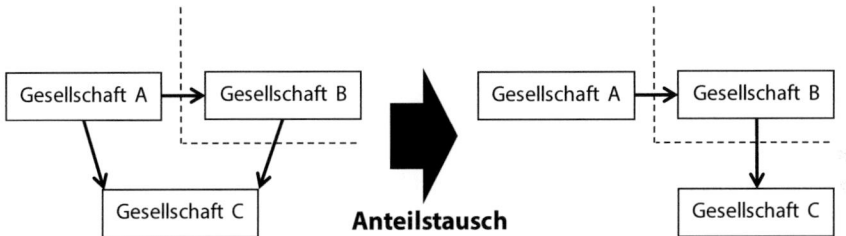

Abb. 15: Beteiligungsstruktur der Rs. A.T. (vereinfachte Darstellung)

Die nächste hier zu betrachtende Voraussetzung zur Eröffnung des sachlichen Anwendungsbereichs der Richtlinie stellt die Erfordernis der Buchwertverknüpfung dar. Sowohl der Steueraufschub nach Art. 4 Abs. 1 bis 3 FRL als auch nach Art. 8 Abs. 1 bis 3 FRL setzt die Fortführung der Buchwerte durch die erwerbende Gesellschaft (Art. 4 Abs. 4 FRL), bzw. durch den Anteilseigner (Art. 8 Abs. 4 FRL) vor, um die spätere Besteuerung der latenten Wertzuwächse im Zeitpunkt der tatsächlichen Veräußerung sicherzustellen. Auf Ebene des Anteilseigners kam es hierbei zu Meinungsverschiedenheiten zwischen dem Steuerpflichtigen A.T.[808] und dessen Sitzstaat Deutschland über die Anforderungen, die letzterer an eine Buchwertverknüpfung stellen darf. Im Ausgangssachverhalt wurden im Rahmen eines Anteilstauschs durch den Kläger (A) Anteile einer anderen inländischen Gesellschaft (C) an eine gebietsfremde Gesellschaft (B) gegen Anteile an dieser gebietsfremden Gesellschaft hingegeben. Nach Abschluss der Restrukturierung hielt A somit nur noch eine mittelbare Beteiligung an der anderen inländischen Gesellschaft C über die gebietsfremde Gesellschaft B. Um die Sicherstellung der späteren Besteuerung dieser Anteile zu gewährleisten, hätten sich die durch A erworbenen Anteile an B an den Buchwerten der hingegebenen Anteile von C berechnen müssen (Wert B = Wert C). Die Besteuerung der auf die auf die Anteile an C entfallenden Steuerlatenzen wäre auf Ebene des Anteilseigners A so auf den Zeitpunkt der Veräußerung der erworbenen Anteile an der gebietsfremden Gesellschaft B aufgeschoben gewesen. Die steuerliche Neutralität des Vorgangs machte der Mitgliedstaat jedoch wei-

---

[808] EuGH-Urteil vom 11.12.2008 zur Rs. C-285/07 (A.T.), Slg. 2008 I-9329, ECLI:EU:C:2008:705.

terhin davon abhängig, dass auch die erwerbende gebietsfremde Gesellschaft den Wert der Beteiligung der veräußerten inländischen Gesellschaft zu Buchwerten bemisst (sog. doppelte Buchwertverknüpfung). Zweck der Regelung war es, einen Aufschub der Besteuerung latenter Wertzuwächse über den Veräußerungszeitpunkt hinaus zu verhindern. Wenn nämlich die erwerbende Gesellschaft B diese Anteile zum Verkehrswert in seine Bücher aufnahm und dann veräußerte, ergäbe sich hierdurch bei dieser Gesellschaft noch kein Veräußerungsgewinn. Ein solche könnte sich erst bei Veräußerung der Anteile von B durch A einstellen. B würde hierbei als Mantelgesellschaft fungieren, um den Realisationszeitpunkt einer Veräußerung von Anteilen an C hinauszuzögern. Die doppelte Wertverknüpfung verhindert dies, da die stillen Reserven der C auf Ebene der Gesellschaft B nicht aufgedeckt werden. Dies gelingt jedoch nur durch eine Verdopplung der stillen Reserven, denn nun bewerten beide, nämlich die erwerbende und die übernehmende Gesellschaft die Anteile zu Buchwerten. Im Falle der Veräußerung werden somit sowohl A als auch B einen Veräußerungsgewinn in Höhe der Differenz des Veräußerungspreises zum fortgeführten Buchwert realisieren. Folglich führt die Regelung zu einer Verdopplung der stillen Reserven.[809]

Die Voraussetzung dieser doppelten Buchwertverknüpfung führte somit zur betrachteten Vorlagefrage an den EuGH. Der Beklagte brachte hierbei zum einen vor, er bleibe in Abwesenheit klarer Bestimmungen der Richtlinie über die Bewertung der Anteile berechtigt, diese Bestimmungen selbst festzulegen. Dieses Vorbringen wies der Gerichtshof klar zurück, da sich ein solcher Umsetzungsspielraum durch den Wortlaut des Art. 8 Abs. 1 und 2 FRL zum einen nicht ergebe, zum anderen eine solche Auslegung der Richtlinie deren Ziel, steuerneutrale grenzüberschreitende Restrukturierungen am Binnenmarkt zu ermöglichen, entgegenstehe.[810] Weiterhin brachte der Beklagte vor, mit der fraglichen Regelung dem Zwecke der Richtlinie zu dienen, deren Ziel im Aufschub, nicht jedoch in einem Unterbleiben der Steuerentstrickung zu sehen sei. Gemeint war die bereits erwähnte Zielsetzung der nationalen Bestimmung, einen Aufschub der Besteuerung über den tatsächlichen Realisationszeitpunkt hinaus zu verhindern. Im fraglichen Fall war diese Gefahr ex-post unbegründet, da die Anteile der erworbenen gebietsfremden Gesellschaft B später durch die Klägerin A mit Verlusten veräußert werden mussten und sich somit für diese kein Vorteil aus einer Verzögerung ergeben hätte. Keine explizite Erwähnung fand durch den Beklagten hingegen, dass seine nationalen Normen zwar eine aufgeschobene Besteuerung gewährleisteten, im Realisationszeitpunkt jedoch eine doppelte Besteuerung der latenten Wertzuwächse zur Voraussetzung machte, nämlich sowohl beim gebietsansässigen Anteilseigner als auch beim gebietsfremden Erwerber. Die Ausführungen zur Gefahr einer Nichtbesteuerung entkräftete der EuGH durch Verweis Art. 15 Abs. 1 lit. a) FRL, der den Mitgliedstaaten eine sofortige Besteuerung in Fällen von Steuerhinterziehungs- oder Steuerumgehungsversuchen gestatte. Hierfür sei die nationale Regelung allerdings zu pauschal und nicht explizit auf derartige Sachverhalte bezogen.[811] Zusammenfassend kam der EuGH zu dem folgerichtigen Ergebnis, dass die Erfordernis der doppelten Buchwertverknüpfung nicht als mit den Bestimmungen der Richtlinie vereinbar angesehen werden könne.

---

[809]   Vgl. Graw (2009), S. 174 ff.
[810]   Vgl. EuGH-Urteil vom 11.12.2008 zur Rs. C-285/07 (A.T.), Rn. 24-28.
[811]   Vgl. ebd., Rn. 29-32.

Der Gewährleistungsgehalt der Richtlinie umfasst das Verbot der Besteuerung der latenten Wertzuwächse bei der übertragenden Gesellschaft. Die betrachteten Sachverhalte dürfen nach Art. 4 Abs. 1 FRL „keine Besteuerung des Veräußerungsgewinns auslösen, der sich aus dem Unterschied zwischen dem tatsächlichen Wert des übertragenen Aktiv- und Passivvermögens und dessen steuerlichem Wert ergibt." Im Ausgangssachverhalts der Rs. 3D I[812] war die Möglichkeit[813] einer solchen steuerneutralen Restrukturierung (hier: Einbringung) vorgesehen. Zwar wurden die stillen Reserven im Einbringungszeitpunkt bilanziell aufgedeckt, der hierdurch entstehende Übergangsgewinn jedoch durch gleichzeitige Bildung eines passivischen Ausgleichspostens korrigiert, welcher erst mit Realisierung der Wertzuwächse gewinnerhöhend aufzulösen war. Die Regelung erzielte hierdurch Barwertäquivalenz zur Buchwertfortführung.

Der Kläger vertrat jedoch die Einschätzung, die Bildung eines passivischen Ausgleichspostens stehe (im Gegensatz zur in den Art. 4 Abs. 4 und Art. 8 Abs. 4 FRL vorgesehenen Buchwertfortführung) nicht im Einklang mit der Richtlinie, da diese eine solche Möglichkeit nicht vorsehe. Zwar hatte sie selbst keinen solchen Ausgleichsposten gebildet, da sie zu einer sofortigen Besteuerung zu einem vergünstigten Steuersatz optierte (Ersatzsteuer). Dennoch war sie der Ansicht, ein Anrecht auf Erstattung dieser Steuer zu haben, da sie nicht zu einer solchen Steuer optiert hätte, wäre zum damaligen Zeitpunkt von einer Unvereinbarkeit der nationalen Bestimmungen mit Unionsrecht auszugehen gewesen. Was sie hierdurch verlangte, war faktisch die Nichtbesteuerung der latenten Wertzuwächse. Die Klägerin interpretierte den Art. 4 Abs. 4 FRL demnach als eine an die Mitgliedstaaten gerichtete Vorschrift über die Methodik zur Gewährleistung eines Besteuerungsaufschubs. Der EuGH betonte jedoch den Wortlaut des Art. 4 Abs. 4 FRL, welcher lediglich die Art. 4 Abs. 1 bis 3 FRL für nicht anwendbar erklärt, wenn die übernehmende Gesellschaft nicht, wie hier aufgrund der Ersatzsteuer geschehen, die Buchwerte fortführt. Zweck der Richtlinie sei zudem die Aufschiebung, nicht jedoch die Befreiung von der Besteuerung latenter Wertzuwächse, was sich eben in der Voraussetzung einer Buchwertverknüpfung zeige. Hierbei verbleibe den Mitgliedstaaten ein Spielraum[814] bei der Wahl des Mechanismus zur Sicherstellung einer solchen aufgeschobenen Besteuerung.[815]

Breiten Raum der Rechtsprechung des Gerichtshofs zur FRL nahm die Interpretation der Ausnahmebestimmung des Art. 15 Abs. 1 lit. a)[816] ein. Diese Norm gestattet es den Mitgliedstaaten, durch die Richtlinie gewährte Steuervorteile „ganz oder teilweise [zu] versagen oder rückgängig [zu] machen, wenn [...] einer der Vorgänge als hauptsächlichen Beweggrund oder als einen der hauptsächlichen Beweggründe die Steuerhinterziehung oder -umgehung hat". Hiervon könne ausgegangen werden, wenn „der Vorgang nicht auf vernünf-

---

[812] EuGH-Urteil vom 19.12.2012 zur Rs. C-207/11 (3D I), ECLI:EU:C:2012:818.

[813] Ebenfalls möglich war eine Einbringung zu Buchwerten, womit der nationale Gesetzgeber bereits den Anforderungen der Richtlinie entsprochen hatte (vgl. ebd., Rn. 31-33).

[814] Bezüglich der Verfahrensautonomie bei der Umsetzung der FRL sei auch auf das EuGH-Urteil vom 18.10.2012 zur Rs. C-603/10 (Pelati) hingewiesen (Auslegung des Effektivitätsgrundsatz bei der Gewährung der in der Richtlinie vorgesehenen Vorteile unter der zusätzlichen Bedingung, eine bestimmte Ausschlussfrist zu wahren).

[815] Vgl. EuGH-Urteil vom 19.12.2012 zur Rs. C-207/11 (3D I), Rn. 26-30.

[816] Art. 11 Abs. 1 lit. a) in der bis zur Kodifizierung der Richtlinie durch 2009/133/EG gültigen, mehrfach abgeänderten Richtlinie 90/434/EWG vom 23. Juli 1990 gültigen Fassung.

tigen wirtschaftlichen Gründen - insbesondere der Umstrukturierung oder der Rationalisierung der beteiligten Gesellschaften" beruhe. Nach Auffassung des Gerichtshofs ist diese Norm Ausdruck des allgemeinen Grundsatzes des Unionsrechts, nach welchem Rechtsmissbrauch verboten ist.[817] Entsprechend orientiert sich die Auslegung der Norm eng anhand des von ihm anerkannten Interesses des Allgemeinwohls zur Verhinderung von Steuerhinterziehung und Steuerumgehung bei der Rechtfertigung von Beschränkungen der Grundverkehrsfreiheiten.[818]

Wie bereits ausgeführt wurde, sind aus ökonomischer Betrachtung Restrukturierungsmaßnahmen, die keine Veränderung der (mittelbaren) quotalen Beteiligungshöhe bewirken, steuerlich nicht zu erfassen. Im Sinne der in Abschnitt 2.2.2 dargestellten Ansätze zur Verbesserung einer rechtsformneutralen Besteuerung, sollten Umstrukturierungen und Rechtsformänderungen, selbst wenn sie allein aus steuerlichen Gründen vorgenommen werden, zu keinen zusätzlichen aperiodischen Kosten führen. Von ökonomischem Interesse ist die Anwendung der Norm daher ausschließlich bei reinen rechtsmissbräuchlichen Gestaltungen, die über die Durchsetzung einer geringeren Steuerbelastung hinausgehen. Dementsprechend wäre in diesem Sinne dem Wortlaut der Richtlinie zu folgen, nach welchem bereits das Vorliegen einer „Umstrukturierung" oder Rationalisierungsmaßnahme als wirtschaftlicher Grund anzusehen sei, der die Anwendung der Missbrauchsnorm ausschließt. Jedoch stellt die Bestimmung lediglich eine abstrakte Vermutung auf, ohne präzise Vorgaben an eine Umsetzung zu enthalten. Die Festlegung der Modalitäten für die Anwendung der Norm blieb dementsprechend den Mitgliedstaaten überlassen.[819]

Sachverhalte, in denen sich der EuGH hierzu äußerte, waren

(1) die Rs. *Leur-Bleum*[820] über die Zwischenschaltung einer Holdinggesellschaft zwischen einer natürlichen Person und zwei weiteren, bereits bestehenden Gesellschaften mittels Anteilstausch zum Zweck der Gewährleistung eines horizontalen Verlustausgleichs zwischen den Gesellschaften;

(2) die bereits erwähnte Rs. *Kofoed* über die Zwischenschaltung einer Holdinggesellschaft zur Ausnutzung von Steuervorteilen auf Eignerebene durch eine abkommensrechtlich vereinbarte Freistellungsmethode;

(3) die Rs. *Zwijnenburg*[821], bei welcher zur Übernahme eines elterlichen Betriebs die Einbringung von Anteilen eines bestehenden Geschäftsbetriebs des Steuerpflichtigen gegen Gewährung von Anteilen am elterlichen Betrieb erfolgen sollte;

(4) die Rs. *Foggia*[822] zur Fusion zweier, zum selben Konzernverbund gehörenden inländischen Gesellschaften in der Absicht, bestehende Verlustvorträge zu verrechnen und Verwaltungskosten zu reduzieren;

---

[817] Vgl. EuGH-Urteil vom 05.07.2007 zur Rs. C-321/05 (Kofoed), Rn. 38.

[818] Dies gilt bspw. bezüglich der verhältnismäßigen Anwendung der Norm. Grenzen der Gemeinsamkeiten finden sich gleichwohl in der Zielsetzung der Missbrauchsnorm, auch finanzielle Interessen der Mitgliedstaaten zu berücksichtigen, welche bei der Auslegung von primärem Unionsrecht keinerlei Einfluss haben.

[819] Vgl. EuGH-Urteil vom 17.07.1997 zur Rs. C-28/95 (Leur-Bleum), Rn. 43.

[820] Ebd.

[821] EuGH-Urteil vom 20.05.2010 zur Rs. C-352/08 (Zwijnenburg).

[822] EuGH-Urteil vom 10.11.2011 zur Rs. C-126/10 (Foggia), Slg. 2011 I-10923, ECLI:EU:C:2011:718.

(5)   die Rs. *Pelati*[823] über die Verweigerung von Steuervorteilen bei einer Aufspaltung aufgrund des Überschreitens einer hierbei vorgesehenen Antragsfrist.

Zunächst schließt der Gerichtshof hierbei die Anwendung „allgemeiner Kriterien" zur Beurteilung eines Rechtsmissbrauchs im Sinne des Art. 15 Abs. 1 lit. a) aus.[824] Da die Mitgliedstaaten nach dieser Bestimmung „nur ausnahmsweise in besonderen Fällen"[825] von der Gewährung der durch die Richtlinie festgelegten Steuervorteile absehen könnten, sei hierbei immer eine gerichtlich überprüfbare einzelfallbezogene und „globale Untersuchung"[826] erforderlich. Dabei habe der Mitgliedstaat den Verhältnismäßigkeitsgrundsatz zu beachten.[827] Insgesamt betont der Gerichtshof somit den Ausnahmecharakter der Bestimmung, welche folglich eng ausgelegt werden muss.[828]

Da ein missbräuchliches Verhalten des Steuerpflichtigen entsprechend des Artikels dann anzunehmen ist, wenn keine „vernünftigen wirtschaftlichen Gründe" für die Restrukturierung bestehen, ergab sich ein Interesse an einer Konkretisierung dieses Begriffs durch den EuGH. Zur Rs. *Leur-Bleum* urteilte dieser, dass auch eine Neuschaffung von Holdinggesellschaften zur Reorganisation von Beteiligungsstrukturen auf vernünftigen wirtschaftlichen Gründen beruhen könne.[829] Das Vorliegen solcher Gründe sei auch nicht bereits deshalb auszuschließen, dass ein Vorgang „auf die Schaffung einer bestimmten Struktur für begrenzte Zeit und nicht auf Dauer abzielt"[830]. Weiterhin seien auch das Fehlen von Aktiva einer einbringenden Gesellschaft oder die bereits erfolgte Aufgabe deren Geschäftsbetriebs für sich genommen nicht hinreichend.[831] Allerdings stellte er ebenfalls klar, dass „der Begriff der vernünftigen wirtschaftlichen Gründe mehr als das Streben nach einem rein steuerlichen Vorteil voraus[setzt]."[832] Bei einem „steuerlichen Vorteil" ist hierbei ausschließlich auf Steuervergünstigungen abzustellen, die sich im Rahmen der von der Richtlinie aufgeführten Steuerarten ergeben können. Wenn der Zweck der Restrukturierung hingegen in der Umgehung einer nicht in dieser Richtlinie aufgeführten Steuer (im Fall *Zwijnenburg* betraf dies eine Verkehrsteuer) besteht, so kann Art. 15 Abs. 1 lit. a) FRL keine kompensierende Erhebung von Körperschaftsteuern anlässlich der Fusion rechtfertigen. Zum einen fielen derartige Steuern gar nicht erst in den Anwendungsbereich der Missbrauchsnorm, zum anderen wäre eine solche Maßnahme unverhältnismäßig.[833]

Jedoch resultieren Restrukturierungsmaßnahmen wohl nur in den seltensten Fällen aus einer eindeutig definierbaren Motivation. Vielmehr ist davon auszugehen, dass zumeist so-

---

823   EuGH-Urteil vom 18.10.2012 zur Rs. C-603/10 (Pelati).

824   Den Ausschluss einer Anwendung allgemeiner Kriterien zur Begründung einer Missbrauchsvermutung wurde später zumeist durch die Gewährung einer realistischen Möglichkeit durch den Steuerpflichtigen ersetzt, vgl. Linn (2007), S. 222.

825   EuGH-Urteil vom 18.10.2012 zur Rs. C-603/10 (Pelati), Rn. 27.

826   EuGH-Urteil vom 17.07.1997 zur Rs. C-28/95 (Leur-Bleum), Rn. 41.

827   Vgl. ebd., Rn. 43.

828   Vgl. EuGH-Urteil vom 20.05.2010 zur Rs. C-352/08 (Zwijnenburg), Rn. 46.

829   Vgl. EuGH-Urteil vom 17.07.1997 zur Rs. C-28/95 (Leur-Bleum), Rn. 42.

830   Vgl. ebd., Rn. 42.

831   Vgl. EuGH-Urteil vom 10.11.2011 zur Rs. C-126/10 (Foggia), Rn. 38 f.

832   Vgl. EuGH-Urteil vom 17.07.1997 zur Rs. C-28/95 (Leur-Bleum), Rn. 47.

833   Vgl. EuGH-Urteil vom 20.05.2010 zur Rs. C-352/08 (Zwijnenburg), Rn. 55.

wohl steuerliche, als auch real- und finanzwirtschaftliche Gründe Einfluss auf die gewählte Unternehmensstruktur haben. Hierdurch erwächst fast zwangsläufig die Frage, ab wann bei steuerlichen Motiven von einem „hauptsächlichen Beweggrund" gesprochen werden kann. Diese Frage hatten sich die Richter im Zuge der in der Rs. *Foggia* untersuchten Fusion zu stellen, in welcher anerkannter Weise sowohl steuerliche Motive bestanden als auch Reduktionen der Verwaltungskosten zu erwarten waren. Im Einsparungspotential der hier geltend gemachten Verwaltungskosten wolle der EuGH jedoch keine ausreichenden wirtschaftlichen Gründe erkennen, da sie „jeder Fusion durch Aufnahme immanent" seien, die „naturgemäß zu einer Vereinfachung der Konzernstruktur" führe. Ließe man sie alleine gelten, „würde die Regelung [...] ihren Sinn und Zweck verlieren"[834]. Der Schlussfolgerung ist zwar zuzustimmen, gleichzeitig ist jedoch daran zu erinnern, dass derartige Einsparungsmöglichkeiten durchaus bereits für sich genommen einen wirtschaftlichen Anreiz für Fusionen bieten können. Aus motivischer Hinsicht bleibt dabei völlig irrelevant, ob Einsparungen aus der Sichtweise der Fusion zwangsläufig erwachsen oder nicht. Der Gesamteindruck, der sich aus den fehlenden Aktiva und des fehlenden Geschäftsbetriebs der aufgenommenen Gesellschaft sowie der vergleichsweise hohen übertragenen Verluste, deren Ursprung hier zudem unklar war, ließ für den Gerichtshof, ungeachtet des Einsparungspotentials an Verwaltungskosten, die Schlussfolgerung zu, dass unter diesen Umständen nicht von „vernünftigen wirtschaftlichen Gründen" auszugehen sei. Ob jedoch im Ausgangssachverhalt ausreichende Anhaltspunkte für eine Steuerumgehung vorlagen, überließ er der Prüfung durch das vorlegende Gericht.[835]

Der vom Gerichtshof vorgenommene Ausschluss steuerlicher Anreize von den „vernünftigen wirtschaftlichen Gründen" bedeutet auch, dass es den Steuerpflichtigen versagt bleibt, dynamisch die für sich günstigste Struktur ihres Investitionsobjekts zu wählen. Dies können sie nur dann ohne Zusatzkosten einer Steuerentstrickung erreichen, wenn gleichzeitig gewichtige Synergieeffekte vorliegen oder erhebliches Einsparungspotential besteht. Ungeachtet der durch untergehende Verlustvorträge hervorgerufenen negativen Effekte auf eine entscheidungsneutrale Besteuerung, ist diese vom Gerichtshof vorgenommene Auslegung, insbesondere unter Gesichtspunkten der Rechtsformneutralität, kritisch zu betrachten.

4.4.4 Anforderungen der Grundverkehrsfreiheiten an Restrukturierungen

Im Gegensatz zur Fusionsrichtlinie führen die Bestimmungen der Niederlassungsfreiheit und Kapitalverkehrsfreiheit nur dann zu einer Begrenzung der Besteuerungsrechte, wenn Restrukturierungen im Inlandssachverhalt steuerlich bevorteilt werden. Wie beschrieben, existieren jedoch aufgrund der ungleich hohen Anreize zu Verlagerungen von Steuersubstrat gute Gründe, inländischen Restrukturierungsvorgängen geringere steuerliche Bürden aufzulegen. Zu beachten ist auch, dass sich an rein inländische und grenzüberschreitende Restrukturierungen unterschiedliche ökonomische Anforderungen ergeben können. Die

---

[834] Vgl. EuGH-Urteil vom 10.11.2011 zur Rs. C-126/10 (Foggia), Rn. 48 f.
[835] Siehe ebd., Rn. 52.

Rechtsprechung des EuGH beschränkt sich hinsichtlich der Auslegung der Grundverkehrs-freiheiten bei grenzüberschreitenden Restrukturierungen im Wesentlichen auf drei Urteile, die aufgrund der Komplexität der zugrundeliegenden Sachverhalte getrennt behandelt werden sollen.

Die Rs. *X und Y*[836] betraf ein System der Vermeidung steuerlicher Mehrbelastungen bei Konzernfusionen durch Anteilseinbringung. Hierbei beabsichtigten zwei schwedische natürliche Personen und eine ausländische Gesellschaft, die jeweils unmittelbar an zwei Konzern-Mutterunternehmen beteiligt waren, die von ihnen gehaltenen Anteile an einer dieser Muttergesellschaften auf eine Tochtergesellschaft der anderen Konzerngruppe zu übertragen. Im Anschluss an diese Fusion sollten die Konzernbeteiligungen demnach über eine einzige Muttergesellschaft gehalten werden, welcher die andere Konzernmutter untergeordnet wäre (vgl. Abb. 16). Bei Übertragungen auf Personen, an denen ein mittelbares oder unmittelbares Beteiligungsverhältnis besteht, galt nach schwedischen Rechtsvorschriften der Anschaffungspreis als Veräußerungserlös. Wären somit alle beteiligten Personen im Inland ansässig gewesen, hätte die Fusion steuerneutral erfolgen können. Da jedoch auch ausländische Personen unmittelbar sowie mittelbar an der erwerbenden Gesellschaft beteiligt waren und die Übertragung weiterhin unterhalb Marktwerts der Anteile erfolgte, galt als Veräußerungspreis der Übertragung der Marktwert. Es kam somit zur Besteuerung der latenten Wertzuwächse. Eine Beschränkung der Niederlassungsfreiheit war aufgrund des offensichtlichen Auslandsbezugs immanent.[837]

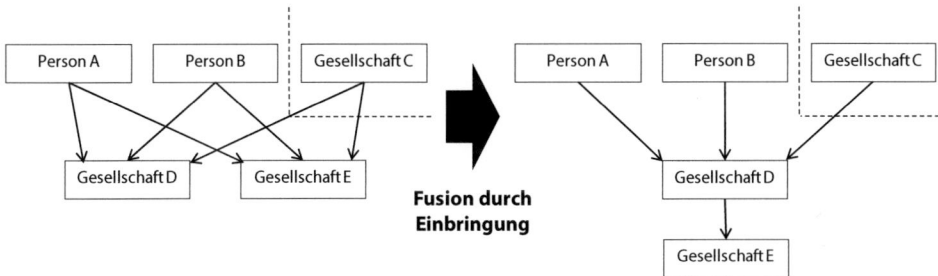

Abb. 16: Beteiligungsstruktur der Rs. X und Y (vereinfachte Darstellung)

Ein ganz ähnlicher Sachverhalt liegt der Rs. *A*[838] zugrunde. Hier übertrug eine finnische Gesellschaft (A) ihre ca. 20-prozentige Beteiligung an einer weiteren finnischen Gesellschaft (C) an eine gebietsfremde Gesellschaft (B) gegen Gewährung von ca. 6 % der Anteile der B. Da B bereits Eigentümerin der restlichen Anteile an C war, ergab sich nach diesem Anteilstausch eine Beteiligung von 100 % an C. A reduzierte hingegen ihre (mittelbare) Beteiligung an C von ca. 20 % auf ca. 6 % (vgl. Abb. 17). Derartige Transaktionen, bei denen die Erwerberin (B) nach Abschluss eine Mehrheitsbeteiligung an einer Gesellschaft hielt, galten nach

[836] EuGH-Urteil vom 21.11.2002 zur Rs. C-436/00 (X und Y), Slg. 2002 I-10829, ECLI:EU:C:2002:704.
[837] Vgl. ebd., Rn. 34-39.
[838] EuGH-Urteil vom 19.07.2012 zur Rs. C-48/11 (A), ECLI:EU:C:2012:485.

finnischen Rechtsvorschriften nicht als Veräußerung und ermöglichten die Buchwertfortführung. Voraussetzung war hierbei allerdings, dass der Vorgang ausschließlich inländische Steuerpflichtige umfasste oder unter die Bestimmungen der Fusionsrichtlinie fiel. Bei-
des war hier nicht der Fall.

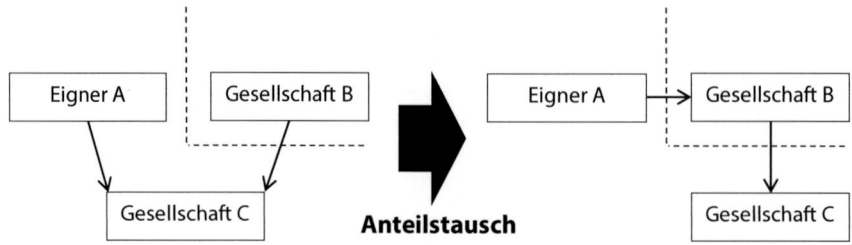

Abb. 17: Beteiligungsstruktur der Rs. A (vereinfachte Darstellung)

Der vorliegende Sachverhalt war nach Auffassung des Gerichtshofs anhand der Bestimmungen über die freie Niederlassung zu beurteilen. Dies begründete er mit der Bedingung
des nationalen Rechts, die ihre Anwendung vom Vorliegen einer Mehrheitsbeteiligung an
der erworbenen Gesellschaft abhängig machte und „Vorgänge [...], durch die die Kontrolle
über eine Gesellschaft ausgeübt oder übernommen wird", unter diese Freiheit fielen.[839] Da
jedoch nicht die Klägerin (A), die sich auf ihre Grundverkehrsfreiheiten berief, sondern die
gebietsfremde Erwerberin (C) eine solche Mehrheit ausübte[840], zeigt sich hierdurch erneut
eine durch den EuGH weit gefasste Subsidiarität der Kapitalverkehrsfreiheit gegenüber der
Niederlassungsfreiheit. Die ungünstigere Behandlung rührte im vorliegenden Sachverhalt
nicht aus unterschiedlichen objektiven Situationen, sondern alleine aus dem Sitz der Erwerberin in einem anderen EWR-Staat.[841]

Als Rechtfertigung wurde in beiden Fällen die Verhinderung von Steuerhinterziehung
sowie in ersterem auch die Wirksamkeit der steuerlichen Kontrollen angeführt. In beiden
Sachverhalten sollten die jeweiligen Ziele durch einen kategorischen Ausschluss von der
aufgeschobenen Besteuerung sichergestellt werden.[842] Eine solche wurde entsprechend der
ständigen Rechtsprechung des Gerichtshofs abgewiesen, da sie nicht speziell auf rein künstliche Sachverhalte abzielten[843] und keine Gegenbeweismöglichkeit vorgesehen war.[844] Interessanter stellt sich hingegen die Prüfung der Kohärenz dar. Eine solche wäre grundsätzlich

---

[839] Ebd., Rn. 18-20.
[840] Eine Mehrheitsbeteiligung der Klägerin lag an keiner der anderen beteiligten Gesellschaften, weder vor noch
       nach der Transaktion vor.
[841] Vgl. EuGH-Urteil vom 19.07.2012 zur Rs. C-48/11 (A), Rn. 26-29.
[842] Überschneidung der Rechtfertigungsgründe, vgl. EuGH-Urteil vom 21.11.2002 zur Rs. C-436/00 (X und Y),
       Rn. 60.
[843] Vgl. ebd., Rn. 61 f. sowie EuGH-Urteil vom 19.07.2012 zur Rs. C-48/11 (A), Rn. 31-38.
[844] Von diesem Grundsatz kann nur dann abzusehen sein, wenn im spezifischen Sachverhalt EWR-Staaten be-
       teiligt sind, mit denen kein Abkommen zur Amtshilfe in Steuersachen beschlossen wurde, das ausreichende
       Möglichkeiten zur Überprüfung der durch den Steuerpflichtigen beigebrachten Belege eröffnet.

einschlägig, wenn dem Steuernachteil der sofortigen Besteuerung ein Steuervorteil gegenüberstünde. Ein solcher Steuervorteil war jedoch in der hierdurch reduzierten späteren Gewinnbesteuerung nicht zu erkennen. Da im vorliegenden Fall ein DBA die Aufteilung der Besteuerungshoheit regelte, griff der EuGH auf seine in der Rs. *Wielockx*[845] entwickelten Konzeption zurück, nach der Kohärenz in solchen Fällen nicht auf Ebene der Einzelperson durch eine Wechselbeziehung von Gewinnaufschub und endgültiger Gewinnbesteuerung hergestellt werde, sondern auf die Gegenseitigkeit der abkommensrechtlichen Bestimmungen verlagert werde.[846]

Dass die Kohärenz durch die fragliche Norm gewahrt werden müsse, da ein Anreiz für Steuerpflichtige bestünde, eine Wegzugsbesteuerung zu umgehen, indem vor Wegzug Wertpapiere mit latenten Wertzuwächsen auf gebietsfremde juristische Personen übertragen würden, wies der EuGH zurück. Er erwiderte: „Durch Doppelbesteuerungsabkommen wie das vorliegende [...] besteuert ein Staat grundsätzlich alle Gewinne auf Aktien, die in seinem Hoheitsgebiet wohnende Übertragende erzielen, verzichtet aber umgekehrt auf die Besteuerung der Gewinne, die im anderen Vertragsstaat wohnende Übertragende erzielen [...]. Das Risiko eines endgültigen Wegzugs [...] wird somit [...] auf gegenseitige Weise [...] erfasst".[847]

Mit keiner der Restrukturierungen war eine Verlagerung von Steuersubstrat in Form latenter Wertzuwächse verbunden. Die Entscheidungen des Gerichtshofs sind daher aus dieser Perspektive nicht zu beanstanden, da die zugrundeliegenden Sachverhalte lediglich Mehrbesteuerungen verursachten, ohne zur Gewährleistung des Territorialitätsprinzips und Verlagerungsneutralität erforderlich zu sein. Auch wenn ein solcher Sachverhalt nicht Gegenstand des betrachteten Verfahrens war, so erwächst aus der vom Gerichtshof getroffenen Aussage die Gefahr zulässiger Steuergestaltungen bei Wegzug natürlicher Personen. Wenn nämlich eine Besteuerung latenter Wertzuwächse bei Wegzug des Steuerpflichtigen unionsrechtlich zulässig ist, die Besteuerung von Anteilseinbringungen in gebietsfremde juristische Personen jedoch primärrechtlich (in Abhängigkeit von der Behandlung im Vergleichspaar) beanstandet wird, so genießt auch eine Umgehung der Wegzugsbesteuerung durch vorherige Einbringung aller privat gehaltener Anteile in eine ausländische Gesellschaft unionsrechtlichen Schutz. Hierdurch würde Verlagerungsneutralität verletzt. Entsprechend wichtig wäre daher in diesen Sachverhalten eine angemessene Prüfung des zwingenden mitgliedstaatlichen Interesses einer Wahrung des Territorialitätsprinzips.

Es sei noch angemerkt, dass es sich im ersten Sachverhalt um eine Restrukturierung unter verbundenen Personen handelte[848], und es aus ökonomischer Sicht mangels Investitionsrückfluss durch finale Veräußerung ohnehin einem Anlass der Besteuerung erman-

---

[845] Vgl. EuGH-Urteil vom 11.08.1995 zur Rs. C-80/94 (Wielockx), Rn. 24.
[846] Vgl. EuGH-Urteil vom 21.11.2002 zur Rs. C-436/00 (X und Y), Rn. 53.
[847] Ebd., Rn. 54 f.
[848] Im Ausgangssachverhalt wird eine unmittelbare lediglich zu einer mittelbaren Beteiligung.

gelte. Im zweiten Sachverhalt galt umgekehrtes. Hier hätte auch der Sachverhalt des Vergleichspaares der Besteuerung unterliegen müssen.[849]

Ausführlicher widmete sich der Gerichtshof der Prüfung der Rechtfertigung in der Rs. *Glaxo Wellcome*[850]. Hier erwarb eine Gesellschaft Anteile einer weiteren gebietsansässigen Gesellschaft von ihrem gebietsfremden Mutterunternehmen, um hierdurch alle Anteile dieser Gesellschaft zu halten und die Gesellschaft im Anschluss auf sich selbst zu verschmelzen (vgl. Abb. 18). Diese Verschmelzung ergab einen Übernahmeverlust, der aufgrund eines Korrekturmechanismus des praktizierten körperschaftsteuerlichen Anrechnungsverfahrens geringer ausfiel, als wenn das veräußernde Mutterunternehmen seinen steuerlichen Sitz im Inland gehabt hätte. Denn das Anrechnungsverfahren führte auf Ebene eines inländischen Empfängers von mit Körperschaftsteuer vorbelasteten ausgeschütteten Gewinnen zu einem Anrechnungs- bzw. Erstattungsanspruch. Um die steuerliche Neutralität des Vorgangs auf Ebene der körperschaftsteuerlichen Bemessungsgrundlage des Dividendenempfängers zu gewährleisten, war dieser zudem berechtigt, in Höhe der Dividendeneinkünfte eine Teilwertabschreibung auf die gehaltenen Anteile am ausschüttenden Unternehmen geltend zu machen. Für den Fall, dass gebietsansässige Personen Anteile an anderen gebietsansässigen Gesellschaften von gebietsfremden Gesellschaften erwarben, eröffnete sich hierdurch eine einfache Möglichkeit der Steuergestaltung, bei welcher die nicht zur Anrechnung von Körperschaftsteuer und nicht zur Teilwertabschreibung berechtigte gebietsfremde Gesellschaft versucht, indirekt in den Vorzug dieser Steuervergünstigungen zu gelangen. Hierfür veräußert die Gesellschaft entgeltlich auch thesaurierte Gewinne, die dann an den anrechnungsberechtigten inländischen Erwerber ausgeschüttet werden könnten. So käme die ausländische Gesellschaft zusätzlich zu durch deren eigenen Sitzstaat gewährleisteten Vermeidung der Doppelbesteuerung in den Genuss einer Steuererstattung durch den Sitzstaat der erworbenen Gesellschaft. Um dies zu verhindern, sah die inländische Norm bei Erwerb inländischer Gesellschaftsanteile von gebietsfremden Gesellschaften einen Sperrbetrag in Höhe der Differenz zwischen Kaufpreis und Nominalwert der Anteile vor, bis zu welchem in den neun nachfolgenden Jahren keine Möglichkeit zur Teilwertabschreibung bei Ausschüttungen bestand.

Im vertikalen Vergleichspaar führte die eine einseitige Verweigerung einer Steuervergünstigung aufgrund der Ansässigkeit des Veräußerers der Anteile nun aber zu einer Beschränkung. Da die nationale Bestimmung nicht auf ein bestimmtes Beherrschungsverhältnis oder eine wesentliche Beteiligungshöhe abstellte, folgerten die Richter entsprechend der gefestigten Rechtsprechung einen Verstoß gegen die Kapitalverkehrsfreiheit.[851] Eine Vergleichbarkeit der Situation sahen sie als gegeben an, da für in- und ausländische Anteilseig-

---

[849] Die Veränderung der (mittelbaren) Beteiligungshöhe der Investoren an der übertragenen Gesellschaft impliziert eine effektive Veräußerung eines Teils des Investitionsobjekts an die restlichen Eigner der übernehmenden Gesellschaft. Die Gegenleistung (erworbene Anteile an B), welche den Eignern der A eine Partizipation der restlichen gewerblichen und verwaltenden Tätigkeiten dieser Gesellschaft einräumten, stellen wirtschaftlich die Anschaffung eines neuen Investitionsobjekts dar. Infolge wäre eine anteilige Veräußerungsbesteuerung für den Anteil der Transaktion, die nicht die mittelbare Beteiligung an der C erhöht hat, aus ökonomischer Erwägung vonnöten gewesen.

[850] EuGH-Urteil vom 17.09.2009 zur Rs. C-182/08 (Glaxo Wellcome), Slg. 2009 I-8591, ECLI:EU:C:2009:559.

[851] Vgl. ebd., Rn. 53-59.

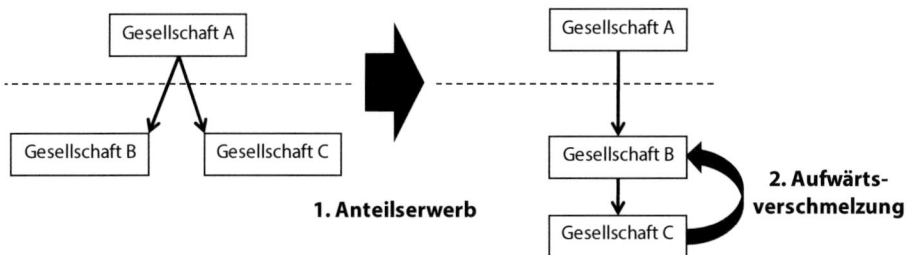

Abb. 18: Beteiligungsstruktur der Rs. Glaxo Wellcome (vereinfachte Darstellung)

ner bezüglich der sich aus Teilwertabschreibungen gebietsansässiger Gesellschaften ergebenden Verluste kein objektiver Unterschied bestünde. Denn aus der Ausschüttung resultiert unabhängig vom Sitzstaat des Veräußerers, eine Minderung der Anteilswerte, die in beiden Fällen von einer gebietsansässigen Person getragen wird.[852]

Zunächst wurde hierbei zur Verhinderung der oben genannten Gestaltungsmöglichkeit die Notwendigkeit der Wahrung der Kohärenz des Vollanrechnungsverfahrens ins Feld geführt. Dies scheiterte jedoch bereits daran, dass der Sperrbetrag nicht den gebietsfremden Veräußerer, welcher nicht der inländischen Besteuerung unterlag (was ggf. einen Steuervorteil darstellen könnte), sondern den gebietsansässigen Erwerber betraf, dem keinerlei steuerlicher Vorteil in diesem Zusammenhang gewährt würde.[853] Obgleich kein ernstlicher Zweifel daran bestehen konnte, dass die Norm zur Wahrung der Kohärenz des Steuersystems zumindest geeignet war und der Vor- und Nachteil einen einheitlichen wirtschaftlichen Vorgang betraf, scheiterte der Rechtfertigungsversuch an der vom Gerichtshof geforderten Subjektidentität.

Vordringlich war nach Auffassung des Gerichtshofs somit die Aufteilung der Besteuerungsrechte betroffen, deren Wahrung im Wesentlichen als zweites Argument vorgebracht wurde. Hierzu erkannte der EuGH an, dass eine im Kaufpreis enthaltene Prämie in Höhe des Unterschiedsbetrags zwischen Kaufpreis und Nominalwert die Gefahr beinhalte, dass es sich hierbei um eine Vergütung für thesaurierte Gewinne handelte, die im Hoheitsgebiet des beklagten Mitgliedstaats erwuchsen, für die er aber aufgrund der Steuererstattung faktisch das Besteuerungsrecht verlieren würde. Es sei hierbei daher nicht eine steuerliche Mindereinnahme zu befürchten, sondern vielmehr ein Verlust der Besteuerungsrechte des Sitzstaats der erworbenen Gesellschaft. Dieser Umstand könne daher den Verstoß gegen die Kapitalverkehrsfreiheit grundsätzlich rechtfertigen.[854] Auch akzeptierte der EuGH die Rechtfertigung durch die Verhinderung von Steuerumgehungen, da die Regelung auch ihrer Begründung nach darauf abziele, gebietsfremde Gesellschaften von der Erlangung ungerechtfertigter Steuervorteile abzuhalten. Die Prüfung der Verhältnismäßigkeit überließ der Gerichtshof in beiden Fällen dem vorlegenden Gericht, äußerte jedoch gewisse Zweifel an der Zulässigkeit einer allgemeinen Vermutung von Steuerumgehungstatbeständen le-

---

852 Vgl. ebd., Rn. 69-73.
853 Vgl. ebd., Rn. 76-81.
854 Vgl. ebd., Rn. 82-88.

diglich auf Grundlage einer Vereinbarung eines den Nominalwert der Anteile übersteigenden Kaufpreises, indem er abschließend festhielt, dass auch andere, nicht steuerliche Gründe für die Vereinbarung eines solchen Kaufpreises vorliegen könnten.[855]

Das Urteil des Gerichtshofs ist bedenklich. Zwar kann eine beschränkende Wirkung der Norm, wie sie auch vom EuGH attestiert wurde, kaum bestritten werden. Auf Ebene der Rechtfertigung birgt sein Prüfungsschema jedoch erhebliche Gefahren für die Möglichkeiten der Mitgliedstaaten zur Verhinderung ungerechtfertigter Steuervorteile. Denn anders als der BFH in seinem Schlussurteil feststellte, sind Normen nicht durch eine Vermeidung von Steuerumgehungen mangels Verhältnismäßigkeit gerechtfertigt, wenn diese unabhängig vom Vorliegen eines tatsächlichen Umgehungstatbestands greifen. Derartig pauschale Vermutungen hat der EuGH wiederholt zurückgewiesen.[856] Es ist zu vermuten, dass auch die Richter der ersten Kammer dieses durch das Prüfungsschema hervorgerufene Dilemma vor Augen hatten, als sie die Prüfung der Verhältnismäßigkeit salomonisch dem vorlegenden Gericht überließen.

4.4.5 Zusammenfassung

Eine Aufdeckung latenter Wertzuwächse in Wegzugssachverhalten ist unionsrechtlich zulässig. Hierdurch wird eine verlagerungsneutrale Aufteilung der Besteuerungsrechte ermöglicht und das Territorialitätsprinzip gewahrt. Gleichwohl darf diese weder zu einer sofortigen Steuerfälligkeit führen oder zur Stellung von Sicherheiten verpflichten. Es ist grundsätzlich ein Steueraufschub über mindestens fünf Jahre zu gewähren, wobei eine vorgezogene Fälligkeit im Falle früherer tatsächlicher Wertrealisation zulässig bleibt. Durch die Pauschalierung versucht der Gerichtshof, den mitgliedstaatlichen Interessen Rechnung zu tragen. Stundungszinsen bleiben in Höhe des jeweiligen nationalen Zinssatzes zulässig. Ökonomisch resultiert hieraus eine unionsrechtlich zulässige Mehrbesteuerung in Abhängigkeit des gewählten Zinssatzes und eine entsprechende Verletzung von Standortneutralität. Die Mehrbesteuerung erwächst entgegen der Meinung des EuGH nicht aus dem Territorialitätsprinzip.

Die weite Auslegung des Teilbetriebsbegriffs, die enge Auslegung des Begriffs der „baren Zuzahlung" sowie die Unzulässigkeit einer Anforderung der doppelten Buchwertverknüpfung führt bei gleichzeitig enger Fassung der Ausnahmebestimmungen zu einer möglichst weiten Anwendbarkeit der Fusionsrichtlinie. Hierdurch wird die Neutralität solcher grenzüberschreitender Restrukturierungen verbessert, mit denen keine Verlagerung einhergeht.

Wertaufdeckungen bei grenzüberschreitenden Restrukturierungen, die nicht in den Anwendungsbereich der Fusionsrichtlinie fallen, sind unter Berücksichtigung der Grundverkehrsfreiheiten zulässig. Hierbei erfolgt die Prüfung der Niederlassungsfreiheit vorran-

---

855 Im Schlussurteil wurde die Unionsrechtskonformität der Regelung bestätigt, insofern der Steuerpflichtige die Möglichkeit zur Erbringung von Gegenbeweisen gegen die Umgehungsvermutung bei den Nominalwert übersteigenden Kaufpreisen gegeben werde (vgl. BFH-Urteil vom 03.02.2010 zur Rs. I R 21/06 (Glaxo Wellcome), BStBl. II 2010, 692).

856 Vgl. bspw. EuGH-Urteil vom 21.12.2016 zur Rs. C-593/14 (Masco Denmark und Damixa), ECLI:EU:C:2016: 984, Rn. 44.

gig zur Kapitalverkehrsfreiheit, insofern die zugrundeliegende Norm nach einem bestimmten wesentlichen Beteiligungsverhältnis differenziert. Wie die Sachverhalte zur Restrukturierung gezeigt haben, gilt dies unabhängig davon, ob diese Differenzierung auf die klagende Gesellschaft oder auf eine andere am Vorgang beteiligte Gesellschaft abstellt. Die Möglichkeiten einer Rechtfertigung bleiben begrenzt. Da die vorgelegten Sachverhalte zu keinen grenzüberschreitenden Verlagerungen von Wirtschaftsgütern führten, mag dies unbeachtlich sein; eine stärkere Berücksichtigung, insbesondere des Territorialitätsprinzips wäre jedoch bei Prüfung von Sachverhalten grenzüberschreitender Verlagerungen erforderlich.

4.5 Instrumente zur Vermeidung von Gewinnverlagerungen

4.5.1 Fremdfinanzierung und Fremdvergleich

Steuerliche Zinsabzugsbeschränkungen und Unterkapitalisierungsregeln[857] richten sich insbesondere gegen Versuche von Steuerpflichtigen, Steuersubstrat mittels Fremdkapitalvergabe zwischen verbundenen Gesellschaften zu verlagern. Hierzu beschränken sie den Betriebsausgabenabzug für den Zinsaufwand aus derartigen Kapitalüberlassungen auf Ebene der darlehensempfangenden Gesellschaft. Unterkapitalisierungsregelungen qualifizieren die Darlehensvergabe für steuerliche Zwecke faktisch in eine Eigenkapitalvergabe um und entfalten daher ggf. auch Auswirkungen auf die steuerliche Behandlung des Eigners. Hierbei kann der nicht abzugsfähige Zinsaufwand je nach Ausgestaltung der Norm vortragsfähig sein.

Eine ökonomische Rechtfertigung derartiger Regelungen besteht in Verletzungen von Kapitalimport- und Kapitalexportneutralität. Existieren Gewinnverlagerungsmöglichkeiten, so entstehen Anreize des Steuerpflichtigen zur Optimierung des Kapitalwerts nach Steuern zulasten des Staats, welchem das realwirtschaftliche Steuersubstrats zuzurechnen wäre. Zur Realisierung einer solchen Verlagerung vergibt eine Person in einem niedriger besteuernden Fiskus ein Darlehen an eine Person in einem höher besteuernden Fiskus. Zinserträge werden somit mit einem niedrigeren Steuersatz gewichtet als die korrespondierenden Zinsaufwendungen und der Effektivsteuersatz der Investition sinkt. Der höher besteuernde Fiskus kann diesen Abfluss des ihm realwirtschaftlich zustehenden Steuersubstrats durch die Implementierung von Unterkapitalisierungsregeln und Zinsabzugsbeschränkungen effektiv verhindern. Es besteht allerdings eine gewichtige Problematik.

Denn die Effektivsteuersätze zwischen Eigen- und Fremdkapitalfinanzierung unterscheiden sich bereits auf nationaler Ebene. Ursächlich hierfür ist die Entscheidung der Mit-

---

[857] Regelungen unterscheiden sich international hinsichtlich ihrer Tatbestandsvoraussetzungen (Verschuldungsgrad, Ergebnisgrenze, Aktivagrenze oder Verrechnungspreis) sowie hinsichtlich ihres Rechtsfolgenkonzepts (Umqualifizierung in Eigenkapital, in eine verdeckte Gewinnausschüttung oder einfaches Abzugsverbot). Siehe hierzu und zu Regelungen im internationalen Vergleich Bohn (2010), S. 111 ff.; im europäischen Vergleich Kahlenberg/Kopec (2015), S. 84 ff. Zu beachten ist die zeitliche Inkonsistenz dieser Regelungen aufgrund verfassungsrechtlicher und unionsrechtlicher Konflikte und zuletzt aufgrund des BEPS-Aktionsplans.

gliedstaaten, Eigen- und Fremdkapital steuerlich ungleich zu behandeln. Zwar werden Rückflüsse aus Eigen- und Fremdkapital regelmäßig beide auf Ebene des Kapitalgebers besteuert, ein gleichwertiger Zinsaufwand ist jedoch in den meisten Mitgliedstaaten nur bei Fremdkapitalvergabe zulässig.[858] Kaum ein Zweifel besteht daran, dass Unterkapitalisierungsregelungen nicht das sinnvollste Instrument zur Verhinderung dieser Ungleichbehandlungen auf nationaler Ebene darstellen.[859] Ihre Anwendbarkeit auf Inlandssachverhalte ist aus Neutralitätsaspekten abzulehnen.[860] Aus der Verletzung nationaler Investitions- und Finanzierungsneutralität ergeben sich auch Auswirkungen auf die Verlagerungsneutralität. Denn aus divergierenden Steuersätzen ergeben sich nun zusätzliche Anreize zu Darlehensfinanzierung. Es ist jedoch keine allgemeine Aussage möglich, bis zu welchem Grad der Weg der Fremdfinanzierung aus nicht-steuerlichen Gründen gewählt wird und ab wann von einer Gewinnverlagerung gesprochen werden kann. Ursächlich für die sich auf dieser ersten Ebene ergebende Verletzung der Verlagerungsneutralität bleibt jedoch die Verletzung nationaler Entscheidungsneutralität.

Die staatliche Praxis, zum Ausgleich einer systematischen Inkonsistenz des selbst geschaffenen Besteuerungssystems, den Steuerpflichtigen mit pauschalen Abzugsverboten zu belegen, die diesem bar eines jeden Fremdvergleichsgrundsatzes eine Steuerarbitrage unterstellen, gilt es aus diesen Gründen zurückzuweisen. Insofern sich dieser marktkonform[861] verhält, wurde ihm ein hieraus erwachsener relativer Steuervorteil aufgrund der fiskalischen Ungleichbehandlung von Eigen- und Fremdkapital schließlich staatlich aufgezwungen. Legitim und erforderlich erscheint somit ausschließlich die Korrektur einer marktunüblichen Darlehensvergabe an die Grundsätze des Fremdvergleichs, insofern nicht andere, aus dem Beteiligungsverhältnis erwachsene realwirtschaftliche Motive (z.B. Haftungsbegrenzung) ausschlaggebend waren. Denn wird der Zins zwischen verbundenen Unternehmen marktunüblich hoch gesetzt[862], so kann eine aktive Sachverhaltsgestaltung eine über die erste Ebene hinausgehende Verlagerung von Steuersubstrat bewirken. Zur Vermeidung einer solchen Verletzung von Verlagerungsneutralität auf dieser zweiten Ebene, sind Regelungen erforderlich, deren Tatbestandsvoraussetzung ein unüblich hoher Zinssatz und deren Rechtsfolge die Anpassung an den marktüblichen Zins ist. Im Fall einer Korrektur marktinkonformer Zinsaufwendungen bleibt zu berücksichtigen, dass hierdurch eine

---

[858] Eine Alternative bietet die Zinsbereinigung der Einkommensteuer. Vgl. hierzu die Erläuterungen zum EuGH-Urteil vom 04.07.2013 zur Rs. C-350/11 (Argenta Spaarbank) in Abschnitt 4.3.2.3.

[859] Unterkapitalisierungsregelungen können zwar die Vorteilhaftigkeit von Fremdkapital gegenüber Eigenkapital reduzieren, stellen aber keine systematische Lösung dar. Modelltheoretisch zeigen Maßbaum/Sureth (2009) und Maßbaum et al. (2012) Auswirkungen verschiedener Methoden der Unterkapitalisierung auf die Kapitalstruktur in Abhängigkeit zu den gewählten Parametern. Hundsdoerfer et al. (2012), zeigen auf, wie sich durch die deutsche Zinsschrankenregelung die Vorteilhaftigkeit von Investitionen paradoxerweise sogar verbessern kann. Auch empirisch lässt sich keine eindeutige Aussage über die Gesamteffekte von Unterkapitalisierungsregeln treffen, vgl. Buettner et al. (2012), S. 937. Zu alternativen Lösungsansätzen siehe bspw. Ruf/Schindler (2015), S. 28 ff.

[860] Dies bedeutet nicht, dass die Zinsschranke keine effektive Lenkungsnorm zur Reduktion des Verschuldungsgrades der Unternehmen sein kann, wie Overesch/Wamser (2010) zeigen.

[861] Zu einer Unterscheidung zwischen marktüblichen und nicht-marktüblichen Zinsen siehe auch Homburg (2007b), S. 8 ff.

[862] Beachte die Einschränkungen des Abschnitts 2.3.3.4 zur Vergleichbarkeit konzerninterner Transaktionen mit Transaktionen zwischen fremden Dritten.

Mehrbesteuerung ausgelöst wird, wenn der Sitzstaat der darlehensgewährenden Gesellschaft nicht eine gleichwertige Anpassung der Zinserträge vornimmt.[863]

Primärrechtlich stellt sich zunächst die Frage, wann eine Unterkapitalisierungsregel eine Beschränkung verursacht. Unterkapitalisierungsregeln greifen speziell in solchen Sachverhalten, in denen eine freie Entscheidung über Eigenkapital- oder Darlehensvergabe und derer Konditionen besteht. Vorausgesetzt wird somit ein sicherer Einfluss. Dementsprechend verwundert es nicht, dass in der Mehrzahl der Sachverhalte vordergründig die Niederlassungsfreiheit betroffen war. Die einzige[864] Rechtssache, welche nach den Bestimmungen der Kapitalverkehrsfreiheit geprüft wurde, war der Drittlandfall *Itelcar*[865]. Zwar unterlag die portugiesische darlehensempfangende Gesellschaft den Unterkapitalisierungsregeln auch hier aufgrund einer mittelbaren Beteiligung des gebietsfremden Darlehensgebers von über 10 %, jedoch setzte die strittige Norm keinen sicheren Einfluss auf die Beteiligung voraus.[866] Folglich war die Unterkapitalisierungsregel ausnahmsweise anhand der Kapitalverkehrsfreiheit zu prüfen.

Unterkapitalisierungsregelungen sind ihrer Natur nach gegen Gewinnverlagerungen in niedriger besteuernde Staaten durch Zinsvergabe gerichtet. Sie zielen indes nicht primär darauf ab, die präferentielle Behandlung der Fremd- im Vergleich zur Eigenkapitalfinanzierung im Inlandsachverhalt zu unterbinden. Aufgrund ihres auf den Grenzübertritt gerichteten Charakters stellen sie regelmäßig eine Beschränkung der Niederlassungsfreiheit dar. Hierbei reicht aus, dass sich die Unterkapitalisierungsregel nur hauptsächlich auf grenzüberschreitende Sachverhalte bezieht.[867] Eine ausschließliche Anwendbarkeit, wie sie in den meisten Sachverhalten vorlag, ist indes nicht erforderlich.[868] Gegen das Vorliegen einer Ungleichbehandlung durch die Nichtabzugsfähigkeit gebietsfremden Zinsaufwands wandte sich insbesondere die belgische Regierung in der Rs. *SGI*[869]. Sie führte aus, dass in einem „weiteren Kontext" kein allgemeiner Vorteil in der Inlandsituation bestünde. Insofern die Empfängergesellschaft nämlich im Inland ansässig sei, führe der betreffende Zinsertrag bei dieser zu einer Nichtabzugsfähigkeit von Werbungskosten und sei somit lediglich auf einer anderen Ebene der Besteuerung unterworfen.[870] Aus der Dogmatik des Gerichtshofs, der bei seiner Betrachtung regelmäßig keine Steuerwirkungen einbezieht, die sich aufgrund einer Norm auf Ebene eines anderen Steuersubjekts im Vergleichspaar ergeben, war diesem Vorbringen jedoch nicht zu folgen. Generalanwalt Kokott, die wirtschaftliche Erwägungen bereits häufiger in ihre Schlussanträge aufgenommen hatte, stellte zudem fest, dass, „wenn die betroffenen Gesellschaft nicht direkt oder indirekt zu 100 % aneinander

---

[863] Siehe zu diesem Fall untenstehendes EuGH-Urteil vom 21.12.2016 zur Rs. C-593/14 (Masco Denmark und Damixa).

[864] Eine Prüfung anhand der Kapitalverkehrsfreiheit wurde in der Rs. EuGH-Beschluss vom 10.05.2007 zur Rs. C-492/04 (Lasertec), Slg. 2007 I-3775, ECLI:EU:C:2007:273 abgelehnt.

[865] EuGH-Urteil vom 03.10.2013 zur Rs. C-282/12 (Itelcar), ECLI:EU:C:2013:629.

[866] Vgl. insbesondere ebd., Rn. 20, 25.

[867] Vgl. EuGH-Urteil vom 12.12.2002 zur Rs. C-324/00 (Lankhorst-Hohorst), Slg. 2002 I-11779, ECLI:EU:C: 2002:749, Rn. 27-32.

[868] Vgl. EuGH-Urteil vom 13.03.2007 zur Rs. C-524/04 (Thin Cap Group Litigation), Rn. 40-45, 61-63.

[869] EuGH-Urteil vom 21.01.2010 zur Rs. C-311/08 (SGI).

[870] Vgl. Schlussanträge des GA Kokott vom 10.09.2009 zur Rs. C-311/08 (SGI), Slg. 2010 I-487, ECLI:EU:C:2009: 545, Rn. 43; EuGH-Urteil vom 21.01.2010 zur Rs. C-311/08 (SGI), Rn. 41.

beteiligt sind, [...] diese Betrachtung aber nicht unbedingt gerechtfertigt [ist]."[871] Zudem
könne sich in einem grenzüberschreitenden Fall, in welchem der Sitzstaat des Zahlungsempfängers ebenfalls eine dem Inlandssachverhalt entsprechende Korrektur vornimmt,
durch die nationale Norm eine Doppelbesteuerung resultieren.[872] Folglich war, unabhängig
von einem Einbezug der Empfängergesellschaft in die Betrachtung, eine Beschränkung
evident. Eine solche Mehrebenenbetrachtung, welche Kokott zumindest nicht ausschloss,
griff der Gerichtshof in seinem Urteil jedoch nicht auf. So ist auch hier allein auf die
vorteilsgewährende Gesellschaft abzustellen, auf deren Ebene eine solche Besteuerung im
Vergleichspaar eben nicht erfolgte.[873]

Entsprechend können bei Prüfung der Beschränkung auch keine Wirkungen von Steuersatzdifferenzen zwischen den Sitzstaaten des Vorteilsgebers und des Vorteilsempfängers
eingehen. Hieraus ergeben sich jedoch durchaus Konstellationen, die aus Gründen der Verlagerungsneutralität eine steuerliche Korrektur marktunüblicher Zinsen oder Verrechnungspreise erfordern. Deren Zulässigkeit ist somit ausschließlich auf Rechtfertigungsebene zu betrachten.

Im Basisfall zur Hinzurechnungsbesteuerung, der Rs. *Lankhorst-Hohorst*[874], wurde einer
Gesellschaft von ihrem gebietsfremden Mutterunternehmen ein mit einer Patronatserklä-
rung versehenes Darlehen gewährt, um ein Darlehen bei einem Kreditinstitut abzulösen.
Unter anderem aufgrund eines ausgewiesenen, nicht durch Eigenkapital gedeckten Fehlbe-
trags, bezweifelten die deutschen Finanzbehörden sowie das vorlegende Gericht, dass ein
fremder Dritter ein Darlehen zu gleichen Konditionen gewährt hätte. Dem stimmte die
Klägerin zu und wies darauf hin, dass es sich bei der Darlehensvergabe um einen „Rettungs-
versuch" der Muttergesellschaft gehandelt habe. Da die nationale Norm zur Hinzurechnungsbesteuerung jedoch lediglich eine Unterschreitung eines Verhältnisses von Eigenkapital zu Verbindlichkeiten sowie das Scheitern eines Fremdvergleichs voraussetzte, wurde
der Zinsaufwand nicht anerkannt und die hieraus resultierende Gewinnerhöhung als verdeckte Gewinnausschüttung qualifiziert.

Die nun zu prüfenden Rechtfertigungserwägungen begannen mit der Bekämpfung von
Steuerumgehungen. Hierbei erläuterten der Beklagte sowie die Verfahrensbeteiligten zunächst die bereits geschilderten Gründe einer Vorteilhaftigkeit der Fremdfinanzierung und
die hieraus erwachsende Gefahr einer Verlagerung von Steuersubstrat. Diesen Rechtfertigungsversuch wies der EuGH zum einen mit der wohlbekannten Begründung zurück, dass
sich die Rechtsvorschrift nicht auf rein künstliche Gestaltungen beschränke, zum anderen
im vorliegenden Sachverhalt keine derartige Gestaltung gegeben sei.[875] Ebenfalls wies der
EuGH die anderen vorgebrachten Rechtfertigungsgründe zurück, namentlich Steuermindereinnahmen (kein anerkannter Rechtfertigungsgrund), Wahrung der Kohärenz des Steuersystems (Fehlen eines Steuervorteils) sowie eine Wirksamkeit der Steueraufsicht (fehlende Begründung).[876]

---

[871] Schlussanträge des GA Kokott vom 10.09.2009 zur Rs. C-311/08 (SGI), Rn. 45.
[872] Ebd., Rn. 46.
[873] Vgl. EuGH-Urteil vom 21.01.2010 zur Rs. C-311/08 (SGI), Rn. 42.
[874] EuGH-Urteil vom 12.12.2002 zur Rs. C-324/00 (Lankhorst-Hohorst).
[875] Vgl. ebd., Rn. 37 f.
[876] Vgl. ebd., Rn. 39-44.

Die Rechtsfolge des Verstoßes gegen die Niederlassungsfreiheit lässt sich jedoch nicht ohne weiteres auf später verhandelte Sachverhalte zu Unterkapitalisierungsregeln übertragen. Gemein ist diesen zwar, dass sie an ein Unterschreiten eines gewissen Verhältnisses von Fremdfinanzierung und Eigenkapitalfinanzierung anknüpfen, jedoch unterschieden sich zum einen die Anforderungen an eine Marktüblichkeit und zum anderen der Umfang der nicht abzugsfähigen Zinsen. Während im betrachteten Fall die Zinsen eher unüblich niedrig bemessen waren[877] und eine Hinzurechnung sämtlicher Zinsaufwendungen erfolgte, stellte sich die Sache im nächsten dem Gerichtshof vorgelegten Sachverhalt anders dar.

In der Rs. *Thin Cap Group Litigation*[878] wurden dem Gerichtshof eine Reihe von Vorlagefragen zu den britischen Normen der Gesellschafter-Fremdfinanzierung vorgelegt. Im Gegensatz zu den deutschen waren diese nicht als pauschales Abzugsverbot, sondern als Korrekturmechanismus zur Anpassung des Zinsaufwands an einen „angemessenen wirtschaftlichen Ertrag aus dem Darlehen" eines verbundenen[879] Unternehmens ausgestaltet. Folglich richtete sie sich gegen eine unüblich hohe Zinssetzung und führte nur zur Zurechnung des den marktüblichen Zinssatz übersteigenden Werts. Demnach richtete sich die Norm nicht gegen Verhaltensweisen, die der nationalen präferentiellen Behandlung von Fremdkapital geschuldet waren, sondern speziell gegen darüber hinaus gehende Verschiebungen von Steuersubstrat durch Manipulation des Zinses.

Der Beklagte war entsprechend der Ansicht, dass die hierdurch hervorgerufene Beschränkung durch die Notwendigkeit zur Gewährleistung innerstaatlicher Kohärenz sowie der Bekämpfung der Steuerumgehung gerechtfertigt wäre.[880] Erneut kam eine Rechtfertigung mittels des Kohärenzarguments mangels eines gewährten Steuervorteils zum Ausgleich des durch die Regelung induzierten Nachteils jedoch nicht in Betracht.[881] Zur Wahrung einer angemessenen Aufteilung der Besteuerungsrechte betrachtete der Gerichtshof die Regelung hingegen als geeignet. Explizit vorgebracht hatte der Gerichtshof zwar lediglich die Verhinderung von Steuerumgehungen, diese betrachtet der Gerichtshof jedoch als „Unterfall"[882] zur Wahrung einer angemessenen Aufteilung der Besteuerungsrechte, wie der Generalanwalt auch im späteren Urteil *SGI* klarstellte. Hierbei ist es zum einen ein legitimes Ziel der Mitgliedstaaten, Praktiken zur Verlagerung von Steuersubstrat weg von

---

[877] Mit dem strittigen Darlehen sollte ein höher verzinsliches Bankdarlehen abgelöst werden.

[878] EuGH-Urteil vom 13.03.2007 zur Rs. C-524/04 (Thin Cap Group Litigation).

[879] Der Anwendungsbereich war erst ab einer Beteiligungshöhe von 75 % eröffnet.

[880] Weiterhin berief er sich auf eine angemessene Aufteilung der Besteuerungsrechte (und zweifelte die generelle Anwendbarkeit der Niederlassungsfreiheit auf eine an dieser ausgerichteten Norm an). Schließlich hätte er sich hierbei am allgemein anerkannten Fremdvergleichsgrundsatz des Art. 9 OECD-MA orientiert (vgl. EuGH-Urteil vom 13.03.2007 zur Rs. C-524/04 (Thin Cap Group Litigation), Rn. 46-48). Der EuGH indes vertrat die Ansicht, die Bestimmungen wären eher Ausdruck der Wahrung als der Aufteilung von Besteuerungsrechten (vgl. ebd., Rn. 52) und prüfte daher primär eine Bekämpfung von Steuerumgehungen.

[881] Vgl. ebd., Rn. 68-70.

[882] Vgl. ebd., Rn. 75, 77. Die beiden erwähnten Rechtfertigungsargumente wurden vom Gerichtshof als „Bekämpfung missbräuchlicher Praktiken" zusammengefasst und deren Verhältnismäßigkeit gemeinsam anhand einheitlicher Kriterien geprüft. Dieses Vorgehen wurde für spätere Urteile, in denen die Aufteilung der Besteuerungsrechte explizit als Rechtfertigung benannt wurde, übernommen. Siehe hierzu Schlussanträge des GA Kokott vom 10.09.2009 zur Rs. C-311/08 (SGI), Rn. 63.

ihrem Entstehungsort zu verhindern.[883] Zum anderen ist die Aufteilung der Besteuerungsrechte einschlägig, da der Mitgliedstaat ohne das strittige Instrument aufgrund der Wahl des Steuerpflichtigen „gezwungen wäre [...] auf sein Recht zur Besteuerung dieser Einkünfte [...] zugunsten des Sitzmitgliedstaats der Empfängergesellschaft [...] zu verzichten.[884] Auch der später in der Rs. *SIAT* vorgebrachte Rechtfertigungsgrund einer Wirksamkeit steuerlicher Kontrollen wurde unter einer angemessenen Aufteilung der Besteuerungsrechte subsumiert.[885] Entsprechend waren auch dieselben Maßstäbe an die Beurteilung der Verhältnismäßigkeit anzulegen.[886] Der Gerichtshof formulierte hierzu zwei kumulativ zu erfüllende Bedingungen, unter welchen die betrachteten Normen nicht über das Erforderliche hinausgingen.

Die erste betraf die Höhe der Gewinnkorrektur. So dürften „gezahlte Zinsen nur insoweit als ausgeschüttete Gewinne behandelt werden, als sie den Betrag übersteigen, den diese Gesellschaften unter Bedingungen des freien Wettbewerbs vereinbart hätten"[887]. Diese Anforderung gilt hierbei nicht nur für Zinsaufwendungen, sondern auch für anderweitige Gewinnkorrekturen.[888] Normen, die Gewinnkorrekturen anhand anderer Maßstäbe bemessen oder aufgrund anderer Maßstäbe vornehmen, gehen stets über das erforderliche hinaus.

Die verdeutlichte die Rs. *Lammers & van Cleeff*[889]. In der ersten Rechtssache war nur ein Prozentsatz der an einen gebietsfremden Gesellschafter-Geschäftsführer gezahlten Zinsen nicht abzugsfähig, welcher sich aus der Relation von Fremdkapital zu Eigenkapital ergab. Der Gerichtshof bemängelte, dieses Kriterium sei jedenfalls nicht erforderlich, um eine Überprüfung der Bedingungen des freien Wettbewerbs und somit zwischen fremden Dritten vorzunehmen.[890] Jedes von den Mitgliedstaaten aufgestellte Kriterium muss folglich dem Fremdvergleichsgrundsatz entsprechen. Dass für diese Dogmatik des Gerichtshofs gute Gründe bestehen, lässt sich anhand des erwähnten Drittlandsachverhalt *Itelcar* verdeutlichen. Auch hier bemaß sich der nichtabzugsfähige Zinsanteil anhand eines „übermäßigen Teils der Verschuldung", der sich als „das doppelte des Wertes der Beteiligung dieser Einheit am Eigenkapital des Steuerpflichtigen" berechnete. Da eine Beteiligung jedoch nicht Voraussetzung für die Anwendung der Norm war, stellte der Gerichtshof nonchalant aber zutreffend fest, dass in Fällen, in denen also keine Beteiligung besteht, wohl „jede zwischen diesen beiden Gesellschaften bestehende Verschuldung als übermäßig angesehen werden [müsste]."[891]

Der allein zulässige Fremdvergleichsgrundsatz entspricht somit der Anpassung an den marktüblichen Zustand, welcher näherungsweise eine realwirtschaftliche Aufteilung des Steuersubstrats beschreibt. Damit einher geht die Begrenzung der durch den Korrekturmechanismus hervorgerufenen Mehrbesteuerung auf diejenige, die sich auf Ebene des Vor-

---

[883] Vgl. EuGH-Urteil vom 13.03.2007 zur Rs. C-524/04 (Thin Cap Group Litigation), Rn. 77.

[884] EuGH-Urteil vom 21.01.2010 zur Rs. C-311/08 (SGI), Rn. 63.

[885] Vgl. EuGH-Urteil vom 05.07.2012 zur Rs. C-318/10 (SIAT), ECLI:EU:C:2012:415, Rn. 48.

[886] Vgl. Schlussanträge des GA Kokott vom 10.09.2009 zur Rs. C-311/08 (SGI), Rn. 63.

[887] EuGH-Urteil vom 13.03.2007 zur Rs. C-524/04 (Thin Cap Group Litigation), Rn. 80.

[888] Vgl. EuGH-Urteil vom 21.01.2010 zur Rs. C-311/08 (SGI), Rn. 72.

[889] EuGH-Urteil vom 17.01.2008 zur Rs. C-105/07 (Lammers & Van Cleeff), Slg. 2008 I-173, ECLI:EU:C:2008:24.

[890] Vgl. ebd., Rn. 30-32 zum partiellen Abzugsverbot der an ausländische Gesellschafter-Geschäftsführer gezahlten Zinsen.

[891] EuGH-Urteil vom 03.10.2013 zur Rs. C-282/12 (Itelcar), Rn. 41.

teilsempfängers durch die Besteuerung durch deren Sitzstaat ergibt, sollte dieser keine mindestens gleichwertige Anpassung der Verrechnungspreise vornehmen. Die Vermeidung einer solchen Doppelbesteuerung liegt nach Ansicht des Gerichtshofs jedenfalls nicht in der
Verantwortlichkeit des Sitzstaats des Darlehensempfängers, wenn dieser nicht den gebietsfremden Darlehensgeber ebenfalls der inländischen Besteuerung unterwirft.[892] Da hierbei
grundsätzlich das mit dem Sitzstaat des Darlehensgebers geschlossene DBA[893], ansonsten
aber auch die zwischenstaatliche, jedoch in allen Mitgliedstaaten gültige Schiedskonvention
Anwendung findet, wird eine solche Mehrbesteuerung zumindest erheblich reduziert werden können.[894]

Mit seiner zweiten definierten Bedingung für eine Verhältnismäßigkeit verlangt der Gerichtshof die Möglichkeit eines Gegenbeweises durch den Steuerpflichtigen. Diesem müsse
die Gelegenheit eingeräumt werden, ohne übermäßigen Verwaltungsaufwand „[real-]wirt-
schaftliche Gründe für den Abschluss dieses Geschäfts beizubringen"[895]. Hierdurch beschränkte der Gerichtshof auch effektiv die Auswirkungen von Regelungen, die ohne eine
Prüfung der Tatsache, ob es sich bei der Gestaltung um eine „rein künstliche Konstruktion"
handle, den Steuerpflichtigen einer Verrechnungspreiskorrektur oder einem pauschalen
Abzugsverbot unterwerfen.[896]

Es wurde somit gezeigt, dass auch der EuGH entsprechend der ökonomischen Betrachtung zwischen zwei Ebenen unterscheidet. Zulässig ist im Sinne seiner Rechtsprechung eine
Verhinderung überhöhter Zinssetzung, mit der Verletzungen der Verlagerungsneutralität
auf der zweiten betrachteten Ebene einhergehen. Als unvereinbar mit den Grundverkehrsfreiheiten erachtet er hingegen die auch ökonomisch abzulehnende Unterbindung des
Zinsabzugs nur aufgrund des Ausmaßes der Fremdkapitalfinanzierung. Seine Anforderungen stimmen somit mit denen der Verlagerungs- und Standortneutralität überein. Dass die
Umsetzung dieser Rechtsprechung in die nationalen Unterkapitalisierungsregelungen
nicht in einer Begrenzung der Regeln auf die zweite Ebene der Substratverlagerung, sondern in einer vielfachen Ausweitung der Unterkapitalisierungsregeln auf Inlandssachverhalte mündete[897], ist aus ökonomischer Betrachtung somit fiskalpolitischen Gründen[898] als
einer steuersystematisch unverträglichen Auslegung durch den EuGH geschuldet.

Doch auch die Ausweitung der Unterkapitalisierungsregeln auf Inlandssachverhalte
schuf neues unionsrechtliches Konfliktpotential. Auswirkungen können sich hierbei nicht

---

[892] Vgl. EuGH-Urteil vom 13.03.2007 zur Rs. C-524/04 (Thin Cap Group Litigation), Rn. 88-90.

[893] Vgl. hierzu insbesondere Art. 9 Abs. 2 OECD-MA.

[894] Wie die Schlussanträge des GA Kokott vom 10.09.2009 zur Rs. C-311/08 (SGI), Rn. 48, sowie das EuGH-
Urteil vom 21.01.2010 zur Rs. C-311/08 (SGI), Rn. 54, richtigerweise feststellen, können sich aus einem Ver-
ständigungsverfahren dennoch nachteilige Liquiditätseffekte und Transaktionskosten für die verbundenen
Gesellschaften ergeben.

[895] EuGH-Urteil vom 13.03.2007 zur Rs. C-524/04 (Thin Cap Group Litigation), Rn. 82; EuGH-Urteil vom
21.01.2010 zur Rs. C 311/08 (SGI), Rn. 71.

[896] Siehe hierzu auch EuGH-Urteil vom 05.07.2012 zur Rs. C-318/10 (SIAT), Rn. 55-59.

[897] Vgl. Kessler (2007), S. 418.

[898] So wäre die vom EuGH zugelassene Methode der Fremdvergleichsanpassung aufgrund erheblicher Informationsasymmetrien mit erheblichen administrativen Kosten verbunden (vgl. Ruf/Schindler (2015), S. 28). Mögliche Lösungsansätze wären bereits die erwähnte Zinsbereinigung und eine Ausweitung des Anrechnungsverfahrens im Rahmen einer Hinzurechnungsbesteuerung (siehe folgender Abschnitt).

nur aus dem Telos der Bestimmungen der Zins- und- Lizenzrichtlinie[899] sowie den Bestimmungen der Mutter-Tochter-Richtlinie[900], sondern ebenfalls aus dem Primärrecht ergeben. So hatte auch Dänemark, dem Vorbild Deutschlands folgend, infolge der Rechtsprechung des Gerichtshofs seine Unterkapitalisierungsregelungen geändert und auf Inlandsachverhalte ausgeweitet.[901] Hierdurch vergrößerte sich aber auch das Potential einer Doppelbesteuerung. Um eine solche zu vermeiden, wurden bei Greifen der nationalen Zinsschranke die nicht bei der darlehensnehmenden Gesellschaft abzugsfähigen Zinsen auf Ebene des Darlehensempfängers freigestellt. Somit erreichte die Behandlung Wirkungsgleichheit zu freigestellten Rückflüssen aus Eigenkapital. *Damixa*, eine dänische Gesellschaft, die Zinsen von einem deutschen Tochterunternehmen bezog, die aufgrund der deutschen Zinsschranke bei dieser nicht abzugsfähig waren, wollte ebenfalls eine solche Freistellung erreichen und berief sich hierzu auf die Niederlassungsfreiheit. Der EuGH, dem der Sachverhalt zur Vorabentscheidung vorgelegt wurde, bestätigte eine Beschränkung der Niederlassungsfreiheit durch die Ungleichbehandlung der einer Regelung zur Unterkapitalisierung unterliegenden Zinszahlungen gebietsansässiger und gebietsfremder Gesellschaften.[902] Entsprechend der ökonomischen Wirkungsgleichheit nahm auch der Gerichtshof seine Beurteilung weitgehend synonym zu seiner Rechtsprechung zu Dividenden vor. Eine Verhältnismäßigkeit der Norm zur Gewährleistung einer ausgewogenen Aufteilung der Besteuerungsrechte und der Verhinderung von Steuerumgehungen konnte der Gerichtshof hierbei nicht erkennen. Zum einen ziele die Norm nicht auf rein künstliche Sachverhalte ab und könne entsprechend nicht durch eine Notwendigkeit zur Verhinderung von Steuerumgehen gerechtfertigt werden.[903] Zum anderen sei eine angemessene Aufteilung der Besteuerungsrechte auch dann gewahrt, wenn eine Freistellung des fiktiven Teils der Zinsen ermöglicht würde, der entsprechend den inländischen Unterkapitalisierungsvorschriften nicht abzugsfähig gewesen wäre.[904] Als Mindestanforderung lässt sich daher ableiten, dass eine Freistellung in Höhe des kleineren Betrags aus den fiktiven inländischen nichtabzugsfähigen Zinsen und den tatsächlich im Ausland nicht abzugsfähigen Zinsen gewährt werden muss. Mehrbesteuerungen werden in Binnenmarktsachverhalten, in denen beide betroffene Sitzstaaten Unterkapitalisierungsregeln implementiert haben, die zumindest im Sitzstaat der darlehensgewährenden Gesellschaft auch auf Inlandsachverhalte anwendbar sind, auf eine positive Differenz zwischen den nach in- und ausländischem Recht ermittelten nichtabzugsfähigen Beträgen reduziert.

Auch auf Sachverhalte, in denen lediglich Normen zur Anpassung von Verrechnungspreisen einschlägig waren, fanden die Grundsätze der Rechtsprechung zu Unterkapitalisierungsregelungen Anwendung. Hierunter fielen die Rs. *SGI*[905] und *SIAT*[906]. Wie bereits aus-

---

[899]   Vgl. Homburg (2007b), S. 15.
[900]   Aufgrund der sog. „Selbstbindung des Quellenstaates" muss dieser entsprechend seiner nationalen Rechtsordnung bei Umqualifizierung von Zinsaufwendungen zu Dividenden die Bestimmungen der Richtlinie beachten. Siehe Kofler in: Schaumburg/Englisch (2015), Rn. 14.45 m.w.N.
[901]   Vgl. Ruf/Schindler (2015), S. 26.
[902]   Vgl. EuGH-Urteil vom 21.12.2016 zur Rs. C-593/14 (Masco Denmark und Damixa), Rn. 28, 31.
[903]   Vgl. ebd., Rn. 45.
[904]   Vgl. ebd., Rn. 41-43.
[905]   EuGH-Urteil vom 21.01.2010 zur Rs. C-311/08 (SGI).
[906]   EuGH-Urteil vom 05.07.2012 zur Rs. C-318/10 (SIAT).

geführt, führen auch Verrechnungspreisanpassungen zu Beschränkungen, insofern auch sie Verlagerungen von Steuersubstrat zu verhindern versuchen, indem sie einen Teil des verlangten Betriebsausgabenabzugs verweigern. Ob das Gemeinschaftsrecht den Mitgliedstaaten tatsächlich abverlangt, den Abfluss von Steuersubstrat durch marktinkonforme Verrechnungspreissetzung der Steuersubjekte hinzunehmen, entscheid sich auch hier im Rahmen der Rechtfertigungsprüfung einer angemessenen Aufteilung der Besteuerungsrechte auf Ebene der Verhältnismäßigkeit.[907]

Als verhältnismäßig betrachtete der Gerichtshof die in der belgischen Rs. *SGI* betrachtete Norm. In der Ausgangslage wurden hierbei ein Darlehen sowie Vergütungen für die Verwaltungstätigkeiten an mit *SGI* personell und beteiligungsmäßig verflochtenen Gesellschaften zu marktunüblichen Konditionen gewährt. Durch Anpassung der Verrechnungspreise für diese Transaktionen erhöhten die belgischen Steuerbehörden den Gewinn der Klägerin. So wurde dem Gerichtshof zur Vorabentscheidung vorgelegt, ob diese internationale Praxis[908] ein Verstoß gegen Unionsrecht darstelle. Die Voraussetzung der Widerlegbarkeit war gewahrt, da zum einen der Steuerpflichtige den Gegenbeweis antreten konnte und zum anderen auch die Beweislast für das Vorliegen einer vom Fremdvergleich abweichenden Verrechnungspreissetzung bei den Finanzbehörden lag. Auch die zweite Voraussetzung (keine den Fremdvergleich übersteigende Anpassung) war erfüllt, da die Korrektur nur den unter Dritten nicht üblichen Teil der Transaktion umfasste.[909]

Anders verhielt es sich hingegen in der zweiten Rechtssache, die ebenfalls eine belgische Norm betraf. *SIAT* hatte mit einer, nicht mit ihr verflochtenen oder verbundenen, nigerianischen Holdinggesellschaft ein gemeinsames Tochterunternehmen gehalten. Einen Anteil der Gewinne, die sie mit dieser gemeinsamen Tochtergesellschaft für den Verkauf von Gütern und der Erbringung von Dienstleistungen erzielte, musste *SIAT* vereinbarungsgemäß als Provision an die Holdinggesellschaft abführen. Jedoch wurde der Betriebsausgabenabzug für diese Zahlungsverpflichtung von den belgischen Finanzbehörden mit der Begründung nicht anerkannt, dass die gebietsfremde Holdinggesellschaft in ihrem Sitzstaat keiner der inländischen Körperschaftsteuer vergleichbaren Besteuerung unterworfen sei. Eine Beschränkung der hier einschlägigen Dienstleistungsfreiheit sah der Gerichtshof als gegeben an. Zwar wurde dem Steuerpflichtigen auch hier die Möglichkeit eingeräumt, Nachweise dafür zu erbringen, dass es sich um „tatsächliche und ehrliche Geschäfte" gehandelt habe, jedoch sah der Gerichtshof bereits in der Beweislastumkehr selbst eine Ungleichbehandlung. Da der Anwendungsbereich der Norm zudem nicht hinreichend konkretisiert sei, bestehe eine Beschränkung des freien Dienstleistungsverkehrs.[910] Zur Notwendigkeit einer Gegenbeweismöglichkeit durch den Steuerpflichtigen führte der Gerichthof aus, dass eine solche zwar in der Norm vorgesehen sei, sie allerdings vom Steuerpflichtigen verlange, systematisch und für alle Dienstleistungen den Beweis zu führen, dass diese ehrlich erbracht

---

[907] Vgl. Schlussanträge des GA Kokott vom 10.09.2009 zur Rs. C-311/08 (SGI), Rn. 51.

[908] Die strittige Regelung orientierte sich an Art. 9 OECD-MA (siehe auch EuGH-Urteil vom 21.01.2010 zur Rs. C-311/08 (SGI), Rn. 58). Es gilt hierbei zu beachten, dass der Fremdvergleichsgrundsatz an sich zur Prüfung der Rechtfertigung herangezogen wird, Verrechnungspreisanpassungen anhand dieses Grundsatzes jedoch bei hauptsächlicher Anwendbarkeit auf grenzüberschreitende Sachverhalte selbst Beschränkungen darstellen können.

[909] Vgl. ebd., Rn. 73 f.

[910] Vgl. EuGH-Urteil vom 05.07.2012 zur Rs. C-318/10 (SIAT), Rn. 21-29.

worden sind, ohne dass die Finanzverwaltung auch nur ein Indiz einer Steuerhinterziehung oder -umgehung beizubringen habe.[911] Diese Nachweispflichten schienen dem Gerichtshof überzogen. Gemeinsam mit dem unklaren Anwendungsbereich der Norm sah er dem Grundsatz der Rechtssicherheit nicht genüge getan, woraus er eine Unangemessenheit der Norm ableitete, die somit die Beschränkung nicht rechtfertigen konnte.[912]

Keine Prüfung unternahm der Gerichtshof hingegen bezüglich der anderen von ihm definierten Voraussetzung, wonach eine Gewinnkorrektur nur in einem solchen Ausmaß vorgenommen werden dürfe, als dass hierdurch dem Fremdvergleichsgrundsatz genüge getan wird. Auch eine solche Prüfung hätte jedoch zu einem Scheitern der Verhältnismäßigkeit führen müssen. Denn zum einen bestand keine Verflechtung der Gesellschaften, welche die Zahlungen vereinbart hatten. Das zulässige Ausmaß der Gewinnerhöhung wäre daher bei der hier untersuchten Transaktion zwischen fremden Dritten[913] schlichtweg null. Zum anderen ist zweifelhaft, ob ein pauschaler Betriebsausgabenabzug überhaupt als Anpassung an einen Fremdvergleichsgrundsatz in Frage käme, unterstellt er doch, dass die Transaktion unter fremden Dritten gar nicht erst stattgefunden hätte. Hierbei wäre die Führung des Gegenbeweises durch den Steuerpflichtigen wohl deutlich einfacher als bei der Begründung der Konditionen der Transaktion (Zahlungshöhe, etc.). Zuletzt löste die Norm trotz ihres Wortlauts, nach welchem ein Betriebsausgabenabzug nur dann Anwendung fände, wenn der Zahlungsempfänger keiner oder einer erheblich günstigeren Besteuerung in dessen Sitzstaat unterworfen ist, dennoch eine Mehrbesteuerung aus. Zum einen schloss die Regelung keinen Fremdvergleichsgrundsatz ein, zum anderen vernachlässigte sie, dass die durch die Zahlung begünstigte Holdingsgesellschaft zwar selbst nicht der Körperschaftsteuer unterlag, deren Eigner jedoch transparent für ihre Einkünfte besteuert wurden. Sie diente im vorliegenden Sachverhalt somit nur vordergründig dem Zweck, Steuerarbitrage zu verhindern.

In beiden konkret betrachteten Fällen kommt der EuGH auch aus ökonomischer Sichtweise zu einem grundsätzlich sinnvollen Ergebnis. Durch sein Festhalten am Fremdvergleichsgrundsatz gestattete er den Mitgliedstaaten unter den genannten Voraussetzungen die Verhinderung von Steuerarbitrage durch Gewinnverlagerungen, begrenzte jedoch gleichzeitig eine hierdurch ggf. entstehende Mehrbesteuerung. Eine tatsächliche Verhinderung von Mehrbesteuerungen hätte indes eine Prüfung der gewählten Methode der Verrechnungspreiskorrektur erfordert. Denn konzerninterne Transaktionen sind nicht notwendigerweise mit Transaktionen zwischen fremden Dritten vergleichbar. Der EuGH hingegen scheint sämtliche Anpassungen von Verrechnungspreisen anhand direkter Preisregulierung unterschiedslos unter dem Fremdvergleich zu subsumieren. Verlagerungsneutralität stellt jedoch darauf ab, dass Verrechnungspreise dem Preis entsprechen, den Investoren ohne Steuersatzgefälle, nicht jedoch ohne die Verbundenheit der Investitionsobjekte

---

[911] Vgl. ebd., Rn. 55.

[912] Vgl. ebd., Rn. 56-59.

[913] Es sei angemerkt, dass diese deren gemeinsame Unternehmung aufgrund von Meinungsschwierigkeiten zum Zeitpunkt der Transaktion gerade aufgaben, was als Indiz dafür zu werten sein könnte, dass die Zahlung nicht marktunüblich hoch ausfiel (vgl. auch ebd., Rn. 10).

gewählt hätten.[914] Eine solche Neutralität, an deren Realisierbarkeit gezweifelt werden kann, verlangte der Gerichtshof zugunsten der Mitgliedstaaten jedoch nicht.

4.5.2 Zugriffsbesteuerung und Switch-over

Systeme der Hinzurechnungs- und Durchgriffsbesteuerung stellen die theoretisch einfachste Methode dar, um Gewinnverlagerungen in niedrig besteuerndes Ausland entgegenzuwirken. Sie erreichen dies durch die vollständige Besteuerung der Gewinne der gebietsfremden Gesellschaft unter Anrechnung der ausländischen Steuern. Die Durchgriffsbesteuerung beschränkt sich dabei auf bar jeder wirtschaftlichen Realität genutzten ausländischen Kapitalgesellschaften. Sie dient damit vor allem einer Korrektur rechtsmissbräuchlich generierter Steuervorteile durch direkte Zuordnung zum Eigner.[915] Da sie sich auf weitgehend auf Scheingeschäfte beschränkt, befindet sie sich regelmäßig im Einklang mit primärem Unionsrecht. Anderes gilt für Normen der Hinzurechnungsbesteuerung. Auch diese führen zur Zuordnung der Einkünfte gebietsfremder Kapitalgesellschaften zum Eigner[916], setzen aber keinen Rechtsmissbrauch voraus. Neben ihres abkommensrechtlichen Konfliktpotentials[917] sowie einer angenommenen Unvereinbarkeit mit dem Leistungsfähigkeitsprinzip[918] sind sie auch unionsrechtlich stark umstritten. Während die Hinzurechnungsbesteuerung selbst nur auf beherrschte ausländische Kapitalgesellschaften abzielt[919], erfassen die mit ihr in Zusammenhang stehenden Normen zum Teil auch ansonsten von der Besteuerung freigestellte gebietsfremde Personengesellschaften oder Betriebsstätten. Auch diese werden dann der inländischen Besteuerung bei ihrem Eigner unterworfen. Mangels steuerlicher Abschirmwirkung gelingt dies durch Wechsel der Freistellungs- zu Anrechnungsmethode („switch-over"). In ihrer ökonomischen Wirkung lassen sich vier Fälle zu unterscheiden.

(1) Die Hinzurechnungsbesteuerung greift in einem System der Anrechnung auf die Gewinne gebietsfremder Kapitalgesellschaften. Der inländischen Bemessungsgrundlage unterliegen nun auch thesaurierte Gewinne, auf die im Zuge des Trennungsprinzips ansonsten keine inländische Berücksichtigung möglich ist. Es ergibt sich eine vollständige Hochschleusung der gebietsfremden Tochtergesellschaft auf das inländische Steuerniveau – und Kapitalexportneutralität wird gewährleistet.[920] Jeder bestehende Anrechnungsüberhang führt hierbei zu einer Mehrbesteuerung.[921]

---

[914] Vgl. Wellisch (2003), S. 337 f.

[915] Vgl. bspw. Jacobs (2011), S. 1061 ff.

[916] Je nach Ausgestaltung durch Zurechnung, Ausschüttungsfiktion oder Qualifizierung als Einkünfte, vgl. Schön (2001), S. 941.

[917] Insbesondere in dieser Besteuerung der thesaurierten Gewinne besteht das abkommensrechtliche Konfliktpotential der Hinzurechnungsbesteuerung, vgl. Jacobs (2011), S. 453.

[918] Schaumburg/Schaumburg (2005), S. 310 ff.

[919] Vgl. Schmidtmann (2007), S. 30.

[920] Vgl. Schön (2001), S. 945. Ausführlich Bächle et al. (2008), S. 485 ff.

[921] Die Gefahr von Anrechnungsüberhängen bleibt aufgrund der niedrigeren ausländischen Besteuerung gering.

(2)   Eine switch-over-Bestimmung bewirkt bei gebietsfremden Betriebsstätten oder Personengesellschaften einen Methodenwechsel. Grundsätzlich von der Besteuerung freigestellte Gewinne werden dem Stammhaus unter Anrechnung der gebietsfremden Steuern hinzugerechnet. Die Auswirkungen dieses Übergangs auf die Standortneutralität hängen zum einen von der Ausgestaltung der jeweiligen Methoden (bspw. Umfang der einbezogenen ausländischen Steuern) sowie von der Vorteilhaftigkeit von Kapitalexport- oder Kapitalimportneutralität ab.

(3)   Die Hinzurechnungsbesteuerung bewirkt bei gebietsfremden Tochtergesellschaften einen Systemwechsel. Der Einbezug umfasst sowohl ausgeschüttete als auch thesaurierte Gewinne. Die Auswirkungen entsprechen Fall (2).

(4)   Die Hinzurechnungsbesteuerung erfolgt wie in Fall (2) mit dem Unterschied, dass ausgeschüttete Gewinne einer gebietsfremden Kapitalgesellschaft auf Ebene der Muttergesellschaft weiterhin der Freistellung im Rahmen des Schachtelprivilegs unterliegen. Aus dieser methodischen Inkonsistenz ergibt sich eine weitere Verletzung von Standortneutralität durch Realisierung der kapitalimportneutralen Behandlung der ausgeschütteten und kapitalexportneutralen Behandlung der thesaurierten Erträge.

Für den Sitzstaat des Mutterunternehmens oder des Stammhauses ergeben sich die Steuermehreinnahmen aus der Hinzurechnungsbesteuerung aus zwei Komponenten: Zum einen führt ein Übergang von der Freistellungs- zur Anrechnungsmethode zu einer Erhöhung der Steuern um die Steuersatzdifferenz. Zum anderen erhöht sich der Barwert der Steuerzahlung aufgrund des früheren Steuerzugriffs auf thesaurierte Erträge.[922] Aus diesem Grunde setzten Normen zur Hinzurechnungsbesteuerung regelmäßig, neben einem bestimmten Beteiligungsverhältnis[923], auch ein geringeres (absolutes oder relatives, nominales oder effektives) ausländisches Steuerniveau voraus. Weiterhin finden die Normen oftmals nur auf bestimmte Einkunftsarten, Einkunftsquellen oder bei Unterschreiten eines bestimmten Aktivitätsniveaus Anwendung.[924]

Für den Kapitaleigner bewirken Hinzurechnungsbesteuerung und switch-over-Normen aufgrund des höheren inländischen Steuerniveaus eine höhere Steuerlast, welche eine Behinderung der Gründung von gebietsfremden beherrschten Gesellschaften oder Betriebsstätten zur Folge haben könnte. Ob hier von einer Beschränkung gesprochen werden kann, hängt von der Wahl des Vergleichspaars ab. Denn während aufgrund des Trennungsprinzips bei Kapitalgesellschaften ein Einbezug der (zumindest) thesaurierten Gewinne einer inländischen Gesellschaft regelmäßig nicht auf Ebene der empfangenden Gesellschaft erfolgt, herrscht für die Gewinne inländischer Personengesellschaften das Transparenzprinzip vor.

Wird somit als vertikales Vergleichspaar die Besteuerung der Gewinne vergleichbarer inländischer Gesellschaften herangezogen, so führen alle Fälle der Hinzurechnungsbesteu-

---

[922]   Vgl. OECD (2015), S. 13.

[923]   Je nach Ausprägungsform wird zur Beschreibung der rechtlichen, faktischen oder wirtschaftlichen Kontrolle ein direktes und/oder indirektes Beteiligungsverhältnis, ein unternehmensbezogen oder ein kumuliertes inlandsbezogenes Beteiligungsverhältnis oder andere Maßstäbe herangezogen. Vgl. ebd., S. 23-29.

[924]   Vgl. ebd., S. 43-52.

erung (1), (3) und (4) zu einer Ungleichbehandlung, während im switch-over-Fall (2) ebenfalls eine Besteuerung der Gewinne beim Stammhaus oder Eigner erfolgt und keine Ungleichbehandlung vorliegt. Ein anderes denkbares Vergleichspaar wäre eine Beteiligung an einer ausländischen Gesellschaft oder Niederlassung gewesen, bei der die Voraussetzungen einer Hinzurechnungsbesteuerung oder eines switch-over nicht erfüllt sind. Dies könnte zum einen bedeuten, dass ein Vergleich mit einer gebietsfremden Gesellschaft, die aufgrund eines höheren Steuerniveaus nicht in den Anwendungsbereich fällt[925], einschlägig wäre, oder zum anderen aber mittels einer „Direkterzielungsfiktion" ein direkter Bezug der gebietsfremden Einkünfte ohne eine der Hinzurechnungsbesteuerung unterliegenden Zwischengesellschaft als Vergleichspaar dient.[926] Hieraus ergäben sich die gleichen Ergebnisse für die Hinzurechnungsfälle (1), (3) und (4), ändern würde sich hingegen das Ergebnis für den switch-over-Fall (2). Denn abweichend zum Inlandssachverhalt werden die Gewinne ausländischer Personengesellschaften hier aufgrund des vorrangigen Besteuerungsrechts des Belegenheitsstaats nicht in die Bemessungsgrundlage einer an dieser beteiligten inländischen Personengesellschaft einbezogen. Der Methodenwechsel ergäbe bei diesem Vergleichspaar folglich eine Ungleichbehandlung.

Zum Einbezug der thesaurierten Gewinne einer gebietsfremden Kapitalgesellschaft bei Anrechnungsverfahren entsprechend des ersten Falls, sind die Verfahren zur britischen Hinzurechnungsbesteuerung *Cadbury Schweppes*[927], *CFC and Dividend Group Litigation*[928] sowie ein Vertragsverletzungsverfahren der Kommission[929] anzuführen. Ausschüttungen gebietsfremder Tochtergesellschaften an ein gebietsansässiges Mutterunternehmen unterlagen im Vereinigten Königreich der Anrechnungsmethode, welche die anteilige gebietsfremde Körperschaftsteuer umfasste. Unter den Voraussetzungen der Hinzurechnungsbesteuerung wurden dieser Anrechnungsmethode auch die von der ausländischen Gesellschaft generierten thesaurierten Gewinne unterworfen.[930] Insofern die Anwendung der fraglichen Normen eine Kontrolle oder wesentliche Beteiligung von über 10 % voraussetzt, findet vordringlich die Niederlassungsfreiheit Anwendung – und Beschränkungen von Drittlandsachverhalten bleiben unbeachtlich. Sehen Normen geringere Beteiligungswerte vor, so sind die Bestimmungen der Kapitalverkehrsfreiheit zu prüfen und auch Beschränkungen von Drittlandsachverhalten beachtlich.[931] Das vorlegende Gericht stellte in der ersten Rechtssache auch explizit die Frage nach dem anzuwendenden Vergleichspaar, obwohl sich nach den obigen Ausführungen im betrachteten Fall keine Auswirkungen durch die

---

[925] Ein solches Vergleichspaar brachte das vorlegende Gericht in der Rs. *Cadbury Schweppes* vor. Vgl. EuGH-Urteil vom 12.09.2006 zur Rs. C-196/04 (Cadbury Schweppes), Slg. 2006 I-7995, ECLI:EU:C:2006:544, Rn. 26.

[926] Siehe hierzu Schmidtmann (2007), S. 78 ff.; Schmidtmann (2009), S. 298.

[927] EuGH-Urteil vom 12.09.2006 zur Rs. C-196/04 (Cadbury Schweppes).

[928] EuGH-Beschluss vom 23.04.2008 zur Rs. C-201/05 (CFC and Dividend Group Litigation), Slg. 2008 I-2875, ECLI:EU:C:2008:239.

[929] EuGH-Urteil vom 13.11.2014 zur Rs. C-112/14 (Kommission/Großbritannien), ECLI:EU:C:2014:2369.

[930] Folglich wurden auch die thesaurierten Gewinne besteuert und der Anrechnungsbetrag um deren Anteil erhöht.

[931] Vgl. EuGH-Beschluss vom 23.04.2008 zur Rs. C-201/05 (CFC and Dividend Group Litigation), Rn. 35-43. Es geht jedoch nicht klar aus diesem Urteil (oder anderen Urteilen) hervor, inwiefern bei nicht nach der Beteiligungshöhe differenzierenden Normen die Beteiligungshöhe des vorliegenden Sachverhalts oder die mehrheitlich von der Norm erfassten Beteiligungshöhen über die zu prüfende Grundverkehrsfreiheit entscheiden sollen. Siehe ebd., Rn. 72 f. sowie Cordewener (2009), S. 262 und Hemels et al. (2010), S. 20 ff.

Wahl der verfügbaren Vergleichspaare ergaben. So befand auch die Große Kammer, welche primär den Inlandssachverhalt als Vergleichspaar heranzog, dass sich unabhängig vom Ansatz des Besteuerungsniveaus von Ausschüttungen inländischer oder gebietsfremder Gesellschaften, die nicht die Voraussetzungen der Hinzurechnungsbesteuerung erfüllen, eine Ungleichbehandlung ergibt. Diese resultiert aus dem einseitigen Einbezug der Gewinne eines anderen Steuerpflichtigen in die steuerliche Sphäre des Eigners in Abhängigkeit davon, ob ersterer seinen Sitz in einem anderen, niedrig besteuernden Staat hat.[932]

Anders war dies hingegen im Fall *Columbus Container Services*[933], welcher eine deutsche Regelung über die Zulässigkeit eines Übergangs von der Freistellungs- zur Anrechnungsmethode bei einer Personengesellschaft entsprechend Fall (2) zum Gegenstand hatte. Auch hier legten sich die Richter auf den Inlandsachverhalt, also der Behandlung von durch inländische Personengesellschaften ausgeschütteten Gewinnen, zur Begutachtung einer Ungleichbehandlung, fest.[934] Da auch für solche eine transparente Besteuerung erfolgte, sah der EuGH keine Ungleichbehandlung und folgerte, die „nachteiligen Folgen" ergäben sich aus der parallelen Ausübung der Besteuerungsbefugnisse zweier Mitgliedstaaten, über deren Aufteilung bislang keine allgemeinen Kriterien aus dem Gemeinschaftsrecht abzuleiten seien.[935] Dieses Ergebnis führte im Schrifttum zu kontroverser Debatte[936] und wohl letztendlich auch zum vom EuGH-Urteil abweichenden Schlussurteil durch den BFH. Dieser vertrat die Auffassung, die „Antwort resultiert ersichtlich allein aus der ihm im Rahmen des Vorabentscheidungsersuchens gestellten Frage, welche die tatbestandliche Verknüpfung zwischen § 20 Abs. 2 und 3 AStG a.F. einerseits und §§ 7 ff. AStG a.F. andererseits und die daraus abzuleitenden Konsequenzen nicht hinreichend verdeutlichte"[937]. Dass die §§ 7 ff. AStG der Niederlassungsfreiheit zuwiderlaufen, erkannte der BFH hierbei bereits aufgrund der Prüfung der noch zu erläuternden Rechtfertigungsebene als acte claire.[938] Eine Prüfung der Beschränkung nahm der BFH hingegen nicht vor.

Dass der BFH die Überprüfung des Vorliegens einer Ungleichbehandlung übergeht und aus der fehlenden Rechtfertigung einer (vermutlich fehlenden) Ungleichbehandlung unmittelbar einen Verstoß gegen Unionsrecht ableitet, entspricht einer Verwerfung des grundlegenden primärrechtlichen Prüfungsschemas und darf zumindest unter Gesichtspunkten der Unionstreue und Rechtssicherheit als ungünstig bezeichnet werden.[939] Zwar mag man Prokopf[940] dahingehend zustimmen, dass der EuGH lediglich die Rechtsfolge des switch-over für nicht beschränkend erklärt hat[941], der BFH sich hingegen auf die Unionsrechtswidrigkeit der hierzu erforderlichen tatbestandlichen Voraussetzungen der Hinzu-

---

[932] Vgl. EuGH-Urteil vom 12.09.2006 zur Rs. C-196/04 (Cadbury Schweppes), Rn. 44 f.

[933] EuGH-Urteil vom 06.12.2007 zur Rs. C-298/05 (Columbus Container Services).

[934] Vgl. ebd., Rn. 39.

[935] Vgl. ebd., Rn. 43 ff.

[936] Siehe die in Rn. 24 des BFH-Urteils vom 21.10.2009 zur Rs. I R 114/08 (Columbus Container Services) angeführte Literatur.

[937] Ebd., Rn. 30.

[938] Vgl. ebd., Rn. 24, 30.

[939] Ebenfalls kritisch: Sydow (2010), S. 176.

[940] Vgl. Prokopf in: Strunk et al. (2017), Rn. 99-102.

[941] So auch explizit Schlussanträge des GA Mengozzi vom 29.03.2007 zur Rs. C-298/05 (Columbus Container Services), Slg. 2007 I-10451, ECLI:EU:C:2007:197, Rn. 32-37.

rechnungsnormen des §§ 7 ff. AStG a.F. bezog. Hierdurch ist jedoch die fehlende Prüfung einer beschränkenden Wirkung dieser Normen durch den BFH noch nicht erklärt. Denn es kann aus der Rechtsprechung des Gerichtshofs nicht ohne weiteres abgeleitet werden, die divergierenden Tatbestandsvoraussetzungen der Anrechnungsmethode würden ungeachtet der Gleichartigkeit der Rechtsfolge (Anwendung der Anrechnungsmethode) eine Beschränkung begründen. Das unionsrechtliche Vergleichspaar wäre auch unter Berücksichtigung der Tatbestandsvoraussetzungen der Hinzurechnung für die Prüfung der switch-over-Norm weiterhin dasjenige, welches der EuGH zur Prüfung herangezogen hatte. Und sofern die Vorlagefrage weiterhin ein Personenunternehmen betrifft, dessen Eigner im Inlandssachverhalt denselben Rechtsfolgen wie im grenzüberschreitenden Sachverhalt unterworfen sind, nämlich dem Einbezug ihrer Gewinne in die eigene steuerliche Sphäre, so ergibt sich bei Abwesenheit einer offenen Diskriminierung durch die Tatbestandsvoraussetzungen auch weiterhin kein Unionsrechtsverstoß.[942] Zudem wären diese Tatbestandsvoraussetzungen, sollten allein die Tatbestandsvoraussetzungen des switch-over einer unionsrechtlichen Prüfung nicht standhalten, einer möglichst unionsrechtskonformen Anwendung zuzuführen, wodurch sie der Durchführung eines an sich nicht beschränkenden Wechsels zur Anrechnungsmethode nicht entgegenstehen sollten. Es ist daher ungeachtet der BFH-Entscheidung auch weiterhin von der primärrechtlichen Zulässigkeit von switch-over-Klauseln auszugehen.

Auch die ökonomischen Kriterien stimmen eher mit der Schlussfolgerung des EuGH überein. In Anbetracht der Übereinstimmung des steuerlichen Belastungsniveaus inländischer und gebietsfremder Personengesellschaften und Betriebsstätten bei kapitalexportneutralem Einbezug der Gewinne ist keine Ungleichbehandlung zu erkennen. Voraussetzung hierfür ist jedoch der vollständige Einbezug der gebietsfremden Steuern. Eine solche Belastungsgleichheit zur vergleichbaren inländischen Gesellschaft ergibt sich bei Hinzurechnung der thesaurierten Erträge gebietsfremder Tochterunternehmen zum inländischen Eigner, insofern dieser demselben inländischen Steuerniveau wie das inländische Tochterunternehmen unterworfen ist. Jedoch erfährt dieser angesichts der in dessen steuerlichen Sphäre einbezogenen Einkünfte eines anderen Steuerpflichtigen eine offensichtliche Ungleichbehandlung. Zur unionsrechtlichen Zulässigkeit des aus Sicht der Kapitalexportneutralität gerade notwendigen Einbezugs gebietsfremder thesaurierter Erträge wäre somit eine Rechtfertigung erforderlich.

Zu deren Anforderungen nahm der EuGH in den Urteilen zur britischen Hinzurechnungsbesteuerung ausführlich Stellung. Zur Anwendung kam dieses Verfahren, wenn das effektive ausländische Steuerniveau maximal drei Viertel des effektiven inländischen Steuerniveaus auf körperschaftsteuerlicher Ebene entsprach, keiner der Ausnahmetatbestände[943] einschlägig war, der niedrig besteuernde Ansässigkeitsstaat der beherrschten Gesellschaft nicht explizit ausgenommen war und ein Motivtest nicht bestanden wurde. Grundsätzlich erkannte der EuGH an, dass ein solches Verfahren geeignet sei, Möglichkeiten der Steuerumgehung durch die Steuerpflichtigen durch Verlagerungen von Gewinnen

---

[942]   Vgl. Reimer in: Schaumburg/Englisch (2015), Rn. 7.185 f.

[943]   „Akzeptable Ausschüttungspolitik", Ausübung bestimmter „steuerbefreiter Tätigkeiten" durch das Tochterunternehmen, börsennotierte Gesellschaften, bei denen sich mindestens 35 % der Stimmrechte im freien Verkehr befinden, de-minimis-Ausnahme.

in niedrig besteuernde Mitgliedstaaten zu verhindern.[944] Anforderungen erhob er jedoch auf Ebene der Verhältnismäßigkeitsprüfung. Da eine Bekämpfung der Steuerflucht nur dann legitimes Ziel sein könne, wenn hierdurch bezweckt wird, „rein künstliche, jeder wirtschaftlichen Realität bare Gestaltungen"[945] zu verhindern, gelte es, solche Gestaltungen nicht einer Hinzurechnungsbesteuerung zu unterwerfen, die dem Zweck der Niederlassungsfreiheit, nämlich der ungehinderten Partizipation am Wirtschaftsleben eines anderen Mitgliedstaats, entsprächen. Hierzu müsse dem Steuerpflichtigen die Möglichkeit gegeben werden, durch Nachweis reeller wirtschaftliche Gründe für die Errichtung der gebietsfremden Gesellschaft einer Anwendung der Norm zu entgehen. Solche Gründe müssen auf „objektiven, von dritter Seite nachprüfbaren Anhaltspunkten beruhen, die sich unter anderem auf das Ausmaß des greifbaren Vorhandenseins der beherrschten ausländischen Gesellschaft in Form von Geschäftsräumen, Personal und Ausrüstungsgegenständen beziehen."[946] Zur Rechtfertigung erforderlich, jedoch nicht hinreichend, wird eine Zugrundelegung des subjektiven Merkmals „Streben nach einem Steuervorteil"[947] angesehen. Die Prüfung einer hinreichenden Rechtfertigung der vorliegenden Regelung durch die Gegenbeweismöglichkeiten eines Motivtests wurde in den Vorabentscheidungsersuchen dem vorlegenden Gericht überlassen.[948] Im Vertragsverletzungsverfahren musste der EuGH hingegen Stellung beziehen. Hier lehnte er die Verhältnismäßigkeit der fraglichen britischen Regelung mit der Begründung ab, diese verhindere auch Tätigkeiten, deren zugrundeliegende wirtschaftliche Realität nicht negiert werden könne.[949]

Diese Begrenzung der Rechtfertigung auf Sachverhalte, die gar nicht erst in den Anwendungsbereich der Grundverkehrsfreiheiten fallen[950], stellt eine erhebliche Einschränkung des unionsrechtlich zulässigen Wirkungsbereichs von Systemen der Hinzurechnungsbesteuerung dar und wirkt in diametralem Gegensatz zu den aus Erwägungen der Verlagerungsneutralität berechtigten Bestrebungen der OECD zur Verhinderung von Substratallokation in Niedrigsteuerregime.[951] Da insbesondere die Möglichkeit eines Gegenbeweises nicht ausreicht und überdies keine typisierende Abstellung auf klassische Umgehungsstrategien zulässig ist, insofern nie auszuschließen sein wird, dass auch diese realökonomische Aktivität umfassen könnten, bleiben Hinzurechnungsbesteuerungssysteme ihrer Natur gemäß[952] unionsrechtlich angreifbar. Denn diese Systeme sind eben keine Instrumente zur

---

[944] Vgl. EuGH-Urteil vom 12.09.2006 zur Rs. C-196/04 (Cadbury Schweppes), Rn. 59.

[945] Ebd., Rn. 55.

[946] Ebd., Rn. 67. Diese Anforderungen werden lediglich reine „Briefkastenfirmen" nicht erfüllen. Sie knüpfen nur an die Möglichkeit einer Durchführung von Aktivitäten, nicht aber an das Aktivitätsniveau der Gesellschaft selbst. Denn auch eine reine Vermögensverwaltung erfordert i.d.R. einen eingerichteten Geschäftsbetrieb. Welchen Umfang eine solche Einrichtung erfordert, ist indes umstritten, siehe Evers/de Graaf (2009), S. 283-285.

[947] EuGH-Beschluss vom 23.04.2008 zur Rs. C-201/05 (CFC and Dividend Group Litigation), Rn. 78.

[948] Dies wurde in weiten Teilen der Literatur wie auch durch die Finanzverwaltung bereits als Zulassung eines Motivtests interpretiert, vgl. bspw. Wassermeyer/Schönfeld (2006), S. 1071 f.; Köhler (2007), S. 243 f.

[949] Vgl. EuGH-Urteil vom 13.11.2014 zur Rs. C-112/14 (Kommission/Großbritannien), Rn. 27 f.

[950] Vgl. Englisch in: Schaumburg/Englisch (2015), Rn. 7.254.

[951] Vgl. Vanistendael (2016), S. 171.

[952] Eine Ausweitung auf den Inlandsachverhalt würde eine Verwerfung der abschirmenden Besteuerung von Kapitalgesellschaften bedeuten, vgl. Wassermeyer/Schönfeld (2006), S. 1070; Köhler (2007), S. 243.

Vereitelung tatsächlicher Umgehungstatbestände[953], sondern dienen primär der Reduktion von Anreizen und Möglichkeiten zur Steuerumgehung. Im Gegensatz zur Mehrzahl der im Steuerrecht anzutreffenden Regelungen können diese Systeme Standortneutralität verbessern und stellen durch Implementierung kapitalexportneutraler Merkmale überdies ein geeignetes Instrument zur Gewährleistung von Verlagerungsneutralität dar. Die sehr enge Prüfung lässt Zweifel zu, ob überhaupt Systeme, die über eine reine Durchgriffsbesteuerung hinausgehen[954], unionsrechtlich Bestand haben können.

Umso relevanter erscheint die auch von der OECD im Bericht zur Umsetzung des BEPS-Aktionsplans[955] aufgeworfene Frage zu sein, ob, insbesondere nach der Relevanz dieses Vorbringens bei Regelungen der Unterkapitalisierung, auch eine Aufteilung der Besteuerungsrechte einschlägig sein könnte. Eine solche Prüfung hat im Rahmen der Hinzurechnungsbesteuerung durch den EuGH bislang nicht stattgefunden. Jedoch steht außer Frage, dass auch in der Rubrik Unterkapitalisierung lediglich Verrechnungspreis- und Zinsanpassungen an einen fremdüblichen Zustand die Verhältnismäßigkeit einer Aufteilung der Besteuerungsrechte im Sinne der Rechtsprechung wahren könnten. Die Hinzurechnungsbesteuerung ordnet sich sachlogisch hingegen unweigerlich in den Rahmen der Bekämpfung von Steuerumgehung ein. Dennoch subsumierte der Gerichtshof eine solche in diesen Fällen unter eine angemessene Aufteilung der Besteuerungsrechte. Dies war jedoch dem Umstand geschuldet, dass bei marktinkonformer Zinssetzung ein Mitgliedstaat auf unter seinem Hoheitsgebiet erwirtschaftete Einkünfte zugunsten eines anderen Mitgliedstaats verzichten müsste.[956] Dies gilt jedoch in vorliegendem Sachverhalt nicht in gleichem Maße. Denn die Hinzurechnungsbesteuerung umfasst vornehmlich gebietsfremde Einkünfte. Gewinne, welche gebietsfremde Zwischengesellschaften hingegen aus dem Inland beziehen, haben im Zuge des Territorialitätsprinzips regelmäßig bereits dem inländischen Steuerzugriff unterlegen. Es ist daher zweifelhaft, ob eine angemessene Aufteilung der Besteuerungsrechte hierbei einschlägig sein kann, sofern der Begriff durch den EuGH nicht deutlich weiter gefasst werden sollte.[957]

Im Falle einer Anrechnung der auf die thesaurierten Erträge entfallenden Körperschaftsteuer würde zumindest ein Teil der Zusatzbelastung des Eigners durch einen Steuervorteil, nämlich der Anrechnung der auf die thesaurierten Erträge entfallenden Körperschaftsteuer, ausgeglichen. Grundsätzlich erscheint daher auch eine Argumentation anhand der Kohärenz des Steuersystems in Betracht zu kommen. Dennoch muss ein solches

---

[953] Solche existieren zumeist getrennt von den betrachteten Systemen. Zur Durchbrechung des Trennungsprinzips in Missbrauchsfällen siehe bspw. für Deutschland die Tatbestände der §§ 39 Abs. 2 Nr. 2 (Treuhandverhältnis), 41 Abs. 2 (Scheingeschäft) oder § 42 (Missbrauch von rechtlichen Gestaltungsmöglichkeiten) dAO. Vgl. hierzu Kohlmann (2012), S. 20 ff.

[954] Rein künstliche Beteiligungsgesellschaften ohne Beteiligungsmanagement sollten mangels wirtschaftlicher Tätigkeit und aufgrund der Rechtfertigungsmöglichkeit nicht von der Niederlassungsfreiheit geschützt sein. Siehe hierzu Evers/de Graaf (2009), S. 285, 297.

[955] Vgl. OECD (2015), S. 18.

[956] Vgl. EuGH-Urteil vom 21.01.2010 zur Rs. C-311/08 (SGI), Rn. 63.

[957] Zu solch einem Kontext, betreffend gebietsfremde Einkünfte, hat sich der EuGH bislang nicht geäußert. Vgl. Hilling (2013), S. 300. Einzige Ausnahme hierfür stellen Urteile zu Verlusten, wie bspw. EuGH-Urteil vom 17.12.2015 zur Rs. C-388/14 (Timac Agro Deutschland) dar, bei denen es jedoch vorwiegend auf die Symmetrie bei der Besteuerung von Gewinnen und Verlusten, bzw. deren Nachversteuerung ankam (siehe Rn. 34 ff.).

Vorbringen im Lichte der derzeitigen Rechtsprechung als aussichtslos bezeichnet werden, da sich der Steuervorteil (Anrechnung) und Steuernachteil (Hinzurechnung) betragsmäßig aufgrund der Steuersatzdifferenz nicht vollumfänglich ausgleichen können.[958] Dass eine Kohärenz der Norm bereits darin begründet liegen könnte, dass teilentlastende Körperschaftsteuersysteme (bspw. Teileinkünfteverfahren) konzeptionell auf eine vollständige steuerliche Erfassung der Unternehmensgewinne auf körperschaftlicher Ebene aufbauen[959], entspricht ebenfalls nicht der gängigen Sichtweise des Gerichtshofs.

4.5.3 Zusammenfassung

Durch das Primärrecht bleibt die Zulässigkeit von Unterkapitalisierungsregeln und Verrechnungspreisanpassungen auf Korrekturen an einen marktüblichen Zustand begrenzt. Hierdurch bleiben die Mitgliedstaaten grundsätzlich befähigt, Verlagerungsneutralität zu gewährleisten, dürfen hierdurch jedoch selbst keine Mehrbesteuerungen verursachen. Eine solche bleibt auf Fälle uneinheitlicher Bewertungen von Zinsaufwand und Zinsertrag durch die beteiligten Staaten begrenzt. Insofern durch eine Ausweitung von Unterkapitalisierungsregelungen auf Inlandssachverhalte eine Umqualifizierung zu freigestellten Dividenden erfolgt, ist eine gleichartige Behandlung auch grenzüberschreitenden Zinszahlungen zu gewähren. Mehrbesteuerungen bleiben auch hier auf uneinheitliche Bewertungen begrenzt.

Systeme der Zugriffsbesteuerung können ebenso wie switch-over-Regelungen geeignet sein, die Gleichmäßigkeit der Besteuerung nach dem Leistungsfähigkeitsprinzip zu gewährleisten. Gleichzeitig entsprechen sie den ökonomischen Anforderungen an Kapitalexportneutralität unter Vermeidung sowohl der rechtlichen als auch der wirtschaftlichen Doppelbesteuerung. Sie können somit das Steueraufkommen der Mitgliedstaaten wahren, ohne hierbei die Effizienz des Binnenmarktes einzuschränken. Während der Übergang von Freistellungs- zu Anrechnungsverfahren unionsrechtlich unbeanstandet bleibt, sind Systeme der Zugriffsbesteuerung mit den Anforderungen des Unionsrechts nach Verständnis des EuGH weitgehend unvereinbar. Eine Lösungsmöglichkeit, welche nicht die Abschaffung der Hinzurechnungsbesteuerung zur Folge hätte, bestünde also lediglich in der Ausweitung der Methode auf den Inlandssachverhalt[960], was jedoch einem grundsätzlichen Einbezug thesaurierter Gewinne (und dann wohl auch Verluste) auf Ebene des Eigners gleichkäme.[961]

---

[958] Zu einer möglichen anderen Betrachtung siehe Abschnitt 5.2.2.
[959] So argumentieren Schön (2001), S. 943 f. und Führich (2009), S. 122.
[960] Alternativvorschlag der OECD (2015), S. 17 f.
[961] So gefordert von Führich (2009), insb. S. 237.

5 Implikationen zur Dogmatik

Ziel der Grundfreiheiten ist die Verhinderung von Diskriminierungen und Beschränkungen im grenzüberschreitenden Verkehr von Waren, Personen, Dienstleistungen und Kapital. Die vorstehende Analyse diente dem Zweck, deren Wirkungsweise auf die zugrundeliegenden ökonomischen Transaktionen strukturiert aufzuzeigen. Im Folgenden soll nun der Frage nachgegangen werden, inwiefern durch Anpassungen des Prüfungsschemas eine systematische Lösung zur Vermeidung der identifizierten nachteiligen Wirkungen über die Gesamtheit der betrachteten Kategorien verfügbar wäre. Dabei erscheinen insbesondere die Vergleichspaarbildung, das tertium comparationis sowie die Rechtfertigungsprüfung zur ökonomischen Beurteilung der qualitativen Wirkungsrichtung der gerichtlichen Interpretation der Grundverkehrsfreiheiten bedeutsam. Dem entgegen lassen sich aus der Prüfung des räumlichen, zeitlichen, sachlichen und persönlichen Anwendungsbereichs sowie der Frage nach der einschlägigen Grundverkehrsfreiheit (hinsichtlich des Einbezugs von Drittlandsituationen in den Schutzbereich) eher Informationen über die quantitative Wirkung der Grundverkehrsfreiheiten ableiten. Da jedoch die ökonomische Wirkungsrichtung und nicht deren Quantifizierung Gegenstand der vorliegenden Arbeit ist, sollen sich nachstehende Ausführungen auf erstere beschränken.

5.1 Vergleichspaaranalyse

Die Vergleichspaarbildung bezweckt die „Operationalisierung des Gleichheitsgrundsatzes"[962]. Aufgrund der Divergenz rechtlicher und ökonomischer Gleichheit, insbesondere aufgrund der Ungleichheit der gleich zu behandelnden Personen, bleibt die ökonomische Wirkung bei Auseinanderfallen von Steuerlastträger und Steuerpflichtigem mitunter ein Zufallsprodukt. Einige dieser Schwierigkeiten ließen sich, wie noch aufgezeigt werden wird, auf Rechtfertigungsebene beheben. Dennoch soll in gebotener Kürze auf die Problembereiche eingegangen werden, bei denen dies nicht möglich ist.

Hinsichtlich der Wahl der Vergleichspaarebene ergaben die vorstehenden Betrachtungen keine wesentlichen Unterschiede zwischen der Betrachtung horizontaler und vertikaler Vergleichspaare. Ungleichbehandlungen der grenzüberschreitenden Niederlassungsform verbieten sich lediglich bei inländischer Gleichbehandlung der Rechtsform.[963] So stellt der EuGH klar, dass die „Mitgliedstaaten Bedingungen und Höhe der Besteuerung der verschiedenen Niederlassungsformen von im Ausland tätigen inländischen Gesellschaften

---

[962] Gerken et al. (2000), S. 19.

[963] Vgl. EuGH-Urteil vom 21.09.1999 zur Rs. C-307/97 (Saint-Gobain), Rn. 44; Schlussanträge des GA Maduro vom 07.04.2005 zur Rs. C-446/03 (Marks & Spencer), Rn. 47. Ausführlicher: Jacobs (1999), S. 93; Schön (2004), S. 300; Herzig/Wagner (2006), S. 5. Gutmann (2003), S. 156 vertritt hingegen die Auffassung, dass primär auf die Vergleichbarkeit der Beziehung zwischen Stammhaus und Betriebsstätte auf der einen, und zwischen Mutter- und Tochterunternehmen auf der anderen Seite abzustellen sei.

festlegen können, soweit sie ihnen eine Behandlung gewähren, die gegenüber vergleichbaren inländischen Niederlassungen nicht diskriminierend ist."[964] Weiterhin gilt dies lediglich
bei Prüfung der Niederlassungsfreiheit. Bei Prüfung der Kapitalverkehrsfreiheit ist kein
ähnliches Kriterium anzutreffen. So ist beispielsweise eine unterschiedliche Behandlung
verschiedener Kapitalanlageformen zulässig, solange keine inländischen Anlageformen
(bspw. inländische Staatsanleihen) einseitig begünstigt werden.[965] Aus Sichtweise des Gerichtshofs ist eine Ungleichbehandlung der Rechtsform daher lediglich die logische Folge
der Ungleichbehandlung der grenzüberschreitenden Situation zur Inlandsituation.[966] Ein
unionsrechtliches Gebot der Rechtsformneutralität ergibt sich somit nicht.[967] Ebenfalls
keine nennenswerte Rolle spielte der grundsätzlich mögliche Vergleich mit einem anderen
grenzüberschreitenden Vorgang (beispielsweise einem Vorgang, dem abweichende abkommensrechtliche Vorschriften zugrunde liegen).

Die Anwendung des vertikalen Vergleichspaares bedarf in steuerlichen Mehrebenen-
systemen jedoch weiterhin der Entscheidung über dessen Tiefe, also der zu vergleichenden
Ebene. Während aus ökonomischer Betrachtung der zugrundeliegenden Besteuerungsmethodik hierbei stets die steuerliche Sphäre der Anteilseigner die zu vergleichende Ebene
darstellen müsste, bestimmt der Gerichthof diese regelmäßig aus den Kriterien der zu prüfenden nationalen Norm.[968] Die Ebene der Eigner ist nur dann einzubeziehen, wenn auch
die Norm bei der Behandlung nach der steuerlichen Situation der Eigner differenziert. Zwar
erscheint das regelmäßige Ausblenden der Eignerebene ökonomisch nicht wünschenswert,
sie ist jedoch zur Operationalisierung der Grundverkehrsfreiheiten zweifellos erforderlich
und ist daher zu akzeptieren. Eine Auflösung der sich hieraus ergebenden Problematik, dass
durch dieses Vorgehen auch nur vorübergehende Mehrbelastungen, die auf anderer Ebene
wieder ausgeglichen werden und denen daher keine wirkliche Mehrbesteuerung zugrunde
liegt, als Ungleichbehandlungen identifiziert werden, kann somit nur auf Rechtfertigungsebene erfolgen. Es sei hierzu auf die noch folgenden Ausführungen zur Rechtfertigungserwägung der Kohärenz verwiesen (s.u.).

Ein besonderes Problemfeld eröffnet sich jedoch bei transparent besteuerten Gesellschaften (insbesondere OGAW). Denn hierbei erscheint es im Prüfungsschema des EuGH
bemerkenswerterweise nicht notwendig zu sein, dass auch die zum Vergleich herangezo-
gene inländische Gesellschaft einer transparenten Besteuerung unterliegt. Ein transparenter Investmentfonds kann, wenn kein ähnlicher transparenter inländischer Rechtstypus gegeben ist, so beispielsweise mit einer inländischen Aktiengesellschaft zu vergleichen sein.
Dass sich aus einem solchen Vergleich zweier vollständig unterschiedlicher Besteuerungs-

---

[964] EuGH-Beschluss vom 04.06.2009 zur Rs. C-439/07, C-499/07 (KBC-Bank und Beleggen, Risicokapitaal, Beheer), Rn. 80.

[965] Vgl. EuGH-Urteil vom 07.04.2011 zur Rs. C-20/09 (Kommission/Portugal), Slg. 2011 I-2637, ECLI:EU:C:2011:214, Rn. 45, 54-56.

[966] Vgl. Englmair (2013), S. 65 f. Dies gilt daher auch dann, wenn der Gerichtshof nominell nur einen Rechtsformvergleich durchführt, vgl. EuGH-Urteil vom 06.09.2012 zur Rs. C-18/11 (Philips Electronics UK), Rn.
13 f.

[967] Vgl. Hey (2006), S. 118.

[968] Vgl. bspw. EuGH-Urteil vom 10.05.2012 zur Rs. C-338/11 - C-347/11 (Santander Asset Management SGIIC
u.a.), Rn. 28 und EuGH-Urteil vom 11.09.2014 zur Rs. C-47/12 (Kronos International), Rn. 63.

systeme nur in Ausnahmefällen ein auch ökonomisch sinnvolles tertium comparationis finden lassen dürfte, kann als gesichert betrachtet werden.

Umstritten ist bei Analyse des Vergleichspaars auch die Frage, welche steuerlichen Wirkungen einzubeziehen sind. Allgemein beschränkt der EuGH die Betrachtung hierbei auf die Ebene des beklagten Staats und blendet die steuerlichen Wirkungen, die sich aus der Ausübung der Besteuerungsrechte eines anderen Staats ergeben, aus (sog. „Kästchengleichheit" oder „single country apporach"). Dies entspricht dem Grundgedanken einer Gleichbehandlung von Steueraus- und Steuerinländern im verankerten Teilmarktdenken[969] des EuGH ebenso wie der Betrachtung von rechtlichen und nicht tatsächlichen Ungleichbehandlungen.[970] Wechselwirkungen zwischen diesen Teilmärkten bleiben somit ausgeblendet.

Dies gilt jedoch nicht uneingeschränkt, denn der EuGH negiert nicht grundsätzlich die Existenz gebietsfremder Steuern, wie es ein reiner single country approach verlangen würde.[971] Elemente eines „global approach", also einer Betrachtung auch der relevanten Steuerwirkungen des anderen beteiligten Staats, finden Eingang bspw. bei Erhebung von Quellensteuern (vollständige Anrechnung im Zielstaat), bei der Anrechnung von Quellensteuern oder Körperschaftsteuern (Berücksichtigung gebietsfremder Steuern) und bei der Berücksichtigung von Aufwendungen (Symmetrie der Berücksichtigung von Aufwendungen und Erträgen).[972]

Graetz und Warren möchten Diskriminierung als Ungleichbehandlung aus Unternehmenssicht bei kapitalexport- und kapitalimportneutraler Besteuerung verstehen. Sie führen aus, Nichtdiskriminierung erfordere eine gleichzeitige Besteuerung zu den Zielmarktbedingungen (Kapitalimportneutralität durch Freistellung), damit das dortige Unternehmen nicht gegenüber den im Ausland ansässigen diskriminiert werde und zu den Herkunftslandbedingungen (Kapitalexportneutralität durch Anrechnung), damit es nicht gegenüber den rein inländischen diskriminiert sei. Aus diesem Gedankenspiel leiten sie das Ergebnis ab, eine solche Diskriminierungsprüfung müsse ultimativ zu einem inkonsistenten Ergebnis führen, da nicht beide Zustände gleichzeitig erfüllt sein können. Sie schlussfolgern hieraus die Notwendigkeit eines deutlich engeren Verständnisses von Diskriminierungen durch den EuGH.[973] Im Ergebnis stimmen sie mit der Forderung von Schön überein, dass eine reine Nichtdiskriminierungsprüfung unter vollständiger Ausblendung der Steuerwirkungen des anderen Staats erforderlich sei, um zumindest Kapitalimportneutralität gewährleisten zu können.[974]

Dieser Forderung kann bei Betrachtung der vorstehenden Wirkungen nicht gefolgt werden. Erstens versteht der Gerichtshof Diskriminierungen und Beschränkungen nicht im Sinne einer Belastungsgleichheit, welches das maßgebliche Kriterium sowohl für Kapitalexport- als auch Kapitalimportneutralität darstellt.[975] Somit ist bereits die Grundannahme

---

[969]   Vgl. Hey (2004), S.194.

[970]   Diese Sichtweise fasst Gutmann (2003), S. 156 mit den Worten zusammen: "if comparability is a matter of law, not of fact, how could one deny that comparability stops at the border?"

[971]   Vgl. Schön (2015), S. 122 ff.

[972]   Vgl. hierzu auch Cerioni (2015), S. 269.

[973]   Vgl. Graetz/Warren (2006), S. 1217-1219, 1233.

[974]   Vgl. Graetz/Warren (2012), S. 1164; Schön (2000b), S. 90 ff.; Schön (2015), S. 122 ff.

[975]   Vgl. Birk (1996), S. 66; Tumpel (2000), S. 323; van Thiel (2008), S. 188 f.

von Graetz und Warren abzulehnen. Zweitens käme es einer Kapitulation vor den Wirkungen der Grundverkehrsfreiheiten gleich, nur noch kapitalimportneutrale Regime in Betracht zu ziehen, da diese eher mit deren „Zielmarktorientierung" im Einklang zu stehen scheinen.[976] Aufgrund finanzwissenschaftlicher Erkenntnisse ist vielmehr offenkundig, dass eher eine herkunftslandbezogene Besteuerung nach dem Welteinkommensprinzip den Binnenmarkt umfassend zu realisieren vermag. Drittens würde durch die Anwendung einer bloßen Nichtdiskriminierungsprüfung der Binnenmarkt seinem wirkungsvollsten Instrument zur Gewährleistung grenzüberschreitender Neutralität beraubt.[977] Denn die Nichtbeschränkung bleibt deutlich geeigneter, grenzüberschreitende Mehrbesteuerung zu unterbinden.

Nach der hier vertretenen Auffassung erscheinen die vorgenommenen Beschränkungen des Gerichtshofs hinsichtlich der Identifikation (Beschränkung der Besteuerungsebene) und Analyse (insb. Kästchengleichheit) zur Gewährleistung einer Operationalisierbarkeit der Grundverkehrsfreiheit notwendig. Die Vergleichspaaranalyse selbst kommt, sieht man von fehlgeleiteten Vergleichspaarkonstruktionen transparenter Gesellschaften ab, regelmäßig zu einer auch ökonomisch plausiblen Einschätzung darüber, ob eine tatsächliche Ungleichbehandlung (zumindest auf einer Ebene) besteht und deckt Situationen von Mehrbesteuerungen auf. Ihre eingangs erwähnte eigentliche Funktion, nämlich die Operationalisierung des Gleichheitspostulats, kann die vom Gerichtshof gewählte Methode weitgehend gewährleisten.

Dennoch bildet hierdurch eine nur nominell, nicht aber tatsächlich betroffene Ebene im Vergleichspaar Bezugspunkt der Betrachtung. Da die so vorgenommene Vergleichspaaranalyse somit weder eine Gleichmäßigkeit der Besteuerung, noch die vollumfängliche Umsetzbarkeit der frei wählbaren Besteuerungsprinzipien des Quellenland- oder des Welteinkommensprinzips zu garantieren vermag, erscheint offenkundig, dass eine Korrektur der hieraus resultierenden unerwünschten Wirkungen nur auf Rechtfertigungsebene möglich und erforderlich ist.

5.2 Rechtfertigung

Das Verständnis des EuGH über die weitreichenden Beschränkungs- und Diskriminierungsverbote der Grundverkehrsfreiheit führen zwangsläufig zu Einschränkungen nationaler Steuersouveränität. Sie bewirken direkte und notwendige Eingriffe in die nationalen Steuerrechtsordnungen, die von den Mitgliedstaaten unionsrechtskonform auszugestalten sind. Dennoch weist der weitreichende Gewährleistungsgehalt der Grundverkehrsfreiheiten das Potential auf, einer planmäßigen und systematischen Gestaltung der nationalen, bilateralen und multilateralen Normensysteme entgegenzuwirken. So erforderlich Eingriffe in das nationale Steuerrecht zur Erreichung des Binnenmarktziels sind, so notwendig ist eine Begrenzung ihrer potentiell zerstörerischen Wirkungskraft auf bestimmte Grundprinzipien der Besteuerung, an denen sich die nationalen Ordnungen ausrichten können müs-

---

[976]   So Strassburger (2012), S. 42 ff.
[977]   So auch Vanistendael (2003), S. 142 f.

sen.[978] Um dies zu gewährleisten, bestehen im Zuge der „rule of reason" bestimmte Möglichkeiten zur Rechtfertigung grundverkehrsfreiheitlicher Beschränkungen. Auch Englisch beschreibt die Grundverkehrsfreiheiten daher als „zu optimierende, binnenmarktfinale Rechtsprinzipien"[979].

Über den anzustrebenden Gewährleistungsgehalt der Grundverkehrsfreiheiten gehen die Meinungen innerhalb der Literatur sowie zwischen Kommission und Mitgliedstaaten weit auseinander. Ein weitgehender Schutz könnte den Mitgliedstaaten gewährt werden, würde man deren Haushaltsinteressen als eigenständige Rechtfertigung zulassen. Befürworter eines solchen Vorgehens möchten nicht erkennen, „warum die rein finanziellen Interessen der Marktteilnehmer ungleich höher zu bewerten sind als die Fiskalinteressen", da es „hier wie dort [...] um wirtschaftliche Überlebensfähigkeit" gehe.[980] Derartige Überlegungen können nicht überzeugen. Denn zum einen stellt ein spezifischer steuerlicher Eingriff für das Individuum einen ungleich höheren relativen Einkommensverlust dar als deren Nichtanwendung für den Staat.[981] Zum anderen sind die Möglichkeiten der Staaten einer nicht-beschränkenden und nichtdiskriminierenden Ausgestaltung des Steuerrechts wohl ungleich höher als die der Marktteilnehmer. Entsprechend schützen die Grundverkehrsfreiheiten auch deren Betätigungen und nicht die der Mitgliedstaaten. Auch der EuGH hat fiskalische Erwägungen stets kategorisch von seinen in der Rs. *Cassis-de-dijon*[982] entwickelten „zwingenden Gründen des Allgemeininteresses" ausgenommen. Anerkannt wurden im direkten Steuerrecht hingegen insbesondere:

- Territorialität
- Verhinderung von Steuerflucht und Steuerumgehung
- Verhinderung einer doppelten Verlustnutzung
- Gewährleistung der Steueraufsicht / Wirksamkeit der steuerlichen Kontrollen
- Angemessene Aufteilung der Besteuerungsrechte
- Wahrung der Kohärenz des nationalen Besteuerungssystems
- Effiziente Beitreibung von Steuerschulden[983]
- Verbraucherschutz und Schutz der Sozialordnung[984]

---

[978] Isenbaert fordert eine Abwägung der mitgliedstaatlichen Interessen auch aus dem Blickwinkel der Aufteilung der Souveränität zwischen den Ebenen der Europäischen Union: „When we accept that there is no hierarchical relation between the sovereignty claims of the bodies politic of the EU/EC level and of the Member States, then we must necessarily also accept that one body politic must allow the other body politic to pursue the objectives and perform the functions that are inherent to the policy areas that have remained within its function-sovereignty." (Isenbaert (2008), S. 694).

[979] Vgl. Englisch in: Schaumburg/Englisch (2015), Rn. 7.203.

[980] In dieser Weise Stewen (2008), S. 447.

[981] Vgl. Isenbaert (2009), S. 267.

[982] EuGH-Urteil vom 20.02.1979 zur Rs. 120/78 (Rewe Zentral), Slg. 1979 649, ECLI:EU:C:1979:42.

[983] Vgl. bspw. EuGH-Urteil vom 18.10.2012 zur Rs. C-498/10 (X NV), ECLI:EU:C:2012:635, Rn. 41 f.

[984] Vgl. bspw. EuGH-Urteil vom 11.06.2015 zur Rs. C-98/14 (Berlington Hungary), ECLI:EU:C:2015:386, Rn. 63.

Vor allem in der jüngeren Rechtsprechung werden diese Rechtfertigungen in verschiedener Weise gruppiert, Rechtfertigungserwägungen einander untergeordnet und nicht immer konsistent interpretiert.[985] Zudem berücksichtigt der Gerichtshof nur von den Verfahrensbeteiligten oder dem vorlegenden Gericht tatsächlich vorgebrachte Rechtfertigungsgründe.[986] Neben einer allgemeinen Verwirrung[987], in welcher der Gerichtshof auch die Fachwelt zurückließ, ist dieses Vorgehen auch aus Gründen der Rechts- und Planungssicherheit kaum wünschenswert. Das derzeitige Vorgehen des Gerichtshofs läuft, wie gezeigt wurde, teilwiese fehl, insbesondere, da es wesentliche schutzbedürftige Elemente nationaler und internationaler Besteuerungssysteme vermissen lässt. Daher wäre eine strukturierte Weiterentwicklung des Schemas zum Schutz der am Binnenmarkt existierenden Steuersysteme im Zuge einer dynamischer Rechtsauslegung[988] wünschenswert.

Im Folgenden soll daher der Versuch einer Definition eines ökonomisch systematischen Schemas unternommen werden, welches bei einer entsprechenden Weiterentwicklung der Rechtsprechung die vom EuGH entwickelte Vorgehensweise ergänzen könnte. Es soll sich möglichst eng an den Interessen orientieren, die der EuGH im Kern zu wahren versucht, weicht jedoch unvermeidbar von seiner hierbei angewandten Dogmatik ab. Wie gezeigt werden wird, unterscheidet sich eine ökonomisch zutreffende Einordnung eines Sachverhalts im Rechtfertigungsschema mitunter von der unionsrechtlichen Einordnung des Gerichtshofs. Im Vorgriff auf die nachfolgenden Ausführungen liefert Abb. 19 eine nach ökonomischen Kriterien systematisierte Einordnung der in die Rechtfertigungsprüfung einzubeziehenden Sachverhalte und den nach ökonomischen Gesichtspunkten einschlägigen Rechtfertigungsgrund.

In gängiger betriebswirtschaftlicher Herangehensweise kann das Effektivitätsgebot, welches eine möglichst wirkungsstarke Interpretation der Grundverkehrsfreiheiten unter Wahrung gewisser den Mitgliedstaaten zugestandenen Interessen des Allgemeinwohls fordert, als Optimierungskalkül interpretiert werden. Demnach wäre die Wirkungskraft der Grundverkehrsfreiheiten eine zu maximierende Zielgröße, während die zuzulassenden Rechtfertigungserwägungen notwendige Nebenbedingungen darstellen.

Soweit man nun, den in den Vorkapiteln dargestellten Beobachtungen folgend, den Grundverkehrsfreiheiten eine tendenziell steigernde Wirkung auf die ökonomische Effizienz des grenzüberschreitenden Besteuerungssystems zugestehen mag, führt dieses Kalkül im Grunde auch zu einer ökonomisch sinnvollen Lösung. Jedoch existieren auch bei ökonomischer Betrachtung Bedingungen, bei deren Verletzung eine weitere Steigerung der Zielgröße keine Effizienzsteigerungen und ggf. auch Effizienzeinbußen erwarten lässt. Dies hat verschiedene Ursachen, die im Folgenden näher betrachtet werden sollen, um ökonomische Nebenbedingungen zu formulieren, die bei einer notwendigen Weiterentwicklung des Rechtfertigungsschemas mögliche Ansatzpunkte liefern könnten.

---

[985]   Vgl. Lang (2009), S. 106-108.
[986]   Vgl. Cordewener (2002), S. 152.
[987]   Vgl. Kellersmann/Treisch (2002), S. 162 f.
[988]   Neben dem Effektivitätsgebot soll auch dieser Grundsatz des Unionsrecht der Verwirklichung des Binnenmarktes dienen, indem der Gerichtshof dessen, sich dynamisch verändernden Anforderungen Rechnung tragen soll. Ausführlicher Buerstedde (2006), S. 78 ff.

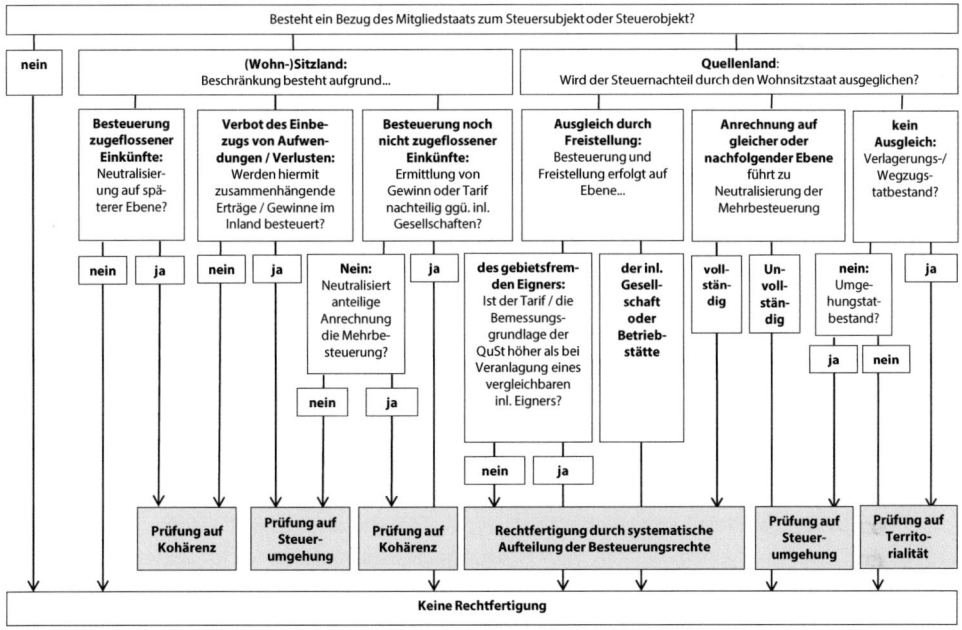

Abb. 19: Übersicht über eine ökonomisch systematische Einordnung der Rechtfertigungserwägungen

Eine brauchbare Rechtfertigungsprüfung müsste darauf abzielen, bestimmte wesentliche nationale und internationale Besteuerungsprinzipien, die grundverkehrsfreiheitlichen Einwirkungen ausgesetzt sind, zu schützen. Es sei betont, dass es sich um so grundlegende Prinzipien handeln muss, damit diese in der Gesamtheit der Mitgliedstaaten anerkannt und aus dem Blickwinkel der ökonomischen Wirkungsweise des jeweiligen Besteuerungssystems notwendig sind. Eine Sicherstellung der „Integrität der Zentralnormen", wie es Reimer ausdrückt, darf hingegen nicht angestrebt werden, sofern diese durch die Mitgliedstaaten veränderlich sind.[989] Ohnehin weisen jedoch die meisten rein technischen Prinzipien geringes Konfliktpotential zu den Grundverkehrsfreiheiten auf (bspw. Stichtagsprinzip, Annuitätsprinzip). Vorschriften mit typisierender Funktion werden vom Gerichtshof bereits zum Teil im Zuge der Verhältnismäßigkeitsprüfung berücksichtigt. Anderes gilt indes für wertende Prinzipien, insbesondere für den im direkten Steuerrecht international vorherrschenden, durch das Leistungsfähigkeitsprinzip verankerten Gleichheitssatz.[990] Während dessen vertikale Dimension (insbesondere das subjektive Nettoprinzip) im Zuge der

---

[989] Reimer (2000), S. 61: Dieser gibt zu bedenken, dass, könnte der Gesetzgeber geschützte Prinzipien durch einfache Gesetzesänderung „erschaffen", die Gefahr einer vollständigen Immunisierung der Steuerrechtsordnungen vor den Grundverkehrsfreiheiten besteht.

[990] Nicht dem Leistungsfähigkeitsprinzip folgen die eher wettbewerbspolitisch ausgerichteten dualen Einkommensteuersysteme. Da jedoch auch in diesen Systemen das Leistungsfähigkeitsprinzip innerhalb der zwei übergeordneten Einkunftsarten (aus Kapital und Arbeit) vorherrscht, gelten die Schlussfolgerungen auch hierfür.

„Schumacker-Doktrin" bereits teilweise Eingang in die Rechtsprechung gefunden hat[991], blieb seine horizontale Dimension bislang weitgehend unberücksichtigt, obgleich es mitunter den stärksten Eingriffen durch die Grundverkehrsfreiheiten ausgesetzt ist.[992] Auch aus ökonomischer Perspektive stellen die Grundverkehrsfreiheiten insbesondere dahingehend eine Gefahr dar, als dass sie eine vollständige Besteuerung grenzüberschreitender Sachverhalte verhindern können, hierdurch grenzüberschreitende Sachverhalte den inländischen bevorteilen[993] und Entscheidungsneutralität verletzen.

Zweitens sollen die Rechtfertigungserwägungen ein zwischenstaatliches System schützen, welches insbesondere durch die Freiheit der Mitgliedstaaten über die Wahl der Aufteilung der Besteuerungsrechte gekennzeichnet ist. International erfolgt diese Aufteilung insbesondere anhand zweier übergeordneter Prinzipien, dem kapitalimportneutralen Quellenlandprinzip und dem kapitalexportneutralen Welteinkommensprinzip.[994] An diesen orientieren sich nicht nur die europäischen bilateralen Besteuerungssysteme, sondern auch das vom EuGH mehrfach angeführte OECD-MA. Die meisten der vom EuGH anerkannten Erwägungen zielen auch darauf ab, die Durchführung und Durchsetzung dieser Prinzipien zu gewährleisten.

Die Abwägung zwischen Nebenbedingung und Optimierungsgröße ist in dieser ökonomischen Betrachtung dem juristischen Prüfungsschema recht ähnlich. Bei letzterer bleibt der Mitgliedstaat berechtigt, die ihm durch die Rechtfertigungserwägungen zuerkannten zwingenden Interessen vollumfänglich zu schützen. Dieser Schutz findet seine Begrenzung lediglich in der Verhältnismäßigkeit. Zwar sind die Rechtfertigungen absolut und erfahren im Prüfungsschema des Gerichtshofs keine unmittelbare Abwägung gegen das Ausmaß des primärrechtlichen Eingriffs[995], allerdings können sie keine Maßnahmen rechtfertigen, die über das zu ihrer Erreichung erforderliche hinausgehen.

Hierbei stellt sich auch bei ökonomischer Betrachtung die Frage, welche Maßnahmen als erforderlich und welche als nicht mehr erforderlich zum Schutz der Gleichmäßigkeit der inländischen wie auch der grenzüberschreitenden Besteuerung einzustufen sind.

5.2.1 Notwendige Besteuerungsrechte des Quellenstaats

Die Rechtfertigungserwägung der angemessenen Aufteilung der Besteuerungsrechte geht in seiner Essenz auf die Urteile *Lasteyrie du Saillant* und *Marks & Spencer* zurück. Im ursprünglichen Verständnis des EuGH kann dieses Kriterium nur dann zutreffend sein, wenn durch eine nationale Maßnahme „Verhaltensweisen verhindert werden sollen, die geeignet sind, das Recht des Mitgliedstaats auf Ausübung seiner Steuerhoheit für die in seinem Ho-

---

[991] Vgl. Englmair (2013), S. 61 f. sowie Englisch in: Schaumburg/Englisch (2015), Rn. 7.267.

[992] Weiterhin wäre zu diskutieren, ob die Lenkungsfunktion der Besteuerung nicht ebenfalls ein schützenswertes Prinzip darstellen könnte. Diese Thematik stellt jedoch keinen Untersuchungsgegenstand vorliegender Betrachtung dar.

[993] Vgl. Isenbaert (2009), S. 267.

[994] Siehe hierzu auch Schaumburg (2000), S. 369 ff.

[995] Eine Ausnahme stellt die Unterscheidung in offene und verdeckte Diskriminierungen dar, da erstere nur anhand der im Vertragstext verankerten Ausnahmebestimmungen gerechtfertigt werden können.

heitsgebiet durchgeführten Tätigkeiten zu gefährden"[996] Dieser engen Formulierung nach zielt es auf den Schutz der Besteuerungsrechte des Wohnsitzstaats lediglich für die in seinem eigenen Staatsgebiet erwirtschafteten Einkünfte ab und weist damit eine gewisse Ähnlichkeit mit dem Rechtfertigungsgrund der Territorialität auf. Aufgrund des Vorliegens einer „Gefährdung" wurde die Aufteilung der Besteuerungsrechte zunächst nicht als eigenständige Erwägung akzeptiert, sondern erforderte stets eine Verbindung zur Gefahr einer Steuerflucht oder Steuerumgehung.[997] Später war auch ein Zusammenhang mit dem Territorialitätsgrundsatz ausreichend.[998] Insbesondere durch zunehmende Subsumption der Gefahr einer Steuerumgehung unter die Aufteilung der Besteuerungsrechte konnte sich letztere dann weitgehend emanzipieren.[999]

Bislang nicht explizit anerkannt hat der Gerichtshof hingegen die Rechtfertigungserwägung, das Besteuerungsrecht des Wohnsitzstaats hinsichtlich des Welteinkommens zu wahren.[1000] Somit blieb die vom Gerichtshof gewährte Ausgewogenheit der Aufteilung der Besteuerungsrechte stets auf das Besteuerungsrecht des Wohnsitzstaats für die in seinem Hoheitsgebiet erzielten Einkünfte beschränkt und schloss nicht sein Besteuerungsrecht an den ihm zufließenden ausländischen Einkünften, also die Ausübung des Welteinkommensprinzips, mit ein.[1001] Dies erscheint auch nach der hier vertretenen Auffassung sachgemäß, nach der eine mögliche Rechtfertigung von Beschränkungen im (Wohn-)Sitzstaat für ihm zufließendes Steuersubstrat bei ökonomischer Einordnung vordinglich anhand des Kriteriums einer weiter zu fassenden Kohärenz des Besteuerungssystems geprüft werden müsste (vgl. Abb. 19).

Eine effektive Begrenzung der in Abschnitt 4 aufgezeigten Gefahren des Primärrechts auf die gebotene kapitalexport- sowie kapitalimportneutrale Ausgestaltung der innergemeinschaftlichen Steuersysteme mittels des Welteinkommens- und des Quellenlandprinzips scheitert jedoch an einer hierfür ungeeigneten Verhältnismäßigkeitsprüfung. Durch diese bleibt, wie bereits aufgezeigt wurde, nicht einmal eine systematische Gewährleistung der Besteuerungsrechte des Wohnsitzlands für die in seinem Territorium erwirtschafteten Einkünfte möglich.[1002] Denn eine eigenständige Verhältnismäßigkeitsprüfung bleibt der EuGH mit Ausnahme der durch ihn herangezogenen Symmetriebetrachtung im Zusam-

---

[996] EuGH-Urteil vom 28.02.2013 zur Rs. C-168/11 (Beker), Rn. 57. Siehe weiterhin EuGH-Urteil vom 29.03.2007 zur Rs. C-347/04 (Rewe Zentralfinanz), Rn. 42 und EuGH-Urteil vom 17.09.2015 zur Rs. C-589/13 (F. E. Familienprivatstiftung Eisenstadt), Rn. 70.

[997] Vgl. EuGH-Urteil vom 18.07.2007 zur Rs. C-231/05 (Oy AA), Rn. 54 und EuGH-Urteil vom 21.01.2010 zur Rs. C-311/08 (SGI), Rn. 57 ff.

[998] Vgl. EuGH-Urteil vom 23.01.2014 zur Rs. C-164/12 (DMC Beteiligungsgesellschaft), Rn. 45.

[999] Nicht weiter beachtet wurden andere Erwägungen bspw. im EuGH-Urteil vom 25.02.2010 zur Rs. C-337/08 (X Holding), Rn. 27 ff. oder im EuGH-Urteil vom 21.05.2015 zur Rs. C-657/13 (Verder LabTec), Rn. 41 ff.

[1000] Einzige Ausnahme bleibt die Rechtfertigung des Zugriffs auf gebietsfremde Einkünfte bei Nachversteuerung eines zuvor im Inland zugelassenen Verlustausgleichs im EuGH-Urteil vom 17.12.2015 zur Rs. C-388/14 (Timac Agro Deutschland), Rn. 34 ff, bei welchem der Gerichtshof entsprechend des wirtschaftlichen Zusammenhangs zu den zuvor durch Verlustausgleich entgangenen inländischen Steuern allerdings auf die hier beachtliche Symmetrie abstellt.

[1001] Zwar findet die Rechtfertigungserwägung auch Anwendung bei Verlustsituationen von Outbound-Investitionen, hier zielt die Rechtfertigung jedoch gleichfalls auf den Schutz der territorialen Steueransprüche des Wohnsitzstaats als Quellenstaat der zum Ausgleich verfügbaren Gewinne ab.

[1002] Ebenso Hemmelgarn (2007), S. 108-110.

menhang mit Verlusten[1003] und Abzugsverboten[1004] bislang schuldig. In diesen Sachverhalten gewährleistet die Rechtfertigung die Eindämmung von Möglichkeiten zur Verlagerung von Steuersubstrat durch pauschalierende Regelungen. In allen anderen Fällen orientiert sich die Prüfung regelmäßig an den Verhältnismäßigkeitskriterien der Verhinderung von Steuerumgehungen und der Wirksamkeit der steuerlichen Kontrollen. Gerechtfertigt werden können hierbei lediglich Maßnahmen zur Verhinderung rein missbräuchlicher Gestaltungen. Folglich entfaltete das Kriterium der Aufteilung der Besteuerungsrechte lediglich bei Verlusten und hiermit zusammenhängender Normen nennenswerte Wirkung.

Sollte das Kriterium hingegen auch die Zulässigkeit einer mitgliedstaatlichen Gewährleistung kapitalimportneutraler Besteuerung nach dem Quellenlandprinzip und kapitalexportneutraler Besteuerung nach dem Welteinkommensprinzip unter Verwendung der Anrechnungsmethode umfassen sollen, müsste das Kriterium deutlich weiter gefasst werden und insbesondere auch das Besteuerungsrecht des Quellenlands auf die in seinem Territorium erzielten Einkünfte umfassen. Hinsichtlich der Besteuerung des Quellenlands müsste dazu bereits grundsätzlich die Vermeidung der Doppelbesteuerung im (Wohn-)Sitzstaat Berücksichtigung finden und die Rechtfertigungserwägung somit deutlich aufgewertet werden.[1005] Verhältnismäßig und gerechtfertigt wäre eine Quellenbesteuerung aus ökonomischer Sicht dann, wenn

(1)   die Freistellung im Wohnsitzstaat eine Doppel- oder Mehrbesteuerung auf Ebene des durch den Quellenstaat zur Besteuerung herangezogenen Steuerpflichtigen verhindert. Bei abkommensrechtlich vereinbarter und tatsächlich erfolgter Freistellung ist dies dann der Fall, wenn Tarif und Bemessungsgrundlage der Quellensteuer nicht höher sind als bei vergleichbaren inländischen Eignern. Eine solche Quellenbesteuerung ermöglicht die Umsetzung kapitalimportneutraler Besteuerung zu den Investitionsbedingungen des Quellenlands nach Maßgabe des Territorialitätsprinzips.

(2)   eine vollständige Anrechnung im Wohnsitzstaat zur Neutralisierung der Mehrbesteuerung führt. Dabei muss unbeachtlich blieben, ob die Anrechnung beim gleichen Steuersubjekt oder bei dessen Anteilseignern erfolgt.

In beiden Fällen ist die Verhältnismäßigkeit gewahrt, wenn die Mehrbesteuerung tatsächlich verhindert wird, sich die steuerliche Mehrbelastung somit lediglich in Höhe der Steuersatzdifferenz ergibt und somit tatsächlich einer parallelen Ausübung der Besteuerungsrechte geschuldet ist.

Bei Beschränkungen durch das Quellenland oder Transitland ist durch ein solches Prüfungsschema, welches die Belastungswirkung im (Wohn-)Sitzland bereits grundsätzlich be-

---

[1003] „Inhalt dieses Ziel ist es, [...] die Symmetrie zwischen dem Recht zur Besteuerung der Gewinne und der Möglichkeit, Verluste in Abzug zu bringen, zu wahren" (EuGH-Urteil vom 06.09.2012 zur Rs. C-18/11 (Philips Electronics UK), Rn. 24).

[1004] Vgl. EuGH-Urteil vom 18.07.2007 zur Rs. C-231/05 (Oy AA), Rn. 53-56.

[1005] Auch der Gerichtshof folgt immer stärker dem Schutz der Besteuerungsrechte des Quellenstaats. Siehe ebd., S. 119.

rücksichtigt, auch keine „prioritäre Festlegung des Besteuerungsrechts"[1006] erforderlich und die Wahlfreiheit der Mitgliedstaaten über die Methodik zur Vermeidung der Doppelbesteuerung bliebe gewahrt. Kann nämlich eine Vermeidung im (Wohn-)Sitzstaat eine höhere (Quellen-)Besteuerung abfließenden Steuersubstrats, welche in aller Regel in der Vergleichspaaranalyse als beschränkende oder diskriminierende Ungleichbehandlung identifiziert werden wird, nicht rechtfertigen, so liegt nach ökonomischer Logik vielmehr dieser Beurteilung eine faktische prioritäre Festlegung inne. Denn hierdurch wird dem Quellenstaat nicht nur die Implementierung solcher Normen untersagt, die tatsächlich zu einer Mehrbesteuerung führen, sondern auch die Nutzung solcher Instrumente ausgeschlossen oder zumindest erschwert, welche gerade erforderlich sind, um bspw. im Falle einer vereinbarten Freistellung den vollen inländischen Steuersatz trotz mangelnder Veranlagung abzubilden und so erst eine gleichmäßige steuerliche Behandlung im Sinne kapitalimportneutraler Besteuerung nach der Freistellungsmethode erreichen könnten. Wenn nun aber gerade im umgekehrten Fall, nämlich der Rechtfertigung der Ungleichbehandlung durch die Besteuerung im Quellenstaat, von einer „prioritären Festlegung" gesprochen wird, so wird verkannt, dass der (Wohn-)Sitzstaat nicht rein zufällig und konzeptlos eine Vermeidung der Doppelbesteuerung vornimmt, von der die Rechtfertigung im Quellenstaat nun abhängig gemacht wird.

Denn für diesen existiert kein Selbstzweck in einer Vermeidung, die ihn selbst doch fiskalisch belastet, indem das eigene Steueraufkommen zugunsten von Investitionen in einem anderen Staat geschmälert wird. Vielmehr vermeidet dieser eine Mehrbelastung der grenzüberschreitenden Sachverhalte aufgrund einer auf Gegenseitigkeit ausgerichteten zwischenstaatlichen Vereinbarung. Somit würde der EuGH lediglich diese bereits durch die Mitgliedstaaten abkommensrechtlich vorgenommene Aufteilung respektieren, wenn er die Vermeidung einer Mehrbesteuerung in einem anderen Staat als Rechtfertigung zuließe, nicht jedoch selbst „prioritär" eine solche Aufteilung vornehmen. Die einzige Entscheidung, die er bei einer so gestalteten Prüfung einer „angemessenen Aufteilung der Besteuerungsrechte" treffen müsste, ist diejenige, ob unter Berücksichtigung der Vermeidung im Wohn(Sitzstaat) für den Steuerpflichtigen ein effektives Belastungsniveau erreicht wird, welches nicht höher ist als dasjenige des höher besteuernden Staats. Diese Prüfung erfordert lediglich eine Rechenoperation und damit keinerlei normative Wertung darüber, welchem Staat welche Steuerhoheiten zuzusprechen sind.

Eben dieser Logik folgt der Gerichtshof auch, wenn er (wenn auch in engen Grenzen) eine spätere Anrechnung durch den Quellenstaat als Rechtfertigung einer Beschränkung Gebietsfremder akzeptiert. Gleiches müsste jedoch für die Freistellung gelten, auch wenn hierdurch, wie vom EuGH zutreffend festgestellt wurde, die zusätzliche Belastung gerade effektiv wird. Dies ist aus ökonomischer Sicht hinzunehmen, insofern die Gesamtbelastung des Gebietsfremden das effektive inländische Steuerniveau insgesamt (d.h. auch unter Berücksichtigung der Veranlagung unbeschränkt steuerpflichtiger gebietsansässiger Personen) nicht übersteigt.

Insofern Beschränkungen hingegen aufgrund der Wahrnehmung der Besteuerungsrechte durch den Quellenstaat bewirkt werden, die weder durch Freistellung noch durch

---

[1006] Kokott (2007), S. 915.

Anrechnung vermieden werden, ist nicht vordergründig die Aufteilung der Besteuerungsrechte betroffen. Denn wenn kein abkommensrechtlicher Ausgleich der Besteuerung des
Quellenstaats durch den Wohnsitzstaat erfolgt, wird dies regelmäßig einer Verhinderung
von Steuerumgehungstatbeständen (bspw. hybriden Gestaltungen) geschuldet sein, deren
Angemessenheit dann zu prüfen wäre.

5.2.2 Gewährleistung der Gleichmäßigkeit der Besteuerung im Wohnsitzstaat

In den Fällen, in denen die Aufteilung der Besteuerungsrechte als Rechtfertigungserwägung
für den (Wohn-)Sitzstaat herangezogen wird, verlangt die Prüfung hingegen unweigerlich
eine „prioritäre Festlegung des Besteuerungsrechts", wie sie der Gerichtshof aufgrund der
Souveränität der Mitgliedstaaten bei Festlegung einer angemessenen Aufteilung der Besteuerungsrechte ablehnt. Denn im Gegensatz zum Quellenstaat kann der (Wohn-)Sitzstaat
auch dadurch Beschränkungen auslösen, dass er Aufwendungen und Verluste nicht berücksichtigt, die bei systematischer Aufteilung ihre primäre Berücksichtigung nach ökonomischen Maßstäben eigentlich durch den Quellenstaat hätten finden müssen. Wann aber
ist dies der Fall? Der Beantwortung ist die unionsrechtliche Entscheidung über die Angemessenheit der Aufteilung immanent. Hierzu wäre entweder eine Lösung auf dem Harmo-
nisierungsweg erforderlich oder der EuGH müsste eine Festlegung treffen. In Abwesenheit
beider Alternativen stellt die Aufteilung der Besteuerungsrechte im Falle von Beschränkungen des (Wohn-)Sitzstaats daher kein geeignetes Rechtfertigungskriterium dar.[1007] Für die
Prüfung von Rechtfertigungen identifizierter Beschränkungen durch den (Wohn-)Sitzstaat
müssten daher andere Erwägungen geprüft werden.

Hinsichtlich der Besteuerungsrechte des (Wohn-)Sitzstaats steht aus ökonomisch Perspektive die gleichmäßige, hier also möglichst kapitalexportneutrale Besteuerung im Mittelpunkt. Um eine solche zu gewährleisten bedarf es der Besteuerung der Welteinkünfte
nach den Heimatmarktbedingungen. Besonders relevant wäre daher das Totalitätsprinzip,
welches eine vollständige Erfassung des für eine gleichmäßige Besteuerung relevanten Steuersubstrats fordert und eine zumindest ökonomisch geeignete Alternative zur Rechtfertigungserwägung der Aufteilung der Besteuerungsrechte darstellt.[1008] Insbesondere in den
folgenden vier Bereichen kann eine Besteuerung entsprechend des Totalitätsprinzips zu einer Beschränkung der Grundverkehrsfreiheiten führen:

(1) Gewinnkorrekturen durch Missbrauchsvorschriften zur Neutralisierung eines
Entzugs von Steuersubstrat durch Verlagerung oder Umgehung

(2) Nichtberücksichtigung von Aufwendungen oder Verlusten aufgrund eines fehlenden Bezugs zu im Inland steuerpflichtigen Erträgen oder Gewinnen (fehlender
Beitrag zur Leistungsfähigkeit des Steuerpflichtigen)

[1007] Lang (2015), S. 72 ff., stellt dieses Problem für Verluste dar und sieht infolge eine Rückkehr des EuGH zur
Kohärenzerwägung, ohne dies jedoch zu begrüßen.

[1008] Dies fordern (allerdings aus Gründen der Besteuerung nach dem Leistungsfähigkeitsprinzip) bspw. auch Fischer (2004), S. 632; Seiler (2005), S. 28 ff.

(3)   einseitige Besteuerung thesaurierter Einkünfte nur gebietsfremder Gesellschaften

(4)   Ausgleich eines Steuernachteils bleibt bei Prüfung der Beschränkung unberücksichtigt

Zu (1): Die im direkten Steuerrecht einschlägigen Grundverkehrsfreiheiten zielen darauf ab, die Mobilität wirtschaftlicher Betätigungen zu schützen. Die Anknüpfung an eine
reelle wirtschaftliche Tätigkeit ist dabei insbesondere zur Verhinderung der aus dem Primärrecht evolvierenden Beeinträchtigungen der Verlagerungsneutralität von entscheidender Wichtigkeit. Sowohl aus grundverkehrsfreiheitlich-konzeptueller Sicht als auch aus diesem ökonomischen Erwägungsgrund ist die Gewährleistung einer realwirtschaftlich folgen-
losen „Ab- und Einwahl" in die jeweils günstigste Rechtsordnung abzulehnen. Denn insofern sich durch eine Verlagerung des Sitzes oder ähnlicher Vorgänge keine tatsächliche
ökonomische Tätigkeit entfaltet, hat auch ein Schutz dieses Vorgangs keine Auswirkung
auf die Verwirklichung des Binnenmarkts.[1009] Oder, um es mit den Worten Schöns auszu-
drücken: „Der ‚free mover' soll nicht zum ‚free rider' werden."[1010]

Zur Gewährleistung dieser Anforderung, welche sich mit denen des Welteinkommensprinzips und des Quellenlandprinzips überschneidet[1011], erkennt der Gerichtshof die Notwendigkeit der Verhinderung von Steuerflucht oder Steuerumgehung sowie teilweise auch
zur Sicherung der Steueraufsicht[1012] an. Hierbei begrenzt er die Reichweite jedoch auf „rein
künstliche, jeder wirtschaftlichen Realität bare Gestaltungen"[1013]. Diese Rechtfertigungserwägungen sollten sich jedoch nicht auf reine Missbrauchssachverhalte beschränken, die ohnehin nicht in den Anwendungsbereich der Grundverkehrsfreiheiten fallen, sondern insbesondere Methoden erlauben, die

• eine Nichtberücksichtigung von Aufwendungen im Fall von Steuerumgehungen
(bspw. via „treaty shopping", „double dip leases" oder hybrider Gestaltungen),

• Gewinnkorrekturen zur marktpreiskonformen Bewertung grenzüberschreitender
Transaktionen (bspw. Anpassung von Zinsen, Verrechnungspreisen und Lizenzgebühren) und

• eine Besteuerung von Erträgen im Wohnsitzland, die durch das Quellenland steuerlich nicht berücksichtigt werden,

bewirken. Auch Vorschriften, die den Entzug von Steuersubstrat durch ggf. das Trennungsprinzip durchbrechende Besteuerung nach dem Welteinkommensprinzip unter Vollan-

---

[1009] Vgl. Fischer (2004), S. 635.

[1010] Schön (2015), S. 127.

[1011] So werden die nachstehend diskutierten Rechtfertigungsgründe oftmals auch unter die Aufteilung der Besteuerungsrechte subsumiert. Vgl. Hilling (2013), S. 300.

[1012] Eine klare Abgrenzung der (auch in ihrer historischen Terminologie abweichenden) Begriffe nimmt der
EuGH nicht vor. Sie bleiben weiterhin unscharf. Siehe hierzu Fischer (2004), S. 631 f. sowie Hey (2006), S.
120. Zalasinski/Copernicus (2007), S. 315 sehen die Steueraufsicht eher im Zusammenhang mit der Sicherung
steuerrelevanter Informationen.

[1013] EuGH-Urteil vom 12.09.2006 zur Rs. C-196/04 (Cadbury Schweppes), Rn. 55.

rechnung neutralisieren, sollten Berücksichtigung finden[1014], obwohl dieser Aspekt nach der hier vertretenen (und von der Rechtsprechung abweichenden) Ansicht denklogisch eigentlich vordringlich unter die Rechtfertigungserwägung der Kohärenz fallen müsste (s.u. sowie Abb. 19).

Zur Verhältnismäßigkeit der gegen einen Entzug von Steuersubstrat angewandten Methoden verlangt der EuGH jeweils das Vorliegen eines tatsächlichen Missbrauchs und lehnt jedwede Typisierung ab. Die regelmäßige Verwerfung der Verhältnismäßigkeit mit der Begründung, dass Mitgliedstaaten Möglichkeiten zur Erlangung von Belegen und Nachweisen haben[1015], darf kritisch betrachtet werden. Bei seiner Analyse unterstellt der EuGH regelmäßig die Möglichkeit einer Tatbestandsaufklärung auf Grundlage der Amtshilferichtlinie, ohne jedoch deren praktische Effektivität zu hinterfragen.[1016] Insofern eine Norm beispielsweise lediglich die Anpassung von Zinsen oder Verrechnungspreisen an einen fremdüblichen Zustand verlangt, geht diese Erfordernis zu weit. Denn wenn bereits die Rechtsfolge eine Anpassung an einen realistischen Marktwert ist, kann die Verhältnismäßigkeit der Norm nicht ernstlich bezweifelt werden. Die kumulative Anforderung einer Nachweisführung durch die Finanzverwaltung und einer Gegenbeweismöglichkeit durch den Steuerpflichtigen erscheint hier nicht erforderlich. Somit sollten auch Typisierungen zulässig sein, wenn diese nicht zu Mehrbesteuerungen führen, vom grundsätzlichen Anknüpfungsmerkmal der Besteuerung nicht entkoppelt sind und dem Steuerpflichtigen eine realistische Möglichkeit des Gegenbeweises verbleibt.

Zu (2): Bezüglich der Verpflichtung eines Mitgliedstaats zum Einbezug von Aufwendungen und Verlusten, die in direktem Zusammenhang mit gebietsfremden Einkünften stehen, herrschen im Wesentlichen drei Auffassungen vor. Es wird erstens vertreten, dass Aufwendungen und Verluste zur Vermeidung grenzüberschreitender Verzerrungen bereits grundsätzlich und unabhängig von deren Behandlung im Quellenland vom Sitzstaat einbezogen werden müssen und Abzugsverbote entsprechend nicht gerechtfertigt sein könnten.[1017] Zweitens wird umgekehrt (insbesondere auf Grundlage des Territorialitätsprinzips) argumentiert, dass Aufwendungen und Verluste im Zuge der Freistellungsmethode grundsätzlich keine Berücksichtigung durch den (Wohn-)Sitzstaat finden sollten und die Verweigerung eines Einbezugs durch eine angemessene Aufteilung der Besteuerungsrechte gerechtfertigt sei.[1018] Drittens wurde als Lösung in der Literatur die Implementierung eines unionsweit einheitlichen objektiven Leistungsfähigkeitsprinzips[1019] in die Rechtsprechung des Gerichtshofs diskutiert. Demnach müssten Erträge, Aufwendungen und Verluste stets genau einmalige Berücksichtigung durch einen Mitgliedstaat finden.

Zunächst einmal steht fest, dass sich bei kapitalexportneutral ausgestalteten Anrechnungssystemen nach dem Totalitätsprinzips unter Berücksichtigen des objektiven Net-

---

[1014] Vgl. Englisch in: Schaumburg/Englisch (2015), Rn. 7.255.

[1015] Siehe bspw. EuGH-Urteil vom 28.01.1992 zur Rs. C-204/90 (Bachmann), Slg. 1992 I-249, ECLI:EU:C:1992:35, Rn. 20; EuGH-Urteil vom 30.01.2007 zur Rs. C-150/04 (Kommission/Dänemark), Slg. 2007 I-1163, ECLI:EU:C:2007:69, Rn. 54.

[1016] Vgl. Hey (2004), S. 120.

[1017] Dies gilt insbesondere zu Verlusten. Vgl. bspw. van Thiel (2011), S. 51 ff.

[1018] Vgl. Schön (2015), S. 143, 145 ff.

[1019] Genauer: „ability-to-pay principle". Siehe bereits Reimer (2000), S. 62; in jüngerer Zeit Vanistendael (2014), S. 121 ff.; Cerioni (2015), S. 268 ff.

toprinzips die universelle Anforderung eines Einbezugs von Aufwendungen und Verlusten durch den Wohnsitzstaat unabhängig von deren Abzugsfähigkeit im Quellenland ergibt.[1020] In solchen Fällen ist somit der ersten Einschätzung vollumfänglich zuzustimmen.

Doch ergibt sich im betrachteten Kontext eine Schwierigkeit bei einer kapitalimportneutralen Aufteilung der Besteuerungsrechte mittels Freistellung. Nach traditioneller Lesart des hierbei einschlägigen Territorialitätsprinzips kann tatsächlich abgeleitet werden, dass die spiegelbildliche Freistellung von Gewinnen und Verlusten, Aufwendungen und Erträgen zugelassen werden muss (Symmetriethese). Berücksichtigt man jedoch auch das mit dem Grundsatz angestrebte ökonomische Ziel, so kann dieser Schlussfolgerung in dieser Simplizität nicht gänzlich gefolgt werden. Angestrebt wird dann nämlich die Besteuerung der Marktteilnehmer unabhängig von deren Ansässigkeit nach den Zielmarktbedingungen. Können am Zielmarkt Aufwendungen und Verluste im Gegensatz zu dort ansässigen Marktakteuren mit höherem dortigem Steuersubstrat nicht berücksichtigt werden, so ist die Besteuerung nicht mehr herkunfts- bzw. kapitaleignerneutral. Kapitalimportneutralität als Ergebnis einer vollständigen Besteuerung nach dem Territorialitätsprinzip ist somit verletzt. Es erscheint folglich sowohl aus Sicht des Welteinkommensprinzips als auch aus dem Quellenlandprinzip ökonomisch effizient, Verluste und Aufwendungen im Wohnsitzstaat zum Abzug zuzulassen, wenn im Quellenland kein ausreichendes Steuersubstrat verfügbar ist.[1021]

Auch der EuGH folgt weder dem Territorialitätsgrundsatz noch der Symmetriethese im Bereich der Verlustverrechnung uneingeschränkt, da er auch bei spiegelbildlicher Berücksichtigung von Gewinnen und Verlusten durch den (Wohnsitz-)Staat mitunter die grenzüberschreitende Verlustverrechnung verlangte. Die Einschränkung von Symmetriethese und Territorialitätsgrundsatz war Ausfluss der Schumacker-Doktrin, aufgrund derer er die Verlustberücksichtigung grundsätzlich auch anderen Staaten als dem Sitzstaat abverlangte, wenn der Steuerpflichtige dort fast sämtliche Einkünfte erzielt hat.[1022] Im Bereich der grenzüberschreitenden Verlustverrechnung entwickelte der EuGH hierzu sein Finalitätskonzept, nach welchem das Territorialitätsprinzip im Falle finaler Verluste keine allgemeine Nichtberücksichtigung mehr rechtfertigen könne. Dieses Finalitätskonzept muss daher als Einschränkung von Territorialitätsgrundsatz und Symmetriethese verstanden werden.[1023]

Noch unübersichtlicher wurde das Prüfungsschema nun insbesondere dadurch, dass der EuGH die Rechtfertigungserwägungen Territorialität, angemessene Aufteilung der Besteuerungsrechte und Kohärenz (Symmetrie) weitgehend vermengte. Hier soll die Auffassung vertreten werden, dass der grenzüberschreitende Verlustausgleich und die grenzüberschreitende Berücksichtigung von Aufwendungen anhand der Kohärenzerwägung zu pru-

---

[1020] Die doppelte Berücksichtigung wird durch die entsprechende Verminderung des Anrechnungsbetrags neutralisiert.

[1021] Vgl. Abschnitt 4.3.4.1.

[1022] Vgl. bspw. EuGH-Urteil vom 16.10.2008 zur Rs. C-527/06 (Renneberg), Slg. 2008 I-7735, ECLI:EU:C:2008:566, Rn. 63 f.

[1023] Insofern hier dennoch dem Territorialitätsgrundsatz bei der Rechtfertigung der Vorzug gegeben wird, so gilt für dessen Verhältnismäßigkeit das gleiche wie für die nachfolgenden Ausführungen.

fen sein sollten, die dann jedoch eine Ausweitung erfahren muss.[1024] Denn wenn der Gerichtshof die Verpflichtung eines Einbezugs an das Halten des Großteils an Steuersubstrat (und gerade unabhängig von dessen Herkunft) knüpft, so kann in der Sache nicht mehr mit Territorialität oder der „Angemessenheit" der Aufteilung der Besteuerungsrechte operiert werden.

Kohärenz beschränkt sich im Verständnis des Gerichtshofs bislang auf das Recht, die zumindest einmalige Besteuerung einer wirtschaftlichen Betätigung sicherzustellen. Diese ist insbesondere dann gefährdet, wenn Erträge in unmittelbarem Zusammenhang mit zuvor geltend gemachten Minderungen der Bemessungsgrundlage standen. Kohärenz gewährleistet somit das Recht zur Verhinderung einer vollständigen Nichtberücksichtigung grenzüberschreitender Sachverhalte.[1025] Stellt nun die Verweigerung eines Einbezugs allein ausländischer Aufwendungen oder Verluste in die inländische Bemessungsgrundlage eine Beschränkung in der Vergleichspaaranalyse dar (wovon regelmäßig auszugehen sein wird), so müsste eine erweiterte Kohärenz aus ökonomischer Perspektive darauf abzielen, dass Verluste und Aufwendungen durch einen Mitgliedstaat nicht zu berücksichtigen sind, wenn ihre Berücksichtigung eine Minderbesteuerung zur Folge hätte. Eine solche Erweiterung der Kohärenzerwägung bedarf zur rechtlichen Prüfung eines Schemas, welches diese ökonomische Anforderung sicherzustellen vermag. Dieser Frage soll im Folgenden nachgegangen werden.

Der dritte erwähnte Ansatz fordert hierzu eine Ausweitung der Kohärenzerwägung (oder der Angemessenheit der Aufteilung der Besteuerungsrechte) um das Recht der Mitgliedstaaten zur Gewährleistung des Leistungsfähigkeitsprinzips („ability to pay") dahingehend, dass lediglich eine Verpflichtung zum stets einmaligen Einbezug von Aufwendungen und Verlusten bestehen kann. Dies entspricht dem Verständnis einer einzigen unionsweiten universellen Leistungsfähigkeit. Er fordert, dass Verluste und Aufwendungen im Wohnsitzstaat dann einzubeziehen sind, wenn eine Berücksichtigung im Quellenstaat nicht möglich ist, wobei die Gründe für die Unmöglichkeit des Einbezugs im Quellenstaat keine Rolle spielen, sind sie doch für die Leistungsfähigkeit des Steuerpflichtigen ohne Bedeutung. Das Leistungsfähigkeitsprinzip fordert in diesem Kontext stets, dass bislang im Quellenstaat unberücksichtigte gebietsfremde Verluste und Aufwendungen im (Wohn-)Sitzstaat allgemein Berücksichtigung finden müssen. Denn gebietsfremde Verluste und Auf-

---

[1024] Der Gerichtshof sieht hingegen vordergründig die Aufteilung der Besteuerungsrechte betroffen (vgl. Lang (2014), S. 532). Jedenfalls können sich die Kohärenz des nationalen Steuersystems und die Aufteilung der Besteuerungsrechte (insbesondere unter Berücksichtigung des hier verorteten Territorialitätsprinzips) inhaltlich überschneiden. Vgl. hierzu Hilling (2013), S. 299.

[1025] „In der Sache ist damit [Anm.: mit der Kohärenz] nichts anderes gemeint als die Vermeidung einer Doppelbesteuerung oder die Gewährleistung, dass ein Sachverhalt überhaupt (einmal) besteuert wird (Grundsatz der Einmalbesteuerung)." So: Schlussanträge des GA Kokott vom 18.03.2004 zur Rs. C-319/02 (Manninen), Slg. 2004 I-7480, ECLI:EU:C:2004:164, Rn. 51. In ähnlicher Weise: Schlussanträge des GA Maduro vom 07.04.2005 zur Rs. C-446/03 (Marks & Spencer), Rn. 65 ff. und Hey (2006), S. 121.

wendungen senken die steuerliche Leistungsfähigkeit[1026] der inländischen Steuersubjekte nach derselben Maßgabe wie originär inländische Verluste und Aufwendungen.[1027]

Implizit wurde dieser Ansatz vom EuGH im Zuge der Schumacker-Doktrin in zahlreichen Urteilen verfolgt. Während er derzeit jedoch bei gewerblichen Verlusten im Konzernverbund sein Finalitätskriterium anwendet, welches, wie Abschnitt 4.3.4 aufgezeigt hat, die Forderung grenzüberscheitender Verlustverrechnung weitgehend ins Leere laufen lässt, behält der Ansatz bei Verlusten von Privatpersonen weiterhin seine Relevanz. Ein Grund für diese unterschiedliche Dogmatik ist nicht ersichtlich.

Aus Sichtweise der Kapitalexportneutralität erscheint die Anwendung des Leistungsfähigkeitsprinzips bei gebietsfremden Verlusten zweckdienlich. Wendet der (Wohn-)Sitzstaat die Anrechnungsmethode an und bezieht er die gebietsfremden Einkünfte somit in seine inländische Steuerbemessungsgrundlage ein, so ist kein Grund erkennbar, der eine Verweigerung des Verlusteinbezugs rechtfertigen sollte. Hier kommt die Symmetriethese und der Territorialitätsgrundsatz und damit die Aufteilung der Besteuerungsrechte zum gleichen Ergebnis wie die Kohärenzerwägung nach Maßgabe des objektiven Leistungsfähigkeitsprinzips.

Aus einem Einbezug von Leistungsfähigkeit in die Kohärenzerwägung ergeben sich aus ökonomischer Sicht bei Anwendung der Freistellungsmethode durch den (Wohn-)Sitzstaat jedoch mindestens zwei Probleme:

Erstens ist das Leistungsfähigkeitsprinzip per se mit der Freistellung inkompatibel, denn letztere führt bereits systematisch (zumindest in Abwesenheit eines Progressionsvorbehalts) zur Negation des Beitrags gebietsfremder Einkünfte zur Leistungsfähigkeit. Zweitens muss bei einer Besteuerung nach den Marktbedingungen des Quellenstaats im Falle einer Nichtabzugs- oder Nichtausgleichsfähigkeit von Aufwendungen bzw. Verlusten im Quellenstaat in Kontrast zum Leistungsfähigkeitsprinzip notwendigerweise nach den Gründen der Nichtabzugsfähigkeit differenziert werden. Hierbei sind im Quellenstaat zwei Situationen zu unterscheiden: auf der einen Seite die Nichtberücksichtigung aufgrund einer allgemeinen gesetzlichen Anordnung und auf der anderen Seite die Nichtberücksichtigungsfähigkeit aufgrund mangelnden Steuersubstrats. Aus kapitalimportneutraler Betrachtung kann sich ein Gebot des Einbezugs ausschließlich für letztere Situation ergeben.[1028]

[1026] In der Ökonomie gilt der Begriff der Leistungsfähigkeit als längst überholt. Ein Mangel des Leistungsfähigkeitsbegriffs besteht im Fehlen von „sachgerechten Kriterien für die Steueranknüpfung" (Kruse (1990), S. 324). Hieraus folgert Wagner (1992), S. 2, der Gesetzgeber könne „die Belastung beliebig differenzieren, solange irgendwelche ,sachlichen' Gründe die Differenzierung rechtfertigten". Auf Rechtfertigungsebene könnte entgegen dieser Regel jedoch kein beliebiges Differenzierungskriterium zur gleichmäßigen Besteuerung nach dem Leistungsfähigkeitsprinzip herangezogen werden, sondern nur dasjenige, welches für die mit der Gleichmäßigkeit angestrebten Zielsetzung das geringste und damit erforderliche ist. Hierdurch verliert der Leistungsfähigkeitsbegriff im betrachteten Kontext seinen ökonomischen „Makel" und wird objektivierbar.

[1027] Vgl. Schaumburg (2000), S. 370.

[1028] Auch der Gerichtshof teilt die Meinung, dass Kohärenz bei Grenzüberschreitung auch auf die Erfassung im anderen Staat bezogen sein kann. Vgl. bspw. EuGH-Urteil vom 21.11.2002 zur Rs. C-436/00 (X und Y), Rn. 53. Im Unterschied hierzu orientiert er sich bei diesem in der Rs. *Wielockx* entwickelten Vorgehen allerdings ausschließlich am einschlägigen DBA, in welchem solch spezifische Sachverhalte zum Großteil nicht geregelt sein werden. Weiterhin nimmt er auch hier eine Symmetriebetrachtung vor, welche zwar Aufschluss über die Aufteilung der Besteuerungsrechte, nicht aber über die Erfordernisse gleichmäßiger Besteuerung zu geben

Die Rechtfertigungsanalyse bedürfte, um den ökonomischen Zielen gerecht zu werden, daher im Falle eine Nichtberücksichtigung von Aufwendungen und Verlusten im Quellenstaat[1029] eines zweistufigen Schemas. Zunächst müsste eine Prüfung der Symmetrie erfolgen, welche die Frage beantworten soll, nach welcher Methodik die Vermeidung der Doppelbesteuerung erfolgt. Werden gebietsfremde Erträge und Gewinne in die inländische Besteuerungsgrundlage einbezogen (Anrechnung, somit kapitalexportneutral orientierte Aufteilung der Besteuerungsrechte), so scheidet eine Rechtfertigung bereits aus, da die nationale Norm nicht zur Wahrung der Kohärenz des nationalen Besteuerungssystems geeignet ist (und ebenso wenig zur Wahrung von Territorialität oder einer angemessenen Aufteilung der Besteuerungsrechte). Durch eine solche Nichtberücksichtigung würde bei Anwendung der Anrechnungsmethode lediglich eine unsystematische Mehrbesteuerung induziert. Kommt die Symmetrieprüfung hingegen zu einem positiven Ergebnis, da auch Gewinne bzw. Erträge keinen Eingang in die inländische Bemessungsgrundlage finden (Freistellung, somit kapitalimportneutral orientierte Aufteilung der Besteuerungsrechte), so ist im zweiten Schritt die Frage nach dem Grund des Abzugs- oder Ausgleichsverbots im Quellenstaat zu stellen.

Ein ähnliches Prüfungsvorgehen hat der EuGH bereits in der Rs. K[1030] vorgenommen, in welchem er die o.g. Stufen in die Prüfung von Erforderlichkeit und Verhältnismäßigkeit „kleidete". Hier sah er die Verweigerung Finnlands zum Einbezug bestimmter Veräußerungsverluste grundsätzlich im Rahmen einer Symmetriebetrachtung zur Wahrung der Kohärenz des finnischen Steuersystems und einer ausgewogenen Aufteilung der Besteuerungsrechte als geeignet an, da Finnland auch gleichartige Gewinne nicht der Besteuerung unterwarf (Schritt 1: Symmetrie, Ergebnis: Freistellung). Jedoch konnte nach der Rechtsprechung des Gerichtshofs ein Ausschluss nur dann erforderlich sein, wenn es sich nicht um finale Verluste gehandelt hätte. Gerade dies aber war der Fall, da Frankreich als Belegenheitsstaat der Immobilie bereits grundsätzlich keine Verlustausgleichsmöglichkeit vorsah, es sich also um eine Situation rechtlich finaler Verluste handelte. Ungeachtet der Finalitätsursache sah der EuGH bis dato jedoch grundsätzlich eine Verpflichtung zum Einbezug finaler Verluste. Nun stellte der Gerichtshof aber fest, dass der Steuerpflichtige „die Möglichkeiten der Berücksichtigung von Verlusten in dem Mitgliedstaat, in dem sich die Immobilie befindet, [nicht] ausgeschöpft hat. Da der Mitgliedstaat, in dem die Immobilie belegen ist, nämlich keine Möglichkeit der Berücksichtigung von Verlusten aus der Veräußerung der Immobilie vorsieht, hat eine solche Möglichkeit nie bestanden."[1031] Dieses Argument wirkt etwas hilflos, was der Tatsache geschuldet wird, dass die Richter wohl erkennen mussten, dass das Finalitätskonzept zu kaum wünschenswerten Ergebnissen führt. So fuhren sie weiter fort: „Würde man unter diesen Umständen den Wohnsitzmitgliedstaat des

---

vermag. Eine stärkere Betrachtung ausschließlich der abkommensrechtlichen Vereinbarungen (so fordert es bspw. Seiler (2005), S. 30 f.) wird somit keine Lösung darstellen; es muss hierzu vielmehr auf die tatsächlichen Umstände abgestellt werden.

[1029] Im Falle eines Einbezugs durch den Quellenstaat im gleichen Veranlagungszeitraum kann sich keine Verpflichtung zur doppelten Verlustberücksichtigung durch den (Wohn-)Sitzstaat ergeben. Die Verhinderung einer solchen doppelten Verlustberücksichtigung sieht der EuGH, wenn hierdurch überhaupt eine Ungleichbehandlung vorliegt, stets zutreffend als gerechtfertigt an.

[1030] EuGH-Urteil vom 07.11.2013 zur Rs. C-322/11 (K), ECLI:EU:C:2013:716.

[1031] Ebd., Rn. 76 f.

Steuerpflichtigen verpflichten, gleichwohl den Abzug der mit der Immobilie verbundenen Verluste von den in diesem Mitgliedstaat steuerpflichtigen Gewinnen zu gestatten, hätte er die nachteiligen Folgen zu tragen, die sich aus der Anwendung der Steuervorschriften des Mitgliedstaats ergeben, in dem sich die Immobilie befindet."[1032] Obwohl die Richter also die gravierende Schwäche ihres Finalitätskonzepts erkannt hatten und mit eben dieser Aussage auch noch ausdrücklich konstatierten, hielten sie weiter daran fest und lösten das Problem, dass sich hieraus für die Mitgliedstaaten ergab, indem sie ihren Finalitätsbegriff notgedrungen immer weiter einengten, bis kaum mehr denkbare Finalitätskonstellationen vorstellbar waren.

Sinnvoller wäre es gewesen, den Prüfungsschritt, den die Richter scheinbar unbewusst ohnehin vorgenommen hatten, auch als den „richtigen" anzuerkennen: die Frage nach dem Grund der Nichtberücksichtigung im Quellenstaat. So wären sie zur Lösung gelangt, dass die Verluste aus der Veräußerung der Immobilie auch im reinen Inlandsfall, nämlich der Ansässigkeit des Eigners in Frankreich, nicht ausgleichsfähig gewesen wären (im ökonomischen Sinne entspräche dies einer kapitaleignerneutralen Betrachtungsweise) und daher auch nicht dem symmetrisch besteuernden Wohnsitzstaat des Klägers abzuverlangen ist. Denn die Nichtberücksichtigung wäre dann nicht mehr in der Grenzüberschreitung des Sachverhalts und der Aufteilung des Steuersubstrats begründet, sondern wäre lediglich die Folge der Anwendung einer abweichenden Rechtsordnung. Würde das dortige nationale Steuerrecht beispielsweise schlichtweg ein Abzugsverbot für eine bestimmte Aufwendung oder keine Möglichkeit des Verlustvortrags vorsehen, obwohl die Verluste oder Aufwendungen in einem direkten Zusammenhang zu den dortigen Gewinnen oder Erträgen stehen, so wäre eine kapitalimportneutrale Behandlung durch die Verwirklichung des Territorialitätsprinzips gerade durch Nichtberücksichtigung auch im (Wohn-)Sitzstaat erreicht.[1033] Im Falle der Verpflichtung zur Berücksichtigung durch den Wohnsitzstaat ergäbe sich hingegen eine Minderbesteuerung, deren Vermeidung nach der hier vertretenen Auffassung gerade die Zielsetzung der hier vorgeschlagenen Erweiterung der Kohärenzerwägung sein muss. Diesbezüglich stimmt das hier vorgeschlagene Vorgehen mit der ursprünglich von Generalanwalt Maduro in der Rs. *Marks & Spencer* als Erfordernis „doppelter Neutralität" erwogenen Verpflichtung des Sitzstaats zum lediglich sekundären Verlusteinbezug überein.[1034]

Handelt es sich indes um Verluste oder Aufwendungen, die im Quellenland mangels Steuersubstrat unberücksichtigt blieben, so muss eine Nichtberücksichtigung im Wohnsitzstaat trotz Symmetrie an der Erforderlichkeit der Maßnahme scheitern, da mit dem Einbezug unter Nachversteuerungsvorbehalt entgegen anderweitiger Auffassung des Gerichtshofs stets ein weniger beschränkendes Instrument zur Wahrung der innerstaatlichen Kohärenz[1035] verfügbar wäre (vgl. Abschnitt 4.3.4.2). Mit einem solchen Prüfungsvorgehen

---

[1032] Ebd., Rn. 78

[1033] Das Abzugs- oder Ausgleichsverbot würde sich dann gleichermaßen gegen inländische wie gebietsfremde Marktakteure richten.

[1034] Vgl. Schlussanträge des GA Maduro vom 07.04.2005 zur Rs. C-446/03 (Marks & Spencer), Rn. 67 ff. sowie Balmes et al. (2005), S. 967 f.

[1035] Bezogen auf die Nachversteuerung selbst wurde dies vom Gerichtshof anerkannt. Vgl. EuGH-Urteil vom 23.10.2008 zur Rs. C-157/07 (Krankenheim Ruhesitz am Wannsee-Seniorenheimstatt), Rn. 40 ff. und EuGH-Urteil vom 17.12.2015 zur Rs. C-388/14 (Timac Agro Deutschland), Rn. 40.

würde dem Unionsrecht sicherlich die weitreichendere Wirkungskraft verliehen, als das Prüfungsschema des EuGH nach *Marks & Spencer* es vermochte. Die berechtigten Interessen der Mitgliedstaaten blieben gleichzeitig gewahrt.

Das im Falle eines solchen ausgeweiteten Verständnisses von Kohärenz abzuleitende Prüfungsschema ist in seinen Grundzügen in Abb. 20 dargestellt.

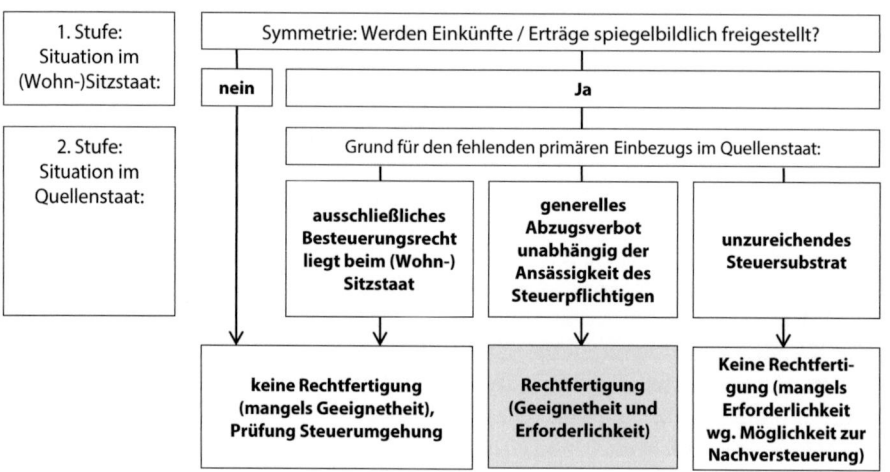

Abb. 20: Mögliches Prüfungsschema der Kohärenz bei Verlusten und Aufwendungen

Zu (3) und (4): Von den unter (2) erörterten Sachverhalten zu gebietsfremden Einkünften sind Beschränkungen abzugrenzen, die einer Vernachlässigung bestimmter inländischer Steuervorteile im Zuge der Prüfung einer Kästchengleichheit geschuldet sind. Im Zuge der Vergleichspaarbildung hat sich der Gerichtshof entschieden, auf beiden Seiten des Vergleichspaares regelmäßig nur die Besteuerungsebene zu vergleichen, die entweder aus der Vorlagefrage hervorgeht oder der Differenzierungsart der nationalen Norm entnommen wird. Auf Rechtfertigungsebene erkennt der EuGH an, dass Besteuerungssysteme komplexer sein können und grundverkehrsfreiheitlich zu beanstandenden Steuernachteilen gegebenenfalls auch Steuervorteile gegenüberstehen. Hieraus begründet er sein derzeitiges Verständnis der Kohärenz des nationalen Steuersystems. Kohärenz sieht er dadurch gewahrt, dass er einen mindestens gleichwertigen Steuervorteil, der sachlich unmittelbar mit dem beanstandeten Steuernachteil zusammenhängt und darüber hinaus dasselbe Steuersubjekt betrifft, als gerechtfertigt anerkennt.[1036] Das Kriterium verlangt in seinem bisherigen Verständnis somit funktionelle Symmetrie und Konditionalität auf Ebene des Steuersubjekts.[1037] Erfolg hatte die Rechtfertigungserwägung in den hier betrachteten Urteilen bislang lediglich bei den bereits genannten Nachversteuerungsmechanismen und bei einseitiger Abzugsfähigkeit von Lebensversicherungsbeiträgen bei symmetrischer Besteuerung

---

[1036] Vgl. Englisch in: Schaumburg/Englisch (2015), Rn. 7.273 ff.
[1037] Vgl. Hahn (2000a), S. 437; Cerioni (2015), S. 268.

der Rückflüsse[1038]. Es versucht somit einen im Vergleichspaar unberücksichtigten Zusammenhang zeitlich divergierender Steuerent- und -belastungen in Subsystemen herzustellen.[1039] Hierzu stellt Kokott in ihren Schlussanträgen zur Rs. *Manninen* fest, dass ein solches Verständnis sämtliche Wechselwirkungen in einem aus mehreren Ebenen bestehenden Steuersystem außer Acht lässt und folgert, „das strenge Festhalten an dem Kriterium desselben Steuerpflichtigen [führt] u. U. zu willkürlichen Ergebnissen"[1040]. So wand sie sich gegen die Notwendigkeit der Identität von Steuerpflichtigen und Steuerart und schlug stattdessen eine Objektorientierung vor. Zur Rechtfertigung durch einen ausgleichenden Vorteil erfordere es demnach einen Bezug auf „denselben wirtschaftlichen Vorgang" und eine Sicherstellung, dass der Vorteil nur bei tatsächlichem Eintritt des Nachteils gewährt wird.[1041] Dieses Verständnis erscheint zielführend, lässt jedoch zwei Fragen offen. Zum einen ist unklar, wann ein Steuervorteil „denselben wirtschaftlichen Vorgang" betrifft und somit in den einzubeziehenden Saldierungsbereich fällt. Weiterhin fraglich ist das Ausmaß eines solchen „ausgleichenden" Vorteils.

Zunächst muss es auch hier zur Festlegung des Saldierungsbereichs auf die faktische Behandlung des wirtschaftlichen Vorgangs und nicht allein auf die formale Zielsetzung der Norm ankommen. Einen zweifellos einheitlichen wirtschaftlichen Vorgang stellt eine vom EuGH als kohärent erachtete Beschränkung der Abzugsfähigkeit auf Auszahlungen dar, deren Rückflüsse beim gleichen Steuerpflichtigen der inländischen Besteuerung unterliegen. Derartige Fälle bleiben bei Investitionen, deren Auszahlungsbeträge zumeist keine steuerliche Berücksichtigung finden, jedoch die Ausnahme. Hier sind insbesondere Unterschiede betroffen, die sich aus der unionsrechtlich zulässigen parallelen Anwendung von Freistellungs- und Anrechnungsverfahren in Abhängigkeit einer Grenzüberschreitung des Vorgangs ergeben. Von einem einheitlichen wirtschaftlichen Vorgang über mehrere Steuersubjekte kann beispielsweise bei Gewährung von Anrechnungsbeträgen auf bezogene Dividenden gesprochen werden, wenn diese nicht dem Empfänger der Dividende, sondern erst bei deren erneuter Ausschüttung dem Eigner gutgeschrieben werden.[1042] Weiterhin beachtlich sind Beschränkungen aufgrund von Interaktionen zwischen Kapitalgesellschaften und Eignern, die lediglich im Inlandsachverhalt, bei dortiger Anrechnung, zu vorübergehenden Belastungsunterschieden führen. Jedenfalls erforderlich wäre bei Fehlen von Subjektidentität eine enge Auslegung des einheitlichen wirtschaftlichen Vorgangs. Hierbei sollte es nicht auf die Übereinstimmung von Steuerart (Körperschaftsteuer / Einkommensteuer) oder Steuersubjekt (natürliche Person / Körperschaft), wohl aber auf das die Besteuerung auslösende Ereignis (z.B. Ausschüttung) ankommen. So ist ein einheitlicher wirtschaftlicher Vorgang beispielsweise in der Verweigerung einer indirekten Anrechnung von Körperschaftsteuern (Steuernachteil) auf bezogene Dividenden bei deren Freistellung (Steuervorteil) auf Ebene

---

[1038] Vgl. EuGH-Urteil vom 28.01.1992 zur Rs. C-204/90 (Bachmann), Rn. 22-28 und EuGH-Urteil vom 28.01.1992 zur Rs. C-300/90 (Kommission/Belgien), Slg. 1992 I-305, ECLI:EU:C:1992:37, Rn. 14-21.

[1039] Vgl. Streichen (1996), S. 29 f. sowie Halm (2000a), S. 436 und Hahn (2000b), S. 22 f. zur Kohärenz eines Steuersystems versus der einer Steuerregelung. Unbestritten bleibt das Kriterium äußerst unscharf (bspw. Grotherr et al. (2010), S. 757).

[1040] Schlussanträge des GA Kokott vom 18.03.2004 zur Rs. C-319/02 (Manninen), Rn. 57.

[1041] Vgl. ebd., Rn. 61. In ähnlicher Weise äußerten sich zuvor auch Cordewener (2002), S. 981; Wattel (2003), S. 200 und Hey (2004), S. 197.

[1042] Bspw. bei transparent besteuernden Organismen ohne eigene Steuerlast oder aber auch die britische ACT.

des Eigners zu erkennen. Eine Freistellung der Körperschaft von der inländischen Körperschaftsteuer kann im gleichen Kontext hingegen keinen solchen einheitlichen Vorgang begründen.

Würden, wie durch Kokott im Kern vorgeschlagen, sämtliche Steuervorteile und Steuernachteile, die sich auf den verschiedenen Ebenen durch die Vermeidung der innerstaatlichen Mehrfacherfassung neutralisieren, saldiert, dann käme dies einem Vergleich der (aus den einzubeziehenden ähnlichen Steuerarten resultierenden) Endbelastung auf Eignerebene als tertium comparationis gleich.[1043] Diese Ebene stellt in logischer Konsequenz im Falle des Wohnsitzstaats die natürliche Person dar, im Falle des Sitz- oder Belegenheitsstaats die unterste Ebene, auf der eine steuerliche Erfassung des Steuersubstrats erfolgt (letzte Ebene vor erneuter Grenzüberschreitung in Transitstaaten). Alle späteren Steuervorteile sind dann der zwischenstaatlichen Vermeidung der Doppelbesteuerung und somit nicht mehr dem nationalen Steuersystem geschuldet. Ungeeignet ist das Rechtfertigungsargument folglich bei der Besteuerung an der Quelle. Dort ist eine Rechtfertigung entsprechend Abb. 19 anhand des Territorialitätsprinzips und der Aufteilung der Besteuerungsrechte zu messen.

Die zweite Unklarheit betrifft das Ausmaß des Steuervorteils[1044], der bei diesem Verständnis von Kohärenz eine „Neutralisierung" des Steuernachteils bewirken könnte. Da hierbei nun auch die Parallelität von Freistellungs- und Anrechnungsmethode eine Rolle spielen müsste, erscheint klar, dass eine solche Neutralisierung nicht als betragsmäßige Übereinstimmung von Steuervor- und Steuernachteil verstanden werden kann. Denn während sich der Steuervorteil aus einer Freistellung in Höhe des inländischen Steuerniveaus ergibt, bildet der Anrechnungsbetrag regelmäßig die Höhe des gebietsfremden Körperschaftsteuerniveaus ab. Sinnigerweise darf sich „Neutralisierung" in einem solchen Verständnis von Kohärenz lediglich auf die Mehr- oder Doppelbesteuerung beziehen und nicht auf den absoluten Steuerbetrag. Verbleibende Belastungsunterschiede, welche die bloße Folge der Existenz verschiedener Steuerregime sind, müssten demnach verhältnismäßig sein.

Ein solches Verständnis hätte auch Implikationen auf Rechtfertigungsmöglichkeiten der Hinzurechnungsbesteuerung. Wird nämlich die Gleichwertigkeit einer Anrechnung gebietsfremder Steuern mit der Besteuerung inländischer Erträge anerkannt, so führt der Einbezug der thesaurierten Erträge gebietsfremder Gesellschaften unter Anrechnung der auf diese entfallende Steuervor- und Steuernachteile zur Rechtfertigung durch die Wahrung der Kohärenz des Steuersystems.[1045] Voraussetzung für die Verhältnismäßigkeit wäre dann, dass die hinzugerechneten thesaurierten Erträge nicht ungünstiger besteuert werden als bei

---

[1043] Vgl. Spengel/Braunagel (2006), S. 36. Diese bezeichnen ein solches auf das wirtschaftliche Einkommen ausgerichtete Kriterium als „Gesamtkohärenz".

[1044] Aus ökonomischer Perspektive definiert sich ein Steuervorteil als „jede Erhöhung des Kapitalwerts nach Steuern gegenüber dem Kapitalwert vor Steuern" (Schneider (1992), S. 244).

[1045] Voraussetzung hierfür ist, dass die Rechtfertigung nicht daran scheitert, dass nicht sämtliche ausländische Gesellschaften erfasst werden, wie von Lieber/Rasch (2004), S. 1576, vermutet. Eine solche Voraussetzung einer „lückenlosen" Anwendung würde auch keinen Beitrag zum hier in den Vordergrund gestellten Systemgedanken leisten.

vergleichbaren inländischen Gesellschaften.[1046] Zur Gewährleistung einer gleichmäßigen Besteuerung[1047] anhand der Leistungsfähigkeit sowie zur kapitalexportneutralen Erfassung des Steuersubstrats wäre diese Konsequenz begrüßenswert.

Ein subjektübergreifendes Verständnis der Kohärenz lehnt der EuGH bislang ab, auch wenn in jüngster Zeit möglicherweise eine Lockerung zu erkennen ist.[1048] Bei einem Festhalten an dieser Erfordernis, so stellt Hey zutreffend fest, „läuft der Systemgedanke insbesondere dem Verhältnis zwischen Kapitalgesellschaft und Anteilseigner leer, obwohl es steuersystematisch nicht nur zulässig, sondern geradezu geboten ist, beide Ebenen zusammen zu betrachten."[1049] Es ist wohl anzunehmen, dass der Gerichtshof eine stärkere Öffnung der Kohärenzerwägungen bislang als zu starke Gefahr für die Wirkungskraft der Grundverkehrsfreiheiten verstanden hat als dass diese zu weit gefasst werden dürfte.[1050] Eine Aushöhlung der Grundverkehrsfreiheiten durch eine stärkere Berücksichtigung der Steuersystematik kann jedoch auch durch ein enges Verständnis des „einheitlichen wirtschaftlichen Vorgangs" verhindert werden. Die Prüfung und Anwendung eines derartigen Rechtfertigungsschemas dürfte sicherlich komplexer sein als bei Erfordernis einer Subjektidentität. Doch kann dies allein wohl nicht rechtfertigen, den Mitgliedstaaten eine systemgerechte Ausgestaltung ihrer mehrstufigen Steuersysteme zu versagen oder weiße Einkünfte und Verlagerungsmöglichkeiten als unionsrechtlich geboten hinzunehmen.

[1046] Dies bedeutet, dass weder die Breite der Bemessungsgrundlage noch der Tarif ungünstiger sein darf als eine bei inländischer Gewinnthesaurierung.

[1047] Die gebietsfremde vermögensverwaltende Gewinnthesaurierung unter Ausnutzung des Steuersatzgefälles entspricht der Wirkung einer partiellen unverzinslichen Steuerstundung des (Wohn-)Sitzlands.

[1048] Weniger streng betrachtete der Gerichtshof die Erfordernis in einem jüngeren Urteil zur Erbschaftsteuer betreffend einen Vorerwerb, bei dem die in Zusammenhang mit einem gewährten Steuervorteil bestehende Steuerbelastung ein verstorbenes Steuersubjekt betraf, da hierbei „die Voraussetzung, dass es sich um denselben Steuerpflichtigen handeln muss, [...] nicht gelten [kann], da die Person, die die Erbschaftsteuer bei dem früheren Erwerb von Todes wegen entrichtet hat, zwangsläufig verstorben ist" (vgl. EuGH-Urteil vom 20.06.2016 zur Rs. C-123/15 (Feilen), ECLI:EU:C:2016:496, Rn. 36). Inwiefern diese Erkenntnis auch auf liquidierte Kapitalgesellschaften zutrifft, gilt abzuwarten.

[1049] Hey (2004), S. 197.

[1050] So wurde es in den hier relevanten Kategorien 50 mal vorgebracht, jedoch nur in den Rechtssachen zur Nachversteuerung akzeptiert.

6 Fazit

In Abwesenheit einer Harmonisierungslösung hat der Europäische Gerichtshof mit seinen Urteilen zum direkten Steuerrecht in den vergangenen 30 Jahren schwerwiegende Änderungen in den Steuersystemen der Mitgliedstaaten erzwungen und hierfür auch reichlich Kritik erfahren. Die Zielsetzung der Abhandlung bestand darin, berechtigte von ungerechtfertigter Kritik zu trennen und aufzuzeigen, durch welche Anpassungen der am Binnenmarkt bestehende Zielkonflikt nationaler und grenzüberschreitend effizienter Besteuerung aufzulösen sein könnte. Hierfür wurden sämtliche Urteile des EuGH, welche unmittelbare Konsequenzen auf die Besteuerung direkter und indirekter Investitionen am Binnenmarkt entfalten, einer umfassenden deduktiven Analyse unterzogen. Diese baut auf der Annahme auf, dass die Grundverkehrsfreiheiten nur dann zu einer Verbesserung der direkten Besteuerung am Binnenmarkt führen, wenn sie Mehrbelastungen der grenzüberschreitenden Besteuerung reduzieren ohne hierbei die Souveränität der Mitgliedstaaten so weit zu gefährden, als dass sie deren nationalen sowie bilateralen Steuersystemen Anforderungen unterwerfen, denen diese nicht in systematischer Weise gerecht werden können. Als Instrumentarium der Beurteilung, insbesondere der bilateralen Steuersysteme, dienten hierfür die ökonomischen Prinzipien der Kapitalimport- und Kapitalexportneutralität als maximale Ausprägungen von Systemen der Besteuerung nach dem Quellenland- und Welteinkommensprinzip.

Aufgrund der prohibitiven Ausgestaltung der Grundverkehrsfreiheiten überrascht die Erkenntnis wenig, dass die dem effet utile folgende Rechtsprechung des EuGH eine effektive Verhinderung der meisten Mehrbesteuerungen bewirkt. Die Prüfung der Ungleichbehandlung durch Kästchengleichheit gewährleistet, mit Ausnahme transparent besteuerter Gesellschaften, eine systematische Identifikation steuerlicher Mehrbelastungen. Die vom Gerichtshof unbeanstandeten Mehrbesteuerungen sind zum größten Teil Folge von unionsrechtlich zulässigen Anrechnungsbeschränkungen. Zur Gewährleistung dieser Wirkung verursacht der Gerichtshof jedoch volkswirtschaftliche Kosten in Form einer excessburden, die aus der Unmöglichkeit kapitalexport- oder kapitalimportneutraler Besteuerungssysteme aufgrund mangelnder Rechtfertigungsmöglichkeiten zur Wahl und Durchsetzung von Territorialitäts- und Welteinkommensprinzip durch die Freistellungs- und Anrechnungsmethode erwachsen. Weiterhin verursacht die Rechtsprechung eine excessburden durch eine unsystematische und nur partielle Berücksichtigung des mitgliedstaatlichen Interesses zur Verhinderung von Minderbesteuerungen grenzüberschreitender Sachverhalte.

Ursächlich hierfür ist zum einen, dass die Grundverkehrsfreiheiten den Gleichheitssatz nur negativ und eindimensional[1051] auf den grenzüberschreitenden Sachverhalt beziehen und sie überdies bei einer über den Gleichheitssatz hinausgehenden freiheitsrechtlichen

---

[1051] Vgl. Cordewener (2002), S. 233.

Objektivierung[1052] eine tatsächliche Gleichheit nicht mehr zu garantieren vermögen. Während die Gleichheitsprüfung nämlich ein relatives Bezugssystem erfordert, ist das der Freiheitsprüfung absolut.[1053] Hierdurch kann, wie die eingehende Urteilsanalyse aufzeigen konnte, die grundverkehrsfreiheitliche Begrenzung des Totalitätsanspruchs des Steuerzugriffs des Wohnsitzstaats eine Begünstigung des grenzüberschreitend agierenden Investors gegenüber dem Inlandsinvestor bewirken. Ursächlich hierfür sind insbesondere das Trennungsprinzip und das Mehrebenensystem der Besteuerung.

Aufgrund der gegenläufigen Effekte der derzeitigen Rechtsprechung kann nicht eindeutig abgeleitet werden, ob der Gerichtshof eine Verbesserung oder eine Verschlechterung effizienter Besteuerung am Binnenmarkt verursacht hat.

Fest steht, dass diese Ambiguität insbesondere der unzureichenden Berücksichtigung der Souveränität der Mitgliedstaaten geschuldet ist. Sollte der Gerichtshof gewillt sein, der hieraus erwachsenden Gefahr im Rahmen seiner Rechtfertigungserwägungen höheres Gewicht beizumessen, so stehen, wie aufgezeigt wurde, Prüfungsschemata zur Verfügung, mit denen sich die gravierendsten, ökonomisch nicht wünschenswerten Eingriffe der Grundverkehrsfreiheiten in die Autonomie der Mitgliedstaaten zur planvollen und neutralen Ausgestaltung ihrer Besteuerungssysteme verhindern ließen. Ein Rückschritt im Integrationsprozess oder eine Desintegration des Binnenmarktes[1054] wäre hierdurch ebenso wenig zu befürchten wie eine übermäßige Verkomplizierung der Prüfung[1055].

Hierzu erforderlich wäre allerdings ein weiter gefasstes Verständnis der bereits anerkannten zwingenden Gründe des Allgemeininteresses. Es bleibt unverständlich, warum die Kohärenz des nationalen Steuersystems auf das bloße temporale Auseinanderfallen von Aufwendungen und Erträgen reduziert wurde. Auch die Aufteilung der Besteuerungsrechte und das Territorialitätsprinzip wurden vom Gerichtshof in der Vergangenheit auf bloße Missbrauchsbekämpfung und Symmetrieerwägungen reduziert, obgleich sich hinter diesen Begriffen begründete Interessen der Mitgliedstaaten verbergen. Auch der Finalitätsbegriff im Bereich der grenzüberschreitenden Verlustverrechnung sollte dringend durch ein geeigneteres Kriterium ersetzt werden. Eine Möglichkeit wurde hier vorgestellt. Die bislang eher diffus erfolgende Rechtfertigungsprüfung unter Vermengung verschiedener Erwägungen hat sich folglich nicht bewährt und bietet keine ausreichende Berücksichtigung der Souveränitätsrechte der Mitgliedstaaten.

[1052] Eine solche bleibt zwar zweitrangig zur gleichheitsrechtlichen Prüfung, ist aber dennoch anzutreffen (bspw. Wegzug und Verlagerung).

[1053] Ausführlich hierzu Reimer in: Schaumburg/Englisch (2015), Rn. 7.37 ff. sowie 7.186 ff.

[1054] Zurecht äußert Cordewener (2002), S. 981 f. eine solche Befürchtung an eine inhaltliche Ausdehnung der Rechtfertigungserwägungen. Das hier vorgeschlagene Prüfungsschema führt jedoch nur insofern zu einer größeren „Bewegungsfreiheit" der Mitgliedstaaten, wo dies zur Aufrechterhaltung neutraler und gleichmäßig ausgestalteter Regime erforderlich ist. Die Grundrechtsposition des grenzüberschreitenden Marktteilnehmers wird lediglich insofern geschmälert, als dass seine unionsrechtlich implizit garantierte Maximalbelastung nicht unterhalb des Niveaus eines intranationalen Marktteilnehmers fällt.

[1055] So konstatiert auch der Generalanwalt Maduro, die Existenz des gemeinsamen Markts unter Berücksichtigung seiner politischen Dimension mache eine Abwägung interstaatlicher und innerstaatlicher Interessen erforderlich. Da eine solche Abwägung nicht fallbezogen erfolgen könne, bedürfe es eines geeigneten Prüfungsmaßstabs. Siehe Maduro (2002), S. 173.

Nationale demokratische Rechtsordnungen erlauben der Gesetzgebung, durch mehrheitliche Entscheidungen Entwicklungen der Rechtsprechung mit Änderungen des Reglements zu begegnen, um systematische Besteuerungssysteme zu implementieren und aufrecht zu erhalten. Eine solche Möglichkeit der Mitgliedstaaten, einer vom EuGH beschlossenen systemwidrigen Anforderung durch sekundärrechtliche Lösungen oder gar Änderungen des Vertragswerks entgegenzuwirken, ist aufgrund der Einstimmigkeitserfordernisse ein, gelinde gesagt, politisch äußerst komplexer Prozess. Dies gilt umso mehr, da sich die Steuerpflichtigen im Zuge von Globalisierung, Digitalisierung und steigender Mobilität der Einkünfte immer schneller und umfassender auf geänderte Rahmenbedingungen einstellen können, während Anpassungen des Unionsrechts eher langwieriger Entscheidungs- und Mehrheitsfindungen bedürfen.

Die Beibehaltung der bisherigen Dogmatik des Gerichtshofs verlangt den legislativen wie auch teilweise den judikativen Organen der Mitgliedstaaten somit ein unnötig hohes Maß an Akzeptanz und Toleranz ab, deren Grenzen in Europa derzeit zu beobachten sind. Mit seiner Rechtsprechung seit *Marks & Spencer* hat der Gerichtshof zwar gezeigt, dass er die Belange der Mitgliedstaaten ernst nimmt, zumindest, wenn sie nur vehement genug und durch eine ausreichende Anzahl vertretener Mitgliedstaaten vorgetragen werden. Die hierzu vorgenommenen Anpassungen des Prüfungsschemas erscheinen indes kaum geeignet, eine systematische und für die am Binnenmarkt agierenden Individuen neutrale Besteuerung zu gewährleisten. Sie führen zu teils systemwidrigen und ökonomisch widersinnigen Ergebnissen. Die Zukunft wird zeigen, ob der EuGH imstande sein wird, sich aus diesem selbst geschaffenen Dilemma zu befreien. Die hier vorgeschlagene Auslegung der Rechtfertigungserwägungen würde eine Lösung bieten, die vom Gerichtshof verursachte excess-burden deutlich zu reduzieren ohne dabei eine befürchtete Rückabwicklung des Integrationsprozesses[1056] auszulösen.

[1056] Vgl. bspw. Kofler (2015), S. 21.

Verzeichnis der Rechtsquellen

Abgabenordnung der Bundesrepublik Deutschland (dAO), Stand 2016.

Abkommen zwischen der Bundesrepublik Deutschland und dem Königreich der Niederlande zur Vermeidung der Doppelbesteuerung auf dem Gebiete der Steuern vom Einkommen und vom Vermögen sowie verschiedener sonstiger Steuern und zur Regelung anderer Fragen auf steuerlichem Gebiete vom 16. Juni 1959 (DBA Deutschland-Niederlande), BGBl. 1960 II 1781, 1960 I 381, 1960 II 2216, 1960 I 626 i.d.F. des 2. Zusatzprotokolls vom 21. Mai 1991, BGBl. 1980 II 1150, 1980 I 646, 1980 II 1486, 1980 I 787.

Abkommen zwischen der Regierung des Königreichs Belgien und der Regierung des Königreichs der Niederlande zur Vermeidung der Doppelbesteuerung auf dem Gebiet des Einkommens und Vermögen und anderer Regeln für die Besteuerung vom 16.08.1971, („DBA Belgien-Niederlande 1971"), Übersetzung aus dem Niederländischen.

Außensteuergesetz der Bundesrepublik Deutschland (dAStG), Stand 2016.

Charta der Grundrechte der Europäischen Union vom 14. Dezember 2007 („GRCh"), ABl. C 303 S. 1, letzte konsolidierte Fassung vom 26.10.2012, ABl. C 326/395.

Einheitliche Europäische Akte vom 28. Februar 1986, ABl. L 169 vom 29.06.1987.

Einkommensteuergesetz der Bundesrepublik Deutschland (dEStG), Stand 2016.

Empfehlungen an die nationalen Gerichte bezüglich der Vorlage von Vorabentscheidungsersuchen, ABl. C 439/1 vom 25. November 2016.

Protokoll (Nr. 7) über die Vorrechte und Befreiungen der Europäischen Union („Vorrechteprotokoll"), ursprünglich vom 25.03.1957, letzte konsolidierte Fassung vom 26.10.2012, ABl. C 326/1.

Richtlinie 77/799/EWG des Rates vom 19. Dezember 1977 über die gegenseitige Amtshilfe zwischen den zuständigen Behörden der Mitgliedstaaten im Bereich der direkten Steuern und der Steuern auf Versicherungsprämien („Amtshilferichtlinie"), ABl. L 336 vom 27.12.1977, zuletzt geändert durch Richtlinie 2006/98/EG vom 20.11.2006, ABl. L 363 vom 20.12.2006.

Richtlinie 2010/24/EU des Rates vom 16.03.2010 über die Amtshilfe bei der Beitreibung von Forderungen in Bezug auf bestimmte Steuern, Abgaben und sonstige Maßnahmen („Beitreibungsrichtlinie") ABl. L 84/1 vom 31.03.2010.

Richtlinie 2011/96/EU des Rates über das gemeinsame Steuersystem der Mutter- und Tochtergesellschaften verschiedener Mitgliedstaaten („Mutter-Tochter-Richtlinie") vom 30.11.2011, ABl. L 345/8 (Neufassung und Aufhebung der ursprünglichen Richtlinie 90/435/EWG des Rates vom 23. Juli 1990, ABl. L 225 vom 20.08.1990), zuletzt geändert durch Richtlinie (EU) 2015/121 des Rates vom 27.02.2015, ABl. L 21/1 vom 28.1.2015.

Richtlinie 2003/48/EG des Rates vom 3. Juni 2003 im Bereich der Besteuerung von Zinserträgen („Zinsrichtlinie"), ABl. L 157/38 vom 26.06.2003, aufgehoben durch Richtlinie (EU) 2015/2060 vom 10.11.2015, ABl. EU L 301/1 vom 18.11.2015.

Richtlinie 2003/49/EG des Rates vom 3. Juni 2003 über eine gemeinsame Steuerregelung für Zahlungen von Zinsen und Lizenzgebühren zwischen verbundenen Unternehmen verschiedener Mitgliedstaaten („Zins- und Lizenzgebührenricht-linie"), ABl. L 157/49 vom 26.06.2003, zuletzt geändert durch Richtlinie 2013/13/EU vom 13.05.2013, ABl. L 141/30 vom 28.05.2013.

Richtlinie 2011/16/EU des Rates vom 15. Februar 2011 über die Zusammenarbeit der Verwaltungsbehörden im Bereich der Besteuerung und zur Aufhebung der Richtlinie 77/799/EWG, ABl. L 64/1 vom 11.03.2011, zuletzt geändert durch Richtlinie EU 2016/2258 vom 06.12.2016, ABl. L 342/1 vom 16.12.2016.

Richtlinie 2013/34/EU des Europäischen Parlaments und des Rates vom 26. Juni 2013 über den Jahresabschluss, den konsolidierten Abschluss und damit verbundene Berichte von Unternehmen bestimmter Rechtsformen und zur Änderung der Richtlinie 2006/43/EG des Europäischen Parlaments und des Rates und zur Aufhebung der Richtlinien 78/660/EWG und 83/349/EWG des Rates („Bilanzrichtlinie"), ABl. L 182/19 vom 29.06.2013.

Richtlinie 2009/133/EG des Rates vom 19.10.2009 über das gemeinsame Steuersystem für Fusionen, Spaltungen, Abspaltungen, die Einbringung von Unternehmensanteilen und den Austausch von Anteilen, die Gesellschaften verschiedener Mitgliedstaaten betreffen, sowie für die Verlegung des Sitzes einer Europäischen Gesellschaft oder einer Europäischen Genossenschaft von einem Mitgliedstaat in einen anderen Mitgliedstaat („Fusionsrichtlinie"), ABl. L 310/34 vom 25.11.2009 (kodifizierte Neufassung und Aufhebung der ursprünglichen Richtlinie 90/434/EWG des Rates vom 23.07.1990, Abl. L 225/1 vom 20.08.1990), zuletzt geändert durch 2013/13/EU des Rates vom 13.05.2013, ABl. L 141/30 vom 28.05.2013.

Richtlinie 2005/56/EG des Europäischen Parlaments und Rates vom 26.10.2005 über die Verschmelzung von Kapitalgesellschaften aus verschiedenen Mitgliedstaaten („Verschmelzungsrichtlinie"), ABl. L 310/1 vom 25.11.2005, zuletzt geändert durch Richtlinie 2014/59/EU des Europäischen Parlaments und des Rates vom 15.05.2014 zur Festlegung eines Rahmens für die Sanierung und Abwicklung von Kreditinstituten und Wertpapierfirmen und zur Änderung der Richtlinie 82/891/EWG des Rates, der Richtlinien 2001/24/EG, 2002/47/EG, 2004/25/EG, 2005/56/EG, 2007/36/EG, 2011/35/EU, 2012/30/EU und 2013/36/EU sowie der Verordnungen (EU) Nr. 1093/2010 und (EU) Nr. 648/2012 des Europäischen Parlaments und des Rates Text von Bedeutung für den EWR, ABl. L 173/190 vom 12.06.2014.

Übereinkommen 90/436/EWG zur Vermeidung der Doppelbesteuerung im Fall der Gewinnberichtigung zwischen verbundenen Unternehmen vom 23.07.1990 („Schiedskonvention"), ABl. L 225/10 vom 20.08.1990, zuletzt geändert durch Beschluss des Rates vom 09.12.2014 (2014/899/EU), Abl. L 358/19 vom 13.12.2014.

Vertrag über die Arbeitsweise der Europäischen Union (AEUV) vom 25.03.1957 (ursprünglich: Vertrag zur Gründung der Europäischen Wirtschaftsgemeinschaft), letzte konsolidierte Fassung vom 26.10.2012, ABl. C 326/47 vom 26.10.2012.

Vertrag über die Europäische Union (EUV) vom 07.02.1992, ABl. C 191/1 vom 29.07.1992, letzte konsolidierte Fassung vom 26.10.2012, ABl. C 326/13 vom 26.10.2012.

Verzeichnis der Sekundärliteratur

Ahmann, Karin-Renate (2005): Das Ertragssteuerrecht unter dem Diktat des Europäischen Gerichtshofs? Können wir uns wehren?, in: Deutsche Steuerzeitung, Jg. 2005, S. 75-80.

Auerbach, Alan (2006): Who Bears the Corporate Tax? A Review of What We Know, in: Poterba, James M. (Hrsg.): Tax Policy and the Economy, 20. Bd., Cambridge.

Bächle, Ekkehard; Rupp, Thomas; Ott, Johann-Paul; Knies, Jörg (2008): Internationales Steuerrecht, 2. Aufl., Finanz und Steuern, 14. Bd., Stuttgart.

Balmes, Frank; Brück, Michael; Ribbrock, Martin (2005): Der EuGH-Fall Marks & Spencer: Rückschlüsse für die deutsche Organschaftsbesteuerung, in: Betriebs-Berater, Jg. 2005 Nr. 18, S. 966-970.

Bamberg, Günter (1984): Auswirkungen progressiver Steuertarife auf die Bereitschaft zur Risikoübernahme, in: Blum, Reinhard; Steiner, Manfred (Hrsg.): Aktuelle Probleme der Marktwirtschaft in gesamt- und einzelwirtschaftlicher Sicht. Festschrift für Louis Perridon, Berlin, S. 265-277.

Bareis, Hans Peter (1996): Steuerreform durch Systembereinigungen, in: Baron, Stefan; Handschuh, Konrad (Hrsg.): Wege aus dem Steuerchaos. Aktueller Stand der steuerpolitischen Diskussion in Deutschland, Stuttgart, S. 29-64.

Becker, Johannes; Fuest, Clemens (2010): Taxing Foreign Profits with International Mergers and Aquisitions, in: International Economic Review, Jg. 51 Nr. 1, S. 171-186.

Bergmann, Nina (2012): Niederlassungsfreiheit: Wegzug und Zuzug von Gesellschaften in der EU, in: Zeitschrift für europarechtliche Studien, Jg. 2012 Nr. 2, S. 233-257.

Beutel, David (2008): Der neue rechtliche Rahmen grenzüberschreitender Verschmelzungen in der EU, in: Küffner, Thomas (Hrsg.): Munchner Juristische Beitrage, 67. Bd., München; zgl.: Augsburg, Univ., Diss., 2008.

Birk, Dieter (1996): Besteuerungsgleichheit in der Europäischen Union, in: Lehner, Moris (Hrsg.): Steuerrecht im Europäischen Binnenmarkt - Einfluss des EG-Rechts auf die nationalen Steuerrechtsordnungen, Berlin, S. 63-80.

Blumers, Wofgang (2001): Die Teilbetriebe des Umwandlungssteuerrechts, in: Der Betrieb, Jg. 2001 Nr. 14, S. 722-726.

Boadway, Robin; Bruce, Neil (1984): A general Proposition on the Design of a Neutral Business Tax, in: Journal of Public Economics, Jg. 24, S. 231-239.

Bohn, Alexander (2010): Zinsschranke und Alternativmodelle zur Beschränkung des steuerlichen Zinsabzugs, in: Herzig, Norbert; Watrin, Christoph (Hrsg.): Forschungsreihe Rechnungslegung und Steuern, Wiesbaden; zgl.: Köln, Univ., Diss., 2009.

Bond, Stephen; Devereux, Micheal (1995): On the design of a neutral business tax under uncertainty, in: Journal of Public Economics, Jg. 58, S. 57-71.

Breithecker, Volker; Klapdor, Ralf (2016): Einführung in die Internationale Betriebs-wirtschaftliche Steuerlehre, 4. Aufl., Berlin.

Brown, E. Cary (1948): Business-Income Taxation and Investment Incentives, in: Metzler, Lloyd, et al. (Hrsg.): Income, Employment and Public Policy - Essays in Honor of Alvin H. Hansen, New York, S. 300-316.

Buerstedde, Wolfgang (2006): Juristische Methodik des Europäischen Gemeinschafts-rechts. Ein Leitfaden., Nomos Universitätsschriften - Recht, 461. Bd., Baden-Baden; zgl.: Frankfurt a.M., Univ., Diss., 2005.

Buettner, Thiess; Overesch, Michael; Schreiber, Ulrich; Wamser, Georg (2012): The impact of thin-capitalization rules on the capital structure of multinational firms, in: Journal of Public Economics, Jg. 96, S. 930-938.

Bühler, Ottmar (1965): Prinzipien des internationalen Steuerrechts IStR: ein systematischer Versuch, 2. Aufl., München.

Bundesministerium der Finanzen (1999): Schreiben vom 24.12.1996 über Grundsätze der Verwaltung für die Prüfung der Aufteilung der Einkünfte bei Betriebsstätten international tätiger Unternehmen (Betriebsstätten-Verwaltungsgrundsätze); Änderung auf Grund des SEStEG (BGBl. 2006 I S. 2782),

Bundesministerium der Finanzen (2016): Die wichtigsten Steuern im internationalen Vergleich 2015, http://www.bundesfinanzministerium.de/Content/DE/Downloads/Broschueren_Bestellservice/2016-05-13-wichtigsten-steuern-im-internationalen-vergleich-2015.html, abgerufen am 28.10.2016.

Bundeszentralamt für Steuern (2017): Anrechenbarkeit der Quellensteuer auf Dividenden und Zinsen von Staaten, mit denen Deutschland ein Doppelbesteuerungs-abkommen abgeschlossen hat, http://www.bzst.de/DE/Steuern_International/Auslaendische_Quellensteuer/auslaendische_quellensteuer_node.html, abgerufen am 15.05.2017.

Calliess, Christian; Ruffert, Matthias; Blanke, Hermann-Josef (Hrsg.) (2016): EUV/AEUV: das Verfassungsrecht der Europäischen Union mit Europäischer Grundrechte-charta, 5. Aufl., München.

Cerioni, Luca (2015): The Never-Ending Issue of Cross-Border Loss Compensation within the EU: Reconciling Balanced Allocation of Taxing Rights and Cross-Border Ability-to-Pay, in: EC Tax Review, Jg. 2015 Nr. 5, S. 268-280.

Cloer, Adrian; Lavrelashvili (2008): Einführung in das Europäische Steuerrecht, Berlin.

Cordewener, Axel (2002): Europäische Grundfreiheiten und nationales Steuerrecht: "Konvergenz" des Gemeinschaftsrechts und "Kohärenz" der direkten Steuern in der Rechtsprechung des EuGH, in: Schön, Wolfgang (Hrsg.): Rechtsordnung und Steuerwesen, Köln; zgl.: Köln, Univ., Diss., 2001.

Cordewener, Axel (2009): Free Movement of Capital between EU Member States and Thrid Countries: How Far Has the Door Been Closed?, in: EC Tax Review, Nr. 6, S. 260-263.

Cordewener, Axel (2011): Cross-Border Loss Relief and the 'Effet Utile' of EU Law: Are We Losing It?, in: EC Tax Review, Jg. 2011 Nr. 2, S. 58-61.

Cordewener, Axel; Dahlberg, Mattias; Pistone, Pasquale; Reimer, Ekkehart; Romano, Carlo (2004): The Tax Treatment of Foreign Losses: Ritter, M & S, and the Way Ahead (Part Two), in: European Taxation, Jg. 44 Nr. 5, S. 218-233.

Craig, Paul; de Búrca, Grainne (2011): EU Law. Text, Cases and Materials, 5. Aufl., Oxford.

Crocker, Keith R.; Slemrod, Joel (2005): Corporate tax evasion with agency costs, in: Journal of Public Economics, Jg. 89 Nr. 9-10, S. 1593-1610.

Danish, Melissa (2015): What Remains of the Marks & Spencer Exception for Final Losses? – Examining the Impact of Commission v. United Kingdom (Case C-172/13), in: European Taxation, Jg. 55 Nr. 9, S. 417-422.

Dautzenberg, Norbert (1997): Unternehmensbesteuerung im EG-Binnenmarkt – Problembereiche und Perspektiven (1. Halbband), Steuer, Wirtschaft und Recht, 142. Bd., Köln.

Daxkobler, Katharina; Huisman, Eline (2013): Levy & Sebbag: The ECJ Has Once Again Been Asked To Deliver Its Opinion on Juridical Double Taxation in the Internal Market, in: European Taxation, Jg. 53 Nr. 8, S. 400-405.

Debatin, Helmut (1960): Die beschränkte Steuerpflicht bei der Einkommen- und Körperschaftsteuer, in: Betriebs-Berater, Jg. 1960 Nr. 26, S. 1015-1018.

Deckner, Frank; Höreth, Marcus (Hrsg.) (2009): Die Verfassung Europas. Perspektiven des Integrationsprojekts, Wiesbaden.

Desai, Mihier; Hines, James (2003): Evaluating International Tax Reform, in: National Tax Journal, Jg. 56 Nr. 3, S. 487 - 502.

Diamond, Peter A.; Mirrlees, James A. (1971): Optimal Taxation and Public Producion, in: Production Efficiency, in: American Economic Review, Jg. 61 Nr. 1, S. 8-27.

Drüen, Klaus Dieter; Kahler, Björn (2005): Die nationale Steuerhoheit im Prozess der Europäisierung, in: Steuer und Wirtschaft, Jg. 2005 Nr. 2, S. 171-184.

Ehlers, Dirk (Hrsg.) (2009): Europäische Grundrechte und Grundfreiheiten, 3. Aufl., Berlin.

Elschen, Rainer (1991): Entscheidungsneutralität, Allokationseffizienz und Besteuerung nach der Leistungsfähigkeit - Gibt es ein gemeinsames Fundament der Steuerwissenschaften?, in: Steuer und Wirtschaft, Jg. 1991 Nr. 2, S. 99-115.

Elschen, Rainer; Hüchtebrock, Michael (1983): Steuerneutralität in Finanzwissenschaft und Betriebswirtschaftslehre - Diskrepanzen und Konsequenzen, in: Finanzarchiv N.F., Jg. 41, S. 253-280.

Elwes, Sylvia (2013): The Internal Market versus the Right of Member States to Levy Direct Tax-A Clash of Fundamental Principles, in: INTERTAX, Jg. 41 Nr. 1, S. 15-26.

Endres, Dieter; Heckemeyer, Jost; Spengel, Christoph; Finke, Katharina; Richter, Katharina (2013): Trends der Unternehmensbesteuerung in Europa und weiteren Industriestaaten, in: Der Betrieb, Jg. 2013 Nr. 17, S. 896-901.

Endres, Dieter; Zuber, Barbara; Jorewitz, Gitta; Schnitger, Arne; Cloer, Adrian; Kerber, Markus; Schreiber, Christoph; Althaus, Moritz; Welling, Berthold (2011): Verlustberücksichtigung über Grenzen hinweg - Vergleichende Gegenüberstellung der Verlustverrechnungsmöglichkeiten in 35 Ländern, PriceWaterhouseCoopers / Bundesverband der Deutschen Industrie (Hrsg.), Frankfurt am Main.

Englmair, Vanessa E. (2013): The Relevance of the Fundamental Freedoms for Direct Taxation, in: Lang, Michael, et al. (Hrsg.): Introduction to European Tax Law on Direct Taxation, Wien.

Esser, Clemens (2004): Internationaler Steuerwettbewerb - Vorteile und Gefahren, IFSt-Schrift Nr. 422, Bonn.

Esser, Clemens (2005): Internationaler Steuerwettbewerb - Nationale und Internationale Maßnahmen zur Eindämmung „schädlichen Steuerwettbewerbs", IFSt-Schrift Nr. 427, Bonn.

Europäische Kommission (2003): Mitteilung der Kommission an den Rat, das Europäische Parlament und den Europäischen Wirtschafts- und Sozialausschuss. Ein Binnenmarkt ohne unternehmssteuerliche Hindernisse. Ergebnisse, Initiativen, Herausforderungen, KOM(2003) 726, Brüssel.

Europäische Kommission (2005): Doppelbesteuerungsabkommen und Recht der Europäischen Gemeinschaft. Experten-Workshop vom 05.07.2005, TAXUD E1/FR DOC (05) 2306, Brüssel.

Europäische Kommission (2009): Bericht der Kommission an den Rat entsprechend Artikel 8 der Richtlinie 2003/49/EG des Rates über eine gemeinsame Steuerregelung für Zahlungen von Zinsen und Lizenzgebühren zwischen verbundenen Unternehmen verschiedener Mitgliedstaaten, KOM (2009) 179, Brüssel.

Europäische Kommission (2011a): Mitteilung der Kommission an das Europäische Parlament, den Rat und den Europäischen Wirtschafts- und Sozialausschuss - Doppelbesteuerung am Binnenmarkt, KOM(2011) 712 endgültig, Brüssel.

Europäische Kommission (2011b): Vorschlag für eine Richtlinie des Rates über eine Gemeinsame konsolidierte Körperschaftsteuer-Bemessungsgrundlage (GKKB), KOM(2011) 121, Brüssel.

Europäische Kommission (2015): Mitteilung der Kommission an das Europäische Parlament und den Rat: Eine faire und effiziente Unternehmensbesteuerung in der Europäischen Union - Fünf Aktionsschwerpunkte, COM(2015) 302, Brüssel.

Europäische Kommission (2016a): Vorschlag für eine Richtlinie des Rates über eine Gemeinsame konsolidierte Körperschaftsteuer-Bemessungsgrundlage (GKKB), COM(2016) 683, Brüssel.

Europäische Kommission (2016b): Vorschlag für eine Richtlinie des Rates über eine Gemeinsame Körperschaftsteuer-Bemessungsgrundlage vom 25.10.2016, COM(2016) 685 final, COM(2016) 685, Brüssel.

Europäische Kommission (2017): CJEU Cases in the area of, or of Particular interest for, Direct Taxation. Stand: 31.03.2017, http://ec.europa.eu/taxation_customs/common/infringements/case_law/index_en.htm, abgerufen am 15.05.2017.

Evers, Maikel; de Graaf, Arnaud (2009): Limiting Benefit Shopping: Use and Abuse of EC Law, in: EC Tax Review, Jg. 2009 Nr. 6, S. 279 - 298.

Feld, Lars P.; Ruf, Martin; Scheuering, Uwe; Schreiber, Ulrich; Voget, Johannes (2013): Effects of Territorial and Worldwide Corporation Tax Systems on Outbound M&As, CESifo Working Paper Nr. 4455.

Findeisen, Franz (1923): Unternehmung und Steuer, Stuttgart.

Fischer, Peter (2004): Mobilität und (Steuer-)Gerechtigkeit in Europa, in: Finanz-Rundschau, Jg. 2004 Nr. 11, S. 630-638.

Fisher, Irving (1930): The Theory of Interest - As Determined by Impatience to Spend Income and Opportunity to Invest It, New York.

Förster, Guido (2001): Rechtsformwahl, Umwandlung und Unternehmenskauf nach der Unternehmenssteuerreform, in: Die Wirtschaftsprüfung, Jg. 2001, S. 1234-1249.

Fuest, Clemens (2005): EuGH-Rechtsprechung zur Unternehmensbesteuerung, in: Wirtschaftsdienst, Jg. 85 Nr. 1, S. 21 - 25.

Fuest, Clemens; Huber, Bernd (2000): Can Corporate-personal Tax Integration Survive in Open Economies? Lessons from the German Tax Reform, in: Finanzarchiv N.F., Jg. 57 Nr. 4, S. 514-524.

Führich, Gregor (2009): Der Einfluss der EuGH-Rechtsprechung auf die deutsche Unternehmensbesteuerung - Eine steuerplanerische und steuersystematische Analyse, Wiesbaden; zgl.: Mannheim, Univ., Diss., 2008.

Gammie, Malcolm (2005): The Impact of the Marks & Spences Case on US-European Planning, in: International Tax Review, Jg. 33 Nr. 11, S. 485-489.

Gandenberger, Otto (1985): Kapitalexportneutralität versus Kapitalimportneutralität - Allokative Überlegungen zu einer Grundfrage der internationalen Besteuerung, Aufsätze zur Wirtschaftspolitik Nr. 7, Mainz.

Gerichtshof der Europäischen Union (2012): Empfehlungen an die nationalen Gerichte bezüglich der Vorlage von Vorabentscheidungsersuchen vom , ABl. C 338/1 vom 6. November 2011,

Gerken, Lüder; Märkt, Jörg; Schick, Gerhard (2000): Internationaler Steuerwettbewerb, Untersuchungen zur Ordnungstheorie und Ordnungspolitik, 40. Bd., Tübingen.

Giovannini, Alberto (1990): International Capital Mobility and Capital-Income Taxation, in: European Economic Review, Jg. 1990 Nr. 34, S. 480-488.

Graetz, Michael J.; Warren, Alvin C. (2006): Income Tax Discrimination and the Political and Economic Integration of Europe, in: Yale Law Yournal, Jg. 2006, S. 1187-1255.

Graetz, Michael J.; Warren, Alvin C. (2012): Income Tax Discrimination: Still Stuck in the Labyrinth of Impossibility, in: Yale Law Yournal, Jg. 2012, S. 1118-1167.

Graw, Christian (2009): Das Konzept der Anteilseignerbesteuerung nach § 22 UmwStG 2006 - insbesondere im Vergleich zu § 21 UmwStG 1995, in: Hennrichs, Joachim (Hrsg.): Schriften zum Gesellschafts-, Bilanz und Unternehmensteuergesetz, 3. Bd., Frankfurt a. M.; zgl.: Köln, Univ., Diss., 2009.

Graw, Christian (2013): Der Teilbetrieb im Umwandlungssteuerrecht nach dem Umwandlungssteuer-Erlass 2011, IFSt-Schrift Nr. 488, Berlin.

Greil, Stefan (2011): Ein neues Teilbetriebsverständnis im Steuerrecht, in: Steuer und Wirtschaft, Jg. 2011 Nr. 1, S. 84-91.

Griffith, Rachel; Hines, James; Sørensen, Peter (2010): International Capital Taxation, in: Mirlees, Sir James, et al. (Hrsg.): Dimensions of Tax Design, The Mirlees Review, S. 914-1027.

Grotherr, Siegfried; Hertfort, Claus; Strunk, Günther; Kaminski, Bert; Rundshagen, Helmut (2010): Internationales Steuerrecht, 3. Aufl., in: Deutsche Steuer-Gewerkschaft (Hrsg.): Grüne Reihe - Steuerrecht für Studium und Praxis, Achim.

Gutmann, Daniel (2003): The Marks & Spencer case: proposal for an alternative way of reasoning, in: EC Tax Review, Jg. 2003 Nr. 3, S. 154-158.

Haase, Florian (2014): Internationales und Europäisches Steuerrecht, 4. Aufl., Heidelberg.

Haase, Klaus Dittmar; Roßmayer, Konrad (1991): Körperschaftsteuer und Auslands- einkünfte, in: Deutsches Steuerrecht, Jg. 1991 Nr. 34, S. 1126-1132.

Hackmann, Johannes (1989): Einkommensteuerliche Investitionswirkungen bei unter- schiedlichen Fassungen des steuerlichen Einkommensbegriffs, in: Zeitschrift für Wirtschafts- und Sozialwissenschaften, Jg. 109, S. 49-74.

Hahn, Hartmut (2000a): Beschränkung der Befreiung von der Einkommensteuer auf Dividenden aus Anteilen von Gesellschaften mit Sitz im Inland, in: Internationales Steuerrecht, Jg. 2000 Nr. 14, S. 432-438.

Hahn, Hartmut (2000b): Von Spartanern und Athenern - zum Beschluss des BFH vom 17. 12. 1997 zur Vereinbarkeit des § 6 AStG mit dem EGV, zu seinen Kritikern und zugleich ein Beitrag zur Dogmatik der Grundfreiheiten des EGV, in: Deutsche Steuerzeitung, Jg. 2000 Nr. 1-2, S. 14-25.

Hahn, Hartmut (2003): Der Bosal-Fall und die beschränkte Problemlösungskapazität des EuGH, in: GmbHR, Jg. 2003 Nr. 21, S. 1245-1249.

Harberger, Arnold C. (1966): Efficiency Effects of Taxes on Income from Capital, in: Krzyzaniak, Marian (Hrsg.): Effects of Corporate Income Tax, Detroit, S. 107-117.

Harberger, Arnold C.; Bruce, Neil (1976): The Incidence and Efficiency Effects of Taxes on Income from Capital: A Reply, in: Journal of Political Economy, Jg. 84 Nr. 6, S. 1285- 1292.

Heinrich, Johannes (2002): Der EuGH als „Motor" der Harmonisierung der direkten Steuern im Binnenmarkt - Eine kritische Hinterfragung der Funktionsweise dieses Motors anhand des Beispiels des § 10 KStG, in: Österreichische Steuerzeitung, Jg. 2002 Nr. 21, S. 554-559.

Hemels, Sigrid; Rompen, Joost; Smet, Patrick; De Waele, Isabelle; Adfeldt, Steffen; Breninger, Gottfried; Ernst, Markus; Carpentier, Viviane; Mostafavi, Siamak (2010): Freedom of Establishment of Free Movement of Capital: Is There an Order of Priority? - Conflicting Visions of National Courts and the ECJ, in: EC Tax Review, Jg. 2010 Nr. 1, S. 19-31.

Hemmelgarn, Thomas (2007): Steuerwettbewerb in Europa - Die Rolle multinationaler Unternehmen und Wirkungen einer Koordination, 25. Aufl., in: Sinn, Hans- Werner; Fuest, Clemens (Hrsg.): Beiträge zur Finanzwissenschaft, Tübingen; zgl.: Köln, Univ., Diss., 2007.

Herzig, Norbert (1988): Rechtsformneutralität der Besteuerung bei Rechtsformwechsel - Die Kapitalgesellschaft als steuerliche Einbahnstraße, in: Steuer und Wirtschaft, Jg. 1988 Nr. 4, S. 342-348.

Herzig, Norbert; Dötsch, Ewald (1998): Körperschaftsteuer 2000, in: Der Betrieb, Jg. 1998 Nr. 51, S. 15-20.

Herzig, Norbert; Förster, Guido (1998): Steuerneutrale Umstrukturierung von Konzernen, in: Steuer und Wirtschaft, Jg. 1998 Nr. 2, S. 99-113.

Herzig, Norbert; Sander, Birgit (1999): Körperschaftsteuersysteme und grenzüberschreitende Kooperationen, in: Steuer und Wirtschaft, Jg. 1999 Nr. 2, S. 131-137.

Herzig, Norbert; Wagner, Thomas (2006): EuGH-Urteil „Marks & Spencer" - Begrenzter Zwang zur Öffnung nationaler Gruppenbesteuerungssysteme für grenzüberschreitende Sachverhalte, in: Deutsches Steuerrecht, Jg. 2006 Nr. 1/2, S. 1-12.

Hey, Johanna (2004): Perspektiven der Unternehmensbesteuerung in Europa?, in: Steuer und Wirtschaft, Jg. 2004 Nr. 3, S. 193-211.

Hey, Johanna (2005): Erosion Nationaler Besteuerungsprinzipien am Binnenmarkt?, in: Steuer und Wirtschaft, Jg. 2005 Nr. 4, S. 317-326.

Hey, Johanna (2006): Die EuGH-Entscheidung in der Rechtssache Marks & Spencer und die Zukunft der deutschen Organschaft - Haben die Mitgliedstaaten den EuGH domestiziert?, in: GmbHR, Jg. 2006 Nr. 3, S. 113-123.

Hilling, Maria (2013): Justifications and Proportionality: An Analysis of the ECJ's Assessment of National Rules for the Prevention of Tax Avoidance, in: INTERTAX, Jg. 41 Nr. 5, S. 294-307.

Hinnekens, Luc (2004): European court goes for robust tax principles for treaty freedoms. What about reasonable exceptions and balances?, in: EC Tax Review, Jg. 2004 Nr. 2, S. 65-67.

Hirshleifer, Jack (1970): Investment, Interest and Capital, Englewood Cliffs.

Homburg, Stefan (2000): Perspektiven der internationalen Unternehmensbesteuerung, in: Andel, Norbert (Hrsg.): Probleme der Besteuerung, Berlin, S. 9-61.

Homburg, Stefan (2005): Internationale Kapitaleinkommensbesteuerung nach dem Wohnsitzprinzip oder dem Quellenprinzip, in: Endres, Dieter (Hrsg.): Die internationale Unternehmensbesteuerung im Wandel, S. 14-27.

Homburg, Stefan (2007a): Allgemeine Steuerlehre, 5. Aufl., München.

Homburg, Stefan (2007b): Die Zinsschranke - eine beispiellose Steuerinnovation, in: Finanz-Rundschau, Jg. 2007, S. 717-728.

Höreth, Marcus (2008): Die Selbstautorisierung des Agenten. Der Europäische Gerichtshof im Vergleich zum U.S. Supreme Court, in: Lhotta, Roland, et al. (Hrsg.): Recht und Politik, Baden-Baden.

Hufeld, Ulrich (2014): Europas Verfassungsgemeinschaft - Staatsrechtlich vergleichende Perspektive, in: Ulrich, Hufeld, et al. (Hrsg.): Europäisches Verfassungsrecht: Vertragliches Europaverfassungsrecht, Staatliches Verfassungsrecht, Baden-Baden, S. 41-88.

Hundsdoerfer, Jochen; Kiesewetter, Dirk; Sureth, Caren (2008): Forschungsergebnisse in der Betriebswirtschaftlichen Steuerlehre - eine Bestandsaufnahme, in: Zeitschrift für Betriebswirtschaft, Jg. 78 Nr. 1, S. 61-139.

Hundsdoerfer, Jochen; Lorenz, Daniela; Sielaff, Christian (2012): Hemmt die Zinssschranke Investitionen? - Ein weitres Zinsschranken-Paradoxon, in: Schmalenbachs Zeitschrift für betriebswirtschaftliche Forschung, Jg. 64, S. 366-391.

Hüsing, Silke (2008): Zusammenhang von Steuerplanung, EuGH-Rechtsprechung und Gesetzgebung am Beispiel der Standortrelevanz von Verlustverrechnung und Zinsschranke, in: Uwe, Götze; Lang, Rainhart (Hrsg.): Strategisches Management zwischen Globalisierung und Regionalisierung, Wiesbaden.

Ilzkovitz, Fabienne; Dierx, Adriaan; Kovacs, Viktoria; Sousa, Nuno (2007): Steps towards a deeper economic Integration: The Internal Market in the 21st centuty - A contribution to the Single Market Review, Europäische Kommission (Hrsg.), European Economy - Economic Papers Nr. 271

Isenbaert, Mathieu (2008): European community law and the sovereignty of the member states in direct taxation. Part I, Leuven; zgl.: Leuven, Univ., Diss., 2008.

Isenbaert, Mathieu (2009): The Contemporary Meaning of 'Sovereignty' in the Supranational Context of the EC as Applied to the Income Tax Case Law of the ECJ, in: EC Tax Review, Nr. 6, S. 264-278.

Jachmann, Monika (2000): Besteuerung von Unternehmen als Gleichheitsproblem - Unterschiedliche Behandlung von Rechtsformen, Einkunftsarten, Werten und Steuersubjekten im Ertrag- und Erbschaftsteuerrecht, in: Pelka, Jürgen (Hrsg.): Europa- und verfassungsrechtliche Grenzen der Unternehmensbesteuerung, Köln, S. 9-65.

Jacobs, Otto (1999): Körperschaftsteuersysteme in der EU - Eine Analyse der Wettbewerbswirkungen und Reformvorschläge, in: Kleineidam, Hans-Jochen (Hrsg.): Unternehmenspolitik und Internationale Besteuerung. Festschrift für Lutz Fischer zum 60. Geburtstag, Berlin, S. 85-116.

Jacobs, Otto (2011): Internationale Unternehmensbesteuerung, 7. Aufl., München.

Jagdfeld, August (1972): Steuerflucht und Steuerfluchtbekämpfung von Brüning bis Brandt, in: Steuer und Wirtschaft, Jg. 1972 Nr. 2, S. 258-263.

Johansson, Sven-Erik (1969): Income Taxes and Investment Decisions, in: Swedish Journal of Economics, Jg. 71, S. 104-110.

Kahlenberg, Christian; Kopec, Agnieszka (2015): Unterkapitalisierungsvorschriften in der EU - eine Analyse im Vorfeld des OECD-Berichts zur Maßnahme 4 des BEPS-Aktionsplans, in: Internationales Steuerrecht, Jg. 2015 Nr. 3, S. 84-92.

Kaufmann, Jürgen; Gebhardt, Christan (2000): Systemwechsel in der Körperschaftsteuer - ein Beitrag zur Harmonisierung der Steuern in der Europäischen Union?, in: GmbHR, Jg. 2000 Nr. 20, S. 1034-1037.

Keen, Michael; Wildasin, David (2004): Pareto-Efficient International Taxation, in: American Economic Review, Jg. 94 Nr. 1, S. 259-275.

Kellersmann, Dietrich; Treisch, Corinna (2002): Europäische Unternehmensbesteuerung, Wiesbaden.

Kessler, Wolfgang (2007): Die Zinsschranke im Rechtsvergleich: Problemfelder und Lösungsansätze, in: Internationales Steuerrecht, Jg. 2007 Nr. 12, S. 418-422.

Kiesewetter, Dirk (1999): Zinsbereinigte Einkommen- und Körperschaftsteuer: Die Implementierung im deutschen Steuersystem, Schriften zum Steuer-, Rechnungs- und Prüfungswesen, 22. Bd., Bielefeld; zgl.: Tübingen, Univ., Diss., 1998.

Kiesewetter, Dirk; Dietrich, Maik; Rumpf, Dominik (2008): Möglichkeiten zur Neu-ordnung der Unternehmensbesteuerung in der Europäischen Union auf Basis eines konsumorientierten Einkommens-Begriffs, in: Fuest, Clemens; Mitschke, Joachim (Hrsg.): Nachgelagerte Besteuerung und EU-Recht, Baden-Baden, S. 255-314.

King, Mervyn A.; Fullerton, Don (1984): The Taxation of Income - A Comparative Study of the United States, United Kingdom, Sweden, and West Germany, Chicago.

Kirschner, Julia (2014): Grundfreiheiten und nationale Gestaltungsspielräume. Eine Analyse der Rechtsprechung des EuGH, in: Nolte, Georg; Streinz, Rudolf (Hrsg.): Europäisches und Internationales Recht, 83. Bd., München; zgl.: München, Univ., Diss., 2013.

Klement, Jan Henrik (2015): Wettbewerbsfreiheit - Bausteine einer europäischen Grundrechtstheorie, Jus Publicum, 246. Bd., Tübingen.

Kluge, Volker (2000): Das Internationale Steuerrecht, 4. Aufl., München.

Kofler, Georg (2006): Wer hat das Sagen im Steuerrecht - EuGH (Teil 1), in: Österreichische Steuerzeitung, Jg. 2006 Nr. 6, S. 106-114.

Kofler, Georg (2015): Ist der Spuk des Europäischen Steuerrechts bald vorbei?, in: Schön, Wolfgang; Heber, Caroline (Hrsg.): Grundfragen des Europäischen Steuerrechts, Berlin Heidelberg, S. 1-23.

Köhler, Stefan (2007): Die deutsche Hinzurechnungsbesteuerung im EU-Kontext, in: Wehrheim, Michael; Heurung, Rainer (Hrsg.): Steuerbelastung - Steuerwirkung - Steuergestaltung. Festschrift zum 65. Geburtstag von Winfried Mellwig, Wiesbaden, S. 209-248.

Kohlmann, Henrik (2012): Abkopplung der deutschen Unternehmensteuern von den Unternehmensgewinnen durch Gewinnverlagerungen ins Ausland? Eine empirische Untersuchung auf Basis von Konzernabschlüssen der DAX- und MDAX-Konzerne 1999-2008, Betriebswirtschaftliche Steuerlehre in Forschung und Praxis, 78. Bd., Hamburg.

Kokott, Juliane (2007): Ist der EuGH - noch - ein Motor für die Konvergenz der Steuersysteme?, in: Betriebs-Berater, Jg. 2007 Nr. 17, S. 913-918.

Kokott, Juliane; Henze, Thomas; Sobotta, Christoph (2006): Die Pflicht zur Vorlage an den Europäischen Gerichtshof und die Folgen ihrer Verletzung, in: JuristenZeitung, Jg. 61 Nr. 13, S. 633-641.

König, Rolf (1997): Ungelöste Probleme einer investitionsneutralen Besteuerung - Gemeinsame Wurzel unterschiedlicher neutraler Steuersysteme und die Berücksichtigung unsicherer Erwartungen, in: Schmalenbachs Zeitschrift für betriebswirtschaftliche Forschung, Jg. 49, S. 42-63.

Kraft, Gerhard; Edelmann, Georg; Bron, Frederik (Hrsg.) (2014): Umwandlungssteuergesetz, Heidelberger Kommentar, Heidelberg.

Kruse, Heinrich Wilhelm (1990): Über die Gleichmäßigkeit der Besteuerung, in: Steuer und Wirtschaft, Jg. 1990 Nr. 4, S. 322-330.

Kube, Hanno (2003): Grundfreiheiten und Ertragskompetenz - die Besteuerung der grenzüberschreitenden Konzernfinanzierung nach dem Lankhorst-Urteil des EuGH, in: Internationales Steuerrecht, Jg. 2003 Nr. 10, S. 325–334.

Lang, Joachim (1997): Besteuerung in Europa zwischen Harmonisierung und Differenzierung, in: Klein, Franz, et al. (Hrsg.): Unternehmen. Steuern. Festschrift für Hans Flick zum 70. Geburtstag, Köln, S. 873-894.

Lang, Michael (2005): Marks and Spencer - more questions than answers: an analysis of the Opinion delivered by Advocate General Maduro, in: EC Tax Review, Jg. 2005 Nr. 2, S. 95-100.

Lang, Michael (2006): The Marks & Spencer Case – The Open Issues Following the ECJ's Final Word, in: European Taxation, Jg. 46 Nr. 2, S. 54-67.

Lang, Michael (2009): Recent Case Law of the ECJ in Direct Taxation: Trends, Tensions, and Contradictions, in: EC Tax Review, Nr. 3, S. 98-113.

Lang, Michael (2014): Has the Case Law of the ECJ on Final Losses Reached the End of the Line?, in: European Taxation, Jg. 54 Nr. 12, S. 530-540.

Lang, Michael (2015): Ist die Rechtsprechung des EuGH zu den finalen Verlusten am Ende?, in: Schön, Wolfgang; Heber, Caroline (Hrsg.): Grundfragen des Europäischen Steuerrechts, Berlin Heidelberg, S. 63-87.

Lange, Carsten (2005): Grenzüberschreitende Umstrukturierung von Europäischen Aktiengesellschaften, Steuerliche Konsequenzen in Deutschland und Großbritannien, Berlin; zgl.: Hannover, Univ., Diss., 2005.

Lieber, Bettina; Rasch, Stephan (2004): Mögliche Konsequenzen der Rechtsache "Cadbury Schweppes" für die deutsche Hinzurechnungsbesteuerung, in: GmbHR, S. 1572-1578.

Linn, Alexander (2007): Missbrauchsverhinderungsnormen und Standortwahl - Eine rechtsvergleichende und modelltheoretische Analyse des Einflusses von CFC-Regeln und Unterkapitalisierungsregeln, Wiesbaden; zgl.: München, Univ., Diss., 2006.

Lutter, Marcus; Bayer, Walter; Schmidt, Jessica (2012): Europäisches Unternehmens- und Kapitalmarktrecht: Grundlagen, Stand und Entwicklung nebst Texten und Materialien, 5. Aufl., in: Fleischer, Holger, et al. (Hrsg.): Zeitschrift für Unternehmens- und Gesellschaftsrecht, Sonderheft 1 Nr. 1, Berlin.

Lyons, Timothy (2005): A Drive to Curb the Power of the ECJ, in: British Tax Review, Jg. 2005 Nr. 5, S. 449-453.

Maduro, Miguel Poiares (2002): We The Court. The European Court of Justice and the European Economic Constitution. A Critical Reading of Article 30 of the EC Treaty, Oxford Portland.

Maiterth, Ralf (2001): Wettbewerbsneutralität der Besteuerung, in: Haegert, Lutz, et al. (Hrsg.): Schriften zum Steuer-, Rechnungs- und Prüfungswesen, 27. Bd., Bielefeld.

Maiterth, Ralf; Sureth, Caren (2006): Unternehmensfinanzierung, Unternehmensrechtsform und Besteuerung, Diskussionsbeiträge zur Quantitativen Steuerlehre Nr. 15.

Malherbe, Jacques; Malherbe, Philippe; Richelle, Isabelle; Traversa, Edoardo (2011): The impact of the rulings of the European Court of Justice in the area of direct taxation 2010, Europäisches Parlament (Hrsg.), Brüssel.

Maneschi, Andrea (1998): Comparative Advantage in International Trade. A Historical Perspective, Cheltenham.

Marino, Giuseppe; Ballancin, Andrea (2004): The International Effects of Italian Corporate Tax Reform, in: Tax Notes International, Jg. 2004, S. 467-476.

Maßbaum, Alexandra; Klotzkowski, Tanja; Sureth, Caren (2012): Der Einfluss der Zinsschranke auf unternehmerische Kapitalstrukturentscheidungen, in: Zeitschrift für Betriebswirtschaft, Jg. 82 Nr. 12, S. 1389-1425.

Maßbaum, Alexandra; Sureth, Caren (2009): Thin Capitalization Rules and Entrepreneurial Capital Structure Decisions, in: Business Research, Jg. 2 Nr. 2, S. 147-169.

May, Theresa (2017): The government's negotiating objectives for exiting the EU: PM speech vom 17.01.2017, https://www.gov.uk/government/speeches/the-governments-negotiating-objectives-for-exiting-the-eu-pm-speech, abgerufen am 05.02.2017.

Mayer, Franz C. (2005): Europäisches Sprachenverfassungsrecht, in: Der Staat, Jg. 44 Nr. 3, S. 367-401.

McNulty, John (1989): Struktur der Einkommensteuer und Reformtendenzen der Besteuerung in den Vereinigten Staaten, in: Steuer und Wirtschaft, Jg. 1989 Nr. 2, S. 120-137.

Menner, Stefan; Broer, Frank (2002): Europäischer Teilbetriebsbegriff und Zuordnung von Wirtschaftsgütern, in: Der Betrieb, Jg. 2002 Nr. 16, S. 815-818.

Meussen, Gerard (2003): The Marks & Spencer case: reaching the boundaries of the EC Treaty, in: EC Tax Review, Nr. 3, S. 144-148.

Meussen, Gerard (2005): Cross-Border Loss Relief in the European Union following the Advocate General's Opinion in the Marks & Spencer Case, in: European Taxation, Jg. 45 Nr. 7, S. 282-286.

Meussen, Gerard (2008): Cross-Border Loss Compensation and Permanent Establishments: Lidl Belgium and Deutsche Shell, in: European Taxation, Jg. 48 Nr. 5, S. 233-236.

Mick, Markus (1995): Die Steuerkonzeption der Europischen Union - Zielvorgaben, Umsetzung und Grenzen zulassiger Steuerharmonisierung, Internationale Hochschulschriften, 175. Bd., Münster; zgl.: Münster, Univ., Diss., 1995.

Möller, Christian (2015): Ubertragung von Verlusten einer gebietsfremden Tochtergesellschaft im Rahmen des britischen Konzernabzugs nach dem Urteil Marks & Spencer, in: Betriebs-Berater, Jg. 2015, S. 614-616.

Monteiro, Roel; Kiers, Martje (2013): The Court's Position on Cross-Border Losses: A Quest for the Well-Being of EU Citizens?, in: EC Tax Review, Jg. 2013 Nr. 2, S. 92-99.

Musgrave, Peggy (1969): United States Taxation of Foreign Investment Income: Issues and Arguments, Cambridge.

Musgrave, Richard (1957): A Multiple Theory of Budget Determination, in: Finanzarchiv N.F., Jg. 17 Nr. 3, S. 333-343.

Neill, Partick (1995): The European Court of Justice: A Case Study in Judicial Activism, London.

Neumark, Fritz (1970): Grundsätze gerechter und ökonomisch rationaler Steuerpolitik, Tübingen.

Neus, Werner; von Hinten, Peter (1992): Besteuerung und Investitionsvolumen bei unsicheren Erwartungen, in: Die Betriebswirtschaft, Jg. 52 Nr. 2, S. 235-248.

Niemann, Walter; Dodos, Panagiotis (2016): Verrechnung von „finalen" Auslandsverlusten - auch nach „Timac Agro"!, in: Deutsches Steuerrecht, Jg. 54 Nr. 19, S. 1057-1063.

O´Shea, Tom (2006): Marks and Spencer v Halsey (HM Inspector of Taxes): restriction, justification and proportionality, in: EC Tax Review, Jg. 2006 Nr. 2, S. 66-82.

OECD (2012): Hybrid Mismatch Arrangements - Tax Policy and Compliance Issues, Paris.

OECD (2013): Co-operative Compliance: A Framework - From Enhanced Relationship to Co-operative Compliance, Paris.

OECD (2014a): Aktionsplan zur Bekämpfung der Gewinnverkürzung und Gewinn-verlagerung, Paris.

OECD (2014b): Model Tax Convention on Income and on Capital: Condensed Version 2014, Paris.

OECD (2015): Designing Effective Controlled Foreign Company Rules. Action 3: 2015 Final Report, Paris.

Oestreicher, Andreas; Scheffler, Wolfram; Spengel, Christoph (2008): Modelle einer Konzernbesteuerung für Deutschland und Europa, 1. Aufl., Baden-Baden.

Oestreicher, Andreas; Spengel, Christoph; Koch, Reinald (2011): How to Reform Taxation of Corporate Groups in Europe, in: Word Tax Journal, Jg. 2011 Nr. 2, S. 5-38.

Ohlendorf, Lutz (2015): Grundrechte als Maßstab des Steuerrechts in der Europäischen Union, Verfassungsentwicklung in Europa, 9. Bd., Tübingen; zgl.: Heidelberg, Univ., Diss., 2015.

Oppermann, Thomas; Claasen, Claus Dieter; Nettesheim, Martin (Hrsg.) (2016): Euro-parecht: ein Studienbuxh, 7. Aufl., München.

Overesch, Michael; Wamser, Georg (2010): Corporate tax planning and thin-capitalization rules: evidence from a quasi-experiment, in: Applied Economics, Jg. 42 Nr. 5, S. 563-573.

Pezzella, Domenico (2014): Final Losses under EU Tax Law: Proposal for a Better Approach, in: European Taxation, Jg. 54 Nr. 2-3, S. 71-79.

Pinetz, Erik; Spies, Karoline (2015): 'Final Losses' after the Decision in Commission v. UK ('Marks & Spencer II'), in: EC Tax Review, Jg. 24 Nr. 6, S. 309-329.

Potacs, Michael (2015): Rechtstheorie, Wien.

Ragnitz, Joachim; Eck, Alexander; Scharfe, Simone; Thater, Christian; Wieland, Bernhard (2013): Öffentliche Infrastrukturinvestitionen: Entwicklung, Bestimmungsfaktoren und Wachstumswirkungen, Endbericht, ifo-Insitut (Hrsg.), Dresden.

Reimer, Ekkehart (2000): Die Auswirkungen der Grundfreiheiten auf das Ertragsteuerrecht der Bundesrepublik Deutschland - Eine Bestandsaufnahm, in: Lehner, Moris (Hrsg.): Grundfreiheiten im Steuerrecht der EU-Staaten, Münchener Schriften zum Internationalen Steuerrecht, Heft 23, München, S. 39-100.

Richman, Peggy (1963): Taxation of Foreign Investment Income: An Economic Analysis, Baltimore.

Rose, Manfred (1991): Plädoyer für ein konsumbasiertes Steuersystem, in: Rose, Manfred (Hrsg.): Konsumorientierte Neuordnung des Steuersystems, S. 7 - 34.

Ruding, Onno; Buitleir, Donai de; Descours, Jean-Louis; Gascon, Lorenzo; Gatto, Carlo; Messere, Ken ; Rädler, Albert; Vanistendael, Frans (1992): Bericht des unabhängigen Sachverständigenausschusses zur Unternehmensbesteuerung, Kommission der Europäischen Gemeinschaften (Hrsg.), Luxemburg.

Ruf, Martin (2004): Investitionsneutrale Besteuerung in einem internationalen Kontext, in: Zeitschrift für Betriebswirtschaft, Jg. 74 Nr. 10, S. 995-1007.

Ruf, Martin (2007): Steuerwettbewerb in Europa: Theorie, Empirie und die Definition von Effektivsteuersätzen, Schriften zum Steuer-, Rechnungs- und Prüfungswesen, Wiesbaden.

Ruf, Martin (2008): Anforderungen an die Kapitalverkehrsfreiheit und Niederlassungs-freiheit iim Sinne des EGV aus Sicht der Wirtschaftswissenschaften, in: Steuer und Wirtschaft, Jg. 2008 Nr. 1, S. 62-72.

Ruf, Martin (2011): Optimal Taxation of International Mergers & Acquisitions, SSRN Working Paper.

Ruf, Martin; Schindler, Dirk (2015): Debt Shifting and Thin-Capitalization Rules - German Experience and Alternative Approaches, in: Nordic Tax Journal, Jg. 2015 Nr. 1, S. 17-33.

Samuelson, Paul (1964): Tax Deductibility of Economic Depreciation to Insure Invariant Valuations, in: Journal of Political Economy, Jg. 72, S. 604-606.

Schaumburg, Harald (1995): Das Leistungsfähigkeitsprinzip im internationalen Steuerrecht, in: Lang, Joachim (Hrsg.): Die Steuerrechtsordnung in der Diskussion - Festschrift für Klaus Tipke zum 70. Geburtstag, Köln, S. 125-151.

Schaumburg, Harald (2000): Systemdefizite im internationalen Steuerrecht, in: Steuer und Wirtschaft, Jg. 2000 Nr. 4, S. 369-377.

Schaumburg, Harald; Englisch, Joachim (Hrsg.) (2015): Europäisches Steuerrecht, Köln.

Schaumburg, Heide; Schaumburg, Harald (2005): Steuerliche Leistungsfähigkeit und europäische Grundfreiheiten im Internationalen Steuerrecht, in: Steuer und Wirtschaft, Jg. 2005 Nr. 4, S. 306-316.

Scheffler, Wolfram (2009): Internationale betriebswirtschaftliche Steuerlehre, 3. Aufl., München.

Schmalenbach, Eugen (1908): Über Verrechnungspreise, in: Zeitschrift für handelswissenschaftliche Forschung, Jg. 3, S. 165-185.

Schmidt, Lutz; Sigloch, Jochen; Henselmann, Klaus (2005): Internationale Steuerlehre. Steuerplanung bei Grenzüberschreitenden Transaktionen, 1. Aufl., Wiesbaden.

Schmidtmann, Dirk (2007): Hinzurechnungsbesteuerung bei internationalen Umstrukturierungen, in: Wacker, Wilhelm; Förster, Guido (Hrsg.): Schriften zur betriebswirtschaftlichen Steuerlehre, Berlin; zgl.: Düsseldorf, Univ., Diss., 2007.

Schmidtmann, Dirk (2009): Steuerentstrickungs- und Steuerverstrickungsprobleme bei der Hinzurechnungsbesteuerung, in: Internationales Steuerrecht, Jg. 2009 Nr. 9, S. 295-300.

Schmiel, Ute (2006): Rechtsformneutralität als Leitlinie für eine Neukonzeption der Unternehmensbesteuerung?, in: Betriebswirtschaftliche Forschung und Praxis, Jg. 2006 Nr. 03, S. 246-261.

Schneider, DIeter (1980): The Effect of Progressive and Proportional Income Taxation on Risk-Taking, in: National Tax Journal, Jg. 33 Nr. 1, S. 67-75.

Schneider, DIeter (1992): Investition, Finanzierung und Besteuerung, 7. Aufl., Wiesbaden.

Schön, Wolfgang (1996): Gemeinschaftskonforme Auslegung und Fortbildung des nationalen Steuerrechts - unter Einschluß des Vorlageverfahrens nach Art. 177 EGV, in: Lehner, Moris (Hrsg.): Steuerrecht im Europäischen Binnenmarkt - Einfluss des EG-Rechts auf die nationalen Steuerrechtsordnungen, Berlin, S. 167-200.

Schön, Wolfgang (2000a): Der "Wettbewerb" der europäischen Steuerordnungen als Rechtsproblem, in: Pelka, Jürgen (Hrsg.): Europa- und verfassungsrechtliche Grenzen der Unternehmensbesteuerung, Köln, S. 191-226.

Schön, Wolfgang (2000b): Tax competition in Europe - the legal perspective, in: EC Tax Review, Jg. 9 Nr. 2, S. 89-104.

Schön, Wolfgang (2001): Hinzurechnungsbesteuerung und Europäisches Gemeinschaftsrecht, in: Der Betrieb, Jg. 2001 Nr. 18, S. 940-947.

Schön, Wolfgang (2004): Besteuerung im Binnenmarkt – die Rechtsprechung des Europäischen Gerichtshofs zu den direkten Steuern, in: Internationales Steuerrecht, Jg. 2004 Nr. 9, S. 289-300.

Schön, Wolfgang (2008): Losing Out at the Snooker Table: Cross-Border Loss Compensation for PEs and the Fundamental Freedoms, in: Hinnekens, Luc; Hinnekens, Philippe (Hrsg.): A Vision of Taxes within and outside European Borders, Festschrift in honor of Prof. Dr. Frans Vanistendael, Alphen aan den Rijn, S. 813-830.

Schön, Wolfgang (2015): Neutralität und Territorialität – Gegensätze oder Grundsätze des Europäischen Steuerrechts?, in: Schön, Wolfgang; Heber, Caroline (Hrsg.): Grundfragen des Europäischen Steuerrechts, Berlin Heidelberg, S. 109-164.

Schreiber, Ulrich (1992): Die Besteuerung internationaler Kapitaleinkommen, in: Die Betriebswirtschaft, Jg. 52, S. 829-850.

Schreiber, Ulrich (2004): Unternehmensbesteuerung im Binnenmarkt. Angleichung der Gewinnermittlung und des Satzes der Körperschaftsteuer?, in: Steuer und Wirtschaft, Jg. 2004 Nr. 3, S. 212-226.

Schreiber, Ulrich (2012): Besteuerung der Unternehmen - Eine Einführung in Steuerrecht und Steuerwirkung, 3. Aufl., Wiesbaden.

Schröer, André (2004): Entscheidungswirkungen steuerlicher Erfolgsabgrenzungsparadigmen bei multinationalen Unternehmen, in: Schmalenbachs Zeitschrift für betriebswirtschaftliche Forschung, Jg. 56, S. 259-281.

Schwinger, Reiner (1992): Einkommens- und konsumorientierte Steuersysteme. Wirkungen auf Investition, Finanzierung und Rechnungslegung, Heidelberger betriebswirtschaftliche Studien, Heidelberg.

Seiler, Christian (2005): Das Steuerrecht unter dem Einfluss der Marktfreiheiten, in: Steuer und Wirtschaft, Jg. 2005 Nr. 1, S. 25-36.

Seyr, Sabine (2008): Der effet utile in der Rechtsprechung des EuGH, 135. Aufl., in: Magiera, Siegfried, et al. (Hrsg.): Schriften zum Europäischen Recht, Berlin; zgl.: Göttingen, Univ., Diss., 2007.

Shoven, John B. (1976): The Incidence and Efficiency Effects of Taxes on Income from Capital, in: Journal of Political Economy, Jg. 84 Nr. 6, S. 1261-1283.

Siegel, Theodor (2000): Konsum- oder einkommensorientierte Besteuerung? Aspekte quantitativer und qualitativer Argumentation, in: Schmalenbachs Zeitschrift für betriebswirtschaftliche Forschung, Jg. 52, S. 724-741.

Sinn, Hans-Werner (1985): Kapitaleinkommensbesteuerung, Tübingen.

Spengel, Christoph (2009): Steuerliche Förderung von Forschung und Entwicklung (FuE) in Deutschland - Ökonomische Begründung, Handlungsbedarf und Reformbedarf., MPI Studies on Intellectual Property, Competition and Tax Law, 8. Bd., Heidelberg.

Spengel, Christoph (2013): Neutralitätskonzepte und Anreizwirkungen im internationalen Steuerrecht, Internationales Steuerrecht: 37. Jahrestagung der Deutschen Steuer-juristischen Gesellschaft e.V. Linz, 10. und 11. September 2012, Köln, S. 39-70.

Spengel, Christoph; Braunagel, Ralf U. (2006): EU-Recht und Harmonisierung der Konzernbesteuerung in Europa, in: Steuer und Wirtschaft, Jg. 2006 Nr. 1, S. 34-49.

Spengel, Christoph; Elschner, Christina; Grünewald, Miachael; Reister, Timo (2007): Einfluss der Unternehmensteuerreform 2008 auf die effektive Steuerbelastung, in: Vierteljahreshefte zur Wirtschaftsforschung, Jg. 76 Nr. 2, S. 86-97.

Spengel, Christoph; Matenaer, Sebastian (2010): Grenzüberschreitende Verrechnung von Betriebsstättenverlusten - ein kritischer Vergleich der EuGH-Rechtsprechung, in: Internationales Steuerrecht, Jg. 19 Nr. 22, S. 817-820.

Stewen, Tobias (2008): Der EuGH und die nationale Steuerhoheit - Spannungsverhältnis und Konfliktlösung, in: Europarecht, Jg. 2008 Nr. 4, S. 445-466.

Strassburger, Benjamin (2012): Die Dogmatik der EU-Grundfreiheiten, in: Marauhn, Thilo; Walter, Christian (Hrsg.): Jus Internationale et Europaeum, 70. Bd., Tübingen; zgl.: Mainz, Univ., Diss., 2012.

Streichen, Alain (1996): Der Gleichheitssatz im europäischen Steuerrecht. Vortrag gehalten am 21. November 1995, in: Vorträge, Reden und Berichte aus dem Europa-Institut, Sektion Rechtswissenschaften, Jg. 339.

Strunk, Günther; Kaminski, Bert; Köhler, Stefan (Hrsg.) (2017): Außensteuergesetz Doppelbesteuerungsabkommen (Kommentar), 46. Akutalisierung, März 2017, Grüne Reihe.

Sydow, Sabine (2010): Anmerkung zur BFH-Entscheidung I R 114/08 vom 21. 10. 2009 (Nachfolge „Columbus Container"), in: Internationales Steuerrecht, Jg. 2010 Nr. 5, S. 174-178.

Sydow, Sabine (2014): Neues bei der Exit-Tax: EuGH erklärt Fünftelungsregelung zur Besteuerung stiller Reserven und Bankgarantien für unionsrechtskonform, in: Der Betrieb, Jg. 2014 Nr. 6, S. 265-270.

Terra, Ben; Wattèl, Peter (2012): European Tax Law, 6. Aufl., Alphen aan den Rijn.

Thalmeier, Bernd (2002): Analyse eines zinsbereinigten Systems der Kapitaleinkommensbesteuerung unter besonderer Berücksichtigung von Risiko., Heidelberg.

Tiebout, Charles (1956): A Pure Theory of Local Expenditures, in: The Journal of Political Economy, Jg. 64 Nr. 5, S. 416-424.

Tipke, Klaus; Lang, Joachim (Hrsg.) (2015): Steuerrecht, Köln.

Titgemeyer, Marion (2009): Zinsbesteuerung in einkommens- und konsumorientierten Steuersystemen - Eine Analyse vor dem Hintergrund des Leistungsfähigkeitsprinzips, des Europarechts und der Entscheidungsneutralität, Wiesbaden; zgl.: Osnabrück, Univ., Diss., 2009.

Tumpel, Michael (2000): Europäische Besteuerungsmaßstäbe für die grenzüberschreitende Organisation und Finanzierung von Unternehmen, in: Pelka, Jürgen (Hrsg.): Europa- und verfassungsrechtliche Grenzen der Unternehmensbesteuerung, Köln, S. 321-372.

van Thiel, Servaas (2008): The direct income tax case law of the European Court of justice: past trends and future developments, in: Tax Law Review, Jg. 62, S. 143-192.

van Thiel, Servaas (2011): X Holding: A Denial of Justice, in: Weber, Dennis; da Silva, Bruno (Hrsg.): From Marks & Spencer to X Holding - The Future of Cross-Border Group Taxation, Alphen aan den Rijn, S. 51-70.

Vanistendael, Frans (2003): The compatibility of the basic economic freedoms with the sovereign national tax systems of the Member States, in: EC Tax Review, Nr. 3, S. 136-143.

Vanistendael, Frans (2014): Ability to Pay in European Community Law, in: EC Tax Review, Jg. 23 Nr. 3, S. 121-134.

Vanistendael, Frans (2016): Is Tax Avoidance the Same Thing under the OECD Base Erosion and Profit Shifting Action Plan, National Tax Law and EU Law?, in: Bulletin for International Taxation, Jg. 2016 Nr. 03, S. 163-172.

Vermeend, Willem (1996): The Court of Justice of the European Communities and direct taxes: ‚Èst-ce que la justice est de ce monde'?, in: EC Tax Review, Jg. 5 Nr. 2, S. 54-55.

Vogel, Klaus (1988): Worldwide vs. source taxation of Income - A review and re-evaluation of arguments (Part II), in: INTERTAX, Jg. 16 Nr. 10.

Vogt, Jürgen (2003): Neutralität und Leistungsfähigkeit - Eine verfassungs- und europarechtliche Untersuchung der Unternehmensbesteuerung nach dem StSenkG, in: Arndt, Hans-Wolfgang (Hrsg.): Mannheimer Beiträge zum Öffentlichen Recht und Steuerrecht, 28. Bd., Frankfurt am Main; zgl.: Mannheim, Univ., Diss., 2002.

Von der Groeben, Hans; Schwarze, Jürgen (Hrsg.) (2003): Kommentar zum Vertrag über die Europäische Union und zur Gründung der Europäischen Gemeinschaft, 2. Band, 6. Aufl., Baden-Baden.

Wagner, Franz W. (1981): Grundsätzliche Anmerkungen zu Irrtümern und Mängeln steuerlicher Rechtsformvergleiche, in: Deutsches Steuerrecht, Jg. 1981, S. 243-246.

Wagner, Franz W. (1992): Neutralität und Gleichmäßigkeit als ökonomische und rechtliche Kriterien steuerlicher Normkritik, in: Steuer und Wirtschaft, Jg. 1992 Nr. 1, S. 2-13.

Wagner, Franz W. (2014): Der Homo Oeconomicus als Menschenbild des Steuerrechts, in: Deutsches Steuerrecht, Jg. 52 Nr. 24, S. 1133-1143.

Wälzholz, Eckhard (1999): Der Teilbetriebsbegriff im Steuerrecht, in: Juristische Fakultät der Universität Würzburg (Hrsg.): Würzburger rechtswissenschaftliche Schriften, Würzburg.

Wassermeyer, Franz; Schönfeld, Jens (2006): Die EuGH-Entscheidung in der Rechtssache "Cadbury-Schweppes" und deren Auswirkungen auf die deutsche Hinzurechnungs-besteuerung, in: GmbHR, S. 1065-1073.

Wathelet, Melchior (2004): Direct taxation and EU law: integration or disintegration?, in: EC Tax Review, Jg. 2004 Nr. 1, S. 2-4.

Wattel, Peter (2003): Corporate tax jurisdiction in the EU with respect to branches and subsidiaries; dislocation distinguished from discrimination and dsiparity; a plea for territoriality, in: EC Tax Review, Nr. 4, S. 194-202.

Wellisch, Dietmar (2000): Finanzwissenschaft II: Theorie der Besteuerung, München.

Wellisch, Dietmar (2003): Internationale Verrechnungspreismethoden, Neutralität und die Gewinne multinationaler Unternehmen, in: Jahrbücher für Nationalökonomie und Statistik, Jg. 223 Nr. 3, S. 323-259.

Wenger, Ekkehard (1983): Gleichmäßigkeit der Besteuerung von Arbeits- und Vermö-genseinkünften, in: Finanzarchiv N.F., Jg. 41 Nr. 2, S. 207-252.

Wenger, Ekkehard (1999): Warum die Finanzwissenschaft bei der Suche nach einer theoretischen Basis der Einkommensteuer erfolglos bleiben musste, in: Smekal, Christian, et al. (Hrsg.): Einkommen versus Konsum, S. 37 - 63.

Zalasinski, Adam; Copernicus, Nicholas (2007): Proportionality of Anti-Avoidance and Anti-Abuse Measures in the ECJ`s Direct Tax Case Law, in: International Tax Review, Jg. 35 Nr. 5.

Zodrow, Gerorge; Mieszkowski, Peter (1986): Pigou, Tibout, Property Taxation and the Underprovision of Local Public Goods, in: Journal of Urban Economics, Nr. 19, S. 356-370.

Zuijdendorp, Bert (2007): The N case: the European Court of Justice sheds further light on the admissibility of exit taxes but still leaves some questions unanswered, in: EC Tax Review, Nr. 1, S. 5-12.

Verzeichnis und Rubrizierung der Rechtsprechung

Nachfolgende Auflistung enthält die bis zum 31.12.2016 ergangenen Urteile und Beschlüsse mit unmittelbarem Bezug zum direkten Steuerrecht. Nicht zur Entscheidung angenommene Vorlagen finden keinen Eingang in die Aufstellung.

Die Auflistung ist geordnet nach Hauptkategorie, Subkategorie (vertikale Beschriftung) und innerhalb dieser nach Entscheidungsdatum. Für die Mitgliedstaaten wurden die international üblichen Abkürzungen verwendet. Der Sachverhalt ist für die behandelten Hauptkategorien zur Investitionsbesteuerung jeweils in Kurzform zusammengefasst.

Die vom Gerichtshof geprüften Grundverkehrsfreiheiten sind mit „X" markiert. Insofern eine sekundärrechtliche Prüfung vorzunehmen war, ist die betroffene Richtlinie aufgeführt. Wenn die Prüfung zumindest einer der Vorlagefragen zu einer Diskriminierung / Beschränkung einer Grundverkehrsfreiheit oder einem Verstoß gegen eine Richtlinienregelung führte, ist dies in der Spalte „DBV" mit „X" gekennzeichnet. Vorgebrachte Rechtfertigungserwägungen sind in der letzten Spalte aufgeführt. Ob die Prüfung des Kriteriums eine ggf. vorliegende Diskriminierung oder Beschränkung zumindest in einem geprüften Sachverhalt rechtfertigen konnte, steht jeweils anbei. In manchen Fällen wird die Prüfung der Verhältnismäßigkeit an das vorlegende Gericht zurückverwiesen. Auch in diesem Fall gilt die Prüfung in der Aufstellung als positiv („ja").

Legende:

Spalten-bezeichnung	Erläuterung	Eintragung	Erläuterung
MS	Mitgliedstaat	X	Einschlägig / trifft zu
NLF	Niederlassungsfreiheit	AHR	Amtshilferichtlinie
KVF	Kapitalverkehrsfreiheit	FRL	Fusionsrichtlinie
DLF	Dienstleistungsfreiheit	KAR	Kapitalansammlungsrichtlinie (69/335/EWG)
ANF	Arbeitnehmerfreizügigkeit	KVR	Kapitalverkehrsrichtlinie (88/361/EWG)
WVF	Warenverkehrsfreiheit	MTR	Mutter-Tochter-Richtlinie
ADV	Allgemeines Diskriminierungsverbot	RR	Reiserichtlinie (73/48/EWG)
AF	Allgemeine Freizügigkeit	VRP	Vorrechteprotokoll
RL	Richtlinie / Protokoll	ZLR	Zins- und Lizenzgebührenrichtlinie

DBV   Diskriminierung / Beschrän-
                             kung / Verstoß

Übersicht über die Hauptkategorien:

1. Inbound-Investitionen

	Datum	Rechtssache	Fundstelle	Sachverhalt	MS/F	NLV/F	KFF/F	NDV/F	ADV/F	RL/F	DBV	Rechtfertigungserwägungen: einschlägig?
Kapitalgesellschaften	08.03.01	C-397/93, C-410/98 Metallgesellschaft u.a.	ECLI:EU:C:2001:134 Slg. 2001 I-1727	Die Möglichkeit einer Option zur Gruppenbesteuerung, nach der Ausschüttungen eines inländischen Tochterunternehmens keiner auf die Höhe der Ausschüttung berechneten Körperschaftsteuervorauszahlung unterliegen, wird verweigert, insofern nicht auch die dividendenbeziehende Gesellschaft ihren steuerlichen Sitz im Inland hat.	U K	X					X	Kohärenz: nein Steuerflucht/-umgehung: nein Mindereinnahmen: nein Territorialität: nein
	25.09.03	C-58/01 Océ van der Grinten	ECLI:EU:C:2003:495 Slg. 2003 I-9809	Die einer Muttergesellschaft gewährte Steuergutschrift für eine Körperschaftsteuervorauszahlung, die durch deren inländische Tochtergesellschaft geleistet wurde, wird um 5 % der Summe aus Dividende und Steuergutschrift gekürzt, soweit die Muttergesellschaft ihren Sitz in einem Staat hat, mit dem ein Doppelbesteuerungsabkommen geschlossen wurde, das eine solche Kürzung zulässt (Auslegung des Begriffs der "Quellensteuer" des Art. 5 Abs. 1 MTR).	U K					M T R		
	12.12.06	C-374/04 ACT Group Litigation	ECLI:EU:C:2005:773 Slg. 2006 I-11673	Eine Steuergutschrift in Höhe der geleisteten Körperschaftsteuervorauszahlung, welche sich an der Höhe der Dividenden orientieren und an die beziehende Gesellschaft und/oder an Endaktionäre, die mittelbar an einer inländischen Kapitalgesellschaft beteiligt sind, gewährt werden, ist nur dann zulässig, wenn auch das beziehende Unternehmen welches an der inländischen Gesellschaft beteiligt ist, seinen Sitz im Inland oder einem Staat hat, mit dem ein Doppelbesteuerungsabkommen geschlossen wurde, welches eine solche Gutschrift vorsieht.	U K	X	X					
	26.06.08	C-284/06 Burda Verlagsbeteiligungen	ECLI:EU:C:2008:365 Slg. 2008 I-4571	Hochschleusung von Körperschaftsteuern bei Ausschüttungen, da diese bei inländischen Steuerpflichtigen unter einem körperschaftsteuerlichen Vollanrechnungssystem ansonsten zu Übererstattungen führen könnten.	D E	X				M T R		
Betriebsstätten	28.01.86	270/83 Kommission/ Frankreich (Avoir Fiscal)	ECLI:EU:C:1986:7 Slg. 1986 273	Bei einem körperschaftsteuerlichen Vollanrechnungssystem wird inländischen Betriebsstätten von Kapitalgesellschaften (in der Vorlagefrage beschränkt auf Versicherungsunternehmen) mit Sitz in anderen Mitgliedstaaten die Anrechnung von Steuerguthaben bei von inländischen Gesellschaften ausgeschütteten Dividenden verweigert.	F R	X					X	Steuerflucht/-umgehung: nein anderweitiger Vorteilsausgleich: nein mangelnde Harmonisierung: nein Freiwilligkeit: nein DBA: nein

Kategorie	Datum	Rechtssache	Fundstelle	Sachverhalt	MS	NLF VLF	KLF VLF	DLF LF	AND VF	ARF	RL	DBV	Rechtfertigungserwägungen: einschlägig?
Betriebsstätten	15.05.97	C-250/95 Futura Participations und Singer	ECLI:EU:C:1997:239 Slg. 1997 I-2471	Betriebsstätten eines in einem anderen Mitgliedstaat ansässigen Unternehmens werden von der Verlustverrechnung ausgeschlossen, wenn sie 1.) von ihrem Recht Gebrauch machen, ihre auf das Inland entfallenden Einkünfte proratarisch zu ermitteln anstatt im Inland Bücher zu führen oder wenn sie 2.) bei den Verlusten keinen Bezug zu inländischen Einkünften nachweisen können.	LU	X						X	Steueraufsicht: ja Territorialität: ja
Betriebsstätten	29.04.99	C-311/97 Royal Bank of Scotland	ECLI:EU:C:1999:216 Slg. 1999 I-2651	Dauerhafte Niederlassungen im Ausland ansässiger Unternehmen werden einem höheren inländischen Steuersatz (40%) unterworfen als Unternehmen mit Sitz im Inland (35%).	GR	X						X	
Betriebsstätten	23.02.06	C-253/03 CLT-UFA	ECLI:EU:C:2006:129 Slg. 2006 I-1831	Der anzuwendende Körperschaftsteuersatz eines inländischen Tochterunternehmens kann bei einer vollständigen Gewinnausschüttung an eine Muttergesellschaft mit Sitz im Inland oder einem anderen Mitgliedstaat in Abhängigkeit gewisser Fristen nachträglich herabgesetzt werden; eine solche Herabsetzung wird hingegen Niederlassungen ausländischer Kapitalgesellschaften verweigert.	DE	X						X	
Betriebsstätten	14.09.06	C-386/04 Stauffer	ECLI:EU:C:2006:568 Slg. 2006 I-8203	Einer nach inländischem Recht als gemeinnützig anerkannten ausländische Stiftung wird die Befreiung inländischer Einkünfte aus Immobilieninvestitionen von der Körperschaftsteuer verweigert, da eine solche Befreiung im Rahmen der beschränkten Steuerpflicht nicht vorgesehen ist.	DE		X					X	Kohärenz: nein Steueraufsicht: nein Mindereinnahmen: nein Förderung der Kultur, Ausbildung und Erziehung sowie Kriminalitätsbekämpfung: nein
Betriebsstätten	22.03.07	C-383/05 Talotta	ECLI:EU:C:2007:181 Slg. 2007 I-2555	Eine Mindestbemessungsgrundlage, welche zur Besteuerung nicht ordnungsgemäß oder fristgemäß deklarierter Einkünfte herangezogen wird, findet ausschließlich bei nicht gebietsansässigen Personen Anwendung.	BE	X						X	Steueraufsicht: nein
Quellensteuern	17.09.15	C-589/13 F. E. Familienprivatstiftung Eisenstadt	ECLI:EU:C:2015:612 (digitale Slg.)	Bei der Besteuerung des Zwischengewinns auf Kapitalerträge und Veräußerungsgewinne einer inländischen Familienstiftung können ausgezahlte Zuwendungen diesen Gewinn nicht mindern, wenn deren Empfänger nicht dem inländischen Kapitalertragsteuerabzug unterliegen.	AT		X					X	Kohärenz: nein Auf. d. Besteuerungsr.: nein
Quellensteuern	17.10.96	C-283/94, C-291/94, C-292/94 Denkavit u.a.	ECLI:EU:C:1996:387 Slg. 1996 I-5063	Bestimmungen der Richtlinie über die Mindesthaltedauer der Beteiligung werden vom Mitgliedstaat so ausgelegt, dass diese Mindesthaltedauer zum Ausschüttungszeitpunkt bereits erfüllt sein muss.	DE						MTR		
Quellensteuern	08.06.00	C-375/98 Epson Europe	ECLI:EU:C:2000:302 Slg. 2000 I-4243	Auslegung des Begriffs der „Quellensteuer" in der Richtlinie hinsichtlich der von der Begrifflichkeit abgedeckten Steuerarten.	PT						MTR	X	

Quellensteuern

Datum	Rechtssache	Fundstelle	Sachverhalt	MS	NLF	KVF	DLF	ANDF	ADVF	RLF	DBV	Rechtfertigungserwägungen: einschlägig?
04.10.01	C-294/99 Athinaïki Zythopoiïa	ECLI:EU:C:2001:505 Slg. 2001 I-6797	Auslegung, ob unter einen „Steuerabzug an der Quelle" gem. Art. 5 Abs. 1 der Richtlinie auch eine Besteuerung des Reingewinns fällt, zu welchem bestimmte Einkünfte zählen, die bei Thesaurierung durch die Tochtergesellschaft nicht besteuert worden wären.	GR						MTR	X	DBA: nein
19.01.06	C-265/04 Bouanich I	ECLI:EU:C:2006:51 Slg. 2006 I-923	Bei einer Auszahlung an einen Aktionär für den Rückkauf von Aktien inländischer Unternehmen zum Zwecke der Einziehung werden diese Auszahlungen der Quellensteuer unterworfen während bei inländischen Steuerpflichtigen der Vorgang als Veräußerungsgeschäft eingestuft wird, was den Steuerpflichtigen zum Abzug der Einstandskosten vom Veräußerungserlös befähigt, wobei hierfür ein höherer Steuersatz als die Quellensteuer zur Anwendung kommt.	SE		X					X	DBA: nein
06.07.06	C-346/04 Conijn	ECLI:EU:C:2006:445 Slg. 2006 I-6137	Zur Ermittlung der Einkommensteuer wird einem beschränkt Steuerpflichtigen der Abzug von Steuerberatungskosten für gewerbliche Einkünfte als Sonderausgaben verweigert.	DE	X						X	
14.12.06	C-170/05 Denkavit Internationaal und Denkavit France	ECLI:EU:C:2006:783 Slg. 2006 I-11949	Ausschüttungen einer inländischen Gesellschaft an eine ausländische Gesellschaft werden einer Quellensteuer unterworfen, wohingegen solche Dividenden an eine inländische Gesellschaft hiervon fast vollständig befreit sind.	FR		X					X	Territorialität: nein Auf. der Besteuerungsr.: nein
15.02.07	C-345/04 Centro Equestre de Lezíria Grande	ECLI:EU:C:2007:96 Slg. 2007 I-1425	Eine Erstattung von Quellensteuern, die auf inländische Einnahmen eines beschränkt Steuerpflichtigen erhoben werden, ist nur möglich, wenn dessen in unmittelbarem Zusammenhang stehenden Betriebsausgaben oder Werbungskosten die Hälfte der besteuerten Einnahmen übersteigen, wobei Gemeinkosten nicht als solche unmittelbar in Zusammenhang stehenden Ausgaben berücksichtigt werden.	DE			X				X	Doppelte Berücksichtigung von Betriebsausgaben: nein
08.11.07	C-379/05 Amurta	ECLI:EU:C:2007:655 Slg. 2007 I-9569	1.) Die Freistellung von einem Quellensteuerabzug auf Dividenden, die von einer inländischen Gesellschaft ausgeschüttet werden, bedarf im Falle des Sitzes der Empfängergesellschaft im Inland einer Mindestbeteiligungshöhe von 5 %, während eine Freistellung solcher Ausschüttungen an Gesellschaften mit Sitz in anderen Mitgliedstaaten eine Beteiligungshöhe von mindestens 25 % (ggf. auch 10 %) voraussetzen 2.) Relevanz des Vorliegens einer Vollanrechnungsmethode im Sitzstaat des Mutterunternehmens auf die Würdigung des Sachverhalts.	NL		X					X	Kohärenz: nein Auf. d. Besteuerungsr.: nein
22.12.08	C-282/07 Truck Center	ECLI:EU:C:2008:762 Slg. 2008 I-10767	Eine Quellensteuer wird auf Zinszahlungen gebietsansässiger Gesellschaften an wesentlich beteiligte Gesellschaften dann erhoben, wenn die letztere nicht ihren Sitz im Inland haben.	BE		X						

Quellensteuern

Datum	Rechtssache	Fundstelle	Sachverhalt	M S	N L F	K V L F	D L F	A N V F	A F D V	R L	D B V	Rechtfertigungserwägungen: einschlägig?
11.06.09	C-521/07 Kommission/ Niederlande	ECLI:EU:C:2009:3 60 Slg. 2009 I-4873	Bei Ausschüttungen inländischer Gesellschaften an Anteilseigner in Island oder Norwegen wird eine höhere Mindestbeteiligung für den Verzicht auf eine Quellenbesteuerung vorgesehen als bei Ansässigkeit in einem Mitgliedstaat oder im Inland.	N L		X					X	
18.06.09	C-303/07 Aberdeen Property Fininvest Alpha	ECLI:EU:C:2009:3 77 Slg. 2009 I-5145	Während Ausschüttungen einer inländischen Tochtergesellschaft an eine inländische Aktiengesellschaft von der Quellensteuer befreit sind, wird die Quellensteuer auf solche Ausschüttungen an Aktiengesellschaften anderer Mitgliedstaaten in der Rechtsform einer SICAV erhoben, die nicht durch die MTR begünstigt sind.	F I	X						X	Kohärenz: nein Steuerflucht/-umgehung: nein Auf. d. Besteuerungsr.: nein
01.10.09	C-247/08 Gaz de France	ECLI:EU:C:2009:6 00 Slg. 2009 I-9225	1.) Frage, inwiefern die Auflistung der Gesellschaften i.S.d. Art. 2 MTR abschließend ist, auch wenn bestimmte Gesellschaftsformen erst nach Erlass der Richtlinie entstanden sind sowie 2.) Frage nach der Vereinbarkeit der Richtlinie mit den Grundverkehrsfreiheiten.	D E	X	X				M T R	X	
19.11.09	C-540/07 Kommission/Italien	ECLI:EU:C:2009:7 17 Slg. 2009 I-10983	Die tarifliche Ausgestaltung und ein steuerfreier Anteil führen zu einer höheren Quellensteuerbelastung bei Ausschüttungen inländischer Gesellschaften an Gesellschaften, die nicht ihren Sitz im Inland haben, als wenn letztere im Inland ansässig wären.	I T		X					X	Kohärenz: nein Steuerflucht/-umgehung: nein Auf. d. Besteuerungsr.: nein
03.06.10	C-487/08 Kommission/Spanien	ECLI:EU:C:2010:3 10 Slg. 2010 I-4843	Eine Befreiung von der Besteuerung dividendenempfangender Gesellschaften wird bei deren Sitz in anderen Mitgliedstaaten von einer höheren Mindestbeteiligung abhängig gemacht als bei gebietsansässigen Gesellschaften.	S P		X					X	
17.06.10	C-105/08 Kommission/ Portugal	ECLI:EU:C:2010:3 45 Slg. 2010 I-5331	Bei inländischen Körperschaften werden Zinszahlungen an andere inländische Gesellschaften unter Abzug der Betriebsausgaben besteuert, während bei solchen an nicht gebietsansässige Gesellschaften zwar nominal niedriger (10% bis 20% statt 25 %) ist, jedoch auf den Bruttobetrag der Zahlungen Anwendung findet.	P T		X	X					
24.06.10	C-338/08, C-339/08 Ferrero und General Beverage Europe	ECLI:EU:C:2010:3 64 Slg. 2010 I-5743	Auslegung, ob unter einen „Steuerabzug an der Quelle" gem. Art. 5 Abs. 1 MTR auch eine Besteuerung von Erstattungen zuvor eingeforderter steuerlicher Ausgleichszuschläge fallen, wenn diese durch die inländischen Muttergesellschaften namens und auf Rechnung der ausländischen Gesellschaften erfolgen.	I T						M T R		
22.11.10	C-199/10 Secilpar (Beschluss)	ECLI:EU:C:2010:7 06 Slg. 2010 I-154	Ein Quellensteuerabzug wird erhoben, wenn Ausschüttungen an gebietsfremde Unternehmen getätigt werden, während solche an gebietsansässige Unternehmen davon befreit sind.	P T	X	X				M T R	X	

Quellensteuern

Datum	Rechtssache	Fundstelle	Sachverhalt	M L S	N L F / F	K V F / F	D L F / F	D A N F / V	D A R F / V	R L F	D B V	Rechtfertigungserwägungen: einschlägig?
31.03.11	C-450/09 Schröder	ECLI:EU:C:2011:198 Slg. 2011 I-2497	Eine beschränkt steuerpflichtige natürliche Person erzielt aus einem im Zuge der vorwegenommenen Erbfolge unter Vorbehalt des Nießbrauchs übertragenem inländischen Grundstück Einnahmen aus Vermietung, kann jedoch die von ihm hierfür gezahlte dauernde Last mangels unbeschränkter Steuerpflicht nicht steuerlich berücksichtigen.	D E		X					X	
06.10.11	C-493/09 Kommission/Portugal	ECLI:EU:C:2011:635 Slg. 2011 I-9247	Während inländische Pensionsfonds unter bestimmten Voraussetzungen von der Körperschaftsteuer befreit werden können, ist eine solche Befreiung von dieser inländischen Steuer, die als Steuerabzug an der Quelle einbehalten wird, für nicht im Inland ansässige Pensionsfonds nicht vorgesehen.	P T		X					X	Kohärenz: nein Steueraufsicht: nein Sicherung der Altersversorgung: nein
20.10.11	C-284/09 Kommission/Deutschland	ECLI:EU:C:2011:670 Slg. 2011 I-9879	Zur Vermeidung der wirtschaftlichen Doppelbesteuerung wird bei inländischen Gesellschaften, welche für die ihnen zufließenden Dividenden einem Steuerabzug an der Quelle unterworfen werden, die Anrechnung und Erstattung dieser Steuer gewährt, während eine solche gebietsfremden Empfängern von Dividenden aus inländischen Quellen verweigert wird.	D E		X					X	Kohärenz: nein Mindereinnahmen: nein Territorialität: nein Auf. d. Besteuerungsr.: nein
10.05.12	C-338/11 - C-347/11 Santancer Asset Management SGIIC u.a.	ECLI:EU:C:2012:286 (digitale Slg.)	Organismen für gemeinsame Anlagen in Wertpapieren (OGAW) werden für ihre inländischen Einkünfte nur dann einer Quellensteuer unterworfen, wenn sie ihren Sitz nicht im Inland haben.	F R		X					X	Kohärenz: nein Steueraufsicht: nein Auf. d. Besteuerungsr.: nein
18.06.12	C-38/11 Amorim Energia (Beschluss)	ECLI:EU:C:2012:358 (digitale Slg.)	1.) Dividenden, die an ein ausländisches Unternehmen mit einer Beteiligung von 10 bis 20 Prozent ausgeschüttet werden, können nicht vom Quellensteuerabzug befreit werden, während dies für Ausschüttungen an inländische Unternehmen möglich ist. 2.) Quellensteuern auf Dividenden, die an ein ausländisches Unternehmen mit einer Beteiligung von über 20 Prozent ausgeschüttet werden, können erst nach einer Mindesthaltedauer von zwei Jahren zurückerlangt werden, während dies für inländische Unternehmen ohne diese Frist möglich ist.	P T	X	X					X	
12.07.12	C-384/11 Tate & Lyle Investments (Beschluss)	ECLI:EU:C:2012:463 (digitale Slg.)	Eine auf Dividendenausschüttungen erhobene Quellensteuer ist nur in dem Falle auf die Körperschaftsteuer der Empfängergesellschaft anrechenbar, wenn diese ihren Sitz im Inland hat.	B E		X					X	DBA: nein

Quellensteuern

Datum	Rechtssache	Fundstelle	Sachverhalt	M S	N L F F	K V F F	D L F F	A N D F F V	A R F L	D B V	Rechtfertigungserwägungen: einschlägig?
25.10.12	C-387/11 Kommission/ Belgien	ECLI:EU:C:2012:670 (digitale Slg.)	Eine sowohl für gebietsansässige, wie auch gebietsfremde Gesellschaft anzuwendende Quellenbesteuerung für aus dem Inland erhaltene Zinsen und Dividenden ist mit einer Freistellung der ihr unterlegenen Einkünfte auf Ebene einer empfangenden gebietsansässigen Gesellschaft und darüber hinaus mit der Möglichkeit einer Anrechnung oder Erstattung dieser Quellensteuer verbunden, während diese Möglichkeiten gebietsfremden Gesellschaften verweigert werden.	B E		X				X	Steueraufsicht: nein Auf. d. Besteuerungsr.: nein
08.11.12	C-342/10 Kommission/ Finnland	ECLI:EU:C:2012:688 (digitale Slg.)	Im Gegensatz zu gebietsansässigen Pensionsfonds können gebietsfremde Pensionsfonds, obwohl sie für ihre inländischen Einkünfte demselben nominellen Steuersatz unterworfen sind, keine Rückstellungen (bspw. für Pensionsverpflichtungen) bilden, was im Falle eines inländischen Pensionsfonds zu einer faktischen Steuerfreiheit führt.	F I		X				X	Kohärenz: nein Territorialität: nein
22.11.12	C-600/10 Kommission/ Deutschland	ECLI:EU:C:2012:737 (digitale Slg.)	Im Gegensatz zu gebietsansässigen Pensionsfonds können gebietsfremde Pensionsfonds bei der Ermittlung der Bemessungsgrundlage der Quellensteuer auf bezogene Zinsen und Dividenden Aufwendungen, wie z.B. Bankgebühren und andere Transaktions- sowie Personalkosten, nicht zum Abzug bringen.	D E		X					
10.04.14	C-190/12 Emerging Markets Series of DFA Investment Trust Company	ECLI:EU:C:2014:249 (digitale Slg.)	Eine Befreiung von der Quellenbesteuerung für Dividendenausschüttungen inländischer Gesellschaften wird Gesellschaften mit Sitz im Inland oder in einem anderen Mitgliedstaat gewährt, ist jedoch für solche in Drittstaaten ausgeschlossen.	P L		X				X	Kohärenz: nein Steueraufsicht: nein Mindereinnahmen: nein Auf. d. Besteuerungsr.: nein
05.06.14	C-24/12, C-27/12 X BV und TBG	ECLI:EU:C:2014:1385 (digitale Slg.)	Ausschüttung eines Unternehmens aus einem Mitgliedstaat an Personen in dessen überseeischen Gebieten unterliegen der Quellensteuer, während Ausschüttungen an inländische Unternehmen oder Unternehmen mit Sitz in anderen Mitgliedstaaten von der Quellensteuer befreit sind.	N L		X					
17.09.15	C-10/14, C-14/14, C-17/14 Miljoen u.a.	ECLI:EU:C:2015:608 (digitale Slg.)	Quellensteuern, die auf Dividendenausschüttungen erhoben werden, welche inländische Gesellschaften an gebietsansässige Personen ausschütten, sind bei diesen Anteilseignern nur dann auf die Einkommen- oder Körperschaftsteuer anrechenbar, wenn sie im Inland der unbeschränkten Besteuerung unterliegen.	N L		X				X	DBA: nein
29.10.15	C-589/14 Kommission/ Belgien	ECLI:EU:C:2015:736 (digitale Slg.)	Zinsen auf in inländischen Wertpapieren verbriefte Forderungen sind nur dann vom Mobiliensteuervorabzug befreit, wenn diese Wertpapiere in einem inländischen Kreditinstitut hinterlegt sind.	B E		X	X			X	

Kategorie	Datum	Rechtssache	Fundstelle	Sachverhalt	MS	F1	F2	F3	ARLF	RL	DBV	Rechtfertigungserwägungen: einschlägig?
Veräußerungsgewinne	02.06.16	C-252/14 Pensioenfonds Metaal en Techniek	ECLI:EU:C:2016:402 (digitale Slg.)	Eine Quellensteuer wird nur auf ausgeschüttete Dividenden an gebietsfremde Eigner erhoben, während bei inländischen Eignern eine pauschale Besteuerung erfolgt, wobei nur im letzten Fall Betriebsausgaben berücksichtigt werden können.	SE						X	
	13.07.16	C-18/15 Brisal	ECLI:EU:C:2016:549 (digitale Slg.)	Während Zinszahlungen an gebietsfremde Finanzinstitute einer Quellensteuer ohne die Möglichkeit eines Betriebsausgabenabzug unterliegen, erfolgt die Besteuerung für gebietsansässige Gesellschaften im Rahmen der Veranlagung unter Berücksichtigung der Betriebsausgaben.	PT	X	X				X	Steuerflucht/-umgehung: nein; Auf. d. Besteuerungsr.: nein; effektive Steuerbeitreibung: nein
	08.06.04	C-268/03 De Baeck (Beschluss)	ECLI:EU:C:2004:342 Slg. 2004 I-5961	Eine Steuerpflicht auf den Gewinn aus Veräußerung wesentlicher Beteiligungen liegt nach innerstaatlichem Recht nur vor, wenn die Übertragung auf ausländische Gesellschaften erfolgt.	BE	X					X	
	09.12.04	C-219/03 Kommission/Spanien	ECLI:EU:C:2004:785 Slg. 2004 n.n.v.	Bei Veräußerungsgewinnen aus Aktien, die an einem inländischen geregelten Markt notiert sind, wird ein höherer Minderungsbetrag der Bemessungsgrundlage gewährt als bei Aktien, die an Märkten anderer Mitgliedstaaten notiert sind.	SP	X	X				X	
	26.10.06	C-345/05 Kommission/Portugal	ECLI:EU:C:2006:685 Slg. 2006 I-10633	Die Gewinne aus der Veräußerung selbst genutzter Immobilien bleiben bei Reinvestition des Gewinns in eine Immobilie selben Zwecks in Abhängigkeit davon steuerfrei, ob diese im Inland belegen ist.	PT	X					X	Kohärenz: nein; Förderung des Wohnraums: nein
	11.10.07	C-443/05 Hollmann	ECLI:EU:C:2007:600 Slg. 2007 I-8491	Veräußerungsgewinne einer im Inland belegenen Immobilie unterliegen bei beschränkt Steuerpflichtigen einem 25-prozentigen Steuersatz, während für unbeschränkt Steuerpflichtige ein progressiver Steuertarif auf die Hälfte des Veräußerungsgewinns angewandt wird.	PT	X					X	Kohärenz: nein
	06.10.09	C-562/07 Kommission/Spanien	ECLI:EU:C:2009:614 Slg. 2009 I-9553	Während Veräußerungsgewinne von im Inland belegenen Wirtschaftsgütern bei Gebietsansässigen einem progressiven Tarif und ab einer Haltedauer von einem Jahr einem Pauschalsteuersatz von 15 % unterworfen werden, gilt für nicht gebietsansässige Personen ein von der Haltedauer unabhängiger Steuersatz von 15 %.	SP	X					X	Kohärenz: nein
Zinsen	21.07.11	C-397/09 Scheuten Solar Technology	ECLI:EU:C:2011:499 Slg. 2011 I-6455	Auslegung, inwiefern sich das Verbot einer Besteuerung von Zins- und Lizenzeinkünften im Quellenstaat auch auf eine faktische Besteuerung des auszahlenden Unternehmens mit Ansässigkeit im Quellenstaat erstreckt, die sich aufgrund einer Kürzung des Betriebsausgabenabzugs (Hinzurechnung zur Bemessungsgrundlage) ergibt.	DE				ZLR			

2. Outbound-Investitionen

Freistellungsmethode

Datum	Rechtssache	Fundstelle	Sachverhalt	MS	NLF	KVLF	DLF	DANF	AADVF	RLF	DBV	Rechtfertigungserwägungen: einschlägig?
18.11.99	C-200/98 X AB und Y AB	ECLI:EU:C:1999:5 66 Slg. 1999 I-8261	Faktische Steuerfreiheit bei Ausschüttungen von 100-prozentigen Tochtergesellschaften durch die Abzugsfähigkeit von Konzernbeiträgen wird nicht gewährt, wenn die Beteiligung gemeinsam mit weiteren, in verschiedenen Mitgliedstaaten ansässigen Tochtergesellschaften gehalten wird.	SE	X						X	
06.06.00	C-35/98 Verkooijen	ECLI:EU:C:2000:2 94 Slg. 2000 I-4071	Die Gewährung eines Freibetrags bei der Einkommensbesteuerung von Dividenden, die natürlichen Personen zufließen, wird davon abhängig gemacht, dass auf diese Dividenden bereits eine inländische Quellensteuer erhoben wurde.	NL		X				K V R	X	Kohärenz: nein Mindereinnahmen: nein anderweitiger Vorteilsausgleich: nein inländische Investitionsförderung: nein
18.09.03	C-168/01 Bosal	ECLI:EU:C:2003:4 79 Slg. 2003 I-9409	Bei der steuerlichen Berücksichtigung von Beteiligungskosten wird unterschieden zwischen Kosten, die „mittelbar" der Erzielung von im Inland steuerpflichtigen Gewinnen dienen und solchen, die auf gebietsfremde Beteiligungen entfallen, und die aufgrund der Freistellung der hieraus resultierenden Einkünfte nicht berücksichtigt werden.	NL	X					M T R	X	Kohärenz: nein Mindereinnahmen: nein Territorialität: nein
15.07.04	C-242/03 Weidert und Paulus	ECLI:EU:C:2004:4 65 Slg. 2004 I-7379	Ein besonderer Freibetrag für den Erwerb von Anteilen an Kapitalgesellschaften zum Zwecke der Gründung oder Kapitalerhöhung ist nur zulässig, wenn diese Gesellschaften ihren Sitz im Inland haben.	LU		X					X	Kohärenz: nein
15.07.04	C-315/02 Lenz	ECLI:EU:C:2004:4 46 Slg. 2004 I-7063	Unterscheidung bei der Besteuerung von Kapitalerträgen auf Eigene zwischen Ausschüttungen inländischer Gesellschaften, die wahlweise einem gesonderten Tarif von 25 % unterworfen werden können, und Ausschüttungen ausländischer Gesellschaften, für die stets ein Halbsatzverfahren (Besteuerung i.H.v. 50 % des Durchschnittsteuersatzes) Anwendung findet.	AT		X					X	Kohärenz: nein Steueraufsicht: nein Mindereinnahmen: nein anderweitiger Vorteilsausgleich: nein
23.02.06	C-471/04 Keller Holding	ECLI:EU:C:2006:1 43 Slg. 2006 I-2107	Fremdfinanzierungsaufwendungen für eine Beteiligung an einer in einem anderen Mitgliedstaat ansässigen Gesellschaft, die mittelbar über ein inländisches Tochterunternehmen gehalten wurde, sind nicht abzugsfähig, insofern sie in unmittelbarem Zusammenhang zu von der inländischen Körperschaftsteuer freigestellte Dividenden stehen.	DE	X	X						Kohärenz: nein Territorialität: nein
29.03.07	C-347/04 Rewe Zentralfinanz	ECLI:EU:C:2007:1 94 Slg. 2007 I-2647	Verluste von Tochtergesellschaften inländischer Muttergesellschaften können bei letzterer im Rahmen von Teilwertabschreibungen auf den Beteiligungswert in bestimmten Fällen gewinnmindernd berücksichtigt werden, insofern es sich bei der Tochtergesellschaft um eine im Inland unbeschränkt steuerpflichtige Person handelt, während solche bei ausländischen Tochtergesellschaften nur im Rahmen eines Ausgleichs mit „aktiven" Einkünften aus demselben ausländischen Staat möglich sind.	DE	X	X						Kohärenz: nein Steuerflucht/-umgehung: nein doppelte Verlustnutzung: nein Steueraufsicht: nein Territorialität: nein Auf. d. Besteuerungsr.: nein

Freistellungsmethode

Datum	Rechtssache	Fundstelle	Sachverhalt	MS	NLV FF	KV FF	DL FF	ANDV FF	ADF FF	RL	DBV	Rechtfertigungserwägungen: einschlägig?
10.05.07	C-102/05 A und B (Beschluss)	ECLI:EU:C:2007:275 Slg. 2007 I-3871	Im Rahmen einer dual income tax werden Gewinnausschüttungen als Arbeitseinkommen besteuert, soweit sie einen Höchstbetrag übersteigen, der sich aus einem Anteil der gehaltenen Beteiligung sowie einem Teil der durch die Gesellschaft und deren Tochtergesellschaften gezahlten Löhne zusammensetzt, wobei hierbei die Löhne, die auf Zweigniederlassungen in Drittstaaten entfallen, unberücksichtigt bleiben.	SE		X						
24.05.07	C-157/05 Holböck	ECLI:EU:C:2007:297 Slg. 2007 I-4051	Ausschüttungen von Drittlandpersonen an inländische natürliche Personen unterliegen der vollen tariflichen Besteuerung, während bei Gewinnausschüttungen durch inländische Personen bestimmte Tarifermäßigungen („Hälftesteuersatz") greifen.	AT		X						
18.07.07	C-231/05 Oy AA	ECLI:EU:C:2007:439 Slg. 2007 I-6373	Gezahlte Konzernbeiträge stellen steuerpflichtige Einkünfte bei der beziehenden Tochtergesellschaft dar, während die Muttergesellschaft ihre Zahlungen nur unter der Voraussetzung gewinnmindernd berücksichtigen kann, dass die Tochtergesellschaft ebenfalls im Inland ansässig ist.	FI	X					M T R	X	Steuerflucht/-umgehung: ja; doppelte Verlustnutzung: nein; Auf. d. Besteuerungsr.: ja
18.12.07	C-436/06 Gronfeldt	ECLI:EU:C:2007:820 Slg. 2007 I-12357	Gewinne aus der Veräußerung ausländischer Gesellschaften sind ab einer Beteiligungsquote von 1 %, bei inländischen Gesellschaften hingegen erst ab 10 % steuerpflichtig.	DE		X					X	Kohärenz: nein; nur zeitlich begrenzte Übergangsregelung: nein
18.12.07	C-101/05 A	ECLI:EU:C:2007:804 Slg. 2007 I-11531	Gewinnausschüttungen einer Kapitalgesellschaft in Form von Aktien einer Tochtergesellschaft unterliegen im Wohnsitzstaat des Anteilseigners dann der Einkommensteuer, wenn diese Kapitalgesellschaft ihren Sitz in einem Drittstaat hat, mit dem abkommensrechtlich kein Austausch von Informationen vorgesehen ist.	SE		X					X	Steueraufsicht: ja
28.02.08	C-293/06 Deutsche Shell	ECLI:EU:C:2008:129 Slg. 2008 I-1129	Ein bei Rücküberführung von Nennkapital einer ausländischen Betriebsstätte an ein Stammhaus bestehender Währungsverlust wird nicht durch den Sitzstaat ausgeglichen, obgleich der Belegenheitsstaat aufgrund der Ermittlung des Betriebsstättengewinns in dessen Währung durch diesen gar nicht erst berücksichtigt werden kann.	DE	X						X	Kohärenz: nein; Auf. d. Besteuerungsr.: nein
03.04.08	C-27/07 Banque Fédérative du Crédit Mutuel	ECLI:EU:C:2008:195 Slg. 2008 I-2067	Bei nach Art. 4 Abs. 2 MTR auf 5 % der ausgeschütteten Gewinne begrenzten pauschalen Hinzurechnung von Beteiligungskosten werden ebenso 5 % einer Steuergutschrift einbezogen, die dem Dividenden empfangenden Mutterunternehmen für ausländische Quellensteuer auf diese Dividenden gewährt wird.	FR						M T R		Kohärenz: nein; Steueraufsicht: nein; nur zeitlich begrenzte Übergangsregelung: nein
04.12.08	C-330/07 Jobra	ECLI:EU:C:2008:685 Slg. 2008 I-9099	Die Gewährung einer steuerlichen Investitionsprämie auf die Anschaffung von Wirtschaftsgütern wird dem Stammhaus verweigert, insofern die Investitionsgüter nicht als in einer inländischen Betriebsstätte verwendet gelten.	AT	X		X				X	Kohärenz: nein; Steuerflucht/-umgehung: nein; Auf. d. Besteuerungsr.: nein

Freistellungsmethode

Datum	Rechtssache	Fundstelle	Sachverhalt	M S	N L F F	K V F	D L F F	A N D V F	A D V F	R L F	D B V	Rechtfertigungserwägungen: einschlägig?
22.12.08	C-48/07 Les Vergers du Vieux Tauves	ECLI:EU:C:2008:7 58 Slg. 2008 I-10627	Frage, ob Art. 3 MTR Nießbrauchrechte an den Anteilen einer Gesellschaft umfasst.	B E						M T R	X	
22.01.09	C-377/07 STEKO Industriemontage	ECLI:EU:C:2009:2 9 Slg. 2009 I-299	Kursverluste von Beteiligungen von unter 10 %, die durch inländische Steuerpflichtige gehalten werden, können im betreffenden Zeitraum nur dann geltend gemacht werden, wenn diese Beteiligungen inländische Unternehmen betreffen, da Gewinne und Verluste aus der Veräußerung ausländischer Beteiligungen von der inländischen Besteuerung freigestellt sind.	D E		X					X	
12.02.09	C-138/07 Cobelfret	ECLI:EU:C:2009:8 2 Slg. 2009 I-731	Ein inländisches Mutterunternehmen kann Dividenden, die von einem ausländischen Tochterunternehmen bezogen werden, nur soweit zu 95 % von der Bemessungsgrundlage abziehen, als dass ein positiver Gewinnsaldo verbleibt.	B E						M T R	X	
23.04.09	C-406/07 Kommission/Griechenland	ECLI:EU:C:2009:2 51 Slg. 2009 I-62*	1.) Dividenden ausländischer Herkunft werden der inländischen Besteuerung unterworfen während solche Dividenden aus inländischen Quellen hiervon freigestellt werden können. 2.) Gebietsfremde Personengesellschaften werden einem höheren Steuersatz unterworfen als gebietsansässige Personengesellschaften.	G R	X	X					X	
04.06.09	C-439/07, C-499/07 KBC-Bank und Beleggen, Risicokapitaal, Beheer (Beschluss)	ECLI:EU:C:2009:3 39 Slg. 2009 I-4409	Ein inländisches Mutterunternehmen kann Dividenden, die von einem ausländischen Tochterunternehmen bezogen werden, nur soweit zu 95 % von der Bemessungsgrundlage abziehen, als dass ein positiver Gewinnsaldo verbleibt.	B E	X					M T R	X	
01.07.10	C-233/09 Dijkman	ECLI:EU:C:2010:3 97 Slg. 2010 I-6649	Eine einem Inlandssachverhalt entsprechende Freistellung von der belgischen Kommunalsteuer kann für ausländische Einkünfte aus beweglichem Vermögen nur durch die Zwischenschaltung einer inländischen Mittelsperson erreicht werden.	B E		X					X	Kohärenz: nein Steueraufsicht: nein
22.12.10	C-287/10 Tankreederei I	ECLI:EU:C:2010:8 27 Slg. 2010 I-14233	Die Gewährung einer steuerlichen Investitionsprämie wird an die Bedingung geknüpft, dass die Investition in einer inländischen Betriebsstätte getätigt wird und die angeschafften Wirtschaftsgüter dauerhaft in dieser verbleiben.	L U	X	X					X	Kohärenz: nein Steuerflucht/-umgehung: nein Auf. d. Besteuerungsr.: nein Besondere Bedürfnisse der Gesamtbevölkerung: nein

Freistellungsmethode

Datum	Rechtssache	Fundstelle	Sachverhalt	MS	NLVF	KVLF	DLLF	DANZF	ADAVF	ARLF	DBV	Rechtfertigungserwägungen: einschlägig?
10.05.12	C-370/11 Kommission/ Belgien	ECLI:EU:C:2012:2 87 (digitale Slg.)	Gewinne aus Aktienrückkäufen gebietsansässiger OGAW sind von der Steuer befreit, nicht jedoch solche aus Rückkäufen von Aktien von OGAW mit Sitz in Norwegen oder Island, die nicht unter die OGAW-Richtlinie fallen.	BE	X						X	
18.10.12	C-371/11 Graphix Prepress Belgium	ECLI:EU:C:2012:6 47 (digitale Slg.)	Auslegung des Begriffs der Liquidation des Art. 4 Abs. 1 MTR dahingehend, ob eine Fusion durch Übernahme des Aktiv- und Passivvermögens als eine solche Liquidation anzusehen ist und folglich eine Inanspruchnahme der Begünstigungen der MTR ausgeschlossen ist.	BE	X					M T R	X	
06.06.13	C-383/10 Kommission/ Belgien	ECLI:EU:C:2013:3 64 (digitale Slg.)	Ein Steuerfreibetrag wird lediglich für solche Zinseinnahmen gewährt, die von gebietsansässigen Banken ausgeschüttet werden.	BE			X				X	Steuerflucht/-umgehung: nein; Steueraufsicht: nein
04.07.13	C-350/11 Argenta Spaarbank	ECLI:EU:C:2013:4 47 (digitale Slg.)	Bei der Berechnung der Eigenkapitalzinsen im Zuge eines Verfahrens einer Zinsbereinigung der Körperschaftsteuer bleibt das auf gebietsfremde Betriebsstätten entfallende Eigenkapital unberücksichtigt.	BE		X						Kohärenz: nein; Auf. d. Besteuerungsr.: nein
07.11.13	C-322/11 K	ECLI:EU:C:2013:7 16 (digitale Slg.)	Verluste einer in einem anderen Mitgliedstaat belegenen Betriebsstätte können aufgrund der Freistellung der Betriebsstättengewinne nicht von der inländischen Bemessungsgrundlage abgezogen werden.	FI			X					Steuerflucht/-umgehung: ja; doppelte Verlustnutzung: ja; Auf. d. Besteuerungsr.: ja
11.09.14	C-47/12 Kronos International	ECLI:EU:C:2014:2 200 (digitale Slg.)	Während für Ausschüttungen gebietsansässiger Gesellschaften die Anrechnungsmethode angewandt wird, sind die durch gebietsfremde Gesellschaften ausgeschütteten Dividenden von der Besteuerung der gebietsansässigen Gesellschaften freigestellt, wobei im Falle nicht ausgleichsfähiger Verluste des Mutterunternehmens im ersten Fall eine Erstattung der durch das Tochterunternehmen entrichteten Körperschaftsteuer möglich ist.	DE			X					
16.04.15	C-591/13 Kommission/ Deutschland	ECLI:EU:C:2015:2 30 (digitale Slg.)	Eine Steuerfreiheit bei der Veräußerung bestimmter Gegenstände des Anlagevermögens wird bei Reinvestition in ein Ersatzwirtschaftsgut nur dann gewährt, wenn dieses Ersatzwirtschaftsgut Bestandteil des inländischen Betriebsvermögens ist.	DE		X					X	Kohärenz: nein; Auf. d. Besteuerungsr.: nein; inländische Investitionsförderung: nein
10.06.15	C-686/13 X AB	ECLI:EU:C:2015:3 75 (digitale Slg.)	Wechselkursverluste können bei der Veräußerung bestimmter Anteile gebietsfremder Personen durch eine juristische Person die Bemessungsgrundlage zur Körperschaftsteuer nicht mindern, insofern auch entsprechende Gewinne von der Besteuerung freigestellt wären.	SE		X						
02.09.15	C-386/14 Groupe Steria	ECLI:EU:C:2015:5 24 (digitale Slg.)	Für Beteiligungsaufwendungen gebietsfremder Tochtergesellschaften werden pauschal 5 % der zugeflossenen Dividenden der inländischen Besteuerung unterworfen während bei in die Gruppenbesteuerung einbezogenen inländischen Töchtern keine solche Hinzurechnung erfolgt.	FR		X					X	Kohärenz: nein; Auf. d. Besteuerungsr.: nein

Datum	Rechtssache	Fundstelle	Sachverhalt	MS	NL VF SF	KV FF FF	DL VF FF	AN DV FV	AR F L	DB V	Rechtfertigungserwägungen: einschlägig?
06.10.15	C-66/14 Finanzamt Linz	ECLI:EU:C:2015:6 1 (digitale Slg.)	Beim Eintritt einer Gesellschaft in eine steuerlich konsolidierte Gruppe sind hierdurch entstehende Differenzen aus Buchwerten und steuerlichen Anschaffungskosten durch Teilwertabschreibung auszugleichen bzw. ein negativer Firmenwert gewinnerhöhend anzusetzen, wobei eine Konsolidierung nur für inländische Gesellschaften möglich ist.	A T	X					X	Kohärenz: nein Auf. d. Besteuerungsr.: nein
24.11.16	C-464/14 SECIL	ECLI:EU:C:2016:8 96 (digitale Slg.)	Dividenden, die unbeschränkt steuerpflichtige Gesellschaften von inländischen Quellen beziehen, werden faktisch vollständig oder teilweise von der Steuer freigestellt, wohingegen Dividenden aus Drittstaaten dieser vollständig unterworfen werden.	P T	X					X	Steuerflucht/-umgehung: nein Steueraufsicht: ja
30.05.02	C-516/99 Walter Schmid	ECLI:EU:C:2002:3 13 Slg. 2002 I-4573	Die Bildung einer Investitionsrücklage bei Veräußerungsgewinnen im Zusammenhang mit zukünftigen Kapitalerhöhungen oder Neugründungen von Kapitalgesellschaften wird nur zugelassen, wenn die Reinvestitionen innerhalb bestimmter innerstaatlicher Förderungsgebiete durchgeführt werden.	A T	X						
04.03.04	C-334/02 Kommission/ Frankreich	ECLI:EU:C:2004:1 29 Slg. 2004 I-2229	Ausschluss einer Option zur Besteuerung bestimmter Zinserträgen gebietsansässiger natürlicher Personen durch einen Steuerabzug mit Abgeltungswirkung, wenn der Schuldner dieser Erträge nicht im Inland ansässig ist.	F R	X	X				X	Steueraufsicht: nein
14.11.06	C-513/04 Kerckhaert und Morres	ECLI:EU:C:2006:7 13 Slg. 2006 I-10967	Ausländische und inländische Dividenden werden bei einer gebietsansässigen natürlichen Person einem einheitlichen pauschalen Steuersatz unterworfen, wobei es zu keiner Anrechnung ausländischer Quellensteuern auf die inländische Steuerschuld kommt und auf inländische Dividenden keine Quellenbesteuerung erfolgt.	B E	X						
20.05.08	C-194/06 Orange European Smallcap Fund	ECLI:EU:C:2008:2 89 Slg. 2008 I-3747	Beschränkung einer Steuerermäßigung für ausländische Steuern auf empfangene Dividenden eines steuerlichen Anlageorganismus auf den Anteil, der im Rahmen geschlossener DBA bei Direktinvestition durch einen Anteilseigner anrechenbar gewesen wäre und weiterhin auf den Anteil der am Organismus beteiligten gebietsansässigen Anteilseigner.	N L	X					X	Mindereinnahmen: nein
16.07.09	C-128/08 Damseaux	ECLI:EU:C:2009:4 71 Slg. 2009 I-6823	Frage nach einer allgemeinen Pflicht eines Mitgliedstaats, eine der parallelen Ausübung der Besteuerungsrechte geschuldete Doppelbesteuerung auf Ebene der gebietsansässigen natürlichen Personen zu vermeiden.	B E	X						

Anrechnungsmethode, direkte

Anrechnungsmethode, direkte

Datum	Rechtssache	Fundstelle	Sachverhalt	MS	NLVF	KVLF	DANZVF	ADAFV	RLF	DBV	Rechtfertigungserwägungen: einschlägig?
15.09.11	C-310/09 Accor	ECLI:EU:C:2011:581 Slg. 2011 I-8115	Bei der Durchreichung von Dividenden durch eine von der Körperschaftsteuer befreiten Muttergesellschaft ist eine Anrechnung von ausländischer Quellensteuer auf die im Inland auf Ausschüttungen an die Anteilseigner erhobenen Quellensteuer nicht möglich, obgleich eine (partielle) Anrechnung von inländischer Quellensteuer auf die bezogenen Dividenden bei einer Weiterleitung abzugsfähig ist.	F R	X					X	
08.12.11	C-157/10 Banco Bilbao Vizcaya Argentaria	ECLI:EU:C:2011:813 Slg. 2011 I-13023	Frage nach der Zulässigkeit einer staatlichen Regelung, welche die Anrechnung ausländischer Steuern auf den Betrag der tatsächlich gezahlten ausländischen Steuern begrenzt.	S P	X						
19.09.12	C-540/11 Levy und Sebbag (Beschluss)	ECLI:EU:C:2012:581 (digitale Slg.)	Ein Mitgliedstaat setzt mittels treaty override durch ein Doppelbesteuerungsabkommen gewährte Anrechnung ausländischer Quellensteuer auf Dividenden, die einem inländischen Steuerpflichtigen zufließen, außer Kraft.	B E	X						
28.02.13	C-168/11 Beker	ECLI:EU:C:2013:117 (digitale Slg.)	Die Berechnung des Anrechnungshöchstbetrags für ausländische Quellensteuern ist derart gestaltet, dass sich dieser anteilig um die bei der Ermittlung der fiktiven inländischen Steuer gewährten Freibeträge und Sonderausgaben mindert.	D E	X					X	Auf. d. Besteuerungsr.: nein
13.03.14	C-375/12 Bouanich II	ECLI:EU:C:2014:138 (digitale Slg.)	Eine nationale Regelung sieht die Erstattung von Steuern vor, insofern die Gesamtsteuerbelastung einen bestimmten Prozentsatz überschreitet, wobei dieser Prozentsatz anhand direkter inländischer Steuern sowie bestimmter Beiträge und Abgaben im Zähler, im Nenner jedoch anhand des Welteinkommens errechnet wird.	F R	X	X				X	Kohärenz: nein Auf. d. Besteuerungsr.: nein
09.10.14	C-326/12 van Caster	ECLI:EU:C:2014:2269 (digitale Slg.)	Bei Eignern inländischer sowie ausländischer Investmentfonds, welche nicht den steuerlichen Publizitätsvorschriften im Sitzstaat des Eigners über Besteuerungsgrundlagen insbesondere thesaurierter Gewinne nachkommen, wird eine pauschale Ermittlung ihrer Erträge durchgeführt.	D E	X					X	Steueraufsicht: nein Auf. d. Besteuerungsr.: nein
02.04.16	C-194/15 Baudinet (Beschluss)	ECLI:EU:C:2016:81 (digitale Slg.)	Durch Kürzung der Anrechnung von Quellensteuern um den im Inland freigestellten Anteil ergibt sich für gebietsfremde, mit Quellensteuern vorbelastete Dividenden eine höhere Steuerlast.	I T	X	X					
30.06.16	C-176/15 Riskin und Timmermans	ECLI:EU:C:2016:488 (digitale Slg.)	Die Anrechnung von durch andere Mitgliedstaaten erhobenen Quellensteuern wird von der Voraussetzung eines Zusammenhangs der betreffenden Dividende zu der inländischen beruflichen Tätigkeit abhängig gemacht, während eine solche Voraussetzung bei bestimmten mit Drittstaaten vereinbarten DBA nicht besteht.	B E		X					

Datum	Rechtssache	Fundstelle	Sachverhalt	MS	NLF F	KVLF F	DLF F	ANDV FF	AFF	RL	DBV	Rechtfertigungserwägungen: einschlägig?
21.09.99	C-307/97 Saint-Gobain	ECLI:EU:C:1999:4 38 Slg. 1999 I-6161	Eine körperschaftsteuerliche und vermögenssteuerliche Anwendung der Freistellungs- oder Anrechnungsmethode bei aus Drittstaaten bezogenen Schachteldividenden wird nur inländischen Unternehmen, nicht aber inländischen Betriebsstätten ausländischer Unternehmen gewährt.	D E	X						X	Mindereinnahmen: nein / anderweitiger Vorteilsausgleich: nein / DBA: nein
07.09.04	C-319/02 Manninen	ECLI:EU:C:2004:4 84 Slg. 2004 I-7477	Bei einem körperschaftsteuerlichen Vollanrechnungssystem wird eine Steuergutschrift ausschließlich für Ausschüttungen inländischer Gesellschaften gewährt.	F I	X						X	Kohärenz: nein / Mindereinnahmen: nein / Territorialität: nein
12.12.06	C-446/04 FII Group Litigation I	ECLI:EU:C:2006:7 74 Slg. 2006 I-11753	1.) Dividendenausschüttungen zwischen inländischen Gesellschaften sind von der Körperschaftsteuer freigestellt, Gewinnausschüttungen ausländischer Gesellschaften unterliegen hingegen einem Anrechnungsverfahren, welches die ausländische Quellensteuer und ab einer Beteiligung von mindestens 10% ebenfalls die ausländische Körperschaftsteuer umfasst. 2.) Bei Dividendenausschüttungen zwischen gebietsansässigen Gesellschaften kann die beziehende Gesellschaft die von der ausschüttenden Gesellschaft abgeführten Körperschaftsteuervorauszahlung von ihren eigenen Vorauszahlungen abziehen, während eine gebietsansässige Gesellschaft, die Dividenden von einer gebietsfremden Gesellschaft erhält, die Vorauszahlungen nicht in dieser Weise mindern kann. 3.) Durch die Anrechnung ausländischer Steuern bei Inbound-Dividenden mindert sich die inländische Körperschaftsteuerschuld, nicht jedoch die betreffenden Vorauszahlungen, so dass es hierdurch häufiger zu Überhängen kommt, die zudem im Gegensatz zum Inlandsfall nicht auf die ausländische Gesellschaft übertragen werden kann. 4.) Gebietsansässigen Gesellschaften wird eine Option zur Gruppenbesteuerung gewährt, wonach keine Körperschaftsteuervorauszahlungen für inländische Dividenden entrichtet werden müssen, während bei aus dem Ausland bezogenen Dividenden nur den Erstattungsweg vorgesehen ist und den Anteilseignern zudem keine Steuergutschrift gewährt wird.	U K	X	X				M T R	X	Kohärenz: nein
06.03.07	C-292/04 Meilicke u.a. I	ECLI:EU:C:2007:1 32 Slg. 2007 I-1835	Im Zuge eines körperschaftsteuerlichen Vollanrechnungssystems können auf inländische Dividenden entfallende Körperschaftsteuern von der Einkommensteuerschuld der Anteilseigner abgezogen werden, während dies für Körperschaftsteuern auf ausländische Dividenden nicht möglich ist.	D E	X						X	Kohärenz: nein / Mindereinnahmen: nein

Anrechnungsmethode, indirekte

Verluste

Datum	Rechtssache	Fundstelle	Sachverhalt	MS	NLF	KVF	KDLF	ANDVFF	ADVF	AF	RL	DBV	Rechtfertigungserwägungen: einschlägig?
10.02.11	C-436/08, C-437/08 Haribo und Österreichische Salinen	ECLI:EU:C:2011:6 1 Slg. 2011 I-305	Voraussetzungen an die Gewährung einer Anrechnung ausländischer Steuern bzw. einer Freistellung ausländischer Einkünfte aus Mitgliedstaaten, EWR-Staaten und Drittstaaten; weiterhin Fragen zur Vertragsfähigkeit von Anrechnungsüberhängen und zur Pflicht zur Anrechnung ausländischer Quellensteuern.	AT								X	Steuerflucht/-umgehung: nein Steueraufsicht: ja
30.06.11	C-262/09 Meilicke u.a. II	ECLI:EU:C:2011:4 38 Slg. 2011 I-5669	Klarstellungen zur Höhe der zu gewährenden Anrechnung in den Rs. C-319/02 (Manninen) und C-292/04 (Meilicke u.a. I).	DE		X						X	Steueraufsicht: nein
13.11.12	C-35/11 FII Group Litigation II	ECLI:EU:C:2012:7 07 (digitale Slg.)	Klarstellungen zu Einzelfragen aus C-35/11 (FII Group Litigation).	UK	X	X						X	Kohärenz: nein
12.12.13	C-362/12 FII Group Litigation III	ECLI:EU:C:2013:8 34 (digitale Slg.)	Klarstellungen zu Einzelfragen aus C-35/11 (FII Group Litigation) und C-35/11 (FII Group Litigation II).	UK	X	X						X	
16.07.98	C-264/96 Imperial Chemical Industries	ECLI:EU:C:1998:3 70 Slg. 1998 I-4695	Bei der Besteuerung inländischer Gesellschaften werden Verluste einer inländischen Enkelgesellschaft, welche über eine Zwischenholding gehalten wird, nicht anerkannt, wenn diese Zwischenholding hauptsächlich an gebietsfremden Gesellschaften beteiligt ist.	UK		X							Kohärenz: nein Steuerflucht/-umgehung: nein Mindereinnahmen: nein
14.12.00	C-141/99 AMID	ECLI:EU:C:2000:6 96 Slg. 2000 I-11619	Die Verrechnung von Verlusten vorangegangener Wirtschaftsjahre einer inländischen Betriebsstätte wird verweigert, da diese nach innerstaatlichem Recht zunächst mit den freigestellten Gewinnen einer ausländischen Betriebsstätte verrechnet werden hätten müssen.	BE	X							X	Kohärenz: nein
13.12.05	C-446/03 Marks & Spencer	ECLI:EU:C:2005:7 63 Slg. 2005 I-10837	Die Verrechnung von Verlusten innerhalb eines Konzerns ist nur insoweit zulässig, als dass diese aus inländischen Gesellschaften und Betriebsstätten oder von ausländischen Gesellschaften mit inländischer wirtschaftlicher Tätigkeit stammen.	UK	X	X						X	Steuerflucht/-umgehung: ja doppelte Verlustnutzung: ja Territorialität: nein Auf. d. Besteuerungsr.: ja
18.07.07	C-182/06 Lakebrink	ECLI:EU:C:2007:4 52 Slg. 2007 I-6705	Frage nach der Pflicht zur Berücksichtigung gebietsfremder Verluste aus Vermietung und Verpachtung im Tätigkeitsstaat, in dem fast sämtliche Einkünfte erwirtschaftet werden.	LU			X					X	
06.11.07	C-415/06 Stahlwerk Ergste Westig (Beschluss)	ECLI:EU:C:2007:6 51 Slg. 2007 I-151*	Verbot der Verrechnung inländischer steuerpflichtiger Gewinne mit den Verlusten von in Drittstaaten belegenen Betriebsstätten, deren Gewinne im Inland freigestellt sind.	DE			X						
15.05.08	C-414/06 Lidl Belgium	ECLI:EU:C:2008:2 78 Slg. 2008 I-3601	Verluste einer in einem anderen Mitgliedstaat belegenen Betriebsstätte können aufgrund der Freistellung der Betriebsstättengewinne nicht von der inländischen Bemessungsgrundlage abgezogen werden.	DE		X						X	Steuerflucht/-umgehung: ja doppelte Verlustnutzung: ja Auf. d. Besteuerungsr.: ja

Verluste

Datum	Rechtssache	Fundstelle	Sachverhalt	MS	NLVF	KLVF	DLF	ANDVF	ARF	RLV	DBV	Rechtfertigungserwägungen: einschlägig?
16.10.08	C-527/06 Renneberg	ECLI:EU:C:2008:566 Slg. 2008 I-7735	Frage nach der Pflicht zur Berücksichtigung gebietsfremder Verluste aus Vermietung und Verpachtung im Tätigkeitsstaat, in dem fast sämtliche Einkünfte erwirtschaftet werden.	NL	X						X	
23.10.08	C-157/07 Krankenheim Ruhesitz am Wannsee-Seniorenheimstatt	ECLI:EU:C:2008:588 Slg. 2008 I-8061	Infolge einer Nachversteuerung von zuvor durch das gebietsansässige Stammhaus einbezogener Verluste einer gebietsfremden Betriebsstätte, wurden deren spätere Gewinne sowohl durch den Sitzstaat als auch durch den Belegenheitsstaat besteuert.	DE		X					X	Kohärenz: ja
27.11.08	C-418/07 Société Papillon	ECLI:EU:C:2008:659 Slg. 2008 I-8947	Ausschluss einer gebietsansässigen Enkelgesellschaft von der Gruppenbesteuerung, wenn diese über eine Gesellschaft mit Sitz in einem anderen Mitgliedstaat gehalten wird.	FR		X					X	Kohärenz: nein Steuerflucht/-umgehung: nein doppelte Verlustnutzung: nein Auf. d. Besteuerungsr.: nein
15.10.09	C-35/08 Busley und Cibrian Fernandez	ECLI:EU:C:2009:625 Slg. 2009 I-9807	Ausschluss des Abzugs von Verlusten aus der Vermietung einer Immobilie im Jahr der Entstehung des Verlusts und Verbot des Ansatzes einer degressiven Abschreibung aufgrund gebietsfremder Belegenheit der Immobilie	DE			X				X	Territorialität: nein Schaffung von Wohnraum: nein
25.02.10	C-337/08 X Holding	ECLI:EU:C:2010:89 Slg. 2010 I-1215	Ausschluss des Einbezugs einer gebietsfremden Tochtergesellschaft in ein System der Gruppenbesteuerung, bei welchem die Gewinne und Verluste der Gesellschaften auf Ebene der Muttergesellschaft konsolidiert besteuert werden, da letztere nicht der inländischen Besteuerung unterliegt.	NL		X					X	Auf. d. Besteuerung: ja
06.09.12	C-18/11 Philips Electronics UK	ECLI:EU:C:2012:532 (digitale Slg.)	Verluste einer inländischen Betriebsstätte einer ausländischen Gesellschaft können nicht mit Gewinnen einer inländischen Gesellschaft verrechnet werden, welche wesentlich an dieser ausländischen Gesellschaft beteiligt ist, wenn die inländischen Verluste mit den Gewinnen der ausländischen Gesellschaft in deren Sitzstaat verrechnet werden könnten.	UK		X					X	doppelte Verlustnutzung: nein Auf. d. Besteuerungsr.: nein
21.02.13	C-123/11 A	ECLI:EU:C:2013:84 (digitale Slg.)	Verbot der Übertragung bestehender Verlustvorträge einer gebietsfremden Tochtergesellschaft auf ein inländisches Mutterunternehmen bei Fusion dieser Unternehmen durch Übernahme aller Vermögenswerte und Schulden der gebietsfremden Tochtergesellschaft.	FI		X					X	Steuerflucht/-umgehung: ja doppelte Verlustnutzung: ja Auf. d. Besteuerungsr.: ja
01.04.14	C-80/12 Felixstowe Dock and Railway Company u.a.	ECLI:EU:C:2014:200 (digitale Slg.)	Inländische Kapitalgesellschaften eines Konzerns werden von den Möglichkeiten der gegenseitigen Verlustübertragung ausgeschlossen, wenn diese über eine Bindegliedgesellschaft verbunden sind, die ihren Sitz nicht im Inland hat.	UK		X					X	Steuerflucht/-umgehung: nein Auf. d. Besteuerungsr.: nein

Kategorie	Datum	Rechtssache	Fundstelle	Sachverhalt	MS	NLFF	KVFF	DLFF	ANDFF	ADVF	RLF	DBV	Rechtfertigungserwägungen: einschlägig?
Verluste	12.06.14	C-39/13, C-40/13, C-41/13 SCA Group Holding u.a.	ECLI:EU:C:2014:758 (digitale Slg.)	1.) Eine Option zur Gruppenbesteuerung, die für inländische Gesellschaft eines Konzerns vorgesehen ist, wird nicht gewährt, wenn eines der Beteiligungsunternehmen mittelbar über eine Gesellschaft gehalten wird, die nicht im Inland ansässig ist. 2.) Eine Option zur Gruppenbesteuerung von Schwestergesellschaften wird nicht gewährt, wenn deren Muttergesellschaft nicht im Inland niedergelassen ist.	NL		X					X	Kohärenz: nein doppelte Verlustnutzung: nein
Verluste	17.07.14	C-48/13 Nordea Bank Danmark	ECLI:EU:C:2014:2087 (digitale Slg.)	Nachversteuerung der zuvor im Rahmen eines Anrechnungsverfahrens in die Bemessungsgrundlage des inländischen Stammhauses einbezogenen Verluste einer ausländischen Betriebsstätte bei Veräußerung dieser Betriebsstätte an ein verbundenes Unternehmen beim Stammhaus.	DK	X						X	Steuerflucht/-umgehung: nein Auf. d. Besteuerungsr.: nein
Verluste	03.02.15	C-172/13 Kommission/Großbritannien	ECLI:EU:C:2015:50 (digitale Slg.)	Frage nach der Zulässigkeit einer nationalen Anforderung, nach welcher der Steuerpflichtige zur Nutzbarkeit gebietsfremder Verluste einen Nachweis über deren Finalität bereits „unmittelbar nach Ende" des Veranlagungszeitraums ihrer Entstehung zu erbringen hat.	UK	X						X	
Verluste	17.12.15	C-388/14 Timac Agro Deutschland	ECLI:EU:C:2015:829 (digitale Slg.)	Nachversteuerung der zuvor in die Bemessungsgrundlage des inländischen Stammhauses einbezogenen Verluste einer ausländischen Betriebsstätte bei Veräußerung an ein verbundenes Unternehmen.	DE	X						X	Kohärenz: ja Steuerflucht/-umgehung: ja Auf. d. Besteuerungsr.: ja
Sonstiges	19.09.00	C-156/98 Kommission/Deutschland	ECLI:EU:C:2000:467 Slg. 2000 I-6857	Die Bildung einer Investitionsrücklage bei Veräußerungsgewinnen im Zusammenhang mit zukünftigen Kapitalerhöhungen oder Neugründungen von Kapitalgesellschaften wird nur zugelassen, wenn diese Reinvestitionen innerhalb bestimmter innerstaatlicher Förderungsgebiete durchgeführt werden.	DE	X						X	
Sonstiges	07.04.11	C-20/09 Kommission/Portugal	ECLI:EU:C:2011:214 Slg. 2011 I-2637	Eine nationale Gesetzesnorm zu Gewährung einer Amnestie für bislang nicht deklarierte Einkünfte sieht eine pauschale Besteuerung in Höhe von 5 % der Vermögenswerte vor, wobei ein begünstigter Steuersatz von 2,5 % auf inländische Staatsanleihen gilt.	PT		X						Steuerflucht/-umgehung: nein
Sonstiges	21.05.15	C-560/13 Wagner-Raith	ECLI:EU:C:2015:347 (digitale Slg.)	Auslegung der Reichweite der Ausnahmeregelung von Art. 64 Abs. 1 AEUV in Bezug auf die Frage, ob Investitionen mittels eines gebietsfremden OGAW im Zusammenhang mit der Erbringung von Finanzdienstleistungen i.S.d. Artikels stehen.	DE		X						

3. Verlagerung und Restrukturierung

Verlagerung / Wegzug

Datum	Rechtssache	Fundstelle	Sachverhalt	MS	NLF / SF	KVFF	DLFF	ANDVFF	AFV	RL	DBV	Rechtfertigungserwägungen: einschlägig?
27.09.88	81/87 Daily Mail	ECLI:EU:C:1988:4 56 Slg. 1988 5483	Der Wegzug einer Gesellschaft unter Beibehaltung der inländischen Rechtsform unterliegt einer Genehmigungspflicht durch den Wegzugsstaat, der in Abwesenheit einer Wegzugsbesteuerung auf die (teilweise) Veräußerung von steuerverstrickten Vermögensgegenständen vor Wegzug beharrt.	U K						R R		
11.03.04	C-9/02 De Lasteyrie du Saillant	ECLI:EU:C:2004:1 38 Slg. 2004 I-2409	Besteuerung latenter Wertzuwächse auf Gesellschaftsrechte bei Wohnsitzverlegung mit Möglichkeit eines Steueraufschubs bis zur Wertrealisation unter Auflagen (u.a. der Leistung hinreichenden Sicherheiten) zur Gewährleistung des innerstaatlichen Steueranspruchs.	F R	X						X	Kohärenz: nein Steuerflucht/-umgehung: nein Mindereinnahmen: nein Auf. d. Besteuerungsr.: nein
07.09.06	C-470/04 N	ECLI:EU:C:2006:5 25 Slg. 2006 I-7409	Besteuerung latenter Wertzuwächse auf Gesellschaftsrechte bei Wohnsitzverlegung mit Möglichkeit eines Steueraufschubs bis zur Wertrealisation.	N L	X				X		X	Territorialität: nein Auf. d. Besteuerungsr.: nein
29.11.11	C-371/10 National Grid Indus	ECLI:EU:C:2011:7 85 Slg. 2011 I-12273	Sofortige Besteuerung latenter Wertzuwächse auf in Fremdwährungen lautender Forderungen bei Wohnsitzverlegung juristischer Personen ohne Möglichkeit eines Steueraufschubs.	N L	X				X		X	Kohärenz: nein Steuerflucht/-umgehung: nein Auf. d. Besteuerungsr.: nein
12.07.12	C-269/09 Kommission/ Spanien	ECLI:EU:C:2012:4 85 (digitale Slg.)	Sofortige Besteuerung latenter Wertzuwächse bei Wohnsitzverlegung ohne Möglichkeit eines Steueraufschubs.	S P	X			X	X		X	Kohärenz: nein Auf. d. Besteuerungsr.: nein effektive Steuerbeitreibung: nein
06.09.12	C-38/10 Kommission/ Portugal	ECLI:EU:C:2012:5 21 (digitale Slg.)	Sofortige Besteuerung latenter Wertzuwächse bei grenzüberschreitenden Sitzverlegungen gebietsansässiger Gesellschaften sowie bei Überführung von Vermögensgegenständen inländischer Niederlassungen in andere Mitgliedstaaten oder Einstellung der inländischen Geschäftstätigkeit.	P T	X						X	
31.01.13	C-301/11 Kommission/ Niederlande	ECLI:EU:C:2013:4 7 (digitale Slg.)	Verlagerung des Unternehmens als Ganzes, eines Unternehmensteils, einer inländischen Betriebsstätte oder derer Vermögenswerte führt zur sofortigen Besteuerung der hierauf entfallenden latenten Wertzuwächse.	N L	X						X	
25.04.13	C-64/11 Kommission/ Spanien	ECLI:EU:C:2013:2 64 (digitale Slg.)	Auslegung des Begriffs der Liquidation des Art. 4 Abs. 1 MTR dahingehend, ob eine Fusion durch Übernahme als eine solche Liquidation anzusehen ist.	S P	X						X	
18.07.13	C-261/11 Kommission/ Dänemark	ECLI:EU:C:2013:4 80 (digitale Slg.)	Die Übertragung von Aktiva eines Unternehmens auf eine in einem anderen Mitgliedstaat belegene Betriebsstätte wird steuerlich einer Veräußerung dieses Vermögens gleichgestellt, während die Übertragung von Aktiva auf inländische Betriebsstätten keine derartige Besteuerung auslöst und hierauf entfallende Wertzuwächse erst bei tatsächlicher Veräußerung aufgedeckt werden.	D K	X						X	

Bereich	Datum	Rechtssache	Fundstelle	Sachverhalt	M S	N L F	K V F	D L F	A N F	A D V	A R F	R L	D B V	Rechtfertigungserwägungen: einschlägig?
Verlagerung / Wegzug	23.01.14	C-164/12 DMC Beteiligungsgesellschaft	ECLI:EU:C:2014:20 (digitale Slg.)	Exit Tax bei Verlagerung von Vermögenswerten durch Erlöschen einer inländischen Kommanditgesellschaft (und zugehöriger inländischer Betriebsstätten) im Zuge der Verschmelzung von Kommanditanteilen auf einen gebietsfremden Komplementär.	D E								X	Auf. d. Besteuerungsr.: ja
	21.05.15	C-657/13 Verder LabTec	ECLI:EU:C:2015:331 (digitale Slg.)	Übertragung von Rechten einer Gesellschaft auf eine ausländische Betriebsstätte führt zur Aufdeckung der stillen Reserven (Theorie der finalen Entnahme) unter Gewährung einer Verteilung der sich hieraus ergebenden Steuerzahlung auf die Restnutzungsdauer der entsprechenden Vermögensgegenstände (maximal jedoch auf zehn Jahre) durch Bildung und zeitanteiliger Auflösung eines Ausgleichspostens.	D E	X							X	Auf. d. Besteuerungsr.: ja
	21.12.16	C-503/14 Kommission/Portuga	ECLI:EU:C:2016:979 (digitale Slg.)	1.) Besteuerung der im Zeitpunkt eines Tauschs von Geschäftsanteilen nicht aufgedeckten stillen Reserven im Zeitpunkt des Wegzugs des Steuerpflichtigen. 2.) Sofortige Besteuerung der stillen Reserven bei Tausch sämtlicher zur Ausübung der persönlichen Tätigkeit zusammenhängenden Aktiva und Passiva gegen Anteile einer gebietsfremden Gesellschaft ohne Zahlungsaufschub.	P T	X				X	X		X	Kohärenz: nein / Territorialität: nein / Auf. d. Besteuerungsr.: nein
Restrukturierung, sekundärrechtl.	17.07.97	C-28/95 Leur-Bleum	ECLI:EU:C:1997:369, Slg. 1997 I-4161	Frage insbesondere nach der Einschlägigkeit der Ausnahmebestimmung des Art. 15 Abs. 1 lit. a) FRL bei einem Anteilstausch, dessen Ziel (auch) in der Gewährleistung eines horizontalen Verlustausgleichs durch Zwischenschaltung einer zu diesem Zweck geschaffenen Holdinggesellschaft zwischen dem Anteilseigner und zwei Gesellschaften besteht, an welchen er zuvor direkt beteiligt war.	N L							F R L	X	
	19.02.98	C-8/97 Kommission/Griechenland	ECLI:EU:C:1993:75, Slg. 1998 I-823	Nicht fristgemäße Umsetzung der Fusionsrichtlinie in nationales Recht aufgrund von „Schwierigkeiten" innerhalb der innerstaatlichen Rechtsordnung.	G R							F R L	X	
	18.01.01	C-113/99 P. P.	ECLI:EU:C:2001:32, Slg. 2001 I-471	Auslegung der Richtlinie dahingehend, ob eine inländische Mindestkörperschaftsteuer auf sich in Konkurs oder Liquidation befindliche Körperschaften unter die „indirekten Steuern auf die Ansammlung von Kapital" des Art. 10 FRL fällt, wobei eine solche Steuer unabhängig von Restrukturierungsvorgängen oder ähnlichem erhoben wird.	A T							K A R		
	15.01.02	C-43/00 Andersen und Jensen	ECLI:EU:C:2002:15, Slg. 2002 I-379	Klärung, inwiefern eine Einbringung eines Teilbetriebs i. S. d. Art. 2 lit. c und i alle Aktiva und Passiva desselben umfassen muss, damit dieser eine „aus eigenen Mitteln funktionsfähige Einheit" darstellt.	D K							F R L		
	05.07.07	C-321/05 Kofoed	ECLI:EU:C:2007:408, Slg. 2007 I-5795	Frage, inwiefern es sich bei einer Gewinnausschüttung durch die erste dem Tausch nachfolgende Hauptversammlung um eine Zuzahlung beim Anteilstausch handeln kann.	D K							F R L	X	

Restrukturierung, sekundärrecht.

Datum	Rechtssache	Fundstelle	Sachverhalt	M S	N L F / F	K L V / F	D L F / F	A N D V / F	A R F / F R L	D B V	Rechtfertigungserwägungen: einschlägig?
08.05.08	C-392/07 Kommission/ Belgien (Beschluss)	ECLI:EU:C:2008:272 Slg. 2008 I-72	Umsetzung der Bestimmungen der Fusionsrichtlinie über den Wegzug von Europäischen Gesellschaften (SE) und Europäischen Genossenschaften (SCE) in nationales Recht.	B E					F R L	X	
11.12.08	C-285/07 A.T.	ECLI:EU:C:2008:705 Slg. 2008 I-9329	Bei Durchführung eines grenzüberschreitenden Anteilstauschs werden dem inländischen Anteilseigner die Steuervergünstigungen der FRL versagt, da die gebietsfremde Erwerberin der Anteile diese in ihrer Bilanz zu Teilwerten ansetzt (Voraussetzung der doppelten Buchwertverknüpfung).	D E					F R L	X	
20.05.10	C-352/08 Zwijnenburg	ECLI:EU:C:2010:282 Slg. 2010 I-4303	Versagung der Steuervergünstigungen der FRL im Zuge einer Einbringung, wenn deren hauptsächliches Ziel in der Vermeidung von Verkehrsteuern besteht.	N L					F R L	X	
10.11.11	C-126/10 Foggia	ECLI:EU:C:2011:718 Slg. 2011 I-10923	Nichtgewährung der durch die FRL vorgesehenen Steuervergünstigungen bei einer Fusion aufgrund der Bestimmungen des Art. 15 Abs. 1 lit. a) FRL, da neben Einsparungsmöglichkeiten von Verwaltungskosten insbesondere die Verrechnung bestehender Verlustvorträge beabsichtigt wurde.	P T					F R L		
18.10.12	C-603/10 Pelati	ECLI:EU:C:2012:639 (digitale Slg.)	Gewährung von Steuervorteilen bei einer Spaltung wird von der Wahrung einer Ausschlussfrist abhängig gemacht, wonach die Gewährung der durch die Richtlinie gewährten Vorteile mindestens 30 Tage vor Durchführung der Umwandlung beantragt worden sein muss.	S L					F R L		
19.12.12	C-207/11 3D I	ECLI:EU:C:2012:818 (digitale Slg.)	Möglichkeit eines Besteuerungsaufschubs bei Einbringungen mittels Korrektur einer vorzunehmenden bilanziellen Aufdeckung der latenten Wertzuwächse durch Passivierung eines Ausgleichspostens, der mit Realisation der Wertzuwächse gewinnerhöhend aufzulösen ist.	I T					F R L		

Restrukturierung, primärrecht.

Datum	Rechtssache	Fundstelle	Sachverhalt	M S	N L F / F	K L V / F	D L F / F	A N D V / F	A R F / F R L	D B V	Rechtfertigungserwägungen: einschlägig?
21.11.02	C-436/00 X und Y	ECLI:EU:C:2002:704 Slg. 2002 I-10829	Eine nationale Regelung sieht eine Besteuerung latenter Wertzuwächse bei Fusionen durch Anteilseinbringung in Gesellschaften, an denen ein Beteiligungsverhältnis besteht, nur dann vor, wenn die erwerbende Gesellschaft im Ausland ansässig ist oder an dieser durch ausländische Personen Anteile gehalten werden.	S E	X	X				X	Kohärenz: nein Steuerflucht/-umgehung: nein Steueraufsicht: nein Mindereinnahmen: nein
17.09.09	C-182/08 Glaxo Wellcome	ECLI:EU:C:2009:559 Slg. 2009 I-8591	Zur Verhinderung einer mittelbaren Steuererstattung an hierzu nicht berechtigte gebietsfremde Gesellschaften, wird in einem System der körperschaftsteuerlichen Vollanrechnung eine Erhöhung des Übergangsergebnisses bei Fusionen vorgenommen, insofern diesen ein Anteilserwerb an inländischen Gesellschaften durch den inländischen Erwerber vorherging.	D E		X				X	Kohärenz: nein Steuerflucht/-umgehung: ja Auf. d. Besteuerungsr.: ja

Datum	Rechtssache	Fundstelle	Sachverhalt	M/S	N/L/F/F	K/L/V/F/F	K/D/L/F/F	A/D/N/F/F	A/D/V/F/F	R/L/F	D/B/V	Rechtfertigungserwägungen: einschlägig?
19.07.12	C-48/11 A	ECLI:EU:C:2012:485 (digitale Slg.)	Besteuerung des Veräußerungsgewinn bei Anteilstausch mit gebietsfremden erwerbenden Gesellschaften, wobei ein derartiger Vorgang zwischen zwei inländischen Gesellschaften nicht besteuert worden wäre.	F/I	x						x	Steuerflucht/-umgehung: nein; Steueraufsicht: nein

4. Gewinnverlagerung

Fremdfinanzierung

Datum	Rechtssache	Fundstelle	Sachverhalt	M/S	N/L/F/F	K/L/V/F/F	K/D/L/F/F	A/D/N/F/F	A/D/V/F/F	R/L/F	D/B/V	Rechtfertigungserwägungen: einschlägig?
12.12.02	C-324/00 Lankhorst-Hohorst	ECLI:EU:C:2002:749 Slg. 2002 I-11779	Umqualifizierung gezahlter Zinsen bei marktunüblich gewährten Gesellschafterdarlehen (im vorliegenden Fall mit Patronatserklärung) zu einer steuerpflichtigen verdeckten Gewinnausschüttung, insofern der darlehensgewährende Gesellschafter seinen Sitz nicht im Inland hat (spezifisch: ein nicht zur Anrechnung von Körperschaftsteuer berechtigter Gesellschafter ist).	D/E		x					x	Kohärenz: nein; Steuerflucht/-umgehung: nein; Steueraufsicht: nein; Mindereinnahmen: nein
13.03.07	C-524/04 Thin Cap Group Litigation	ECLI:EU:C:2007:161 Slg. 2007 I-2107	Zahlt eine nicht gebietsansässige Gesellschaft Darlehenszinsen an eine beherrschte gebietsansässige Gesellschaft, so sind diese unter bestimmten Voraussetzungen als Gewinnausschüttung zu qualifizieren, obgleich sie als Zinszahlungen anerkannt worden wären, wenn der Darlehensgeber ebenfalls eine gebietsansässige Gesellschaft wäre.	U/K	x	x					x	Kohärenz: nein; Steuerflucht/-umgehung: ja; Auf. d. Besteuerungsr.: nein
10.05.07	C-492/04 Lasertec (Beschluss)	ECLI:EU:C:2007:273 Slg. 2007 I-3775	Eine Regelung zur Unterkapitalisierung verweigert einem inländischen Tochterunternehmen einer Drittlandgesellschaft die Abzugsfähigkeit von Zinsaufwendungen.	D/E			x					
17.01.08	C-105/07 Lammers & Van Cleeff	ECLI:EU:C:2008:24 Slg. 2008 I-173	Umqualifizierung von Zinserträgen zu Dividenden, wenn diese auf Forderungen gegenüber Gesellschaftern oder Geschäftsführern und bestimmte andere Schuldverschreibungen gezahlt werden, insoweit diese den marktüblichen Zins übersteigen oder die betreffende Forderung das eingezahlte Kapital und die steuerlichen Rücklagen übersteigt.	B/E					x		x	Steuerflucht/-umgehung: nein
03.10.13	C-282/12 Itelcar	ECLI:EU:C:2013:629 (digitale Slg.)	Abzugsverbot für den Teil der Zinsen, die von einer inländischen Gesellschaft an eine mittelbar an dieser beteiligten Drittlandgesellschaft gezahlt werden, die auf den Forderungsteil entfallen, der den doppelten Beteiligungswert übersteigt.	P/T		x					x	Steuerflucht/-umgehung: nein
21.12.16	C-593/14 Masco Denmark und Damixa	ECLI:EU:C:2016:984 (digitale Slg.)	Zinserträge einer Gesellschaft werden von der Besteuerung freigestellt, insofern sie beim inländischen Darlehensnehmer aufgrund einer Unterkapitalisierungsregel nicht abzugsfähig waren, ohne eine solche Möglichkeit bei Zinsen gebietsfremder Darlehensnehmer vorzusehen, die dort einer Unterkapitalisierungsregel unterliegen.	D/K	x						x	Steuerflucht/-umgehung: nein; Auf. d. Besteuerungsr.: nein

Kategorie	Datum	Rechtssache	Fundstelle	Sachverhalt	MS	NLF	KLF	ANF	ADV	RL	DBV	Rechtfertigungserwägungen: einschlägig?
Fremdvergleich	21.01.10	C-311/08 SGI	ECLI:EU:C:2010:26 Slg. 2010 I-487	Gewinnerhöhungen einer gebietsansässigen Gesellschaft aufgrund von Korrekturen der Verrechnungspreise bei Gewährung von Darlehen und Verwaltungsvergütungen an verflochtene Gesellschaften zu marktunüblichen Konditionen werden nur im Falle einer Ansässigkeit letzterer im Ausland vorgenommen.	BE	X					X	Steuerflucht/-umgehung: ja Auf. d. Besteuerungsr.: ja
	05.07.12	C-318/10 SIAT	ECLI:EU:C:2012:415 (digitale Slg.)	Ein Abzug von Betriebsausgaben wird einer Gesellschaft für Provisionen verweigert, wenn diese einer gebietsfremden Gesellschaft geschuldet werden, die dort keiner Körperschaftsteuer oder einem im Vergleich zum Inland erheblich vorteilhafterem Besteuerungssystem unterliegt.	BE	X	X				X	Steuerflucht/-umgehung: ja Auf. d. Besteuerungsr.: ja
Zugriffsbesteuerung / switch-over	06.12.07	C-298/05 Columbus Container Services	ECLI:EU:C:2007:754 Slg. 2007 I-10451	Für bestimmten „Zwischeneinkünften mit Kapitalanlagecharakter", die eine gebietsfremde Personengesellschaft eines inländischen Steuerpflichtigen erzielt und die dort einem niedrigen Steuerniveau unterliegen, sieht eine innerstaatliche Vorschrift den Übergang von der Freistellungs- zur Anrechnungsmethode vor.	DE	X	X					
	12.09.06	C-196/04 Cadbury Schweppes	ECLI:EU:C:2006:544 Slg. 2006 I-7995	Eine nationale Vorschrift sieht eine Hinzurechnungsbesteuerung für den Fall vor, dass eine ausländische Gesellschaft eines inländischen Mutterunternehmens nebst einigen anderen Voraussetzungen einem „niedrigen Besteuerungsniveau" unterliegt, es sei denn, diese Gesellschaft kann durch einen Motivtest nachweisen, dass eine Steuererreduktion nicht das Hauptziel der Errichtung der Tochtergesellschaft war.	UK	X					X	Steuerflucht/-umgehung: ja Mindereinnahmen: nein
	23.04.08	C-201/05 CFC and Dividend Group Litigation (Beschluss)	ECLI:EU:C:2008:239 Slg. 2008 I-2875	Anwendung eines Anrechnungsverfahrens (Anrechnung der Quellensteuer und unter weiterer Voraussetzungen der Körperschaftsteuer) auf gebietsfremde Dividenden bei gleichzeitiger Freistellung inländischer Dividenden sowie Anwendung einer Form der Hinzurechnungsbesteuerung auf Einkünfte beherrschter gebietsfremder Gesellschaften.	UK	X	X				X	Kohärenz: nein Steuerflucht/-umgehung: ja
	13.11.14	C-112/14 Kommission/ Großbritannien	ECLI:EU:C:2014:2369 (digitale Slg.)	Bei Gesellschaften mit geringer Gesellschafterzahl werden Einkünfte einer gebietsfremden Gesellschaft den gebietsansässigen Anteilseigner zugerechnet.	UK	X	X				X	Steuerflucht/-umgehung: nein

5. Dienstleistungen

	Datum	Rechtssache	Fundstelle	MS	ZNLV-FF	NKDL-FF	DANZ-FF	WAVV-FF	ADAV-FL	AR-L	DBV	Rechtfertigungserwägungen: einschlägig?
Förderung	07.05.85	18/84, Kommission/Frankreich	ECLI:EU:C:1985:175; Slg. 1985 1339	FR				X			X	Steueraufsicht: nein
	08.07.99	C-254/97, Société Baxter	ECLI:EU:C:1999:368, Slg. 1999 I-4809	FR	X						X	Steueraufsicht: nein
	10.03.05	C-39/04, Laboratoires Fournier	ECLI:EU:C:2005:161, Slg. 2005 I-2057	FR		X					X	Kohärenz: nein; Steueraufsicht: nein; Förderung F&E: nein
Glücksspiel	13.03.08	C-248/06, Kommission/Spanien	ECLI:EU:C:2008:161, Slg. 2008 I-47*	SP	X	X					X	Steuerflucht/-umgehung: nein
	13.11.03	C-42/02, Lindman	ECLI:EU:C:2003:613, Slg. 2003 I-13519	FI	X	X					X	öffentliche Gesundheit: nein
	06.10.09	C-153/08, Kommission/Spanien	ECLI:EU:C:2009:618, Slg. 2009 I-9735	SP		X					X	Steuerflucht/-umgehung: nein; Mindereinnahmen: nein; öffentliche Ordnung und Gesundheit: nein; Verbraucherschutz: nein
	22.10.14	C-344/13, C-367/13, Blanco und Fabretti	ECLI:EU:C:2014:2311 (digitale Slg.)	IT		X					X	öffentliche Ordnung und Gesundheit: nein
Leasing	26.10.99	C-294/97, Eurowings	ECLI:EU:C:1999:524, Slg. 1999 I-7447	DE		X					X	Kohärenz: nein; geringere steuerliche Belastung im Ausland: nein
	13.10.11	C-9/11, Waypoint Aviation	ECLI:EU:C:2011:658, Slg. 2011 I-9697	BE		X					X	Mindereinnahmen: nein; keine Pflicht zur Subventionierung ausländischer Schulen: nein
Schulen	11.09.07	C-318/05, Kommission/Deutschland	ECLI:EU:C:2007:495, Slg. 2007 I-6957	DE	X	X	X				X	Mindereinnahmen: nein; keine Pflicht zur Subventionierung ausländischer Schulen: nein
	11.09.07	C-76/05, Schwarz	ECLI:EU:C:2007:492, Slg. 2007 I-6849	DE		X					X	Mindereinnahmen: nein; keine Pflicht zur Subventionierung ausländischer Schulen: nein
Versicherungen	28.04.98	C-118/96, Safir	ECLI:EU:C:1998:170, Slg. 1998 I-1897	SE		X			X			Unmöglichkeit einer Anwendung gleicher Regeln auf innerstaatliche und grenzüberschreitende Sachverhalte: nein
	03.10.02	C-136/00, Danner	ECLI:EU:C:2002:558, Slg. 2002 I-8147	FI		X					X	Kohärenz: nein; Steueraufsicht: nein; Mindereinnahmen: nein
	26.06.03	C-422/01, Skandia und Ramstedt	ECLI:EU:C:2003:380, Slg. 2003 I-6817	SE		X					X	Kohärenz: nein; Steueraufsicht: nein; Mindereinnahmen: nein; Wettbewerbsneutralität: nein
	30.01.07	C-150/04, Kommission/Dänemark	ECLI:EU:C:2007:69, Slg. 2007 I-1163	DK	X	X	X				X	Kohärenz: nein; Steuerflucht/-umgehung: nein; Steueraufsicht: nein
	05.07.07	C-522/04, Kommission/Belgien	ECLI:EU:C:2007:405, Slg. 2007 I-5701	BE	X	X	X				X	Steueraufsicht: nein
	23.04.09	C-544/07, Rüffler	ECLI:EU:C:2009:258, Slg. 2009 I-3389	PL		X	X	X			X	Steueraufsicht: nein
	19.11.09	C-314/08, Filipiak	ECLI:EU:C:2009:719, Slg. 2009 I-11049	PL	X						X	Finanzierung der Gesundheitsversorgung: nein
	10.05.12	C-39/10, Kommission/Estland	ECLI:EU:C:2012:282 (digitale Slg.)	ES			X				X	
	23.01.14	C-296/12, Kommission/Belgien	ECLI:EU:C:2014:24 (digitale Slg.)	BE	X	X					X	Kohärenz: nein, Steuerflucht/-umgehung: nein; Schutz der Steuerpflichtigen: nein

Kategorie	Datum	Rechtssache	Fundstelle	MS	NLF	KVF	DLF	ANF	WVF	ADV	RLF	DBV	Rechtfertigungserwägungen: einschlägig?
Sonstiges	19.06.14	C-53/13, Strojírny Prostějov und ACO Industries Tábor	ECLI:EU:C:2014:2011 (digitale Slg.)	CZ								X	Steuerflucht/-umgehung: nein
Sonstiges	26.05.16	C-300/15, Kohll und Kohll-Schlesser	ECLI:EU:C:2016:361 (digitale Slg.)	LU				X				X	Kohärenz: nein; Praktikabilität: nein

6. Erbschaftsteuer / Schenkungsteuer

Kategorie	Datum	Rechtssache	Fundstelle	MS	NLF	KVF	DLF	ANF	WVF	ADV	RLF	DBV	Rechtfertigungserwägungen: einschlägig?
Abzug von Lasten	11.12.03	C-364/01, Erben von H. Barbier	ECLI:EU:C:2003:665, Slg. 2003 I-15013	NL	X			X				X	anderweitiger Vorteilsausgleich: nein
Abzug von Lasten	11.09.08	C-43/07, Arens-Sikken	ECLI:EU:C:2008:490, Slg. 2008 I-6887	NL	X			X				X	
Abzug von Lasten	11.09.08	C-11/07, Eckelkamp	ECLI:EU:C:2008:489, Slg. 2008 I-6845	BE	X					X	X	X	anderweitiger Vorteilsausgleich: nein
Abzug von Lasten	12.02.09	C-67/08, Block	ECLI:EU:C:2009:92, Slg. 2009 I-883	DE			X						
Abzug von Lasten	25.10.07	C-464/05, Geurts und Vogten	ECLI:EU:C:2007:631, Slg. 2007 I-9325	BE		X		X				X	Steueraufsicht: nein; Unternehmensfortbestand, Aufrechterhaltung des Beschäftigungsniveaus: nein
Begünstigung inländischen Vermögens	17.01.08	C-256/06, Jäger	ECLI:EU:C:2008:20, Slg. 2008 I-123	DE		X		X				X	Aufrechterhaltung der Sozialgebundenheit: nein
Begünstigung inländischen Vermögens	15.09.11	C-132/10, Halley	ECLI:EU:C:2011:586, Slg. 2011 I-8353	BE	X			X				X	Steuerflucht/-umgehung: nein; Steueraufsicht: nein
Begünstigung inländischen Vermögens	19.07.12	C-31/11, Scheunemann	ECLI:EU:C:2012:481 (digitale Slg.)	DE		X						X	Kohärenz: nein
Begünstigung inländischen Vermögens	17.12.13	C-181/12, Welte	ECLI:EU:C:2013:662 (digitale Slg.)	DE	X								
Begünstigung inländischen Vermögens	18.12.14	C-133/13, Q	ECLI:EU:C:2014:2460 (digitale Slg.)	NL	X								
Begünstigung inländischen Vermögens	14.04.16	C-522/14, Sparkasse Allgäu	ECLI:EU:C:2016:253 (digitale Slg.)	DE	X								
Begünstigung inländischen Vermögens	22.04.10	C-510/08, Mattner	ECLI:EU:C:2010:216, Slg. 2010 I-3553	DE	X							X	
Begünstigung inländischer Personen	10.02.11	C-25/10, Missionswerk Werner Heukelbach	ECLI:EU:C:2011:65, Slg. 2011 I-497	BE		X						X	Begünstigung gemeinnütziger Organisationen: nein
Begünstigung inländischer Personen	03.09.14	C-127/12, Kommission/Spanien	ECLI:EU:C:2014:2130 (digitale Slg.)	SP		X						X	Steuerflucht/-umgehung: nein; Steueraufsicht: nein
Begünstigung inländischer Personen	04.09.14	C-211/13, Kommission/Deutschland	ECLI:EU:C:2014:2148 (digitale Slg.)	DE		X						X	Kohärenz: nein; Steueraufsicht: nein
Begünstigung inländischer Personen	16.07.15	C-485/14, Kommission/Frankreich	ECLI:EU:C:2015:506 (digitale Slg.)	FR		X						X	Auft. d. Besteuerungsr.: nein
Begünstigung inländischer Personen	26.05.16	C-244/15, Kommission/Griechenland	ECLI:EU:C:2016:359 (digitale Slg.)	GR		X						X	Förderung des Wohnraums: nein
Erhebung	30.06.16	C-123/15, Feilen	ECLI:EU:C:2016:496 (digitale Slg.)	DE		X						X	Kohärenz: ja
Erhebung	23.02.06	C-513/03, van Hilten-van der Heijden	ECLI:EU:C:2006:131, Slg. 2006 I-1957	NL				X					

7. Grenzgänger

Kategorie	Datum	Rechtssache	Fundstelle	MS	NLF	KVF	DLF	ANF	WVF	ADV	RLF	DBV	Rechtfertigungserwägungen: einschlägig?
Immobilien	18.01.07	C-104/06, Kommission/Schweden	ECLI:EU:C:2007:40, Slg. 2007 I-671	SE	X			X				X	Kohärenz: nein
Immobilien	17.01.08	C-152/05, Kommission/Deutschland	ECLI:EU:C:2008:17, Slg. 2008 I-39	DE	X			X				X	Förderung des Wohnraums: nein
Immobilien	01.12.11	C-253/09, Kommission/Ungarn	ECLI:EU:C:2011:795, Slg. 2011 I-12391	HU	X			X				X	Kohärenz: ja
Immobilien	24.02.15	C-559/13, Grünewald	ECLI:EU:C:2015:109 (digitale Slg.)	DE		X						X	Kohärenz: nein; Auft. d. Besteuerungsr.: nein

Kategorie	Datum	Rechtssache	Fundstelle	MS	NLF	NKVF	KDLF	ANF	WAVDVF	ADAF	RL	DBV	Rechtfertigungserwägungen: einschlägig?
Tätigkeitsstaat	26.01.93	C-112/91, Werner	ECLI:EU:C:1993:27, Slg. 1993 I-429	DE	X								
	14.02.95	C-279/93, Schumacker	ECLI:EU:C:1995:31, Slg. 1995 I-225	DE						X		X	Kohärenz: nein / verwaltungstechnische Schwierigkeiten: nein
	26.10.95	C-151/94, Kommission/Luxemburg (Biehl II)	ECLI:EU:C:1995:357, Slg. 1995 I-3685	LU								X	Vermeidung zu niedriger Progression: nein
	27.06.96	C-107/94, Asscher	ECLI:EU:C:1996:251, Slg. 1996 I-3089	NL	X							X	Kohärenz: nein; anderweitiger Vorteilsausgleich: nein
	14.09.99	C-391/97, Gschwind	ECLI:EU:C:1999:409, Slg. 1999 I-5451	DE				X					
	16.05.00	C-87/99, Zustrassen	ECLI:EU:C:2000:251, Slg. 2000 I-3337	LU								X	Steueraufsicht: nein
	12.09.02	C-431/01, Mertens (Beschluss)	ECLI:EU:C:2002:492, Slg. 2002 I-7073	BE	X			X				X	Welteinkommensprinzip: nein
	12.06.03	C-234/01, Gerritse	ECLI:EU:C:2003:340, Slg. 2003 I-5933	DE				X				X	Kohärenz: nein
	01.07.04	C-169/03, Wallentin	ECLI:EU:C:2004:403, Slg. 2004 I-6443	SE				X				X	Kohärenz: nein
	21.02.06	C-152/03, Ritter-Coulais	ECLI:EU:C:2006:123, Slg. 2006 I-1711	DE								X	Steuerflucht/-umgehung: ja
	03.10.06	C-290/04, Scorpio	ECLI:EU:C:2006:630, Slg. 2006 I-9461	DE			X					X	Steuerflucht/-umgehung: nein
	09.11.06	C-433/04, Kommission/Belgien	ECLI:EU:C:2006:702, Slg. 2006 I-10653	BE			X					X	Steuerflucht/-umgehung: nein
	09.11.06	C-520/04, Turpeinen	ECLI:EU:C:2006:703, Slg. 2006 I-10685	FI						X		X	Steueraufsicht: nein
	25.01.07	C-329/05, Meindl	ECLI:EU:C:2007:57, Slg. 2007 I-1107	DE	X							X	Kohärenz: nein
	10.09.09	C-269/07, Kommission/Deutschland	ECLI:EU:C:2009:527, Slg. 2009 I-7811	DE				X			X	X	Kohärenz: nein
	18.10.12	C-498/10, X NV	ECLI:EU:C:2012:635 (digitale Slg.)	NL			X					X	Effiziente Steuerbeitreibung: ja
	28.02.13	C-425/11, Ettwein	ECLI:EU:C:2013:121 (digitale Slg.)	DE				X				X	
	18.12.14	C-87/13, X	ECLI:EU:C:2014:2459 (digitale Slg.)	NL	X								
	24.02.15	C-512/13, Sopora	ECLI:EU:C:2015:108 (digitale Slg.)	NL				X					
	18.06.15	C-9/14, Kieback	ECLI:EU:C:2015:406 (digitale Slg.)	NL				X					
	19.11.15	C-241/14, Bukovansky	ECLI:EU:C:2015:766 (digitale Slg.)	DE						X			
	19.11.15	C-632/13, Hirvonen	ECLI:EU:C:2015:765 (digitale Slg.)	SE						X			
Wohnsitzstaat	08.05.90	C-175/88, Biehl I	ECLI:EU:C:1990:186, Slg. 1990 I-1779	LU								X	Vermeidung zu niedriger Progression: nein
	28.01.92	C-204/90, Bachmann	ECLI:EU:C:1992:35, Slg. 1992 I-249	BE				X					Kohärenz: ja; Steueraufsicht: nein / mangelnde Harmonisierung: nein / Freiwilligkeit: nein; Verbraucherschutz: nein
	28.01.92	C-300/90, Kommission/Belgien	ECLI:EU:C:1992:37, Slg. 1992 I-305	BE				X				X	Kohärenz: ja; Steueraufsicht: nein; mangelnde Harmonisierung: nein; Verbraucherschutz: nein
	11.08.95	C-80/94, Wielockx	ECLI:EU:C:1995:271, Slg. 1995 I-2493	NL	X							X	Kohärenz: nein
	12.05.98	C-336/96, Gilly	ECLI:EU:C:1998:221, Slg. 1998 I-2793	FR				X					
	28.10.99	C-55/98, Vestergaard	ECLI:EU:C:1999:533, Slg. 1999 I-7641	DK			X					X	Kohärenz: nein; Steueraufsicht: nein

Rechtfertigungserwägungen: einschlägig?

	Datum	Rechtssache	Fundstelle	MS	NLVF	NKLVF	DANLF	WAVDFV	ADAFV	RLV	DBV	Rechtfertigungserwägungen: einschlägig?
Wohnsitzstaat	12.12.02	C-385/00, de Groot	ECLI:EU:C:2002:750, Slg. 2002 I-11819	NL			X				X	Kohärenz: nein; Mindereinnahmen: nein anderweitiger Vorteilsausgleich: nein Auft. d. Besteuerungsr.: nein
	13.11.03	C-209/01, Schilling	ECLI:EU:C:2003:610, Slg. 2003 I-13389	DE			X			VRP	X	Kohärenz: nein
	12.07.05	C-403/03, Schempp	ECLI:EU:C:2005:446, Slg. 2005 I-6421	DE				X	X			
	18.12.07	C-281/06, Jundt	ECLI:EU:C:2007:816, Slg. 2007 I-12231	DE			X				X	Kohärenz: nein; Förderung F&E: nein Gestaltung des Bildungssystems: nein
	18.03.10	C-440/08, Gielen	ECLI:EU:C:2010:148, Slg. 2010 I-2323	NL	X						X	
	20.05.10	C-56/09, Zanotti	ECLI:EU:C:2010:288, Slg. 2010 I-4517	IT			X		X		X	
	15.09.11	C-240/10, Schulz	ECLI:EU:C:2011:591, Slg. 2011 I-8531	DE			X					
	28.02.13	C-544/11, Petersen	ECLI:EU:C:2013:124 (digitale Slg.)	DE	X		X	X			X	Steueraufsicht: nein Entwicklungspolitische Ziele: nein
	12.12.13	C-303/12, Imfeld und Garcet	ECLI:EU:C:2013:822 (digitale Slg.)	BE	X						X	Auft. d. Besteuerungsr.: nein
	11.09.14	C-489/13, Verest und Gerards	ECLI:EU:C:2014:2210 (digitale Slg.)	BE		X		X			X	
	21.09.16	C-478/15, Radgen	ECLI:EU:C:2016:705 (digitale Slg.)	DE				X			X	Kohärenz: nein

8. Sonstiges

	Datum	Rechtssache	Fundstelle	MS	NLVF	NKLVF	DANLF	WAVDFV	ADAFV	RLV	DBV	Rechtfertigungserwägungen: einschlägig?
Grunderwerbsteuer	12.04.94	C-1/93, Halliburton	ECLI:EU:C:1994:127, Slg. 1994 I-1137	NL	X						X	Steueraufsicht: nein
	20.01.11	C-155/09, Kommission/Griechenland	ECLI:EU:C:2011:22, Slg. 2011 I-65	GR			X		X		X	Steuerflucht/-umgehung: nein Förderung des Wohnraums: nein
Sonderausgabenabzug	01.12.11	C-250/08, Kommission/Belgien	ECLI:EU:C:2011:793, Slg. 2011 I-12341	BE			X		X		X	Kohärenz: ja Wahrung von Mobilität und Umweltschutz: nein
	08.09.05	C-512/03, Blanckaert	ECLI:EU:C:2005:516, Slg. 2005 I-7685	NL		X					X	Steueraufsicht: nein
	27.01.09	C-318/07, Persche	ECLI:EU:C:2009:33, Slg. 2009 I-359	DE		X	X					
	16.06.11	C-10/10, Kommission/Österreich	ECLI:EU:C:2011:399, Slg. 2011 I-5389	AT		X	X				X	Mindereinnahmen: nein
Sondersteuern	05.02.14	C-385/12, Hervis Sport- és Divatkereskedelmi	ECLI:EU:C:2014:47 (digitale Slg.)	HU	X							
	11.06.15	C-98/14, Berlington Hungary u.a.	ECLI:EU:C:2015:386 (digitale Slg.)	HU		X				IFR	X	Verbraucherschutz & Kriminalitätsprävention: ja
	26.05.16	C-48/15, N.N.	ECLI:EU:C:2016:356 (digitale Slg.)	BE	X	X				KAR	X	effektive Steuerbeitreibung: nein

	Datum	Rechtssache	Fundstelle	MS	N L F / F	N K V / F F	K D L / F F	A W Z N / F F	W V D / V F F	A D V / A F	R L F	D B V / V	Rechtfertigungserwägungen: einschlägig?
Verfahrensvorschriften	13.07.93	C-330/91, Commerzbank	ECLI:EU:C:1993:303, Slg. 1993 I-4017	UK	X					X		X	anderweitiger Vorteilsausgleich: nein
	13.04.00	C-420/98, W. N.	ECLI:EU:C:2000:209, Slg. 2000 I-2847	NL							A H R		
	11.06.09	C-429/07, X BV[1057]	ECLI:EU:C:2009:359, Slg. 2009 I-4833	NL									
	11.06.09	C-155/08, C-157/08, X und Passenheim-van Schoot	ECLI:EU:C:2009:368, Slg. 2009 I-5093	NL		X	X					X	Steuerflucht/-umgehung: ja; Steueraufsicht: ja
	05.05.11	C-267/09, Kommission/Portugal	ECLI:EU:C:2011:273, Slg. 2011 I-3197	PT		X				X		X	Steuerflucht/-umgehung: ja
	29.09.11	C-387/10, Kommission/Österreich	ECLI:EU:C:2011:625, Slg. 2011 I-142*	AT			X					X	Niveau der Fachkompetenz: nein
	29.03.12	C-417/10, 3M Italia	ECLI:EU:C:2012:184 (digitale Slg.)	IT		X			X				
	29.03.12	C-529/10, Safilo (Beschluss)	ECLI:EU:C:2012:188 (digitale Slg.)	IT		X			X				
	22.10.13	C-276/12, Sabou	ECLI:EU:C:2013:678 (digitale Slg.)	CZ							A H R		
Vorrechte	11.12.14	C-578/11, Kommission/Spanien	ECLI:EU:C:2014:2434 (digitale Slg.)	SP			X					X	Steuerflucht/-umgehung: nein; Steueraufsicht: nein
	18.12.14	C-540/13, Kommission/Großbritannien	ECLI:EU:C:2014:2457 (digitale Slg.)	UK								X	
	16.12.60	6/50, Humblet	ECLI:EU:C:1960:48, Slg. 1960 1125	BE							V R P		
	03.07.74	7/74, van Nidek	ECLI:EU:C:1974:73, Slg. 1974 757	FR							V R P		
	15.09.81	208/80, Lord Bruce of Donington	ECLI:EU:C:1981:194, Slg. 1981 2205	UK							V R P	X	
	14.10.99	C-229/98, Vander Zwalmen und Massart	ECLI:EU:C:1999:501, Slg. 1999 I-7113	BE							V R P		

[1057] Zur Auslegung von Protokoll (EG) Nr. 1/2003

Datum	Rechtssache	Fundstelle	MS	NLV / F	KV / F	DL / F	AN / F	WV / F	AD V	A F	R L	DB V	Rechtfertigungserwägungen: einschlägig?
08.09.05	C-288/04, AB	ECLI:EU:C:2005:526, Slg. 2005 I-7837	AT									X	
25.10.07	C-427/05, Porto Antico de Genova[1058]	ECLI:EU:C:2007:630, Slg. 2007 I-9303	IT								V R P		
21.05.15	C-349/14, Pazdziej	ECLI:EU:C:2015:338 (digitale Slg.)	FR								V R P		

[1058] Zur Auslegung von Protokoll (EWG) 4253/88

9. Vermögenssteuer

Datum	Rechtssache	Fundstelle	MS	NLV / F	KV / F	DL / F	AN / F	WV / F	AD V	A F	R L	DB V	Rechtfertigungserwägungen: einschlägig?
13.04.00	C-251/98, Baars	ECLI:EU:C:2000:205, Slg. 2000 I-2787	NL	X								X	Kohärenz: nein
05.07.05	C-376/03, D	ECLI:EU:C:2005:424, Slg. 2005 I-5821	NL	X									
11.10.07	C-451/05, ELISA	ECLI:EU:C:2007:594, Slg. 2007 I-8251	FR	X								X	Steuerflucht/-umgehung: nein
02.10.08	C-360/06, Heinrich Bauer Verlag	ECLI:EU:C:2008:531, Slg. 2008 I-7333	DE	X								X	Kohärenz: nein; Steueraufsicht: nein
28.10.10	C-72/09, Établissements Rimbaud	ECLI:EU:C:2010:645, Slg. 2010 I-10659	FR	X								X	Steuerflucht/-umgehung: ja
05.05.11	C-384/09, Prunus und Polonium	ECLI:EU:C:2011:276, Slg. 2011 I-6795	FR	X									
06.09.12	C-380/11, DIVI	ECLI:EU:C:2012:552 (digitale Slg.)	LU	X								X	Kohärenz: nein; Territorialität: nein; Auft. d. Besteuerungsr.: nein

Weitere zitierte Urteile

Datum	Rechtssache	Fundstelle	MS
05.02.63	26/62, Van Gend & Loos	ECLI:EU:C:1963:1, Slg. 1963 3	NL
15.07.64	6/64, Costa	ECLI:EU:C:1964:66, Slg. 1964 1253	IT
12.02.74	152/73, Sortgiu	ECLI:EU:C:1974:13, Slg. 1974 153	
11.07.74	8/74, Dassonville	ECLI:EU:C:1974:82, Slg. 1974 837	BE
06.10.82	283/81, C.I.L.F.I.T.	ECLI:EU:C:1982:335, Slg. 1982 3415	IT
13.10.92	C-50/91, Commerz-Credit-Bank	ECLI:EU:C:1992:386, Slg. 1992 I-5225	DE
14.11.95	C-484/93, Svensson und Gustavsson	ECLI:EU:C:1995:379, Slg. 1995 I-3955	LU
26.01.99	C-18/95, Terhoeve	ECLI:EU:C:1999:22, Slg. 1999 I-374	NL
09.03.99	C-212/97, Centros	ECLI:EU:C:1999:126, Slg. 1999 I-1459	DK
14.10.99	C-439/97, Sandoz	ECLI:EU:C:1999:499, Slg. 1999 I-7041	AT
26.09.00	C-478/98, Kommission/Belgien	ECLI:EU:C:2000:497, Slg. 2000 I-7587	BE
15.01.02	C-55/00, Gottardo	ECLI:EU:C:2002:16, Slg. 2002 I-413	IT
05.11.02	C-208/00, Überseering	ECLI:EU:C:2002:632, Slg. 2002 I-9919	DE
16.12.08	C-210/06, Cartesio	ECLI:EU:C:2008:723, Slg. 2008 I-9641	HU
15.04.10	C-96/08, CIBA	ECLI:EU:C:2010:185, Slg. 2010 I-2911	HU

Verzeichnis der zitierten Schlussanträge

Datum	Rechtssache	Generalanwalt	Fundstelle
24.06.99	C-35/98, Verkooijen	La Pergola, Antonio	ECLI:EU:C:1999:329, Slg. 2000 I-4073
08.08.00	C-141/99, AMID	Alber, Siegbert	ECLI:EU:C:2000:309, Slg. 2000 I-11619
13.03.03	C-9/02, De Lasteyrie du Saillant	Mischo, Jean	ECLI:EU:C:2003:159, Slg. 2004 I-2409
18.03.04	C-319/02, Manninen	Kokott, Juliane	ECLI:EU:C:2004:164, Slg. 2004 I-7480
07.04.05	C-446/03, Marks & Spencer	Maduro, Miguel Poiares	ECLI:EU:C:2005:201, Slg. 2005 I-10837
30.03.06	C-470/04, N	Kokott, Juliane	ECLI:EU:C:2006:217, Slg. 2006 I-7409
06.04.06	C-446/04, FII Group Litigation I	Geelhoed, Leendert Adrie	ECLI:EU:C:2006:240, Slg. 2006 I-11761
08.02.07	C-321/05, Kofoed	Kokott, Juliane	ECLI:EU:C:2007:86, Slg. 2007 I-5795
29.03.07	C-298/05, Columbus Container Services	Mengozzi, Paolo	ECLI:EU:C:2007:197, Slg. 2007 I-10451
23.07.07	C-194/06, Orange European Smallcap Fund	Bot, Yves	ECLI:EU:C:2007:403, Slg. 2008 I-03747
14.02.08	C-414/06, Lidl Belgium	Sharpston, Eleanor	ECLI:EU:C:2008:88, Slg. 2008 I-3601
16.07.09	C-352/08, Zwijnenburg	Kokott, Juliane	ECLI:EU:C:2009:483, Slg. 2010 I-4303
10.09.09	C-311/08, SGI	Kokott, Juliane	ECLI:EU:C:2009:545, Slg. 2010 I-487
08.09.11	C-371/10, Nationale Grid Indus	Kokott, Juliane	ECLI:EU:C:2011:563, Slg. 2011 I-12273
12.07.12	C-168/11, Beker	Mengozzi, Paolo	ECLI:EU:C:2012:452 (digitale Slg.)
19.07.12	C-123/11, A	Kokott, Juliane	ECLI:EU:C:2012:488 (digitale Slg.)
22.01.15	C-686/13, X AB	Kokott, Juliane	ECLI:EU:C:2015:31 (digitale Slg.)
12.04.16	C-176/15, Riskin und Timmermans	Kokott, Juliane	ECLI:EU:C:2016:246 (digitale Slg.)

Verzeichnis der Schlussurteile und weiterer Rechtsprechung

Datum	Rechtssache	Fundstelle
16.02.96	BFH - I R 46/95	BStBl. II 1996, S. 588
16.02.96	BFH - I R 43/95	BStBl. II 1997, S. 128
21.10.09	BFH - I R 114/08, Columbus Container Services	BStBl. II 2010, 774
03.02.10	BFH - I R 21/06, Glaxo Wellcome	BStBl. II 2010, 692